조지 프리드먼의
전쟁의 미래

★ ★ ★ ★ ★

총포가 유럽의 힘과 문화를 형성했던 것처럼
정밀 유도 무기가 미국의 힘과 문화를 형성하고 있다.
유럽이 전쟁과 자신의 힘을 전 세계의 대양으로 확대했던 것처럼,
미국은 전쟁과 자신의 힘을 우주와 행성들로 확대하고 있다.
유럽의 힘이 국가 간의 관계를 재정의했던 것처럼,
미국의 힘도 그러한 관계를 재정의하고 있다.
유럽이 500년 동안 세계를 형성했던 것처럼,
미국도 최소한 그 기간만큼 세계를 형성할 것이다.

- 조지 프리드먼 -

★ ★ ★ ★ ★

힘과 기술 그리고 21세기 미국의 세계 지배

조지 프리드먼의
전쟁의 미래

조지 프리드먼·메르디스 프리드먼 공저 | 권재상·K전략연구소 옮김

THE FUTURE OF WAR

김앤김북스

THE FUTURE OF WAR
Power, Technology, and American World Dominance in the 21st Century
by George Friedman, Meredith Friedman

Copyrights © 1996 by George Friedman, Meredith Friedman
All rights reserved.

This Korean edition was published by KIM & KIM BOOKS in 2025 by arrangement with George Friedman, Meredith Friedman c/o Jim Hornfischer Lit. through KCC(Korea Copyright Center Inc.), Seoul.

이 책은 (주)한국저작권센터(KCC)를 통한 저작권자와의 독점계약으로 김앤김북스에서 출간되었습니다. 저작권법에 의해 한국 내에서 보호를 받는 저작물이므로 무단전재와 복제를 금합니다.

조지 프리드먼의
전쟁의 미래

초판 1쇄 발행 2025년 8월 22일

지은이 조지 프리드먼·메르디스 프리드먼
옮긴이 권재상·K전략연구소

펴낸이 김건수
펴낸곳 김앤김북스

출판등록 2001년 2월 9일(제12-302호)
주소 서울시 마포구 월드컵로42길 40, 326호
전화 (02) 773-5133
E-mail apprro@naver.com
ISBN 979-89-89566-91-5 (03340)

| 차례 |

한국어판 서문 ⋯⋯⋯⋯⋯⋯⋯⋯⋯⋯⋯⋯ 9
서문 ⋯⋯⋯⋯⋯⋯⋯⋯⋯⋯⋯⋯ 14
서론: 21세기는 왜 미국의 세기인가 ⋯⋯⋯ 21

1부　무기와 전략

01　다윗의 돌팔매: 무기의 흥망
위대한 유럽 무기 체계의 흥망 ⋯⋯⋯⋯⋯⋯⋯⋯⋯⋯⋯⋯ 53
새로운 힘, 새로운 전쟁 방식 ⋯⋯⋯⋯⋯⋯⋯⋯⋯⋯⋯⋯ 59
결론: 전쟁과 시각의 위기 ⋯⋯⋯⋯⋯⋯⋯⋯⋯⋯⋯⋯ 64

02　군인과 과학자: 미국의 군사적 실패의 기원
기술자들의 부상 ⋯⋯⋯⋯⋯⋯⋯⋯⋯⋯⋯⋯ 72
원자폭탄: 전사로서의 물리학자 ⋯⋯⋯⋯⋯⋯⋯⋯⋯⋯⋯⋯ 76
군인이 과학자와 사랑에 빠지다 ⋯⋯⋯⋯⋯⋯⋯⋯⋯⋯⋯⋯ 79
작전 연구와 제국적 과학자 ⋯⋯⋯⋯⋯⋯⋯⋯⋯⋯⋯⋯ 83
과학자 전략가들의 몰락 ⋯⋯⋯⋯⋯⋯⋯⋯⋯⋯⋯⋯ 88
결론 ⋯⋯⋯⋯⋯⋯⋯⋯⋯⋯⋯⋯ 102

03　가짜 새벽: 핵무기의 실패
핵무기의 엄청난 기이함 ⋯⋯⋯⋯⋯⋯⋯⋯⋯⋯⋯⋯ 105
핵무기와 전략 폭격 ⋯⋯⋯⋯⋯⋯⋯⋯⋯⋯⋯⋯ 109
핵무기는 어떻게 부적절해졌는가 ⋯⋯⋯⋯⋯⋯⋯⋯⋯⋯⋯⋯ 112
핵무기의 사용과 오용 ⋯⋯⋯⋯⋯⋯⋯⋯⋯⋯⋯⋯ 121

04　미국 대전략의 기본원칙: 미국의 전략과 해양
미국 해양전략의 형성 ⋯⋯⋯⋯⋯⋯⋯⋯⋯⋯⋯⋯ 134
낡은 전략, 새로운 지정학 ⋯⋯⋯⋯⋯⋯⋯⋯⋯⋯⋯⋯ 139
전략에서 작전으로 ⋯⋯⋯⋯⋯⋯⋯⋯⋯⋯⋯⋯ 143

2부   유럽 무기의 진부화

1편 지상전

05   화약에서 석유로: 전차의 영광
총포의 문제 — 165
화약이 석유를 만나다: 기갑전의 기원 — 168
전차의 전성기 — 175
뱀이 몽구스를 만나다: 전차와 대전차 미사일 — 180
이상한 과학: 전차를 계속 달리게 하다 — 185

06   진부화의 감지
어디에도 숨을 곳이 없다: 센서와 전차 — 194
플랫폼과 컴퓨터: 데이터 수집과 활용 — 201
가격이 문제가 되지 않는다면: 전차의 생존 투쟁 — 207
진부화: 기갑전의 종말 — 214

2편 해전

07   포함의 흥망
포함의 기원 — 220
귀류법으로서의 전함 — 225
몰락 이후: 전함 이후의 수상전 — 233

08   산파로서 항공모함
시대와 시대 사이에서: 항공모함의 흥망 — 249
이지스: 정밀유도미사일 대 항모전단 — 255
항공모함 시대 이후의 이지스와 해전 — 269

3편 항공전

09 항공력에 대한 최초의 사고
전투기로서 항공기 · 278
최초의 시도: 영국 전투와 영국의 대응 · 284
성배: 정밀성에 대한 미국의 연구 · 288
소이탄부터 원자탄까지: 일본의 결론 · 299

10 실패의 재검토: 베트남 전쟁과 항공력의 실패
낙승: 베트남 전쟁에서 항공력의 약속 · 306
장님의 허세: 교리 없는 전쟁 · 312
갑작스러운 여명: 정밀유도폭탄의 출현 · 317
날 때린 게 뭐야? — 항공력의 실패에 대한 첫 번째 생각 · 321
더 나은 방법이 있을 것이다: 개혁을 생각하기 · 325

11 전쟁의 새로운 패러다임: 사막의 폭풍 작전과 항공전의 미래
항공전의 클라우제비츠: 워든 대령의 정밀성에 관한 생각 · 340
항공기의 활약과 이라크의 패배 · 344
항공기를 생존하게 하기: 헬리콥터와 스텔스기 · 352
정밀 유도 무기와 승리 · 358
토마호크: 지능으로 순항하기 · 365
결론: 미래로의 전환으로서 걸프전 · 369

12 최종 게임: 유인 항공기의 진부화
민첩성과 불가시성: 생존 투쟁 · 379
비가시성에서 의식 상실까지: 스텔스전과 G-LO · 389

3부   우주와 정밀성

13   미국 전략의 새로운 토대: 우주와 현대 미국의 전략
U-2와 스푸트니크: 우주 기반 정찰의 기원 ·········· 408
우주와 전쟁에서의 디지털 혁명 ·········· 415
라크로스 경기: 레이더 영상 ·········· 422
전자 정보와 신호 정보: 엿듣기 ·········· 427
점괘를 보다: 자료의 위기 ·········· 431

14   우주와 미국 전략의 미래
왜 우주인가? 대륙간 극초음속 ·········· 442
보이지 않는 질서: 우주의 지형학 ·········· 454
'스타워즈'에서 '우리의 전쟁'으로: 우주 전쟁에 대한 최초의 생각 ·········· 465
추적과 파괴: 전쟁 구역으로서 우주 ·········· 471
우주 전쟁 ·········· 481
결론: 감시에서 발사까지 ·········· 493

15   피투성이 보병의 귀환
보병과 센서/데이터 혁명 ·········· 500
21세기의 살상 기술 ·········· 508
총력전을 넘어서 ·········· 514

|결론| 영원한 딜레마: 미국 시대의 해양 통제와 이용
정밀 유도 무기와 바다: 대전략의 위기 ·········· 521
대양의 힘과 항공모함 시대의 종언 ·········· 532
전환기의 힘의 투사 ·········· 539
후기 ·········· 549

NOTES ·········· 551

| 한국어판 서문 |

이 책은 1990년대 초에 쓰였습니다. 나는 소련이 무너지고 나서 책을 쓰기 시작했는데, 그 당시 많은 사람이 전쟁은 한물갔고 경제만이 중요한 문제라고 생각했습니다. 이는 싸움이 끝난 후, 과거와 상당히 닮은 미래를 응시하는 게 너무도 고통스러울 때 사람들이 갖는 흔한 기대였습니다. 그러나 내가 선택한 과제는 전쟁에 대해서 계속 생각하는 것이었습니다. 하지만 이 책에서 나는 특정한 전쟁이 아니라 전쟁 일반에 대해 생각했습니다. 미국인들은 전쟁이 전차와 대포, 전투기와 폭격기, 잠수함과 전함들이 주도했던, 제2차 세계대전과 매우 흡사하게 벌어질 것이라고 예상했습니다. 왜냐하면 미래의 일에 대한 상상은 일반적으로 과거에 일어난 일을 반영하기 때문입니다. 이는 상식적인 전개이지만 상식은 현실 세계를 안내하기에는 매우 빈약한 지침입니다. 특히 전쟁에 관해서는 말입니다.

『조지 프리드먼의 전쟁의 미래The Future of War』는 일어나게 될 급진적 변화를 상상하기 위한 내 시도의 결과물입니다. 나는 하나의 급진적 변화에 주목했습니다. 화기(火器)가 도입된 이후로 단 하나의 원리가 전쟁을 지배했습니다. 그것은 탄도학의 원리였습니다. 무기가 발사되면, 격발 순간 조준한 지점으로 탄약이 날아갑니다. 물론 이 무기는 당연히 부정확했습니다. 소총을 쏘든, 포격을 하든, 비행기에서 폭탄을 투하하든지 간에, 군인은 타격해야 할 목표를 향해 정확하게 발사할 수 없었습니다. 또한 격발되거나 투하되고 난 뒤에는 발사체의 탄도를 수정하는 것은 불가능했습니다. 따라서 유럽의 전쟁에서는 한 명의 적군을 사살하기 위해 수천 발의 총알이 발사돼야 했고, 수백 발의 포탄이 발사돼야 했으며, 하나의 공장을 파괴하기 위해 수천 번의 습격으로 수만 발의 폭탄을 투하해야만 했습니다. 그 결과 민간인들이 끔찍한 피해를 입었고, 파괴 대상인 목표는 간혹 온전하게 남아 있기도 했습니다.

냉전이 끝나갈 무렵 급진적인 새 무기가 도입되었습니다. 이러한 정밀 유도 무기(PGM)가 출시된 것은 1960년대 말과 1970년대 초반이었습니다. 소련은 단 몇 발의 미사일로 이스라엘 배를 침몰시켰습니다. 이집트는 보병으로 이스라엘의 전차 여단을 파괴했습니다. 미국은 탄도무기의 끝없는 공격을 견뎌냈던 북베트남의 다리를 파괴했습니다.

정밀 유도 무기라 불린 이 무기는 전투에 대변혁을 일으켰습니다. 정밀 유도 무기는 표적을 파괴하기 위해 많은 탄약이 사용되는 대규모 전투를 필요로 하지 않습니다. 정밀 유도 무기는 전차, 함선, 혹은 건물을 파괴하기 위해 하나 혹은 두 개의 폭탄이면 충분했습니다. 부정확성을 보상하기 위한 대규모 화력을 유지하기 위해 요구되는 거대한 군대는 불필요해졌습니다. 전쟁에 있어서 전혀 다른 계산법이 등장한 것입니다.

정밀 유도 무기에 대한 위협은 대(對) 정밀 유도 무기입니다. 이 무기의 목적은 정밀 유도 무기가 목표를 타격하기 전에 그것을 파괴하는 것입니다. 이에 대한 해결책은 민첩성과 속도입니다. 정밀 유도 무기는 목표를 향해 날아가면서도 기동을 통해 자신을 공격하는 무기를 회피해야 합니다. 가장 중요한 요소는 민첩성에 더해진 속도입니다. 나는 이 책에서 초고속 또는 극초음속 발사체의 등장을 기술하고자 합니다. 극초음속 영역에서 정밀 유도 무기를 운영한다면 이는 탐지 또는 요격하기가 어렵습니다. 그리고 살아남은 이 무기는 정확한 시간에 목표를 타격할 수 있는 가능성을 증가시킵니다.

이 모든 것은 현재 존재하거나 혹은 존재할 날이 머지않았습니다. 아직 완성되지 않은 가장 중요한 요소는 거리(range)입니다. 전쟁에서 전략적 문제는 군수(軍需)였습니다. 군수 문제는 두 가지 요소로 이루어져 있습니다. 첫 번째는 대포, 전차, 비행기, 그리고 함선 등의 무기를 해당 장소로 이동시키는 것입니다. 두 번째는 이들에게 지속적으로 보급하는 문제입니다. 배치와 재보급이라는 두 단계에 영향을 미치는 것은 시간입니다. 적의 사정거리 내로 군사 체계를 이동시키는 것은 적과의 교전 결심과 교전 사이에 큰 시간적 간극을 만들어냈습니다. 그리고 이는 적이 활용할 수 있는 거대한 기회의 창을 제공했습니다.

이러한 시간적 간극은 미국에 있어서 중요한 난제입니다. 또한 한국과 같이 공격을 피하기 위해 미국의 안전보장에 의존하는 국가들에 있어서도 중요한 문제입니다. 내가 『조지 프리드먼의 전쟁의 미래』를 쓰게 만들었던 '사막의 폭풍 작전' 동안, 미국이 사담 후세인의 이라크와 같은 2류 수준의 군사력을 격퇴하기 위해 미군을 해당 지역으로 배치하는 데 6개월이라는 시간이 소요되었습니다. 이게 문제입니다. 전차는 탄환을 수 킬로미터 발사할 수 있습니다. 그리고 분당 한 발 정도의 탄환을 쏠 수 있습니다. 100파운드의 탄환을 수 킬로미터 발사하는 목표를 달성하기 위해 50톤의 전차가 전차수, 전차 보급품과 함께 배에 실려 태평양을 건너야 합니다. 수 개의 기갑 사단, 포병 여단, 보병에다가 항공모함과 나머지 것들로 인해 문제가 더욱 심각해집니다. 여기에 적들이 자신이 선택한 시간에 분쟁을 개시할 수 있는 상황이 조성될 수 있습니다. 그리고 한국과 같은 동맹국들은 미국이 화력을 전개할 수 있기 전까지 자구책을 강구해야 할 것입니다. '사막의 폭풍 작전'의 경우, 운이 좋게도 사담이 쿠웨이트를 점령한 이후 사우디의 유전 지대를 공격하지 않았습니다. 이라크가 공격을 가했다면 사우디는 이를 격퇴할 수 없었을지도 모릅니다. 미국도 그 공격을 방어할 입장에 있지 않았을 것입니다. 공세적 전투를 치러야 하는 어려움으로 인해 미국이 단념했을 수도 있었습니다.

적의 정밀 유도 무기에 대한 미국의 방어책은 그 어느 때보다 취약합니다. 미군은 한국군과 함께 적에게 많은 인명 피해를 입힐 수 있지만 그들도 사상자가 나올 것이고 보강이 필요할 것입니다. 사거리가 3킬로미터인 무기를 발사하기 위해 군수집중체계(logistics' intensive system)를 7,000~8,000마일 전개해야 할 필요성은 미국의 동맹 구조와 특히, 다양한 위협에 직면해 있는 한국에 대한 재고를 요구합니다.

군대를 전개하지 않고 적을 공격할 수 있는 충분한 사거리를 지닌 정밀유도, 극초음속 무기는 다음 세대에 보게 될 필연적인 결과입니다. 그 무기는 미국에서부터 7,000마일을 날아와 한국의 비무장지대에 도달할 수도 있습니다. 음속, 즉 마하 1은 대략 시속 750마일(시속 1,207킬로미터)입니다. 마하 10으로 날아오는 무인기는 한 시간 이내에 한국에 무장을 투하할 수도 있습니다. 마하 20으로 움직인다면 30분 이하로 공격이 가능해진다는 이야기입니다. 다른 말로 하면, 미국은 적의 공격이 있고 나서 며칠이나 몇 주가 지난 시점이 아니라, 공격이 시작되는 바로 그 시점에 한국에 있는 적과 결정적일 수도 있는 교전을 할 수 있다는 이야기입니다.

극초음속 무기 체계의 공개된 속도는 대부분 대략 마하 5 정도이고, 사정거리는 요구되는 것보다는 훨씬 적습니다. 그래서 우주 기반 체계가 더 빠를 수는 있지만 지속적인 화력을 유지할 수는 없을 것입니다. 한 번 발사된 이후에는 아마도 후속 공격이 제한적일 것입니다. 하지만 마하 20으로 날아다니는 무인기는 무장을 사용하고 재장전이 가능할 것입니다. 또한 그 속도와 기민함은 적들이 무인기를 파괴하는 것을 어렵게 만들 것입니다. 아직까지는 마하 20은 먼 미래의 일입니다. 하지만 생각해 보면 마하 5 역시 내가 『조지 프리드먼의 전쟁의 미래』를 썼던 시기에는 도달할 수 없는 영역이었습니다. 기술은 진화하고, 그 기술은 국가의 전략적 요구에 부응하기 마련입니다. 정밀유도 장거리 무인기의 극초음속 형태로의 진화는 미국이 한국과 같은 동맹국들을 방어하려면 필수적입니다.

물론 이 진화는 아직 마지막 차원을 남기고 있습니다. 장거리 극초음속 무기를 사용하기 위해서는 인간의 시력으로 볼 수 없는 적을 볼 수 있어야 합니다. 멀리 있는 표적을 보고, 무기를 발사하는 사람에게 표적 정보를 제공하고, 그리고 무장 운용 결과를 평가하기 위해서는 우주 기반의 위성이나, 우주에서 기동할 수 있는 실험적인 플랫폼인 미국 우주선(US Space Plane)과 같은 기동 가능한 플랫폼을 사용해야만 합니다. 당신은 보고 있는 것을 정밀하게 공격할 수 있지만, 보기 위해서는 반드시 우주에 있어야만 합니다.

심지어 오늘날도 주요한 분쟁에서 군은 적의 우주 기반 체계를 파괴해 그들의 눈을 멀게 만들어야 합니다. 장거리, 극초음속 정밀 타격으로 나아감에 따라 우주 통제는 사활적인 문제가 될 것입니다. 한국의 시나리오에서, 적은 반드시 미국의 우주 플랫폼을 파괴해야 하며, 만약 파괴하지 못한다면 미국의 반격을 방어할 수 없을 겁니다. 미국의 반격은 한 시간 이내로 신속하게 이루어질 것이고 적의 우주 플랫폼에 의해 감지되지 않을 것입니다. 왜냐하면 적의 우주 플랫폼이 이미 먼저 파괴되었을 것이기 때문입니다. 상대방의 눈을 멀게 만들어야 합니다. 아니면 본인의 눈이 멀게 되고 무력해질 것입니다. 따라서 전쟁의 결과를 결정할 궁극적인 전장은 우주가 될 것입니다.

내가 『조지 프리드먼의 전쟁의 미래』를 썼을 때는 지금 내가 논하고 있는 많은 것들이 상상조차 할 수 없었습니다. 지금 시점에서 그것들은 점진적으로 실현되고 있습니다. 우주 전쟁, 극초음속, 그리고 정밀성의 원리들은 모두 분명하게 이해되고 있습니다. 물론 극복해야 할 대단히 중요한 기술적 난관들이 여전히 존재하지만, 사거리가 제한적인 마하 5의 속도에는 이미 도달했듯이, 그것들이 극복되리라는 것은 더 이상 상상할 수 없는 일이 아닙니다.

그 시점이 되면 소통을 위한 연락장교 이외에 미군의 한국 주둔은 중요한 사안이 되지 않을 것이고, 한국군 역시 지금과는 다른 모습일 것입니다. 더 중요한 것으로, 기술이 확산됨에 따라, 그리고 기술은 항상 확산되기 때문에, 권력은 거대한 인구나 공장 그리고 무기들을 가진 나라들에 있지 않을 것입니다. 권력은 지상에서 우주로 향하는 기술의 지배와 빠르게 혁신하는 능력에 달려 있을 것입니다. 이런 측면에서 미국은 규모와 기술의 이점을 가지고 있습니다. 한국과 같은 미국의 동맹들도 중요한 기술 기반을 가지고 있고, 이는 새로운 형태의 전쟁과 힘의 투사를 위한 새로운 가능성으로 나아가는 문을 열 것입니다. 어떤 의미에서는, 핵무기는 기습에 매우 취약해질 것이고, 대규모 포병을 상대하는 비용 역시 크게 바뀔 것입니다.

| 서문 |

우리는 1991~1992년 사이의 희열에 대한 반응으로 이 책을 쓰기 시작했다. 소련 붕괴의 여파로, 몇 가지 사실이 상식처럼 받아들여졌다. 미국 경제의 실패로 미국의 시대는 끝나가고 있고, 군사력은 경제력만큼 중요하지 않다는 것이었다. 역사가 확실히 극적인 전환을 했다는 것이다. 물론 이러한 것들을 여전히 믿고 있는 사람들이 전보다는 적지만 많이 있다. 미국 경제는 비판자들이 생각했던 것보다 훨씬 건실한 것으로 증명되고 있고, 전쟁은 계속해서 도처에서 일어나고 있다. 그리고 세계는 여전히 도덕적, 물질적 문제를 놓고 서로 싸우고 있다.

우리는 국제 체제를 매우 전통적 관점에서 바라본다. 전쟁은 계속 벌어질 것이고 군사력은 매우 중요할 것이고 20세기를 규정했던 미국의 경제적 기적은 21세기도 계속해서 규정할 것이다. 그러나 우리는 상당히 급진적인 주장도 제기하려 한다. 전쟁이 여전히 국제 체제를 지배하고 규정하지만 전쟁 수행의 방식은 크게 변하고 있으며, 이는 미국의 국력을 크게 강화시킬 것이다. 실제로 21세기는 미국의 압도적이고 지속적인 힘에 의해 규정될 것이다. 우리는 이러한 미국 국력의 상승이 5백 년간 이어져 온 세계 체제의 그저 또 다른 순간이 아니라 실제로 새로운 세계 체제의 개막이라고 주장한다. 우리는 유럽 중심의 세계가 북미 중심의 세계로 대체되는 완전히 새로운 시대에 있다.

이러한 역사적 전환의 이유 중 일부는 지정학에 근거하고 있다. 미국은 두 대양에 걸쳐 있는 유일한 강대국이며, 태평양은 경제적 중요성에 있어 대서양의 라이벌이 되었다. 하지만 우리의 논거 중 일부는 순전히 군사적인 것이다. '사막의 폭풍 작전' 도중에 뭔가 특별한 일이 발생했다. 완전히 일방적인 승리, 즉 미군은 거의 인명피해를 입지 않았지만 이라크군은 궤멸했다는 사실은 군사력에서의 질적 변화를 가리킨다. 표면적으로 이라크는 가공할 군사력을 갖고 있었다. 1970년 또는 1980년의 기준에서 보면, 이라크는 다국적군에 상당한 인명 피해를 입혀야 했다. 우리는 과거에 1939년 독일의 폴란드 침공과 1967년의 6일 전쟁과 같은 일방적인 승리를 목격한 바 있지만, 한쪽이 그토록 미미한 인명 피해를 입은 경우를 본 적이 없었다. 결국 제2차 세계대전 후 세계에서 나름 군사 강국이었던 이라크가 탈냉전 세계에서 임자를 만난 것이다. 세대 변화가 일어난 것이다.

우리는 '사막의 폭풍 작전'에서 중대한 역할을 담당했던 새로운 종류의 무기인 정밀유도탄(PGM)에 주목한다. 정밀유도탄은 다른 무기들과 다르다. 기존의 폭탄들은 일단 발사된 후에는 중력학과 탄도학의 일반적인 원리를 벗어나지 못한다. 이에 반해 정밀유도탄은 발사된 이후에도 탄도를 수정할 수 있었다. 센서와 컴퓨터로 인도되든 또는 인간의 조종으로 인도되든, 정밀유도탄은 전쟁의 통계적 기초를 바꾸어놓았으며, 그와 함께 군사적 힘과 정치적인 힘 모두의 계산을 바꾸어놓았다. 이전에는 표적을 격파하기 위해 수천 발의 발사가 필요했으나, 이제는 단 몇 발로 충분해졌다.

많은 사람들이 이 사건을 목도했다. 하지만 정밀유도탄이라는 이 혁신은 우리 생각에 인류 역사의 결정적 순간으로서 화기(firearms), 중장보병 밀집대형(phalanx), 그리고 전차(chariot)의 도입과 어깨를 나란히 한다. 그리스는 중장보병 밀집대형 전술로 영광을 얻었으며, 전차는 페르시아 제국을 탄생시켰고, 유럽은 총포로 전 세계를 정복했다. 이 각각의 무기들은 전쟁이 수행되는 방식뿐만 아니라 인류 역사의 본질을 규정했다.

무엇보다도 이 새로운 유형의 무기는 총력전(total war) 시대의 종말 가능성을 열어 놓는다. 총력전은 총포 기술의 두 가지 특성에 기초하고 있다. 부정확성과 이를 보상하기 위해 고안된 대규모 폭발력이 그것이다. 또한 쉽게 잡히지 않는 표적을 맞추기 위해 대량의 무기가 생산되어 함께 발사되거나 투하되어야 했다. 이는 전쟁을 하려는 사회의 총체적 동원을 요구했고, 사회 전체가 적의 공격 표적이 되게 했다. 그 결과 전대미문의 학살이 연출되었다. 정밀유도탄의 정확성은 우리에게 전혀 다른 시대를 선사하겠다고 약속한다. 어쩌면 훨씬 더 인도적인 시대일 수 있다. 무기의 도덕적 특성에 대해 호의적으로 말하는 게 이상하지만 토마호크(Tomahawk) 미사일이 표적을 정확히 명중시키는 영상은 제2차 세계대전의 전략 폭격과 비교해볼 때 심오한 도덕적 메시지와 의미를 던진다. 전쟁은 흔히 볼 수 있고 끔찍한 인간 조건의 일부일 수 있지만, 전쟁의 영속성이 20세기의 학살 또한 영구적이라는 것을 반드시 의미하지는 않는다.

우리는 우리가 새로운 전쟁의 시대에 진입하고 있다고 믿는다. 하지만 우리는 전쟁 수행 방식에 있어 극적인 변화가 나타나고 있지만, 전쟁의 영구적인 토대는 변하지 않고 있다는 점을 강조하고자 한다. 그리스의 중장보병에게 진실이었던 것은 미군 병사에게도 진실이며 그것은 정밀 유도 무기의 시대에도 진실이 된다. 전사(戰士)의 가치는 예나 지금이나 용기, 헌신, 극기심이며 정밀 유도 무기는 전차나 쇠뇌, 청동제 갑옷이 했던 것 이상으로 전쟁의 본질을 바꾸어 놓지는 않을 것이다. 기술은 인간이 싸우고 죽는 방식을 바꾸지만 전투의 공포와 영광을 바꾸거나 죽음의 현실을 바꾸지는 않는다.

따라서 이 책은 전쟁의 미래 중 한 부분에 관한 것이다. 또 다른 부분, 즉 전쟁의 영구불변한 진실은 여기서는 논의되지 않는다. 이는 그것이 중요하지 않기 때문이 아니다. 그와는 정반대로, 그것은 여기서 논의하려고 하는 부분보다 더 중요할 수 있다. 우리는 전쟁의 미래의 한 부분, 즉 기술적 측면을 다루는 것에 만족한다. 어떤 면에서는, 왜 한 병사가 가정과 전쟁의 참화 사이에 스스로를 두기로 선택하는지를 설명하는 것보다는 전쟁의 기술적 측면을 논하는 것이 더 단순하기 때문이다. 우리는 더 단순한 주제, 즉 다가오는 세기들이 새롭고, 여전히 초기 단계인 기술에 의해 변모되고 있는 방식을 다루는 것에 만족한다.

새로운 세대의 무기들은 논란을 불러일으킨다. 하지만 획기적인 신기술이 논란의 대상이 되지 않았던 적이 없으며, 어디에서도 군대에서만큼 논란이 심하지 않다. 전차와 항공기 모두 그것들이 소개되고 나서 10년이 지나도록 진지한 군사이론가들의 인정을 받지 못했다. 열심히 나무를 세느라 숲을 보지 못하는 것으로 유명했던 일반 회계국(General Accounting Office)이 1996년 7월 발표한 보고서에서 무기 체계의 성능—특히, F-117, TLAM 토마호크 미사일, 레이저 유도탄—에 관한 국방성과 군수업체들이 전후에 제기한 주장들이 과대평가되었고, 오류에 차 있으며, 가장 신뢰할 수 있는 자료와 부합되지 않거나 입증 불가능하다고 주장한 것은 전혀 놀랄 일이 아니다. 일반 회계국은 특히 정밀무기가 일발필도(一發必到)를 달성했다는 선전을 걸고넘어졌다. 분명히 일발필도가 달성된 것은 아니었다. 그럼에도 불구하고, 명중 가능성이 비약적으로 증가한 것은 엄연한 사실이었다. 간단히 말해서, '사막의 폭풍 작전'에서는 정밀 유도 무기의 초기 모델이 사용되었다. 만약 그 무기들이 초기 모델이었다면, 완전히 성숙한 체계의 위력은 어느 정도가 될 것인가? 나무보다는 숲이 훨씬 더 중요하다.

우리는 화기가 전장의 주변부에서 핵심부로 이동하기까지 수 세기가 걸렸다는 점을 염두에 두어야 한다. 어떤 기술의 등장과 그것이 군사 교리와 전략에 활용되는 것 사이에는 엄청난 간극이 있다. 스타워즈(Star Wars) 기술의 전술적 전장 응용에서 시작된 과정은 사막의 폭풍 작전에서 제한적인 모습으로 처음 선보여졌다. 적절한 시점에 전차, 유인 항공기, 항공모함 같은 구형 기술들은 사라지게 될 것이다. 핵심은 적절한 시점이라는 용어에 있다. 이러한 과정은 진행 중이지만, 신기술들은 기존 기술을 보완할 뿐 아직 대체하지는 못하고 있다.

우리에게는 우리의 독자들이 우리가 세대적 전환과 심지어 새천년의 전환에 대해 이야기하고 있다는 사실을 이해하는 것이 중요하다. 항공모함과 전차는 대체되겠지만 지금 당장 그것들을 대체할 만한 것은 없다. 신기술에 대한 기대에 부푼 나머지 미국의 기존 군사력을 해체하는 것은 범죄적 실수에 가깝다고 할 것이다. 우리는 여기서 수십 년 안에 판명되는 미래를 따져보려고 한다. 미래가 지금 완전한 형태로 여기 있다고 생각하는 것보다 미국의 국가 안보를 훼손하는 것은 없을 것이다.

따라서 우리는 독자들이 이 책을 읽으면서 세 가지 사항을 유념하도록 요청한다.

- 이 책은 미국의 군사력에 중점을 두고 있는데, 이는 저자인 우리가 미국인이기 때문만이 아니라 우리가 미국을 여전히 부상하고 있는 나라이고 세계체제의 중심이라고 보기 때문이다. 미국이 만드는 군대는 군사력의 전형이 될 것이다.
- 이 책은 전쟁의 일부분, 즉 기술에 관한 책이다. 전쟁 전반을 다루는 책이 아니다. 우리가 기술에 중점을 둔다고 해서 전사의 혼(魂)과 전쟁의 잔혹함이 첨단 기술에 의해 사라질 것이라고 믿는다고 오해해서는 안 된다. 동시에 우리는 20세기의 공포가 불식될 수도 있다는 진정한 희망을 품고 있다.
- 이 책은 다음 연도 국방예산에 영향을 주려는 의도가 없으며, 그 지침으로 간주되어도 안 된다. 미국은 결코 신기술이 더 낮은 비용으로 일을 대신해 주기를 희망하면서, 예산과 인력을 삭감할 처지에 있지 않다. 오히려 그 반대이다. 신기술이 준비되고 성숙하는 동안 기존 전력이 유지되고 심지어 현대화되어야 하기 때문에, 신중한 정책은 더 많은 예산을 요구할 것이다.

그러므로 이 책은 미래의 전쟁 중 일부에 관한 것이다. 이 책은 전쟁 전반에 관한 것이 아니고, 정말로 오늘날의 전쟁에 관한 것이 아니다. 이 책은 군복무의 기술에 관한 것도 아니고, 예산 문제에 관한 것도 아니다. 이 책은 유럽과 총포의 시대라는 5백 년간 지속된 시대의 종언과 미국과 정밀무기의 시대라는 새로운 시대의 시작에 관한 것이다.

물론 우리는 지난 몇 년 동안 이 책을 쓰고 전쟁에 대해 사고할 수 있도록 도움을 준 많은 사람들을 잊을 수 없다. 우리를 도왔던 루이지애나 주립대와 그 외 기관 분들에게 감사 드린다. 특히, 레너드 호크버그, 매트 베이커, 팀

레이놀스에게 감사 드린다. 편집 과정에서 도움을 준 로렐, 베키, 아만다, 에이미 그리고 다른 분들에게도 감사 드린다. 초고를 다시 정리하는 데 도움을 준 키티 로스에게도 감사 드린다. 무엇보다도, 인내심을 갖고 우리를 지켜봐 준 편집장 마이클 데니와 그의 비서 존 클라크에게 감사 드린다.

이 책을 쓰는 데 빼놓을 수 없는 기여를 했지만, 책이 나오기 전에 똑같은 끔찍한 질병으로 세상을 떠난 두 친구에게도 감사를 전하고 싶다. 밥 오스캠은 첫 번째 문헌 조사원으로, 우리가 일을 시작할 수 있게 했고, 비록 기억을 통해서일지라도 여전히 도움을 주고 있다. 그리고 오랜 세월 동안 우리의 벗이었던 폴 올슨은 이 책의 많은 아이디어들에 영향을 주었다. 우리는 그가 이 책의 출간을 기뻐하길 바라고, 그에 대한 고마운 마음을 항상 간직할 것이다. 도움을 준 다른 모든 분들에게도 감사를 드린다.

마지막으로, 우리의 자녀들인 메미, 데이비드, 에드워드, 조나단에게도 고마움을 전하고 싶다. 그리고 그들의 귀여운 음성으로 다음과 같은 말을 다시는 듣지 않기를 기도한다. "엄마, 아빠, 그 책 도대체 언제 끝낼 건가요?"

서론

21세기는
왜 미국의 세기인가

The Dawn
Of The American Epoch

THE FUTURE OF WAR

21세기는 미국의 세기가 될 것이다. 이 말은 이상하게 들릴 것이다. 왜냐하면 20세기는 미국의 시대였고, 20세기의 끝에 이르러서는 미국의 우위도 끝나고 있다는 것이 일반적인 믿음이기 때문이다. 하지만 제1차 세계대전이 미국의 개입으로 판가름 난 때부터 지금까지의 시기는 단지 서막에 불과했다. 지난 백여 년 동안에는 단지 미국이 지닌 힘의 대체적인 윤곽이 가시화되었을 뿐이다. 미국의 힘은 아직 완전하게 형성되지 않았고, 일시적인 문제와 대단치 않은 도전들—스푸트니크, 베트남, 이란, 일본—에 항상 가려져 있었다. 돌이켜 보면 미국의 어설픔과 실패들은 청소년기의 실수와 같았고 그다지 심각한 것들은 아니었다. 소련의 해체와 더불어 진정한 의미의 미국의 세기는 시작되었고, 경제적, 군사적 삶의 패턴은 미국을 국제체제의 중심으로 만들었다. 2000년은 첫 번째 글로벌 지정학 시대를 마감하고 두 번째 시대의 문을 연다. 이 두 번째 시대는 모스크바의 거리에서 분출하기 전 거의 백 년 동안 준비되어 왔다.

20세기가 하나의 거대한 사건으로 기억된다면, 그것은 유럽 제국 체제의 붕괴일 것이다. 그러한 붕괴는 15세기 스페인과 포르투갈 간 분쟁에서 시작하여 두 차례의 세계적 충돌로 끝이 난 구세계(Old World)의 재앙적 내전 결과였다. 거의 500년 동안 유럽의 전사와 상인들이 이끌어 왔던 역사가 종식되었다. 유럽 제국주의의 붕괴는 또한 사상 최초로 동부와 중부 유럽을 단일 지배권 아래 통합해낸 거대 유라시아 세력과, 일찍이 그 어느 때보다도 세계의 대양들을 더 확고히 지배한 거대한 서반구 세력 간의 짧고 치열한 경쟁을 가져왔다.

이제 그 투쟁은 끝났다. 경제적 비효율성을 극복할 수 없었던 소련은 무너졌고, 통일된 유라시아의 꿈도 산산조각이 났다. 하나의 유일한 강대국 미국만이 갑작스럽게 그리고 예상치 못하게 혼자서, 승리를 거둔 채 살아남았다. 미국은 북아메리카를 완전히 지배하고 있다. 미 해군은 자신들이 원하는 어디든 가고, 자신들이 원하는 어떤 일이라도 할 수 있다. 미 육군은 유라시아에 상륙해 적군을 쓸어버리고, 마약 거래상을 체포한다는 사소한 이유만으로

라틴 아메리카에 마음대로 개입하고 있다. 다른 국가들은 일시적으로 미국보다 더 효율적으로 물건을 생산하고 판매할 수도 있지만, 그것은 어디까지나 미국의 양해가 있어야만 가능한 일이다.

소련의 붕괴와 냉전 종식은 신대륙 발견을 위한 콜럼버스의 대항해 이후 정확하게 500년 만의 일이다. 관련이 없어 보이지만, 이 두 가지 사건은 서로 긴밀히 연결되어 있다. 바스쿠 다가마Vasco da Gama나 마젤란Magellan 같은 이들의 항해와 함께, 콜럼버스의 신대륙 발견은 인류 역사에서 전례 없는 시대를 열었다. 유럽의 지배 하에서, 인류는 처음으로 그 자신을 완전히 인식하게 되었다. 최초의 세계 체제가 성립되고 나서 500년 후 소련의 몰락은 그 시대의 종언을 나타냈다. 유럽의 지배 위에 수립된 세계는 끝났다. 미국의 힘에 기반한 새로운 세계 질서가 시작되었다.

소련이 붕괴하기 10년 전, 이례적인 사건이 조용하게 발생했다. 1980년, 사상 최초로 태평양 횡단 무역액이 대서양 횡단 무역액과 동일해졌다.[1] 이는 더 이상 대서양을 지배하는 것은 그 자체로 더 이상 세계적 부의 열쇠가 아님을 의미했다. 이제는 태평양과 대서양을 동시에 지배하는 것이 필수적이었다. 두 대양 중 어느 하나라도 접하는 나라가 그렇지 못한 나라들에 비해 유리한 한편, 태평양과 대서양에 접한 나라는, 적어도 지정학적으로는 타의 추종을 불허하는 우월한 위치에 있게 된다. 물론 그 나라가 자신의 지리적 이점을 정치, 군사적으로 활용할 능력이 있다는 전제 하에서 말이다.

오직 한 나라만이 대서양과 태평양에 모두 접해 있으면서 그 이점을 활용할 능력이 있다. 미국의 정치-군사력에 도전할 수 있는 유일한 세력이었던 소련의 붕괴로, 국제체제의 중심은 마침내 그리고 결정적으로 유럽을 떠나 미국으로 옮겨갔다.

거대한 지정학적 변화는 항상 전쟁 수행 방식의 급격한 전환을 동반한다. 지리는 전투에 필요한 전력(force)의 유형을 규정함으로써 군사 기술과 군사 문화의 성격을 결정한다. 내륙 국가는 도서 국가와 다르게 전쟁을 수행하며, 또 적이 가까이에 있는 국가는 적이 멀리 있는 국가와 다르게 싸운다. 유럽 열강들이 필요로 했던 군사력은 몽고 유목민들의 그것과는 아주 달랐다.

미국은 유럽-아시아와 격리되어 있기 때문에, 유라시아에 대한 군사 개입은 항상 멀리 떨어진 곳에서 이루어지게 된다. 따라서 미국의 병력은 항상 현지 병력보다 적을 수밖에 없다. 그리하여 수가 더 적은 미국 또는 동맹국 군대의 위력을 크게 증가시키는 무기는 미국 대전략의 토대가 되어왔다. 따라서 미국이 지닌 힘의 열쇠 중 하나는 무기 혁명이었다.

지난 5세기 동안 화기(firearms)는 전쟁을 지배해 왔다. 모든 화기는 본질적으로 탄도학적 제약을 받는다. 일단 발사된 후에는 탄환을 통제할 수 없다. 그리고 그것들은 근본적으로 부정확하기 때문에 다량 발사 시에 효과를 볼 수 있었다. 이것은 대규모 육군, 대규모 산업 시설, 대규모 상선을 의미했다. 그러나 지난 수십 년간, 탄환 발사 후 탄도가 수정 가능해진 형태의 고도로 정확한 무기가 발명되면서 미국은 탄도무기를 없애 버릴 기초를 마련했다. 사막의 폭풍 작전에서 보듯이 이 신무기들은 미국과 동맹군들이 수적으로 우세한 이라크군을 완전히 압도할 수 있게 해주었다.

이 책은 새로운 지정학 시대가 초래한 새로운 전쟁의 시대에 관한 책이다. 그러나 미래의 전쟁이 수행될 방식을 다루기에 앞서, 우리는 전쟁에 미래가 있는지 한번 생각해 보아야 한다. 이는 이상한 시작 방법처럼 보이는데, 인류의 역사는 곧 전쟁의 역사였기 때문이다. 그러나 오늘날 어떤 사람들은 이제 전쟁은 더 이상 쓸모가 없는 것이 되었다고 진지하게 말하고, 또 다른 사람들은 핵무기의 등장으로 전쟁은 생각할 수 없는 것이 되었다고 한다. 그리고 또 어떤 사람들은 냉전 종식으로 경제적 문제가 정치, 군사적 문제보다 훨씬 더 중요해졌다고 본다. 우리는 정말로 현기증 나는 자본주의의 봄날에 살고 있다. 이 시대에는 자본주의 이데올로기의 기저에 있는 급진주의가 전면에 부각될 수밖에 없다. 즉, 돈과 개인적 야망이 인간의 모든 제도—국민국가를 포함해—를 잠식하고, 그럼으로써 전쟁을 부적합하게 만드는 것처럼 보인다. 국경 없는 경제, 정치적 고려가 없는 자본 흐름에 대한 끝없고 열성적인 토론에서 냉철한 사업가들은 마르크스주의자들과 같은 극단적인 발언을 해왔다.

마르크스주의자들은 한 세기 동안 국민국가의 종말과 경제 발전에 기반한 세계 평화 시대의 도래를 예견해 왔다.

클린턴 대통령의 핵심 보좌관인 로버트 라이히Robert Reich는 다음과 같이 강력하게 주장했다. "우리는 다음 세기의 정치와 경제를 뒤바꿔 놓을 변화를 경험하고 있습니다. 어떤 국가적 생산품도, 국가적 기술도, 국가적 기업도, 국가적 산업도 없을 겁니다. 국경 안에 뿌리를 두는 것은 단지 국가를 구성하는 사람들뿐일 것입니다."[2]

국가의 중요성이 감소하는 것에 대한 이 같은 믿음은 단지 기업인이나 경제학자에 국한되지 않으며, 미국인에게만 해당되는 것도 아니다. 전 미국 국무장관 조지 슐츠George Shultz, 전 프랑스 대통령 지스카르 데스탱Valery Giscard d'Estaing, 전 이스라엘 수상 시몬 페레스Shimon Peres 같은 지도자들도 같은 생각을 가졌다.[3]

전쟁에 미래가 있다는 것을 반박하는 가장 설득력 있는 논리는 다음과 같다. 미국, 유럽, 그리고 일본과 같은 오늘날의 강대국들은 경제적으로 상호 연관되어 있으며, 전쟁이 일어난다면 그들 간의 중요한 관계가 망가져 버린다는 것이다. 이 국가들은 국제경제 체제에서 충분한 이점을 누리고 있으므로 전쟁으로 인한 혼란이 전쟁으로 얻을 수 있는 이점보다 훨씬 크다는 것이다. 따라서 대규모 전쟁은 앞으로 없을 것이다. 다시 말하면 강대국 간의 전쟁은 없을 것이라는 예측이다. 작은 국가들 간의 분쟁은 가능한 일이다. 때로는 강대국들이 이러한 분쟁을 제한하기 위해 공동으로 군사력을 동원할 수도 있지만 과거와 같은 대전쟁이 미래에 일어나지 않을 것이라고 예측한다.

이것은 단지 막연한 추측이 아니라, 설득력 있고 합리적인 주장이다. 유일한 결점은 그것이 틀리다는 것이다. 경제적 협력은 경제적 상호의존을 낳는다. 상호의존은 마찰을 야기한다. 경제적 이익 추구는 국가들이 필사적인 조치를 취하도록 만드는 필사적인 게임이다. 이런 사실은 역사적으로 증명될 수 있다. 20세기 초에 국제적인 경제적 상호의존은 사상 최고 수준에 있었고, 그것은 전쟁을 예방하기는커녕 야기하는 데 기여했다.

또한 자본가들이 전쟁이 한물간 것이라고 여긴 것이 이번이 처음은 아님을 기억해야 한다. 1913년, 즉 제1차 세계대전 직전에도 그 같은 생각은 만연해 있었다. 광범위한 영향력을 미쳤던 『거대한 환상The Great Illusion』(1910)에서, 노먼 에인절Norman Angell은 경제적 요인에 비추어볼 때 강대국 간의 전쟁은 진정으로 불가능하다고 주장했다.

> 비록 우리가 독일을 말살할 수 있다 해도, 우리는 독일이라는 중대한 채무 국가를 말살해서 런던이 절망적인 공황에 빠지게 될 것이다. 그와 같은 말살에 의해 캐나다와 남아프리카를 합친 것에 버금가는 시장이 파괴되는 문제 말고도, 그러한 공황은 우리의 무역에 심각한 영향을 주게 되는데, 독일이 이전에 중립 시장에서 차지했던 것을 대신하는 그런 종류의 상황이 아닐 것이다.[4]

이로부터 4년 뒤, 에인절의 주장은 완전히 잘못된 것으로 입증되었다.

제1차 세계대전 이전의 국제주의자들과 마찬가지로, 이 새로운 급진적 국제주의자들은 국가 및 지역 경제의 세계적 통합이 전쟁 비용을 너무 높여서 그 어떤 합리적인 국가도 그 비용을 감수하지 않을 것이라고 주장한다. 그래서 그들은 다가오는 시대를 극히 평화로운 시대로 보고 있으며, 그러한 시대에는 경제적 경쟁이 주된 문제이고, 정치적 경쟁은 부차적인 문제이며, 전쟁은 생각할 수도 없다고 여긴다. 따라서 세계의 강대국들은 무기를 쥔 군인들보다는 상품 카탈로그를 쥔 세일즈맨들을 파견할 것이다. 기업인이 군인보다 더 중요하게 여겨지고, 경제학자가 정치학자보다 더 통찰력 있다고 여겨지며, 기업이 국가보다 더 강력하다고 여겨진다.

그러나 이러한 기본적 주장들이 옳은 것일까? 지금의 상호의존 수준은 진정 전례 없는 것일까? 우리는 국가들 사이의 경제적 상호의존 정도를 대략적으로 계산할 수 있다. 또한 우리는 그런 상호의존 수준에서 전쟁이 가능했는지 여부를 밝힐 수 있다. 전쟁이 일어났는지 안 일어났는지 알 수 있기 때문

	영국	프랑스	독일	벨기에	이탈리아	일본	미국	호주
1913	33.9%	13.8%	19.2%	57.1%	12.4%	14.2%	7.2%	42.2%
1929	23.3	17.3	16.9	47.8	10.2	15.9	6.7	36.4
1956	22.3	14.5	15.5	32.6	8.1	9.2	5.5	14.2
1975	26.0	19.0	20.7	45.2	16.4	11.1	6.9	12.3
1993	19.4	16.5	23.1	52.6	18.5	8.4	7.2	15.0

〈표 1〉 국내총생산(GDP)에서 상품 수출이 차지하는 비중[6]

이다. 예를 들면, 우리는 1914년 이전에 유럽 강대국들 사이에 얼마나 많은 교역이 발생했는지 알고 있고, 그것이 무시무시한 전쟁을 막기에 불충분했다는 것을 알고 있다. 따라서 군사력의 중요성 저하와 전쟁 위험의 감소라는 주장을 진지하게 고려한다면, 1913년 제1차 세계대전 직전보다 오늘날 국제 교역과 금융이 훨씬 더 높은 수준에 있다는 것을 입증할 필요가 있다.

이례적인 사실은 교역과 투자의 측면에서, 세계 경제 활동은 20세기 동안 그다지 증가하지 않았고, 대체로 제1차 세계대전 발발 당시의 수준을 유지했다는 것이다. 더욱이 국제적 경제 활동의 아주 적은 증가는 세계적이라기보다 지역적이었으며, 이는 국제적 경제 통합에 대한 장벽이 오히려 강화되었음을 가리킨다.

예를 들면, 1913년 영국은 국가 소득에서 수출이 차지하는 비중이 3분의 1이었다. 1993년에는 수출이 영국 GDP의 5분의 1보다도 적어졌다. 전체적으로 볼 때, 1993년 기준 세계 GDP에서 세계 수출이 차지하는 비중은 12.2%에 불과했다. 결코 기록적인 수준이라고 할 수 없다. 용역 수출을 계산에 넣는다 하더라도 달라질 것은 거의 없다. 전 세계적 기준에서 용역 수출은 세계 GDP의 4.3%(1992년)를 넘은 적이 없으며, 1988년에는 1.8%까지 떨어졌다. 1993년 일본의 용역 수출은 GDP의 2%에 불과했을 뿐이다.[5] 따라서

	1913	1992
영국	8.2%	1.4%
프랑스	3.7	2.3
독일	4.3	0.8
미국	순 차입자	0.5
일본	순 차입자	0.4

〈표 2〉 국민총생산(GNP)에서 해외직접투자가 차지하는 비중[8]

1913년 당시 용역 수출이 전혀 없었다고 하더라도 1913년에 달성된 수준 이상으로 세계 무역이 성장하지 않았다고 보아도 무방하다.

무역 비중이 높아진 유일한 나라들은 유럽 국가들인데, 특히 유럽 공동체(EC)에 속한 국가들이 이에 해당한다.[7] 유럽 공동체가 성립되면서 유럽 전체는 점점 더 하나의 국가처럼 되고 있으며, 최소한 하나의 경제 주체처럼 되어가고 있다. 오늘날 벨기에와 프랑스 간의 교역을 국제교역으로 여긴다는 것은 캘리포니아 주와 일리노이 주 간의 거래를 국제거래로 다루는 것과 마찬가지다. 그러므로 우리가 유럽 공동체 내부의 교역을 제외한다면 수출 의존도는 8.6%로 떨어진다. 이는 미국보다 약간 높고 일본보다는 훨씬 낮은 수준이다.

요컨대, 순수 무역은 용역을 포함하더라도 전체 세계 경제에서 차지하는 비중이 결코 크지 않다. 더욱이 그 수준은 지난 한 세대 동안 증가하지 않았고 1913년보다 오히려 저하되었다. 국제적 투자의 중요성 증대에 관한 주장도 마찬가지로 타당하지 않다.

1913년, 선진국들은 GNP의 4~8%를 외국에 수출했다. 오늘날 GNP의 2.3% 이상을 해외 투자하는 나라는 없고, 평균 2%에도 못 미친다. 따라서 높은 수준의 상호의존과 오늘날 그것이 전쟁을 예방할 수 있다는 주장은 어설프게 들린다. 상호의존의 증가와 세계화는 환상일 뿐이다. 세계대전 직후의 시점에는 분명 세계적 경제 활동이 신장하였으나, 이것은 일탈적인 현상일 뿐이었다. 전쟁의 상처가 가신 뒤 일반적인 경제 활동, 특히 국제 경제 활동은 균형을 회복했고 상호의존과 세계화 수준은 제1차 세계대전 이전으로 되돌아갔다.

상호의존이 평화를 가져온다는 주장은 이론과 실제 모두에서 결함을 가지고 있다. 갈등은 마찰에서 야기된다. 특히 국가 간 갈등은 서로 다른 국가들의 근본적인 이익이 관련되어 있는 마찰에서 비롯된다. 국가 간 상호의존이 낮을수록 심각한 마찰의 영역이 적어진다. 상호의존이 높을수록 마찰의 영역도 커지고, 따라서 갈등이 빚어질 가능성도 커진다. 멀리 떨어져 있고 교역량도 적은 두 나라 사이에서는 전쟁이 일어날 가능성은 적다. 브라질과 마다가스카르가 전쟁할 가능성이 별로 없는 것은 다름 아닌 양국 간 관련성이 별로 없기 때문이다. 반면 막대한 규모의 교역과 금융 관계를 갖고 있는 프랑스와 독일의 경우 지난 70년 동안에 세 차례나 전쟁을 벌였다. 이렇게 볼 때 상호의존은 갈등의 근원이지 결코 억지 요인이 될 수 없다.

물론 한 나라가 다른 나라를 효과적으로 흡수하거나, 양국의 이해관계가 완전히 일치해서 두 나라가 융합되는 상호의존의 경우도 있다. 또한 어느 한 국가의 경제, 군사, 정치력이 압도적이고 불가피한 상호의존의 경우에는 평화가 유지된다. 선진 산업 국가들과 제3세계 국가들 간의 관계에서는, 이러한 종류의 비대칭적 관계가 종종 나타날 수 있다.

이런 모든 관계들은 불안 요인을 내포하고 있는데, 특히 상호의존 정도가 높을 때 그러하다. 한 국가나 두 국가 모두가 의도적이든 아니든 힘의 균형을 바꾸려고 시도한다면, 그 결과는 엄청난 불안과, 때로는 실질적인 고통이다. 각 진영은 상대방의 행동을 우위를 점하려는 시도로 이해하고 공포에 사로잡힌다. 결국 '상호의존'이 너무 커졌기 때문에 국가 관계가 통제 불능이 될 수 있고, 종종 통제 불능이 되기도 한다.

가공할 능력을 가진 미국과 소련이 서로 맞섰으나 끝내 본격 전쟁에 돌입하지는 않았다는 점을 곱씹어볼 필요가 있다. 이 두 초강대국이 극단적인 수단을 쓰지 않은 것은 그들이 상호의존적이지 않았기 때문이다. 어느 쪽도 자신의 경제적 안녕을, 따라서 그들의 사회적 안정을 상대방에게 의존하지 않았다. 이는 두 나라에 상당한 운신의 폭을 제공했다. 경제적 연계성이 별로 없었기 때문에 어느 국가도 그 관계를 통제 하에 두려는 거부할 수 없는 압박감을 느끼지 않았고, 어떤 시간적 제약을 느끼지도 않았다. 어느 한 나라가 석유나 장기적 투자와 같은 어떤 중요한 문제에 대해 상대방에게 의존했다면, 분명 경제적으로 인질이 되는 것에 대한 거대한 우려가 있었을 것이다. 양국은 그 관계를 지배하려 했을 것이고, 그 결과는 재앙적이었을 것이다.

제1차 세계대전 이전 시기에는 유럽 국가들 사이의 상호의존 결과로 주요 국가적 사안에 대한 통제권이 외국 정부들에 넘어가곤 했다. 그에 따라 파리에서 이루어진 결정이 오스트리아에 엄청난 영향을 미쳤고, 런던에서 내린 결정이 루르Ruhr 공업 지대의 성장률을 결정했다. 각국 정부는 이 상호의존의 패턴을 자신에게 유리하게 전환함으로써 자신의 운명을 통제하고자 했다. 이때 경제적 수단이 불충분하면, 정치적, 군사적 전략이 동원되었다.

냉전 이후의 국제 체제는 몇 가지 근본적인 측면에서 제1차 세계대전 이전의 국제 체제와 유사하다. 첫째, 전반적인 번영이 존재한다. 다시 말해서 국제 경제 체제는 1990년대 초반의 통상적인 경기 하강에도 불구하고 아주 잘 돌아가고 있는 것으로 보인다. 둘째, 주요 강대국들을 갈라놓는 근본적인 이데올로기 문제가 거의 없다. 적어도 정치적 원칙 문제에 관해서는 일반적인 합의가 존재한다고 볼 수도 있다. 셋째, 무역과 금융 흐름 모두에 있어 오랫동안 지속되는 상호의존 패턴이 있다. 즉, 자본이 초국가적이 되었다. 넷째, 가장 중요한 문제로, 외견상의 번영과 안정 이면에는 다른 국가의 행동에 대한 취약성이 증가하고 있다는 각 강대국들의 인식이 있다. 일부 국가들은 보호무역주의가 심화되어 체제의 균형이 자신이 불리하게 바뀔까봐 우려한다. 반면 다른 나라들은 현행 체제가 유지되면 자국의 이익이 훼손될 것이라고 확신하고 있다.

오늘날, 관찰자들은 제1차 세계대전 이전에 그랬던 것처럼, 처음 세 가지 현상에 초점을 맞추고 경제적 문제로 정치적 갈등이 초래될 여지가 없다고 주장한다. 그들이 간과하는 것은 여기서 간과되는 것은 수면 아래의 불안감—일본, 미국, 그리고 유럽이 경험했던—이 러한 갈등의 시발점이 되었다는 것이다.

따라서 상호의존이 증가했기 때문에 전쟁이 쓸모없어졌다는 주장은 지지받을 수 없다. 전쟁이 한물갔을지 모르나, 그렇다 할지라도 그것은 상호의존 때문이 아니다. 앞서 보았듯이, 제1차 세계대전은 상호의존이 오늘날보다 훨씬 높았던 시점에서 발발했으며, 실제로 전쟁은 상호의존이 너무 높았기 때문에 발발했다. 오늘날 전쟁 가능성은 여전히 남아있을 뿐 아니라, 단순히 통계적으로도 매우 높다고 할 수 있다.

전쟁은 이례적인 상황이라기보다는, 국제 체제에서 일상적으로 빈번하게 일어나는 일이었다. 1917년부터 80여 년 동안 미국은 17년간 또는 그 기간 중 20% 이상을 전시 상태에 있었다. 220여 년 전 건국 이후, 미국은 34년간 전시 상태에 있었고, 이는 전 기간의 15.5%에 해당했다.[9] 미국은 평균 25년 간격으로 대규모 전쟁에 들어갔으며, 남북전쟁에서 미국-스페인 전쟁에 이르기까지 평화가 지속된 기간은 최대 33년이었다. 서부에서의 상시적인 인디언 전쟁 그리고 여타 작은 분규들을 계산에 넣지 않았을 때 그러하다. 사실상, 지난 세기에 대규모 전쟁의 빈도와 강도는 증가해 왔다.

이러한 전쟁의 규칙성은 미국에만 해당되는 것이 아니다. 1884년 러시아의 왕자 표트르 크로포트킨Peter Kropotkin은 "전쟁은 유럽에서는 일상이다. 30년치 전쟁 명분이 항상 준비되어 있다."[10]고 기술했다. 대부분의 강대국은 10~20%의 시기를 전쟁으로 보냈는데, 20년마다 전쟁을 한 차례씩 치르는 꼴이다. 지난 세기에 영국은 12년간 전쟁 상태에 있었는데, 이는 인도, 수에즈, 말레이반도 등에서의 제한적 충돌은 포함하지 않은 것이다. 일본은 18년간 전쟁을 했는데, 여기에 중일전쟁이 포함되나 그리 적극적으로 참여하지 않았던 제1차 세계대전은 포함되지 않는다. 소련은 아프가니스탄 침공을 포함해서 22년간 전쟁을 했다. 직접적인 전쟁 원인들은 변한다. 경제 문제는 어쩌면 이념 문제를 대체할지도 모른다. 하지만 전쟁은 여전히 벌어질 것이다. 전쟁은 강대국들을 포함할 것이고 단지 평화유지 작전에 국한되지 않을 것이다. 그리고 전쟁의 결과는 국가의 운명을 결정할 것이다.

전쟁은 앞으로도 계속될 것이지만, 그것이 우리가 제시한 것처럼, 전쟁이 이전과 같은 방식으로 수행될 것을 의미하지는 않는다. 유럽의 세계 정복은 화학적으로 작동되는 탄환 발사관, 즉 총포의 출현이 없었다면 생각할 수도 없었을 것이다. 총포는 그것이 전쟁의 이론과 실제를 변혁시킨 것처럼 국제적 정치 관계를 변혁시켰다. 최초의 글로벌 시대의 종말은 군사 문화의 토대로서 총포의 종말을 의미한다. 이는 탄도학 시대의 종말과 새로운 무기 형태의 부상을 의미한다. 이는 또한 새로운 군사 문화, 특히 미국이라는 새로운 유일 초강대국에 적합한 새로운 군사 문화의 시작을 의미한다.

강대국은 그들이 보유한 기술에 의해 이해될 수 있다. 실제로 기술—고대 동지중해의 성벽 도시, 로마의 토목건축—은 그들의 힘을 상징한다. 그 기술은 모두 전에 없던 것들로 그들의 특정한 문명에 고유한 것들이었다. 증기기관이 영국 문화—영국적인 것이 의미하는 바의 본질—를 정의했던 방식을 생각해 보라. 증기기관이 어떻게 영국에 권력과 부를 가져다주었고 영국이 유럽 문명 내에서 두각을 나타내게 했는지를 생각해 보라.

분명한 것은 미국 문명도 전에 없던 기술인 컴퓨터에 기반하고 있다는 사실이다. 컴퓨터는 증기기관처럼, 본질적으로 미국적인 것이 의미하는 바를 정의한다. 분명히 증기기관처럼 컴퓨터도 다른 나라들로 확산되었다. 모든 유럽이 사용했음에도 증기기관은 본질적으로 영국적이었고 제국의 토대로서 기능했던 것처럼, 컴퓨터도 본질적으로 미국적이었고 이번 세기에 미국의 힘의 토대로서 기능할 것이다.

컴퓨터를 미국 본질의 표현으로 만드는 것은 그것에 깊이 내장된 실용주의이다. 컴퓨터는 사고(thought)를 선(good)에 대한 고찰이나 미(beauty)의 추구로 다루지 않는다. 그 대신 컴퓨터는 사고의 영역을 프로그래밍 언어로 표현될 수 있도록 극도로 축소하는 것이다. 하지만 그 영역 내에서 이성의 힘은 극적으로 심화되고 확대된다. 컴퓨터는 현실적이고 당면한 문제의 해결에 관해 생각하는 이성의 능력에 집중한다. 그 외의 모든 주제들—미학, 형이상학 혹은 윤리학—에는 거의 관심을 두지 않는다. 이런 점에서 컴퓨터는 모든 삶의 영역에서 실용적이고 비사변적인 미국 정신의 정수를 표현한다.

컴퓨터는 사무실, 공장, 가정에 침투해 왔다. 그것은 또한 미국의 전쟁 수행에도 침투하고 있다. 컴퓨터는 우리에게 새로운 종류의 지능 무기, 어떤 의미에서는 생각할 수 있는 무기를 제공한다. 소위 정밀 유도 무기, 스마트 폭탄이라 불리는 것들은 주위 환경을 스스로 지각하고 스스로를 표적까지 유도할 수 있다. 마이크로칩에 의해 하나가 된, 센서와 발사체의 결합은 이라크 지상군을 박살냈다. 컴퓨터는 무한히 더 정확한 정밀유도탄이 침투 경로가 발사 시 정해지는 비유도탄을 넘어설 수 있게 함으로써 걸프 전쟁을 규정했다. 우리가 아직 가정과 직장에서 컴퓨터의 효과를 보기 시작하지 않은 것처럼, 우리는 아직 전장에서 정밀유도탄의 효과를 보기 시작하지 않았다.

위대한 기술은 위대한 문명에 스며든다. 컴퓨터는 분명 21세기 경제력의 토대가 될 것이다. 다른 문명들도 그것을 설계하고 또 생산하겠지만, 어떤 다른 문명도 그것을 그토록 수월하게 자연스럽게 다룰 수 없을 것이다. 어디에서도 컴퓨터가 그렇게 쉽게 생산 도구, 전쟁 무기, 어린아이들의 장난감이 될 수는 없을 것이다.

컴퓨터는 실제로 최초의 진정으로 미국적인 문명을 대표한다. 컴퓨터는 자동차나 텔레비전 이상으로 사고와 일상생활 모두를 재정의한다. 컴퓨터는 또한 전쟁을 재정의할 것이고, 21세기 미국의 경제력과 군사력의 토대로서 기능할 것이다. 따라서 이 책은 그러한 혁명의 일부에 관한 것이다. 이 책은 컴퓨터와 전쟁의 만남, 그리고 국력이 재정의될 방법에 관한 것이다.

WEAPONS AND STRATEGY

1부

무기와 전략

| 개요 |

전쟁의 문화

　전쟁이 벌어지기 바로 몇 시간 전, 육지로부터 수백 마일 떨어진 곳에 정박해 있던 함선에서 십여 발의 크루즈 미사일이 발사되었다. 아음속으로 공기를 빨아들이며 저공으로 비행하는 이 미사일들은 표적에 이르기까지 몇 시간을 날았다. 각 미사일의 컴퓨터에는 비행할 지형의 지도와 함께 표적의 영상과 정확한 타격 지점 등 정찰위성으로부터 내려받은 사진이 내장되어 있었다. 이 미사일들은 나무가 없는 지역에서는 나무 높이 정도의 저공을 비행하면서 아래 지형과 입력된 지도를 비교하면서 필요에 따라 비행경로를 조정했다. 미사일들이 수도에 있는 표적에 접근하고 있을 때, 국경에서 수백 마일 떨어진 지점에서 헬리콥터 한 대가 레이더에 걸리지 않기 위해 지표에서 불과 몇 피트 위로 비행하기 시작했다. 한편, 소수의 특수부대원들은 이미 해당 지역에 헬기보다 몇 시간 일찍 침투하여 레이저 발광 장치를 켰고 적의 레이더 기지 위에는 작은 불빛들이 표시되었다. 헬리콥터에서는 무기담당 장교가 로켓의 탄두를 그 빛나는 점들에 맞추고 발사했다. 로켓들이 수 초 후에 충돌하면서 레이더 시설을 파괴했다. 적의 레이더 방어체제에 구멍이 뚫리자 수백 대의 공격기들이 내습했다.

　같은 시간, 크루즈 미사일 중 하나가 적의 무선통신 중계국에 유도되어 명중했고, 이와 동시에 또 다른 크루즈 미사일들이 방공센터, 국방부 그리고 이 나라의 주요 발전소들을 때렸다. 불과 몇 초 만에 적군 사령관이 예하 부대와 연락할 수 있는 능력이 현저히 훼손되었고, 산업 시설에 전력을 공급할 이 나라의 능력도 파괴되었다. 22,300마일 상공에 떠 있던 전자신호 정보 위성들이 지상의 대혼란을 추적 관찰하면서 본국에 성공을 보고했다. 적은 후속 공습 앞에 속수무책이 되었다. 그 후 몇 주 동안 다국적군은 적의 항공기와 전차들을 박살내며 가공할 성과를 이루어냈다.

사막의 폭풍 작전이 시작된 지 몇 초도 되지 않아 이라크 방공 시스템을 파괴할 수 있었던 것은 행운의 결과가 아니었다. 베트남전보다 한 세대 앞서 시작되었고 앞으로도 여러 세기를 이어가게 될 전쟁 방식의 혁명이 가져온 결과였다. 스페인 정복자들의 초보적인 총포가 그 도입 이후 500년 동안 전쟁 방식을 완전히 바꾸어놓았듯이, 초대형 크루즈 미사일부터 소형 대전차 폭탄에 이르기까지 아직 초보적인 정밀 유도 무기들은 다가오는 시대의 전쟁 방식을 획기적으로 바꾸어놓을 것이다. 결국 모든 것이 달라질 것이다.

콜럼버스와 그의 계승자들은 화학적 폭발에 의해 작동하는 발사체, 즉 총포와 탄환의 힘으로 세계를 정복했다. 총이 효과적이었던 이유는 전사들로 하여금 검, 창, 활을 잡은 적들이 그들을 해칠 수 있을 만큼 가까이 오기 전에 죽일 수 있게 했기 때문이다. 총의 치명성은 그 부정확성에 의해 제한되었다. 목표 하나를 쓰러뜨리기 위해 수천 발이 발사되어야 했다. 유럽인들의 해결책은 엄청나게 많은 공장에서 생산된 엄청난 숫자의 총을 엄청나게 많은 병력이 발사하는 것이었다.

제2차 세계대전 이후 세계적 강대국으로 부상한 미국은 대규모 인력을 요구하지 않는 전쟁을 벌일 방법과 단 한 명의 적을 죽이기 위해 수천 발을 쏠 필요가 없는 무기를 필사적으로 추구했다. 정확성과 그 정확성을 만들어내기 위해 필요한 기술은 미국 군사 문화의 원동력이 되어 왔다. 한두 번 만에 목표에 맞추는 무기는 소형 무기들이 대형 무기들을 압도할 수 있게 했다. 이것은 그 무엇보다도 미국이 필요로 했던 것이었다.

예술이 문화와 환경의 조우에서 비롯되듯이, 그리고 위대한 예술이 극단적인 환경과의 조우에서 비롯되듯이, 한 나라가 전쟁을 벌이는 방식은 한 나라의 문화와 극단적이고 치명적인 환경 간의 조우이다. 일부 국가들은 그 압력을 이기지 못하고 무너져 버린다. 다른 국가들은 최신의 전쟁 방식들을 익힌다. 위대한 나라들은 전례 없는 환경에서 전례 없는 방식으로 전쟁을 수행할 방법을 찾아낸다. 위대한 예술이 탄생하는 방식과 마찬가지로, 이런 국가들은 종종 그들이 만들어내려고 하는 급진적 변화에 대해 거의 알지 못한다. 환경에 대처하려고 고군분투하면서, 그들은 다음 단계, 다음 문제에 대해서만 알고 있을 뿐이다. 그들이 수 세기 동안 지속될 새롭고 포괄적인 전쟁 방식을 만들어내고 있다는 사실은 그들의 관심사가 아니다. 이것이 오늘날 미국적 상황이다.

역사 내내 미국은 전쟁의 공포에 멈칫하다가도 전쟁의 매혹적인 고귀함에 사로잡혔다. 미국인들은 전사를 두려워하면서도 찬미했고, 패튼Patton이나 셔먼Sherman 같은 사람들에게 거부감을 느끼다가도 끌렸다. 그리고 미국이 금 세기 동안 계속적으로 전쟁 상태에 있거나 준비 중에 있었지만, 미국 외교 정책의 또 다른 그리고 역설적인 추진력은 전쟁 회피였다. 이러한 양면성은 전쟁의 기술, 즉 무기에 대한 끌림과 혐오에서 가장 분명하게 드러난다.

미국은 본질적으로 기술 국가다. 미국의 체제는 평화와 평온함이라는 부자연스러운 목표(unnatural end)를 성취하려고 하는 기술적 발명품이다. 마찬가지로, 전쟁 문제에 대한 기술적 해결책은 용맹함이 스파르타인에게 자연스러운 것처럼 미국에게 자연스럽다. 전쟁에는 군인의 미덕, 대중의 인내심, 지휘관의 지혜와 기량 등 많은 부분이 있다. 이 모든 것들이 미국인들에게 중요하지만, 전쟁에 대한 미국적 경험의 핵심은 기술적이다. 미국인들에게 무기는 용기나 전투 지휘력보다 더 본질적인 것이다.

전쟁에서 무기에 대한 집착은 늦게 나타났다. 미국 최초의 세계적 군사 행동이었던 제2차 세계대전 이후 주도국으로 부상하고 나서야 미국인들은 자신을 강력하게 만든 요인을 찾기 위해 스스로를 들여다보게 되었다. 그 전쟁의 승리에 대한 미국인들의 이해는 미국의 기술적 능력, 즉 무기를 개발하고 생산하고 보급하는 능력에 초점이 맞춰졌다. 이러한 이해는 냉전으로 옮겨졌고 거기서도 미국을 뒷받침했다. 미국에게 있어, 전쟁과 무기는 단일한 기본 구조물로 융합되었다. 우리가 전쟁에 대해 생각할 때 우리는 우리의 국가 체제처럼, 삶이 무질서와 거리를 두도록 고안된 기술에 대해 생각했다.

    대부분 나라의 전쟁 문화는 그들 자신과 이웃 국가에게만 대단히 중요하다. 스위스와 이스라엘의 예비군 제도, 강인한 경보병에 대한 베트남의 의존 등은 그들과 그들의 적에게는 중요하지만, 이것들은 모방할 만한 모델이 아니다. 그러나 미국은 단순히 또 다른 국민국가의 사례가 아니다. 21세기가 시작되는 시점에 미국은 세계에서 독보적인 정치, 군사적 강대국이다. 따라서 전쟁에 대한 미국의 이해는 문화와 환경에 대한 특이한 반응 이상의 것이다. 미국의 압도적인 힘과 주둔 범위만으로도 미국의 군사 문화는 전 세계적 군사 문화를 정의한다. 영국의 해군 경험이 전 세계 해군의 모범이 되고, 독일의 작전참모 경험이 모든 육군에 영향을 미쳤던 것처럼, 미국의 전쟁 경험, 즉 무기 체계와 그 기반이 되는 기술 역시 모든 나라의 전쟁 방식을 체계적으로 바꾸어 놓고 있다.

    냉전 종식 이후 지금의 미국은 유일한 초강대국, 다시 말하면 그 힘을 세계 어디든지 투사할 수 있는 유일한 강대국이다. 미국은 또한 경제적 강대국이기도 하다. 일본의 경제적 운이 기울고, 유럽이 방대한 자유무역지대 이상으로 발전하지 못하는 상황은 미국이 세계 최대의 경제일 뿐 아니라, 범위가 대륙적이고 정치적으로 통일된 유일한 국가임을 의미한다.

    그 규모, 생산성 그리고 힘으로 인해 미국은 국제 체제의 중심이 되었다. 소련이 잠재적인 세계적 국가에서 지역적 국가로 몰락한 것은 독보적인 세계적 국가로서 미국의 등장을 완결지었다. 나폴레옹 이후 국제 체제를 관통해 온, 유라시아가 단일 국가에 의해 통합되는 것을 막아야 한다는 강박은 이제 큰 의미가 없어졌다. 지금은 그 어떤 유라시아 국가도 미국의 패권을 위협할 위치에 있지 않으며, 유라시아의 통일국이 나타난다고 해도 새로운 '두 대양의 패자'에 비해 큰 위력을 갖지 못할 것이다. 이와 같이 미국은 두 번째 세계 체제를 주도하고 있다. 포르투갈과 스페인 탐험대에 의해 시작된 첫 번째 세계 체제는 대서양을 중심으로 해서 대서양 연안 유럽 국가들과 중부 유럽 국가들의 관계가 주축을 이루는 것이었다. 대서양과 태평양이 대등해진 상황에 기반한 두 번째 세계 체제는 두 대양에 자연적으로 접해 있고 동원 가능한 막대한 자원과 막강한 군사력, 그 힘을 진지하게 그리고 때로는 가벼이 사용할 의지를 가진 것처럼 보이는 국가가 당연히 중심이 된다.

국가들은 상당히 고유한 방식으로 전쟁을 수행해 왔다. 로마의 군단병은 복잡한 도로와 방벽을 건설했고, 몽골의 기병들은 농촌 지역을 빠르게 휩쓸고 지나갔으며, 일본의 사무라이들은 일대일 대결에 통달했고, 독일의 전차부대는 세심한 기획과 준비를 거쳐 공격에 들어갔다. 전쟁이란 예술처럼 한 나라의 혼(魂)에서 연유한다. 대부분의 나라는 그다지 인상적이지 않은 방식으로 전쟁을 수행하는데, 그것을 잘하거나 못하거나 그들은 더 원조인 국가를 모방한 것일 뿐이다. 역사와 지리의 갈림길에 있는 자신을 발견한 일부 국가들은 전쟁 수행 방식을 완전히 바꾸지 않을 수 없다.

오늘날 미국은 단연코 세계에서 가장 성공적인 군대를 갖고 있다. 미국은 압도적인 힘을 행사할 수 있는 글로벌 역량과 능력 모두를 갖고 있다. 하지만 미국에도 문제가 있다. 첫째, 미국이 서반구를 지배하고 세계의 대양들을 장악하는 데 성공했다는 사실은 미국이 본토에서 멀리 떨어진 지역에서 전쟁을 수행해야 한다는 사실을 의미한다. 미국은 아주 멀리 그 힘을 투사하지 않으면 안 되는 것이다. 둘째, 미국은 멀리 떨어진 지역에서 전쟁을 수행해야 하고 그에 따라 넓게 분산되어 있는 병력들을 실어나르고 보급하기 위해 막대한 물자를 투입해야 하기 때문에, 언제나 수적 열세에 있다. 게다가 미국 인구는 결코 적은 것은 아니지만 유라시아에 비하면 아주 적은 편이다. 하지만 수천 마일을 날아가고 상대적으로 소수인 병력의 힘을 몇 배나 높여 주는, 첨단 기술로 만들어진 고도로 치명적인 무기들은 이러한 문제들을 과거의 것으로 만들고 있다.

총포에 기반한 유럽의 무기 문화가 작동은 하지만 유럽의 자원에 압박을 가하면서 갈수록 진부해졌기 때문에 미국은 그들의 무기에 전에 없던 특성, 즉 지능(intelligence)을 부여함으로써 전쟁의 사회적 구조를 단순화했다. 베트남전에서 처음 등장했던, 적을 관측하고 표적을 향해 스스로 나아갈 수 있는 스마트(smart) 무기는 베트남 전쟁 이후 낮은 수준의 국지 분쟁에서 점차 모습을 나타내다가 마침내 걸프전에서 그 위력을 한껏 과시했다. 당시 스마트 무기는 레이더 기지를 부수고 무선통신 시설을 파괴하고 전차를 박살냈으며 총으로 잘 무장한 대규모의 군대를 압도했다.

이 혁명을 이해하려면 맥락 속에서 바라봐야 한다. 왜냐하면 이 혁명은 첫 번째도 아닐뿐더러 분명 최후의 혁명도 아니기 때문이다. 국가의 흥망에 밀접히 연결된 무기의 흥망은 오래된 주제이고, 전쟁만큼이나 인간 조건에 근본적인 주제이다. 진정 이 과정을 완전히 이해하려면 우리는 처음에 성경에서 시작하지 않으면 안 된다.

01

다윗의 돌팔매: 무기의 흥망

David's Sling:
On The Rise And Fall Of Weapons

다윗이 돌팔매를 사용해서 골리앗을 이긴 일을 생각해 보자. 원칙적으로 이는 매버릭(Maverick) 대전차 미사일을 발사하는 F-18에 의한 공습과 다르지 않다. 즉, 둘 다 기본적으로 정치적 도구이다. 돌팔매와 대전차 미사일은 당시의 정치에서 비롯된 무기이고 정치적 삶에 영향을 주기 위해 만들어졌다. 하지만 둘 다는 정치적일 뿐만 아니라 기술적인 사건이기도 하다. 이 무기들은 이전의 기술 혁명 없이는 불가능했을 것이다.

기원전 10세기, 팔레스타인인들은 지중해 동부 연안의 평원 지대를 장악해 이스라엘인들을 더욱 황량한 내륙의 고원지대로 내몰았다. 팔레스타인인들은 동지중해 연안의 요충지를 손에 넣었기 때문에 해상무역에 종사할 수 있었고, 동지중해에 접근할 수 있음으로써 군사기술적 측면에서 막대한 이점을 누렸다. 골리앗이 활약하던 시기에는 청동제 갑옷과 철제 창은 군사력의 핵심적이고 변치 않는 토대라는 것이 상식이었다. 당시 동지중해 지역에는 서서히 군용 청동과 철을 생산하는 야금술이 보급되고 있었다. 동지중해 연안의 평원 지대를 지배하는 자는 누구나 이 무기용 금속의 거래에 참여해 제품을 즉각 구입하거나, 자신만의 혁신적인 기술을 개발할 수 있었다.

지배자였던 팔레스타인인들은 히브리인의 야금 산업을 파괴함으로써 그들을 무장 해제시키려 했다. 〈사무엘상1〉에 따르면, 팔레스타인인들은 목적을 달성했고 모든 히브리인 대장장이들을 붙잡아 추방시켰다. 이 조치로 히브리인들은 자체적으로 무기를 생산하지 못하게 되었고, 히브리인이 농기구를 손에 넣기 위해서는 팔레스타인인들에게 의존할 수밖에 없었다. 그래서 팔레스타인 군사력의 핵심은 강력한 산업력이었고, 그러한 산업력은 또한 그들의 경제력을 키워 주었다. 이것은 고대 산업-군사 시너지의 사례이다.

당시의 주요한 두 가지 공격무기는 접근전에 알맞은 철제 장창과 가벼운 투척용 단창이었다. 이 두 가지 무기는 모두 단순히 근력만으로 움직이는 무기였다. 표적 설정과 사격 통제는 인간의 눈과 손이 담당했고, 무기의 한계는 곧 인간 능력의 한계였다. 모든 군대가 같은 무기를 사용했고, 정확도는 대체로 비슷했다. 그 같은 기술 조건에서는 공격 기술의 혁신이 이루어지기 어려웠고, 그저 장창의 무게가 증가할 뿐이었다. 이처럼 무기의 성격이 변하지 않았기 때문에 새로운 전술이 등장해도 그다지 효력을 발휘할 수 없었다. 전투에서 승기를 잡는 유일한 방법은 방어 측면에서 공격에 대한 군인의 생존 능력을 강화하는 것뿐이었다. 따라서 무기의 변증법이 전개되면서, 최대의 경제력과 기술 정밀성을 갖춘 나라, 즉 장창을 능히 막아낼 수 있는 갑옷을 갖출 수 있는 나라가 전쟁에서 우위에 서게 되었다.

골리앗이 전장에 나가는 모습은 다음과 같았다.

> 그는 머리에는 놋 투구를 썼고 몸에는 어린(魚鱗) 갑옷을 입었으니 그 갑옷의 무게가 놋 오천 세겔이었다. 그 다리에는 놋 경갑을 찼고 어깨 사이에는 놋 단창을 메었다. 그 창 자루는 베틀채 같았고, 창날은 철 육백 세겔이었으며, 그의 방패를 든 자가 그를 앞서갔다.(사무엘상 17:5-7)

골리앗의 공격 임무는 투창을 던지고 장창으로 베는 것이었다. 그러나 골리앗이 그 같은 일을 수행하면서 살아남기 위해서는 220파운드 정도의 쇠로 된 물고기 비늘 모양의 갑옷을 걸치고, 별도의 운반 담당자가 필요할 정도로 커다란 방패를 가지고 다녀야 했다.[1] 처음에 공격 임무를 진행할 수 있게 했다는 사실을 제외하고는, 그 같은 갑옷은 순전히 기생적인 것이었다. 그것은 임무를 수행할 수 있는 능력을 증가시키지 않았다.

골리앗에게는 두 가지 약점이 있었다. 첫째, 그를 보호하던 무기 자체가 기동력을 떨어뜨렸다. 엄청나게 무거운 갑옷 때문에 어느 곳에서든 민첩하게 움직일 수 없었고, 특히 구릉지나 굴곡이 심한 지형에서 그랬다. 이 문제는 적이 똑같은 약점을 가진 상태, 즉 양쪽의 기동력이 모두 제한을 받는 경우에만 상쇄될 수 있다. 한쪽이 전략적 또는 전술적 기동에 있어 돌파구를 마련한다면, 이 같은 균형은 삽시간에 깨진다. 둘째, 비록 골리앗이 대단한 무장을 갖추었으나 미처 갑옷으로 보호받지 못하는 부분이 있었다. 눈 주위, 말하자면 시야를 확보해야 하는 사격 통제 체계를 담당하는 부분은 가릴 수가 없었다. 이로써 작지만 실제로 취약한 부분이 존재했다.

이런 골리앗을 쓰러뜨리기 위해 꼭 필요했던 것은 골리앗의 치명적인 반경에서 충분히 벗어난 지점에서 무기를 발사할 수 있는 더욱 기동력 있는 무기 체계였다. 이 무기 체계는 골리앗이 가진 방어 체계의 약점을 활용하기 위해 충분히 정확하고, 그를 무력화하기 위해 충분히 위력적이어야 했다.

다윗은 군인 계급의 일원이 아니었고, 따라서 무기에 대한 선입견에 사로잡혀 있지 않았고, 이미 값비싼 무기 체계에 투자한 상태도 아니었다. 이는 다윗이 자유롭게 자신의 정치적 과제에 편견 없이 마주하고, 자신의 임무에 적합한 기술과 전술을 정교하게 만들어낼 수 있었다는 것을 의미한다.

> 이에 사울이 자기 군복을 다윗에게 입히고 놋 투구를 그 머리에 씌우고, 또 그에게 갑옷을 입혔다. 다윗은 칼을 군복 위에 차고는 걸어 보았으나 그것들을 입어본 적이 없어서 걸을 수가 없었다. 다윗은 사울에게 그것들이 익숙지 않아 입고 가지 못하겠다고 고했다. 다윗은 그것들을 벗고 자신의 지팡이를 손에 들고 시내에서 매끄러운 돌 다섯을 골라서 그가 가지고 있던 목자 주머니에 넣었다. 그는 돌팔매를 손에 쥐고 블레셋 사람에게로 나아갔다. (사무엘상 17:38-40)

다윗은 체구가 작지만 민첩했다. 만일 그가 골리앗의 살상 반경 내에 들어갔다면 여지없이 격살당하고 말았을 것이다. 그러나 갑옷으로 중무장한 골리앗은 동작이 느려서 다윗을 좁은 장소에 몰아넣을 수 있을 만큼 재빨리 움직일 수가 없었다. 골리앗은 결코 다윗을 잡을 수 없었다. 그것은 일방적인 싸움이었다. 다윗이 침착하게 행동하고 전술 원칙을 따른다면 그는 안전했다. 위험에 처한 것은 골리앗이었다. 다윗이 당시의 최신 군사기술을 익히지 않았던 탓에 그는 이스라엘의 자유뿐만 아니라 자신의 생명을 구할 수 있었다. 만약 다윗이 사울의 갑옷을 입고 그의 무기로 싸우려 했다면 그는 여지없이 죽었을 것이다.

다윗 자체가 기동성, 표적 획득, 사격 통제를 제공하는 무기 플랫폼이었다. 그의 무기는 돌팔매이고 탄환은 조약돌이었다. 이는 가벼우면서도 긴 사정거리와 놀라운 정확도를 갖춘 혁신적인 무기 체계였다. 그 주된 강점은 무기 체계가 근력에서 얼마간의 에너지를 끌어내면서 원심력을 이용해 에너지를 증폭시킨다는 데 있었다. 다윗이 돌팔매를 그의 머리 위로 휘둘렀을 때, 탄환이 갖는 에너지는 극적으로 증폭되었고, 작은 무게는 극적으로 증가된 속도와 그의 능숙함으로 보완되었다.

돌팔매가 가져온 혁명은 단지 기술 혁신만이 아니라 군사 부문의 변화에 대한 사회적 수용성 덕분에 가능했다. 이는 팔레스타인인에게서는 찾아볼 수 없는 것이었다. 그들은 기존의 지혜에 대해 확고했다. 그들은 동지중해 연안 지대에 대한 통제권을 성공적으로 공고히 했고, 사울의 초기 공세로부터 회복되었으며, 이제는 내륙 지역으로의 반격에 나서고 있었다. 동시에, 더욱더 무거운 무기를 전제로 한 군비 경쟁은 매력적인 것이었다. 야금술은 국제적인 기술이면서 첨단 기술이었고, 동지중해 지역의 국제적인 무역 관계를 반영했다. 이는 또한 무기 기술자들과 그들과 제휴한 장교들의 힘을 강화시켰다. 이스라엘인들은 수세에 처했으며 사울의 군대는 적 앞에서 달아나기에 바빴다. 그런데 왜 지금 바꾸겠는가?

대대적인 팔레스타인인들의 공세는 히브리인들의 지휘 계통에 대한 내부적 신뢰 위기를 야기했다. 압력을 받게 되자, 일부 군사 지도자들은 더욱 경직되었고 기존 교리에 집착하면서 낡은 해결책에 더욱 의존했다. 사울은 달랐다. 그는 새로운 기술과 전투 교리의 도입을 받아들였다. 그것이 자기 군대의 지적, 사회적 기반을 훼손했을지라도 말이다. 소위 그러한 혁명은 실제로는 사회적 퇴보인 것처럼 비춰졌다. 그것은 적합한 사회계층 출신이 아닌 전사들에 의해 수행되는 낮은 비용의 전투뿐만 아니라 전투 교리의 급진적이고 비현실적인 단순화를 허용했다. 이러한 격변을 받아들일 수 있었기에 사울은 팔레스타인인들을 격퇴할 수 있었다.

흥미로운 점은 사울이 두 마리 토끼를 잡으려 했다는 것이다. 그는 다윗의 승리를 받아들이면서도 그 후에는 다윗을 제거하고 옛 방식으로 돌아가려고 시도했다. 이어진 사울의 재래식 군대와 다윗의 훨씬 더 기동력 있는 경무장 군대와의 대결은 다윗의 방식이 옳았다는 것을 증명했다. 새로운 무기 체계에 따라 다윗은 군사 교리를 개편했고, 기술적 정교함과 방어력의 부족을 상쇄하기 위해 기동성과 은폐 능력에 우선순위를 두었다. 결국, 다윗의 병력이 사울의 군대를 패배시켰다. 사울은 다윗을 상대로 효과적인 공세를 펼치지 못했고, 이로써 다윗이 골리앗을 쓰러뜨렸을 때 시작되었던 기술과 교리의 혁명이 확인되었다.

다윗과 그가 권좌에 오른 이야기는 무기의 발전에 관한 여덟 가지 요점을 보여준다.

1. 신기술은 종종 구형 기술보다 덜 정교해 보인다. 예를 들면, 14세기에 대포는 성벽을 공격하기에 허약한 공격 수단으로 보여졌다. 20세기에 전함은 기술의 정점에 있는 것으로 보인 반면, 전함의 머리 위로 날아다니는 항공기는 보잘것없고 유치하게 여겨졌다.

2. 각각의 무기 체계(또는 일반적인 무기 문화)는 라이프 사이클을 가지고 있다. 단순한 순수 공격 무기로 등장했다가 결국 자체 방어 수단들에 둘러싸인 무기 체계로 끝난다. 결국 무기를 보호하기 위한 노력이 그 무기의 공격력을 무색하게 만들어 버린다.

3. 무기 체계의 생존을 위해 필요한 방어 수단이 해당 무기의 비용 효과성을 파괴하는 경우, 그 무기 체계의 유용성이 한계에 도달하게 된다. 말하자면, 어떤 무기는 그 보호 비용이 점점 더 높아져서 다른 필요한 무기를 구입하지 못하게 하거나 국가경제에 심각한 부담을 준다면 유용성의 한계에 도달하는 것이다. 골리앗의 갑옷이 바로 그런 경우이며, 어쩌면 오늘날의 갑옷인 스텔스 기술도 그런 경우일지 모른다.

4. 이러한 사항을 인식할 가능성이 가장 낮은 군대는 가장 성공적이었던 군대이다. 성공적인 전쟁은 특정한 기술이 언제나 효과적일 것이라는 환상을 만

들어낸다. 이러한 환상은 성공적인 지휘 체계의 이해관계와 합쳐지는데, 그러한 지휘 체계는 자신의 우월성과 불패 인식을 심어주기 위해 기술적 무오류성이라는 개념을 사용한다. 제1차 세계대전에서의 승리는 프랑스가 제2차 세계대전에서 기술과 지휘 실패를 겪게 만들었다. 전멸에 이르지 않은 패배는 변화를 위한 최선의 자극제이다. 베트남전 이후 미 육군은 패배가 유익한 효과를 가져올 수 있음을 보여줬다. 이와 반대로, 1967년 이후의 이스라엘군은 승리가 초래할 수 있는 해악을 보여줬다. 아마 이쯤 되면 걸프전에서 미국의 승리가 어떤 결과를 가져올지 궁금해질 것이다.

5. 재앙에 이르기 일보 직전, 그 정점에 있는지난 세대의 기술은 천하무적으로 보일 수 있다. 완전무장한 기사, 거대한 고정식 화포로 무장한 성벽, 전함, 그리고 대륙간탄도미사일은 모두가 군사 기술의 결정판처럼 보였다. 그런 기술들은 사건들이 갑자기 그것들을 부적절하거나 심지어 부담스러운 것으로 만들기까지 그 상태로 남아 있었다.

6. 이제까지 위세를 떨치던 무기 체계를 패배시키는 데 성공한 기술들은 한 가지 특징을 공유하고 있다. 전쟁 수행의 단순화, 즉 가차 없는 공격이라는 전쟁 수행의 핵심으로 돌아가는 것이다.

7. 무기 체계의 기생화(parasitization)는 항상 진행 중에 있다. 모든 무기는 구식이 된다. 무기 수명 주기의 길이는 대응수단의 발전 속도와 그 대응수단에 대한 방어책을 고안할 수 있는 능력에 의해 결정된다.

8. 성공적인 군대는 사회적 동요 없이 항시적으로 낡은 무기 체계와 교리를 던져버리고 새로운 아이디어와 인력을 통합할 수 있는 군대이다. 모든 성공적인 군대는 잠시 동안 이 같은 일을 해낼 수 있었다. 하지만 어떤 군대도 그 같은 일을 영구히 지속할 수는 없다.

히브리-팔레스타인 전쟁의 교훈은 오늘날에도 유효하다. 오늘날 전쟁의 3개 영역—전략 폭격, 해로 통제, 기갑전—모두에서 무기의 주요한 전략적 기능은 무기 플랫폼—항공기, 선박, 전차—에 대한 위협에 대응하는 값비싼 방어 체계를 구축해야 할 필요성에 의해 뒷전으로 밀리고 있다. 가장 좋은 예는 B-2 스텔스 폭격기로, 이 항공기는 25톤 정도의 파괴적인 폭탄을 나르기 위해 각각 10억 달러 이상의 방어 비용을 감당해야 한다. 이러한 비용으로 인해 기본적인 임무조차 자원을 터무니없이 전용해야만 수행될 수 있었다. 25톤의 폭탄을 투하하기 위해 10억 달러의 항공기를 위험에 처하게 하는 것은 그 표적이 반드시 파괴되어야 하고, 그 외의 어떤 수단도 그 목표를 달성할 수 없다는 전제를 함축하고 있다. 하지만 두 가지 모두 가능성이 낮은 전제들이다.

물론 무기 체계가 과도하게 방어 수단을 덧붙이려는 경향은 임무에 대한 근본적으로 새로운 접근이라는 또 다른 대응으로 이어질 수 있다. 중세 기사들은 방어 기구의 무게와 비용 때문에 가면 갈수록 본래의 공격 임무를 수행하기가 힘들어졌다. 그 문제는 전쟁 수행의 혁명, 즉 화기의 도입을 통해 해결되었다. 그렇다 해도, 화기가 하루아침에 갑옷을 없애버린 것은 아니다. 너무나 과도한 무게로 기사들이 꼼짝달싹 못하게 될 때까지 갑옷은 한동안 계속 쓰였다. 기사들의 공격력이 거의 제로까지 떨어진 시점에서야 갑옷이 사라지고 군사적 삶에서 사회 혁명이 일어났다.

전략적 중요성을 갖는 무기 체계의 흥망은 곧 국가와 시대의 흥망의 역사이기도 하다. 전략적으로 중요한 무기는 적의 전쟁 능력을 결정적으로 약화시키는 방식으로 전력을 투사하는 무기이다. 예를 들면, 현재 적이 제기하는 가장 큰 위협이 무기 플랫폼을 재빨리 이동시키는 능력이고, 우리가 적의 석유화학 생산시설을 파괴함으로써 적의 기동성을 방해할 수 있다고 가정해보자. 이 경우 전략적으로 중요한 무기는 석유화학 공장을 파괴할 수 있는 무기일 것이다. 그래서 제2차 세계대전에서는 그 같은 산업시설에 도달할 수 있는 운항거리를 가진 폭격기가 전략적 무기였다. 한편, 베트남전에서는 그와 같은 장거리 폭격기로는 적의 전쟁 수행 능력에 치명타를 입히는 것이 불가능했다. 전략적으로 중요한 무기는 북베트남 보병이었고, 그들은 은밀히 이동하면서 미국이 정치적으로 감내할 수 없는 수준까지 미군 부대에 소모적 피해를 입힐 수 있었다.

전략적으로 결정적인 무기를 제대로 인식하지 못했을 경우, 결과는 참담하다. 대륙간탄도미사일과 전차 부대가 전략적으로 결정적이라는 소련의 착각은 스스로를 재앙으로 이끌었다. 반면 전략적 힘이 보병 분대에서 대통령실에 이르기까지, 탁월한 지휘와 통제, 통신, 정보에 달려 있다는 미국의 인식은 승리를 안겨주었다.

무기는 점점 비효율적이 되어 가는 경향이 있다. 덜 효과적이 되거나 더 비싸지거나 둘 다일 수 있다. 단기적으로는, 점점 더 비효율적이 되는 무기의 부담을 효과적으로 짊어질 수 있는 국가가 군사적으로 가장 효과적인 국가가 된다. 장기적으로는, 자신의 전략적 관심사를 재정의할 수 있고, 그럼으로써 비용적으로 감당 가능한 무기를 운영할 수 있는 국가가 더 강력한 위치에 서게 된다.

적의 반격 수단에 대응할 필요성이 증가함에 따라 무기를 설계하고 생산하는 비용은 점점 증가한다. 무기를 보호하는 일의 복잡성은 무기가 더욱 정교해지고 있다는 환상을 갖게 한다. 사실상 이는 흔히 취약성이 증가하고 있다는 징후이다. 예를 들면, 항모전단에 이지스(Aegis) 방공 체계를 도입한 것은 항공모함들이 더 첨단화되었다기보다 더 거대한 적의 위협에 직면하고 있다는 신호이다. 무기 체계가 점점 더 진부해지기 때문에, 그것은 계속해서 작동은 하지만―기병이 20세기가 될 때까지도 계속해서 사용되었던 것처럼―효과는 떨어지고, 도저히 유지 감당할 수 없는 부담이 될 때까지 비용은 계속 올라간다.

진부해진 무기 체계의 대표적 신호 중 하나는 일반 경제와 유리되는 것이다. 그 조달이 경제 성장에 부담을 주는 무기는 더 이상 기술의 최첨단에 있다고 할 수 없고, 따라서 그 무기는 효율성의 정점을 지난 것이다. 현대식 장갑 함대를 구축하는 것은 놀랄 정도로 비용이 많이 들면서 경제에 해로울 수 있다. 반면 우주 기반 무기를 위한 첨단 군사지휘 시스템을 구축하는 것은 역시 비용이 많이 들 수 있으나, 실질적으로 민간 경제를 활성화할 수도 있다. 첨단 군사기술의 혁신은 민간 첨단 기술의 혁신을 의미한다. 그러나 야금술이 팔레스타인인들의 발목을 잡았던 것처럼, 전차에 스텔스 기술을 도입하거나 항공모함을 난공불락으로 만들려는 현대 기술 역시 우리의 발목을 잡을 수 있다.

예를 한 번 살펴보자. 항공모함의 목표는 적의 함선을 격멸하여 해로를 통제하는 것이다. 구체적으로 이는 항공모함에서 출격하는 항공기들의 대함 무기들에 의해 달성된다. 그러나 이때 항공모함 자체가 적의 공격으로부터 방어되어야 하기에 항공모함에 적재된 항공기의 상당수가 해로 통제라는 전략적 임무에서 적의 공격에 대한 방어라는 부수적 임무로 전환된다. 게다가 다른 함선들이 바닷속, 수상, 공중 공격으로부터 항공모함을 지키기 위해 배치되어야 한다. 그러한 선박들은 전략 목표를 갖지 못하고 적의 전력에 결정적인 위협을 가하지 못한다. 대신에 항공모함을 방어하고 그 주요한 임무 수행을 돕는 데 전념한다. 이를 보다 구체적으로 보자면, 현대식 항공모함 1척은 24~36대의 공격 항공기를 적재하는데, 어떤 특별한 경우에는 이보다 더 많이 싣는다. 소수의 항공기들이 각각 한 번에 8~12톤의 폭탄을 투하할 수 있도록 하기 위해 60여 대의 다른 항공기, 1척의 순양함, 1~2척의 구축함과 핵잠수함, 그리고 보급선과 해안 시설 등이 존재한다. 항공모함에 대한 위협이 올라가고 그것을 운용하는 비용이 치솟음에 따라 함공모함의 공격 능력은 점점 제로에 가까워질 것이다. 그 시점에서 항공모함은 진부해질 것이다.

골리앗이 수백 파운드의 갑옷을 착용했고 그래서 창을 기껏 수십 피트 던질 수 있었을 때, 기병이 갑옷으로 무장을 했고 그래서 총포를 향해 돌진할 수 있었을 때, 국가의 막대한 재정이 전함에 소모되었고 그렇게 해서 고작 6~9문의 포로 수백 파운드의 포탄을 수 마일 날려보낼 수 있었을 때, 그때가 바로 진부화의 순간이었다. 그 무기들은 계속 살아남았으나 별다른 목적이 없었고 막대한 비용이 들었으며 심지어 위험을 초래하기까지 했다. 인간처럼 무기도 삶에 집착한다는 사실을 항상 잊지 말아야 한다. 이미 시대에 뒤처진 무기 체계는 아주 오랫동안 살아남으려고 애쓰면서 그 무기들을 계속 고수하는 이들에게 막대한 피해를 입힐 수 있다.

위대한 유럽 무기 체계의 흥망

유럽의 시대는 발견의 대항해와 함께 시작되었다. 이 대항해 시대는 탐험가들이 통제된 화학 폭발물을 기반으로 한 무기를 지녔기 때문에 가능했다. 전혀 낯설고 위험한 땅에 발을 디딘 소수의 사람들은 살기 위해 싸울 준비가 되어 있어야 했다. 대개 그랬듯이 그들의 의도가 원주민을 약탈하는 것이었다면, 특히 그러했다.

검은 화약, 즉 목탄, 유황, 초석으로 만들어진 폭약은 강력한 폭발을 만들어냈다. 이 사실은 몇 개 문명권에 알려져 있었다. 그러나 유럽의 지중해와 대서양 국가들에서는 14세기까지는 이 화학물질의 군사적 응용이 분명하지 않았다.[2] 한 가지 용도는 가장 견고한 성벽을 파괴하도록 설계된 단순한 폭약이었다. 공격에 견디기 위해 성벽은 훨씬 더 두껍고 복잡한 구조로 만들어져야 했다. 그러나 단순하고 값싼 폭약 기술의 발전은 결국 가장 정교해 보이는 성벽마저도 파괴되게 만들었다. 검은 화약은 단순한 신기술이 점점 더 비싸지는 방어 체계를 압도하는 좋은 예이다.

군사 무기로서 검은 화약의 가장 중요한 사용은 금속관 한쪽 끝에서 폭발시켜 반대쪽 구멍으로 탄환을 밀어냈을 때 나타났다. 긴 관은 탄환의 이동 방향을 통제했고, 화약이 작렬하면서 내는 에너지 양은 탄환이 예측 가능한 탄도 곡선을 따라서 일정 거리를 날아 그 경로에 있는 대상에 피해를 입힐 수 있게 했다. 세 부분으로 이루어진 이 무기의 구조—관(tube), 작약, 탄환—는 유럽의 시대 내내 화약 전쟁의 핵심적 기술로 남아 있었다. 그것의 용도는 손바닥에 올려놓고 손으로 조작하는 소형 무기에서부터, 대형 탄환을 일정 정도의 정확성으로 20마일 또는 그 이상 발사하는 수 톤의 무게의 거대한 금속관에 이르기까지 다양했다. 금속관은 탄환과 작약의 장전에서부터 조준 메커니즘과 야금 합성 등에 이르기까지 수많은 개량을 거듭했다. 그리고 폭약의 위력도 얼마간 향상되었다. 그러나 탄환 자체는 본질적으로 개량되지 않았다. 그것은 자체 운동 에너지나 내장한 폭약의 힘으로 목표를 파괴했다. 하지

만 기본 구조는 지난 세기 동안 변하지 않았고, 그 논리는 지난 500년 동안 그대로 유지되었다.3

금속관의 기저부에서 검은 화약을 폭발시켜 탄환이 표적을 향해 날아가게 한다는 원리는 유럽과 서구 군사력의 기반이 되었다. 비서구 문명을 만날 때마다 총포는 훨씬 적은 수의 인원으로 비폭발성 무기를 지닌 더 큰 규모의 군대를 압도할 수 있게 해주었다. 중국에서부터 인도, 아프리카 그리고 서반구에 이르기까지 유럽은 그들이 회유할 수 없는 문명을 학살했다.

무기는 그대로였으나 무기를 운반하는 플랫폼은 유럽 시대의 두 번째 대물결 동안 극적인 변화를 겪었다. 화약이 14세기에 전쟁에서의 탄환 사용에 변혁을 가져왔듯이, 통제된 화학적 폭발은 무기 플랫폼이 움직이는 방식에 일대 혁명을 가져왔다. 내부 연소 엔진은 풍력(범선)이나 근육의 힘(갤리선)에 의존하던 무기 플랫폼을 스스로 움직이는 무기들로 바꾸어놓았다.

석탄을 연료로 한 선박과 증기 기관차는 탄화수소 기반의 제1 세대 무기 플랫폼을 대표했다. 석유로 구동되는 선박, 자동차, 그리고 마지막으로 항공기가 두 번째 대물결을 대표했다. 이 혁명은 유럽의 두 번째 글로벌 확장의 물결이 최고조에 다다랐던 19세기 후반에 이루어졌다. 이는 폭약에 기반한 기술을 사실상 어디든지 비교적 빠른 속도로 가져가서 적을 발견하고 섬멸할 수 있게 되었음을 의미했다. 실제로 무기 플랫폼은 유럽의 세계 정복을 위한 토대였다.

미국의 남북전쟁과 제1차 세계대전의 종전 사이에 세 가지 주요 무기 플랫폼이 등장했다.

- **전함(The battleship)** 전함은 처음에는 석탄을, 나중에는 석유를 연료로 사용했다. 전함은 대형 포탄을 발사하는 초대형 포를 장착했다. 주로 다른 선박을 격침하려는 목적으로 설계된 전함은 해안 포격도 할 수 있었다. 전함의 정치적 목표는 식민지에 힘을 투사하고, 식민지들을 다른 유럽의 경쟁 국가들로부터 지키는 것이었다.

- **전차(The tank)** 전차는 석유를 연료로 (또는 디젤이나 다른 파생 연료로) 움직였다. 전차는 19세기 말 대보병 무기이자 보병 수송을 위한 플랫폼으로서, 장갑 열차 개념에서 등장했다.
- **폭격기(The bomber)** 석유 엔진으로 구동되는 폭격기는 포신으로 쏘기보다는 싣고 날아가 떨어뜨리는 방식으로 폭탄 공격을 가했다. 폭격기와 정찰기도 스스로를 보호하고, 기관총과 소형포를 갖춘 적 항공기와 싸우기 위해 총을 장착하고 나중에는 전투기로 발전했다.

이 세 가지 무기 플랫폼이 1914년에서 1941년까지 군사 부문을 지배했고, 전함이 항공모함으로 대체된 것을 제외하고는 오늘날까지도 계속해서 전장을 지배하고 있다.

무기 플랫폼의 기본적인 임무는 발사체를 표적의 사거리 내로 운반하는 동시에, 표적 획득 시스템(육안부터 레이저에 이르기까지)이 표적을 찾고 발사통제 시스템에 지시해 발사체를 발사하게 하는 것이다. 플랫폼에서 이루어진 대부분의 발전은 무기를 더 치명적으로 만들기 위한 것이 아니라 단지 플랫폼이 임무를 수행할 수 있을 만큼 충분히 오래 생존하도록 하기 위한 것이었다. 그리하여 전차는 적의 포 성능 강화와 장갑화에 맞서 스스로를 보호하기 위해 점점 더 큰 포와 더 두꺼운 장갑으로 무장하게 되었다.

1916년에 도입된 영국의 마크 I 전차는 여성 버전은 기관포만 탑재했고, 남성 버전은 기관포와 두 문의 6파운드 대포를 탑재했다. 이 전차의 장갑은 두께가 최대 10mm였는데, 개인 화기나 경기관총, 유산탄 등을 막기에는 충분했지만 대포의 직격탄까지는 막을 수 없었다. 장갑 차대 위에 대포가 장착되자 전차의 무게와 방어력은 증가되었으나, 적의 보병대를 격파하고 적의 대형을 포위하는 능력은 전혀 나아지지 않았다. 제2차 세계대전 당시 퍼싱 전차는 102mm 장갑과 90mm 구경포를 장착했는데, 이 모두는 적 전차의 중장갑에 맞서기 위한 것이었다.[4] 그러나 퍼싱 전차의 기능은 마크 I과 별로 다르지 않았다. 퍼싱이나 제2차 세계대전 중의 다른 전차는 대부분의 시간을 적 전차와 대전차 무기들로부터 살아남는 데 소비했다. 그에 따라 그들의 1차적 임무는 망각되고 말았다. 전차는 곧 대전차 무기가 되었다.

지상전의 주요 비용에 화포 자체는 포함되지 않았다. 그보다는 포수들을 보호하고 화포가 전장에서 작동하도록 하기 위해 무기 플랫폼을 설계하고 구축하고 지속적으로 개량하는 비용이 가장 컸다. 다시 말해, 전차를 보호하기 위해 들어가는 비용이 실제 무기의 비용보다 더 커진 것이다. 플랫폼 비용뿐만이 아니라 막대한 군수 및 산업 비용도 발생했다는 점을 기억해야 한다.

현대의 무기 플랫폼들은 국가적인 산업과 자원의 기반이 없이는 생산될 수 없다. 무엇보다도 국가는 다양한 광물들, 특히 석유화학 물질과 금속들을 확보해야 하고, 그 광물들을 정제하고 분배할 수 있어야 한다. 채굴과 정제를 위해 상당수의 인력이 필요하고 생산을 위해서는 더 많은 인력이 필요하다. 이 모든 것은 정교한 민간 산업 경제라는 토대에 달려 있다. 무기 체계의 설계와 생산은 농업경제로는 불가능하다. 가장 중요한 반증 사례인 소련은 미봉책이 지속될 수 없음을 보여주었다. 군민 양용(dual-use) 경제—상당수의 인구가 직접적인 전쟁 수행과 관련이 없거나 적은 다양한 제조 분야에 종사하고 있으면서 동일한 공장들이 민수와 군수 생산 모두를 위해 사용되는 경제—는 오직 군수 생산에만 전념해야 하는 거대 산업을 가진 나라에 대해 엄청난 경제적 우위를 갖게 된다.

미국이 주요한 세계적 국가인 이유 중 하나는 풍부한 광물 자원과 대규모 산업 공장들을 모두 보유하고 있다는 것이고, 이는 오랫동안 민간과 군수 산업 생산을 통합해 왔다. 제너럴 모터스General Motors는 전차와 승용차를 모두 생산하고, 맥도넬 더글러스McDonnel Douglus도 여객기와 전투기를 만들어낸다. 리튼Litton Industries은 잠수함과 마이크로웨이브 오븐을 생산한다. 기동전과 그들의 국가 이익이 요구하는 넓은 스펙트럼의 플랫폼과 무기를 생산해낼 수 없는 국가는 스스로를 방어할 수단을 얻기 위해 거대한 대륙 국가들에 의존해야 한다. 막강한 힘은 그러한 의존 구조로부터 나온다.

일부 작은 국가들은 많은 수의 부품들을, 어떤 경우에는 전체 무기 체계를 설계하고 생산해낼 지적 능력을 갖추고 있을 수 있다. 그러나 점점 더 다양해지고 복잡해지는 무기를 위한 방대한 수의 석유화학 엔진 생산에 필요한 강력한 힘을 결집하는 것은 그들의 능력 밖의 일이다. 따라서 산업 능력을 훨씬 초과하는 군사적 요구를 지닌 이스라엘은, 인구와 자원을 갖고 있지만 산업전을 수행할 방대한 기업을 조직할 문화적 기반이 없었던 베트남이 그랬던 것처럼, 후원국을 확보해야만 했다. 따라서 무기 플랫폼의 이전—항공기, 전차, 그리고 전함의 이전—은 새로운 의존 시스템이 되었는데, 이는 새로운 무기 플랫폼 자체의 복잡성이 부과하는 의존이었다. 결국, 산업적 통제력을 행사할 수 있는 대륙 국가들이 지배적인 세력으로 부상했고, 경제력은 그 의미가 점점 더 모호해졌다.

그러나 이러한 힘의 이면에는 현대전의 문제가 존재한다. 전차, 항공기, 함선에 군인들을 배치하는 비용은 상상을 초월할 정도로 막대하다. 전투에 참여하는 군인 개개인을 위해 수천 혹은 수만의 사람들이 그들에게 지급할 무기, 예비 부품, 탄약, 연료를 생산, 유지, 운송하기 위해 일한다. 생산과 운송은 현대전의 핵심이 되었으며, 궁극적으로 전투 자체보다 중요해졌다. 현대전에서 가장 중요한 단일 요소는 다름 아닌 석유의 생산과 운송이었다.

제2차 세계대전 이후부터 석유를 이용할 수 있느냐 여부는 전투, 군사작전, 그리고 심지어 전쟁의 결과를 결정해 왔다. 이는 전차, 항공기, 그리고 함선들(얼마 안 되는 핵추진함들은 제외)이 모두 석유로 움직였기 때문이다. 유전지대를 손에 넣는 것이 전략 목표가 되었다. 제2차 세계대전에서 히틀러의 전략은 석유에 의해 영향을 받았다. 이는 히틀러가 1942년 코카서스에서 도박을 건 이유였으며, 그 도박은 스탈린그라드 패배와 궁극적인 패배로 이어졌다. 1944년 패튼Patton의 독일 진공은 석유 부족 때문에 중단되었다. 또한 석유 부족에 대한 두려움은 미국이 1990~1991년의 걸프전을 감행하게 만들었다.

석유 기반의 엔진이 육지, 바다, 공중에서 축력(畜力)과 풍력을 대체했을 때 군수지원은 그야말로 전쟁 수행의 핵심이 되었다. 즉, 적과 교전하고 격파하는 것보다 기동과 전투를 위한 수단을 제공하는 것이 더 중요해졌다.[5] 사실상 전쟁의 문제는 간접적인 문제, 즉 적의 군수 체계를 파괴하고 기동에 필수적인 석유 공급을 차단함으로써 적과의 직접적인 교전 없이 적을 파괴하는 것이 되었다.

군수지원은 사실상 주객이 전도된 상황이 되었다. 고대 그리스군은 약탈을 통해서만 원정에서 살아남을 수 있었다. 1870년 보불전쟁에서는 1개 사단이 식량과 사료 50톤씩을 매일 소비했다. 1916년에 이 숫자는 포와 다른 발사무기의 사용량과 규모가 늘면서 하루 150톤으로 치솟았다. 제2차 세계대전 초기에 북아프리카에서는 매일 300톤을 소비했고 동시에 연합군 기획자들은 프랑스에서는 1개 사단당 매일 650톤을 소모할 것으로 예측했다.[6] 현재 미국의 기갑사단은 하루 최대 3,000톤 이상의 보급을 필요로 한다.[7]

현대 전장의 경제—광산과 유정에서부터 공장, 그리고 전장으로 물자를 전달하는 파이프라인까지의 어느 지점에서나—에 지장을 줄 수 있는 능력이야말로 전투, 군사작전, 심지어 전쟁에서 승리하기 위한 능력이다. 전쟁 수행에서의 혁명은 보급로를 지속적으로 방해할 수 있는 저렴하고 단순한 수단이 발견되는 지점에서 일어나게 된다. 현대의 전쟁 경제는 계속해서 작동하지만, 항시적인 관리와 지출이 필요하고 완전히 붕괴할 수 있다는 항시적인 위협이 존재한다.

군수지원 체계가 갈수록 복잡해지고 고비용이 되면서, 석유화학/발사체 전쟁 경제의 시대가 끝나가고 있다. 이와 동시에 3대 무기 플랫폼들—전차, 폭격기, 항공모함—은 그 자체로 진부화의 심각한 위험에 처해 있다. 이 모든 것은 새로운 지능적 발사체의 등장 때문이다. 이러한 발사체는 기존 무기 플랫폼을 보호하는 데 드는 비용을 치솟게 만든 반면 그 무기들의 공격력은 별로 높아지지 않기 때문이다. 동시에, 훨씬 적은 비용으로 임무를 수행할 수 있는 무기들이 새로 등장하고 있다. 미국이 두 대양 경제의 중심에 있는 유일한 초강대국이 되면서, 국제 체제는 500년 만에 처음으로 일대 변혁을 겪고 있다. 군사 체계도 마찬가지로 변혁을 겪고 있다.

새로운 힘, 새로운 전쟁 방식

지난 세기 동안 미국은 역사의 중심 무대로 이동해 왔다. 강대국으로서 미국은 단 하나의 약점을 갖고 있었다. 국토 면적이나 국제적 책임에 비해 인구가 적다는 것이다. 북아메리카의 인구밀도는 1제곱마일당 68명인 데 비해 일본은 844명, 프랑스는 252명, 독일은 400명이다. 유럽 시대의 인력 집약적 무기들은 미국의 제한된 인구에 상당한 부담을 주었다. 무기를 생산하고 무기와 보급품을 전장까지 운반하는 데 너무 많은 인력이 필요했기 때문에 정작 전투에 투입할 인력은 상대적으로 적었다. 제2차 세계대전, 한국 전쟁, 베트남 전쟁, 걸프전에서 미국의 전투 병력은 항상 적의 병력보다 훨씬 적었다.

지난 세기 동안 미국은 이 문제에 대한 정치적, 기술적 해결책을 마련하기 위해 노력해 왔다. 정치적으로 미국의 전략은 어려운 환경에 처해 있고, 따라서 즉각적인 미국의 지원에 대한 대가로 미국의 이익에 예속되는 것을 수용할 준비가 되어 있거나, 장기적인 정치적, 경제적 이익에 대한 대가로 미국의 정치-군사적 임무를 떠맡을 의향이 있는 동맹국을 찾는 것이었다. 이는 훌륭한 방책이었으나 제국이 오랫동안 의지할 만한 방책은 못 되었다. 이는 너무 많은 힘을 동맹국들의 손에 넘겨주었고, 사실상 미국은 결국 그러한 관계의 포로가 되고 말았다.

기술적인 해결책은 미국의 전투 인력 부족을 상쇄할 수 있는 효율적 무기 체계를 개발하는 것이었다. 1950년대 초반부터 미국의 기술 전문가들은 화포와 엔진 기술을 개발의 한계까지 끌어올리면서 모두 다른 나라에서 발명된 항공모함, 잠수함, 주력 전차, 유인 폭격기와 같은 전통적인 무기 플랫폼을 완벽하게 만들었다. 니미츠(Nimitz)급 항공모함, 로스앤젤레스(Los Angeles)급 잠수함, 아브람스(Abrams) 전차, B-52 폭격기들은 자신의 경쟁자들보다 너무 우월해서 미국은 21세기에 접어드는 시점에 타의 추종을 불허하는 군사 강국이 되었다. 그러나 이러한 플랫폼들의 생존력을 높이고 적의 위협에 대응할 수 있도록 미국이 새로운 종류의 무기, 즉 정밀 유도 무기들도 개발했다는 사실을 언급하는 것이 중요하다. 당시의 목표는 전통적인 무기 플랫폼들을 강화하는 것이었다. 예를 들면, 폭격기가 적의 대공 포화 속으로 날아갈 필요 없이 상당한 거리를 두고 무기를 발사할 수 있게 한 것이다. 실제 결과는 적절한 시점에 화포/엔진 플랫폼 조합을 구식으로 만들 새로운 기술들을 도입하는 것이었다.

미국의 무기 개발의 원동력 중 하나는 경제였다. 제1차 세계대전과 제2차 세계대전 동안 미국은 다소 수준이 떨어지는 무기를 엄청나게 생산해서 인력의 열세를 보충했다. 예를 들면 제2차 세계대전 당시 유명했던 미국의 셔먼(Sherman) 전차는 독일의 팬더(Panther)나 소련의 T-34보다 열등했다. 그러나 미국은 열등성을 극복하고도 남을 만큼 대량으로 전차를 생산해낼 수 있었다. 제2차 세계대전 후 다른 나라들이 그 기술들에 숙달하고 필수적인 산업들을 발전시키면서 미국은 무기의 대량 생산이라는 이점을 잃었다. 가령 소련은 미국보다 많은 수의 전차와 항공기를 생산할 수 있었다. 미국의 대응은 무기의 질을 끌어올리는 것이었다. 이제 미국은 더 적은 인력과 더 적은 무기의 열세를 극복해야 했다.

근본적인 문제는 민간 경제와 방위 산업 사이의 관계였다. 제2차 세계대전은 민간 기업들이 무기와 보급물자를 생산하도록 함으로써 대공황에 종지부를 찍게 했다. 또한 전쟁은 미국의 산업이 첨단 무기에 대한 군의 요구에 맞추어 기술혁신에 나서도록 했다. 세계대전 중의 연구개발 노력의 결과로 전후의 민간경제는 호황기를 맞았으며, 이 봄날은 1960년대 중반까지 계속 이어졌다. 그 이후 어느 시점에선가 20세기에 있어서 핵심 산업들, 즉 철강, 석탄, 자동차가 사양화 경향을 띠었으며, 최첨단 기술과 민간경제의 강력한 성장도 자취를 감추었다.

1960년대 중반, 소련이 일 년에 약 5,000대의 전차를 계속 만들겠다고 했을 때(1989년이 되면 3,500대로 떨어진다) 그들은 철강, 자동차 엔진, 석탄 등 이미 전성기가 지난 산업들에 자본 투자를 강요하고 있었다. 소련은 이전 세대의 산업을 지원하기 위해 투자 자원을 전용했다. 1970년대 미국도 소련과 같은 전략에 따라 움직이고 있을 때, 방위 산업은 미국 경제에 가장 큰 걸림돌이 되었다. 미국에서 철강 생산이 감소하고 한국이나 브라질 같은 개발도상국에서 많이 생산됨에 따라 국방 분석가들은 그 쇠퇴로 인해 방위 체제의 산업 기반이 위협받을 것이라고 줄기차게 주장했다. 국방 분석가들은 미국이 소련의 위협에 맞서는 데 필요한 많은 수의 전차나 항공기를 어떻게 만들어 낼 수 있느냐며 비난의 목소리를 높였다. 마치 소련 측 국방 전문가들이 주장하듯이, 미국의 국방 분석가들은 설사 경제에 지장을 준다 해도 군의 요구는 충족되어야 한다고 역설했다.

미국이 내린 결정은 무기의 대량 생산에서 기술 혁신으로 나아가는 것이었다. 비록 막대한 비용과 훈련을 필요로 하는 것이었지만 제2차 세계대전에서 무기를 생산했던 것같이 어마어마한 인력이 투입될 필요는 없었다. 예를 들면 미국의 전차 생산은 전차의 수를 늘리는 것보다는 적 전차를 맞추고 파괴할 확률을 높이기 위한 사격-통제 시스템을 향상시키는 데 중점을 두었다. 우월한 항공학 기술에 힘입어 전투기의 생존 능력과 살상력도 개선되었다. 그 같은 혁신의 결과, 미국의 방위 연구·개발은 미국 산업 발전에 혁혁한 기여를 했다. 1990년대는 국방 부문에서 민간 부문으로의 기술 이전이 급증하던 시기였으며, 이는 1950년대와 유사한 상황이었다.

사격-통제 시스템의 변화, 즉 육안이나 단순한 장비의 도움으로 이룰 수 있는 수준 너머로 탐색 범위와 정밀성을 확장시키는 것은 일어나고 있던 기술 혁명의 한 가지 지표였다. 훨씬 더 극적이고 역사적으로 중요한 또 다른 지표는 비(非)탄도 발사체의 도입이었다. 이 발사체의 탄도는 포신 내에서 폭발하는 순간에 결정되는 것이 아니라 비행 중에 결정되었다. 베트남전에서 미국은 항공기에서 투하된 후에 그 경로가 단지 중력의 법칙에 의해서만 결정되는 것이 아니라 TV 카메라, 레이저, 무선 신호 등을 사용해 목표물을 향해 나아가도록 조종될 수 있는 폭탄을 선보였다. 이러한 혁신은 단 한 번의 폭발이 아니라 연속적인 추력에 의한 추진력을 제공하는 (그리하여 유도 체계를 통한 조종을 가능하는) 로켓과 함께 명중률과 살상력을 비약적으로 증가시켰다.

1973년 소련이 이스라엘 전차에 대해 대단히 효과적인 대전차 미사일(AT-3 새거Sagger)을 개발했다는 사실이 알려지면서 새로운 무기에 관심이 쏠렸다. 이와 비슷한 충격은 1982년 포클랜드 전쟁 동안에 엑조세(Exocet) 대함 미사일이 영국의 전함을 파괴할 수 있다는 사실이 알려지면서 나타났다. 걸프전에서는 정밀무기가 전쟁 결과를 결정한 것처럼 보였다.

많은 위대한 혁신과 마찬가지로, 정밀무기도 처음에는 전쟁 수행에 대한 전혀 새로운 접근방식이 아니라 단순히 기존 기술의 확장처럼 보였다. 기본 무기 플랫폼 중 어느 것도 이 신무기들로 인해 구식이 될 것이라고 생각되지 않았다. 전차, 함선, 항공기들은 탄도탄이 발사되는 플랫폼이었다. 새로운 정밀무기들은 전통적 무기 체계의 생존력을 높이기 위해 창조되었는데, 정밀무기의 최종 결과는 전차, 수상함, 항공기들을 거의 멸종에 이를 정도로 취약하게 만들 것이라는 점은 역설적이다. 새로운 전쟁 수행 문화가 등장하면서, 사거리와 효과성의 양적 증가는 질적인 변화를 가져오게 되었다.

500여 년 전 화기가 전쟁 수행의 핵심으로 떠오른 이래 들어본 적 없는, 전례 없는 새로운 유형의 발사체가 등장했다는 사실이 마침내 분명해졌다. 로켓식이든 포신 발사식이든 새로운 발사체는 탄도학의 법칙에서 벗어나 있다. 이론상 정밀무기는 백발백중일 수밖에 없다. 왜냐하면 그것은 표적의 회피 기동에 대응하기 위해 진로가 조정될 수 있기 때문이다. 실제로 전통적인 탄도무기에 비해 훨씬 높은 명중 확률을 보였다. 더 중요한 점은 이 무기의 사거리에 이론적 한계가 없다는 것이다. 걸프전 당시 토마호크 크루즈 미사일이 보여준 것처럼, 미사일은 수백 마일 바깥에서 발사될 수 있고, 지형 및 위성 항법을 통해 표적까지 스스로를 인도할 수 있으며, 다양한 최종 유도 장치를 이용해 표적에 명중할 수 있다.

토마호크 미사일이 수백 마일 밖에서 음속 이하의 속도로 이러한 위업을 이루어냈다면, 장래의 크루즈 미사일이 수천 마일 밖에서 초음속 또는 그보다 더 빠른 속도로 목표물을 향해 날아가지 못할 이유가 있을까? 인공위성으로부터 실시간 정보와 결합된다면 진정으로 유도되는 크루즈 미사일은 1발당 1백만 달러에도 전술적 무기가 될 수 있다.[8]

전쟁 수행의 기본적 가정은 발사체를 효과적으로 발사하기 위해서는 무기 플랫폼이 해당 전장에 위치하거나 그에 인접한 곳에 있어야만 한다는 것이었다. 이 가정은 마라톤(Marathon) 전투의 그리스인과 벌지(Bulge) 전투의 독일인 모두에게 해당되었다. 그러나 이제는 더 이상 그렇지 않다. 또한 적과의 대결에서 살아남기 위해서는 무기 플랫폼이 중장갑을 해야 하고, 때로는 전함이나 스텔스 폭격기에서처럼 극단적인 방식으로 방어되어야 한다는 가정이 있었다. 하지만 전장에서 극적으로 멀어진 플랫폼은 장갑이 전혀 필요하지 않다. 표적에서 1만 마일 떨어진 작은 주택이나 사무실, 동굴에서도 미사일이 발사될 수 있다. 전장의 모든 개념이 바뀌고 낯설어지고 있다.

새로운 무기들은 전통적 무기의 유용성을 위협함으로써 현재 일어나고 있는 지정학적 혁명에 필적할 전쟁 수행의 혁명을 초래할 가능성이 있다. 실제로 그 무기들은 누군가에게 힘을 부여하고 다른 누군가에게서 힘을 가져감으로써 지정학적 변화를 강화하고 있다.

가령 개인 휴대 미사일이 개발되었고, 생산 비용이 저렴하고, 장갑을 파괴하는 데 대단히 효율적이라고 가정해 보자. 더 나아가 미사일의 기초 연구개발은 첨단 산업 기반이 필요하겠지만, 저개발국에 의해서도 손쉽게 대량 생산될 수 있다고 가정해 보자. 이는 미국에서 발명된 후 말레이시아에서 대량 생산되는 컴퓨터와 같은 경우다. 그러면 그 같은 무기가 가져올 지전략적(地戰略的) 결과는 무엇일까? 그 결과는 훈련된 인력을 갖춘 작은 국가들—컴퓨터를 제조할 수 있는 국가들—이 전쟁의 수단을 제조할 수 있다는 사실일 것이다.

따라서 이스라엘이나 싱가포르 같은 나라들도 상당히 강력한 국가가 될 수 있다. 무기 혁명은 미국을 국제 체제의 중심에 있게 한 지정학적 혁명에서 비롯된 것이다. 결국, 이러한 새로운 무기는 지리-군사력(geo-military power)의 의미 자체를 바꾸어놓을 것이다.

결론: 전쟁과 시각의 위기

현대의 전쟁 수행 체계는 이중의 시각 위기(crisis of vision)를 겪고 있다. 첫째는 지적 시각의 문제이다. 즉, 군사와 국방 분석가들이 우리가 그들의 경력뿐만 아니라 미국의 전쟁 방식을 바꾸어놓을 진정한 기술 혁명을 마주하고 있다는 사실을 받아들일 의지가 있는지 혹은 없는지의 문제다.

시각의 위기는 또한 문자 그대로 군인이 적을 볼 수 있는 능력의 문제이다. 지난 몇 세기 동안 군대의 확장은 근본적인 지휘 문제를 제기해 왔다. 지휘관의 시계(視界) 밖에 있는 병력을 어떻게 지휘하고 통제할 것인가의 문제이다. 이 관리상의 문제는 지휘관과 포수의 시계 너머로 포탄을 발사할 수 있는 간접 발사 무기의 도입으로 더욱 복잡해졌다. 이는 오늘날 군대를 계속 괴롭히는 정보(intelligence)의 위기를 야기했고, 이에 대한 확실한 해결책이 발견되지 않고 있다. 이제 지휘관은 더 이상 한눈에 자신의 적들을 볼 수 없을 뿐만 아니라 그 자신의 병력도 더 이상 볼 수 없다. 프로이센의 군사이론가 카를 폰 클라우제비츠Karl von Clausewitz가 날카롭게 묘사한 전쟁의 연무(the fog of war)는 현대전에서 더욱 심각해졌다.

항공기가 등장하면서 지휘, 통제, 통신, 정보의 문제는 심각할 정도로 복잡해졌다. 이라크에 대한 공격에서, B-52기들이 루이지애나에서 이륙했을 때 크루즈 미사일들은 수백 마일 떨어진 해상에서 발사되었으며, 헬리콥터들은 수백 야드 밖에서 발진했다. 전장의 규모는 거의 세계와 동일해질 정도까지 확장되었다. 실제로, 핵전쟁에서 전장은 지구 그 자체이다.

수천 마일 밖에서 벌어지는 전투를 관리한다는 것은 기본적인 인식론적 질문들(epistemological questions)을 제기한다. 어떻게 지휘관은 자신이 알게 된 것이 진실인지 확신할 수 있는가? 어떻게 지휘관은 그가 그것을 알게 된 순간에 여전히 진실인지 확신할 수 있는가? 어떻게 지휘관은 볼 수도 들을 수도 없는 병력을 지휘할 수 있는가? 이러한 질문들은 철학적인 것이다. 그러나 그 해결책은 기술적일 것이다.

확대된 전장을 관리하기 위해 개발된 기술은 단지 기존 전쟁 수행 체계를 지원하는 데 그치지 않는다. 그 기술은 기존 체계를 쓸모없게 만들고 글로벌한 전쟁 수행을 가능하게 하는 전적으로 새로운 정보 체계를 위한 길을 조성한다. 우리가 수천 마일 밖에서 표적을 볼 수 있게 해주는 기술—센서, 유도 시스템, 위성 통신 등—은 재래식 무기 플랫폼을 사용하지 않고도 표적을 타격할 수 있게 해주는 기술과 동일한 기술이다. 만약 적 표적을 볼 수 있다면, 우리는 군대를 위험에 빠뜨리지 않고도 실수 없이 표적을 타격할 수 있다.

우리는 한 대륙에서 발사된 무기가 몇 분 내에 아주 적은 비용으로 다른 대륙에 있는 표적까지 스스로를 유도해 가는 시대에 들어서고 있다. 고도로 정보화되고 극초음속이며 긴 사정거리를 가진 저비용 발사체가 이제 거의 우리 눈앞에 있다. 항공 시대에 탄생한 그 발사체는 낡은 전쟁 방식을 파괴하는 한편 수 세대 동안 새로운 지정학 시스템을 지켜낼 것이다.

화포는 부정확했던 반면 이 발사체들은 놀라울 정도로 정확하다. 화포는 표적에서 수 마일 이내 거리로 접근한 다음에야 발사할 수 있지만, 정밀무기는 원거리에서도 표적을 파괴할 수 있다. 화포/석유화학 기술은 물자의 총동원과 대량 생산을 요구하는 반면 정밀무기는 기술적 기량을 요구한다. 이 새로운 무기는 범위와 의도하지 않은 표적에 대한 피해의 차원 모두에서 전쟁에 대한 내재적 제한을 설정한다. 총력전의 시대는 끝났으며 보다 제한된 형태의 전쟁이 임박해 있다.

모든 신흥 강대국들처럼 미국도 많은 것들에 대해 확신이 없거나 서투른 모습을 보여왔다. 군사력에 대해서는 더욱 그러하다. 쿠웨이트의 모래 속에서 막강한 미국의 군사력이 등장하기 앞서 베트남전에서의 참담한 실패, 냉전의 거대한 불확실성, 그리고 제2차 세계대전에서의 순진한 승리가 있었다. 이러한 모든 기간 내내, 새로운 무기 문화가 천천히 출현하는 동안, 미국은 군사력의 본질과 그 군사력을 인도할 원칙을 놓고 자기 자신과 싸움을 벌여왔다. 본질적으로, 이는 미국의 군사 교리(doctrine)에서 기술—그리고 기술자들—의 적절한 위치를 정의하기 위한 투쟁이었다. 더 정확히 말하면, 그것은 기술이 미국인들의 삶의 모든 측면에 대해 제기하는 압도적인 요구들(claims)을 정의하고 통제할 수 있는 교리에 대한 고통스러운 탐색, 즉 단순한 무기의 차원을 초월하는 전쟁 수행의 원칙에 대한 탐색이었다.

02

군인과 과학자: 미국의 군사적 실패의 기원

Soldiers And Scientists:
The Origins Of American Military Failure

현대의 군사적 사고는 1941년 12월 7일에 탄생했다. 그날 하와이의 방공 장교 커미트 타일러Kermit A. Tyler 중위는 항공기가 접근해 오고 있다는 레이다 탐지 보고를 저 유명한 한마디로 일축했다. "음, 그거, 신경쓸 거 없어." 타일러가 레이다 탐지 보고를 무시했던 이유는 그의 상식으로 볼 때 일본군이 결코 진주만을 공격할 수 없었기 때문이다. 결국 경보는 울리지 않았고 미국의 태평양 함대는 박살이 났다. 이때 미국 함대와 함께 전쟁에 대한 모든 사고방식도 가라앉았다. 이는 단순히 항공모함이 전함을 대체하는 문제가 아니었다. 보다 근본적인 변화, 즉 전쟁과 정치의 관계 그리고 상식과 전문 기술 지식의 관계에 대한 미국의 이해에 변화가 일어났다. 상식은 안일함과 불가분하게 연결되어 있다. 기획가들은 이를 극복하기 위해 기술에 의지했다.

진주만은 미국의 군사이론가들에게 전쟁이란 언제, 어디서나 일어날 수 있다는 사실을 일깨워 주었다. 진주만 공격은 가능성이 낮았다. 하지만 그럼에도 일어났다. 따라서 사건의 가능성에 대한 계산은 더 이상 군비 태세를 규정하고 제한할 수 없게 되었다. 예상되는 적에 대해서만 자신을 방어하는 국가는 예상하지 못한 적에 의해 파괴될 것이다. 이제 군비 태세는 더 광범위하고 덜 통제 가능한 가능성의 세계, 즉 최악의 시나리오를 상정하고 평가되어야 한다. 전쟁은 정치와는 전혀 다른 것이 되었다. 전쟁은 정치적 신중함(political prudence)에 안주하는 것에서 벗어나, 어떤 상황에 대해서도 준비된 기술적인 사업이 되었다. 이러한 신중함은 1941년 12월 7일에 전적으로 부적절하다는 것이 드러났다.

전략공군사령부 창설자인 커티스 르메이Curtis Le May는 냉전 초기에 자신의 사고를 인도하는 원칙에 대하여 다음과 같이 설명했다. "나는 진주만에 있던 킴멜Kimmel과 쇼트Short라 불리는 두 사람을 기억한다. 그래서 나는 바빠졌고 내가 할 수 있는 일을 했다." 르메이가 할 수 있는 일은 기술이 미래의 타일러 중위의 상식을 지배하는 체제를 수립하는 것이었다. 제2차 세계대전 이후 끝없이 계속되는 군사적 위기, 항상 공중을 경계해야 하는 상황은 바로 진주만의 직접적 결과였다. 24시간 경계, 24시간 준비 태세, 파국이 언제든 닥칠 수 있다는 확고한 인식이 미국의 방위 정책이 되었다.

정치적 계산의 상식에 안주하지 못하는 군의 시대로 진입한 것은 미국만이 아니었다. 미국과 소련의 군사 문화는 모두 유사한 사건—최악의 상황에 대한 재앙적인 예측 실패—을 불과 6개월 차이로 겪고 나서 완전히 바뀌었다. 미국이 일본에 대해 그랬던 것처럼 소련도 독일의 진의를 잘못 읽었다. 소련도 미국처럼 전쟁 준비가 되어 있지 않았고, 훨씬 더 큰 재앙을 겪었다.

그러나 미국처럼 이 같은 일이 다시는 일어나선 안 된다는 소련의 확신은 정치적 상황에 관계없이 어떤 만일의 사태에 대해서도 준비된 군사 체제를 만들어냈다. 냉전이 부침을 겪는 동안, 미국과 소련은 지도자들의 정치적 본능에만 의존하기보다는 위협을 경고해 줄 국가 차원의 기술 수단들, 즉 인공위성, 레이다 기지, 통신 네트워크 등에 점점 더 의존했다. 거의 40년간 두 나라는 항상 경계 상태에 있었고 다음 순간은 전쟁의 시작일 수 있다는 원칙을 진심으로 견지했다.

전쟁에서 진정 아무도 알아챌 수 없는 기습은 드물다. 클라우제비츠는 다음과 같이 말한다.

> 전쟁을 준비하는 데는 보통 수개월이 소요된다. 중요 지점에 군대를 모으려면 병기창과 화약고 그리고 긴 행군 대열이 있을 수밖에 없는데, 이는 쉽게 알아차릴 수 있는 것들이다. 따라서 한 나라가 전쟁이나, 자신의 대규모 군대에 내리는 지시로 다른 나라를 놀라게 할 일은 거의 발생하지 않는다.[3]

물론 클라우제비츠는 정치가들이 적의 의도를 해석하기 위해 자신들의 상식을 활용할 것이라고 가정한다. 따라서 전통적인 전쟁에서는 두 개의 경고 체계가 존재했다. 첫 번째는 전쟁 준비의 규모 자체였고, 두 번째는 정치가가 상황을 이해하고 조치를 취할 수 있는 능력이었다.

제1차 세계대전 이전에는 모든 유럽 열강들은 하늘을 나는 무기들이 아니라 전쟁의 자연스런 전조였던 정치적 신호와 사건들에 주의를 기울였다. 진주만 이후에 전쟁은 정치 및 상식과 결별하고 기술과 결합되었다.

국민국가의 등장 이후, 전통적인 군인은 현대적인 무기—초기 대포에서 제트기에 이르기까지—와 국민국가의 논리가 요구하는 대규모 상비군을 관리할 수 있는 새로운 유형의 전사로 대체되었다. 현대적 무기는 그것을 발사할 수많은 사람과 생산할 수많은 작업자들을 필요로 했다. 그리고 그 무기들이 요구하는 특이한 기술은 끊임없이 연마되어야 했고 종종 비군사적 삶에는 존재하지 않은 것이었다. 이러한 무기의 생산과 운송, 활용은 개인적인 모범으로 용기를 불어넣는 장교보다는 전쟁 수행 과정을 관리하는 데 뛰어난 장교들 요구했다. 이와 함께 일반 국민과는 확연히 구분되는 훈련된 군인 계급이 등장했는데, 다름 아닌 전시에 징집병들을 훈련시키는 핵심 간부의 역할을 수행하기 위해서였다. 이러한 군인의 전문화는 전쟁을 인간의 일상적인 경험으로부터 분리하는 첫걸음이었다.

새롭게 등장한 직업 장교는 몇 가지 면에서 전통적인 전사와 달랐다.

- 상비군을 지휘하기 위해 전시뿐만 아니라 평시에도 근무를 했다. 따라서 그는 전쟁을 수행하는 일뿐만 아니라 평시에 대규모 인력을 관리하는 일을 했다. 종종 군 장교는 전쟁보다는 사업에 더 적합한 기술을 필요로 했다.
- 현대의 군인은 출신이나 정신(soul)보다는 학습과 훈련에 의해 정의되었다. 그의 기술은 배우기는 어렵지만 충분한 지능을 가진 누구나 습득할 수 있는 지식들로 이루어져 있었다. 군대는 출신보다는 능력에 의해 좌우되는 영역이 되었다.
- 모든 직업과 마찬가지로, 군인의 지식 체계는 위대한 군사전략가 클라우제비츠에 의해 체계화되었다. 아이러니하게 클라우제비츠는 프로이센 귀족의 후예이자 출신과 정신에 의한 전사였으나, 군인을 직업화함으로써 프로이센의 전사 계급을 허물어뜨렸다.

전쟁을 초국가적이자 본질적으로 비정치적인 수단으로 전환함으로써 클라우제비츠는 세습 전사와 직업군인을 구별했다. 클라우제비츠 모델은 프로이센에 적용되었던 것만큼이나 러시아, 중국, 미국, 이스라엘에도 적용된다. 그리고 파시스트, 공산주의자, 자유주의자, 기독교인, 유대인, 그리고 무슬림에도 적용된다. 클라우제비츠가 정의한 전쟁의 법칙들은 국가, 종교, 이데올로기를 초월한다. 그의 통찰은 군인의 업무(soldiering)를 의료, 공학, 법률과 마찬가지로 전문 직업으로 만들었다. 또한 그의 사상은 계몽주의에 입각해 군인의 업무에 과학의 원리들을 적용시켰다.

더 나아가 클라우제비츠는 근본적으로 민주적인 개념인 천재성(genius)을 도입함으로써 군인의 업무를 탈귀족화했다.

> 모든 특별한 천직은 성공이 뒤따르려면, 이해력과 정신에 있어 특별한 자질을 요구한다. 이러한 자질이 최고 수준에 있고, 탁월한 성취를 통해 드러나는 경우, 그러한 자질을 가진 사람은 천재라 불린다.[4]

천재성은 어쩌면 타고나지만, 무작위적이다. 평등에 대한 계몽주의의 가르침은 모든 인간이 능력 면에서 평등하다는 것이 아니라 어떤 사람도 사회적 계급 때문에 탁월함의 가능성으로부터 배제되어서는 안 된다는 것이다. 천재성은 사회 계급, 정치 질서, 전통에 도전하면서, 근대성을 평준화하는 위대한 수단이 되어왔다. 천재성은 혁신과 창조성, 자연의 정복이 자연스런 목표로 간주되는 사회에서 다른 어떤 가치들보다 찬양을 받았다.

직업 군인의 학습된 전문성이 결합된 전사의 천재성은 군을 사회의 다른 부분과 통합하면서 공동의 가치 체계를 창조했다. 하지만 군이 민주화되고 직업화되었어도, 군이 무작위로 출현하는 천재성에 의존하게 되었어도, 그리고 군이 과학이 되었어도, 군은 스스로를 전통적인 과학자들과는 근본적으로 다른 덕목을 요구하는 근본적으로 다른 종류의 과학이라고 이해했다. 결국 군인은 위험을 무릅쓰고 심지어 목숨을 걸 각오가 되어 있어야 했다. 그러한

순간은 오랜 복무 기간 동안 한 번도 찾아오지 않을 수도 있지만, 어느 순간에라도 찾아올 수 있다.[5]

이러한 육체적 용기는 군인과 그의 직업을 다른 직업과 구분해 주며, 다른 현대의 직업들보다 전통적인 전사 계급에 더 가까운 것이었다. 과학자라면 자신의 일을 하기 위해 육체적 용기를 갖출 필요는 없다. 현대의 군인도 그런 용기를 드물게라도, 여전히 필요로 한다. 군인의 삶은 과학자의 사색적 삶과는 다르다. 둘 다 전문적이지만, 과학자들과는 달리 군인은 죽음을 맞이해야 할 수 있다. 이것은 군인의 명예 훈장이었고, 그의 인식속에서 그를 정당한 전장의 지배자로 만들었다.

기술자들의 부상

기술자들이 군의 지배적 계급이자 전장의 결정적인 세력으로 부상한 것은 영국의 전투 중에 놀랍도록 분명하게 드러났다. 1940년 프랑스의 함락 이후 히틀러는 영국에 대규모 공습을 감행했다. 영국 공군은 독일 공군에 대항하여 놀랄 만한 전과를 올렸다. 영국 공군의 성공은 조종사들의 기량이나 용감성 때문이 아니었다. 어쨌든 독일 공군도 마찬가지로 기량이 뛰어나고 용기가 있었다. 그보다는 새롭고 전례 없는 장비인 레이더 때문이었다.

레이더의 개발은 두 가지 면에서 전쟁 수행 방식에 혁명을 가져왔다. 좁게 보면, 그것은 고속으로 원거리에서 접근해 오는 항공기들에 대한 효율적인 방어책을 개발할 수 있게 했다. 이제 인간은 육안으로 볼 수 없는 먼 거리에 있는 것을 안개와 구름을 뚫고 볼 수 있게 되었다. 영국 공군은 독일 공군기가 프랑스의 공항에서 이륙해서 대형을 갖추고 영국을 향해 날아오는 것을 볼 수 있었다. 영국 공군은 레이더 덕분에 요격기들을 재빨리 출격시키고 요격 지점으로 효과적으로 안내할 수 있었다. 이런 점에서 레이더는 군사적으로 대단히 중요했으며, 현대 미국 전략을 특징짓는 끝없는 경계태세에서 핵

심적 역할을 수행하고 있다.[6]

그러나 레이더는 더 심층적인 사회학적 차원에서 전쟁 수행을 혁명적으로 바꾸어 놓았다. 레이더가 성공한 결과로 이전에는 그저 최소한으로 전쟁에 관여하던 부류의 사람들—기초 과학자들—이 군인만큼이나 전쟁에 핵심적이 되었다.

현대전은 항상 폭약학, 산업공학, 항공공학과 같은 분야의 현대 과학자들의 기술을 빌려왔으나, 그 같은 일이 군사적 승리에 결정적인 역할을 한다고 여겨진 적은 없었고 전체적으로 과학자들이 특별히 중요하게 인식되지도 않았다. 심지어 제1차 세계대전 중에 영국은 뛰어난 물리학자들을 희소한 국가적 자산으로 대하기보다는 보통 군인들처럼 전선으로 보냈다.[7] 그러나 현대 과학의 자연에 대한 통찰이 깊어지면서 양 세계대전 사이에 모든 것이 달라졌다.

영국 장교들이 과학자들에게 붙여준 별명은 보핀(boffin)이었다. 그 이름은 철저히 비군사적이고 비호전적인 과학자들에 대한 애정과 멸시를 동시에 보여주는 것이었다. 과학자들에게 있어 상식은 현실을 관리하기에 부적절한 방식이었다.[8] 레이더의 발견은 아무나 생각해낼 수 있는 것이 아니었다. 방사(radiation)와 전자기 스펙트럼의 특성에 대한 심오하고 급진적인 통찰력이 있어야 했다. 이는 통상적인 인간의 시각에서는 볼 수 없는 그리고 상식에 반하는 세계에 대한 통찰을 요구했다. 레이더와 그것을 뒤따르는 기술들의 기초가 된 이론물리학은 승리를 위한 용기와 규율에 의존했던 전통적 전사나 현대전이라는 방대한 활동을 조직함에 있어 자신의 기량에 의지했던 현대 직업군인 모두 받아들이기 어려운 사고방식을 요구했다.

과학자의 힘은 물리적 세계의 작동을 이해하는 그의 능력에서 나왔다. 그것은 육체적 용기보다는 체계적인 사고에서 비롯되었다. 레이더의 발명자 왓슨 와트 Watson-Watt 같은 사람들의 관심사는 전자기 스펙트럼이 어떻게 작동하고, 그것의 가능성은 무엇이며, 그러한 가능성이 어떻게 통제될 수 있는가였다. 레이더와 그로부터 파생된 모든 군사 장비들은 과학자들에게는 유용하지만 숨겨진 자연의 진실을 이해하는 과정에서 나온 부수적인 결과물일 뿐이었다. 분명 모든 과학자들이 그처럼 고상한 관점을 견지하지는 않았으나, 충분히 많은 과학자들이 그런 성격이었고, 다른 과학자들도 군을 당혹스럽게 할 만큼 충분히 그런 태도를 취했다. 직업 군인들은 로마인들이 자신의 임무를 완수하기 위해 공학을 사용했던 것처럼 과학의 통찰을 이용하길 원했다. 군인의 현실 세계는 물리학자나 수학자들의 아주 색다른 세계와는 거리가 멀었다. 군사 세계를 끊임없이 혁신시키는 도구를 만들어내는 것이 과학자들의 비현실적인 발상이라는 사실이 군인에게는 더 짜증나는 일이었다.

과학자들은 처음에는 터무니없어 보였던 우주의 숨겨진 진리들을 발견해냄으로써 끊임없이 직관적인 현실을 침범했다. 예를 들면 질병은 육안으로는 보이지 않는 미생물에 의해서 발생한다는 세균 이론은 그것으로 질병을 치료할 수 있게 될 때까지 상식적인 접근에 의해 보편적인 조롱을 받았다. 시간이 지나면서 '과학자'라는 단어는 단순히 어떤 행동을 가리키지 않게 되었다. 이 단어는 자연의 숨겨진 차원을 들여다보고, 마법사처럼 특별한 힘을 불러낼 수 있는 능력을 지닌 일종의 사제 계급을 가리켰다. 과학자의 세계는 간신히 이해할 수 있는 법칙들과 그들만의 특별한 비밀 언어를 가진 난해한 세계였다.

이러한 언어의 이름은 수학이었다. 수학은 완전히 부자연스런 언어였다. 어떤 아이도 엄마의 무릎에 앉아 이 언어를 말하지 않았다. 그럼에도 불구하고, 이 언어는 자연의 숨겨진 진실을 발견하고 그것을 인간의 이익을 위해 사용하는 열쇠가 되었다. 임마누엘 칸트는 『순수이성비판』에서 "수학은 경험의 도움이 없이 순수이성이 확장될 수 있음을 보여주는 가장 찬란한 사례이다."[9] 라고 언급했다. 칸트와 우리에게 있어 문제는 수학적 이성의 한계였다.

클라우제비츠는 전쟁은 수학과 별 관련이 없다고 쉽게 답할 수 있었다.

따라서 우리는 전쟁이 예술과 과학의 영역이 아니라, 사회적 삶의 영역에 속한다고 말한다. 이는 유혈(流血)에 의해 해결되는 커다란 이해관계들의 충돌이며, 이 점에 있어서 전쟁은 다른 사회적 삶과 다르다. 전쟁은 어떤 예술과 비교하는 것보다 사업적 경쟁에 비유하는 것이 더 나을 것이다. 또한 전쟁은 국가 정책과도 흡사하고, 일종의 대규모 사업적 경쟁으로 간주될 수 있다. 그뿐 아니라 국가 정책은 전쟁이 자라나는 모태로서, 세균 속 생명체의 특성처럼, 전쟁의 윤곽이 원초적인 형태로 숨겨져 있다.[10]

전통적 견해를 대변하는 클라우제비츠에게 있어 전쟁은 과학자들이 주장하는 예측성을 가지기에는 너무나 생동적이고, 너무나 이해관계들로 가득차 있고, 너무나 경쟁적이어서 과학이나 예술로 체계화될 수 없었다.

이와는 대조적으로, 과학자들은 전쟁에 대한 인식이 없었으며, 적어도 그들의 직업에 내재된 것은 아니었다. 과학자는 전쟁의 역사나 무예에 대한 지식을 얻는 데 관심이 없었다. 그보다 그는 자연의 아주 작은 조각과 그것을 조작하는 방법에 대해 알았다. 예를 들면 전자기 스펙트럼을 통해 전자기파의 흐름을 제어하는 법칙을 이해한 과학자는 그 흐름을 조작해 항공기에 부딪친 전자기파가 레이더 장치로 돌아가게 해서 조작자가 항공기의 존재를 알아낼 수 있게 했다. 결과적으로 이 경보 메커니즘의 통제 하에 있는 전투기 조종사들은 재빨리 출격해서 침입자들을 요격할 수 있었다.

이 전투의 승자는 전사인 것처럼 보였으나 겉모습은 진실이 아니었다. 전투기 조종사들은 이 시스템에서 단순히 기능적인 부분이었고, 항공기에 태우면 멀미나 할 과학자들이 만든 장치에 의해 접촉 지점으로 안내된 것이었다. 조종사들의 생명, 임무의 성공, 그리고 궁극적으로는 전쟁의 승패가 전사들보다는 과학자들에게 달려 있었다. 이 같은 상전벽해는 전쟁에서만이 아니라, 군인들이 자신들을 바라보는 방식에서도 일어났다. 아득한 옛날부터, 자신의 생명을 무릅쓰고, 가정을 뒤로하고 전쟁의 황폐함 앞에 몸을 던지는 전사들이 전장의 영웅이라는 사실에는 아무런 의문이 없었다. 이제 그 영웅은 난해한 언어와 긴급한 비밀 임무에 의해 숨겨진 존재인 과학자들이었다.

과학자에 대한 전사의 의존은 영국 전투 중에 실제로 단지 암시되었을 뿐이었다. 이러한 의존은 제2차 세계대전 중에, 잠수함과 대잠수함 전쟁의 발전, 근접 신관, 무연 화약, 독일의 로켓, 그리고 연합군의 승리를 가능하게 했던 지속적인 혁신에서 끊임없이 확인되었다. 그러나 전사에 대한 과학자의 우위가 궁극적으로 확인된 것은 원자탄을 만들어낸 맨해튼 프로젝트(Manhattan Project)였다. 맨해튼 프로젝트는 분명 역사의 급진적 단절이었지만, 군사적 사고를 재정의하는 데 있어 특히 결정적이었다. 어떤 의미에서, 원자폭탄의 발명은 군과 군사적 사고 전반의 폐지로 나아가는 큰 진전이었다.

원자폭탄: 전사로서의 물리학자

원자폭탄은 처음에 전체로서 군대를 그 전통적인 가치와 덕목과 함께 쓸모없게 만드는 것처럼 보였다. 최초의 원자폭탄이 히로시마에서 터지자, 일부에게는 전통적 관점에서의 전쟁은 폐지된 것처럼 보였다. 어떤 국가도 그들의 도시를 마음대로 날려 버릴 수 있는 능력을 가진 국가에 감히 대적할 수 없었다. 어떤 형태의 재래식 전쟁도 원자폭탄에 도전장을 내밀지 못할 것으로 예상되었다.

그러나 군사적 과정은 원자폭탄을 견뎌냈다. 히로시마 이후 셀 수 없을 만큼 많은 재래식 전쟁이 치러졌으며, 또한 수많은 재래식 병력이 아직 남아 있다. 군사적 관점에서 원자폭탄의 주된 여파는 심리적이었으며 군의 자기 인식의 정곡을 찌른 것이었다.

최초 계획에 따르면 맨해튼 프로젝트는 육군 인력을 동원하는 육군의 프로젝트였다. 이 작전의 과학적 측면을 담당하도록 선발된 로버트 오펜하이머 Robert Oppenheimer는 육군 중령으로 임명되었다. 그러나 핵심 과학자들의 반발로 맨해튼 프로젝트의 조건이 변경되었는데, 프로젝트를 캘리포니아 대학과의 계약 하에 두었고, 장교들이 아니라 과학자들이 핵심적 역할을 맡게 했

다. 과학 문화에 의한 군사 문화의 패배는 전후 관계의 양상을 설정하는 것이었다.[11]

이 같은 제도적 조정은 하나의 계급으로서 과학자들이 권력을 갖게 된 사실을 드러냈다. 전쟁의 실제 상황에서 과학자들은 단지 유용한 수준을 넘어서 불가결한 요소였다. 그들의 불가사의한 실험들이 승리의 가능성을 열어 놓았기 때문이다. 폭탄은 완전히 난해했다. 그것은 일반 상식과 평범한 사람이 접근하기 힘든 방법론에 의해서만 이해될 수 있었다. 화포와 항공기를 낳았던 뉴턴 물리학은 아인슈타인 물리학으로 대체되었다. 가시적인 세계에 관한 법칙들은 시공간의 성질, 양자역학, 방사 물리학 등에 관한 이론으로 대체되었다.

전통적인 관점에서 일본과의 전쟁은 저항할 수 없는 무기로 보였던 원자폭탄에 의해 승리한 전쟁이었다. 이는 진정한 영광을 누려야 하는 진짜 승리자는 원자폭탄을 발명한 사람이라는 것을 의미했다. 원자폭탄을 이용한 것은 전통적인 군인들이었을지라도, 이 무기를 유일하게 진정으로 이해했고, 훨씬 더 놀랍고 가공할 전쟁 수단을 약속했던, 원자폭탄의 창조자가 어떤 면에서 새로운 왕국의 진정한 권력자라고 이해되었다. 맨해튼 프로젝트 역사의 많은 부분이 전통적 군인들과 과학자들 간 통제권을 위한 투쟁이었다. 군 지휘관 레슬리 그로브스Leslie Groves 장군이 이 작전의 공식적 책임을 맡고 있었다 해도, 이 무기의 실질적인 개발은 그의 권력 밖의 일이었다.

전통주의자들에 의하면 전쟁에는 무기와 방벽 등의 설계와 제작과 같이 분명 과학이 차지하는 자리가 있다. 그러나 누가 전투에서 이기고 질 것인지, 또는 전투를 어떻게 치를 것인지를 결정하는 전투의 핵심적 차원은 과학과 과학자들에게 넘겨줄 수 없었다. 실제로 제2차 세계대전 중 야전 지휘관들은 과학자들의 전문지식이 유용할 수 있음에도 불구하고 그들을 끈질기게 실제 작전에서 배제하려는 경향을 보였다. 제2차 세계대전 과학연구 개발처(World War Ⅱ Office of Scientific Research and Development)의 공식 역사 기록이 기술하듯이, 작전에서 과학자들을 배제한 것은 명시적으로나 법적으로 조직의 일원이 아닌 개인은 경계심을 갖고 대해야 한다는 암묵적 인식을 내포하고 있는 육군과 해군의 불문율[12]에 근거한 행동이었다. 다시 말해, 군인과 과학자 사이의 간극은 과학자를 필요로 하는 비상 상황이 닥치더라도 메우기가 어려울 정도로 커 보였다.

그러나 과학자들이 전쟁의 방식만이 아니라 전쟁의 본질, 실제로 전쟁의 가능성을 바꾸어 놓을 무기를 고안해낸다면 무슨 일이 일어날까? 이는 바로 맨해튼 프로젝트의 핵물리학자들이 해낸 것이었다. 핵물리학은 자연의 숨겨진 영역에 있는 수학적 "개념 구성(construction of concepts)"의 확장에서 비롯되었다. 이 영역은 크기, 속도, 에너지에 있어 우리와 너무 멀리 떨어져 있어서 우리의 시력은 물론이고 상상력조차 초월하는 영역이다. 그럼에도 불구하고, 아인슈타인Einstein, 보어Bohr, 로렌스Lawrence 등이 주도한 과학자 팀은 이 세계에 대한 수학적 모델을 구축했다. 그들은 그들만의 이상하고 부자연하고 비밀스런 언어를 사용해 주위의 다른 모든 것을 왜소하게 만드는 힘을 만들어냈다.

원자폭탄은 전쟁의 법칙을 바꾸어 놓은 것처럼 보였다. 처음부터 원자폭탄은 소부대에서 사단 병력에 이르기까지 그것이 닿는 모든 것을 파괴했다. 아무리 잘 훈련되고 장비를 갖춘 재래식 전력을 정밀하게 배치해도 원자폭탄 앞에서는 무용지물처럼 보였다. 적은 무기로 백만 대군을 삽시간에 날려 버릴 수 있다면 그들을 배치하는 게 무슨 소용이 있겠는가? 폭격기 몇 대로 훨씬 더 큰 피해를 입힐 수 있다면 대규모 육군을 동원하여 다른 나라를 침략하는 것이 무슨 소용이겠는가? 이전에는 본 적도 없는 일이 일어나는 판국에 전쟁사를 공부한다는 것이 무슨 의미가 있겠는가?[13]

위대한 군사 역사학자이자 분석가인 풀러J. F. C. Fuller는 제2차 세계대전을 다루면서 전쟁의 미래를 다음과 같이 그렸다.

> 수 마일 상공에서 소리 없는 전투가 공격과 반격을 주고받으며 벌어질 것이다. 이따금 침략자가 뚫고 지나갈 것이고 런던, 파리, 뉴욕까지 날

아가 4만 피트 높이의 버섯구름을 만들 것이다. 사람들은 자신의 머리 위에서 무슨 일이 벌어지는지 모르고, 누가 누구와, 무엇을 위해 싸우고 있는지 확실히 알지 못할 것이기 때문에, 전쟁은 마지막 실험실이 파괴될 때까지 일종의 호전적인 영구 활동이 될 것이다.[14]

전통적인 군인의 덕목 중 어느 것도 아무런 의미도 갖지 못하고, 실험실이 곧 군사력의 현장인 전쟁에서는 실험실을 지배하는 자들이 전쟁의 기술을 장악하게 된다.

이 궁극의 무기를 제공한 집단인 과학자들이 갑자기 권력, 즉 지식에 기반한 권력의 중심으로 부상했다. 최초의 원자폭탄 실험에서 카운트다운을 외쳤던 물리학자 앨리슨S. K. Allison은 다음과 같이 회고했다. "당황스럽게도, 과학자들은 '원자(atom)'는 워싱턴에서 마법의 단어였고 그 단어의 의미를 완전히 알고 있는 유일한 사람들인 그들은 각광받는 존재가 되었다는 사실을 재빨리 발견했다. 자신들이 새로운 유형의 문제에 직면해 있다는 사실을 어렴풋이 인식하고 있던 일부 사람들은 과학자들을 모든 답을 알고 있는 사람들로 여겼다.[15]

그 문제의 심각성이 정치 및 군사 지도자들에게 점점 더 분명해지자, 실행 가능한 해결책을 찾는 일이 점점 더 긴급해졌다.

군인이 과학자와 사랑에 빠지다

문제는 간단했다. 원자폭탄은 무기이거나, 적어도 무기로서의 모든 면모를 갖추고 있었다. 과연 이를 어떻게 사용할 것인가? 어떤 군사전략을 따라야 하는가? 군은 히로시마 이전까지 제2차 세계대전을 지배했던 전쟁 유형만을 이해하고 있었고, 원자폭탄에 대해서는 거의 아는 것이 없었다. 도대체 전혀 이해하지 못하는 장비를 위한 전략을 어떻게 수립한다는 말인가? 재래식 전쟁을 위한 작전 원칙을 고안해냈음에도 불구하고, 원자폭탄을 전략의 통제 하에 두어야 하는 절실한 필요성은 이룰 수 없는 것처럼 보였다.

군이 갈피를 못 잡고 있을지라도, 분명 원자폭탄 발명자들은 그것이 어떻게 사용되어야 하는지 알고 있어야 했다. 1945년 5월 31일, 맨해튼 프로젝트를 관리할 중앙위원회가 소집되었다. 이 위원회의 위원장을 맡았던 전쟁성 장관 헨리 스팀슨Henry Stimson과 육군 참모총장 조지 마셜George Marshall, 맨해튼 프로젝트 총지휘관 레슬리 그로브스 장군뿐만 아니라, 로버트 오펜하이머, 엔리코 페르미Enrico Fermi, 아서 콤프톤Arthur Compton, 로렌스E. O. Lawrence 등의 과학자들이 특별히 초대되었다. 이 위원회의 회의록에 의하면 전쟁성 장관 스팀슨은 그들에게 다음과 같이 말했다.

> 장관은 프로젝트의 군사적 측면에 대한 특별한 언급과 함께 이 프로젝트를 대통령께 추천한 것에 대해 마셜 장군과 자신이 공동으로 책임을 지고 있다고 설명했다. 따라서 마셜 장군이 이 회의에 참석해 과학자들의 견해를 직접 들어보는 것이 매우 바람직하다고 여겨졌다.
> 장관은 이 프로젝트가 단순히 군사 무기의 차원이 아니라 세계(universe)에 대한 인간의 새로운 관계로서 고려되어야 한다는 관점을 제시했는데, 이는 마셜 장군도 마찬가지였다. 이러한 발견은 코페르니쿠스의 이론이나 중력의 법칙의 발견에 비견될 수 있지만, 인간 삶에 미치는 영향은 그것들보다 훨씬 더 중요할 수 있다.[16]

이 모임은 이어서 일본에 대한 원자폭탄 사용과 폭탄 사용이 가져올 수 있는 정치적, 외교적 파장을 논의했다. 이 모임과 관련해 특별했던 점은 모임이 어쨌든 개최되었다는 사실이다. 전쟁성 장관과 육군 참모총장은 일단의 물리학자들로부터 이 무기의 역학(mechanics)뿐 아니라 사용 전략에 대해서도 자문을 받았다. 물리학자들이 군인들에게 전쟁술에 대해 조언한 것이다. 이는 군이 작전까지는 아니더라도 전쟁에 대한 지적인 통제권을 점점 더 과학자들에게 이양하는 것을 보게 되는 과정의 시작이었다.

시급한 문제는 새로운 원자폭탄을 사용하기 위한 개념적 틀을 만들어내는 것이었다. 항공기가 등장하기 전에는 전쟁은 적군을 격멸하고 적의 지형을 장악하고 지키는 것이었다. 모든 군사적 문제는 공간적인 관점에서 제시되었다. 이제 문제는 공간이 아니라 시간이었다. 이륙이나 발사, 경보, 표적 설정 등에 필요한 시간의 길이는 국가의 운명을 결정하는 변수가 되었다. 산악, 하천, 심지어 대양도 더 이상 정치적으로 유의미하지 않았다. 시간이 결정적 요인이었다.

언제 선제공격을 할 것인가, 또 어떤 표적을 공격할 것인가 등의 정치-군사적인 문제들이 탄두의 기본 크기, 전략 등에 관한 순전히 군사적인 문제들과 뒤섞였다. 점점 불리해지는 전후 상황(postwar situation)이 부과하는 긴급성과 미국의 핵 독점이 일시적일 수밖에 없다는 인식을 갖고 이러한 문제들을 검토하는 일은 군에 엄청난 압력을 가했다.

특히 공군은 핵무기 문제가 아니더라도 전략의 필요성을 절실히 인식하고 있었다. 1944년, 육군항공대 사령관 햅 아놀드Hap Arnold는 헝가리 출신의 물리학자 테오도르 폰 카르만Theodore Von Karman에게 다음과 같은 메모를 보냈다. "본인은 미국의 안보가 우리의 학계 및 전문 과학자들이 이루어내고 있는 발전에 계속해서 의지할 것이라고 믿습니다. 본인은 공군의 전후 및 다음 전쟁 연구개발이 견실하고 지속적인 기반 위에 놓이기를 간절히 바랍니다."[17]

이 메모를 통해서 아놀드는 결국 육군항공대 과학자문위원회를 창설했다. 그 후 1년 사이에 커티스 르메이LeMay 장군이 공군의 새로운 연구개발 부서 책임자로 선임되었다.

이 두 가지 사건은 운명적(fateful)이었다. 우선 육군항공대의 최고위급 장군은 자신의 위신보다는 기술적 연구개발이라는 아이디어만이 아니라 정확히는 연구개발을 제공하기 위해 민간에 의존한다는 아이디어를 더 앞세웠다. 르메이의 지명도 똑같이 중요했다. 스탠리 큐브릭Stanley Kubrick 감독의 〈닥터 스트레인지러브Dr. Strangelove〉나 비슷한 영화들에서 르메이는 전쟁에 미친,

반지성적인 공군의 전형, 즉 싸구려 담배를 물고 있는 거칠고 불경스러운 군인으로 묘사된다. 책임자인 르메이에 의해 연구개발은 무력감을 벗어던졌고 전쟁의 남자다움(machismo)과 불가분하게 연결되었다.

자신의 임무를 수행하기 위한 방법을 모색하던 르메이는 공군과의 계약 하에 비영리법인인 R&D 주식회사, 즉 랜드 연구소Rand Corporation를 창설함으로써 민간 연구개발이라는 햅 아놀드의 아이디어를 한 단계 더 진전시키기로 마음먹었다. 랜드 연구소는 과학과 군의 새로운 관계를 상징했다. 랜드 연구소는 공식적으로는 독립적이었으나, 공군과의 독점계약 하에 있었다.[18] 그것은 싱크탱크로 불렸는데, 주요 생산품이 아이디어인 군 시설이었다.

이는 권력이 넘어가는 과정의 일부였다. 르메이는 랜드 연구소에 항공우주력 개발과 활용을 위한 최우선의 방법, 기술, 수단을 미 공군에 추천하는 것을 목표로, 항공우주력의 광범위한 주제에 대한 지속적인 연구개발 프로그램을 개발하도록 지시했다.[19]

'최우선(preferred)'이라는 용어를 씀으로써 르메이는 과학자들을 판단을 내리는 위치에 두었다.[20] 분명 그는 과학자들이 자신과 공군에 완전히 종속된 상태로 남아 있게 하려고 했고, 엄격하게 형식적인 의미에서 이는 여전히 사실이었다. 그러나 보다 깊이 들여다보면 군은 결국 권한과 통제력을 과학자들에게 넘겨줄 수밖에 없었다. 랜드 연구소 초창기의 위대한 분석가 중 한 명이며 현대 핵전략의 아버지인 버나드 브로디Bernard Brodie는 이 시기를 다음과 같이 이야기했다.

> 지난 12년간 지적 영역에서, 특히 공공 부문에서 일어난 가장 두드러지는 변화 중 하나는 민간 과학자들이 군사전략 영역에 진입했다는 것이다. 군이 수용한 명백히 현대적인 군사전략 개념의 대다수가 민간 과학자들에 의해 발전되어 왔다.[21]

브로디는 민간 과학자들의 중요성에 대해 전혀 과장하지 않았다. 그들이 핵전략을 포함한 현대 전략의 모든 영역을 구성하고 또 재구성했다.

군사 분석에 대한 본질적인 이해가 없었던 과학자들은 자연히 그들 자신의 준거 틀, 즉 과학적 방법과 수학에 의존했다. 과학자들에게 현실은 순수하고 경험적인 현상과 사건의 수학적 표현(restatement)으로 나뉘어지는데, 후자는 과학자들이 현상을 상징적으로 조작하고 분석할 수 있게 해준다. 뉴턴 물리학과 그의 미적분 체계는 아마도 이 관계를 가장 순수하게 보여주는 예일 것이다.

물론 뉴턴의 작업은 상당히 쉬웠다. 물체는 예측 가능하기 때문이다. 동일한 힘과 질량이 작용하는 경우 항상 동일한 결과가 나타나게 되어 있다. 그러나 인간 활동—그리고 군사 전략은 확실히 인간 활동 중 하나이다—은 그처럼 예측이 가능하지 않다. 왜냐하면 대규모의 인간 집단을 다루면서, 한 개인이 주어진 상황에서 어떻게 행동할 것인지 말하기란 불가능하다. 예를 들어, 충분한 수의 잠재적 투표자를 표집하고, 투표 결과를 분석할 충분히 정교한 수학적 모델이 있다면, 투표자의 다수가 어떻게 투표할지는 상당한 정확성을 가지고 예측이 가능하다. 다른 말로 하면, 선거 전야에 이미 누가 승리할지를 알 수 있다. 그러나 어떤 특정한 투표자가 어떻게 투표할 것인가는 어떤 신뢰성을 갖고 말할 수 없다.

투표와 마찬가지로 전쟁은 결과를 예측하고 그 결과의 이유를 미리 분석하는 것이 중요한 인간 활동이다. 전통적으로 전략은 역사적 유추와 상식에 기반해 주장되지만, 그 같은 방법은 과학자들에게는 완전히 낯선 것이다. 그와 동시에 수학적 예측 가능성을 요구하는 과학자들의 방법은 무작위적인 인간 활동에 대해서는 쓸모가 없다. 서서히, 제3의 길이 분명해졌다.

작전 연구와 제국적 과학자

작전 연구(Operation Research, OR)로 이름 붙여진 분야는, 관리의 과학

(science of management)을 개발하기 위해 정량적 방법을 사용하기를 열망했던 제2차 세계대전 이전부터 발전하기 시작했다. 미 해군의 지원으로 작성된 초기 문헌이 정의하였듯, "작전 연구는 경영 부서에 그들의 통제 하에 있는 작전에 관한 결정을 위한 정량적 기초를 제공하는 과학적 방법이다."22

여기서 핵심 단어는 '정량적'이라는 단어이다. 랜드 연구소의 물리학자들과 수학자들에게 상식의 직관력은 관리 지침으로서 아주 불충분했다. 수학적 정밀성이 필요했으며, 작전 연구는 그러한 정확성을 제공하겠다고 약속했다.

과거에는 야전 지휘관이 전적으로 책임졌던 기본적인 관리 문제들을 해결하기 위해 작전 연구는 이미 제2차 세계대전 중에 널리 사용되었다. 전쟁 중에 작전 연구 활동의 핵심적 참여자였던 솔리 주커만 Solly Zuckerman 경은 다음과 같이 말했다. "작전 연구는 판단과 통제의 적절한 수행을 돕기 위해 군 업무의 새로운 절차이자 군을 위한 지적 도구로 부상했다. 작전 연구 없이는, 전쟁은 이미 그 수행을 책임진 이들에게 기술적으로 너무 어려워지고 있었다."23

1940년에 독일 잠수함에 대처하면서 영국이 직면했던 문제에서 하나의 예를 발견할 수 있다. 영국군 조종사들은 얼마나 깊이 폭뢰를 떨어뜨려야 잠수 중인 잠수함들을 잡을 수 있을지 판단하기가 어려웠다. 이용 가능한 전투 자료에 대한 통계적 분석을 통해 작전 연구 사용자들은 최대한 많은 잠수함에 최대의 피해를 줄 수 있을 최적의 깊이를 산출해냈다. 그 결과, 적 잠수함 격침률이 극적으로 상승했다. 레이더 사용, 전투기 기지, 그리고 호위선단 구축 등은 영국이 수행한 끊임없는 작전 연구의 응용에서 나온 것들이었으며, 나중에는 미국이 작전 연구를 통해 대규모 폭격의 작전 원칙을 개발했다.24

군사 업무는 특히 작전 연구에 적합한데, 관련된 업무의 수가 방대하기 때문이다. 통계 분석은 의미 있는 예측이 이루어질 수 있도록 충분히 큰 분석 대상이 필요하다. 정찰 비행에서부터 끝없는 소총 사격에 이르기까지 수많은 인원과 항시 반복 가능한 사건들로 인해, 군사 부문은 통계를 활용하기에 완벽한 무대이다. 실제로, 작전 연구는 군에서 꽃을 피웠다.

작전 연구를 지지하는 분야에서의 성공과 맨해튼 프로젝트의 엄청난 성공이 가져다준 명망 덕분에, 작전 연구 기법을 사용하는 물리학자들은 미국의 전후 군사전략에 영향을 미치고, 더 나아가 주도하는 특별한 위치에 서게 되었다. 그들은 심지어 관련 경험도, 상식도 충분치 않은 특별한 원자폭탄을 관리하는 데 필수적인 분석적 정밀성을 약속할 수도 있었다.

에드워드 텔러Edward Teller, 허먼 칸Herman Kahn, 테오도르 폰 카르만Theodore Von Karman, 그리고 존 폰 노이만John Von Neuman을 포함하는 물리학자와 수학자 그룹은 랜드 연구소나 다른 곳에 모여서 새로운 군사전략을 수립했다. 이들은 두 가지 두드러진 특징을 갖고 있었다. 물리학과 수학에서 매우 뛰어났고, 정치에 대해서는 실질적으로 아는 게 없었다.

핵전쟁의 순수한 수학적인 모델을 개발하는 데 있어 그들이 개발한 전략은 본질적으로 정치적 삶의 현실이나 심지어 상식과는 무관한 것이었다. 다음과 같은 많은 질문들이 제기되었다. 미국에 대한 기습공격에 대응하는 최적의 방법은 무엇인가? 미국의 핵무기는 어디에 배치되어야 하는가? 가장 효율적인 표적 설정 절차는 무엇인가? 분쟁의 종결은 추가적 피해를 입힐 수 있는 적의 능력을 파괴하거나 적이 전혀 공격을 가할 수 없도록 억지하는 것으로 정의되었다. 이 상황에서 고려되지 않은 것은 동기(motive)였다. 왜 적이 선제 공격을 선택할 것인가? 이 질문은 현실 정치의 관점이 아니라 오로지 핵무기의 관점에서 답해졌다. 적은 자신의 핵이 곧 파괴될 것으로 보이거나 또는 상대의 핵을 파괴할 수 있다고 느낀다면 공격을 하게 된다는 것이다.

결국 이 모델은 대결이 두 국민국가 간이 아니라, 자신의 생존 또는 상대방의 파괴를 목표로 삼는 두 복합 무기 체계 간에 벌어지는 것처럼 행동한다. 작전 연구 모델의 관점에서 그 같은 피상적인 합리성(sketchy rationality)은 무기 통제와 운영에 관한 의사결정을 하는 데 유용할 수도 있다. 그러나 그것은 실제로는 정치 전략이 되지 못한다.

〈페일 세이프Fail-Safe〉라는 영화를 통해 이 사례를 생각해 보자. 실수로 소련에 핵공격이 가해지고 소련이 보복 공격을 하지 않을까 하는 두려움이 팽배하게 된다. 랜드 연구소의 연대기(annals)에서 가져온 극중 인물인 그로첼 Grotteschel 박사는 소련은 결국 굴복할 것이라고 선언한다. 소련 체제의 목표는 억지(deterrence)이고 억지는 실패했기 때문에, 반격은 의미가 없다는 것이었다. 그러므로 굴복하는 것이 유일한 합리적 행동이라고 했다. 모델링의 세계에서는 이것이 옳을 수도 있다. 하지만 복수에 대한 갈망이 실제적이지만 수학적 모델에 완전하게 포함될 수 없는, 실제 국가들의 세계에서 굴복은 대체로 선택지가 될 수 없다.

랜드 연구소 초기 멤버 중 하나였던 허먼 칸은 그의 고전적인 저작 『열핵전론On Thermonuclear War』에서 여러 가지 방식으로 전쟁에 있어 수학적 모델링의 정신을 요약하고 포착했다. 물리학자였던 허먼 칸은 사실상 현대전의 본질을 요약하려고 시도하고 있었다. 이는 과학적 관점에서 과학자에 의해 시도된 적이 없는 과제였다. 이러한 일은 투키디데스와 같은 역사학자들이나 클라우제비츠와 같은 군인들이 다루던 문제였다.

칸이 직면했던 핵심적인 문제는 핵전쟁을 정량적으로 분석하는 것이었다. 이를 위해 그는 알려진 핵무기의 수와 유형을 중심으로 만들어진 여러 가지 전쟁 시나리오를 제시했다. 그의 의도는 각각의 상황에 맞추어진 최적의 전략 이론을 개발하는 것이었다. 가능한 여덟 가지 경우 중에서, 오직 한 가지 경우—국제관계의 악화—만이 핵 관계 이외의 역학이 존재한다는 점을 인정한다. 흥미롭게도 그의 작업에서는 한 나라가 미사일을 사용하도록 만드는 정치적 환경에 대한 체계적 고려가 빠져 있었다. 다시 말해, 전략을 논하면서, 칸은 애초에 왜 미국과 소련이 충돌하게 되는지에 대해서는 관심이 없었다.

칸의 사고가 함축하고 있는 것은, 한 나라가 보유한 핵무기의 보호가 중요한 전략적 목표이며 그러한 무기를 상실할 가능성이 전쟁을 불러온다는 개념이었다. 분명히 미국의 핵무기를 파괴할 수 있는 소련의 능력(그리고 그 반대의 경우도)은 그들이 자신의 핵무기를 보유하고 있느냐에 달려 있었다. 그러므로 칸의 모델에서는 그 어떠한 지정학적 문제보다도 핵무기의 존재 자체가 미국을 위협하는 요인이었다. 핵전쟁의 촉발요인으로서 국가들 사이의 정치적 관계는 부수적인 것에 지나지 않았다. 핵무기를 둘러싼 관계에서의 기술적 변화와 문제들이 훨씬 더 불안정을 야기했다.

훗날 핵무기의 폐지가 전쟁 가능성을 뿌리 뽑을 수 있다고 믿는 군축 지지자들이 자신들의 생각을 고전적인 군사 이론가가 아니라 물리학자 전략가에게서 가져왔다는 점이 흥미롭다. 고전적인 군사 이론가나 물리학자 전략가 모두는 지정학과 대전략의 문제들을 무시하면서 기술과 정량적인 것들에만 집중했다.

칸과 다른 물리학자들에게 있어서 전략 수립의 핵심은 그것을 정량화하는 것이었다. 칸이 『열핵전론』에서 말한 것처럼, "이 책을 이 분야의 다른 대부분의 책들과 구별 짓는 주요한 특징은 체계 분석의 관점을 채택한 것이다. 즉, 가능한 영역에서는 정량적 분석을 사용하고, 정량적 분석이 전체적으로 또는 부분적으로 부적절한 것으로 밝혀진 영역의 경우 명확한 경계선을 설정한 것이다."[25]

분명한 것은 국제관계의 대부분이 정량적이지도 않고 체계 분석이 가능하지도 않다는 점이다. 예를 들면 제2차 세계대전 이전 독일의 불안감 정도, 소련의 붕괴, 그리고 베트남전에서 미국의 도덕적 피로는 모두 국제관계의 실제적 요소들이었다. 사실, 상당 정도로 그것들이 국제적 힘의 구조를 결정했다. 그리고 그 어느 것도 정량적 분석이 용이하지 않았다.

이러한 점은 우리에게 오래된 이디쉬(Yiddish)의 이야기를 생각나게 한다.

> 한 부자가 레스토랑에서 블린츠(blintze)를 먹고 있는 것을 보고, 헤르셸Herschel은 집으로 달려가 아내에게 외쳤다. "여보, 블린츠를 꼭 먹고 싶어. 그 부자가 그걸 먹을 때 꼭 천국에 있는 것 같았어."
> 그의 아내는 대답했다. "여보, 우리는 가난해요. 우리는 블린츠를 만들 재료가 없어요. 달걀이 없다구요."
> "그럼 달걀 없이 만들면 되잖아."

"크림도 없다고요!"

"크림도 빼지 뭐."

"설탕도 없는데요!"

"설탕도 빼자고."

아내는 그렇게 블린츠를 만들었다.

아내가 요리를 내오자, 헤르셀의 얼굴은 기대감으로 빛났다. 그는 블린츠를 한 입 베어 물고는 천천히 씹었다. "여보. 나는 그 부자가 뭣 때문에 블린츠를 그렇게 맛있게 먹었는지 도대체 알 수가 없군."

칸Kahn은 전쟁을 정량화하려고 했다. 그는 전략적 정책의 정량화할 수 없는 요소들을 비본질적이라고 선언하면서 모두 내던져 버렸고, 남아 있는 것만을 가지고 블린츠를 만들려고 했다. 여기서 문제는, 칸의 경우 자신이 요리한 것을 좋아했다는 점이다. 그는 군사 전략을 탈정치화한 것을 상당히 자랑스러워했고, 그것을 정밀하게 모델화되고 관리될 수 있는 정량 과학으로 바꾸어 놓았다. 하지만 결국, 블린츠는 블린츠고 전략은 전략이다. 모든 가식을 배제한다면, 어떤 것도 엄연한 현실을 바꿀 수 없다.

과학자 전략가들의 몰락

핵전략 기획에 대한 작전 연구의 주도권은 재래식 무기 영역에서 공백을 만들어냈는데, 이러한 공백은 핵전쟁이 "전략적(strategic)"이라는 용어를 빼앗아 간 것에서 보여질 수 있다. 만약 핵전쟁이 전략적 영역—즉, 그 자체로 분쟁의 결과를 결정하는 것—을 차지하게 되었다면, 여전히 막대한 수량을 유지하고 있는 비핵전력은 무슨 의미가 있는가? 이것은 단지 의미론적인 문제가 아니었다. 만약 핵전쟁이 국가안보에 있어 전략적이고 근본적이라면, 그 정의상 비전략적인 재래식 전쟁은 그리 중요하지 않은 것이 된다. 전략 기획이 핵전쟁에 필요하다면, "재래식" 전쟁에는 어떤 종류의 기획이 필요한가? 지휘관은 재래식 전쟁에 대하여 어떻게 생각해야 하는가? 제2차 세계대전과 한국 전쟁 사이에 보병 장교 계급에서 그들의 삶과 노력의 의미에 대한 신뢰의 위기가 분명히 있었지만, 마지막 질문은 단지 사기의 문제가 아니다. 심지어 한국 전쟁 이후에도 문제는 있었다. 비 핵전쟁(subnuclear war)은 제한된 수준으로 계속될 것이라는 점이 확인되었다. 하지만 한국 전쟁은 미국이 분쟁을 종식시키는 데 원자폭탄을 쓰지 않기로 선택했기 때문에 확실한 매듭을 짓지 않고 끝났다. 미국이 이제껏 해 왔던 종류의 총력전은 원자폭탄에 의해 불가능해진 것처럼 보였다. 보다 정확히 말하면, 핵무기는 총력전의 영역을 빼앗아 버렸다. 이제 총력전은 핵전쟁을 의미하게 되었다.

제한전에서 비핵전력의 사용을 위한 전략의 개발을 지배하는 원칙과 관련하여 교리 문제가 대두되기 시작했다. 제2차 세계대전 동안 그리고 그 이전에 쓰이던 방법론은 시대착오적으로 보였다. 예를 들면 1941년에 마셜 장군이 위드마이어Wedemeyer 장군에게 제2차 세계대전을 실행하기 위한 승리 계획(Victory Plan)을 작성하라고 지시하자, 위드마이어는 이렇게 말했다. "추축국들을 패배시키기 위해 필요한 구체적 작전은 이 시점에서 예측될 수 없습니다. 이 작전의 범위와 성격에 관계없이, 우리는 독일 지상군과 맞붙어서 그들을 패배시키고 확실하게 독일의 전쟁 수행 의지를 꺾어 놓음으로써 독일과 싸울 준비를 해야 합니다."[26]

완전히 상식적인 계획인 승리 계획은 전쟁의 예측불가능성을 정면으로 직면했고, 승리를 위해서는 적의 전쟁 의지를 꺾어놓음으로써 적을 패배시켜야 한다는 분명한 사실을 언급했다. 승리 계획은 전력의 정밀한 측정을 시도하지 않았다. 대신에 인구학적으로 시작했다. 미국이 전시 산업생산을 해치지 않으면서 무장할 수 있는 최대 인원은 몇 명일까? 그 답은 적이 더 많은 병력을 내보낼 수 있기 때문에 아군도 병력이 많을수록 좋다는 가정에 기초했다. 여기에는 비용-효과성, 적절한 대응, 또는 다른 중요한 세부사항에 대한 고려가 전혀 없었다. 가능한 모든 것을 사용한다는 생각이었다. 전력 구조(force structure)에 대한 추상적인 수학적 모델 대신에, 승리 계획은 정치 질서가 요구하는 바를 예측하려고 하면서 상세한 정치적 밑그림을 담고 있었다.

위드마이어의 독서 습관을 생각해 보면, 그의 결정도 이해할 수 있다. 그는 클라우제비츠, 손자, 매킨더Mackinder, 풀러Fuller 등의 저작들을 항상 입에 달고 다녔다.[27] 이 저작들은 모두 기술적인 것보다는 정치적인 것이, 양보다는 질이, 시간보다는 지리가 우위에 있음을 강조했다.

그러므로 승리 계획은 대략적이고 막연한 문서였다. 그것이 미군을 승리로 이끄는 데 성공적이었다는 사실만으로는 전후의 전략가들을 만족시킬 수 없었다. 더 중요한 것은, 핵전략 기획의 수학적 정밀성을 고려할 때, 비 핵전쟁 수준에서 상식이나 클라우제비츠에 의존하는 것은 직관에 어긋나는 것처럼 보였다. 파괴력과 비용 모두를 절약하려는 게 아니라면, 전력 사용을 다루기 위한 더 나은 방법, 더 정확한 방법이 있어야 했다.

수학적 방법을 핵전쟁 차원에서 비 핵전쟁으로 확장한 것은 사실상 작전 연구로의 회귀였는데, 결국 그것의 기원이 잠수함전과 항공전, 군수지원에 있었기 때문이었다. 작전 연구는 전쟁의 특정한, 제한된 영역에 대한 관리에서 전체 군사작전과 전쟁의 구조화(structuring)로 바로 넘어가지 않았다. 작전 연구는 1961년 전쟁 개념을 혁신하기 위한 시도가 있기 전까지는 재래식 전쟁의 핵심부까지 침투하지 않았다. 이 일은 포드 자동차 회사 사장을 지낸 로버트 맥나마라Robert McNamara라는 기업인에 의해 이루어졌다.

맥나마라의 혁신은 작전 연구의 중심적 개념이자 버나드 브로디 같은 많은 핵전략가들이 중시했던 개념, 즉 전쟁은 방법론적으로 경제학과 구별되지 않는다는 개념을 기반으로 했다. 따라서 경제를 분석하고, 관리하고, 통제하는 과정은 전쟁을 관리하는 방식과 본질적으로 다르지 않았다. 다만 한쪽은 생산의 경제(economy of production)이고, 다른 한쪽은 전력의 경제(economy of force)라는 것이 다를 뿐이었다. 양자의 기본 원칙은 효율성의 원칙, 즉 노력과 지출로부터의 이익을 극대화하는 것이었다.

정량적인 경제적 분석과 군사적 분석은 같은 뿌리를 가지고 있기 때문에 맥나마라의 다음과 같은 발언은 놀라운 것이 아니었다. "나는 기획과 예산 책정을 동일시하며, 두 단어를 거의 동의어라고 여긴다. 예산이란 단지 운영 계획의 정량적 표현이다."[28]

어떤 면에서는 이러한 개념은 설득력이 있는데, 경제학에서 힘(power)은 돈으로 표현될 수 있으며, 돈은 군사력을 만들어내는 무기를 구매하기 때문이다. 이 개념의 약점은 지출이 곧 힘이라고 가정하는 데 있었다. 더 중요한 문제는, 정치적 요소(political input)의 충분한 반영 없이는 이 등식이 얼마나 효과적인지 측정하기 어렵다는 점이었다.

작전 연구는 새로운 변형인 체계 분석(system analysis)으로 확장되었다. 랜드 연구소에서 수학적 모델링의 귀재 중 하나였던 퀘이드E. S. Quade는 체계 분석과 작전 연구의 차이를 다음과 같이 설명했다.

> 어떤 의미에서, 체계 분석과 작전 연구의 주된 차이는 어디에 강조를 두느냐에 있다. 초기의 많은 작업들은 수학적 모델과 최적화 기법에 중점을 두는 경향이 있었다. 선형 프로그래밍(linear programming)이나 대기 행렬 이론(queuing theory) 같은 수학적 기법을 사용하거나 개선하고 새로운 응용 방법을 발견한 사람들이 각광을 받았다. 이러한 사람들은 대체로, 자신의 목표가 무엇인지 그리고 어떤 단일하고 명확한 기준으로 비용을 계산하는 법을 아는 의사결정자들과 관련이 있었다. 반면, 체계 분석—동일한 수학의 많은 부분을 활용하기는 하지만—은 단지 어떻게 할 것인가가 아니라, 무엇이 이루어져야 하는지를 결정하는 데 어려움이 있는 문제들과 관련이 있다. 따라서 전체적 분석이 더 복잡하고 깔끔하지 않은 절차가 될 가능성이 높은데, 그러한 절차는 정량적 최적화에 그다지 적합하지 않다.[29]

다른 말로 하면, 이전에 정치적 논의를 통해 승리 계획에서 다루어졌던 복잡한 문제들이 이제 체계 분석에 흡수되게 된다. 이는 체계 분석이 정치-군사 행동의 전 영역에 대한 권위를 주장하게 된 것을 의미했다.

여전히 정량적 능력은 체계 분석을 다른 유형의 사고방식으로부터 구별해 주었다. 경제학자들이 가르친 대로, 거의 모든 것들에 대한 가장 단순하며 가장 직접적인 척도는 돈이었다. 그러므로 돈―방위 예산―이 분석의 핵심적 초점이 되었으며, 여러모로 군의 중심적 관심사로서 전략을 대체하는 것은 방위 예산이었다.30 방위 예산을 중시하는 것은 단순히 관료적 사리추구라고 볼 수 없었다. 방위 예산은 미국 군대의 결의와 능력을 반영하는 것으로 이해되었다. 전략과 예산은 동일한 것을 바라보는 다른 방식으로 여겨졌다.

맥나마라 혁신의 목표는 과학적 분석과 관리 기법을 펜타곤에 도입하는 것이었다. 여기에는 효율성이 증가하면 미국의 군사력뿐만 아니라 군에 대한 통제력도 증가하게 된다는 가정이 자리하고 있었다. 요컨대 맥나마라는 군의 '작전적' 효율성을 개선할 수단을 찾고 있었고, 이것이 '전략'을 만들어낼 것이라고 가정했다. 이러한 개념적 문제는 핵무기와 그 사용에 대한 합의가 부재하다는 또 다른 문제에 의해 악화되었다.

어떤 식으로도 개념에 대한 재정의가 필요하다는 것이 분명했다. 한국 전쟁 이후 육군은 핵무기가 재래식 전쟁을 불가능하게 만들었다는 개념에 계속해서 반대해 왔다. 정반대로 핵무기는 사용 불가능하고, 억지란 환상에 불과하다는 것이 육군의 주장이었다. 실제로 그들은 도덕적, 실제적 이유에서 민간인 파멸이라는 교리 자체를 반대하고 나섰다.31 문제는 일관된 재래식 전력의 교리가 없다는 것이었다. 핵무기가 사용되지 않는다면, 재래식 전쟁은 어떻게 수행되어야 하는가? 대안이 없는 상황에서 맥나마라는 교리 개발과 재래식 무기를 위해 핵전쟁 모델링의 통찰을 사용하기를 원했다.

전략적 목표들 대신에, 맥나마라는 분석 원칙과 작전 표준을 만들어냈으며, 후자는 '위기 관리'라는 용어로 요약되었다. 위기 관리의 개념은 핵전략과 체계 분석에서 비롯되었는데, 거기에서는 힘의 효율적인 운용이 최우선이었다. 핵무기에 있어서 문제는 시간이었다. 그 과정이 정밀하고 효율적이어야 하는 결정을 내리기에는 시간이 너무도 적었다. 더욱이 결정에서 행동으로의 이동은 신속하고도 명확해야만 했다. 이러한 원칙들이 재래식 무기들에게로 이전되었다.

케네디 행정부의 가장 성공적인 이야기는 쿠바 미사일 위기였다. 전력의 경제적 운용을 확실히 하기 위해 확전(escalation)의 교리를 사용하면서, 케네디와 맥나마라는 소련 미사일의 쿠바 철수라는 원하는 목표를 이루기 위해 전력의 엄밀한 증강을 이용했다. 물론, 이는 실제 무력 충돌이나 핵 교환을 촉발하지 않고 달성되어야 했다. 또한, 케네디는 거추장스러운 공식 지휘 계통을 피하고 보다 비공식적인 엑스콤Excomm, The Executive Committee of the National Security Council을 선호하는 관리 체계를 이용했다. 이 위원회에는 딘 애치슨Dean Acheson과 같이 정부 직책을 맡고 있지 않았으나 케네디가 신임하는 인물들이 포함되어 있었다.

케네디의 입장에서, 쿠바 미사일 위기의 놀라운 성공은 맥나마라의 혁신 논리를 더욱 확고히 해주는 것이었다. 보다 전통적인 관점에서 볼 때, 이러한 미국의 성공에는 다른 이유들이 있었다.

- 미국은 해군끼리 대치하도록 만들었고 소련은 바다에서 미국과 맞설 처지가 못 되었다.
- 대치 지점은 미국의 지상 발진 항공기들의 작전 거리 내에 있었다.
- 소련은 쿠바를 강화할 수 없었다.
- 미국은 엄청난 핵우위를 가지고 있었다.
- 미국의 행동은 소련에 의해 전력의 경제적 운용 행동으로 간주되기보다는, 실제로 압도적인 심리적 타격이었다. 왜냐하면 미국은 대규모 침공군을 조직함과 동시에 자신의 전략군에 대해 데프콘 3을 발령했기 때문이다. 이는 평화보다는 두 계단 높고, 전쟁보다는 두 단계 아래인 상태였다.

다른 말로 하면 압도적인 힘, 지리적 우위, 그리고 무력 사용을 불사한다는 확고한 의지 표명이 소련의 저항 의지를 압도한 것이다. 미국의 대응을 엄밀하게 설정하는 데 상당한 주의가 기울여졌고, 신중하고 천천히, 질서 있게 확전 단계를 높였지만, 미국의 대응은 조절되지 않았다. 그보다는 잠재적으로 한계가 없는 미국의 대응이 소련으로 하여금 철수하도록 만들었다.

전쟁을 회피했다는 안도감이 너무 커서, 전쟁이 소련의 옵션이었던 적이 없었고 쿠바에 미사일 설치는 그러한 옵션을 만들기 위해 계획되었다는 사실을 누구도 사실상 알아차리지 못했다.

미국이 쿠바 미사일 위기에서 성공했던 이유는 압도적 힘으로 소련의 근본적인 이익을 위협하여 소련이 굴복하도록 만들었기 때문이었다. 그러나 미사일 위기에 대한 이 같은 직관적 해석은 받아들여지지 않았고, 소련의 근본적 이익이 위협받지 않았기 때문에 미국이 성공을 거두었다는 반직관적인 해석이 힘을 얻었다.

자연과학을 흉내내면서, 새로운 전략가들은 명백한 설명을 거부하고 사건에 대한 불명료한 해석을 선택했다. 아무리 많은 병력을 배치해도 지나치지 않다는 아이디어와 같은 전통적인 상식적 교리들, 지리와 정책 결정에 대한 지리의 영향에 관한 교리 등은 뒷전으로 밀려났다. 확전의 교리는 전력의 경제적 운용 교리와 서로 부합했으며, 양자 모두 효과적인 의사결정과 결부되었다. 이러한 것들은 모두 극도로 정교했으며, 몇 년 후에 있을 베트남 전쟁 이전까지는 파국으로 이어지지 않았다.

베트남 전쟁은 허먼 칸의 전쟁에 대한 체계 분석의 시험대였다. 확전, 전력의 경제적 운용, 그리고 신중한 대응이라는 그 원칙들도 마찬가지였다. 그것은 물리학자들의 핵전략이 정글전에 적용된 것이었다. 베트남전은 또한 과학적 방법의 또 다른 차원, 즉 사회과학의 시험장이었다. 현대 과학이 외교 정책을 통제하게 된 첫 번째 방법이 핵전략의 지배를 통해서였다면, 두 번째 방법은 자연과학의 방법을 사회적 과정에 적용하려 했던 모방자 집단—사회과학자들—의 형성을 통해서였다. 여러모로 사회과학의 간접적인 영향은 물리학자들의 직접적 영향보다 베트남에서의 미국의 군사 전략에 훨씬 더 큰 피해를 입혔다.

어떤 의미에서는 베트남전은 고전적인 지정학적 분쟁이었다. 미국은 공산주의가 모든 아시아 본토를 지배하는 상황을 막기를 원했다. 따라서 미국은 라오스와 남베트남의 붕괴를 막으려고 했다.32 이것은 이 전쟁에 대한 하나의 정당화였다. 명백히 더 정교한 다른 정당화는 전례 없는 것이었고, 기이한 전략적, 작전적 원칙들을 낳았다. 이 전쟁은 기본적으로 외부에서 촉발된 사회적 현상으로 이해되었다. 케네디 행정부와 존슨 행정부는 베트남전이 불평등, 빈곤, 사회 불안의 결과라고 믿었다. 흥미롭게도, 이것은 적이 이 전쟁을 정당화하는 논리였다. 전쟁 원인에 대한 사회과학적 해석을 채택하면서 미국은 군사적 승리가 사회적 교정, 즉 사회 혁명에 달려 있다는 공산주의자들의 교리를 수용했다. 따라서 미국은 전쟁의 와중에 사회 혁명을 촉진하려고 했고, 그렇게 함으로써 공산주의를 부적절하게 만들려고 했다.

토지개혁, 빈곤율 저하 그리고 부패한 구체제를 대체할 현대적 민간 행정가 계급의 형성 없이, 베트남전의 승리는 불가능하다는 주장은 더 일반적인 사회과학 이론의 일부였다. 실제로 유럽 제국주의의 붕괴는 의지할 실질적 기반이 없는 많은 국가를 새로 탄생시켰다. 식민주의의 잔해로부터 어떻게 국가(nation)를 건설할 것인가의 문제는 정치적으로 급박한 문제였으며, 사회학, 경제학, 정치학이 여기에 집중하도록 요구받았다. 이들은 다 같이 새로운 접근, 즉 개발 이론을 만들어냈다. 개발 이론은 공산주의의 유혹에 빠져드는 일을 방지하면서 빠르게 성장하는 경제를 가진 탈식민지 국가를 건설할 수 있는 방법을 설명하고자 계획된 것이었다. 여러모로 베트남은 국가 건설(nation building)의 대표적 사례였다. 베트남은 파렴치한 공산주의자들이 기회로 삼는 불가피한 사회 불안의 와중에서 응집적인 국가와 현대적 경제를 건설하려고 하는 탈신민주의 국가였다.

이 프로젝트에서 가장 중요한 인물 중 하나는 『성장의 단계Stages of Economic Growth』라는 책의 저자인 월트 로스토Walt Whitman Rostow였다.33 1950년대 초 출간된 이 책은 정치적, 경제적 조직에 대한 서구적 접근법이 공산주의 모델에 비해 국가 건설자들이 바라는 "경제 도약" 단계를 만들어낼 가능성이 더 높다고 제시했다. 상당 부분 군사적 작전 연구의 전통에 따라 쓰인 로스토의 책은 또한 마르크스주의와 비(非)마르크스주의 개발경제학자들 간의 논쟁에 중요한 기여를 했다.34 그것은 베트남전의 주요 지적 초석 중 하나가 되었기 때문에 훨씬 더 중요했다.

로스토는 맥조지 번디McGeorge Bundy 대신 존슨의 국가안보보좌관이 되었고(그의 후임은 헨리 키신저였다), 케네디 암살 이후 전쟁 수행의 핵심 설계자 중 하나였다. 그러나 번디가 국가안보회의에 임명되기 이전에도 로스토는 번디의 특별보좌관이었다. 1961년 6월, 로스토는 케네디의 재가를 받고 포트 브러그Fort Brugg에서 "저개발 지역에서의 게릴라전"이라는 제목의 연설을 했다.35 이 연설은 아시아에서의 공산주의 확산이라는 지정학적, 이념적 관심사와 이 문제의 사회학적 분석을 결합하는 기본적인 접근을 제시했다. 실제 문제는 공산주의자들이 활용할 수 있는 사회적 불안의 존재였다. 군의 과제는 사회적 위기를 해결하고, 국가를 건설하며, 제3세계 농민들에 대한 공산주의의 매력을 약화시키기 위한 조건을 만들어내는 일이었다. 포트 브러그에서 로스토가 이러한 연설을 한 것은 적절했다. 포트 브러그는 케네디가 가장 좋아하는 부대이자 사회적 과정으로서 전쟁에 대한 이러한 이해의 핵심 기구인 미 특수부대의 본거지였다.

군은 이 같은 사회과학적 분석 앞에서 무능했다. 핵 전략에 깊이 빠져 수년을 보낸 결과, 베트남에서 어떻게 싸워야 할지 감을 잡지 못하는 군 장교 세대가 등장했다. 한국 전쟁 동안 군은 효과적인 전략을 고안했었다. 그것은 정규 공산군 부대를 상대로 재래식 전투를 수행하는 것이었다. 후방을 평정하고 통제하며 공산주의 비정규군을 봉쇄하고 인프라를 조성하는 것과 같은 정치적 전쟁 과제들은 한국인들에 의해 수행되었다. 불행하게도 미군은 한국전을 행복하게 기억하지 않았으며, 한국전에서의 자신의 상대적 성공을 활용하기보다는 새로운 이해를 모색했는데, 이는 개발 이론에 깊이 뿌리박고 있는 대게릴라전(counterinsurgency) 교리에서 발견되었다.

이 전쟁의 기본 전제는 다음과 같이 설정되었다. 베트남전은 재래식 전쟁이 아니며, 농민 대중의 "마음과 정신"을 얻기 위한 투쟁이다. 미국 지도자들은 마음과 정신을 사로잡으려면 경제 성장, 안정된 환경의 조성 등이 필요하다고 믿었다. 그들이 직면했던 문제는 공산당의 전략이 농민들의 삶을 방해해서 그들을 보호하는 정부 능력에 불신을 품도록 하고 공산당에 의존하도록 만드는 것일 때 어떻게 이러한 안정된 환경을 조성할 것인가였다.

로스토의 분석에 따르면 모든 군사작전은 농민 보호를 궁극의 목표로 삼아야만 했다. 따라서 대게릴라전 교리가 육군에게 부과되었다. 이미 핵 전략 기획의 압도적 존재에 의해 위로부터 제약을 받고 있던 육군은, 이제는 이전의 별로 중요하지 않았던 전쟁 형태인 비정규 작전이 베트남 전쟁에서 미국 전략의 핵심으로 부상한 상황에 의해 아래로부터 압박을 받게 되었다.

상당한 정도로 대게릴라전은 공산주의자들이 하고 있는 것에 대한 공산주의자들 자신의 해석에서 행동 방침을 가져왔다. 마오쩌둥과 호찌민에 의해 제3세계로 확산된 레닌의 혁명 개념은 농민들 사이의 지속적인 불안정을 이용해 사회를 현대화하는 것이었다. 따라서 토지 소유권, 공무원 부패 그리고 부적절한 농산물 가격 같은 사안들에 초점이 맞춰졌다. 동시에 소규모 군사 행동에 의해 이러한 문제들을 악화시키고 안전이 확보된 지역에서 더 나은 삶의 조건을 조성함으로써, 공산주의자들은 농민 기반의 군을 조직하고, 도시들을 고립시키고, 궁극적으로 압도하고자 했다.

로스토의 모델은 이러한 기본적 분석이 타당하다고 받아들였다. 이 모델은 게릴라들을 소수의 외부 요원들의 지도를 받는 토착 전투원으로 이해했고, 그들은 지역에서 징수한 보급품과 적에게서 노획한 무기와 탄약을 사용한다고 보았다. 이것이 사실이라면 전 주민을 거의 말살하지 않는 한, 재래식 전쟁은 효과적이지 않을 것이다. 열쇠는 주민들이 공산당 요원들과 협력하는 것의 위험성을 높이면서 정부와 협력하는 것의 이점을 늘림으로써 공산당 요원들을 주민들로부터 떼어 놓는 것이었다.

이 전략을 수행하려면 정규군은 대게릴라전 특수군으로 대체되어야 했다. 그들은 우호적인 토착 군인들에 대한 조력자 역할을 하게 된다. 이들 특수부대의 임무는 당근과 채찍을 사용해 주민들을 공산주의자들로부터 분리하는 것이었다. 실제로, 베트남전의 미국 전략에 있어 중심적이었던, 전체 자문 과정은 베트남인들의 행정 기능을 강화해서 효율적인 정부 기구가 전쟁을 수행하고 국가를 효율적으로 관리할 수 있도록 만들고자 했다. 1962년 6월, 미국인 반공 요원들을 훈련시키기 위한 학교가 문을 열었다.[36]

정량적 방법론이 전쟁에 적용되었다. 죽고 부상당한 적의 수를 세는 악명 높은 조치는 사상률이 충분한 수준(정확히 얼마가 될지는 아무도 모르지만)에 도달하면, 합리적 행위자로서의 적이 항복하리라는 소모전 모델에 근거한 것이었다. 그 가설은 미국의 전략 기획을 지배했던 비용-효과와 위험-보상 비율이 공산주의자들에게도 적용된다는 것이었다. 다시 말해, 미국적 가치 구조와 어떤 합리적 국가의 가치 구조가 동일하다고 가정되었다. 양측의 전사자 수가 미래에 대한 힌트를 얻기 위해 세심하게 수집, 분석, 탐색되었다.

베트남의 광대한 시골 지역을 안전한 정부 통제 하에 두려는 시도인 농촌 평정(rural pacification)은 국가 건설과 체계 분석의 추종자들에 의해 유사하게 운용되었다. 농촌 평정에 대해 윌리엄 나이스윙거William A. Nighswonger는 1966년 출판된 책에서 다음과 같이 말했다.

> 농촌 혁명은 전쟁과 테러의 불안정을 대신할 평화와 질서 수립을 포함할 것이다. 그것은 농민이 촌락 문제에 그리고 궁극적으로는 모든 수준의 정치 생활에 자유롭고 개방적으로 참여할 수 있게 할 것이다. 그들은 더 많은 식량을 생산하는 법을 배우고, 더 나은 종자, 가축, 비료를 얻거나 살 수 있게 되어 삶의 수준이 높아질 것이다. 그들의 자녀는 초급 교육과 그 이상의 교육을 보장받게 될 것이다. 그들의 건강 관리는 더 잘 훈련된 인력과 더 가까이 있는 시설 덕분에 개선될 것이다. 그들은 법 앞의 평등을 보장받음으로써 정부의 극단적 조치로부터 더 잘 보호받을 것이다. 그리고 그들은 선출된 내표나 고충처리 시스템을 통해 정부 최고위층에 직접 접근할 수 있게 됨으로써 부패 및 다른 악폐로부

터 보호받을 것이다. 토지개혁 프로그램은 그들에게 지금 심각한 불공평이 존재하는 지역에서 보다 공평한 토지 배분과 법적 소유권을 제공할 것이다.[37]

로스토의 국가건설 이론은 총력 전쟁의 한가운데에 있는 농촌 유토피아로 바뀌었다.

그러나 이 대게릴라전 프로그램으로는 촌락에서 베트콩을 격멸할 수도, 그들을 농민들로부터 떼어 놓을 수도 없었다. 농촌 평정의 실패에 대한 반응으로, 사회기획가(social planner)들은 한층 더 상상력을 발휘했다. 그들의 결론은 공산주의자들을 농민으로부터 제거하지 못하면 농민을 공산주의자들로부터 제거해야 한다는 것이었다. 그 결과는 "전략적 정착촌 프로그램(strategic hamlets program)"이었는데, 이는 어떤 경제적, 사회적 인프라가 없는 인위적인 촌락 조성으로 이어졌고, 농민들은 그곳에 강제 정착되어야 했다. 프로그램이 성공적임을 보여주는 방대한 통계자료가 수집되었으나 현실은 완전히 달랐다.[38] 이 전쟁의 나머지 부분은 근본적으로 정신 나간 생각—한 나라의 사회 구조가 그 나라나 문화를 수박 겉 핥기 식으로 이해한 외부자에 의해 조작될 수 있다는 생각—을 실행에 옮기려는 시도들로 채워졌다.

사회 개혁과 국가 건설은 계속해서 기본 목표가 되었고, 미국 기획가들은 모니터링을 하고 계획을 세우기 위해 정교한 사회경제 이론과 첨단의 수학적 모델을 계속 사용했다. 같은 시기에, 실제 군사 상황은 악화되었다. 미국인들이 사회과학 방법론에 빠져 있는 동안, 여러 전선에서 전쟁이 게릴라전에서 재래식 전쟁으로 전환되었다. 이것은 공산군이 더 이상 농촌으로부터 갈취한 식량이나 미군에게서 뺏은 무기로 전쟁을 하지 않는다는 것을 의미했다. 복합적이고 정교한 군수지원 시스템이 만들어졌다. 철도와 해운으로 중국과 소련의 물자들을 들여온 다음 이 물자들을 도로와 협로—호찌민 루트—를 통해 라오스 회랑지대를 거쳐 캄보디아까지 내려보낸 후 방대한 소규모 보급로들을 통해 남베트남의 적소에 공급했다. 그 물자들은 불규칙한 지점에서 미군과 교전을 벌이는 연대급까지의 재래식 부대들에 의해 사용되었다.

이 전쟁에 대한 재래식 접근은 다음과 같은 지침들을 즉각적으로 제시해 줄 것이다.

- 적의 근본적 이익이 위험에 처하게 만들어야 한다. 따라서 북베트남 침공과 점령이 전략적 목표가 되어야 한다.
- 보급선 차단이 효과적인 전략에 핵심적이다. 따라서 비무장 지역을 효과적으로 봉쇄하면서, 라오스의 호찌민 루트를 끊기 위해 이 라인을 서쪽으로 확장해야 한다.
- 남베트남에 있는 북베트남군을 차단해 보급품이 고갈됨에 따라 그들의 전투력이 약해지게 놔두고 농촌 평정은 남베트남군이 담당하게 해야 한다.
- 직접적인 정치적 역할을 군에 부과하지 않아야 한다. 군은 서로 다른 문화 간 교류의 미묘한 부분을 다루는 훈련을 받지 못했고, 가망 없는 임무에 소모될 정도로 가치 없는 존재도 아니다.

반면 로스토의 이론과 작전 연구 그리고 체계 분석의 결과로서 완전히 다른 전략이 도출되었다.

- 민간 작전 및 농촌 개발 지원 프로그램을 통해 직접 농촌 평정에 관여한다. 사회 혁명가이자 마을 보안요원의 임무를 맡은 군 인력을 활용해 이러한 역할을 하고 있는 베트콩과 북베트남군 모두를 대체한다.
- 전쟁을 점진적으로 확대하도록 설계된 전략 폭격 작전을 시작함으로써 남베트남에 대한 북베트남의 침공을 저지한다. 이는 전력의 경제적 운용 원칙을 따르는 것이고, 효과적인 전력 배분을 위해 제2차 세계대전 중 개발된 모델을 사용하는 것이다.
- 지상 차단보다는 호찌민 루트 공습을 통해 남베트남으로의 보급로 차단을 시도한다. 차단을 안내할 정교한 탐지 장치와 수학적 모델이 사용된다.

- 적을 괴롭히고 파괴하기 위해 대규모의 지상 작전을 전개하고 적이 아군보다 더 많은 피해를 입도록 우월한 화력과 기동력을 사용한다.

첨단 기획 기법들이 이러한 작전들을 개발하는 데 도움을 주었다. '드물게 다니는 네트워크 차단 모델(An Interdiction Model for Sparsely Traveled Networks)'과 같은 제목을 단 정교한 연구들이 넘쳐났다.39 복잡한 수학과 컴퓨터 모델이 지상 작전의 많은 측면과 마찬가지로 항공전의 전략을 수립하고 실행하는 데 사용되었다. 결과적으로 베트남전은 작전적으로는 탁월했고, 전략적으로는 문제가 많았다.

- 육군이 사회혁명과 재건을 위한 도구로서 역할을 하도록 요구하는 것은 훈련받은 적이 없는 일을 하라는 것이었다. 오직 그들을 추상화하고 비현실적인 양자(quantum)로 대함으로써만, 미 육군 특수부대원들이 전사 겸 사회활동가로 변모될 수 있었다.
- 제2차 세계대전 중 민간인들에 대한 전략 폭격은 영국, 독일 그리고 어쩌면 일본에서도 억지 수단으로서 실패했다. 따라서 민간인들이 겪는 고통의 점진적 증가가 북베트남의 전쟁 전략에 영향을 미치거나 그 지도부와 대중 사이의 틈을 벌릴 것이라는 생각에는 어떠한 역사적 근거도 없었다. 그것은 사회과학으로 가장한 희망적 사고였고, 비용도 편익도 제대로 평가하지 못하는 비용–편익 분석이었다.
- 호찌민 루트 차단을 절대적 목표로 설정하지 못하고 작전 연구와 체계 분석 모델에서 나온 작전 표준과 전투 목표를 수용한 것이 참담한 실패로 이어졌다.
- 적의 조건에 따른 전쟁, 즉 미군의 병력 소모율이 용납할 수 없는 수준에 빠르게 도달하는 일련의 소규모 교전들을 수용한 것은 주요한 전략적 실책이었다.
- 무엇보다도, 전통적인 전쟁 모델이 베트남전에서 적합하지 않다고 주장하

며 그 대신 핵전쟁을 위해 개발된 방법과 국가 건설의 사회과학적 모델을 내세움으로써 미국은 전략의 핵심—자신의 강점에 대한 명확한 평가—을 잃어버렸다. 베트남전에서 미국의 주요한 강점은 교전하기 위해 선택한 어떤 전투에서도 승리할 수 있는 육군의 능력이었다.

결론

베트남전에서 미국이 패배한 결정적인 원인 중 하나는 그 전쟁을 지리적으로 정의하는 데 실패한 점이었다. 베트남 전쟁은 지상전보다는 해상전과 유사했다고 말해진다. 전투 부대들이 지형(terrain)을 장악하고 지키려는 게 아니라 단지 해를 가하려는 의도를 갖고 서로를 맴돌았기 때문이다. 전쟁에 지리적 목표가 없었기 때문에, 전체 구도에서 지형은 아무런 의미가 없었다. 이는 미 육군에게 적보다 오래 기다리고, 오래 견디는 것 외에 전략적 목표가 없었음을 의미한다.

게릴라전과 원자폭탄 사이에 갇힌 미 육군은 자기 인식(self-conception)이 완전히 없었다. 베트남전 종식 이후부터 레이건 행정부 출범 이전까지 육군은 반치욕 상태로 살면서 자신은 더 이상 임무가 없고, 통제 불능의 사회 세력들로 가득찬 세상을 더 이상 바꾸거나 영향을 미칠 수 없다는 인식을 강하게 갖게 되었다.

물론 군사 전략에서 중심적인 문제는 군사적 사고를 마비시키는 핵무기라는 엄청나고 음울한 존재였다. 그러나 이 대량 파괴의 가능성에도 불구하고 전쟁은 계속되었고 수그러들지 않았으며, 그리고 전쟁은—제국들조차도—승패가 갈렸다. 이 모든 것들은 비록 핵무기가 군사기획가들을 압도하기는 했지만 핵무기의 실제 중요성, 실제 힘은 생각보다 훨씬 적을 수 있다는 가능성을 제기했다.

03

가짜 새벽: 핵무기의 실패

False Dawn:
The Failure Of Nuclear Weapon

최초의 원자폭탄이 1945년 일본에 떨어진 이래 핵무기의 등장이 전쟁에 변혁을 가져왔다는 주장이 있어왔다. 실제로, 핵무기는 너무나 가공할 수준이어서 어떤 정상적인 국가도 전쟁을 시도하지 않을 것이기 때문에 핵무기가 전쟁을 쓸모없게 만들었다는 것이다. 이 주장이 틀렸다는 것은 확실하게 알 수 있다. 전쟁은 계속해서 벌어지고 있고 핵무기에 의해서 억제되지 않고 있기 때문이다. 이 주장을 개량한 것은 좀 더 설득력이 있다. 핵보유국 간의 전쟁은 더 이상 가능하지 않은데, 양측 모두 상대방이 지지 않으려 할 것이고, 그 결과 패배를 방지하기 위해 핵무기에 의존할 것임을 알기 때문이다. 따라서 어떤 이득도 상호 멸망의 위험을 감수할 가치가 없기 때문에, 어느 쪽도 먼저 전쟁을 일으키지 않게 된다는 것이다.

이러한 입장에 있어 문제는 그것이 핵무기 불사용에 대한 질문에 부분적으로만 답한다는 것이다. 이러한 입장은 왜 핵보유국이 비핵보유국에 핵무기를 사용하지 않고 있는지를 설명해 주지 못한다. 핵보유국은 한결같이 핵에 의지함이 없이 전쟁에서 미결이나 패배를 감수해 왔다. 미국은 한국 전쟁에서는 미결을, 베트남 전쟁에서는 패배를 감수했다. 프랑스와 소련도 인도차이나와 아프가니스탄에서 그 같은 패전을 감수했다.

더 나아가 핵을 갖지 못한 국가들이 핵보유국을 공격하는 데도 자제하지 않았던 것으로 보인다. 예를 들면, 이집트와 시리아가 1973년에 이스라엘을 공격했을 때 이스라엘은 핵보유국으로 알려져 있었다. 그러나 그것이 억제 수단으로 작용하지는 않았다. 1977년 베트남도 중국과 싸우는 것을 망설이지 않았는데, 당시 중국은 이미 상당 수준의 핵을 보유하고 그것을 발사할 능력도 충분히 갖추고 있었다. 어떤 이유에 의해서인지, 핵무기의 보유는 비핵국가로부터 공격을 예방해 주거나 전쟁에서의 승리를 보장해 주지 못한다.

물론 미국과 소련이 수없이 많은 위험한 대리전을 치렀지만, 직접 전쟁을 벌인 적이 없었다는 것은 사실이다. 많은 이론가는 이에 대해 양 국가가 직접 대결할 경우 핵무기 사용 가능성을 두려워했기 때문이라고 주장해 왔다. 이러한 주장은 상당히 수긍이 가는 면이 있지만 소련과 미국 간의 사안들이 비록 지정학적으로나 이념적으로 아주 중요했을지라도, 핵무기는 말할 것도 없고 어떤 종류의 전쟁을 합리적인 선택으로 만들 만큼 충분히 위협적인 사안들은 아니었다는 점을 인식할 필요가 있다.

핵무기의 엄청난 기이함

따라서 핵무기에는 뭔가 아주 이상한 점이 있다. 핵무기는 그것만으로 재래식 전장의 모든 힘의 상관관계를 압도해 버릴 수 있는 궁극적인 무기라고 말해진다. 지금은 여러 나라가 핵무기를 보유하고 있으나 지난 50년간 어느 나라도 그것을 사용하는 것을 분별 있는 행동으로 여기지 않고 있다. 그것이 우리가 운이 좋았다고도 볼 수 있지만, 핵무기의 어떤 특성이 그 사용을 일반적으로 불가능하게 만든 것일 수도 있다.

또 다른 주장은 핵무기의 존재로 인해 세상이 훨씬 더 위험한 곳이 되었다는 것이다. 1980년대 초 핵 동결 운동 당시에, 이들 무기의 제거나 대폭 제한은 핵전쟁의 발발 가능성을 줄일 수 있으리라는 주장이 있었으며, 이것이 전체 군축 운동의 전제였다. 과거에도 군축 운동이 있었다. 가령 1920년대에 국가 간 세력균형을 위해 해군력 감축을 하자는 진지한 논의가 있었다. 그러나 이번에는 문제가 정치적인 것, 즉 국가이익 충돌의 일부가 아니라 기술적인 것으로 보였다. 핵무기의 물리적 존재가 세계를 위협하는 것이었다. 핵무기가 존재하지 않는다면 핵전쟁의 위협도 줄어들 것이다.

그래서 미국과 소련 간에 근본적인 정치적 합의가 이루어져야 한다고 주장하기보다는 논쟁은 계속해서 핵무기 감축에만 집중했다. 예를 들면 두 초강대국 사이에 제국적 대합의가 이루어져 각자의 세력권을 설정하고, 국가들을 각자에게 할당하고, 상대방의 국가들에 대해서는 손을 대지 않기로 했을 수도 있었다. 이것은 사실 제2차 세계대전 종전 무렵 얄타(Yalta) 회담 합의의 기본적 결과였다. 우리는 유럽에서 평화를 유지시킨 이 정치적 합의를 나머지 세계로 확장할 수도 있었을 것이다. 물론 이는 미소 양국의 반제국주의 성향에 반하는 것이고, 정치보다는 무기 체계에 중점을 두었다고 볼 수 있다.

핵 군축론자들이 간과하는 점은 지구상의 마지막 핵이 없어진다고 해도 그것이 핵전쟁 가능성을 없애지 못한다는 점이며, 기껏해야 발발 시기를 늦출 수 있을 뿐이다. 핵무기의 위험은 그것의 물리적 존재에 있는 것이 아니라, 그것의 제조 방법에 대한 지식에 있다. 그 지식이 없어지지 않은 한, 그 무기가 실재하고 있는가 아닌가는 아무런 의미가 없다. 혼란의 시기에, 핵무기 제조 방법을 아는 국가들은 이번에는 1950~1990년대 평시 군비경쟁의 비교적 공개적이고 느린 분위기에서가 아니라, 과열되고 비밀스러우며 근본적으로 불안정한 위기의 분위기에서 핵무기를 만들 수 있게 될 것이다.

모든 전쟁의 위험처럼 핵전쟁의 위험은 정치적인 것이다. 다음 내용을 생각해 보자. 1950년 이후 두 나라가 각각 첨단 핵무기로 무장하고 있었다고 하자. 사실상 국경을 접하고 있는 이들 나라는 수 세기를 거슬러 올라가는 경쟁과 전쟁의 역사, 그리고 상호 불신과 심지어 혐오의 뿌리 깊은 문화를 갖고 있다. 이전 전쟁에서 양측은 상대방에게 배신을 당했거나 상대방이 약속을 지키지 않았다고 느꼈었다. 그러나 비록 양국이 상대 국가를 파멸시키기에 충분한 핵을 가지고 있었음에도, 양측에 있는 어느 레이다도 공격을 감지한 적이 한 번도 없었다. 만약 미사일이 우발적으로 발사되었다면, 그 결과가 아무리 비극적이더라도 군사적 파장을 일으키지는 않았을 것이다. 핵무기의 존재는 두 나라 안보에 아무런 효과가 없었다.

이것은 가공의 사례가 아니라 영국과 프랑스 두 국가에 관한 이야기이다. 양국 모두 강력한 첨단 핵무기로 무장하고 있으며 상호 불신과 갈등의 역사를 갖고 있다. 이 두 나라 사이에서 핵무기의 존재 여부와는 상관없이 핵전쟁은 불가능한 일이었다. 그것은 핵전쟁이 다른 모든 전쟁처럼 본질적으로 '정치적'이기 때문이며, 단지 이 강력한 무기가 양측에 실제 존재한다는 사실은 그다지 중요하지 않다. 핵무기를 철폐하는 것은 잠재적인 정치적 갈등이 존재하고 있다면 아무런 의미가 없다. 이는 갈등이 없을 때 핵을 보유하는 것이

별 의미가 없는 것과 마찬가지이다.

페르시아만 위기(Persian Gulf crisis) 동안 미국과 소련의 상대적인 입장들을 생각해 보자. 1980년에 소련은 1991년보다 더 적은 핵무기를 보유하고 있었다. 하지만 이란 위기 동안에, 미국은 소련의 반응에 대한 신중한 고려 없이는 어떤 행동도 취하지 않았다. 그러나 1991년에 미국은 소련을 전혀 개의치 않고 행동했다. 소련이 더 많은 미사일, 더 많은 핵탄두, 더 나은 정확성을 가졌다는 사실은 실제로 중요하지 않았다. 정치적 등식이 변한 것인데, 이는 핵무기의 보유가 바꿔 놓을 수 없는 것이었다.

우리의 논지는 핵무기가 무섭지 않다는 것이 아니라, 그것이 국력의 수단으로서 특별히 유용하지 않다는 것이다. 게다가 그 유용성은 실제 정치적 활용에 있어 제한되기 마련이며, 소련처럼 막대한 수를 보유했어도 마찬가지이다. 결국 핵무기는 과대평가되었다고 말할 수 있다.

원자폭탄이나 그보다 훨씬 강력한 수소폭탄을 과대평가되었다고 말하는 것은 분명 기이하고 터무니없는 주장처럼 보일 수 있다. 그러나 그 주장이 진실이라면, 군사 세계의 모양이, 그리고 그와 함께 21세기의 지정학이 극적으로 바뀌게 된다. 분명히 정밀 유도 무기는 핵무기 문화의 자궁으로부터 나왔다. 핵탄두 미사일 개발 노력은 정밀무기의 기본이 되는 정밀한 기술을 낳았다. 또한 핵전쟁에 대비하기 위한 정찰 시스템은 표적설정 시스템의 기초가 되었다. 그리고 가장 중요한 것은 정밀 유도 무기가 핵무기가 해결하려고 했던 부정확성이라는 동일한 문제를 해결하기 위해 개발되었다는 점이다. 다만 전자의 경우는 그 문제를 단검의 정교함으로 해결했고, 후자의 경우는 철퇴의 무지막지함으로 해결했다. 따라서 어떤 면에서, 정밀 유도 무기와 핵무기는 정반대의 모습을 한 동일한 존재(mirror opposites)이다.

그러므로 미래는 핵무기에 대한 신중한 고려 없이는 이해될 수 없다. 즉, 군사전략의 사용 가능한 요소이든 아니든, 핵무기는 언제 해결책으로서 적절한지, 왜 과거에 사용되지 않았는지 살펴볼 필요가 있다. 하지만 우리는 애초에 왜 핵무기가 만들어졌는지부터 먼저 살펴봐야 한다.

핵무기와 전략 폭격

핵무기는 핵물리학의 발전에 의해 실현 가능해졌고, 항공기가 전쟁에서 결정적인 요소가 아니게 된 이후 군사전략의 변화에 의해 필요해졌다. 1943년, 맨해튼 프로젝트가 본격화되었던 시기에 원자폭탄과 핵무기는 항공력의 약속을 실현하고 그것의 고유한 약점을 극복하는 수단으로 여겨졌다. 그러한 약점은 다음과 같이 요약될 수 있다.

- 표적에 충분한 타격을 가하려면 많은 횟수의 출격이 불가피하다.
- 항공기를 제작하고 유지하는 데 많은 지원 인력이 필요하며, 군수지원 체제를 유지하기 위해서도 그러하다.
- 다수의 출격을 위해서는 다량의 석유, 기계유 및 윤활유가 소비된다.
- 폭격대상 지역이 도쿄나 다른 일본 도시들의 경우와 같이, 소이탄에 취약한 목재 건물들로 이루어져 있지 않다면, 폭격기는 표적들을 파괴하기에 충분히 정확하지 않다.

그러나 만약 이러한 문제들이 극복될 수 있다면, 즉 출격 횟수가 최소한으로 줄어들고 정확성과 파괴력이 극적으로 증가한다면, 그리고 소요 인력이 극적으로 줄어들 수 있다면, 전략 폭격기는 효과적이라고 입증될 수도 있다. 원자폭탄은 필요한 운반 수단의 숫자를 하나로 축소함으로써 자원 할당의 문제(일단 맨해튼 프로젝트의 거대한 비용을 논외로 한다면)를 해결했다. 그것은 또한 역사상 전례 없는 파괴력을 도입함으로써 재래식 항공력의 비효율성 문제도 해결했다.

그러나 원자폭탄은 여러 가지 새로운 예상 밖의 문제들을 제기했다. 첫째, 적절한 운반 수단의 문제—원자폭탄을 표적까지 가져가는 방법—를 제기했는데, 이는 유인 폭격기 지지자들과 미사일 지지자들 사이의 논쟁을 촉발시켰고, 그 과정에서 군의 역량을 훨씬 넘어서는 기술적 문제들이 대두되었다.

두 번째 문제는 어떻게 항공기와 미사일들을 적의 공격으로부터 보호할 것인가였는데, 이 문제는 결국 계산과 역계산(countercalculation), 움직임과 대응 움직임(countermove)의 엄청나게 복잡한 시스템으로 발전되었다.

초기에는 원자폭탄이 파괴력 면에서 볼 때 재래식 전략 폭격에 비해 근본적인 개선을 보이지는 않았음을 기억하는 것이 매우 중요하다. 일본의 66개 도시가 소이탄 공습을 당했고, 이들 도시는 25~90%가 파괴되었다. 평균적으로 도시의 50%가 파괴당했다고 볼 수 있다. 결정적이지는 않더라도 상당한 피해가 일본의 군용시설에 가해졌다. 생산 수준이 54%(군수품의 경우)~96%(차량의 경우)까지 감소했다.[1] 물론 이 피해가 공습 때문인지 아니면 동남아로부터 원자재 보급을 끊었던 잠수함 봉쇄 때문인지는 정확하게 구분하기 어렵다.

이 결과를 얻기 위해 14개월 동안 29,153회의 출격이 이루어졌고 총 176,059톤의 폭탄이 투하되었다. 1945년 3월 10일의 공습에서는 334대의 B-29기가 도쿄의 16제곱마일, 267,171채의 건물(이 도시의 4분의 1)을 파괴했고, 83,793명을 죽였으며, 40,918명에게 부상을 입혔고 100만 명 이상 주민의 집을 불태웠다.[2] 이와는 대조적으로 히로시마에서는 78,000명이 죽었고, 51,000명이 부상당했으며, 48,000채의 건물(총 건물의 3분의 2)이 파괴되거나 손상되었다. 도시의 4제곱마일 정도가 파괴되었는데, 이는 일부 소이탄 공습의 성과보다 떨어지는 것이었다. 나가사키에서는 35,000명이 숨지고, 6만 명이 다쳤으며, 건물의 40% 정도가 피해를 입었다.

나가사키의 낮은 피해 수준은 원자폭탄 폭발의 비효율성을 나타냈다. 폭발력의 집중이 부족했던 것이다. 히로시마 원폭과 동일한 규모인 2만 톤의 TNT가 더 폭넓게 투하되었다면 파괴 효과는 훨씬 컸을 것이다. 이 도시를 둘러싼 산들이 폭발 범위를 제한한 탓으로, 대규모 공습으로 인해 발생할 수 있었을 사상자보다 훨씬 적은 사상자가 발생했다. 따라서 나가사키에 떨어졌던 폭탄의 실제 피해 정도는 재래식 폭격으로 입힐 수 있었던 피해보다 결코 크지 않았다. 원자폭탄의 장점은 운반이 상대적으로 쉽다는 데 있었다. 도쿄 공습에는 334대의 B-29기가 동원된 반면, 히로시마에서는 단 3대의 항공기(에놀라 게이Enola Gay, 추적기, 기상 관측기)만이 필요했다. 외견상, 이는 대단한 이점이었다. 하지만 외견상으로만 그랬다.

세계는 히로시마 원폭에 경악했다. 그러나 군 인사들 중 상당수는 그렇게 깊은 인상을 받지 않았다. 미 육군 소령 알렉산더 드 세버스키Alexander P. de Severky는 히로시마 원폭이 훨씬 더 견고한 건물들이 늘어서 있는 뉴욕의 금융가에 TNT 폭탄 10톤을 떨어트렸을 때의 위력보다 못한 것이라고 주장했다.[3] 해군 항공 보급부장은 워싱턴 국제공항의 한쪽 끝에 누군가를 세워 두고 반대쪽 끝에 원폭을 투하하면 그 사람은 그다지 피해를 입지 않을 것이라고 했다.[4]

이 같은 터무니없는 주장은 핵심을 놓친 것이었다. 원자폭탄은 막강한 위력을 지닌 무기였지만, 재래식 폭탄도 마찬가지였다. 도쿄와 히로시마 모두 끔찍한 피해를 입었으나, 둘 다 도시로서 살아남았고, 폭격이 진행되고 있는 동안에도 기능을 계속했다. 그 결과는 비슷했는데, 결정적이지는 않은 대규모 파괴였다. 명확치 않았던 것은 핵무기 운반 시스템이(전체적으로 보아서) 연구에서부터 폭발에 이르기까지 재래식 폭격보다 더 효율적인가 여부였다.

원자폭탄을 나가사키와 히로시마에 투하하기까지 맨해튼 프로젝트의 연구, 개발, 그리고 생산 비용으로 20억 달러(한 도시당 10억 달러)가 지출되었다. 맨해튼 프로젝트는 재래식 무기가 쉽게는 아니지만, 훨씬 더 낮은 비용으로 성취할 수 있었던 목표를 달성하기 위해 막대한 자원을 전용했다. B-29 폭격기 한 대는 639,188달러였고,[5] 도쿄를 파괴한 편대의 비용은 213,488,792달러였다. 그것은 맨해튼 프로젝트의 10분의 1 정도에 지나지 않았고, 또 그것들은 재사용이 가능한 것이었다. 원자폭탄 비행 중대보다 비행단 정비 인원이 훨씬 많은 것처럼 보였지만(제20폭격 사령부는 11,144명을 거느리고 있었다)[6] 원자폭탄을 제작하고 운반하고 유지하는 데 필요한 인력의 수는 훨씬 더 컸다. 인원 수 측면에서뿐만 아니라 기술적 기량 측면에서도 그랬다. 미국 과학 기술의 최우수 인력이 맨해튼 프로젝트에 총동원되었으며,

핵심 물자에 대한 맨해튼 프로젝트의 우선권으로 인해 전쟁 수행의 중요한 측면들에서 심각한 차질이 빚어지곤 했다. 실제로 태평양에서의 상륙 작전들과 유럽의 노르망디 상륙 작전도 이 때문에 위험에 처했었다.

맨해튼 프로젝트가 제2차 세계대전 승리에 핵심적이었다고 주장하기는 어려울 것이다. 그리고 이는 사후적 판단을 전적으로 배제하고 한 진술은 아니다. 원자폭탄의 파괴력과 폭탄 제조에 필요한 시간의 양을 냉정히 계산해 보았다면 이 전쟁의 상황에서 원자폭탄이 가져다줄 이점이 제한적이었음이 드러났을 것이다. 그러나 그 같은 계산은 당시 전쟁 상황에서 별다른 영향을 미치지 못했고, 폭탄은 제조되었다.

원자폭탄에 대한 여러 비판들을 크게 의식하고 있던 버나드 브로디는 1946년 다음과 같이 반박했다.

> 단 한 번의 출격으로 히로시마 같은 도시의 파괴를 초래할 수 있는 상황과 동일한 피해를 주기 위해 최소한 500회의 출격이 요구되는 상황 사이에는 군수지원의 차이보다 더 중요한 무언가가 있음이 분명하다. 그럼에도 불구하고, 미 육군항공대의 일부 장교들은 원자폭탄을 깎아 내리기 위해서, 히로시마는 통상적인 이틀의 공습이면 충분히 파괴할 수 있었다는 자신들의 지적이 언론에 보도되도록 공개적으로 언급하고 있다. 의심할 바 없이 그렇긴 하지만, 그 같은 상황에서 그 같은 일을 하기 위해 필요한 500여 대의 폭격기들은, 만약 원자폭탄을 탑재했더라면, 물리적으로 같은 시간 안에 5백여 개의 히로시마를 파괴할 수 있었을 것이다.[7]

이것이 문제의 핵심이었다. 히로시마식 원자폭탄은 전례 없는 피해를 만들어내지는 않았다. 그러나 그 피해는 극히 낮은 군수지원 비용으로 이루어졌다. 이는 원자폭탄을 개발하고 생산하는 군수 비용이 무시되는 경우에만 진실이었지만, 해결되지 않은 또다른 문제가 남아 있다. 만약 원자폭탄의 장점이 5백여 개 도시를 동시에 파괴할 수 있는 것이라면, 이는 오직 적의 5백여 개 도시를 동시에 파괴하는 것이 정치적으로, 군사적으로 유용한 상황이 발생할 때만 이점이 된다.

이는 그런 상황이 있을 수 없다는 말이 아니다. 2천만 명의 소련인들은 나치에 대항해 그들의 나라를 지키다가 죽었다. 그만한 가치가 있었고 그 두 배의 대가를 치렀어도 마찬가지였다. 그들의 죽음은 정치적 중요성이 있었고, 의미 있는 죽음이었다. 죽음으로써 그들은 히틀러가 패배하도록 했다. 이는 설정 가능하고 바람직한 목표였다. 이처럼, 수천만 국민의 목숨이 위험에 처한 국가가 반드시 적에게 항복하리라는 법은 없다. 따라서 5백여 개의 도시를 파괴할 수 있는 능력이 적국으로 하여금 감당할 수 없는 정치적 요구에 굴복하게 만들 것이라는 가정은 결코 명백하지 않다. 게다가 적의 도시를 파괴할 수 있는 능력은 적의 군사력을 파괴할 수 있는 능력을 의미할 수도, 그렇지 않을 수도 있다. 특히 단기적으로는, 적 군대가 농촌 지역에 흩어져서 계속 작전을 수행할 수도 있다.

핵무기는 어떻게 부적절해졌는가

심리적 힘은 결코 사소한 것이 아니지만 그 자체로 결정적이지는 않다. 시간이 지날수록 공갈은 무의미한 것으로 드러나게 된다. 원자폭탄을 가졌다는 사실로부터 나오는 심리적 힘은 뚜렷한 실체가 없다. 냉전 시작 무렵, 미국은 차이를 만들어낼 만큼 충분한 원자폭탄을 갖고 있지 않았다. 미국은 단지 1946년에는 9발, 1947년에는 13발, 1948년에는 50발을 보유했다.[8] 미국이 이 무기를 생산해 내는 속도에 비추어볼 때, 5백여 개의 소련 도시를 위협하려면 수십 년이 필요했다. 더 심각한 문제는 미국이 그것을 운반할 방법이 없었다는 점이다. 27대의 B-29기로 이루어진 제509 혼성비행단이 미국의 유일한 원폭 비행대였다. 당시 하루 최대 2개 폭탄밖에는 투하할 수가 없었으며,[9]

소련 동부 대부분은 미국이 어찌해볼 수 없는 지역이었다. 서부 지역에 도달하는 것도 무리가 있었으며, 터키나 이란과 같은 곳에 이 파괴적 무기를 둘 의향이 있어야만 했다.

이것은 미국이 사실상 핵 공격으로 소련을 위협할 방법이 없었음을 의미하며, 소련은 분명히 자신들이 이 점을 알고 있는 듯이 행동했다. 1945년에 원폭이 떨어진 나라는 이미 수개월 간의 공습으로 방공망이 해체된 나라였다. 게다가 B-29 에놀라 게이는 자체 무장을 모두 제거하고 자신의 항속거리의 한계—약 3천 마일—까지 비행해야 했다.10 무장을 유지했더라면 항속거리는 현저히 줄어들었을 것이다. 소련과 같은 철저히 무장한 적을 상대로, 원자폭탄을 실은 채 수천 마일을 침투하려면 행운에 기대는 수밖에 없었을 것이다. 실상은 적들보다 미국인들과 그들의 동맹국들이 원자폭탄의 위력에 더 큰 인상을 받았는데, 이는 항공력의 초기부터 드러났던 기이함이었다.

미국의 교리에 의하면 원자폭탄은 순수 군사 자산보다는 민간인들을 대상으로 사용되었던 제2차 세계대전에서와 같은, 도시 파괴 무기였다. 그 기능은 만약 운반될 수 있다면, 적이 항복하도록 겁주기 위한 공포 무기가 되는 것이었다. 냉전 기간 중 그 주요 목적은 공산주의 세력의 침략을 막는 것이었다. 그러나 실제로 미국의 원자폭탄은 북한의 남한 침공을 막지 못했고, 소련의 베를린 봉쇄를 저지하지 못했으며, 그리스 공산당에 대한 소련의 원조를 중단시키지도 못했다. 트루먼 시절에는 전쟁 발발 시 소련 도시들에 대량 보복을 가한다는 것이 미국 군사 교리에서 암묵적이었다. 아이젠하워 정부에서는 대량 보복이 명시적인 것이 되었다. 그 당시 유럽 주둔 연합군 부사령관이었던 육군 원수 몽고메리는 1954년 다음과 같이 말했다.

"유럽 주둔 연합군 최고사령부(SHAPE)에 있는 우리는 우리의 방위의 모든 계획을 원자폭탄과 열핵무기를 사용하는 데 기초하고 있음을 확실히 해두고자 한다. 우리에게는 '그것들이 아마도 사용될지 모른다' 라는 말은 더 이상 없다. 분명히 말하지만, '우리가 공격당한다면 그것들은 사용될 것이다.'"11

핵무기의 명확한 정치, 군사적 기능이 등장했다. 그것은 압도적인 대량 보복 위협을 통해 재래식 공격을 억제하는 것이었다. 이 교리는 곧바로 두 가지 문제를 제기했다. 첫째, 미국이 대량 보복을 가한다면 소련은 어떻게 나올 것인가? 둘째, 미국이 실제로 대량 보복을 달성할 수 있을 것인가? 즉, 적의 공격을 억제하기에 적절한 시간 내에 충분한 폭발력을 지닌 충분한 무기가 배치되고 운반될 수 있을 것인가? 앞 장에서 보았듯이, 정치적 문제가 재빨리 고도의 기술적 문제가 되었고, 군의 연구개발 담당자들이 해결을 위해 긴급히 나서야 했다.

그들의 노력은 두 가지 방향으로 진행되었다. 하나는 더 효과적인 폭발 장치를 개발하는 것이었고, 다른 하나는 더 효율적인 운반 체계를 개발하는 것이었다. 더 효과적인 폭발 장치는 물론 수소폭탄이었다. 수소폭탄의 위력은 단지 원자폭탄보다 양적으로만 증가된 것이 아니라 질적으로도 증가되었다. 한 발의 원자폭탄은 한 도시의 기능을 정지시킬 수 없지만, 수소폭탄은 최소한 이론적으로 크기와 위력에 한계가 없었다. 사실 수소폭탄도 이전 모델들과 동일한 비효율성의 문제가 있었다. 즉, 폭발력이 너무 집중되었다. 그러나 그 위력이 기하급수적으로 메가톤급까지 확대되면서, 수소폭탄은 이러한 결점을 상쇄할 수 있었다.

초기 테스트, 즉 1952년 11월 1일 태평양 에니위톡Eniwetok 섬에서의 '마이크(Mike)'의 폭발은 10.2메가톤에 달했다. 그 화구(火口)만 직경이 3.5마일이었고, 직경이 1마일이 넘는 구덩이를 남겼다.[12] 단 한 발의 수소폭탄은 분명히 워싱턴 같은 중급 도시를 파괴할 수 있었고, 뉴욕 같은 거대 도시의 중심부를 파괴할 수 있었다. 마이크는 수소폭탄 중 가장 큰 것이 아니었다. 소련은 1950년대 후반 53메가톤급 괴물을 실험했다. 문자 그대로 도시 파괴 무기가 등장한 셈이었다. 남은 문제는 그것을 가지고 도대체 무엇을 할 것인가였다.

주된 기술적 문제는 어떻게 이 무기를 표적까지 운반할 것인가였다. 초기의 운용 무기는 21톤의 무게와 25메가톤 정도의 폭발력을 지닌 M-17이었다. 1954년에 M-17을 나를 수 있는 유일한 항공기는 콘베어 B-36으로, 음속에 못 미치는 저속력 프로펠러 추진기였다.¹³ 그러나 B-36은 실제로 M-17을 운반할 수 없었다. 다른 어떤 기종도 역부족이었다.

이에 대한 두 가지 장기적 해결책이 곧 등장했다. 하나는 1930년대에 미국 항공 기획가들에 의해 수용되고 제2차 세계대전에서 실행된 전략폭격 이론의 논리적 확장인 유인 폭격기였다. 다른 하나는 무인 탄도미사일이었다.

유인 폭격기는 몇 가지 확실한 장점이 있었다. 어떤 근본적인 과학적 또는 공학적 돌파구가 필요치 않았다. 다시 말해서 언제든지 추진할 수 있었다. 미국 기획가들은 독일과 일본에 대한 종심 침투의 결과로서 유인 폭격기들의 구성과 전개에 대해 많은 경험을 갖고 있었다. 그들은 지휘, 통제 문제들뿐만 아니라 군수지원과 유지관리 문제도 이해하고 있었다.

진정한 문제는 B-29 같은 유인 폭격기가 핵 공습에 필요한 고도의 확실성을 갖고 침투할 수 있는가였다. 핵무기처럼 희소한 무기를 탑재하고 항공기가 출격했다가 격추되는 것보다 더 나쁜 일은 없을 것이다. 제2차 세계대전 중, 추축국보다 더 많은 항공기 기체와 엔진을 생산할 수 있는 연합국의 능력은 소모전이 그들에게 유리했음을 의미했다. 전략은 막대한 수의 승무원과 항공기를 동원해 독일과 일본의 방공망을 끊임없이 공략하고 소진해서 점진적으로 적을 약화시키고 제공권을 확보하는 것이었다.

핵무기 운반은 제공권 확보를 위한 장기간의 작전을 마냥 기다릴 수 없다. 그와는 정반대이다. 핵무기 운반은 전쟁의 개시 조치이다. 그것은 적의 방공망이 최상의 상태에 있을 때 일어난다. 제2차 세계대전 이후 소련은 유럽과 터키에 있는 미군 기지들로부터 공습당하는 것을 억제하기 위해 방공망을 구축하는 데 힘을 기울여 왔다. 그들의 방공 사령부는 육군에서 분리되어 별도의 부대가 될 정도로 중시되었고, 1953년에는 2천 대의 첨단 제트요격기, 수천 문의 방공포, 그리고 복합 전자감시 시스템을 갖추게 되었다.¹⁴

소련은 자신들이 미군 폭격기에 의한 전략적 위협을 적절히 분석했다고 느꼈고, 폭격기 제작에 나서지 않음으로써 그것을 보여주었다. 이는 부분적으로 유인 전략폭격기에 대한 역사적인 불신을 의미하는데, 소련은 제2차 세계대전 중에는 폭격기에 대한 경험이 없었다.[15] 부분적으로 이 결정은 지정학적 현실과 관련이 있었다. 미국과 달리 소련은 적에 대한 작전 가능 범위 내에 기지가 없었다. 이는 소련 폭격기들은 미국에 도달할 수는 없다는 것을 의미했다. 소련은 1950년대에 한 대의 대륙간 폭격기 베어(Bear)를 제작했다. 그러나 그것이 대양을 가로지르거나 북극을 횡단해 미국의 중심부까지 침투할 가능성은 거의 제로에 가까웠다.

소련에서는 미국과는 전혀 다르게 전략폭격기 사령부의 이익을 보호해줄 정치적 기구가 없었다는 사실도 기억할 필요가 있다. 소련은 보다 급진적인 방법으로 문제를 해결하는 데 자유로웠고, 화포와 로켓에 대한 그들 자신의 역사적 관심을 더욱 고수했다. 따라서 소련은 수 분 내에 핵을 운반할 수 있는 대륙간 미사일을 개발함으로써 유인 폭격기 단계를 뛰어넘고자 했다. 소련의 결정은 특히 '스푸트니크호' 발사 성공 이후, 미국을 겁주어 자신들의 미사일 프로그램에 박차를 가하게 만들었다.[16]

대륙 간 미사일 아이디어는 미국에 대한 복수를 꿈꾸던 독일에 의해 처음 제기되었다. V-1 공기 흡입 미사일과 V-2 로켓은 뉴욕에 도달할 수 있는 미사일의 준비 단계로 계획되었다. 이러한 대륙간 로켓에 대한 구상은, 소련과 미국 모두 계획과 과학자들을 손에 넣게 되면서 양측 모두를 사로잡았다.

수소폭탄이 발명되자 미사일에 대한 관심은 더욱 높아졌다. 탄두 하나만으로 한 도시의 중심부를 충분히 파괴할 수 있게 되었고, 그 결과 값비싸고 소모성인 운반 시스템이 비용 효율적이 되었다. 동시에 성숙 단계의 수소폭탄은 초기 원자폭탄보다 훨씬 가벼워져서 초기 로켓의 제한적인 추력에 따른 제약에서 벗어날 수 있게 되었다.

미사일 개발로 나아가기로 한 소련의 결정은 미국도 그에 못지 않게 강력히 그 길을 추구하도록 만들었고, 이는 미국에 또 다른 차원의 핵 위협 능력을 부여했다. 그 결과는 소련의 대륙 간 탄도미사일 부대 창설이었고, 반면 미국은 중거리 탄도미사일을 개발했다. 미국은 처음에는 장거리 미사일을 필요로 하지 않았는데, 그 이유는 자신의 기지들이 소련을 둘러싸고 있었기 때문이었다.

이제 문제는 적 표적을 타격할 수 있는가에서 적의 기습공격을 견뎌낼 수 있는가 또는 적어도 공격을 받고 살아남아 반격을 가할 수 있는 충분한 전력을 가질 수 있는가로 바뀌었다.

대륙 간 미사일이 전략공군사령부(SAC) 폭격기 기지를 20분 내로 타격할 수 있다고 가정하면, SAC가 미사일 발사를 감지하고 이륙 명령을 전송하고 항공기를 이륙시키고, 피격 전 폭발 지역에서 벗어나게 할 수 있을지 의문이었다. 이 점을 극도로 의식하면서, SAC는 자신의 폭격기 중 많은 수가 항시적으로 공중에 머무르게 했고 다른 폭격기들은 명령을 하달하는 즉시 이륙할 준비를 갖추게 했다. 미국과 캐나다는 폭격기에 몇 분이나마 추가 경보를 주고자 북미방공사령부(NORAD)를 창설했다. 아직 남아 있는 냉전의 이미지 중 하나는 요란한 경보 클랙슨 소리와 함께 항공기로 뛰어가서 미사일 요격 훈련을 하는 SAC 폭격기 조종사들의 영화이다.

1950년대에 미국과 소련 간 핵무기 관계는 교착 상태에 들어갔으며, 그것은 전대미문의 혁명적 무기가 도입된 후 몇 년이 지나지 않은 시기였다. 로버트 오펜하이머는 이 상황을 다음과 같이 묘사했다.

"우리는 두 초강대국이 위험을 무릅써야 하긴 하지만 각기 상대방의 문명과 생명을 끝장낼 위치에 있게 되는 사태를 예상할 수도 있다. 우리는 마치 병 속에 담긴 두 마리의 전갈과 같다. 그 전갈들은 각기 상대방을 죽일 수 있지만 그러려면 자신의 생명을 잃을 위험을 무릅써야만 한다."[17]

핵심적인 사실은 이들 나라의 국가와 지도자들은 합리적이었다는 점이다. 절대 제거될 수 없는 위험은 상대방에 의한 어떤 보복 공격도 파멸적인 피해를 야기하게 된다는 것이었다. 어느 쪽도 국가로서 생존의 위험을 무릅쓸 가치가 있는 전략적 목표를 갖고 있지는 않았다.

이 교착 상태는 핵 전략가들의 환상처럼 핵의 균형이 아닌 지정학에 뿌리를 두고 있었다. 미국과 소련 모두 상대적으로 자족적인 강대국들이었다. 미국은 소련보다 더 부유했으나 핵전쟁에서 승리해도 그 부의 어느 것도 소련으로 가져갈 수 없었다. 두 나라 사이의 부의 불균형은 예를 들면, 소련이 서유럽을 장악한다면 '해소될지도' 모른다. 그러나 침략의 위험과 비용이 전리품의 가치보다 더 컸을 것이다. 또한 소련이 상대적으로 가난했으나, 전쟁을 해서 쉽게 이길 수 있을 정도로 가난하지는 않았다. 가장 중요한 것으로, 어느 쪽도 상대방을 방어 불가능한 위치에 둘 수 없었다. 소련은 자신의 경제적 복지를 미국과 그 동맹국들에 의존하지 않았고 그 결과 미국은 소련이 절망적으로 행동하게 만들 수 없었다. 반대로 소련은 자신의 지리적 포위 상태를 깨트릴 위치에 있지 않았다. 따라서 미국은 지정학적으로 절망적인 위치에 있지 않았다.

전쟁은 절망—전쟁을 벌이지 않고는 파국에 직면할 것이라는 두려움—에서 시작된다. 이것이 제2차 세계대전에서 독일과 일본을 침략으로 몰고 갔다. 냉전은 엄청나게 큰 두 나라 간 대결이었고, 따라서 어느 쪽도 절망적이 될 리 없었기에 어느 쪽도 전쟁의 위험을 무릅쓰지 않았다.

공포의 균형은 이제 권태의 균형이 되었다. 사실상, 핵 균형은 핵 미적분이라는 미묘한 형이상학에 빠진 양 국가 기술 참모진들 사이의 대결인 것처럼 보였다. 어떤 정치 지도자도 참모진의 계산을 행동으로 옮기지 않을 것이기 때문에 핵 미적분은 아무 의미도 없었다. 군비경쟁과 군비통제 회담이 진행되었고, 그러는 동안 역사는 아랑곳하지 않고 흘러갔다. 유럽 제국이 해체되고 일본이 강대국으로 재등장했으며, 미국과 소련은 모두 비핵국가와의 전쟁에서 여러 차례 패배하면서도 한 번도 핵을 쓸 생각을 하지 않았다. 그리고 마침내 여전히 핵강국이었던 소련이 무너졌다.

핵무기 차원에서 두 나라 간의 교착 상태는 정치적 차원에서 반복되었다. 과거 유럽의 식민지였던 국가들에서 미국과 소련은 지정학적 우위를 점하기 위해 서로 경쟁했다. 소련은 아시아와 아프리카에서는 미국 포위망의 후방을 치려고 했고, 라틴 아메리카에서는 미국의 이익을 직접적으로 위협했다. 1960년대 내내 냉전은 옛 유럽 제국의 영역에서 펼쳐지는 미국과 소련 스파이들 간의 현란한 대결로 전환되었다. 탈식민지화가 진행되면서 양국은 그 상황을 최대한 이용하려고 노력했다. 그러나 누구도 이 모든 과정에서 핵을 사용할 생각을 하지 않았다.

문제는 세계 지배를 위한 경쟁이 중요했으나, 그것이 미국이나 소련의 도시들을 희생시킬 만한 가치는 없었다는 점이다. 이 도시들이 핵무기에 의해 인질로 잡혀 있는 한 교착 상태는 계속되었고, 대규모 비핵 대결도 계속되었다. 갈수록 역사의 흐름에서 고립되어가던 핵전략가들은 이 답답한 상황을 타개하고 핵무기를 다시 유용하게 할 방법을 강구했다. 그 해결책은 핵전략 전문용어에 의해 가려지기는 했지만 명백했다. 적의 대응에 대한 두려움으로 양쪽이 핵무기를 사용하지 못하게 되는 것이었다. 그러나 만약 적의 미사일들이 파괴되었다면, 두려워할 게 없을 것이고 핵무기는 상대방을 겁주기 위해 사용될 수 있다.

따라서 어쩌면 무기 자체가 발사되기 전에 파괴될 수도 있다는 '선제핵공격(counterforce)'이라는 개념이 제기되었다. 도시 파괴하기가 미사일 파괴하기로 바뀐 것이다. 노출된 미사일은 적의 미사일 공격에 취약하기 때문에 미사일들은 지하 격납고와 잠수함으로 옮겨졌다. 그 이후부터는 더욱 근접한 폭발에도 견딜 수 있도록 지하 격납고가 강화되었고, 반면 미사일들은 강화된 격납고에 더 가깝게 다가갈 수 있도록 정확성이 높아졌다.

끝없이 미묘한 숨바꼭질 게임이 계속되다가 MX 미사일의 놀라운 광기에서 절정에 이르렀다. 조약은 양측이 보유할 수 있는 핵무기의 수를 제한했다. 만약 미사일의 위치가 알려진다면 파괴될 수 있었다. 그러나 미사일의 위치가 발견될 수 없다면 어떻게 될까? 전부 지하에 있는 3, 4개의 발사대 사이를 미사일이 레일로 오갈 수 있는 시스템을 생각해 보라. 소련은 어디를 타격해야 할지 몰랐을 것이고 모든 가능한 장소를 타격할 충분한 미사일도 없을 것이다. 방대한 수학 모델이 등장해서 투사 중량과 살상 확률을 계산했다. 모두 이해가 되지 않았고 전혀 관련성이 없었다. 핵미사일을 탑재한 잠수함은 적의 격납고를 파괴하기에는 정확하지 않았으나 적의 도시를 파괴하기에는 충분히 정확했다. 이 핵잠수함들은 바다 아래에 있어 위치를 알아내기 힘들었고, 공격하기는 훨씬 더 어려웠다. 그리하여 핵잠수함이 국가안보의 최후 보루가 되었다. 무슨 일이 일어나더라도 충분한 핵잠수함들이 살아남아 적의 도시를 날려 버릴 것이다.

미국과 소련의 전체 군비경쟁 기간 동안 기본적인 상황은 바뀌지 않았다. 어느 쪽도 상대방이 자신의 도시에 피해를 입힐 수 있을 만큼의 미사일이나 폭격기가 남아 있지 않을 것이라는 충분한 확실성을 갖고 핵 공격을 가할 수 없었다. 이 같은 현실을 고려할 때, 어느 쪽도 감히 핵을 사용할 수 없을 것이다. 어느 쪽이든 공격 성공으로 얻게 되는 것은 공격 실패나 불완전한 성공으로 잃게 되는 것과는 가치 면에서 도저히 비교가 되지 않았다. 쿠바 미사일 위기 중, 미국의 이익이 위험에 처했을 때, 핵전쟁의 위협은 소련이 패배를 받아들이게 했다. 그들이 추구했던 이익은 그 위험을 감수할 가치가 없었다.

원자폭탄은 전쟁의 법칙을 폐기할 만큼 강력하지 못했다. 수소폭탄은 너무나 강력해서 서로에 대해서만 의미가 있었고, 어떤 실제 군사적 충돌에 대해서는 의미가 없었다. 열핵무기의 유일한 목적은 한 나라가 다른 나라에 자신의 정치적 의지를 강요할 수 있게 해주는 것이 아니라 그들 자신의 절멸을 막아주는 것이었다. 군사기구의 책임자가 지도자에게 가서 적의 핵무장을 파괴할 수 있는 공격 시스템이 개발되었음을 보고했다고 상상해 보자. 어느 지도자가 국가의 안전을 무릅쓸 만큼 그런 보고를 충분히 신뢰하겠는가?

냉전 기간 중 핵 균형은 실제 정치 영역 밖에서 떠돌며, 바깥 세계에서 무슨 일이 벌어지는지 상관 없이 그 자체의 관계들 속에서 존재하는 형이상학적 유희가 되었다.

중국이 이 폭탄을 개발하면 무슨 일이 일어날까에 대하여 온갖 흉흉한 예언이 난무했다. 드디어 중국이 핵을 손에 넣었지만, 아무 일도 일어나지 않았다. 그것은 거기서 그치지 않았다. 인도가 그 폭탄을 갖게 되었고 아무 일도 일어나지 않았다. 그리고 이스라엘이 그 폭탄을 가졌고, 아랍 국가들이 이스라엘이 핵을 가졌다는 사실에 관해 전혀 아랑곳하지 않고 그들을 공격한 것 외에는 다시 아무 일도 일어나지 않았다. 베트남은 미국과의 전쟁에 들어갔고, 미국이 핵을 갖고 있다는 사실은 중요하지 않았다. 소련과 아프가니스탄의 경우도 마찬가지이다. 아프가니스탄 사람들이 폭탄의 위력을 알지 못했을 수 있지만 나름 신사적인 이교도와의 괜찮은 싸움을 마다하지 않았을 것이라는 점을 제외하고는 말이다.

결국 핵무기의 획득은 국제 체제에서 힘의 획득에 거의 영향을 미치지 않았다. 중국, 인도, 이스라엘은 모두 핵보유국이 되었다. 그러나 국제 정치·군사적 질서에서 그들의 위치는 핵을 보유하지 않았을 때와 비교해서 달라진 것이 없었다. 프랑스는 핵보유국인 반면 독일은 그렇지 못하다. 국제 체제에서 프랑스의 역할은 독일을 압도하지 못한다. 영국은 1950년대 주요 핵보유국 중 하나였으나, 그것이 대영제국의 해체를 막아주지는 못했다. 남아공도 핵보유국이 되었지만 아무런 도움이 되지 못했기 때문에 스스로 핵을 포기해 버렸다. 반세기 동안 핵의 획득이 그 나라의 힘을 증가시킨 경우는 단 한 번도 없었다. 정치적 측면에서—정치적 측면은 군사력의 유일한 실질적인 척도이다—핵무기 획득은 핵보유국의 심리적 태도에 있어서 말고는 아주 작은 차이도 만들어내지 않았다.

한편, 핵전략 기획가들은 탄두 수와 투사 중량을 계산했고, 반핵 운동가들은 탄두 수와 투사 중량에 항의했다. 그리고 미국과 소련을 제외하고 아무도 신경 쓰지 않았는데, 이들은 각각 상대방이 자신의 무기가 모두 파괴될 수 있다는 잘못된 생각을 할까 봐 전전긍긍했다. 다만 양쪽이 그런 정보를 가지고 무엇을 하겠다고 생각했는지는 분명치 않았다. 그 사이에 전쟁들이 치러졌고 국가들은 흥망을 거듭했으며, 사람들은 죽었다. 역사는 그 절대적인 무기에 대해 아랑곳하지 않고 흘러갔다.

핵무기의 사용과 오용

핵무기가 등장한 지 반세기 동안 제2차 세계대전에서의 미국을 제외하고 그 어떤 나라도 그것을 사용하는 것이 국가이익에 부합한다고 여기지 않았다는 것은 기이한 일이다. 미국은 베트남에서 패했고 소련은 아프가니스탄에서 쓴맛을 보았으며, 프랑스도 알제리에서 패했다. 이런 일들이 계속 이어졌다. 각각의 경우에 핵보유국들은 핵을 사용하느니 패배를 택했다. 이를 인도주의의 산물이라고 해석하려는 사람도 있겠지만, 리처드 닉슨이나 레오니드 브레즈네프 같은 사람들은 인도주의자로 기억되지는 않는다. 그들은 매우 뛰어난 정치가들이었으며, 국가이익과 그들 자신의 권력에 충실한 사람들이었다. 그렇다면 왜 그들은 핵무기를 사용하지 않았는가?

하나의 대답은 그들이 상대방으로부터의 보복을 두려워했다는 것이다. 하지만 이는 설득력이 떨어진다. 하노이나 카불 공격에 대한 보복으로 미국이나 소련이 상대방에게 핵공격을 퍼부으리라고는 상상하기 어렵다. 하지만 계산 착오라는 아주 작은 가능성으로 인해 양쪽 모두가 이런 지엽적인 전쟁에서의 승리조차 그런 위험을 감수할 가치가 없다고 판단했을 수는 있다. 만약 그것이 그런 경우였다면, 그리고 핵 교환의 아주 작은 가능성이라도 핵무기 사용을 억제하기에 충분하다면, 그와 같은 무기는 다른 나라가 그 무기 사용을 억제하는 것 외에는 진실로 쓸모가 없다.

역사적으로 국가는 그들의 모든 전쟁에서 그들의 모든 힘을 사용하는 것을 피해 왔으며, 다른 돌발 사태에 대처할 수 있도록 힘의 사용을 조절했다. 결과적으로, 국가들은 힘의 소진을 막기 위해, 심지어 패전을 감수하더라도 힘을 비축해 두었다. 혹자는 이것이 바로 한국전에서 미국의 전략이었다고 말할 것이다. 당시 미국은 두 번이나 패배의 위험을 무릅쓸 준비가 되어 있었고, 최종적으로 원자폭탄을 사용하기보다는 교착 상태를 받아들였다. 미국은 당시 소량의 원자폭탄을 보유하고 있었고 본질적으로 중요하지 않은 전쟁에서 그것을 낭비하고 싶지 않았다.[18]

미국과 소련 모두 핵무기가 이용 가능한 상황에서도, 패배를 막기 위해 핵무기를 사용하지 않았다. 이에 대한 설명은 궁극적으로 핵무기가 결정적인 결과를 성취하지 못했을 것이라는 사실에 있다. 이는 모순적인데, 핵무기에 대한 모든 정당화는 그것이 "절대적" 무기, 즉 태평양 전쟁을 끝냈던 저항할 수 없는 힘이고, 따라서 모든 전쟁을 끝낼 수 있다는 것이었다. 마우쩌둥이 한국 전쟁 도중에 다음과 같이 말했을 때 그는 조롱을 받았다. "원자폭탄이라는 것은 미국 반동주의자들이 인민을 겁주려고 하는 종이호랑이에 지나지 않는다. 그것은 무시무시해 보이지만, 실제로는 그렇지 않다. 물론, 원자폭탄은 대량 파괴 무기이다. 그러나 전쟁의 성패는 인민에 의해 결정되는 것이지 하나 혹은 두 개의 새 무기로 결정되는 것이 아니다."19

마오쩌둥은 간파했던 것 그리고 그의 비방자들이 간과했던 것은 원자폭탄이 결정적 무기가 아니었다는 점이다. 핵무기는 피해를 입힐 수 있겠지만 계속된 저항을 불가능하게 만들지는 않을 것이다. 마오쩌둥은 그것을 적절한 표적의 결여와 불충분한 전력의 문제라고 분석했다. 그러나 여기에는 또 다른 문제가 있었다.

공중 폭격의 초기 발상은 원자폭탄을 공포 무기로 사용하는 것이 아니라 국가의 산업기반을 파괴해 저항 의지보다는 능력을 파괴하는 수단으로 사용하는 것이었다. 그러나 베트남전, 아프가니스탄전 그리고 어느 정도는 한국전도 그 산업기반에 대해 전쟁을 벌인 것은 아니었다. 전쟁 지원 물자는 외부에서 들어왔다. 미국은 중국으로부터 오는 철로를 파괴하기 위해 원자폭탄을 사용할 수 있었으나, 원자폭탄 폭파 이후에 파괴된 철로를 복구하는 일은 그렇게 어렵지 않다는 사실을 상기해야 한다. 결국, 히로시마 열차는 폭탄이 터진 후 12시간이 지난 후에 운행하고 있었다.

이들 나라의 산업기반은 제3국들을 공격해야만 비로소 파괴될 수 있었다. 그리고 그것은 군사적 문제에 국한된 것이 아니었다. 소련이 파키스탄에 있는 군 집결지에 핵공격을 가하거나 미국이 중국에 원자폭탄을 투하했다면 어떤 흥미로운 비핵의 군사적 대응이 촉발되었을 수 있다. 그러나 핵심적 문제는 정치적인 것이었다. 한국이나 베트남에 대한 미국의 이익이나 아프가니스탄에 대한 소련의 이익은 지원 국가와의 관계가 악화되는 정치적 비용을 무릅쓸 만큼의 가치가 없는 것이었다. 그리고 핵공격이 승리를 보장하지 못할

터인데, 무슨 의미가 있겠는가?

특정 분쟁에서 핵무기가 사용될 수도 있는 가능성은 개입의 위험성을 증가시킨다. 가능성이 아주 작더라도, 그 결과는 너무도 재앙적인 것으로 인식되기 때문에 분쟁에 직접적이고 결정적인 이해관계가 없는 측은 즉각적으로 움츠러들게 된다. 가령 베트남전에 별로 큰 이해관계가 없었던 일본이나 오스트레일리아 같은 나라는 아마도 미국의 핵 사용에 반대하고 나섰을 것이다. 그에 따른 정치적 결과는 상당히 컸을 것이고 군사적 이익은 너무도 작았을 것이기에 핵을 사용하는 것은 비합리적이었을 것이다. 결국 미국은 핵에 의존하기보다는 패배하는 쪽을 택했다.

이러한 패턴이 소련에 의해 아프가니스탄에서 확인되었기 때문에, 우리는 그것을 어느 정도 확실한 것으로 간주해야 한다. 물론 "비이성적인" 제3세계 지도자가 핵을 제멋대로 사용할 가능성은 남아 있다. 흥미롭게도, 이란, 이라크, 리비아 같은 이슬람 국가들이 보통 그런 사례로 거론된다. 때때로 파키스탄이 이런 무리로 분류되며, 최근에는 북한도 그렇다.

물론 중국은 일단 핵을 갖게 되면 공격적으로 행동할 것으로 예상되었던, 비이성적으로 보이는 나라였다. 사실상 중국은 전혀 공격적으로 행동하지 않았고 상당히 이성적이었다. 중국은 원자폭탄이 소련의 공격을 억제하거나 적어도 그런 억제에 기여함으로써 자신이 신중한 자세를 취할 수 있게 했다고 보았다. 실제로 핵무기가 없는 나라는 허세를 부릴 필요가 있다고 느낄 수 있지만, 그런 허세는 핵무기를 보유하면 사라지게 된다.

어떤 상황에서 핵무기는 "미치광이"의 손안에 있는 위협으로 여겨지는가? 사담 후세인의 예를 들어보자. 후세인은 잔인하고 야만적인 인물이기는 하지만, 미치광이라고까지는 할 수 없다. 후세인은 중동 지역의 패권국이 되기 위해 이란과 길고 값비싼 싸움을 벌여 왔으며, 그 손실을 만회하기 위해 페르시아만 서안의 약하고 부유한 나라들을 정복하려고 했던 것이다. 그는 작고 약하지만 매우 부유한 이웃 나라 쿠웨이트를 정복함으로써 시작했고, 사우디아라비아를 장악할 가능성을 저울질했다. 후세인은 미국이 개입하지 않을 것이라고 보았다. 그는 틀렸지만 비이성적이지는 않았다. 실제로 그는 대규모의 군사적 패배에서 살아남기 위해 온갖 노력을 다했다.

사담 후세인의 행동에서 어떤 비이성적인 면을 찾아보기는 매우 어렵다. 오판, 정보 부족, 모험주의 등은 분명하게 드러난다. 그러나 광기나 광신의 징후, 즉 결과야 어찌 됐든 끝장을 보겠다는 식의 태도는 전혀 보이지 않는다. 따라서, 그렇게 하겠다는 단순한 생각만으로 핵무기를 발사하는 지도자의 모습은 상당히 이해하기 어렵다. 누구든 간에 정치 지도자가 된 사람은 살아남으려는 의지로 이해되는, 상당한 수준의 신중함을 가지고 있다. 그러한 인물이 자살하는 일은 거의 없다. 여전히, 뉴욕에 핵미사일 공격을 하는 정신 나간 지도자가 나타날 가능성을 완전히 배제할 수는 없으나, 적어도 한 나라의 전략적 정책이 그런 가능성에 기반하지는 않는다. 인도, 브라질, 이스라엘과 같은 "이성적인 나라들"에 대해서는 우려의 목소리가 적은 편이지만, 그 나라들이 핵무기의 사용이 자신들의 이익에 부합한다고 여길 수 있고, 따라서 더 많은 잠재적 위험을 제기한다고 볼 수도 있다.

그렇다면 도대체 핵무기의 용도는 무엇인가? 확실히, 더 작은 전술적 핵은 전장에서 사용될 수 있겠지만, 여기에도 전술핵이 분명 군사적 목적에 기여했을 베트남과 아프가니스탄에서 쓰이지 않은 수수께끼에 대한 설명이 필요하다. 하지만 전술핵은 그 자체로는, 전략핵이 그러하듯 보유국에 큰 힘을 부여하지 않는다. 우리는 다시 한번 막대한 전술핵과 전략핵 모두를 보유했음에도 붕괴한 소련을 상기하게 된다.

프랑스와 이스라엘의 전략이 핵무기 사용에 대한 최선의 실마리를 제공하는 것처럼 보인다. 프랑스의 경우, 중요한 것은 국민국가로서 자신의 존재 유지였으며, 미국의 동맹 체제에 흡수되지 않는 것이었다. 드골이 다음과 같이 말한 것처럼 말이다.

> 따라서, 필요한 것은, 그리고 우리가 몇 년 안에 반드시 성취해야 하는 것은 우리 자신을 위해서만 활동할 수 있는 전력, 즉 어떤 시간에 어디

든 배치할 수 있는, 흔히 '핵전력(Force de frappe)'이라 불리는 전력이라는 점은 분명하다. 말할 필요도 없이, 그 같은 전력의 기초는—우리가 제조하든, 구입하든 간에—우리에게 속한 핵무기일 것이다. 그리고 프랑스는 이따금 세계 어느 지점으로부터든 파괴될 수 있기 때문에 우리의 전력이 세계 어디서든 행동할 수 있도록 하는 것이 필요하다.[20]

프랑스로서는, 핵무기의 기능은 국가의 온전성을 보존하고, 프랑스에 영향을 미치는 전쟁과 평화라는 핵심적인 문제가 프랑스의 손안에 있게 하는 것이었다. 그렇게 함으로써 프랑스는 핵까지 가지 않은 선에서 보통 국민국가의 이익을 추구할 수 있었다.

이런 점에서 보면 핵무기는 우방이든 적이든 다른 나라의 핵 압력 하에서 프랑스 국민국가가 소멸되는 것을 막는 소극적인 기능을 한다. 스스로의 힘으로 프랑스는 다른 나라에게 프랑스의 이익에 굴복하도록 강요하는 것과 같은 정치적 목표를 달성할 수 없다. 핵무기를 가지고는 알제리 전쟁에서 승리하거나 강력한 독일의 출현을 막을 수 없었다. 다만 핵무기를 보유함으로써 프랑스는 다른 나라가 자신의 이익에 반하여 행동하도록 강요하는 것을 막을 수 있었다.

이 같은 목적을 달성하는 데 필요한 핵무기의 수는 상당히 적었다. 드골은 적을 완전히 파괴할 필요가 없었다. 그의 유명한 발언을 빌리자면, 그가 필요로 했던 전부는 다만 적의 팔을 잘라 버릴 수 있는 힘이었다. 대부분의 적은 팔을 잘리려 하지 않을 것이라는 합리적 가정 하에서 말이다. 예를 들어, 소련이 프랑스에 대한 전면 공격을 할 경우, 소수의 지상 발진 폭격기와 핵 잠수함으로 이루어진 작은 전력은 소련에 심각한 피해를 입히게 될 것이다. 그래서 서유럽에 대한 소련의 어떤 공격도 라인강에서 중단되었을 수 있다.

이것은 이스라엘이 채택한 정책과 흡사하다.[21] 분명 이스라엘의 핵전력은 1973년 아랍의 공격을 억지하지 못했는데, 당시 이집트와 시리아는 이스라엘의 핵 보유 사실을 충분히 알면서도 이스라엘을 공격했다. 기록에 의하면 전쟁의 첫 24시간 동안 이스라엘은 핵 대응을 고려했다고 한다. 당시 이스라엘로서는 골란Golan 고원을 지킬 수 있을지 그리고 시리아군이 갈릴리로 진격해 오지 않을지 확실치 않았다.

여기서는 두 가지 사실이 타당성이 있다. 첫째, 이스라엘의 핵 억지력은 아랍의 공격을 막기에 충분하지 않았다. 둘째, 사기가 충만하고 승리의 기운을 감지한 아랍군들은 그들 수도에 대한 직접적인 핵 공격 위협을 하더라도 싸움을 멈추지 않았을 것이다. 핵무기의 역설은 핵무기가 억지력으로서 믿을 만하지 않는 한, 그것들은 쓰이지 않는 게 낫다는 것이다. 이스라엘의 목적은 실제 전쟁이 '터지기 전에' 미묘하게 겁을 주는 것이었다. 미묘하다는 것은 핵을 너무 과시하지 않는다는 의미에서였고, 겁을 준다는 것은 핵의 존재를 절대적으로 분명히 하는 것이었다.

프랑스와 이스라엘의 전략은 핵무기를 자국의 존재 자체에 대한 공격을 억제하는 수단으로 사용하는 것이었다. 프랑스에 있어 핵무기는 소련이 서유럽에 대해 모험을 하지 않도록 제한하는 수단이었다. 이스라엘의 경우도 핵무기는 비단 아랍 국가들만이 아니라, 절박한 상황에서 그들의 전략적 후원자인 소련을 위협함으로써 국가를 보존하는 수단이었다. 북한의 전략은 이 점을 많이 참고한 것처럼 보인다. 냉전 종식 이후 두 후원자 모두로부터 고립되고, 심각한 경제 문제를 겪고 있던 북한 정권은 핵무기를 외부 세력들이 공산주의 통치를 무너뜨리려고 하기 전에 다시 생각하게 만드는 보장책으로 보았다. 다시 말해, 핵 전력은 방어적 이익을 보장하기 위한 지렛대로 간주되었다. 핵 전력은 프랑스의 경우에 그와 같은 목적을 위해 실험된 적이 없었고, 이스라엘의 경우에는 안보를 보장하기에 불충분했다.

핵무기의 최선의 용도는 핵 위협과, 더욱 중요한 것으로 국가에 대한 재래식 위협을 억제하는 데 있는 것으로 보인다. 여기에는 이성적인 지도자라면 핵 보복을 감수하면서까지 적을 제압하려고 하지는 않을 것이라는 검증되지 않은 가정이 깔려 있다. 이 같은 역할에서 핵무기는 전쟁을 제한하는 기능을 하며, 총력전—두 나라 간에 끝까지 싸운다는 의미에서—을 불가능하게 만든다. 분명히 그 같은 전쟁은 드물었다. 제1차 세계대전은 잔혹했으나 끝까지 가는 전쟁이 아니었고, 제2차 세계대전도 단지 겉으로만 그렇게 보였다. 모든 교전국들은 전시 정권의 명맥을 이어가며 독립 국가로서 계속해서 살아남는다.

핵무기가 지난 50년간 쓰이지 않은 이유는 그것이 정말 쓸모가 없었기 때문이다. 모든 무기는 전략과 연계되어야 하고 모든 전략은 정치와 연계되어야 한다. 지난 50년간 핵무기와 정치 사이에는 어떤 연결도 없었다. 50년간 우리는 결코 구체화된 적이 없는 핵전쟁의 위협 속에서 살았다. 이 기간에 단 하나의 사례에서도 핵무기가 분쟁의 흐름에 영향을 미치지 않았다.

새로운 세기가 열리면서, 전략 수립과 국제 체제의 구조 모두에서 핵무기의 지배적 역할은 현저히 줄어들 것이다. 한국, 베트남, 아프가니스탄에서의 전쟁들은 핵 강국이면서 정치적으로 무능한 소련의 이미지와 겹쳐진다. 소련은 붕괴되기 훨씬 이전부터 국제적 영향력을 상실하고 있었다. 그럼에도 불구하고 다른 핵무기에 대한 차단 수단이자 국가의 존재에 대한 추정상의 보장자로서, 핵무기를 위한 자리가 있을 것이다. 그러나 그런 힘은 작고, 정치-군사적으로 그리 큰 중요성을 갖지 못한다. 이전에 재래식 전력으로 알려진, 실제 군사력의 발전이 훨씬 더 중요하다. 그리고 미국에 있어서는 어떤 형태의 재래식 전쟁도 해전보다 더 중요하지는 않다. 왜냐하면 바다에 대한 통제권은 미국 국가안보의 토대이기 때문이다.

04

미국 대전략의 기본원칙: 미국의 전략과 해양

Fundamentals:
The Sea In American Strategy

핵무기는 전략적 무기로 불려 왔다. 그러나 이것은 부적절한 명칭이다. 건국 이래 미국의 운명은 진정한 전략군인 미 해군의 손에 달려 있었다. 이전에 영국이 그랬듯이, 미국에 있어서 제해권은 국가 이익의 토대였다. 바다를 통제한다는 것은 미국이 외국의 공격으로부터 안전하다는 것을 의미했다. 제해권은 재화가 미국으로 자유롭게 드나들게 되면서 번영을 보장한다는 것을 의미했다. 제해권은 미국을 세계적 강대국으로 만들었다. 제해권을 잃는 것은 미국이 사분오열되는 것을 의미할 수 있다. 따라서 해군은 미국 건국 이래 미국의 전력에 있어 핵심적인 전략 무기가 되어왔다.

따라서 해군이 미국의 가장 중요한 전략가인 알프레드 마한Alfred Thayer Mahan을 배출한 것은 우연이 아니다. 또한 역설적으로 미국 해군이 기술적 숙련에 대한 가장 엄격한 옹호자인 릭오버Hyman Rickover를 배출한 것도 우연이 아니다. 전함은 기술적 복잡성의 전형이다. 그것은 절대적인 주의(attention)를 요구한다. 동시에 해군의 작전은 항시 다른 해양 국가들의 근본적인 이익에 영향을 미친다. 그러므로 해전에 관한 연구는 광범위한 전 세계적 고려와 협소한 기술적 문제 사이를 계속 오가게 된다. 지상에서는 대규모 전투가 벌어져도 정치적 질서가 뒤엎어지지 않을 수 있다. 한 나라의 해양력이 수백 또는 수십 척의 배로 집약된 바다에서는 수척의 배가 동원된 교전 결과가 한 나라의 지정학적 기반을 약화시키거나 그 나라를 우월한 위치에 올려놓을 수 있다. 1980년대에 군사적 확장의 정점에 있던 미국은 수만 대의 전차를 보유했으나 전함은 6백여 척만 보유하고 있었다. 그러므로 배 한 척을 잃는다는 것은 전차 한 대를 잃는 것보다 훨씬 더 중요한 문제였다. 각 전함의 비용은 어떤 지상 무기의 비용보다 상당히 더 컸을 뿐만 아니라 각각은 전차보다 지구 표면의 훨씬 더 큰 부분을 책임지고 있었다. 따라서 가장 작은 손실도 엄청난 결과를 초래할 수 있다.

스페인 무적함대의 패배, 트라팔가 해전 그리고 미드웨이 해전은 육지에서 치러진 전투들에 비하면 작은 교전에 지나지 않았다. 그 해전들은 종종 기술적 문제나 불가사의한 공학적 문제, 또는 심지어 운에 의해 좌우되곤 했다.

해군 전력이 그처럼 적은 수의 단위로 구성되어 있기 때문에 어떤 선박의 어떤 시스템에 문제가 발생하면 함대 전체가 약화될 수 있다. 따라서 우수한 해군 장교는 그들 임무의 전략적 중요성보다 공학적 부분에 초점을 맞출 가능성이 높다.

따라서, 우리는 하나의 역설을 갖고 있다. 미 해군은 미국 전력 중에서 전략적으로 가장 중요한 부분이지만, 일반적으로 그 자신이 중심에 있는 더 광범위한 전략적 문제를 가장 무시하는 부분이기도 하다. 미 해군이 제 역할을 다한다고 가정한다면, 예측 가능한 미래에 북미에서 지상전은 없을 것이다. 만약 미 해군이 방어선을 지킨다면 유라시아에서의 패전은 고통스럽기는 하겠지만 엄청나게 충격적이지는 않을 것이다. 미국의 교역로를 보호하고 또 적의 교역로를 차단할 수 있는 해군의 능력은 미국의 대전략에서 근본적인 중요성을 갖는다. 마한 제독이 이해했던 것처럼, 제해권은 미국 전략가들의 중심적 관심사여야 한다.

전략적 교리는 해군에게는 어렵게 다가온다. 실제로, 일반 작전 교리는 해군에 의해 의도적으로 무시되어 왔다. 해군은 전투에서 전술은 어떤 종류의 이론적 모델에서가 아니라 그 순간의 상황에서 나온다고 가정하기 때문이다. 미국의 국방 커뮤니티에서 합동 작전을 새롭게 강조함에 따라, 해군이 다른 군의 활동과 보조를 맞추려고 시도하면서 교리에 관심을 기울인 것은 단지 최근에 들어서였다. 미 해군의 기본 전략은 냉전 중에 단 한번 변화가 있었다. 1980년대에 존 레만John Lehmann 해군성 장관은 소련을 저지하기 위해 북대서양에 방어 라인을 구축하기보다는, 해군이 그린란드-아이슬란드-영국 갭(gap) 위로 북상해서 소련군이 대서양으로 진입하기 전에 저지해야 한다고 주장했다. 이러한 상대적으로 제한적인 전략 변화—소련이 봉쇄되어야 하는가가 아니라 어디서 그들이 봉쇄되어야 하는가—는 해군 안팎에서 엄청난 논란을 불러일으켰다.

그 같은 보수주의에는 충분한 이유가 있다. 해양 전략은 근본적이고 변치 않는 지구의 지리에 뿌리를 두고 있다. 비록 여러 세대가 지나며 교역로에 있어 전략적으로 중요한 변화가 나타나지만 해안의 형태나 수로는 전혀 변하지 않는다. 예를 들어, 세계적 강국으로 등장한 이래 미국의 전략은 미국 동쪽 연안에서 서유럽까지 병력과 물자를 수송하는 능력에 의존해 왔다. 제1차, 제2차 세계대전 그리고 제3차 세계대전에 대한 계획은 모두 해로를 열어 두는 문제를 중심으로 전개되었다. 20세기 내내, 이 해로에 대한 잠수함, 그리고 나중에는 항공기에 의한 봉쇄 위협은 해군의 작전적, 전술적 발전을 가져온 중요한 전략적 관심사였다.

이러한 전략적 문제는 계속해서 남아 있지만 기술은 진화했다. 제2차 세계대전 이후 대잠(antisubmarine) 구축함은 공격형(hunter-killer) 잠수함으로 대체되었다. 공중위협의 증대는 북대서양의 주요 방어막이 전함들보다는 항공모함 전단으로 이루어져야 한다는 것을 의미했다. 독일의 위협이 소련의 위협으로 대체된 것은 그 방어막이 스코틀랜드-노르웨이 갭(gap)보다는 그린란드-아이슬란드-영국 갭(gap)을 중심으로 형성되어야 함을 의미했다. 그러나 지리적 조건으로 인한 다른 문제들은 그대로였기 때문에 대서양의 핵심적인 문제는 그대로 남아 있었다. 미국의 국력이 증대되면서 미국 함대들은 인도양과 지중해까지 작전 범위를 넓혔다. 기술이 발전하면서, 미국 잠수함들은 북극해까지 드나들었다. 전략은 기술과 함께 변화했지만, 그 속도는 항상 더뎠다. 근본적인 전장은 영원하였고, 교역 양상은 그것이 기반한 사회적, 경제적 양상만큼이나 아주 느리게 변화했다.

기본적 진실과 더 광범위한 전략적 문제들을 재고하거나, 심지어 재고할지 생각하는 것조차 꺼렸음에도 불구하고, 냉전 종식은 마 해군이 자신의 역할을 재고하도록 만들었다. 그에 따라 1992년 발표된 '바다로부터(From the Sea)'라는 제목의 교리는 사실상 과거와의 근본적 단절이었고 군 역사에서 중요한 사건이었다. '바다로부터'는 냉전 종식은 곧 미국이 대양—전 세계 해로들이 지나는 광활한 해양—에 대한 통제권을 놓고 더 이상 소련의 도전에 직면하지 않게 되었음을 의미한다고 주장했다. 교리는 이제 미국이 직면하고 있는 문제는 '연안 전쟁(littoral warfare)' 문제라고 주장했다. 각국 연안, 특히 유라시아 국가들의 연안에서 벌어지는 전쟁 문제라는 것이다. 더욱이, 미 해군은 자신의 함대를 보호하거나 적의 함대에 맞서는 데 집중하기보다 유라시아의 가장자리로 전력을 투사하는 데 관심을 가져야 한다고도 주장했다.

'바다로부터' 교리는 미국이 직면한 중심적 도전을 암묵적으로 다음과 같이 주장한다.

- 어떤 유라시아 국가도 해당 지역에서 패권을 잡으려고 하거나 미국의 전 세계적 지배에 도전하지 못하도록 유라시아에서 세력균형을 유지한다.
- 새로운 군사적 단극 세계의 평화가 내부적 불안정이나 지역적 제국주의자들에 의해 교란되지 않도록 하기 위해 미국 제국을 관리한다. (이 같은 노선에 따라 이미 수많은 군사작전이 페르시아만, 라이베리아, 소말리아, 아이티 그리고 제한된 방식으로 보스니아에서 이루어지고 있다. 이 모든 "평화 유지" 임무의 핵심은 제국의 번영에 필수적인 질서가 유지되도록 하는 것이었다. 이러한 기능에 있어, 미국은 이전 제국들의 무수한 행보와 다르지 않다.)

미국의 세계적 패권은 미 해군에 기반하고 있다. 세력균형과 세계평화 모두를 유지하려면 미국은 자신의 군사력을 외국의 해안으로 보내야 한다. 미 해군은 필연적으로 병력을 수송해야 하고 그들이 거기에 있는 동안 물자를 보급해야 하기 때문에, 미국의 전함은 적의 해안에 가까이 가게 될 것이다. 이제 문제는, 간단히 말해서 미국의 전함이 다음 세대에도 격침당할 염려 없이 적의 해안에 접근할 수 있을지 여부다.

전장의 전 지구적 특성, 교전이 수천 마일에 걸쳐 벌어질 수 있다는 사실, 그리고 상대적으로 적은 수의 무기 플랫폼이 동원된다는 점을 고려할 때, 해군 전술의 진화는 해군 전략의 진화와 밀접히 연관되어 있다. 우리는 또한 미 해군을 인도하는 전략적 책무들, 해군이 미국의 전략을 수행함에 있어 직면하는 기술적 문제들, 그리고 어떤 대안적 전략들이 나올 수 있는지 여부를 상세히 고려해야 한다.

미국 해양전략의 형성

미국이 19세기 말에 북미 대륙에 대한 지배를 완성한 이래, 미국의 안보는 두 가지 요인에 달려 있었다. 하나는 유라시아의 세력균형을 유지하는 것이고, 다른 하나는 미국을 유라시아와 분리하고 있는 두 대양에서 항행의 자유를 유지하는 것이었다. 1944년 절대적인 제해권을 가지고 있었기에 미국은 유럽과 아시아의 적국들에 대한 상륙 공격을 동시에 시작할 수 있었다. 적대 국가들이 이 대양들을 지배할 수 있었다면, 적어도 제2차 세계대전 중에 미국에 의한 상륙 작전만큼이나 결정적인, 미국에 대한 상륙 작전이 가능했을 것이다.

따라서 미국의 대전략은 적어도 북대서양과 서쪽으로 하와이까지의 태평양에 대한 제해권을 확보하고 유지하는 것에 근거해 왔다. 20세기 역사의 일부는 미국이 카리브해 연안과 서 대서양에서 영국을 밀어냈고, 그리고 마침내 제2차 세계대전 중과 그 이후에 영국 해군을 미국이 지배하는 동맹의 통제 하에 두는 데 성공한 이야기였다.

그러나 해군력 우위를 위한 최선의 전략은 전투에서 경쟁국 해군을 패배시키거나 해군 군비경쟁에서 승리하는 것이 아니다. 그것은 잠재 적국들이 지상의 위협에 몰두하게 만들어 그들이 함대를 건설할 시간을 갖지 못하게 하는 것이다. 이는 가장 저렴하고 가장 효과적인 형태의 해군력 우위—부전승에 의한 우위—를 확보할 수 있게 한다. 이것이 바로 스페인 무적함대를 꺾은 이후 제2차 세계대전까지 영국의 전략적 정책의 토대였다. 즉, 지역적 긴장과 불신을 극대화하기 위해 정치적, 경제적, 그리고 최소한의 군사적 수단을 동원해 유럽의 세력균형을 조작하는 것이다. 나폴레옹의 몰락부터 제1차 세계대전 이전까지 유럽이 백 년간의 평화를 누릴 수 있었던 것은 이러한 영국의 정책이 성공한 덕분이었다.

영국 해양력의 우위는 미국의 부상으로 인해 약화되었다. 더 정확히는, 미국의 북미 지역 장악은 미국이 자신의 자원을 국경을 수비하는 데서 자신의 연안과 대양을 순찰하는 데로 돌릴 수 있다는 것을 의미했다. 영국이 (몇 차례 시도에도 불구하고) 북미 지역에서 유럽에서 했던 것처럼 세력균형 게임을 할 수 없었던 것은 미국이 그 방대한 자원을 동원하여 영국의 해군력 우위에 도전하게 되었음을 의미했다. 유럽의 세력균형에 대한 영국의 통제력이 쇠퇴하고 영국이 일련의 재앙적인 지상전에 끌려들어갔기 때문에, 영국은 미 해군과 경쟁할 능력을 잃었다. 제2차 세계대전이 끝날 무렵, 미국은 세계 최고의 해군력으로서 영국을 대신하게 되었다.

미국의 전략적 문제는 영국의 전략적 문제를 몇 배로 확대한 것이라고 할 수 있다. 영국은 유럽의 세력균형을 유지하는 데 관심이 있었다. 미국의 관심사는 유라시아 전체의 세력균형을 유지하고, 유라시아에서 자신의 의지를 대양을 넘어서 투사할 수 있고, 그럼으로써 미국의 교역과 영토의 안보에 위협을 가할 수 있는 세력의 등장을 막는 데 있다.

1917년 이래로 미국은 가급적이면 자체 역학에 따라 작동하는, 또는 미국에 의해 조작된 세력 균형의 유지를 통해서, 또는 그것에 실패할 경우 직접적인 정치적, 군사적 개입을 통해서 경쟁 국가의 등장을 막도록 설계된 정책을 일관되게 수행해왔다.

- 1917년: 제정 러시아의 붕괴로 영-불 동맹국들이 독일의 압력을 강하게 받게 되자 미국은 독일의 승리를 저지하고 대서양 항로에 대한 독일의 위협을 방지하고자 개입했다.
- 1919년: 미국은 베르사유에서 독일을 해체하려는 프랑스의 시도를 막았고, 그럼으로써 지상의 패권국으로서 프랑스의 부상을 막고, 해군력을 증가시킬 수 있는 영국의 능력을 제한했다.
- 1919-1940년: 미국은 유럽 정치의 내적 역학이 세력균형을 유지할 수 있게 하면서 자신의 고립주의 정책으로 인한 위험을 최소화했다—고립주의 정책은 세력균형이 안정적일 때 완전히 합리적인 정책이다. 아시아에서 미국은 중국에서 팽창주의적 이익을 추구하는 일본을 상대로 교묘하게 그리고 점진

적으로 개입했다.
- 1942년: 독일이 프랑스를 격파한 이후 유럽의 세력균형이 무너짐에 따라 미국은 유럽과 아시아 모두에서 더 약한 국가들의 편에 서서 개입했고, 그럼으로써 독일과 일본 어느 쪽도 승리하지 못하게 했다.
- 1945-1991년: 제2차 세계대전 이후 미국은 소련을 포위하고 봉쇄하기 위한 동맹 체제를 구축해서 소련이 유라시아를 제패하지 못하게 했다.

이러한 각각의 경우들에서, 미국의 외교 정책은 일관되게 운영되었다.

- 가능한 한, 지역의 세력균형을 유지하기 위해 지역 내부의 역학에 의존한다. 고립주의는 부적절하게 이름 붙여진 것으로, 이것은 단지 최적의 상황 하에서, 유라시아의 세력들이 미국이 개입의 위험과 부담을 피할 수 있도록 충분히 균형을 이루었다는 인식일 뿐이다.
- 고립이 어려운 상황에서는, 영구적 동맹에 들어가는 일 없이 더 약한 편을 지원하기 위해 무역, 원조, 정치적 지지 등과 같은 비군사적 수단을 사용한다. 1919년 베르사유에서, 미국은 동맹에 들어가는 일 없이 독일을 지원했다. 1972년에 미국은 동맹 관계가 없이도, 소련에 맞서는 중국을 지원했다.
- 비공식적인 지원으로 불충분하다면, 다른 국가의 패권에 저항하는 국가들과 공식적인 동맹에 들어간다. 이상적으로는, 이 동맹은 군사력의 상당 부분을 담당하고 최대의 위험을 감수하는 유라시아 국가에 기반해야 하며, 미국은 재정 지원, 군사기술 이전 그리고 전문지식 제공에 그쳐야 한다. 이러한 전략의 전형적 사례는 제2차 세계대전 당시 소련에 대한 무기 대여와 이스라엘에 대한 원조이다.
- 지역 상황을 안정화하는 데 필수적인 경우, 상대적으로 적은 병력을 동원하여 유라시아의 주변부에 개입한다. 1959년과 1982년의 레바논, 1950년의 한국, 1964년의 베트남은 모두 그런 예에 속한다. 이 중 한국 전쟁과 베트남 전쟁은 미국사에서 대규모 전쟁으로 분류된다. 그러나 투입된 전력의 상

대적 규모를 고려해보고 실제로 배치된 전력을 미국의 잠재적 배치 능력과 견주어보았을 때, 그것들은 미국의 패권 구축보다는 세력균형의 안정화를 위한 상대적으로 낮은 비용, 낮은 위험의 작전이었다.
- 세력균형을 회복하기 위해 주요한 국가적 노력이 요구되는 경우, 동맹국들이 미국보다 훨씬 더 절박한 상태에 있고 운신의 폭이 훨씬 더 작으며, 동맹국이 전쟁의 주된 부담을 질 수 있는 동맹 구조 하에서만 군사적 행동을 취한다. 전형적인 예는 제2차 세계대전이었으며, 당시 연합군의 사상자 수에 비하면 미군의 사상자 수는 아무것도 아니었다. 또한 제2차 세계대전의 결과가 미국에게 완전히 유리했다는 점도 지적할 수 있을 것이다. 독일과 일본의 힘이 쇠약해졌고 미국의 동맹국들도 경제적으로 피해가 컸다. 미국은 유일한 경제 대국으로 부상했고 기록적인 경제 성장의 세대를 열었다.
- 어떠한 상황에서도 미국은 주요 유라시아 전쟁에서 가장 큰 위험 부담을 지면 안 된다. 미국의 위험 부담 정도가 심했던 가장 가까운 경우는 냉전 동안이었다. 당시 소련의 군사력은 미국이 상당 수준의 병력을 유럽 주변부에 상시 주둔하도록 만들었으며, 전면전이 벌어질 경우 위험에 처할 수밖에 없었다. 하지만 미국은 일부 병력이 위험에 처해 있었다면 독일과 다른 동맹국들은 그들의 전 국민이 사격선 앞에 있었다는 사실을 기억해야 한다. 그러므로 냉전은 세력균형을 유지하면서도 위험에 최소한 노출한다는 미국의 전략을 유지했다.

다시 반복하자면, 지난 세기 미국 대전략의 기본 원칙은 유라시아의 방대한 자원을 이용하여 미국의 해양 우위에 도전할 수 있는 패권국의 등장을 막기 위해 유라시아의 세력균형을 만들어내는 것이었다. 이러한 전략의 이행은 전력의 경제적 운용(economy of force)과 간접 접근(indirection)이라는 두 가지 원칙에 의존했다. 전력의 경제적 운용은 동맹국들이 전략적 비전을 갖고 전투의 주력을 담당하게 함으로써 실현되었다. 간접 접근은 적을 절대 정면으로 공격하지 않으며, 내부적, 외부적 반대 세력에 의해 충분히 약해졌을 때만 정면으로 공격하는 것, 그리고 조급하게 무력 대 무력으로 맞서기보다는 승리의 전제 조건을 만들어내기 위해 경제력에 의존하는 것을 의미했다.

소련에 대한 미국의 승리는 전략과 작전상의 원칙 모두를 완벽하게 보여주었다. 미국은 최대의 경제적 전력 운용을 통해 유라시아에서 세력균형을 유지했다. 미국은 대규모의 미군 병력을 동원하기보다는, 직접 공격을 할 경우 소련이 감당해야 할 위험성을 높이기 위해 핵무기에 의존하면서, 대규모 지상 전력이 필요한 경우 동맹국 병력을 활용했다. 미국은 이러한 동맹국 병력을 최소 수준의 지상군 편성, 다양한 전장에서의 대규모 전술적 항공지원, 그리고 소련 지역에 대한 해상 반격을 위협하면서 전력 보강과 재보급을 위해 해로를 열어 둘 수 있는 압도적인 해군력으로 보충했다.

베트남과 한국에서처럼, 이 포위망을 깨뜨리기 위한 소련의 시도에 대해 미국은 최소한의 병력과 정치적 반격(중국과의 협약)으로 대응했다. 한편 미국은 소련의 동맹국이 될 여지가 있는 나라들을 미국 쪽으로 끌어들이고, 소련이 이길 수도, 질 수도 없는 군비경쟁에 나서도록 만들기 위해 해양 기반 경제 체제의 우위를 십분 활용했다. 결국, 이 전략은 엄청나게 성공적이었던 것으로 입증되었다.

그러나 여러가지 면에서 이 전략은 기만적이었다. 소련과의 직접적인 대결을 거부하고 간접 접근 전략에 의지함으로써, 겉보기에 미국은 소련의 침공에 맞설 의지가 없는 것처럼 보였다. 실제로는 미국은 포위 정책과 전력의 경제적 운용을 유지하면서, 소련이 별로 중요하지 않은 대상을 공격하는 데 힘을 소진하도록 만들고 있었다. 미국은 나약한 겉모습—치명적인 결과를 초래할 수 있었던 겉모습—과 진면목을 드러내는 것 사이에서 줄타기를 해야 했다. 따라서, 미국은 단지 약해 보이지 않기 위해 비핵심적 사안에 대규모 자원이 투입된 베트남 전쟁 같은 불운한 경우들을 종종 겪어야만 했다. 베트남에 개입하고자 한 미국의 의지는 소련과 대결하려는 미국의 결의를 나타낸 것이 아니었다. 그보다는 최소한의 힘을 사용해 공격에 대한 동맹국의 안전을 보장하면서 소련의 유라시아 지배를 억제하려는 미국의 열망을 나타냈다.

낡은 전략, 새로운 지정학

  소련의 붕괴는 미국에게 엄청나게 중요한 일이었다. 그것은 미국이 세계적 강국으로 부상한 이래 처음으로 어느 국가도 유라시아에서 패권국이 되겠다고 위협하지 않는다는 것을 의미했기 때문이다. 이는 어느 단일 국가도 유라시아의 자원을 이용해 미국의 해양 지배에 도전할 능력이 없음을 의미하기에 부분적으로 미국에게 축복이었다. 이 새로운 구도는 미국의 지배에 대한 직접적인 위협을 제거하지만, 그것만으로 미국의 지배를 보장하지 않는다.

  유라시아에서 미국의 기본적 이익은 지역의 적대국들이 상대방으로부터 자신을 방어하는 데 자원을 쏟아붓게 해서, 결국 미국의 이익에 도전하는 데 자원을 투입할 수 없게 하는 안정적인 세력균형이다. 소련의 붕괴는 단일 세력이 정치적 현상(status quo)을 뒤엎고 유라시아를 장악할 위험을 완화했지만, 소련보다 약한 국가가 아무런 반대 없이 유라시아의 핵심 지역을 장악할 수 있는 길도 열었다. 안정적인 지역 패권국의 탄생은 미국에게 단일 유라시아 세력이 그랬던 것과 똑같은 기본적인 위협을 제기한다. 다른 육상 강국의 도전으로부터 자유로운 상태에서 그들은 바다에서의 미국의 우위에 도전할 수 있게 될 것이다.

  최근 유라시아의 분열은 주요 국가들을 격리시켜 왔고 그들에게 상대적으로 좁은 범위 내에서 운신할 여지를 제공하는 것처럼 보인다. 우리는 이미 페르시아만을 장악하려는 이라크의 시도를 본 바 있다. 이란의 패배와 함께 지역의 세력균형이 흔들리고, 유라시아 세력균형의 붕괴로 인해 운신의 폭이 넓어지자, 이라크는 페르시아만 서쪽 해안으로 진출하여 거대하고 부유하며 지정학적으로 안전한 제국을 건설하려고 했다. 이는 이라크가 이란에 군비경쟁을 강요하기 위해 석유 수입을 사용할 수 있게 했을 것이다. 그리고 이란은 아마도 그러한 경쟁에서 이길 수 없었을 것이다. 이란은 외부 개입을 요청해야 했으며, 그것이 여의치 않을 경우 이라크의 우위를 수용하지 않을 수 없었을 것이다. 그러므로 이라크는 서쪽은 요르단 사막에 의해, 북쪽은 터키 산악

지대에 의해, 그리고 동쪽은 굴복한 이란에 의해 보호받으면서, 인도양 유역에서 더 폭넓은 지역적 이익을 자유롭게 추구했을 것이다.

이라크가 미국에 의해 패배한 이후, 이란은 지역적 패권을 추구해 왔다. 서쪽에서는 이라크의 위협으로부터 자유로워지고, 북쪽에서는 소련의 붕괴로 안전해지고, 쿠르드족의 미미한 위협만 남은 상황에서, 이란은 해군력을 공격적으로 발전시켰고, 결국 그것은 미국에게 실질적인 문제를 제기하게 되었다. 실제로, 미국이 사담 후세인 정부의 전복이나 이라크의 해체를 거부했던 것은 이러한 시나리오를 막기 위한 것이었다. 그렇다 해도 미국은 이란의 해군력 강화를 저지할 수 없었으며, 수년 내 이 문제에 정면으로 맞서야 할 수 있다.

이 지역에 존재하는 유전이 확실히 판돈을 키웠지만, 문제는 석유만이 아니었다. 석유 말고도, 어떤 단일 지역 국가가 유라시아의 상당한 영역을 통합하는 것은 미국의 이익에 부합하지 않는다. 그와 같은 통합이 존재하는 경우, 미국은 또 다른 지역 세력으로 균형을 맞추려 하지만, 이것은 종종 지정학적 고립 때문에 가능하지 않다. 예를 들면, 소련의 붕괴는 중국을 지역적으로 격리시켰다. 이와 마찬가지로, 페르시아만 지역도 상당히 격리되어 있다. 유라시아의 지상 강국이 그 지역을 둘러싼 산악과 사막을 가로지르기란 어려운 일이다. 그러므로 잠재적 패권국은 그 지역 자체 내에서 등장하거나 바다를 건너서 오게 된다. 그러나 일단 패권국이 수립되면, 페르시아의 걸프 강국은 본질적으로 해양 세력이다. 역사는 인도양으로 진출했던 국가들의 예로 넘쳐난다. 자신의 관심을 인도양으로 돌리는, 부유하고 안전한 지역 국가라는 개념은 분명 미국의 이익에 부합하지 않는다.

잠재적으로 격리된 해양 세력은 유라시아 도처에서 발견된다.

- 일본, 중국, 한국, 러시아로 이루어진 북서 태평양의 4강국 체제(four-power system)는 어느 한 나라가 지배적 국가로 등장하면, 격리된 지역이 된다.
- 중국의 붕괴는 베트남을 남아시아의 지배적이고, 격리된 패권국으로 만들

것이다.
- 서쪽에서 파키스탄이, 북쪽에서 중국이 붕괴된다면, 인도에서 완전히 격리된 지역 강국이 등장할 것이다. 실제로 인도는 이미 상당 수준의 격리 상태에 있으며, 남아시아의 해양 강국으로 떠오르고 있다.
- 러시아가 더욱 약화된다면 터키가 지역 강국으로 등장할 기회가 만들어질 것이다.
- 이란과 이라크는 모두 격리된 패권 국가가 될 가능성이 있다.
- 중동에서의 평화는 동지중해 지역의 미약한 세력균형을 뒤흔들면서, 이스라엘이 지역의 권력 중심이 되게 할 수 있다.
- 소련의 붕괴와 유럽에서의 미군 철수는 대서양 유럽 국가들과 독일 사이의 전통적인 경쟁의 문을 열 것이고, 그 결과로 격리된 패권국이 등장할 수도 있다.

따라서 유라시아 전역에서, 이러한 경우들과 아마도 다른 경우들에서, 지역적 세력균형은 해양 확장을 위해 부족한 자원들을 결집시킬 수 있는 격리된 강국의 등장을 막아 준다. 탈냉전 시대에는, 이러한 지역적 세력균형을 유지하는 것이 미국 대외정책의 기초이다. 이상적으로는, 미국은 자신의 지정학적 목적을 직접적인 개입 없이 달성할 수 있다. 그러나 20세기 내내 이것은 항상 가능한 것은 아니었다. 세력이 날로 증가하는 유라시아 국가를 격퇴하거나 봉쇄하기 위해 미국은 여러 차례 유라시아에 병력을 파견해야 했다. 때로는 1944년 6월의 D데이와 같이, 유라시아 강국의 중심부로 돌진해야 하는 경우도 있었다. 한국이나 베트남에서와 같은 다른 시기에, 그것은 지속적인 전력 투사를 사용하는 국가를 봉쇄하려는 시도의 일부였다. 1959년의 레바논과 1982년의 그레나다에서와 같은 다른 시기에, 침공은 주요 대결과 직접적으로 관련 없는 특정 지역의 안정을 유지하기 위한 소규모의 제한적 노력이었다.

결국, 미국은 이중의 능력을 유지해야만 한다. 즉, 유라시아의 패권을 노리는 경쟁 국가들에 맞서야 하고, 지역 패권을 노리는 국가들을 봉쇄하고 제한하거나, 아니면 파괴해야 한다. 어떤 면에서 두 능력은 동일한 능력이다. 노력의 정도와 지속가능성(sustainability)이 유일한 차이일 뿐이다.

이라크를 봉쇄하는 데 있어—우리가 알고 있듯이, 이라크는 유라시아의 패권을 노리는 국가는 아니다—미국은 본토에서 유라시아의 특정 지역으로 병력과 물자를 보내고, 적의 적대 행위에도 불구하고 그 병력을 상륙시키고, 지정학적 현실이 요구하는 수준까지 적의 무장 병력과 교전해서 파괴하고, 그리고 짧은 기간(수년이 아니라 수개월) 동안 병력을 그곳에 주둔시킬 수 있는 위치에 있어야 한다. 반면에, 베트남에서는 병력의 주둔이 수년간 지속되었다. 그러나 베트남과 이라크는 대부분의 군사 작전이 제1차, 제2차 세계대전에서 그랬던 것과 달리, 미국 상비군의 대대적 증원 없이 실행되었다는 점에서 유사했다.

제1차, 제2차 세계대전에서처럼, 유라시아 패권국과의 대결에서 미군은 획기적으로 증원을 해야 하고, 미 해군은 전에 없이 규모가 커진 병력을 위해 (수송 능력뿐만 아니라) 해로를 보장해야 할 것이다. 미군은 또한, 개입 시점에 필요하다면—문을 열어젖히는—상륙 작전을 실시하고, 개입 이후 충돌 지역에서 지속적으로 전투를 치르기 위한 병력을 공급할 수 있는 능력이 필요할 것이다.

제해권, 상륙전, 그리고 군수지원 체계는 근본적으로 다른 문제처럼 보인다. 사실 그것들은 동일한 지정학적 체계—유라시아의 세력균형에 영향을 미칠 수 있는 능력—의 일부이다. 이러한 체계의 어느 부분이 결여되어 있다면, 즉 어느 부분이 임무 수행에 취약하거나 불충분하다면, 그러면 전체 지정학적 목표를 달성하는 데 완전히 실패하게 된다.

미국이 직면한 딜레마는 무기의 발달로 인해 가까운 장래에 이 세 가지 임무 중 어느 것도 해군에 의해 수행되지 못할 가능성이 높아졌다는 점이다. 이러한 세 가지 임무 모두는 대잠전에서부터 대륙 간 수송, 병력의 적대국 해안 상륙에 이르기까지 수상함에 의존한다. 물론, 수상함들은 진주만과 미드웨이에서 여실히 증명됐듯이 여러 가지 화력에 극도로 취약하다. 오늘날, 파괴 위협은 더 이상 항공기에서 어림잡아 떨어뜨리는 무쇠 폭탄이 아니라 수상함의 사정거리 밖에서 발사되고 스스로를 목표물까지 안내할 수 있는 자체 유도 미사일로부터 온다.

이 같은 미사일의 등장으로, 수상함의 작전 능력과 자신의 임무를 수행할 미 해군의 능력이 점점 더 의심받고 있다. 이것이 진실이라면, 미국의 고립은 이념의 문제가 아니라 기술의 문제일 것이므로 21세기의 지정학은 20세기의 지정학과는 판이하게 다를 것이다. 하지만 이러한 문제의 진실은 상당 부분 기술에 달려 있고, 따라서 우리는 바다에서 정밀 유도 무기가 제기하는 기술적 문제들을 주의깊게 다뤄야 한다.

전략에서 작전으로

미국이 유라시아 지역의 사건들에 영향을 미칠 수 있는 능력은 분명 미국과 유라시아를 이어주는 전략적 해로 통제에 달려 있다. 실제로, 미국이 유라시아에 주둔하는 모든 이유는 전략적 해로를 통제해야 할 필요성 때문이다. 목적과 수단이 동일한데, 이는 어떤 효과적 전략에서도 그래야 하는 것이다.

그렇지만―그리고 이것은 우리 시대의 대단히 중요한 정치-군사적 사실이다―미국의 해양 통제권에 대한 당면한 도전은 존재하지 않는다. 이 시점에 어떤 유라시아 국가도 전 세계적으로는 말할 것도 없고, 심지어 지역적으로라도 미국의 통제권에 도전할 수 있는 함대를 배치하고 있지 않다. 그렇다고 해서 그 같은 도전을 꿈꾸는 국가가 없다는 것은 아니다. 인도는 인도양에서 항공모함을 포함하여 강력한 지역 해군을 구축하기 위해 야심찬 프로그램을 진행시키고 있다.[1] 중국은 강력한 건함 프로그램을 추진하려 하고 있고, 여기에는 항공모함 전력이 포함될 것이다. 중국의 경우에는, 장이홍Yihong Zhang이 『국제 방위 검토International Defense Review』에서 썼듯이, "러시아와의 동부 국경 갈등의 부분적 해결은 중국이 최전선을 북에서 남으로 옮기고, 관심사를 내륙에서 동중국해와 남중국해라는 대양(blue water)으로 옮길 수 있게 해 주었다."2

이 명쾌한 지정학적 분석은 그러한 격리가 유라시아로 확산되는 경우 미국이 직면할 위협을 가리킨다. 그러나 인도와 중국의 시도에는 뭔가 부질없는 점이 있다. 지상의 이웃 국가로부터의 위협이 없더라도, 미국의 이익을 위협할 수 있는 대양 해군을 건설하는 데 드는 비용이 두 나라 각각의 자원을 훨씬 앞지른다는 점이다. 그들의 꿈이 아무리 야심차고, 지정학적 관심사가 정당하더라도, 인도든 중국이든 미국의 해양 패권에 도전하기 위해 요구되는 항모전단을 건설할 수단이 없다. 어느 쪽도 재래식 전력으로 바다에서 미국에 맞설 수 없으므로, 중국과 인도는 자신의 해군력을 이용해 미국의 침투에 대한 완충 연안 해역을 구축하고, 지역적 세력균형에 영향을 미치려 할 수 있다. 그러나 무기 체계를 무기 체계에 맞대응시키는 비용이 그러하듯, 이런 보다 제한된 목표조차도 그들의 수단을 넘어선다. 미 해군의 산업적, 지적 역량은 인도나 중국의 역량을 초라해 보이게 하며, 다음 세대 동안에도 계속 그럴 것이다.3

반면, 일본은 미국의 해양 패권에 도전할 수 있는 지적, 산업적 역량을 갖추고 있다. 강대국 중 유일하게 일본은 그렇게 하는 것에 장기적인 관심을 갖고 있다.4 지정학적으로 일본은 이례적(anomaly)이다. 좁은 해협에 의해 대륙과 분리된 유라시아 강국 일본은, 영국과 같이 매우 특별한 방식으로 움직인다. 그 지리적 조건 때문에 일본은 외국과의 접촉이 없는 완전히 폐쇄된 국가이거나 해양 강국이다. 그러나 영국과 달리, 일본은 산업자원이 거의 전무하다. 이것은 아시아 대륙의 정치적 균형을 조작하는 일본의 능력이 19세기 영국이 유럽 대륙의 균형을 조작하던 능력보다 훨씬 더 제한되어 있음을 의미한다. 이러한 사실은 해양 강국이 되는 것에 대한 일본의 관심을 더욱 강화한다. 이는 영국의 그것보다 훨씬 더 강력한 책무이다.

해양 강국에 대한 일본의 추구는 물론 일본의 정치적, 경제적 현실에 의해 제약을 받는다. 일본은 미국에 교역을 의존하고 있으며, 아무리 일본이 공격적일지라도 미국의 힘에 도전하기를 꺼린다. 그렇지만 일본은 아시아 최강이자 그 지역에서 미국에 버금가는 해양 강국으로 부상했다.5 따라서 해양 문제에 대한 일본의 접근법을 검토할 가치가 있다.

미국은 현대 해군력의 기초를 효과적이지만 비용이 많이 드는 무기 체계인 항공모함 전단에 두어 왔다. 일본은 구축함을 건조하면서 다소 신중한 접근 방식을 취했다. 역사적으로, 더 작은 함정인 구축함은 주로 상선을 호위하고 적의 잠수함으로부터 자신들을 지키는 것을 주요 임무로 삼아 왔다. 일본이 해로를 통해 전 세계에서 원자재를 수입해야 하는 필요성을 고려할 때, 이 같은 수송 역량의 강화는 신중한 선택이다.

물론 수송 문제에 대한 일본의 접근 방식은 단지 신중함 이상의 의미를 내포하고 있을 수 있다. 그들이 미국의 이지스(Aegis) 방위 시스템을 일부 구축함에 장착하기로 한 결정에서 이 점을 짐작해볼 수 있다. 이지스란 공중발사 미사일에 대비하여 항모전단을 지키도록 설계된 복합 레이더 시스템이다. 이지스는 너무 비싼 장비이고 일본이 아니면 어느 나라도 그것을 대담하게 사용하지 못할 것이다.

일본은 결정적으로 중요한 사실, 즉 대형 수상함은 정밀유도미사일에 매우 취약하다는 사실을 파악한 것으로 보인다. 그들은 보다 분산된 전력 구조를 개발하는 데서—그러한 구조에서는 무기 플랫폼이 수적으로 늘어나고 크기는 줄어들며, 핵심 함정은 첨단 대공 시스템으로 무장한다—그 문제에 대한 답을 찾아냈음이 분명하다. 표적 수가 많고 각 표적의 크기가 작을수록, 적어도 일부가 살아남아 수송선을 보호하고 대잠전 임무를 수행할 가능성이 더 커진다.

미국이나 일본 같은 해상 교역 강국들에게 대함 정밀 유도 무기의 등장은 위협과 도전 모두를 의미한다. 이들은 결코 바다를 버리지 못하며 반드시 이 문제에 대한 해결책을 찾아야 한다. 바다에 덜 의존하는 나라들 혹은 미국이나 일본보다 훨씬 약한 나라들의 경우, 정밀 유도 무기는 엄청난 기회를 의미한다. 적어도, 이러한 미사일을 보유한 2류, 3류 국가들은 비록 해상 교역 국가들의 바다 이용을 완전히 거부할 수는 없어도, 최소 비용으로 그 국가들에게 감수할 수 없는 위험을 부과할 수 있다.

순양함이나 항공모함이 미사일 공격을 받을 수 있다는 위험성은 지휘관이 대당 200억 달러나 하는 항모전단을 가지고 각 임무 수행을 하는데 얼마나 많은 위험을 감수할 수 있는지 질문해야 한다는 것을 의미한다.[6] 효과적인 대한 미사일은 전부는 아니더라도 많은 작전 수행을 매우 위험하게 만드는 잠재적 위험을 부과할 수 있다. 마찬가지로, 비록 대함 미사일들이 상선의 전부나 대부분을 가라앉힐 수 없다 할지라도, 보험료 상승은 교역의 경제적 생존성을 쉽게 파괴할 수 있다. 이는 교역 전부를 멈추게 하는 것과 동일한 효과가 있다. 런던 로이드Lloyd 은행은 해군 작전의 수장만큼이나 신중한 위험 관리자이다.

따라서 대함 미사일은 더 약한 국가들이 강대국들의 해로 통제를 거부하기 위한 저비용의, 고도로 효과적인 수단이다. 그리고 어떤 국가도 이런 움직임에 취약한 국가는 없다. 선도적 세계 해양 강국으로서, 미국의 선박들이 전 세계를 누비고 있기 때문이다. 더 중요한 것으로, 미국의 해군 전략이 전투 선단으로 조직된 소수의, 극도로 크고 강력하고, 값비싼 선박들을 중심으로 구축되어 있기 때문에, 이러한 미사일들이 제기하는 위협은 대단히 심각하다는 점이다. 이지스 방어막이 한두 번만 뚫려도 대혼란이 초래되고, 위기 동안 전투 선단이 작전 불능이 될 수 있다.

우리가 보아 온 것처럼, 중국과 인도 같은 2류 강대국들 그리고 이란, 이라크 같은 3류 강대국들은 만약 제해권이 전통적인 수상함과 항공모함으로부터 비롯되는 것으로 여겨진다면 분명 불리한 입장에 서게 된다. 그들 중 누구도 지역적으로라도 미국에 도전할 수 있는 전력을 배치할 수단이 없다. 하지만, 우리가 제시한 것처럼 미국에 도전하는 데는 이런 종류의 배치가 반드시 필요하지 않을 수도 있다. 이제 3류 강대국조차도 쉽게 감당 가능한 비용으로 미 해군을 지역에서 몰아낼 수 있는 다른 무기들이 머지않아 나타날 수도 있다.

일단 미국이나 러시아가 이스라엘이나 인도 같은 나라에 미사일을 넘겨주면 그 기술은 개조되고 확장되고 이란이나 이라크 같은 다른 나라들에 재판매될 수 있다. 연구개발은 비용이 많이 들지만, 생산은 그렇지 않다. 미국과 소련의 기술을 흉내낸 중국의 실크웜(Silkworm) 미사일이 이란에 팔려가 페르시아만에 대한 접근을 위협할 것이라는 실질적인 위협이 존재한다. 지상에 숨겨진 미사일을 완전히 제거하는 일의 중요성—사막의 폭풍 작전 동안 스커드 헌터(Scud hunters)가 직면했던 문제—은 해당 지역이 몇몇 도시 구역이 아닌 전 세계 석유가 드나드는 해상 요충지일 경우 두 배가 된다.

미사일이 제기하는 위협은 잠수함 확산에 의해 더욱 악화된다. 예를 들면 이란 해군은 상당히 조용히 작동해서 소나로 탐지하기 어려운 러시아제 디젤 잠수함 몇 척을 획득했다. 호르무즈Hormuz 해협 내에서 분쟁이 벌어질 경우, 미국은 어떤 적대적인 잠수함도 어뢰나 미사일을 발사할 위치에 있지 않다는 절대적 보장 없이는 이 좁은 해협 내로 자신의 항모 전단을 들여보내려 하지 않을 것이다. 러시아제 잠수함이 미 해군을 거부할 가능성이 있다면, 항모 전단은 해협 밖에 머무를 것이고, 이는 이라크의 깊숙한 곳이나 북부 이라크에 대한 공습을 불가능하게는 아니더라도 어렵게 만들 것이다. 따라서 분쟁이 발생하는 경우, 적절히 부설된 기뢰들과 함께 이란의 잠수함들은 미국의 항공모함을 차단하게 될 것이다.[7]

유사 이래로 해전의 중심이었던 다양한 형태의 수상함들은 현재 두 가지 방향에서 막대한 압박을 받고 있다. 하나는 잠수함들에서 발사되는 어뢰와 로켓이며, 다른 하나는 공중에서 날아오는 크루즈 미사일과 로켓들이다. 잠재적으로 대단히 지능적이고, 선박의 가장 취약한 부분을 찾아낼 수 있으며, 점점 더 멀리까지 날아갈 수 있는 이 발사체들은 해상 통제의 새로운 형태가 될 가능성이 높다. 적어도 그것들은 바다에서의 세력균형에 영향을 미치는 극적으로 새로운 방식이 될 것이다.

바다에서의 상황은 지상과 공중에서의 전투의 진화와 유사하다. 정확성이 증가함에 따라 배 한 척을 맞히기 위해 발사하는 발사체 수가 극적으로 줄어든다. 미사일요격 미사일이 표적을 찾고 맞히는 일보다 더 중요한 문제가 될 것이다. 마찬가지로 중요한 것으로, 장거리 미사일의 등장에 따라 해군 함정들을 서로 가깝게 포진시킬 필요성이 사라질 것이다.

이러한 과정은 사실상 항공모함의 도입과 함께 시작되었다. 1942년 산호해 해전(the Battle of Coral Sea)은 양측 선박들이 서로를 보지 못하는 가운데 치러진 세계 최초의 해전이었다. 이 이후, 미국과 일본 간 대규모 해상 접전을 거치면서 화포에 의해 정해진 사정거리 한계가 항공기의 작전 거리와 시간의 한계에 의해 대체되었다. 항공기가 자신의 표적에 도달하는 것이 포탄보다 더 오래 걸렸다. 그 전쟁 후 공중 급유가 도입되면서 작전 거리가 다시 늘어났지만, 폭탄과 어뢰가 화포를 대신하면서 정확성은 떨어졌다. 해군 항공기는 단지 작전 거리에서만 뛰어났을 뿐 정확성과 시간 면에서 해군 화포의 상대가 되지 못했다.

고속 정밀 유도 무기가 도입되면서, 사정거리의 증가가 꼭 시간의 증가를 의미하지 않게 될 것이다. 더 중요한 것은, 그것이 정밀성의 감소를 의미하지 않는다는 점이다. 발사체의 사정거리가 길어지면서 공해도 지상 무기의 사정거리 안으로 들어오게 된다. 적을 공격할 수 있는 거리 안으로 포를 가져가기 위해 배가 필요하고, 폭탄과 어뢰를 실어나르기 위해 항공기가 필요한 상황에서, 해안에 설치된 미사일이 전 대양을 사정거리 안에 두는 것이 가능해질 것이다. 즉, 모든 함대와 상선들이 위험해지는 것이다.

그 시점에서 해군의 전투는 더 이상 함선 대 함선의 대결이 아니라, 함선 대 미사일의 대결이 될 것이다. 이것은 불공평한 전투이다. 정적인 수상함(초음속이나 극초음속 미사일에 비해 정적인)이 사방에서 공격해 오는 작고 극도로 빠르고 기민하고 지능적인 발사체에 직면하기 때문이다. 이런 상황에서 제해권이 어떤 국가에 있는지는 전혀 확실하지 않다. 국제 교역의 대부분을 차지하는 해상운송 교역은 일단의 대함 미사일을 보유한 나라의 인질이 될 것이다. 많은 나라들이 국제교역 양식을 유지하기보다는 그것을 방해하는 데서 더 많은 이익을 보게 될 것이다. 이는 로마 제국의 쇠퇴를 떠올리게 하는데, 당시 로마의 도로가 도적 떼의 손에 놓이게 되고, 그들의 갈취로 인해 교역이 정지되고 암흑시대가 도래했다.

우리는 이미 1980년대에 이것을 경험한 바 있는데, 당시 이란과 이라크 모두 유조선들을 공격하기 위해 미사일을 사용하는 것이 자신들의 이익에 부합한다고 여겼다. 이러한 상대적으로 초보적인 위협에 대한 미국의 대응은 이지스 순양함들의 호위를 받는 운송 선단을 조직하는 것이었다. 그런데 이 순양함들 중 하나(USS Stark)는 이라크 미사일에 피격되었고, 다른 하나는 이란의 여객기 한 대(USS Vincennes)를 격추시켰다. 유조선 전쟁은 새로운 종류의 해군 전쟁의 서막이었다. 항공기에서 발사되는 미사일은 꼭 공중에서 발사될 필요는 없었다. 지상에서 발사될 수 있는 비슷한 미사일들이 있다. 사정거리가 늘어남에 따라 공해에 있는 선박들은 연안이나 해협에 있는 선박들과 마찬가지로 위험에 처하게 될 것이다.

이러한 변화는 특히 미국에게 골치 아픈 일이었는데, 미국은 자신의 세계 지배력을 함선 중심의 해군에 기반해 구축해 왔기 때문이다. 함선들이 점점 더 취약해지고, 자원의 더 많은 부분을 단지 스스로를 방어하는 데 소모함에 따라, 공해에서의 사건들을 통제하고 세계 어디든 보낼 수 있는 미 해군의 능력이 쇠퇴하게 될 것이다. 어느 누구도 미 해군을 대신하지 못할 것이다. 다른 어느 누구도 바다에 대한 작전 통제권을 발휘할 수 없을 것이다. 그보다는 모두가 바다를 이용하려는 자에 대한 거부권을 갖게 될 것이다.

정밀 타격 기술이 확산되고 미사일의 비용과 접근가능성이 미사일을 평범한 것으로 만들면서, 전함을 방어하는 비용이 치솟을 것이다. 상선에 미사일 방어 시스템을 설치하는 비용은 그 배들을 완전히 비경제적으로 만들 것이다.

해양 정밀 유도 무기가 가져올 결과에 대한 이러한 종말론적인 생각이 꼭 정확하다고는 할 수 없더라도, 우리로서는 이러한 무기들이 미 해군과 미국 외교정책에 상당한 문제를 제기한다는 점을 분명하게 말할 수 있어야 한다. 우리가 주장한 대로, 만약 미국의 정책이 유라시아의 세력균형을 유지할 것을 요구한다면, 미국은 계속해서 유라시아에 개입할 수 있어야 한다. 개입은 다음의 세 가지 기본 형태 중 하나가 될 것이다.

- 주요 동기가 인도주의, 미국에 우호적인 정권 안정, 또는 미국의 이익에 부합되지 않는 갈등의 지속을 막기 위한 평화유지 작전 등 전쟁 이외의 개입. 이러한 작전은 그 어느 지역들보다 유라시아에서 수행될 가능성이 적은데, 구 유고슬라비아에서 보았듯, 유라시아의 세력 구조가 그 같은 개입 비용을 높이고 잠재적 위험을 만들기 때문이다. 소말리아와 아이티는 전쟁이 아닌 작전의 전형적인 예이다. 미국이 제한된 목표를 달성하기 위해 압도적인 힘을 동원할 수 있는, 고립된 주변부 국가들에서 이루어지는 작전들은 미국의 군수지원 능력에 부담을 주지 않는다.
- 상황을 안정시키거나 다른 국가들의 공격을 억제하기 위한 상대적으로 지속 기간이 짧은 소규모 개입. 1959년 레바논 개입은 유라시아에서 일어난 그 같은 경우에 해당하는 전형적인 예이다. 규모와 지속 기간이 미국의 군수지원 능력에 주는 압박을 제한한다.
- 중간 또는 고강도 분쟁에서 적군과 교전하고자 하는 사단급의 대규모 개입. 이러한 개입의 예로는 두 차례의 세계대전, 한국 전쟁, 베트남 전쟁, 사막의 폭풍 작전 등이 있다.

이러한 마지막 형태의 전쟁은 가장 드물고, 가장 중요하며, 가장 위험하다. 이러한 전쟁은 한 세대에 한 번 이상 발생하는 경향은 없지만, 결과는 그 세대와 유라시아(또는, 적어도 유라시아의 한 지역)의 세력균형을 정의한다. 미국의 전략기획가들은 가까운 장래에 이 같은 형태의 분쟁 발생 가능성을 낮게 보는 대신, 유럽 지역 밖에서 저강도 분쟁과 평화유지 작전에 초점을 맞추는 경향이 있다. 그러나 이것은 근본적인 실수이다. 유라시아에서 세력균형을 유지하는 것은 미국의 이익에 대단히 중요하며, 대규모 무력 충돌은 미국 군대의 본질적인 임무이다. 다른 모든 행동들은 지엽적인 것에 지나지 않는다.

우리가 정밀무기의 잠재력과 현재의 지정학적 상황을 모두 정확히 평가했을지라도, 미국이 유라시아에 계속 개입할 수 있을지는 불확실하다. 정밀 유도 무기가 사정거리, 속도, 그리고 지능 면에서 발전함에 따라, 20세기 전쟁 동안 미국 상선들이 지나다녔던 장거리 해로들은 점점 더 위험해질 것이다.

독일 잠수함들이 지난 두 차례의 세계대전 중 북미와 영국 사이의 해로를 차단하겠다고 위협했던 것처럼, 그리고 미국 잠수함들이 일본의 보급선을 차단했던 것처럼, 이러한 무기들은 플랫폼으로서 잠수함을 꼭 사용하지 않고도 유라시아 전장으로 가는 미국의 보급로를 위협할 만한 잠재력이 있다. 미국의 보급선 중 일부라도 파괴하는 것은 공세 작전을 무기한 지연시킬 정도로 군수지원 보강 속도를 방해할 수 있다. 이는 미국 지상군과의 교전을 예상하는 나라들로서는 엄청난 비용을 들일 만한 가치가 있다.

일반적인 해결책은 여기에 적용되지 않는다. 미국은 이미 충분한 군수지원 능력을 처리하는 데 큰 압박을 받고 있다. 스텔스 기능을 갖춘 보급선은 해결책이 아니다. 이지스도 마찬가지다. 이지스는 항모 전단 방어용이지 상선의 대규모 호송을 방어하도록 만들어진 것이 아니다. 항모 전단은 그린란드-아이슬란드-영국 갭(gap)에 배치되어 소련 항공기가 북대서양으로 침투하는 것을 막는 역할을 했다. 전진 배치는 보급선들이 안전한 항구에서 안전한 항구로 오갈 수 있도록 해 주었다. 보급선이 북대서양이 아닌 다른 해역에 배치된다면, 적대적인 국가의 해안 가까이 항해해야 한다. 그 보급선들이 장거리 미사일 공격을 받지 않더라도, 페르시아만이나 한국에 있는 병력에 재보급하는 상선들은 수백 또는 수십 마일 떨어진 지상 발사 대함미사일의 사정거리 안에 들어갈 수 있다.

미국의 전략 기획가들은 더 이상 공해상이나 해안에서 가까운 해역에 있는 자국의 보급선들이 미사일에 피격되는 상황을 피할 수 있다고 장담하기 어렵다. 오늘날 우리가 염두에 두어야 할 모델은 한국 전쟁, 베트남 전쟁, 사막의 폭풍 작전 등이 아니다. 이 당시에는 적들이 미국의 보급선을 차단하거나 제약할 수 있는 능력이 없었다. 그보다는 1942~1943년의 북대서양과

1943~1945년의 서태평양을 염두에 두어야 한다. 이 당시에는 잠수함들이 군사작전의 속도를 통제하고 전략 보강을 제한할 수 있었다. 한 사례에서는 실질적으로 작전을 지연시켰고, 또 다른 사례에서는 보급선을 끊어놓았다.

사막의 폭풍 작전 동안, 적이 전쟁의 속도를 좌우할 의지도 능력도 없었다는 것은 미국에게 다행스러운 일이었다. 이라크군이 1990년 8월과 10월 사이에 공세를 계속했더라면, 보급 상황이 제2차 세계대전이나 초기 한국 전쟁 동안 그랬던 것처럼 미국의 전략에 심각한 제약이 되었을 것이다. 실제로 미국의 군수지원 기획가들은 대규모 지상 공격에 앞서 공중작전을 수행하기 위한 충분한 예비물자를 전장에 구축하느라 상당한 애를 먹었다. 전쟁이 끝났을 때, 항공유 보급은 심각하게 고갈된 상태였고, 거의 위기 수준이었다.

사막의 폭풍 작전 당시 미국의 보급 함대 중 상당 부분을 격침시키거나 늦출 수 있는 지능형 미사일이 있었다고 상상해 보자. 이라크가 그 같은 능력을 손에 넣었다면 적어도 미국의 공세를 무한정 지연시킬 수 있었을 것이다. 실제로 페르시아만에 설치된 이라크의 기뢰는 작전에 참여한 소수의 미국 함선들에 심각한 작전상의 문제를 야기했다.

미국이 치른 모든 전쟁에서 성공적인 작전의 핵심은 작전의 확대를 뒷받침하는 보급을 강화하기 위해 전진 배치된 군수지원 기지였다. 영국은 제2차 세계대전 동안 이 기능을 담당했으며, 한국 전쟁 동안에는 일본이, 베트남 전쟁 동안에는 캄란만Cam Ranh Bay 같은 군수지원 기지들이 그 기능을 해주었다. 사막의 폭풍 작전에서는, 사우디아라비아에 사전 배치된 장비와 물자들이, 그리고 인도양의 디에고 가르시아Diego Garcia에 사전 배치된 선박과 물자들이 그 기능을 담당했다. 한국 전쟁 동안에는 충분한 사전 배치가 없었고, 적이 전쟁의 속도를 통제했기 때문에 거의 재앙에 이를 뻔했다. 제2차 세계대전, 베트남 전쟁, 사막의 폭풍 작전 등에서는 전쟁의 속도와 함께 사전 배치가 안정화와 비교적 오랜 기간의 전력 증강을 가능하게 해주었다.

한국 전쟁에서처럼, 우리의 다음 전쟁에서는 적절한 작전 타이밍을 통제하지 못하게 될 수 있고, 한편으로 정치적 상황으로 인해 사전 배치된 물자에 대한 접근이 어려워질 수도 있다. 예를 들면, 유라시아의 세력균형을 뒤엎으려 위협하는 이란의 이라크 공격은 수일 내로 효과적인 전력 개입을 필요로 할 수 있는데, 이 지역의 정치적 상황은 사우디아라비아와 다른 국가들이 자신의 보급기지에 미군이 접근하는 것을 거부하게 만들 수 있다. 실제로 미국에게 개입 수단이 없다면, 미국은 억지력으로서 작용하지 못하고 이란을 대담하게 만들 것이다. 이러한 상황은 세르비아에서부터 한국에 이르기까지, 유라시아의 남쪽 가장자리 전체에 걸쳐 확산될 수 있다.

이 시점에서의 선택은 미국의 대전략을 포기하는 것과 그것을 이행할 새로운 해결책을 고안하는 것 사이에 있다. 지역 패권국들이 인접국들로부터 별다른 위험 없이 예기치 않게 대규모 군대를 기동할 수 있는 세계에서, 미국이 자신의 상륙 부대를 보호할 수 있는 능력은 절대적으로 중요하다. 하지만 군사 작전을 개시하기 위해 본토로부터의 장비와 물자 수송에 의지하는 것은 실행 가능한 대안이 아니다. 따라서 우리는 지능적 무기의 시대에 대륙간 해로의 통제라는 대양의 문제(blue-water issue)로 넘어가야 한다.

실제로, 우리는 단지 해전뿐만 아니라 일반적인 전쟁에 대한 이러한 무기들의 영향을 주의 깊고 상세하게 검토해야 한다. 그러기 위해서 우리는 유럽의 탄도학 기술을 진부하게 만들면서, 정밀 유도 무기와 미국의 시대 모두를 위한 길을 연 역사적 과정을 살펴봐야 한다.

THE SENILITY OF EUROPEAN WEAPONRY

2부

유럽 무기의 진부화

| 개요 |

탄도학에서 지능화로

제2차 세계대전은 유럽 무기 체계의 정점이었다. 수많은 탄화수소 연료 차량에 탑재된 수많은 탄도무기들이 동반구 도처에서 서로 싸움을 벌이며 엄청난 사람들을 죽음으로 몰아넣었다. 제2차 세계대전은 유럽에 의한 세계 지배의 종언을 나타냈다. 이전 세기들에 아주 적은 비용으로 얻었던 것들을 단지 지켜내기 위해 탄도 발사체의 논리에 따라 어쩔 수 없이 갈수록 더 큰 규모의 군대를 전장에 내보내야 했고, 갈수록 더 큰 규모의 군수산업을 구축해야 했고, 갈수록 더 많은 돈을 써야 했고, 갈수록 더 큰 인명손실을 감내해야 했던 유럽은 완전히 힘을 소진해 버렸다. 새로운 글로벌 해양 강국, 미국의 활력과 유라시아 심장부, 소련의 단합된 힘 사이에 끼어 버린 유럽은 마침내 굴복하고 말았다.

아직은 쉽게 알아차리기 어렵지만, 한 세대가 지난 후 유럽의 무기 문화는 허물어지기 시작했다. 1967년에서 1973년까지 몇 년의 기간 사이에 먼저 바다에서, 그다음엔 하늘과 지상에서 새로운 종류의 무기들이 등장해 전투에서 그 가치를 입증해 보였다.

아직은 가장 초보적인 형태인 새로운 무기들—스마트 유도 무기들—은 구형 무기 플랫폼들을 격파하거나 그 플랫폼들이 예전에는 할 수 없었던 임무를 수행할 수 있게 해 주었다. 3개의 지점과 시기—1967년의 포트사이드Fort Said, 1972년의 북베트남, 1973년의 시나이Sinai 사막—에 새로운 무기 문화가 모습을 드러냈다. 새로운 시대가 등장한 것이다.

- 1967년 10월 21일, 오후 5시 20분경 두 발의 스틱스(Styx) 미사일이 이집트 해군 소속 소련제 코마르(Komar)급 순찰선에서 발사되었다. 표적은 포트사이드에서 출발한 이스라엘의 구축함 엘리야(Eilat) 호였다. 이 미사일들은 구축함으로부터 15마일가량 떨어진 포트사이드(Port Said) 항구 안쪽에서 발사되었다.[1] 미사일들은 대략 이스라엘 전함 방향으로 발사되어 475피트 정도 높이로 날아가고 있었다. 표적으로부터 7마일 정도 거리에서 스틱스 미사일들은 자체 레이더를 가동하여 엘리야 호를 추적하기 시작했다. 명중 당한 구축함은 섬광에 휩싸였고, 3시간 뒤 또 한 발의 스틱스를 맞고 결국 침몰되었다. 사상 처음으로 함선이 지대지 미사일 공격만으로 파괴된 것이었다.
- 1972년 4월 27일, 태국 주둔 제8전술 전투비행단의 F-4 팬텀기 12대가 탄호아Thanh Hoa 다리를 공격하도록 지시받았다. 하노이 남부에 있는 탄호아 다리는 북베트남의 항구와 철로들을 남베트남과 이어주는 다리였다. 그 다리가 파괴된다면, 북베트남은 남베트남에 있는 자신의 병력에 보급을 할 수 없었다. 1967년부터 수백 대의 항공기들이 탄호아 다리를 폭파하기 위해 출격했지만 여전히 다리는 건재했다. 미 항공기들은 정확성이 부족했다.

  그러다가 4월 27일 단 12대의 항공기가 출격해 탄호아 다리를 파괴하는 데 성공했다. 항공기 8대는 2천 파운드의 폭탄을 실었고, 나머지 4대는 북베트남의 레이더를 교란하고 적의 지대공 미사일과 대공포로부터 항공기들을 보호하기 위한 채프(chaff)를 실었다. 폭탄에 들어 있던 폭약은 다른 공습에서 사용된 것들과 별반 차이가 없었지만, 일단 폭탄이 투하된 후에 중력의 지배를 받지 않는다는 점이 달랐다. 그 폭탄들은 낙하하면서 경로를 수정할 수 있는 "스마트 폭탄"이었다. 항공기의 무기통제 장교들은 레이저와 전자광학 유도장치를 사용해 표적까지 폭탄을 유도했다. 이번에는 수백 대의 항공기가 실패한 일을 단 12대가 해냈다. 탄호아 다리는 베트남 전쟁의 결과에 영향을 미치기에는 너무 늦게 무너졌지만, 미래에 대한 분명한 신호였다.

- 지상전의 일대 혁신은 1973년 10월 8일 정오에 시작되었다. 그것은 수천 년 동안 침략군들이 거쳐 지나간 지점에 있는 시나이반도 북서부 지역에서 시작했다. 전날 수에즈 운하를 건너온 이집트군은 이스라엘의 바레브 라인(Bar-Lev Line)을 대부분 점령했다. 이집트군의 공격은 눈부신 성공을 거두었으나, 세계의 전반적인 인식은 이집트군이 실패할 운명이라는 것이었다. 결국 이집트군은 전후 세계에서 가장 인상적인 군대인 자할(Zahal), 즉 이스라엘 방위군과 전투를 벌였다.

체임 헤르조그Chaim Herzog는 그 결과를 다음과 같이 기술했다.

정오에 게이비Gaby 여단 병력이 수에즈 운하에 접근했고 이집트군의 전차 및 보병과 교전을 벌였는데, 피르단Firdan의 이집트 쪽 방벽에서 그 광경을 똑똑히 볼 수 있었다. 게이비 여단의 좌측방 대대가 피르단 루트를 따라 공격했고, 운하 근처 이스라엘 방벽에 거의 도달했다. 갑자기 수백 명의 이집트 보병들이 주변 모래언덕에서 나타나더니 근거리에서 대전차 무기를 발사했다. 대대장은 부상을 입었고 대대는 12대의 불타는 전차만 남겨두고 그곳에서 퇴각했다. 15분 뒤, 또 다른 부대의 전차들이 공격을 받았다. 이 주력 대대는 전차 2대가 박살났고 부대 대장이 전사했다고 보고했다. 카투사(katyusha)포의 집중 포화가 그들의 전진을 막았고, 그 구역을 뒤덮은 검은 연기와 먼지 때문에 1야드 앞도 내다볼 수가 없었다. 수에즈 운하까지 800야드를 남겨두었을 때, 대전차탄이 빗발치듯 쏟아졌다. 연기가 걷히자, 대대장은 주위를 돌아보았다. 좌우에서 전차들이 폭발하는 광경을 본 그는 퇴각하기로 결정했다. 공격에 동원된 전차 중 오직 4대만이 그들이 뛰어든 지옥에서 탈출할 수 있었다.[2]

이스라엘 190기갑여단이 이집트군의 보병 진지를 공격했다가 박살이 났다. 새로운 시대가 등장한 것이다.

이 세 가지 사건은 유럽 세계 체제의 기반이 된 탄도전 시대의 종말을 나타냈다. 탄도 시대의 핵심에는 탄환 발사관, 즉 총포(gun)가 있었다. 총포는 많은 장점을 가졌지만 그중 가장 중요한 것은 근력 기반 무기인 창, 활, 투창 등 보다 훨씬 먼 거리에서 살상할 수 있는 능력이었다. 총포는 또한 부정확성이라는 심각한 약점도 가지고 있었다. 19세기와 20세기에서 이 문제의 해결책은 대규모 군대였다. 그러나 포트사이드, 탄호아 다리, 시나이 사막에서 무기 플랫폼에 탑재된 총포는 새로운 종류의 무기와 맞닥뜨렸는데, 그 무기는 놀라울 정도로 정확해서 새로운 군사 문화와 새로운 전쟁 수행 방법이 도래하게 되었다.

전쟁은 한 사회가 총력을 기울여야만 하는 사업이 되어 있었다—그 사회의 모든 경제는 모든 대륙의 부에 의존하고 있었다. 미국이나 소련보다 더 작은 나라들은 현대전을 벌이기 위해 필요한 군대를 배치하기에 충분히 크지 않았다. 인력뿐 아니라 자원도 공장도 부족했다. 실제로 현대전은 너무 방대해지고 모든 것을 쏟아부어야 해서 단순히 병력들을 먹이고 연료를 공급하기가 너무나 엄청난 일일 뿐만 아니라 종종 불가능했고, 군대의 전투수행 능력을 작아 보이게 만들 정도였다. 유럽의 군사 문화는 진부해졌다. 군사 문화는 여전히 기능하지만 그것을 둘러싼 모든 것에 막대한 비용이 부과된다.

갑자기 소형 함정이나 몇 대의 항공기에 장착되었거나, 또는 보병들이 휴대한 값싼 미사일들이 지배적인 군사 문화의 거대 괴물들을 산산조각 낼 수 있음을 입증해 보였다. 거대한 전함들, 대량의 전차들, 난공불락의 교량들이 난데없이 날아온 단순하면서도 상대적으로 값싼 미사일 몇 발에 파괴되어 버렸다. 총력전의 시대가 끝난 것이다.

사막의 폭풍 작전은 그것의 전략적 중요성보다는 정밀 유도 무기가 결정적이었던 최초의 전쟁으로 기억될 것이다. 종말에 이른 유럽 시대의 최신 무기로 무장한 이라크는 미국 시대의 처음이자 아직은 미숙했던 무기와 맞부딪쳤다. 가장 놀라웠던 일은 이라크군이 얼마나 철저히 파괴되었는지, 얼마나 신속히 패배했는지가 아니라, 많은 이라크 군인들이 죽어나갔는데도 이라크 민간인들의 피해는 극히 적었다는 것이다. 이 전쟁 이후 언제나 우리와 함께하게 될 이미지—특정 건물의 특정 부분을 실수 없이 타격하는 모습을 촬영하는 정밀유도 무기의 앞부분에 설치한 TV 카메라—는 진실의 절반만 전할 뿐이다. 나머지 절반은 민간인들이 피격당하지 않았다는 것이다. 이 새로운 스마트 무기는 비전투원들에게 해를 입히지 않고 적의 전쟁수행 능력을 타격하는 것을 가능하게 해 주었다.

총포는 사정거리와 타고난 부정확성 때문에 전쟁을 더욱 비인간적인 것으로 만들었다. 군인은 사격 당하는 상대를 보지 못하고 제대로 맞히는지 알 수 없는 상태에서 사격할 수 있었다. 희생자는 아주 많았고 전투원에게는 보이지 않았다. 정밀 유도 무기를 사용하면 희생자는 여전히 보이지 않지만, 그 수는 훨씬 적을 것이다. 20세기 들어 전쟁으로 죽어간 사람들을 생각한다면 이는 인류 역사상 실로 중요한 사건이다.

전쟁의 미래를 생각할 때, 전쟁의 과거를 이해하는 것, 우리가 어떻게 이 순간에 도달했고, 왜 오래된 전투수행 문화를 뛰어넘는 일이 가능하면서도 핵심적이었는지를 이해하는 것은 필수적이다. 군사 문화의 대혁신은 새로운 것이 아니다. 예를 들면, 나무와 힘줄(sinew)로 만든 복합 궁(弓)이 기원전 2000년경 출현함으로써 군인들은 이전보다 더 멀리, 더 자주 화살을 쏠 수 있었다. 고대 전차나 말에 탄 무장 궁수(armed archer)는 전장에서 막강한 위력을 발휘했고, 이것이 페르시아 제국의 군사적 기반이 되었다.[3] 또 다른 대혁신은 마라톤 전투에서 페르시아군을 저지하기 위해 필요했다. 그 대혁신은 그리스의 중갑보병들이 밀집전투대형(phalanx)으로 조직되면서 일어났다.[4]

말과 궁수 조합의 고유한 한계—기마 궁수(mounted archer) 훈련의 어려움, 전차 비용, 말 기반 전투의 지형적 한계—는 더 발전된 전쟁수행 양식과 마주쳤을 때 비로소 공개적으로 드러났다. 현대 전투의 고유한 한계—천문학적 비용, 군수지원의 어려움, 전차 생산이 민간 경제에 가하는 압박—는 탄도 무기가 그것을 부정하는 무기인 정밀 유도 무기와 마주쳤을 때 비로소 드러났다. 따라서 우리는 유럽의 무기 체계—지상, 바다, 공중 무기 체계—가 출현하게 된 방식과 왜 그것이 지금 쇠퇴하고 있는가를 이해할 필요가 있다.

1편 지상전

05

화약에서 석유로: 전차의 영광

From Gunpowder To Petroleum:
Tanks Triumphant

THE FUTURE OF WAR

지상에서 총포(gun)가 처음 진지하게 사용된 것은 개인 무기로서가 아니라 성채를 부수기 위해 만들어진 무거운 탄환을 발사하는 수단으로서였다. 성서 시대부터 성채는 공격 측의 최대 장애였다. 인류사 대부분을 차지하는 도시국가 시대 동안 성벽은 인간 삶의 토대를 의미했다. '정치적(political)'이라는 말의 어원인 '폴리스(polis)'라는 그리스어는 성벽을 두른 도시를 의미한다. 성벽은 완전히 인간적이 되는 것을 가능하게 했다. 『일리아드』에서 호메로스는 트로이의 성벽을 깨뜨리기 위해 요구되었던 복합적이고 특별한 작전들을 이야기한다. 성서에서 〈사사기〉와 〈여호수아〉 편은 때로는 신의 개입으로, 때로는 비밀 작전으로, 그리고 때로는 직접 공격으로 성벽을 부수는 일화들로 가득 차 있다. 여리고Jericho 성을 파괴하기 위해 신의 개입이 필요했다는 이야기는 성벽으로 둘러싸인 도시를 공격하는 데 따르는 어려움을 나타낸다. 따라서 도시국가의 요새화된 성벽은 중심적인 군사적 문제를 의미했다. 즉, 요새를 지키는 것이 그것을 차지하는 것보다 훨씬 더 쉬웠다.

화기(firearms)의 초기 활용이 즉각적으로 성곽 도시의 힘을 제압하지도, 즉각적으로 국민국가의 등장을 가져오지도 않았다는 점을 유념하는 것이 중요하다. 화기가 전투에서 사용된 것은 이미 14세기 초부터였다. 그러나 그것은 전투의 향방을 결정하는 데 전혀 결정적이지 않았고, 심지어 포위 공격의 경우에도 그랬다. 초기 화기에는 많은 약점이 있었다. 너무 무겁고 거추장스러워서 포위 기간이 길지 않는 한 쓸모가 있을 시간 내에 전장으로 끌고 올 수도 없었다. 대포는 너무 큰 데다 포격 과정이 복잡해서 전투에서 단 한 발사로 끝나는 경우가 많았다. 휴대용 화기는 부정확했고 쉽게 고장이 났다. 금속공학 기술이 부족한 데다 화약이 정제되지 않아서 종종 발사 불능이나 자폭으로 이어졌다.[1]

그러나 전근대적 전투 방식은 불길한 조짐을 보이고 있었다. 근력 무기에 맞서 이미 중무장을 하고 있던 중세의 기사는 쇠뇌를 막아내기 위해 다시 장갑을 극적으로 증가시켰다. 3백 또는 4백 파운드의 갑옷을 입은 기사는 종자(從者)의 도움 없이는 다시 일어설 수도 없었다.[2]

화기가 처음 사용되었을 때 소규모 성벽만이 무너졌다. 그러나 오래지 않아 15세기에는 거대한 성벽들도 함락되었다. 예를 들면 콘스탄티노플 Constantinople은 70문의 터키 화포에 무너졌으며, 그중 하나는 8백 파운드의 돌덩어리를 날려 보내는 괴물이었다.[3] 새로운 기술들은 종종 처음에는 주어진 임무를 수행하는 데 있어 구형 기술보다 덜 효율적이다. 혁명적인 무기 유형은 처음 도입되었을 때 반드시 전장에서 결정적이거나, 심지어 중요한 효과를 보여줄 필요가 없다. 화기의 경우 그 영향이 2세기 혹은 그 이상 동안 나타날 시작조차 하지 않았다.

총포의 문제

모든 화기는 부정확성과 낮은 발사율이라는 두 가지 근본적인 문제점이 있다. 육안으로 표적을 포착하기는 쉽지만, 복합적인 근육의 움직임을 잘 조정해 화기를 정확하게 사격하기는 쉽지 않다. 전문적인 훈련을 받고 많은 시간을 들여도 대부분의 사람들은 멀리 있는 표적을 맞히지 못한다. 심지어 자신이 위험한 상태에 있지 않을 때도 그렇다. 이 같은 사실은 무기 자체의 불완전성에 의해 악화되면서, 대부분의 사격, 특히 아주 먼 거리에서의 사격을 무작위적으로 만든다. 표적 가까이 다가가는 것의 문제는 표적에 가까이 갈수록 자신이 피격될 가능성이 높아진다는 점이다.

대포는 정확성 면에서는 어느 정도 문제가 덜했는데, 크기가 커서 소형 무기의 정교한 사격술이 불필요했기 때문이었다. 대포의 또 다른 장점은 충격으로 폭발하면서 아주 멀리 떨어진 적을 죽이거나 부상을 입힐 수 있는 날카로운 파편으로 쪼개지는 탄환을 발사할 수 있다는 점이었다. 어떤 경우에는 대형 탄환 안에 작은 탄환들이 들어 있었다. 또 다른 경우에는 대포 자체가 산탄총처럼 작동하게 되는데, 총구로부터 거리가 늘어날수록 더 확장되는 형태로 대량의 탄환을 분출했다. 20세기에는 대포의 가장 흔한 형태로, 포탄의

외피 자체가 파열하면서 파편이 날아가게 했다.[4]

18세기 말, 750야드 거리에서 하나의 표적에 12파운드의 포탄을 발사했을 경우 명중률은 34%였다. 특정 지점을 확실히 파괴하기 위해서는 3차례 발사를 해야 했다. 한 번 발사하는 데 약 7.5분이 걸렸다. 만약 적군 병력이 초당 1야드의 속도로 아측 포대를 향해 진격해 온다면, 750야드 밖에서 출발했을 때 12.5분이 소요되었을 것이다. 이 시간 동안 한 문의 대포는 두 발 이상 발사할 수 없었고, 단지 68%의 파괴 확률을 제공했다. 불발이 없다고 가정하고 사거리가 가까워지면서 증가된 정확성이나 표적이 움직일 경우 감소된 정확성은 고려하지 않았을 때 그랬다.[5] 명중률을 높이려면 발사 횟수를 늘리는 것이 확실한 해결책이었다. 그러나 초기 전장식(muzzle-loading) 화기의 경우, 이 방법은 불가능했다. 총의 포신이 식기를 기다린 후 이전 사격의 찌꺼기를 청소하고 화약을 장전하고 탄환을 넣고 발사하는 모든 과정을 거치려면 시간이 걸렸다. 다음 조치는 진격 라인의 각 지점에 적어도 두 문의 포를 배치해 발사하는 무기의 수를 늘리는 것. 즉 많은 수의 대포를 사용하는 것이었다.

발사 횟수보다는 무기 수량을 늘림으로써 대포의 효과는 크게 개선되었다. 그러나 대포를 잘 작동시키는 데 있어 새로운 문제가 제기되었다. 발사율이 증가할수록 군수지원 부담이 더 커졌다. 1800년경 영국 육군에서는 대포 1문당 180발이 제공되었다.[6] 포탄 1발당 12파운드였으므로 포수들은 대포 1문당 2,160파운드 정도의 짐을 끌고 다녀야 했다. 이를 모두 소모한 후에는 재보급받아야 했으며 화약과 새 포신도 받아야 했다.

대포의 경우처럼 개인 화기도 낮은 발사율과 정확성 부족이라는 문제가 있었다. 많은 무기들이 다루기가 아주 힘들었다. 1768년제 영국의 쇼트 랜드(Short Land) 화승총은 5피트 가까운 길이에 10파운드 이상 무게가 나갔고 가늠쇠 없이 0.75구경 탄환을 발사했다. 장전에서 사격까지 12단계의 구분 동작이 필요했고, 최대사거리는 125야드에 그쳤다. 온갖 실질적인 이유에서 이 무기는 1분에 2발 이상 발사할 수 없었고, 불발이 잦았다.[7]

1823년에 수행된 한 영국의 연구는 다양한 거리에서 보병 대열에 타격을

발수	거리(야드)	명중률
1	250	20.0%
2	190	33.5
3	130	47.0
4	70	60.5

〈표 3〉 전장식 무기의 명중률

가할 확률을 설명했다. 실제 최대사거리는 250야드였고, 그때의 명중률은 20% 정도였다. 50야드 거리에서는 명중률이 65%로 상승했다. 이는 단 한 명에 대한 타격이 아니라 보병 대열의 어느 한 지점에 대한 타격으로, 표적이 풍부한 환경임을 기억할 필요가 있다.

당신이 대형을 이루어 초당 2야드의 속도로 전진하는 보병 대열을 향해 사격을 하고 있다고 가정해보자. 전장식 무기의 효과적인 발사율은 1분당 2발과 3발 사이다. 따라서 매 30초당 한 발씩 발사된다고 가정해보자. 명중률은 〈표 3〉과 같을 것이다.

병력이 빠르게 움직이고 발사율이 낮은 이러한 극단적인 사례에서는, 병사 한 명이 한 대열의 병사들 중 누군가를 맞힐 확률은 4번째 발사에서 확실한 수준에 접근한다. 따라서 충분한 방어 병력이 있으면, 진격해 오는 대열은 섬멸될 수도 있다.

공격자 측으로서는 세 가지 대응책이 있을 수 있다. 첫째, 움직임의 속도를 높여 위험에 처한 시간과 노출되는 사격 횟수를 줄이는 것이다. 그러나 이 방법은 길게 늘어서서 전진하는 경우에는 가능하지 않다. 둘째, 진격하는 병사의 수를 늘리는 것이다. 셋째, 진격하면서 사격을 실시해 방어자 측의 발사율을 떨어뜨리는 것이다. 이 같은 논리로는 대규모 병력 투입과 대규모 사상자 발생이 불가피해진다. 승자와 패자 모두 무려 40%나 되는 병력을 잃을 수 있으며, 전투당 사상자가 1만에서 2만 5천 명까지 이르게 된다. 한 전투에서는 단 한 번의 일제 사격으로 7백 명의 군인들이 희생된 적이 있었다.[8]

　병사가 전진하면서 동시에 전장식 무기를 발사하는 것은 불가능하다. 30초 정도 멈춰 서서 탄환을 장전해야 한다. 그러나 적에 대한 명중률을 극대화하려면 '동시' 사격이 필수적인데 그런 식으로 지평선이 총탄으로 뒤덮일 수 있었다. 실제로, 만약 지휘관이 계속해서 총탄을 퍼붓기를 원한다면 3개 라인이 필요했다. 한 라인은 무릎을 꿇고 앉아 사격한 뒤 장전하기 위해 뒷줄로 물러나고, 두 번째 라인은 선 상태에서 무릎 꿇고 사격할 준비를 하고, 마지막 라인은 장전을 한다. 이러한 방식은 느리고 체계적인 전진과 결합될 수 있었다. 이것이 바로 제식훈련(close-order drill)의 기원이다.

　발사율을 높이는 것은 총포와 대포의 발전에서 명백한 다음 조치였다. 예를 들면, 병사들이 총격을 받으면서 탄환을 조립하게 하는 대신에 미리 포장된 작약이 개발되어 장전 시간을 획기적으로 단축했다. 그러나 가장 중요한 진전은 소총의 약실에 삽입될 수 있는 완전한 탄환—탄두와 작약이 일체로 되어 있는—의 개발이었다. 이는 발사율을 1분에 5, 6발로 증가시켰다. 여러 발의 탄환이 리볼버나 연발총에 장전될 수 있게 되자 수초마다 사격하는 것도 가능해졌다.

화약이 석유를 만나다: 기갑전의 기원

　이같이 비약적인 개선에도 불구하고, 명중률은 여전히 낮았다. 이 문제를 극복하기 위해 표적 지역을 집중 사격하는 것이 필요했다. 이것은 바로 기관총이 해낸 일이었다. 탄약은 자동으로 장전되고 방아쇠를 당기면 한 발이 아니라 여러 발이 연속해서 발사되었다. 최초의 맥심(Maxim) 기관총은 1분에 6백 발을 발사할 수 있었다. 이는 총신을 녹이면서 지역을 초토화하는 경향이 있었기 때문에 과도한 수준이었다.[9] 초기 맥심 기관총에서 파생된 것으로 제1

차 세계대전 중 널리 쓰였던 비커스 마크 I(Vickers Mark I)는 1분에 2백 발, 또는 1초에 3발 이상을 발사할 수 있었다. 총열에 강선(나선형 홈)이 없었기 때문에 탄환은 분산되었고, 같은 곳을 여러 차례 사격하는 것보다 더 효과적이었다. 맥심 기관총처럼 마크 I도 수랭식이었지만 발사율이 낮았고, 따라서 총신이 과열되는 정도가 낮았기 때문에 총신을 교체하기 전까지 1시간 동안은 계속 사격할 수 있었다.[10]

기관총, 특히 초기 수랭식 모델의 무게는 이동을 어렵게 했고, 이는 보병의 기동성을 지향하는 트렌드를 뒤집었다. 기관총의 막대한 화력이 전장에서 움직임을 차단했기 때문에 유리한 입장이 방어하는 측으로 넘어갔다. 돌이켜 보면, 제1차 세계대전 기획가들이 병력을 신속하게 전선으로 보내고 공세를 취하도록 그들에게 힘을 제공해주는 것을 전쟁 수행의 핵심 문제로 보았다는 사실은 역설적이다.[11]

기관총과 대규모 대포는 적의 위치에 접근하는 비용을 감당할 수 없게 만들었고, 이에 따라 보병대와 기병대는 공격을 수행하기가 불가능해졌다. 예를 들면, 1915년 9월 25일에 영국군 2개 사단이 루(Loos)에 위치한 독일군 진영을 공격하라는 지시를 받았다. 20분간의 효과 없는 선제 포격 후 1만 명의 영국군이 진격했다. 영국군이 1,500야드 거리에 이르렀을 때, 독일군은 기관총 사격을 개시하여 385명의 장교와 7,861명의 병사를 학살했다. 독일군 사망자는 전무했다.[12] 기관총과 대포의 화력에 맞서 보병을 보호하고, 또한 그가 전장에서 기동하고 자신의 무기를 발사할 수 있게 할 방법이 있어야 했다.

공격에 대대적인 변화를 주고 전쟁을 끝내기 위한 노력의 결과는 전차(tank)였다. 탱크는 원래 영국인들이 자신들이 공장에서 만들고 있는 물건의 정체를 숨기기 위해 이름을 붙인 것이다. 그러나 '탱크'는 적절한 표현이었다. 보병들이 탑승할 수 있는 충분한 내부 공간을 가진 기갑 전차는 일종의 바퀴를 장착하고 어떤 길도 달릴 수 있는 강력한 추진력을 가진 내연 기관에 의해 움직였다. 그 장갑은 기관총과 대포의 화력을 견딜 수 있을 만큼 두꺼웠고, 보병을 전장의 중요 지점으로 이동시킬 수 있었다. 더 중요한 것으로, 자체적으로 기관총이나 대포로 무장했을 때, 전차는 전장을 누비며 적을 섬멸할 수 있었다. 바퀴를 사용하면 4개 지점에 무게가 집중되어 무거운 전차가 땅으로 꺼지는 일이 있으므로, 전차를 궤도 위에 올려놓는 결정이 내려졌다. 이리하여 현대식 기갑차량이 탄생했다.[13]

영국은 최초의 제대로 된 전차, 마크 I를 개발했다. 그것은 8명의 승무원을 태웠고, 최대 속도는 시속 5.9km, 항속거리는 37km였으며, 1.5m의 참호를 넘고 1.4m의 방벽을 타고 넘을 수 있었다.[14] 이 전차는 높이가 꽤 높았으며, 따라서 포탑과 포(gun)를 덧붙이면 상부가 지나치게 무거워질 수밖에 없었다. 그래서 포는 측면에 달았다. 전차는 기술적으로 매우 인상적이었지만, 영국군은 그것을 어떻게 운용할지 완전히 이해하지 못했다. 처음에 전차는 보병작전에 화력을 지원하는 역할만 맡았다.[15]

1917년 11월 20일, 캉브레Cambrai 전투에서 전쟁의 역사는 극적인 전환을 맞게 된다. 영국의 제3군이 참호전의 교착상태를 타개하려는 시도로 캉브레라는 프랑스 마을에 공격을 가했다. 여기에는 신중한 계획, 대포 포격, 보병공격이라는 제1차 세계대전 공격의 모든 특성이 존재했다. 유일하게 추가된 요소는 378대의 전차가 동원되어 대규모 공격에 들어갔다는 점이었다.

놀랍게도 독일 제2군의 노련한 군인들이 패해서 달아났다. 여섯 시간 동안 영국군은 독일군 전선을 4마일이나 뚫고 들어갔다. 성공이 야드 단위로 측정되던 것에 비하면 그야말로 획기적인 일이었다. 영국군은 전혀 성공을 예상하지 못했고, 그러한 돌파를 활용할 어떤 진지한 계획도 세워두지 않았기 때문에, 독일군은 가까스로 전선을 봉합했고 영국의 공세는 무위로 돌아갔다. 그러나 그것은 두 가지 사실을 보여줬다. 첫째, 대규모로 운용하면 전차는 보병대를 박살낼 수 있었다. 둘째, 적 전선을 돌파할 뿐만 아니라 전차는 그 돌파를 이용해 적을 포위하고 적의 보급 및 통신선을 끊어야 했다.

사람들이 곧바로 전차를 획기적인 진전으로 인식한 것은 아니었다. 일부 전략가들은 전차가 다시는 일어날 것 같지 않은 참호전과 같은 특수한 문제에 대한 대응 수단에 지나지 않는다고 주장했다. 따라서 전차는 미래에는 별 쓸모가 없을 것이라고 보았다.16 다른 사람들은 방어가 항상 공격보다 월등하다는 새로운 정설―이 견해는 공격이 방어보다 항상 월등하다는 오래된 정설만큼이나 열정적으로 고수되었다―을 지지하면서, 전차가 중요하지 않다고 주장했다.

흥미롭게도 이 중 후자의 입장은 패자들보다 승자들에 의해 더 강력하게 고수되었다. 패자들은 사정상 모든 것을 재검토할 수밖에 없었다. 군사적으로 패배한 자들은 지적으로 급진파가 되며, 승자들은 승리에 안주해 자기 점검의 필요성을 상대적으로 덜 느끼게 된다. 프랑스에게 제1차 세계대전의 교훈은 공세전이 성공할 수 없다는 것이었다.

그렇지만 프랑스는 많은 수의 우수한 전차들을 만들어냈다. 그들은 그 전차들을 돌격 대포(assault artillery)라고 부르면서 전술적으로 위태로운 상황에서 이동 대포로 사용하기 위해 보병대에 분산 배치했다.17 제2차 세계대전이 시작될 무렵, 프랑스는 3,245대의 전차를 보유했고 독일은 2,574대만을 보유하고 있었다. 또 프랑스 전차들은 37mm와 47mm 포, 그리고 40mm 두께의 장갑으로 무장하고 있었다. 이에 비해 독일군 전차 중 1,500대는 기관총 이외에는 무장이 없었다. 37mm 포를 무장한 전차는 직사 거리에서 프랑스군 전차의 장갑을 뚫을 수가 없었다.18 프랑스 전차는 화력, 장갑, 숫자에서 모두 독일 전차보다 우월했다.

하지만 독일군은 프랑스군을 격파했다. 독일군 전차들은 속도, 항속거리, 통신장비라는 세 가지 결정적인 특징과 그것을 효과적으로 사용하기 위한 교리를 가지고 있었다. 가장 많이 쓰이던 독일군 전차인 PzKmpw III는 최고 속도가 시속 35km였고, 최고 성능의 전차인 PzKmpw IV는 시속 40km였다. 이는 프랑스 전차보다 거의 두 배나 빠른 것이었다. 프랑스 전차는 기동보다는 방어 진지를 지키는 용도로 설계되었다. 게다가 프랑스 전차는 연료의 양이 한정적이었고 기계적으로도 신뢰성이 떨어졌기 때문에 작전거리가 매우 제한적이었다. 반면 독일군은 자신들의 전차가 고장이나 재급유 없이 200km까지 나아갈 것으로 예상했다. 프랑스와 독일은 모두 각자의 교리에 맞추어 전차를 설계했던 것이다.

아마도 독일이 해낸 최대의 혁신은 전차에 무선통신을 결합한 것이었다. 독일인들은 수백 킬로미터에 걸쳐 수천 대의 전차가 이리저리 움직이는 유동전(fluid warfare)을 염두에 두었다. 그들은 소대에서 군 수준까지 전차의 행동을 통제할 방법이 필요했으며, 그렇지 못하면 전차전은 마구잡이 전투가 될 수밖에 없었다. 모든 전차에 수신기를 달고 모든 지휘 차량에 송신기를 설치함으로써, 독일군은 통제의 체계와 정보수집 체계 모두를 만들어냈다. 이것이 바로 1940년 독일이 프랑스에 승리한 핵심이었다.

이 모든 것을 한데 묶은 교리가 다름 아닌 '전격전(blitzkrieg)'이었으며, 이것은 지리를 바탕에 두고 있는 교리였다. 물적 기반이 취약한 상태에서 여러 방향의 위협에 직면해야 했던 독일은 동서에 위치한 적들과 자신 사이에 자연적 장벽을 거의 가지고 있지 못했다. 수적으로 열세이고 측면 공격을 받게 된 독일은 한 번에 하나의 위협을 처리하고 싶어했고, 그들에게 가장 유리한 시간과 장소에서 전쟁을 개시하려고 했다. 이것이 제1차 세계대전에서 독일의 전략이었고, 그 전략은 그들의 대대적인 선제공격이 마른강(Marne)과 참호전에서 교착상태에 빠지면서 실패했다. 제2차 세계대전에서 전차는 독일의 지정학적 요구에 대한 기술적 표현이 되었다.

전격전은 약점이 부과한 위험 감수의 한 형태이며, 수적으로 열세인 측에서 벌이는 게임이다.[19] 열세인 국가는 적 전선 중 특정 지점에 전력을 집중해, 국지적인 우세를 확보하고 적 전선을 갈라놓는다. 그 다음으로는 적진의 후방으로 가서, 보급과 통신선을 끊어 버린 뒤 전략적 지점들을 장악한다. 병력 규모가 더 큰 상대방은 기동 작전의 충격과 효과 때문에 꼼짝할 수 없다. 그리고 결과는 승리이다. 그러나 적을 양분하는 처음의 공세가 실패하면 장기적인 소모전의 위험이 닥치게 된다.

1940년의 독-불전에서 독일군은 전 전선에서 열세였으나 은밀히 그들의 전력을 집중한 결과 아르덴느-세당 지역에서만은 우위를 점할 수 있었다. 우세한 정보력, 전력의 집중 그리고 전차의 기동성을 앞세워 독일은 프랑스 전선을 돌파하여 수적으로 우월했던 프랑스를 격파했다. 따라서 독일군은 전차전을 효과적으로 실행한 최초의 군대가 되었다.

제2차 세계대전 초, 전차의 주요한 역할은 제1차 세계대전 동안 설계된 전통적인 대보병, 대방벽, 그리고 대병참 역할이었다. 그러나 전쟁이 계속되면서, 전장의 논리 때문에 점차 대전차전의 임무를 맡게 되었다. 어떤 보병이나 포병 무기로도 전차를 상대할 수 없었다. 폭발성 탄두를 가진 로켓을 발사하는 미제 바주카포는 제대로 무장한 독일군 전차를 상대로 위력을 발휘하지 못했고, 독일군의 휴대용 대전차 로켓탄(Panzerfaust)도 장갑이 더 얇은 미군 전차를 파괴할 수 없었다. 수류탄은 운이 좋으면 전차의 궤도를 이탈시키거나 외부 연료통에 불을 지를 수 있었다.

직사형으로 사용된 대포가 더 효과적일 수 있었다. 독일제 88mm 포와 같은 강선식(rifled) 고속 대전차포는 대단히 효과적으로 전차의 장갑을 뚫고 들어갈 수 있었다. 하지만 그 자체가 기동성이 있었던 대전차포는 전차를 쫓아가 파괴할 수 있었다. 예를 들면, 독일군 전차들은 대부분 기관포로 무장하고 있었다. 하지만 전쟁이 끝날 무렵 독일군의 타이거(Tiger) 전차는 88mm 대전차포를 장비하고 있었다. 전쟁 시작 당시 미군의 M-3전차는 37mm 포를 장비하고 있었다. 전쟁이 끝날 무렵 셔먼(Sherman) 전차와 차피(Chafee) 전차는 75mm, 퍼싱(Pershing)은 90mm 포를 가지고 있었다. 영국의 경우 초기 전차는 2파운드 포를 가졌지만 후기의 크롬웰(Cromwell)은 6파운드 포(보통 57mm 포를 가리킴—옮긴이)를 가졌다.[20]

양측이 더 효율적인 장갑과 더 큰 포를 장착한 전차를 만들면서 일종의 무기 경쟁이 벌어졌다. 장갑의 두께도 치솟아 올랐다. 전쟁 초기에 독일의 팬저(Panzer) I 전차는 앞부분에 13mm의 압연강철(rolled-steel) 장갑을 갖추었는데, 전쟁 말기에 독일의 타이거 II는 185mm, 미국의 M-3는 44.5mm, 퍼싱은 102mm, 셔먼은 100mm의 장갑을 갖추었다.

여기서 중요한 것은 절대적인 수치는 올라갔지만—장갑은 두꺼워지고 화포는 커졌다—'상대적으로는' 거의 변화가 없었다는 점이다. 독일 전차는 여전히 1,500야드 거리 내에 있는 적을 잡을 수 있었고, 미국의 전차는 전쟁이 끝날 때까지 독일 전차를 정면에서 파괴할 수 없었다. 상대적 우위가 고정된 채 군비경쟁이 벌어진 것이다.[21]

맥네어는 다른 사람들보다 이 문제를 보다 분명하게 파악했다. 그는 구데리안Guderian, 패튼Patton과 함께 전차전의 가능성을 이해했지만, 그 위험 또한 이해했다. 그가 이해하지 못한 것은 기갑전을 하다 보면 자연히 전차 대 전차 대결로 귀결될 수밖에 없고, 그러한 대결 에서 전차들은 상대적 균형을 전혀 변화시키지 않은 채, 점점 더 강력해지고 비싸지고 소모적이 된다는 사실이었다.

1940년 최고의 프랑스 전차는 전면부에 30mm 장갑을 갖추었다. 독일군 50mm 포는 1,500야드 이하의 거리에서 그 장갑을 꿰뚫을 수 있었다. 1942년 북아프리카에서 미군의 그랜트(Grant) 전차가 저속의 75mm 포를 80mm 장갑을 가진 팬저 IVF를 향해 발사하면 1,500야드 거리에서 그 장갑을 꿰뚫을 수 없었다. 1945년 고속 75mm 포를 발사하는 셔먼 전차도 100mm 장갑의 타이거를 꿰뚫을 수 없었다. 1,000야드 미만 거리에서 장갑을 관통할 수 있으려면 76mm 고속포가 나와야 했다.[22]

바뀐 것은 동일한 수준의 효과를 내기 위해 투입되는 자원의 양이었다. 전차 중량의 증가는 더 많은 연료를 소비하는 더 큰 엔진을 의미했다. 더욱더 두꺼워진 장갑은 더 많은 강철을, 더 커진 화포는 더 많은 금속과 포탄용 작약을 의미했다. 그 결과는 군수지원과 산업 시스템에 대한 더 큰 부담이었다. 그러나 전쟁이 끝나는 시점까지 동일한 관계가 존재했다. 독일군의 전차가 성능 면에서 연합군의 전차를 압도했다. 그러나 독일은 전차 생산 대수와 배치 대수에서는 계속 뒤질 수밖에 없었다. 결국, 달라진 것은 동일한 임무를 수행하는 데 필요한 자원의 양이 치솟은 것이었다.

전차의 전성기

전차는 제1차 세계대전 중 발명되었고 제2차 세계대전의 시련 속에서 단련되었다. 그리고 냉전 기간 중 기술적, 전략적 정점에 이르렀다. 냉전은 제2차 세계대전의 작전 원칙, 즉 공격 우위의 원칙을 중심으로 조직되었다. 제2차 세계대전의 위대한 지휘관들 즉, 주코프Zhukov, 롬멜Rommel, 구데리안, 패튼, 몽고메리Montgomery 등(실제로는, 유럽의 모든 장군들)은 모두 기갑 부대가 공격력의 핵심이라고 이해했다. 그러므로 전차와 그 외 기갑차량들이 전략기획과 작전의 중심에 있었다.

냉전 기간 중, 기갑 부대의 개념적 중심성은 실제적 중심성으로 전환되었다. 소련은 엄청난 규모의 전차군을 구축하고 중부 유럽에 집중 배치했다.[23] 그 군대의 유일한 군사적 목표는 여차하면 서쪽으로 진군하여 대서양 연안의 서유럽을 장악하는 것이었다. 그리고 그 유일한 정치적 목표는 서유럽 국가 지도자들에게 그 같은 장악은 불가피하며, 따라서 그들은 소련과의 합의를 모색하고 미국을 유럽에서 내쫓게 될 것이라고 납득시키는 것이었다.

보병 전력만으로는 미군을 유럽에서 축출할 수 없었으나 기갑 전력으로는 가능했다. 따라서 냉전 기간 미국이 집착한 것은 소련 기갑 전력의 서진을 막는 것이었다. 핵무기는 소련 육군의 움직임을 억제하기 위해 개발되고 배치되었다. 전술핵에서 수소폭탄에 이르는 다른 핵무기들은 소련의 집중된 기갑 전력을 파괴하기 위해 설계되었다. 그러나 결국 미국과 나토는 그들이 제2차 세계대전이 끝날 무렵 도달했던 결론을 받아들였는데, 탱크를 멈출 수 있는 가장 좋은 방법은 다른 탱크를 이용하는 것이라는 사실이었다. 그러므로 냉전 초기부터 미국과 소련 모두는 다른 전차를 파괴할 수 있는 전차를 개발하기 위해 부심했는데, 그것은 어떤 장갑도 꿰뚫을 수 있는 전차포와 어떤 전차포도 막아낼 수 있는 장갑이었다. 결국, 이러한 집착은 갈수록 위험에 처한 기갑 차량의 설계에 있어 엄청난 극단으로 이어지게 된다.

기본적인 장갑 설계는 제2차 세계대전 당시에 정해졌다. 전차 주포의 크기는 적의 장갑 두께에 따라 결정되겠지만, 강선을 사용해 가능한 한 고속으로 발사되는 최소 75mm 포일 것이다. 주포는 포탑 위에 장착되어 본체와는 독립적으로 360도 회전이 가능했고, 간접 사격을 위해 들어올려지거나 내려질 수 있었다. 통상적인 승무원 규모는 다양했다. 자동 장전기가 있다면 3명, 그렇지 않을 때에는 운전병, 사격수, 장전병, 지휘관 등 4명이었다. 여기에 기관총수가 추가될 경우에는 5명이었다. 탄약도 고성능 폭약에서 대전차탄, 발연탄까지 다양하게 사용될 수 있었다. 100mm 이상 두께의 장갑과 50톤 또는 그 이상의 중량을 가진 전차가 일반적이지만, 더 가벼운 중량급(20톤 내지 30톤) 전차도 1960년대까지 많이 사용되었다. 엔진은 디젤 또는 가솔린 엔진이 주류를 이루었다.

더 큰 포는 더 두꺼운 장갑을 의미했다. 더 두꺼운 장갑은 더 강력한 엔진을 의미했다. 더 강력한 강력한 엔진은 더 많은 연료를 소모하는 돈 먹는 하마와 같은 전차를 의미했다. 전차를 취약하게 만들지 않으면서도 가능한 전차의 중량을 줄일 필요가 있었다. 그러나 장갑이 승무원, 엔진, 탄약을 수용하기에 충분한 상당히 고정된 크기의 공간을 둘러싸야 했기에 크기를 줄이는 데는 어려움이 있었다.

또 다른 문제는 장갑의 중량이었다. 전차의 중량을 조절하는 한 가지 방법은 전차를 가장 가능성이 있는 용도에 맞추어 설계하는 것이었다. 영국의 전차 전문가인 휘태커J. M. Wittaker 중령은 '휘태커의 방향 확률 분포(Whittaker's Directional Probability Variation: DPV)'라는 것을 고안해 냈는데, 그것은 포탄들이 전차의 어디를 맞힐 가능성이 높은지에 대한 연구였다. 휘태커의 DVP는 대다수의 타격이 60도 정도 되는 전면부(frontal arc)에 있게 된다는 것을 보여주었다.[24] 만약 전방 장갑이 두꺼워진다면 다른 부분의 장갑은 얇아져도 되고, 그러면 전차 전체 중량은 그대로 유지되거나 더 줄일 수 있었다. 일정한 수의 전차가 얇아진 부분을 공격받아 파괴당할 수도 있겠지만, 그것은 미리 계산되고 용인 가능한 희생일 것이다. 이 냉혹한 분석에서 무기 설계에 수학적 모델링이 처음으로 쓰였다는 점을 주목해야 한다.

전차 중량을 줄이는 또 다른 방식은 장갑을 경사지게 제작하는 것이었다. 하나의 전차가 50mm 장갑을 갖추고 완전히 수직으로 세워져 있다고 가정하면, 지면과 평행한 각도로 날아가는 포탄은 50mm 장갑을 뚫어야 할 것이다. 이제는 그 장갑이 60도 정도의 각도로 기울어져 있다고 가정해 보자. 지면과 평행하게 움직이는 동일한 포탄은 '두 배'의 두께를 뚫어야 할 것이다.[25] 그러나 압연균질장갑(RHA)을 어떤 각도로 만드는 것은 쉬운 일이 아니었는데, 극도로 부러지기 쉽고 그러한 형태를 만들기도 어려웠기 때문이다. 숙련되고 값비싼 노동력이 요구되었다. 주철은 작업하기가 간단하고 가격도 저렴했지만, 압연균질장갑에 비해 무거웠다. 따라서 효율적 생산을 위해 취해진 모든 조치들은 전차를 더 무겁고 덜 효율적으로 만들었다.

그러므로 냉전 시대의 전차는 제2차 세계대전 당시의 기본적인 장갑 설계를 그대로 유지했다. 그것은 압연균질장갑으로 만들어졌다. 전방 장갑은 매우 두꺼웠으나 측방과 후방은 그에 못 미쳤다. 상부와 측면은 아주 적은 장갑이 사용되었는데, 단 포탑은 적절한 장갑을 갖추었다. 여기에 추가로, 차체는 가장 공격받기 쉬운 부위 즉, 전면부가 적의 포탄에 최대한의 장갑 두께를 선사하는 각도로 경사지게 설계되었다. 주요 관심사는 조준 공격(line-of-sight attack)이었다. 전차는 2차원적 세계에서 활동했다. 항공기와 지뢰에 대해서는 별 대비가 없었고, 야포는 완전히 관심 밖이었다.

장갑은 점진적으로 발전했으며, 냉전기 전체 동안 획기적인 변화는 없었다. 이는 대전차포도 마찬가지였다. 제2차 세계대전 때부터 대전차포는 운동에너지탄과 고성능 폭약탄이라는 두 가지 종류의 탄환을 사용했다. 운동에너지탄은 적 전차에 최대한의 속도로 발사되는 단단한 물체였다. 고성능 폭약은 장갑을 관통하기 위해 폭발성 화학 에너지에 의존했다. 둘 다 포탄을 정확하게 날려 보내고, 적절한 조건에서 장갑을 관통하고, 승무원을 살상하고, 전차를 파괴할 수 있는 대전차포가 필요했다.

어떤 점에서 '운동에너지탄'은 가장 단순하면서도 더 논리적인 포탄이었다. 중량과 속도를 이용해 표적을 관통할 에너지를 제공하는 총탄과 흡사했다. 운동에너지탄은 고성능 폭약탄에 비해 생산과 취급이 더 저렴하고 더 쉬워야만 했다. 분명 초기 모델은 이를 충족했다. 하지만 전차 장갑이 두꺼워지고 경사면을 가지면서 포 구경은 커져야 했고, 발사 속도도 증가해야 했다. 문제는 발사 속도를 높이는 데 한계가 있는 것처럼 보였다는 점이다. 발사 속도는 초속 1km 정도로, 폭약에 의해 생성된 가스의 폭발 팽창 속도에 의해 정해진 한계였다. 전차의 치명률을 올리는 유일한 방법은 포탄의 무게를 늘리는 것이었으며, 그에 따라 대전차포의 크기도 커질 수밖에 없었다. 제2차 세계대전 말경, 독일군은 150mm, 170mm 포와 탄약을 운반할 거대한 플랫폼을 계획하고 있었다.[26]

한 가지 가능성은 감당할 수 없는 압력을 가해 장갑을 관통할 수 있는 더 작고 더 무거운 탄환을 만드는 것이었다. 텅스텐 같은 단단한 금속으로 만들어진 훨씬 더 작은 관통봉(penetrator rod)을 돌출시키는 작은 탄환은, 고속의 충격으로 장갑이 충돌 지점으로부터 밀려나게 해서 탄환이 관통할 수 있게 한다. 그러나 그처럼 작은 탄환은 고폭탄을 쏘기 위해 전차에 장착된 대형 포에서는 사용될 수 없었다.

루베 골드베르크Rube Goldberg 해법 같은 것이 발견되었다. 소형 대전차탄을 그대로 쓰되 그것을 포 크기에 맞게 조절 가능한 가벼운 물질의 '탄저판(sabot)'으로 둘러싸는 것이었다. 일단 발사되면 탄저판이 부착된 탄은 나선형 회전을 하며 포신을 떠나게 된다. 탄저판은 떨어져 나가고 작고 다트 같은 탄환이 남게 되는데 회전을 하면서 비행 중에 안정된다. 작은 돌출 침이 전차의 장갑에 부딪치면서 중량과 속도에 의한 운동에너지를 온통 작은 한 점에 집중시켜 장갑이 마치 액체처럼 파열되도록 하여 관통과 파괴를 달성한다. 이것이 바로 분리 철갑탄(APDS)이었다.

항상 그렇듯이, 여기에도 문제가 있었다. 전차 장갑이 두꺼워질수록 탄환의 돌기(extrusion)는 길고 가늘어져야 했다. 회전 운동은 발사체 길이가 직경 일곱 배를 넘지 않아야만 발사체를 안정시킨다. 7:1 비율을 넘어서면 발사체는 불안정해지고 쓸모가 없어진다.[27] 전차 장갑이 두꺼워지고 더 나은 경사도를 갖게 됨에 따라, APDS탄의 돌기는 7:1 비율에 이를 때까지 점점 더 길어져야 했다. 이 시점에서 탄환을 안정시키는 또 다른 수단, 즉 강선(rifling) 이외의 어떤 것이 발견되어야 했다. 해법은 탄환에 안정용 날개를 붙이는 것으로, 이로써 날개안정 분리 철갑탄(APDSFS)이 등장했다. APDS탄은 강선이 있는 포에서 발사되어야 했던 반면, 이 탄은 그럴 수가 없었는데, 날개를 달고 회전하는 발사체는 길고 가느다란 탄보다 훨씬 더 불규칙하게 움직이기 때문이었다.

또 다른 해결책은 '대전차 고성능 폭약탄(HEAT)'이었다. 화학적 폭발이 에너지를 사방으로 분산시키는데, 장갑을 관통하기에는 에너지 집중이 불충분하다. 하지만 폭발을 억제하고 그것을 조절할 수단이 있다면, 그 에너지는 장갑을 관통하기에 충분할 것이다.

대전차 고성능 폭약탄은 표적에 닿기 '이전', 비행 중 폭발한다는 점에서 독특하다. 폭발은 포탄 내부에 설치된, 보통 구리로 된 금속성 라이너(metallic liner)에 의해 조절된다.[28] 액화 금속으로 된 성형 제트(shaped jet)가 압출되어, 길고 가늘어진다(운동에너지탄의 첨두부와 형태가 다르지 않다). 이 포탄 전체는 초속 1km 속도로 움직이는 반면, 제트는 본 발사체 앞에서 엄청난 속도(초속 8~9km, 음속의 약 25배)로 늘어난다.[29] 제트는 충돌이 있기도 전에 모양을 완전히 유지한 채 장갑을 절단 토치처럼 잘라내면서 관통한다. 대체로 이 포탄은 기저부 직경의 6배 정도 되는 장갑을 관통할 수 있다.[30]

한편으로 날개안정 분리 철갑탄(APDSFS)은 더 작은 포신의 필요성을 보여준다. 또한 대구경/저속 HEAT탄을 레이저 전차포와 대등한 정확성을 갖고 발사할 수 있는 수단에 대한 개발 요구도 많아지고 있다. 이렇게 대전차 무기는 두 가지의 다른 경로를 밟기 시작했다. 하나는 전통적인 화포이고, 오랫동안 숙성 중인 다른 아이디어는 HEAT 탄두로 무장한, 로켓추진 유도미사일이다. 그러나 두 가지 경로 모두 전차의 진부화와 구식화를 앞당기는 작용을 하게 될 것이다.

뱀이 몽구스를 만나다: 전차와 대전차 미사일

대전차 로켓포의 아이디어는 제2차 세계대전 시기까지 거슬러 올라가는데, 당시 군사기획가들은 보병에게 전차에 대한 방어 수단을 제공하고자 했다. 그들은 성형 폭탄(shaped charge)을 실은 소형 로켓을 계획했는데, 그 목적은 전차 측면이나 후면에서 장갑을 관통하는 것이었다. 그러한 로켓 중 하나인 미국 바추카포는 긴 관(long tube)으로 이루어졌고, 배기를 위해 후방이 열려 있었다. 그러나 바추카포식 대전차 무기는 몇 가지 약점이 있었다. 첫째, 전차에 접근하여 한 방 먹이려면 군인의 담력이 강해야 했다. 둘째, 바추카포가 다루기 어렵고 탄환이 어디로 날아갈지 확실하지 않아서 손과 눈의 탁월한 공동 작업이 요구되었다. 그리고 마지막으로, 큰 피해를 주기에는 탄두가 너무 작았다.

바추카포보다 약간 더 우수한 팬저파우스트를 갖고 있던 독일군은 보병의 위력을 강화하기 위한 다른 수단을 추구했다.[31] 전쟁 후반기에 그들은 X-7 로트켑첸(Rotkappchen)을 개발했다. X-7은 고체추진 로켓으로 추진되는 날개 달린 미사일로, 최고 속력이 98mps, 사정거리가 1,200미터였다. X-7과 관련하여 가장 중요한 것은 그것이 발사 '후' 통제될 수 있었다는 것이다. X-7은 뒤에 전선이 달려 있고, 발사자는 그것을 통해 신호를 전달해 이 9kg의 물체를 표적까지 유도할 수 있었다.[32]

독일군은 1945년 X-7 생산에 들어갔는데, 전쟁에 영향을 미치기에는 너무 늦은 시점이었다. 그러나 프랑스가 이 유선유도 시스템을 계속해서 개발했고, 6년 뒤 SS-10을 생산했다. SS-10은 1963년까지 생산되었고, 그 후 ENTAC로 교체되었다. 한편, 또 다른 유선유도탄인 SS-11은 1950년대 중반에 생산되어 그 후 20개가 넘는 국가들의 무기 체계의 일부가 되었다. SS-11은 SS-10보다 속도가 더 빨랐고 사정거리도 길었다(160mps, 3천 미터). 그리고 실험 조건 하에서 600mm 장갑을 꿰뚫을 수 있었다.[33]

SS-10, ENTAC 그리고 SS-11은 전차가 전차를 저지할 수 있는 유일한 방법이 아닐 가능성을 다시 제시했다는 점에서 중요하다. 근본적으로 개인 휴대 무기인 그것들은 보병들이 거의 3km나 떨어진 매복 위치에서 전차를 공격할 수 있도록 해주었다. 게다가 이 무기들은 지프 같은 차량에도 장착할 수 있었다. 하지만 이 모든 것에는 어떤 역설이 존재했다. 전차는 본래 궁극적인 대보병 무기로 출발했고, 어떻게 다른 전차를 파괴할 수 있을 것인가라는 기본적인 질문이 항상 있어 왔다. 이제는 어떻게 전차는 자신을 보병들로부터 보호할 수 있을 것인가라는 새로운 질문이 제기되기 시작했다. SS-10과 SS-11의 등장으로, 보병들의 복수라는 최초의 불빛이 어렴풋이 보이기 시작했다.

수많은 유선유도 대진차 미사일이 개발되었으며, 그것들은 무거운 미국제 TOW 미사일(정확히 말하면, 포신발사 광학추적 유선유도 미사일tube-launched, optically tracked, wire-guided missile)에서부터 더 작은 휴대용 소련제 AT-3 사거(Sagger)에 이르기까지 크기가 다양했다.

이 모두는 순수한 궤적의 탄도학에 종속되지 않는다는 장점이 있었다. 그러나 공통의 결점도 있었는데, 미사일 속도가 보통 200mps 이하로 낮다는 것이었다. 미사일은 사수에 의해 표적까지 유도되었다. SS-10 같은 초기 버전의 경우, 사수는 오늘날의 비디오 게임에서처럼 조이스틱으로 명령을 내려야 했다. 이후 버전에서는 광학 기기가 포함되었다. 사수는 조준경으로 적 전차를 보면서 조준했다. 그러면 컴퓨터가 사수의 조준을 명령으로 변환해 미사일이 표적을 향하게 했다.

TOW 미사일의 최대 사거리는 2,000~3,750m로, 어떤 버전인지에 따라 달랐다.[34] 최대 속도는 300mps였다. 그러므로 3,000m 밖에서 전차를 맞히려면 10초를 겨눠야 했다. 로켓의 분사는 육안으로 분명히 보였고, 분사광의 적외선을 추적하는 스캐닝 장비로는 훨씬 더 잘 보였다. TOW와 다른 모든 광학유도 미사일의 경우, 유선 유도를 하든 다른 명령 수단을 사용하든 사수는 표적에서 눈을 떼지 말아야 했고, 따라서 아주 긴 시간처럼 느껴질 수 있는 동안 노출된 채 있어야 했다.

그러나 그 이득은 3,000m 거리에서 83~96%에 달하는 아주 높은 명중률이었다. 프랑스가 개발한 견착 사격식 보병 미사일인 HOT 미사일은 500미터에서 86.7%의 명중률을 가졌다. 이와는 대조적으로, 강선포 발사 APDS탄과 단순한 광학 조준 기법의 사용은 표적 명중률이 약 20% 정도였다.[35] 중요한 것은 견착식 미사일에 의해 발사된 HEAT탄은 전차의 두꺼운 전면부 장갑을 뚫을 수 있었다는 점이다. 1960년대에는 신형 대전차 무기들이 줄줄이 등장하면서, 전차는 이제 끝났다는 과격한 주장을 펴는 학파들이 나타났다.

1973년 소련제 AT-3 사거와 이스라엘 서방 전차들 간 대결은 서방 세계를 경악시켰다. AT-3는 차량에 싣고 다닐 수도 있었고, 보병 팀이 여행 가방에 넣어 갖고 다닐 수도 있었다.[36] 그 가방 겉면에는 로켓을 발사할 때 필요한 레일이 달려 있었다. 가장 중요했던 것은 사격수로부터 15m 떨어진 곳에서도 발사될 수 있었다는 점이다. 이러한 원격 발사 능력은 사수가 자리를 지켜야 하는 결정적인 몇 초 동안 그를 적의 반격으로부터 보호할 수 있어 중요했지만, 그것은 유도 명령의 실시간 연산 처리에서 심각한 문제를 제기했다. 이러한 난관 해결은 제어 기술의 혁신을 의미했다. 단지 11.3kg 발사 무게로 400mm 장갑을 관통할 수 있게 되면서, AT-3는 서방 측 동종 무기들과 함께 전쟁 수행의 혁명을 예고했다.[37]

1973년 이전에도 전차 설계자들은 HEAT 탄두를 가진 대전차 미사일에 대한 대응 방법을 찾기 위해 골머리를 앓고 있었다. 첫 번째 생각은 장갑을 다시 두껍게 하는 것이었다. 그러나 서방 전차가 소련 전차보다 이미 20톤이나 무거운 상태임을 감안하면, 장갑을 더 두껍게 하는 것은 중량을 심각하게 늘리고 성능을 떨어뜨리거나, 아니면 훨씬 더 크고 더 비싸고 군수지원 부담이 큰 엔진을 요구하는 것이다. 그래서 초점은 새로운 유형의 고효율, 저중량 장갑을 찾는 쪽으로 옮겨갔다.

강철의 밀도는 강철을 단단하고 내구성이 뛰어나게 만들지만, 그것은 또한 전도성이 증가되어 강철을 초고열의 폭발 효과에 더 취약하게 만든다는 것을 의미한다. 성형 폭탄(shaped charge)이 들어 있는 대전차 미사일의 위력이 분명해지면서, 강철보다 밀도가 낮지만 극도로 강하고 운동에너지탄에도 견딜 수 있는 물질을 찾으려는 노력이 시작되었다.

몇 가지 형태의 알루미늄이 가장 유망한 물질로 보였는데, 특히 마그네슘과 합금되었을 때 그랬다. 하지만 이는 고온에 녹아내리는 경향이 있었고, 대전차 성형 폭탄은 달궈진 칼이 버터를 가르듯이 그것을 관통하게 될 것이다.

1970년대에는 붕소 카바이드, 실리콘 카바이드, 알루미늄 등을 합성한 세라믹이 장갑에서 돌파구를 제공하는 것처럼 보였다. 세라믹은 매우 실질적인 이점들이 많이 있었다. 첫째, 상대적으로 낮은 밀도 덕에 성형 폭탄을 막아낼 수 있었다. 둘째, 그러면서도 운동에너지탄을 막아낼 수 있을 만큼 튼튼했다. 셋째, 충분히 가벼워서 필요한 만큼 두꺼워질 수 있었다. 그러나 세라믹도 몇 가지 문제점이 있었다. 세라믹은 잘 깨졌다.[38] 이는 세라믹 장갑이 한 번은 적탄을 막아내더라도, 그것은 깨질 것이기 때문에 그 깨진 지점에서는 전차가 무방비 상태가 된다는 것을 의미했다. 세라믹은 또한 유연성이 없었다. 이는 세라믹이 나중에 우주왕복선에 쓰였던 것과 마찬가지로 개별 타일로서 전차에 쓰여야 하고, 따라서 그 취약성이 늘어난다는 것을 의미했다.[39] 또 하나의 문제는 세라믹은 직각으로 타격하는 발사체에 대해 가장 효과적이라는 점이었다. 즉 기울어진 전면부는 세라믹의 효과성을 감소시키게 된다.[40]

세라믹은 그 자체로는 운동에너지탄과 성형탄을 모두 견뎌낼 수 있는 전차를 제공할 수 없었다. 이 점에서는 강철보다 나을 게 없다. 따라서 해결책은 다양한 물질들의 층으로 이루어진 합성 장갑에서 찾아졌다. 영국에서 처음 만들어지고, 디자인 기관의 이름을 따서 명명된 초뱀 장갑(Chobham armor)은 고급 강철과 세라믹의 장점을 결합했다.

초뱀 장갑의 주요한 단점은, 어떤 적층재 조합(combination of laminates)에서와 마찬가지로, 그것이 특정한 강점뿐만 아니라 특정한 약점도 갖는다는 것이었다. 장갑의 정확한 구성—즉, 강철 층과 세라믹 층의 구체적인 혼합 형태, 둘 사이의 간격 등—을 안다면, 적은 그에 적합한 공격법을 찾아낼 수 있었다. 예를 들면, 특정한 각도로 타격함으로써 불가피한 취약 부위를 파열시켜 전차를 파괴할 수 있다.

미군 기갑 전력의 주류인 M-1 에이브럼스 전차는 초뱀 장갑을 쓰고 있으며, 그 정확한 구성은 미군의 최대 기밀 중 하나다. 물론 한 명의 기술자나 관리자로 인해 그 비밀은 샐 수 있다. 게다가 전차들은 전장에서 격파되어 적의 손에 들어갈 수도 있다. 오래 지속되는 전쟁에서는, 특정 적층재는 첫 전투 이후에는 쓸모가 없어진다.

미 육군 사상 가장 중요한 군사 작전 중 하나는 다양한 장갑의 능력에 관한 정보를 포함하는 컴퓨터화된 데이터베이스의 개발이었다. 완전히 구현될 경우 그러한 데이터베이스는 설계자가 자신의 요구사항에 맞는 장갑 물질과 시스템을 파악하고 비교할 수 있게 할 것이다.[41] 명백히, 특정한 적층재를 파괴하는 방법에 관한 정보는 적 전차를 파괴하고자 하는 포 설계자에 의해 사용될 것이다. 전차기동사령부(TACOM)가 그러한 데이터베이스 구축에 역점을 두어야 했다는 사실은 우리가 당시 전차 엔지니어들이 직면했던 당혹스러울 정도의 다양함과 복잡성을 어렴풋이 짐작하게 해준다.

그 같은 복잡한 장갑을 설계하는 데 내재된 비용은 구식이 되거나, 더 나쁜 경우, 인지하지도 못한 채 구식이 될 수 있는 항시적 위험에 의해 가중된다. 다른 문제들도 존재한다. 적층된 장갑은 부피가 커진다. 전차가 커질수록 전장에서 더 잘 눈에 띄게 된다. 첨단 표적획득 및 발사 통제 시스템이 전차를 더욱더 표적으로 만들고 있는 시기에는 특히 더 그렇다.

HEAT탄을 무력화하려는 더 단순한 접근은 이스라엘에 의해 선구적으로 시도되었다. 블레이저(Blazer)로 불리는 이 장비는 전차 차체에 부착하는 아플리케(appliques)로 이루어졌다. 이러한 아플리케는 폭약을 포함하는데—최초 버전은 단지 가솔린이었다—이 폭약은 HEAT탄의 압출 제트(jet)가 내는 초고열에 의해 폭발된다. 아플리케는 탄환 돌기와의 접촉으로 폭발하면서 제트 구조를 무너뜨려 장갑의 관통을 불가능하게 만든다.[42] 이러한 접근은 다른 나라에서도 사용되었는데, 가령 미 해병대는 구형 M-60 전차를 보호하기 위한 잠정적인 해법으로 그것을 채택했다.[43]

블레이저는 폭발반응장갑(Explosive Reactive Armor: ERA)으로 불리는 장갑 종류의 일부였다. 최근 10년간 ERA는 적층(lamination)과 폭약을 결합하는 형태로 발달했다. 장갑을 폭약층으로 감싸고, 이것을 세라믹판으로 덮은 뒤, 마지막으로 더 많은 폭약을 덧대는 것이다. 더욱이, 장갑에 내장된 폭약은 탄환이나 파편에 맞았을 때는 터질 가능성이 낮았다. 이는 상당히 효과적이었다. 일부 추정에 의하면 ERA가 HEAT탄의 효력을 75%나 줄여 놓았다고 한다. 그것의 결점은 너무 비싸서 대다수의 국가들은 사용할 수가 없다는 것이다. 더 문제가 되는 점은 그것이 운동에너지탄에는 그다지 효과적이지 못하다는 점이다.[44]

HEAT탄을 막는 데 있어 장갑이 점점 더 첨단화됨에 따라 화포 설계자들은 전차를 파괴할 이색적인 수단을 찾기 위해 더욱더 심혈을 기울였다. 최근 M-1A2 에이브럼스 전차가 사용하는 독일제 120mm 포는 열화우라늄으로 만들어진 운동에너지탄을 발사하는데, 열화우라늄은 무기급 우라늄을 위한 정제 과정이 끝난 뒤 남겨진 물질이다.[45] 우라늄은 텅스텐보다 훨씬 무거우며, 이는 우라늄을 사용하면 포의 크기를 늘리지 않고도 탄환의 전체 운동에너지를 증가시킬 수 있다는 것을 의미한다. 결점은 약간의 방사능을 방출한다는 것이다. 사막의 폭풍 작전 동안 열화우라늄탄이 일부 논란을 야기했다는 점이 기억날지도 모른다. 당시 전쟁에서 낮은 수준의 방사능 잔여물이 남겨진 것으로 밝혀졌다.[46]

우리는 바야흐로 폭발성 아플리케로 덮인 특이한 세라믹 적층재가 성형 플라즈마 제트와 열화우라늄탄에 맞서고 있는 단계에 이르렀다. 상황이 점점 통제 불능으로 치닫고 있었다.

이상한 과학: 전차를 계속 달리게 하다

그러나 서방 세계가 1990년대와 그 이후 소련 전차의 발전을 생각해보니

앞날이 훨씬 더 험난해 보이기 시작했다. 지금까지의 모든 논의는 가공할 T-80 같은, 현존하는 소련 무기를 상대하기 위한 것이었다.[47] 소련이 붕괴하기 전, NATO 또한 FST(the future Soviet tank)라고 불린 차세대 소련 전차에 대해 우려하고 있었다. FST 1은 135mm 주포가 포탑 없는 차체에 탑재되어 생산될 것으로 예측되었다면, 1990년대 중, 후반에 배치될 예정이었던 FST 2는 새로운 발사법을 사용하는 140~145mm 주포와 발전되고 훨씬 더 특이한 장갑을 채택할 것으로 예측되었다.[48]

140mm 포의 전차와 맞서게 될 것이라는 전망은 미국이 기갑 전력을 강화하는 데 6백억 달러 정도의 거대한 투자를 하게 했다. 소련이 비밀스런 FST 3은 고사하고 FST 1이나 FST 2도 배치할 수 없을 것이라는 사실이 명백해진 것은 1992년 가을이 되고 나서였고, 그제야 미국의 대응책인 기갑 체계 현대화 계획(the Armored Systems Modernization Plan)은 중단되었다.[49] 그러나 적어도 대당 1천만 달러에 달하는 신형 전차 6천 대를 배치하려던 이 계획이 중단되었지만, 시제품 생산을 포함해 장갑 및 대장갑(anti-armor)에 관한 연구 개발은 계속되었다. 회자되었던 여러 아이디어 중에는 개별 임무에 맞게 교체될 수 있는 모듈화된 장갑, 승무원 수를 줄이는 자동 시스템과 컴퓨터, 전고를 최소화하기 위한 포탑 제거 등과 같은 아이디어들이 있었다. 그러나 가장 흥미로운 논의는 전차포의 장래에 관한 것이었다.

갈수록 첨단화되는 전차 장갑을 관통할 최선의 방법은 막강한 힘, 즉 더 빠르고 더 무거운 탄환이다. 그러나 이미 빛바랜 폭약 화포는 한계에 다다른 것이 확실하다. 화학적 폭발은 팽창하는 가스 덩어리를 만들어 발사체를 포신 밖으로 밀어낸다. 약실에 아무리 많은 화약을 넣을지라도 가스는 자신의 화학적 특성이 허락하는 것보다 더 빠르게 팽창하지 않는다. 그러므로 만약 화포가 장갑을 따라잡으려면 새로운 형태의 에너지가 발견되어야 한다.[50] 특이한 화포 기술 분야의 고참 연구원인 그레그 페르디닌트Greg Ferdinand가 언급했던 것처럼, "우리의 프로그램은 전통적 무기가 막 정점을 지났다는 전제에 기초하고 있다. 이제 수익률이 감소하는 지점에 도달했다. 우리는 비약적인 도약을 가능하게 해줄 새로운 기술을 기대하고 있다."[51]

하지만 어떤 종류의 에너지가 화포의 동력이 되어야 하는가? 분명한 답은 가장 순수하고 최고로 효율적인 에너지여야 한다는 것이다. 핵에너지를 제외하면 전기만 남는다. 초고열 용해액 내부에서 강력한 플라스마 제트(plasma jet)를 생성하는 것은 하나의 가능성이 될 수 있다.[52] 플라스마는 극적으로 팽창하여 강력한 유체 파동을 만들어내고, 파동의 속도에 상응하는 속도로 탄환을 포신에서 밀어낸다. 이는 폭약으로 얻을 수 있는 것보다 훨씬 더 큰 속도이다. 이렇게 하여, 우리는 전열 포(electrothermal gun)를 갖게 될 것이다.

그러나 여기에도 문제는 있었다. 첫째, 포가 정확하고 일관되게 작동하려면 점화실에서 벌어지는 상황이 절대적으로 예측 가능해야 한다. 예측 가능성은 화약이 가진 장점 중 하나였다. 동일한 양은 매번 동일한 위력으로 폭발한다. 전열포의 경우는 화약과 다르다. 유체가 전기에 의해 활성화되면 구멍이 형성되고, 그 구멍은 전기적으로 생성된 플라스마로 채워지게 된다. 어떤 두 개의 패턴도 반복되지 않으므로, 어떤 두 개의 구멍도 동일하지 않다. 유체의 파동은 매번 다르게 움직이고, 따라서 탄환의 속도와 궤적은 예측할 수 없게 된다.[53]

두 번째 문제는 에너지에 저항하는, 물 같은 비활성 유체의 사용과 관련 있다. 록히드Lockheed 사와 FMC 사는 에너지 유체(energetic fluid)—자극을 받으면 스스로 에너지를 생성하는 유체(가솔린의 가스가 성냥과 접촉했을 때를 생각해 보라)—를 사용하면 파동이 더 강력해지고 더 질서정연해진다는 사실을 발견했다. 따라서 비활성 유체의 문제는 해결된다.[54] 전열(ET) 포 또는 전열-화학(ETC) 포의 이론은 보다 설득력을 얻어가고 있다. 하지만 현실은 쉽지 않다.

ET, ETC 대전차포는 막대한 양의 전기를 필요로 한다. 그런데 전장에서 어떻게 수천 대의 전차에 전기를 공급할 것인가? 4~8메가줄(megajoule)의 전기에너지가 있어야 물을 플라스마로 바꾸어 놓을 수 있다. 1메가줄의 에너지는 1톤 트럭이 시간당 백 마일의 속도로 달리는 것과 같은 정도다.[55] 그러므로 한 발을 발사하려면, 그토록 엄청난 에너지의 4~8배가 포를 쏠 때마다 빠른 펄스 형태(pulse)로 공급되어야 한다. 이는 각각의 전차에 놀라운 성능과 엄청난 크기를 가진 휴대용 발전 시스템이 설치되어야 한다는 것을 의미한다. 그렇지 않으면 배터리와 축전기 설계에서 일대 기술 혁신이 일어나서 전차가 반복적으로 이런 종류의 폭발을 만들어낼 수 있게 해야 한다.[56]

전력 문제는 해결될 가능성이 있다. 그러나 모든 플라스마 무기가 갖는 기본적인 물리적 문제가 남아 있다. 파동 팽창(wave expansion)의 최대 속도가 문제인데, 건식(乾式) 화약 무기에서 가스팽창의 최대 속도와 유사한 문제이다. 플라스마 파동은 약 초당 4천 미터의 속도로 움직이는데, 그 속도는 명백히 이 이상으로 늘어날 수 없다. 이는 최대 효율로 어떤 설계의 전열포이든 전통적인 포보다 3~4배 정도 더 빠르게 탄환을 발사할 수 있다는 것을 의미한다. 이는 분명 개선이지만, 일대 혁신은 아니다. 그러나 요구되는 것은 일대 혁신이며, 그렇지 않으면, 전차는 발전된 물질을 사용해 자신의 장갑을 개선할 방법을 찾을 것이고, 모두가 같은 위치에 머무르기 위해 아주 열심히 달리게 될 것이다. 결국, 전차들이 고속탄의 위협에 대처하기 위해 장갑을 강화했듯이, 전열탄은 화약 기술이 부딪힌 것과 똑같은 한계에 부딪히게 될 것이다.

지금 필요한 것은 파동 전파(wave propagation)는 모두 제쳐두고, 매개체를 거치지 않고 에너지를 직접 추진력(propulsion)으로 변환하는 것이다. 다시 말해, 전자기포(electromagnetic gun)이다. 전자기 레일 건(rail-gun) 시스템은 포신 내부의 한 레일을 타고 내려갔다가 탄환 하부의 전기자(armature)를 지나, 다른 편에 있는 또 다른 레일을 타고 올라가는 전류의 펄스(pulse)를 사용한다. 이는 금속막 포탄을 믿을 수 없는 속도로 가속시키는 자기장을 만들어내는데 그 속도는 펄스의 에너지 양에 달려 있다. 다시 한번, 펄스 안의 에너지가 결정적 요소이다. 초고속 운동에너지탄 한 발을 발사하려면 3백만 암페어 이상의 전력, 또는 미국에 있는 모든 사람을 위해 100와트의 전구 하나씩을 켜줄 수 있을 만큼의 전력이 필요하다.[57]

문제는 중량이다. 레일 건은 현재 전기에너지의 30% 가량을 운동에너지로 전환한다. 이는 거의 믿을 수 없을 정도로 효율적인 전환율이다. 하지만 현재 계획된 9메가줄의 레일 건은 30메가줄의 전력이 필요하며, 이는 11톤이나 나가는 콘덴서 뱅크(capacitor bank, 전기에너지를 축적하는 콘덴서 시스템)가 필요하다. 15메가줄의 레일 건은 50메가줄의 콘덴서 뱅크가 필요한데, 1,500마력 엔진으로 움직이는 50~70톤의 전차에 장착될 수 있을 만큼 작아야 한다.[58] 이것은 너무 많은 요구가 아닐 수 없으며, 비용도 훨씬 더 많이 나갈 것이다.

하지만 무게 문제가 극복된다면, 전차는 300~6,000mps의 속도로 운동에너지탄을 쏠 수 있게 될 것이다. 1993년 2월, 스코틀랜드 커큐드브라이트 Kirkcudbright에 위치한 영국 국방연구국(British Defense Research Agency)의 테스트 센터에서는 90mm 포탄을 초속 7,500피트(약 2,500미터)의 속도로 발사하는 데 성공했다. 그리고 중대한 설계 변경 없이 이 두 배의 속도를 낼 수 있을 것으로 기대된다. 하지만, 다시 문제는 배터리와 콘덴서가 너무 크다는 것이다. 또 다른 문제도 등장한다. 레일 건이 만들어내는 엄청난 가속력 때문에, 당장의 문제는 발사할 때 파열되지 않을 발사체를 개발하는 것이다.[59]

미 육군은 전자기 기술이 전열 기술보다 전차 무장을 위해 더 유망하다고 결정했고 90mm 전자기 포를 시험 발사할 계획이다. 전자기 포 사업에서 예산 삭감이 일부 있었지만, 이런 상대적으로 이색적인 사업이 여전히 살아남아 있고, 꽤 자금 지원을 잘 받고 있다는 사실은 전차 설계자들이 느끼는 다급함의 신호이다. 전자기 포의 매우 실질적인 장점들 중에는 속도, 정숙성(silence), 무포구섬광(no muzzle flash), 그리고 항공기 같은 비장갑 표적에 대한 유용성 등이 있다. 가장 실질적인 문제는 에너지이다. 즉, 막대한 양의 에너지를 저장하고 전달할 배터리와 콘덴서가 개발되어야 한다.[60]

전열 기술이나 전자기 기술을 이용해 전차에 탑재한 포의 발사 속도를 올리는 일은 명백히 가능하다. 그러나 그것은 어떤 새로운 것을 의미하는가 아니면 화포의 점진적 쇠퇴에서 단지 또 다른 단계에 불과한 것인가? 주력 전차들 간의 가시선 내에서의 대결(line of sight encounters)은 다른 전차를 먼저 보고, 먼저 겨냥하고, 먼저 사격할 수 있는 전차의 능력에 계속해서 달려 있게 될 것이다. 물론 이를 위한 비용과 복잡성은 자동적으로 치솟게 될 것이다. 연구개발과 생산 측면에서 포의 비용은 기존 화약식 포보다 훨씬 더 클 것이다. 장갑의 비용은 기존 RHA(압연균질장갑)보다 측정할 수 없을 정도로 더 클 것이다. 그리고 마지막으로, 먼저 첫발을 발사해야 하는 필요성은 표적 획득과 발사 통제 비용을 항공기 수준에 근접하는 정도까지 높일 것이다. 더 중요한 것으로, 전차는 여전히 예전과 거의 다를 바 없는 치명률과 취약성을 보유하게 될 것이다.

더욱이 운동에너지의 비약적인 증가를 고려할 때, 전차 전면부 차체가 수십 메가줄의 에너지를 담고 있는 대전차탄에 견딜 수 있게 하기 위해 필요한 장갑의 양은 전차 무게를 현재의 50~65톤에서 80~100톤으로 증가시킬 것이다.[61] 이는 산업시설과 군수지원 체계에 크나큰 문제를 야기하게 된다. 단순히 전차가 이전 수준으로 작동하도록 하는 데에도 엄청나게 많은 석유 공급을 필요로 할 것이다. 전차를 공격에서 보호하는 데 드는 비용이 새로운 위협 수단을 고안하는 비용보다 훨씬 더 큰데, 이는 진부화(senility)의 가장 불길한 징조 중 하나다.

1979년에 실전 배치된 지난 세대의 M-60A3 전차와 현재의 M-1A1 에이브럼스 전차 사이의 차이점을 생각해 보자. M-60A3가 1마일을 움직이는 데 드는 비용은 50.39달러이고, 에이브럼스의 경우는 159.74달러로 3배 이상이다. 연료비는 3.5배, 예비 부품비는 5배 이상으로 뛰었다. M-60A3 전차의 HEAT탄은 127달러이고, 에이브럼스의 HEAT탄은 1,033달러이며, 운동에너지탄은 각각 148달러와 711달러다. 현대식 장갑이 공급 체계에 가하는 부담이 너무나 커져서, 걸프전 당시 다국적 군수지원에도 불구하고, 연합군은 고작 5~6일 분의 석유와 휘발유, 윤활유만 갖고 공격에 나서야 했다.[62] 유명한 레프트 훅(left hook) 공세가 실패했다면 실제로 파국이 초래될 가능성이 있었다.

미국이 TOW 대전차 미사일의 계승자로서 LOSAT(Line of Sight, Antitank)라 불리는 가시선 유도 운동에너지 미사일을 계획하고 있다는 사실을 고려해보라. 다섯 차례의 실험에서 이 미사일은 매번 '60메가줄'의 힘으로 목표를 타격했으며, 한 번은 표적 전차의 포탑을 완전히 날려버렸다. 초당 2km가 넘는 속도로 날아간 이 미사일은 1.5초 만에 3km 거리에 있는 적 전차를 타격해서 적 전차가 회피기동을 할 틈도 주지 않았다. 미사일은 발사장치에 장착되어 있는 전방 감시, 적외선 센서의 유도를 받는데, 발사장치는 레이저로 경로 수정을 전송한다. 이 미사일은 자신의 코 뒤에 있는 작은 방사형 추진기(radial thrusters)를 사용해 경로를 조정한다.[63] 가장 중요한 점은 이 미사일이 전차에서 발사될 필요가 없다는 점이다. 더 작은 차량이나 헬리콥터, 고정익기 등에 모두 사용될 수 있다.[64] 이 LOSAT는 한 대당 3만 달러 내외가 될 것이다.

미래의 전장에서 이 무기와 그 동류들이 전차들의 생존을 불가능하게 만들지는 않더라도, 어렵게 만들 것임은 의심의 여지가 없다. 전차들이 가장 기발한 포로 무장한다고 할지라도 말이다.

따라서 문제는 어떻게 기갑전이 처해 있는 기술적, 재무적 악순환을 깰 것인가이다. 즉 어떻게 전쟁 수행을 단순화할 것인가이다. 해결책은 탄도 무기의 독재가 깨져온 것처럼, 가시선 기반 무기(line of sight weapons)의 독재를 깨는 것이다.

휘태커Whittaker는 전차에 대한 유일하게 심각한 위협은 가시선 기반 무기로부터 온다고 가정했다. 이것은 일반적으로 가시선으로부터 숨겨진 최상부 같은 영역은 많은 장갑을 필요로 하지 않는다는 것을 의미했다. 실제로, 전차에 대한 근본적인 위협은 취약성에 대한 오래된 가정이 더 이상 진실이 아닐 가능성으로부터 온다. 가장 큰 도전은 가시선에 기반하지 않은 무기, 전차의 상부 또는 어느 부위라도 타격할 수 있을 뿐만 아니라 전차의 정확한 위치가 알려져 있지 않거나 변하는 상황에서도 전차를 찾아낼 수 있는 무기로부터 올 것이다. 감지 시스템과 종말 유도 시스템을 갖춘 비가시선 무기는 전차에 곧 악몽이 될 것이며, 전차가 설계되는 방식에서 근본적인 변화를 불러올 것이다. 그 무기들은 또한 우리가 전쟁을 벌이는 방식을 재정의할 것이고, 결국에는 전차를 낡고 진부한 것으로 만들어 버릴 것이다.

06

진부화의 감지

Sensing Senility

THE
FUTURE
OF WAR

인간 시력의 한계와 탄도 발사체의 한계는 전차에 가시선(line of sight)의 논리를 강요했다. 그러나 일단 이러한 연결이 깨지면, 전차는 의미가 없게 된다. 사거리와 정확성의 증대는 단거리 가시선 기반 전차포를 불합리한 것으로 만들어 왔다. 무엇보다도, 그리고 스타워즈 구상의 후원 하에서 1980년대에 이루어진 센서 혁명은 전차가 전장에서 생존하기에는 너무 눈에 띄고, 너무 취약하고, 너무 값비싼 존재로 만들어 버렸다.

어디에도 숨을 곳이 없다: 센서와 전차

이제 전차가 은폐하기가 극단적으로 힘들어졌다고 말하는 것은 코끼리를 숨기기가 어렵다고 말하는 것만큼이나 분명하다. 어떤 식으로 위장하든 간에 전차처럼 덩치가 큰 물건은 어떤 영역에 있는 어떤 센서에 의해 보일 수밖에 없다. 앞선 논의에서 이미 접했듯이, 센서를 사용해 전차를 추적하기란 우리에게 생소한 일이 아니다.[1] 여기에는 다음과 같은 것들이 포함된다.

- 가시광선(visible light): 통제사나 내장된 컴퓨터 시스템에 정보를 보내는 (TV와 같은) 전기광학 시스템을 통해 활용된다. 또한 이용 가능한 빛을 수천 배로 증폭해 어둠 속에서도 표적을 찾을 수 있게 하는 저조도 강화 조준경(low-light-enhancement sights)과 고글(goggle)에서도 활용된다.
- 레이저(laser): 발사체가 나아가거나 포가 겨냥할 지점을 지정하는 데 사용될 수 있는 가시광선의 좁은 대역으로, 각도와 거리에 관한 정보를 제공한다.
- 적외선 영상(imaging infrared): 전기광학 시스템과 같은 방식으로, 스펙트럼의 적외선 위치로부터 나온 데이터를 가시적 이미지로 전환한다.
- 적외선 유도(infrared homing): 극저온으로 냉각된 센서를 이용해 열원을 찾아내서 그 열원으로 유도한다.
- 합성 개구 레이더(synthetic aperture radar): 인공위성과 정찰초계기가 은폐 또는

엄폐된 전차를 찾는 데 사용된다.
- 밀리미터파 레이더(millimeter wave radar): 가장 짧은 레이더 스펙트럼(L 밴드)의 레이더로, 육안으로 볼 수 없는 물체의 영상을 만들어낼 수 있다. 특히 자체 유도무기에 유용하다.
- 음향(Acoustical): 전차 엔진이 내는 소리를 향해 나아간다.

넓은 범위의 스펙트럼으로부터, 매우 다양한 센서와 플랫폼에 의해 수집된 엄청난 규모의 데이터가 전차 사냥꾼(tank hunter)에게 주어지고 있다. 문제는 전차를 잡기 위해 어떻게 이러한 데이터를 이용할 것인가이다.

어떤 표적에 포를 발사하기 위한 전통적인 과정은 다음의 3단계로 이루어졌다. 적일 수도 있는 대상을 보고, 대상이 적인지 여부를 식별하고, 표적 조준 후 발사체를 발사하는 것이다. 과거에는 이 일련의 과정들이 동일한 장소에서, 사람의 직접적인 통제 하에 이루어졌다. 사람이 표적을 보고 식별했다. 인간의 눈, 뇌, 손이 무기를 제어했다. 그러나 센서, 센서 플랫폼, 컴퓨터 및 복합 통신 시스템이 도입되면서 발사 과정은 자동화되고 분산되었다. 단선적 과정은 많은 갈래와 선택지가 있는 복합적 과정으로 대체되어 왔다.

- 표적 획득(Target acquisition): 특수작전 군인에서부터 고공비행 초계기, 발사체 자체의 탄두에 이르기까지 많은 플랫폼에서 수행될 수 있다. 더욱이 최초의 표적 획득은 어떤 영역에서도 일어날 수 있다.
- 데이터 전송과 배급(Data transmission and distribution): 표적에 관한 데이터는 적절한 스테이션이나 대전차 미사일의 탄두로 전송된다.
- 표적 인식(Target recognition): 표적 획득으로 얻은 정보는 표적 확정으로 전환된다. 이는 사람, 지능적인 탄두, 또는 UAV(무인 항공기) 같은 전술적 지능형 플랫폼에 의해 수행될 수 있다.
- 발사 통제(Fire control): 이 개념은 조준과 포의 발사에서부터 표적으로의 발사체 유도에 이르기까지 모든 과정을 포함한다.

전통적으로, 발사체는 자신의 궤적에서 벗어날 수 없는 쇳덩어리—때때로 내부에 폭약이 있는—였다. 새로운 발사체는 자신의 환경을 감지하고 그것을 인식할 수 있다. 가벼우며 상대적으로 저비용의 센서 및 범용 마이크로칩 개발 덕분에, 이제껏 전차 포수에게 집중되어 있었던 제어와 인지 기능이 발사체 자체로 재집중되고 있으며, 사람은 이러한 일련의 과정에서 상당히 많이 배제되고 있다. 크루즈 미사일에서부터 포로 발사하는 오래된 대전차탄에 이르기까지, 모든 범위의 무기들은 발사체로 기능이 집중화되는 변화의 영향을 받고 있다.2

예를 들면 M-1 에이브럼스 전차는 최근 열화우라늄 운동에너지탄인 X-ROD를 사용했는데, X-ROD는 자신의 코 안에 밀리미터파 레이더 센서와 컴퓨터 칩을 달고 있다. 전차가 적 전차에 X-ROD탄을 쏘면, 이 탄환은—비행을 하면서!—잠재적 표적을 찾기 위해 그 지역을 탐색하고 표적 전차의 이미지를 내장된 컴퓨터에 입력된 이미지와 비교한다. 양자가 일치하면 X-ROD는 1킬로미터쯤 남았을 때 로켓 모터를 점화해 전차의 차체를 향해 탄환을 가속시킨다.

M-1이 사용 가능한 또 다른 무기는 XM943 STAFF탄으로, 에이브럼스의 포수가 아예 볼 수도 없는 적 전차를 향해 발사될 수 있다. 이 탄환은 간접 발사 모드로 높이 발사된 다음 밀리미터파 레이더가 적 전차를 찾아 식별하면, 적 전차의 얇은 상부 장갑을 공격하기 위해 로켓을 사용한다. 전차들도 기존의 단순한 가시선, 무지능 포탄을 버리고, 이제는 보조 로켓이 달린, 지능적이며 기동 가능한 탄을 쓰고 있다.

전차 무기의 혁명은 역사적으로 전차에 대해 무력했던 포탄(artillery shell)에서 훨씬 더 극적이다. 예를 들면, 스웨덴군은 하찮은 박격포를 치명적인 대전차 무기로 발전시켰다. 스트릭스(Strix)는 120mm 성형 폭탄으로, 전형적인 박격포 방식으로 높은 호를 그리며 발사된다. 스트릭스 앞부분(nose)에는 적외선 영상 시스템이 들어 있어 내장 컴퓨터에 데이터를 보낸다. 그러면 컴퓨터는 측면 추력 장치를 제어해 박격포탄을 엔진이 가동 중인—따라서 적외선 신호를 갖고 있는—전차 상부로 유도한다.3 영국 우주항공국은 81mm 휴대용 박격포를 개발했는데, 종말 유도를 위한 밀리미터파 레이더를 사용해 똑같은 일을 수행한다.

여러 종류의 간접 사격 무기들이 전차 상부를 공격하는 데 사용될 수 있다. 코퍼헤드(Copperhead) 프로그램은 상부 공격용 155mm 탄을 개발하려는 미국의 초기 시도였으나, 그것은 어떤 표적에도 사용될 수 있다. 예를 들면, 지금 미국과 독일은 다중발사 로켓 시스템(multiple-launch rocket system, MLRS)을 개발 중인데, 각각 로켓이 들어 있는 여러 대의 발사기들이 연속으로 빠르게 발사되어 일정 지역을 초토화해 버린다. 기본적인 탄은 최대 사거리가 30km이며, 밀리미터파 추적기로 무장한 자탄(submunitions)을 표적까지 유도한다. 12대의 발사대에서 동시에 각각 12발의 탄이 발사되고, 각각의 탄은 다시 표적에 명중할 가능성이 매우 낮은 3개 또는 그 이상의 탄으로 분리되는 것을 상상해 보라. 그 효과는 가공할 것이다.

다중발사 로켓 시스템은 발사체와 탄약(munitions) 간의 또 다른 새로운 구분을 제시한다. 기묘한 방식으로, 이것은 탄환의 서로 다른 부분들이 나뉘어 있다가 화포 속에서 합쳐지는 포 전쟁의 초기 시절로 돌아가는 것이다. 현대의 공식은 탄환을 무기의 장거리 운송을 책임지는 발사체와 표적을 파괴하는 책임이 있는 탄약으로 구분한다. 최근까지 발사체는 곧 탄약이었다. 발사체는 탄두와 분리되지 않았고 함께 표적을 타격했다. 그러나 이제 발사체는 다시 한번, 파괴적인 탄약을 표적 부근까지 옮겨 주는 운반 체계가 되었다.

수천 피트를 날아갈 수 있는 포신 발사 포탄에서부터 수천 마일을 날 수 있는 크루즈 미사일까지, 고도로 기동 가능하고 지능적인 운반 체계의 출현은 장갑의 가장 취약한 부분을 타격할 수 있는 기회를 제공한다. 이러한 상황은 주 발사체가 자체 센서, 컴퓨터 그리고 기동 수단을 갖춘 지능적인 자탄들을 내보낼 수 있는 능력을 갖추면서 현저히 개선되었다. 이런 식으로 각각의 발사체는 어디에서나 수 개에서 수백 개에 달하는 표적을 원거리에서 신속하게 공격할 수 있다.

사막의 폭풍 작전 동안 우리는 토마호크 크루즈 미사일이 작동하는 모습을 보았다. 표적에서 5백 마일 떨어진 지점에서 발사된 크루즈 미사일은 자신을 유도하는 지형 추적 레이더와 위성항법시스템(GPS)을 사용해 지정된 표적까지 아음속으로 이동할 수 있었다. 일단 표적에 도달하면, 토마호크 미사일은 표적에 강하게 충돌해 약 1천 파운드의 폭약을 터뜨린다. 이때 발사체와 탄약은 하나이다. 이것은 효과적이지만, 아직은 아주 효율적이지 않다. 토마호크를 계승하는 미사일이 표적 지역에 도달한 후, 각기 표적을 찾아서 개별적으로 공격하는 자탄들로 분산되는 모습을 상상해 보라. 더 나아가 크루즈 미사일은 이후에 다시 활용되기 위해 기지로 돌아오게 된다.[4] 각 공격의 효과는 치솟을 것이고, 각 공격의 비용은 급격히 떨어질 것이다.

미 육군은 그 같은 무기 체계 개발을 최우선시하고 있다. 특히 중요한 것은 지능 대전차탄(Brilliant antitank munition: BAT)이라 불리는 자탄이다. 노드롭 사가 설계한 BAT는 처음부터 단거리 크루즈 미사일인 육해공 원격 공격 미사일(TSSAM)에 실리는 것으로 계획되었다. 22발의 BAT 자탄들이 장착될 수 있고, 각 자탄은 무게가 약 44파운드이고 길이는 3피트 정도이다.[5] 자탄은 접었다 펼 수 있는 날개와 자탄이 방출될 때 전개되는 꼬리 지느러미—자탄을 사악해 보이게 만든다—를 갖고 있다. 최근 개선을 통해 노드롭 사는 BAT에 소위 피뉴트(finute)라 불리는 것을 장착했는데, 이것은 지느러미가 달린 풍선-낙하산 조합으로, 자탄 후면에 있는 1인치 케이스 안에 들어 있다가 탄이 자유낙하를 시작할 때 방출된다.[6] 이는 BAT가 지상의 상황을 파악하고 표적을 포착할 더 많은 시간을 제공한다.

BAT는 최초의 진정한 다중센서 무기 중 하나로, 이는 적외선 센서와 음향 센서를 모두 갖추고 있으며, 엔진이 가동 중인 어떤 전차도 포착할 수 있다.[7] 실제로 미 육군은 밀리미터파 레이더를 달아서 BAT를 업그레이드하기로 결정했는데, 이는 BAT가 엔진이 꺼진 상태에서도 적 전차를 식별할 수 있게 할 것이다.[8] 공간 제약으로 인해 가까운 미래에 모든 BAT가 모든 센서를 장착할 수 있을 것 같지는 않다. 그러나 소형화와 내장 마이크로프로세싱의 발전을 고려할 때 이것은 전혀 상상 불가능한 일이 아니다. 가까운 미래에 센서들이 결합된 BAT가 나올 것이다.

아마도 이 무기의 가장 특별한 측면은 자체적으로 데이터를 처리한다는 것이다. 이와 관련해 두 가지가 주목할 만하다. 하나는 메가바이트 규모의 정보가 수초 안에 처리된다는 것인데, 이는 어떤 종류의 센서들에 의해 생성되는 정보의 크기를 생각할 때 놀라운 속도이다. 센서들이 BAT가 내리게 될 판단의 기초가 될 데이터를 제공하기에 충분히 정교하다는 점은 말할 것도 없다.

두 번째로 특별한 부분은 BAT가 당연히 수 초 만에 데이터를 해석해서 표적을 찾아내고 그것을 건물, 불타는 수목, 자동차 엔진 등과 구별할 수 있다는 점이다. 대량의 데이터를 세밀하고 빠르게 구별하는 알고리즘을 만들어내는 것은 인공지능에 근접하는 정도는 아닐지라도, 확실히 수학적 정교함을 요구하는 프로그래밍 수준을 요구한다. 일단 표적을 찾으면 BAT는 로켓의 모터를 점화하고, 날개를 사용해 공격으로 유도하면서 상대적으로 얇은 전차 상판을 뚫기 위해 전통적인 형태의 대전차 고폭탄을 사용한다.

자탄을 투사하는 방법은 수없이 많다. 노드롭 사는 BAT가 다중발사로켓 시스템(MLRS)으로 발사될 수 있도록 패키징하는 계획을 갖고 있다. MLRS는 12개의 로켓 발사대를 가지며, 노드롭 사는 로켓 하나당 두 개의 BAT를 장착할 계획이다. 이 경우 전술 로켓 시스템의 사거리가 상당히 짧긴 하지만, 단 한 번의 일제 사격으로 24발의 BAT가 발사될 수 있다. MLRS는 또한 두 대의 TSSAM(육해공 원격 공격 미사일)을 발사할 수 있는데, 이는 각기 22발의 BAT를 탑재하고 있어 총 44발의 BAT를 1백 마일 이상 발사할 수 있다.[9]

궁극적으로, BAT 또는 훨씬 더 지능적이고 더 치명적인 후속 무기는 어떤 플랫폼에서도 발사될 수 있다. 그 무기들은 예비용 플랫폼에 탑재되거나 유인 항공기에서 투하될 수도 있다. 또한 2마일 밖에서 포탄에 실려서, 또는 수천 마일 밖에서 크루즈 미사일에 실려서 표적까지 운반될 수 있다. BAT는 또한 전장의 수만 피트 상공을 맴돌면서 표적을 찾아 전장을 탐색하는 UAV에 탑재될 수도 있을 것이다. 일단 전차 무리가 포착되면 BAT는 대략의 표적 지역을 향해 강하할 것이다. 그리고 수천 피트 지점에서 낙하산-풍선을 펴고 센서를 가동한 다음 먹잇감을 발견하면 로켓을 가동해 공격을 가할 것이다.

BAT와 그와 유사한 무기들은 전차에게 치명적인 문제이다. 전차에 대한 전통적인 위협은 다른 전차나 보병, 항공기 등 전차의 반격에 취약한 플랫폼들에서 왔다. 그러나 이제 전차는 공격 대상에게 더 이상 반격을 가할 수 없을 것이다. 전차는 수천 마일 밖에 있는 센서에 의해 발각되고, 사실상 어느 거리에서든 발사되는 치명적인 자탄들이 무서운 정확성을 가지고 전차의 가장 취약한 부분을 타격하게 될 것이다. 이러한 공격에 대해, 느리고 둔중한 전차는 몇 킬로미터의 사거리를 가진 조준포로 맞설 것이다. 20세기 전차는 21세기에는 살아남지 못할 것이다.

다음의 시나리오를 생각해 보자. 합동 개구 레이더를 가진 저궤도 위성이 지역을 샅샅이 훑으며 모여 있는 전차들을 찾아내고 지도화한다. 정보는 인공위성들과 지상 기지국을 거쳐 전구 지휘관에게 전달된다. 지휘관은 광학, 적외선, 레이더 등 멀티 센서를 탑재하고 전장의 7천 피트 상공을 맴돌고 있는 UAV기에 그 지역에 초점을 맞추라고 지시한다. UAV는 지상의 표면을 스캐닝한 후 데이터를 통신위성으로 전송하면, 통신위성은 그 데이터를 인공위성들을 거쳐 전구 내에 있는(그러나 전투 지역과는 수백 마일 밖에 있는) 지상 기지국으로 재전송한다. 분석가들과 컴퓨터는 전투 지역으로 이동 중인 전차 대대를 식별해 낸다. 여러 가지 운반 시스템 중 하나를 선택할 수 있는 전구 사령관은 잠수함 발사 크루즈 미사일을 선택한다. 미사일은 발사된 후 GPS를 통해 스스로 위치를 조정해 가며 표적에 접근한다. 표적 지역에 다다르면 미사일은 자탄들을 내보내고, 수백 마일 밖에 있는 기지로 돌아간다. 발사된 자탄들은 해당 지역을 스캔하고 전차들을 찾아내 급습한다. 각각의 자탄들은 50%가 넘는 명중/파괴율을 갖는다.

마지막 순간까지, 단 한 번도 전차는 공격자들을 위협할 수 있는 위치에 있지 않으며, 그런 상황에서도 전차의 유일한 선택지는 습격해 오는 자탄들을 격추하려고 시도하는 것이다. 이는 극적으로 새로운 상황이다. 전차는 공격당할 수 있다. 하지만, 반격할 수는 없다. 실제로 전차를 공격하는 무기 체계는 그 폭과 길이가 수천 마일이고, 수백 마일 높이에 있으며, 그리고 데이터의 흐름과 연결되어 있다. 인공위성, UAV, 항공기, 미사일, BAT 등은 모두 전차를 꼼짝 못 하게 만드는 거대한 체계의 일부이다.

플랫폼과 컴퓨터: 데이터 수집과 활용

전차의 앞날을 더욱 캄캄하게 하는 것은 전차를 탐지하는 센서가 꼭 발사체나 탄약 안에 있을 필요가 없다는 사실이다. 이러한 플랫폼 중 3가지가 이미 작동되고 있다. 인공위성, 초계기, UAV가 그것이다. 각각은 현재 전투 환경에 대한 상세한 사진을 제공하지만, 전투 부대에 데이터를 적절한 방식으로 전송하는 능력에서 다양한 정도로 문제를 안고 있다. 각각은 이미 전쟁 수행에서 거대한 변화를 가져오고 있다.

- **인공위성 정찰** 인공위성 정찰의 장점은 넓은 지역의 지형에 대한 정보를 제공할 수 있다는 점이다. 한편 약점은 궤도를 도는 플랫폼으로, 장시간 동안 일정한 곳에 머물러 있을 수가 없다는 것이다. 정지 궤도에 있지 않은 한 통제된 방식으로 머물러 있을 수 없고, 그래서 완벽하게 지형을 조사할 수가 없다. 이것은 궤도를 도는 위성이 적 활동에 대해 스냅사진만 제공할 뿐 계속적인 모니터링을 할 수 없음을 의미한다. 계속적인 모니터링을 하려면 궤도에 다수의 위성을 띄우는 수밖에 없는데, 이것은 엄청난 비용이 든다. 그래서 인공위성 데이터는 전구 지휘관 같은 고위급 지휘관에게는 유용하나, 분 단위 업데이트가 필요한 전술 지휘관에게는 큰 가치가 없다. 인공위성은 적의 전차들이 모여 있는 곳을 찾아내는 데 사용될 수 있으나, 무기가 인공위성이 제공하는 데이터로 자동 유도될 수는 없을 것이다.
- **공중 정찰** 공중 정찰에는 몇 가지 장점이 있다. 공중급유를 받을 수 있다면

항공기는 같은 장소에 거의 무한정 머물러 있을 수 있다. 감시 대상 지역은 제어되고 수정될 수 있다. 항공기는 다양한 종류의 센서 장비와, 데이터를 정보로 전환하고 그 같은 정보를 거의 실시간대로 분배할 수 있는 충분한 인력을 실을 수 있다.

사막의 폭풍 작전 중, 미국은 이 같은 특성을 가진 항공기―합동정찰 표적공격 레이더 시스템(JSTARS)―를 실험적으로 배치했고, 그 결과는 굉장한 성공이었다. JSTARS는 AWACS(airborne warning and control systems)와 비슷한데, 다른 점은 AWACS는 공중전을 관리하도록 설계되었고, JSTARS는 지상전을 관리하도록 설계되었다는 것이다. 항공기는 보잉 707기로, 기체 하부에 26피트의 레이더 하우징(housing)을 장착하고 있다.[10] JSTARS는 최근 다중모드 레이더 시스템을 갖추었다. 이 모드 중 하나인 광역 정찰(WAS)/이동 표적 표시기(MTI)는 대상의 움직임을 추적하는 도플러(Doppler) 레이더이다. WAS 모드에서는 대규모 전차부대의 움직임이 감지될 수 있는 한편, MTI 모드에서는 개별 차량이 포착되고 바퀴 달린 차량과 무한궤도 차량이 구분될 수 있다. 흥미로운 일은 JSTARS의 주계약자는 노든 폭격조준기 제조사를 승계한 유나이티트 테크놀로지 노든 시스템이다.

JSTARS의 두 번째 레이더 모드는 합성 구개 레이더(SAR)이다. SAR은 JSTARS기가 표적 지역에 대한 지도나 특수 시설에 대한 사진 같은 이미지를 만들어낼 수 있게 한다. JSTARS는 교량, 지상에 대기 중인 항공기, 정차 중인 전차 등과 같은 고정 표적들을 보여줄 뿐 아니라, SAR은 지표면 아래 묻힌 금속 구조물도 보여줄 수 있다. 그것이 도달 가능한 깊이는 기밀 사항이다.[11] 지표면 아래 묻힌 무기들이 점점 더 중요해짐에 따라―그리고 기뢰전은 분명 사막의 폭풍 작전의 아주 중요한 부분이었다―이러한 능력이 결정적이 될 것이다. JSTARS는 남부 쿠웨이트에 있는 이라크의 지뢰밭을 보여줄 수 있었으며, 이는 미 해병대가 최소한의 희생만 치르고 그 지뢰밭을 처리할 수 있게 했다.

WAS/MTI 모드에서 JSTARS는 5만km^2 지역―한 변이 130마일 정도인

정사각형 지역—을 담당할 수 있다. 이는 사막의 폭풍 작전 동안 한 대의 JSTARS가 쿠웨이트 전역을 담당할 수 있었음을 의미한다(실제로 배치된 것은 두 대였다). 이는 또한 12×20마일 영역을 집중적으로 볼 수 있는데, 이 경우 개별 차량을 식별할 수 있다. JSTARS 편대는 그 어떤 크기의 전투 지역도 관측이 가능하다.[12]

JSTARS에도 몇 가지 문제가 있다. 하나는 축적된 데이터를 관리하는 것이고, 다른 하나는 축적된 정보와 전투 관리 간의 관계라는 일반적인 문제이다. 즉, JSTARS는 전투-관리 플랫폼으로 성장할 필요가 있는 데이터 생산 체계이다. 또 하나의 문제는 더욱 중요하다. JSTARS는 항공기이고, 그것도 크고 둔하며 기동력이 떨어지는 항공기이다. 지능적인 무기의 시대에, JSTARS는 요격하기 아주 좋은 목표이다.

- **무인항공기**: 가장 작고 가장 저렴하며 잠재적으로 가장 효과적인 센서 플랫폼은 무인항공기이다. 원칙적으로 취미용 무선 유도 비행기와 큰 차이가 없는 UAV는 몇 가지 장점이 있다. 이스라엘이 개발해서 사막의 폭풍 작전 중 미군이 사용했던 파이어니어(Pioneer)를 보자. 무선유도 모델과 외관상 매우 흡사했던 이 무인항공기는 1백 마일 이상의 작전 범위와 12,500피트의 순항 고도를 가졌고, 5시간 동안 시속 60마일의 속도로 비행할 수 있었다. 무엇보다도 3천 피트 이상의 고도에서 이 항공기는 그 크기와 엔진의 정숙성 덕분에[13] 거의 포착이 불가능했다.

파이어니어는 무선으로 통제되며, 콘트롤러가 있어서 데이터를 전송하는 TV 카메라를 사용해 그것의 움직임과 지형을 모니터링한다. 이러한 역할에서, 파이어니어는 광범위한 전술 및 작전 임무에 사용되었다.[14] 파이어니어의 성공은 UAV의 중요한 발전을 예고하고 있다. 미국은 UAV 편대를 개발하는 데 약 66억 달러를 투입해 왔다.[15]

항공기가 순수한 정찰 플랫폼으로 등장했다가 무기 체계로 진화했던 것처럼, UAV도 데이터 수집 및 전송 기기로 처음 등장했다. 그러나 '랩터 탤런(raptor talon)'이라는 암호명의 UAV 시리즈가 로렌스 리버모어 연구소에서 미사일 요격 플랫폼으로 개발되고 있는 중이다. 극히 높은 고도로 날며, 태양열 엔진이나 지상 기지의 마이크로 빔으로 재충전하는 배터리로 추진되는 이 '랩터'는 조용하고 은밀하게 수일 동안 공중에 머무를 수 있다.[16] 랩터에는 몇 개의 '발톱'이 부착되어 있는데, 내습하는 미사일을 요격하기 위한 지능적인 운동에너지 미사일들이다.[17] 공군이 존스홉킨스 대학의 응용물리학 연구소와 함께 검토해 온 또 다른 혁신은 대륙간 비행이 가능하고 마하 20 이상의 속도를 내는 정찰 드론이다. 이번 무기 개발 사이클에서 만들어질 가능성은 낮지만, 그것은 우리에게 다음 세대의 정찰 및 전투 관리에 미칠 영향에 대해 생각할 기회를 제공한다.[18]

그러므로 이미 세 가지 종류의 센서 플랫폼이 존재하고 있다. 가장 즉각적으로 유용한 것은 항공기 기반 시스템으로, 대형 유인 항공기의 취약성 때문에 장래가 밝지는 않다. 위성 정찰은 계속해서 전략적으로 유용할 것이다. 전장 위를 배회할 수 있는 위성에 대한 작전적, 전술적 필요성은 극적인 기술 혁신을 요구할 것이다. 센서 시스템들이 정지 궤도에서 작동할 수 있도록 개선되어야 하고, 또는 위성이 궤도에서 벗어나지 않고 머무를 수 있도록 엄청난 동력원이 발견되어야 한다. 전자가 후자보다 실현 가능성이 훨씬 더 높다. 분명 UAV는 향후 20~30년간 가장 큰 가능성을 갖고 있다. UAV의 가격이 저렴하기 때문에 그것을 잃더라도 큰 문제가 되지 않는다. UAV는 작고 민첩하며, 위치를 쉽게 바꿀 수 있고, 향후 다중센서와 심지어 무기까지도 탑재하게 될 것이다.

이러한 시스템의 성공은 하나의 역설을 만들어낸다. 센서의 기능이 대단히 좋으면, 군인들에게 유용한 정보로 전환될 수 없는 지나치게 많은 데이터를 생성하게 된다. 데이터와 정보 간에는 결정적인 차이가 있다. 데이터는 센서가 끌어모은 것들이다. 그 데이터를 해석하고, 유용한 실시간 정보로 전환하는 것은 더 어려운 일이다.

데이터-정보 문제에는 다섯 가지 부분이 있다.

- **기초 데이터 수집하기**: 센서들이 다양한 스펙트럼으로부터 대량의 디지털 자료 또는 수학적 공식의 형태로 전장 관련 정보를 모은다.[19]
- **기초 데이터 송신하기**: 센서를 통해 얻은 기초 데이터를 해석 노드(node)—컴퓨터 또는 인간—로 송신해 정보로 변환한다.
- **데이터 통합하기**: 다양한 소스들로부터 얻은 데이터 또는 정보는 적의 배치와 능력에 대한 이해 가능한 단일 정보로 통합된다.
- **정보 해석하기**: 정보가 분석되고 그 의미와 용도가 결정된다.
- **정보 전송하기**: 정보는 전투 지휘부로 전달되고 모든 적절한 직급에 하달된다. 이 과정에서 보안을 유지하고 데이터가 훼손되지 않도록 한다.

이 모든 것의 핵심은 '시간'이다. 전술적 전투에서는 분, 심지어 초가 큰 의미를 가진다. 적 전차 일개 중대가 언덕 너머에서 접근하고 있다는 것을 아는 것은 중대한 정보지만, 그것이 제때 전달되어야만 의미가 있다. 심지어 몇 분만 정보전달이 늦어도 쓸모가 없다. 스트레스가 엄청난 실전 상황에서 작전을 수행하는 지휘관의 능력을 넘어서는 세부 분석이 필요한 형태로 전달된 정보는 마찬가지로 쓸모가 없다. 적과 가깝게 접하고 있을수록 정보의 필요성은 더 긴급해진다. 전구 사령관은 수일 또는 수주 안에 일어날 위협에 관심을 갖는다. 사단장은 수 시간 또는 수 일을 신경 쓰고, 대대장은 수 분, 수 시간을 따진다. 그리고 중대장이나 소대장에게는 수 초가 중요하다. 그리고 전쟁은 분대와 소대 단위로 벌어진다. 전통적인 전술적 전쟁은 육군의 모든 분대를 포함하는 고객 명단에 따른 신속한 정보 처리를 요구한다.

그러므로 데이터 관리는 전술적인 지상전 중심축이 되어 왔다. 충분한 정보를 모으는 것은 더 이상 문제가 아니다. 이제는 관리가 불가능할 정도로 많은 데이터를 검토하고 분배하는 것이 문제가 되고 있다. 미 육군은 소위 육군 전술 지휘 및 통제 시스템(ATCCS)이라 불리는 프로그램에서, 그리고 전 출처 분석 시스템(ASAS)이라는 주요 하위 프로그램에서 이 문제에 초점을 맞추고 있다. CECOM(통신 및 전자 사령부)은 이 프로그램을 다음과 같이 설명한다.

ASAS는 야전 사령관들이 성공적으로 공중/지상전을 수행하도록 안내하는 중앙 신경 시스템이다. ASAS는 IEW(정보 및 전자전) 작전과 정보 통합 처리에 대한 명령과 통제를 자동화한다. 그것은 기동 병력과 시스템 운용을 안내하고 ATCCS 영역 내 시스템들이 서로 협력할 수 있도록 적의 상황에 대한 거의 실시간 이미지를 만들어낸다. 많은 첨단 센서 시스템들은 표적 정보를 제공한다. 그러나 그러한 정보를 처리하고 반응하는 능력은 오늘날 교범에 의해, 그리고 부분적으로 자동화된 방법에 의해 제한되어 있다. ASAS는 그 처리 과정의 속도를 높이고 정확성을 향상시키기 위해 최첨단 컴퓨터를 사용한다.[20]

ASAS는 모든 형태의 정보들—인간, 전기, 신호, 이미지—을 단일 정보 시스템으로 통합한 다음, 새로운 합동 전술 정보 분배 시스템(JTIDS)을 통해 모든 직급의 전투 지휘관들에게 를 통해 분배하기 위해 고안되었다.[21]

ASAS는 비판가들로부터 공격을 받아왔다. 의심할 바 없이, 전투의 모든 수준에서 완전 자동화된 전투 정보 시스템을 구축하려는 최초의 시도로서 ASAS는 많은 단점을 지니고 있으며, 다른 프로그램들에 의해 대체될 것이다. 그럼에도 불구하고, ASAS는 전투가 초반에 어떤 모습을 보이는지에 대해 많은 것을 보여준다. 그것은 또한 미국 군사 지도자들이 센서에 기반한 전쟁의 문제와 해결책을 어느 정도 알고 있는지 보여준다. 모든 출처로부터 나온 데이터를 통합하여 적절한 지휘 수준에 적정한 양의 정보를 실시간으로 분배하는 일은 전투의 최우선 사항이 되어왔다. 정보가 너무 적으면, 지휘관은 당황하게 될 것이다. 정보가 너무 많으면, 지휘관은 압도되어서 행동은 고사하고 이해조차 못할 것이다. 실제로, 사막의 폭풍 작전에서 노먼 슈워츠코프 장군은 적시 정보의 부족을 이 전쟁의 최대 실패 중 하나로 꼽았다.[22]

컴퓨터는 데이터를 걸러내고 통합해 지휘관들뿐 아니라 부관들에게도 정보를 전달할 것이다. 사실상 그 정보는 무기 자체에까지 전송될 것이다. 장거리 및 단거리 미사일은 시스템 정보를 통해 표적까지 유도될 것이다. 우리는 이미 이에 대한 초보적 수준의 사례를 사막의 폭풍 작전에서 보았다. 당시 GPS 위성은 누구나 그리고 B-52 폭격기, 토마호크 크루즈 미사일에 이르기까지 모든 것이 전장에서 자신의 위치를 파악할 수 있게 해주었다. 위성 사진이 그래픽 단말기를 통해 지휘관들에게 송신되었다. 적의 지뢰 매설 지역은 위성이나 항공기에 탑재된 합성 구개 레이더에 의해 샅샅이 드러났다. 다음 단계는 이러한 데이터를 단일 정보 시스템으로 통합하고, 이 정보 시스템과 무기 체계를 단일 작전 단위로 통합하는 것이다. 이러한 작전 단위에서는 거리(distance)가 시간과 데이터 흐름보다 덜 중요하다.

가격이 문제가 되지 않는다면: 전차의 생존 투쟁

전차가 당면한 문제는 차체의 가장 약한 부분을 공격하도록 설계된 일단의 발사체들로부터 스스로를 방어하는 것이다. 공격에 사용될 수도 있는 다양한 센서들이 방어를 더 어렵게 한다. 어떤 한 가지 타입의 센서—광학, 적외선, 레이더, 레이저, 음향 등—로부터 방어하는 것은 가능할 수도 있고, 또 비용면에서 효율적이다. 그러나 그들 모두로부터 방어하는 것은 훨씬 복잡하며 비용이 많이 드는 일이다. 여기에 더하여 전차가 발사체의 센서만이 아니라 '제3자의 센서'로부터도 자신을 가려야 한다면, 전차는 거의 극복할 수 없는 곤경에 처하게 된다. 더구나 이러한 것들은 전차가 현재 직면한 문제에 지나지 않는다. 새로운 센서 기술의 등장에 관해서는 언급조차 되지 않았다.

전차 설계자들에게서 하나의 해결책은 전차가 보이는 것에 대해서는 덜 신경 쓰고 잘 방어되어서 손상을 입지 않게 하는 데 더 신경을 쓰는 것이다. 결국, 이는 제1차 세계대전에서 애초부터 전차를 아주 효과적으로 만들었던 원칙이다. 전차 전체가 난공불락이 되어야 한다는 의미이다. 상부, 하부, 측면, 후면이 전면부처럼 되어야 한다. 불행히도, 현재의 장갑으로 전차 상부의 장갑을 강화하는 것만으로도 무게가 150~200톤가량 늘어나며, 이는 오늘날의 거대 전차보다 3~4배 더 무거워질 것이다. 적층재 같은 고급 장갑은 대등한 방어력 기준 20%쯤 무게를 줄일 수 있겠지만, 이는 그리 대단한 이득이 아니다. 왜냐하면 장갑을 더 강화하라는 압력이 합성 장갑의 이점을 재빨리 없애 버리기 때문이다.24

이 문제는 미 육군 전차 생존력 강화 프로그램 관리자였던 윌리엄 밀러 William Miller 대령에 의해 제기되었다. "대전차탄은 점점 더 커져간다. … 이제 우리는 기동의 문제가 있기 때문에, 우리가 원하는 만큼 장갑을 튼튼하게 만들 수 없는 지점에 이르렀다."25 전차는 다리를 건너고, 도로에서 작전하며, 그렇게 무거운 무게를 감당할 수 있는 항공기로 공수되어야 한다. 전차의 무게를 늘리는 것은 전략적, 전술적 기동성을 모두 망가뜨리고, 아마도 가장 심각한 것으로, 연료 소비를 천문학적으로 늘릴 것이다. 이는 이미 압박을 받고 있는 군수지원 체계에 큰 부담을 줄 것이다. 만약 전차가 살아남으려면 장갑에 의지하지 않고도 방어력을 높일 수 있는 어떤 방법이 발견되어야 한다. 우리는 장갑에 대해 근본적으로 다시 생각해 보아야 한다.

모든 현대의 장갑은 수동적이다. 장갑은 힘이 그것을 강타한 후 그 에너지에 저항하는 형태로 작동한다. 장갑이 수동적 저항만으로 작동하기 때문에, 능동적인 힘의 에너지를 능가할 만큼 튼튼해야 한다. 결국, 무게가 많이 나가야 한다. 그러나 장갑이 전적으로 수동적이 아니라 능동적이 되어서, 능동적인 수단으로 공격에 저항한다고 가정해 보라. 그러면 분명 에너지가 질량을 대신할 것이고 장갑의 무게는 현저히 줄어들 수 있다.

스마트 장갑 프로그램(Smart Amor Program)이라는 이름의 계획 하에 미 국방부 고등연구계획국(ARPA)은 에너지로 에너지에 맞서는 방법을 찾고 있다. 앞서 논의했듯이, 이는 장갑에 덧붙이는 아플리케로 사용된 반응 장갑으로 이미 어느 정도는 달성되었다. HEAT탄(대전차 고폭탄)이 아플리케를 때리면 그것이 폭발한다. HEAT탄의 돌기(extrusion)는 장갑에 도달하기 전에 방해를 받고, 결국 탄은 장갑을 뚫지 못한다. 그러나 반응 장갑은 운동에너지탄에는 별 소용이 없다. 아플리케에 부딪힌 운동에너지탄은 폭발에도 불구하고 장갑을 꿰뚫기에 충분한 에너지를 가지고 있다.

미 국방부 고등연구계획국이 의도하고 있는 것은 반응 장갑(또는 더 우수하고, 덜 불안정한 후속품)이 대전차탄이 충돌하기 전 눈 깜짝할 사이에 그것을 막아낼 충분한 에너지를 갖고 폭발하게 하는 것이다. 장갑을 경사지게 하는 것과 마찬가지로, 장갑과 탄두의 충돌에 각을 두면 탄이 뚫어야 할 장갑의 두께가 현저히 올라간다. 게다가 그 각은 대전차탄의 열화우라늄 돌기에 측면 압력을 가하면서, 돌기가 장갑에 접촉하는 순간 그것을 산산조각낼 것이다. 어떻게 장갑은 폭발 시점을 알 수 있을까? 수많은 마이크로센서가 부착된 그물이 실제 장갑에서 1피트 유격을 두고 전차 전체를 감싸고, 작은 폭발 타일도 차체를 적절히 감쌀 것이다. 탄이 그물을 때리면 센서들이 즉각적으로 크기, 속도, 충돌점을 측정하고 적정 수의 타일들이 폭발하도록 지시해서 운동에너지탄을 빗나가게 하거나 대전차 고폭탄의 돌기를 무력화할 것이다.[26]

분명 이를 위해서는 전차의 차체 전체를 컴퓨터화해야 할 필요가 있다. 그러나 이것조차도 여전히 많은 부분에서 너무 수동적이다. 또 다른 접근은 전차가 다가오는 발사체를 그것이 충돌하기 전에 파괴해서 물리칠 수 있게 하는 것이다. 즉, 소형 스타워즈나 소형 이지스 시스템 같은 것이다. 이러한 계획에서, 상부 공격 위협 탐지(TATD) 시스템이라 불리는 센서 시스템은 현재 미 육군 전차사령부와 델코 사(Delco)에서 개발 중인데, 다가오는 발사체를 식별하기 위해 도플러 트래킹 레이더(Doppler tracking radar)를 사용한다.[27] 탑재된 컴퓨터는 위협에 대해, 초음속 발사체에서부터 고에너지 빔, 반응 장갑에 이르기까지 적절한 대응을 선택하고 행동을 지시하게 된다. 이는 분명 흥미로운 생각이지만 개념적으로 결함을 가지고 있다. 본질적으로 움직이지 않는 물체인 전차는, 가늠하기 어렵지만 이론적으로는 무제한인 다가하는 수많은 발사체에 직면하게 되는데, 이 발사체들은 초음속의 속도로 이동하면서 변칙적이고 예측 불가능한 경로로 접근해 올 수 있다. 전차의 생존은 날아오는 미사일들을 하나도 남김없이 쏴 떨어뜨릴 수 있느냐에 달려 있다. 그리고 당연히 전차는 자신의 기본 임무를 수행하면서 이것을 할 수 있어야 한다. 그러한 무기 체계는 분명 '매우' 비쌀 것이다.

또 다른 가능성은 전차 외부 표면을 지능적으로 만들어서 전차 스스로 피해를 복구하도록 하는 것이다. 공군은 이를 항공기에 도입할 방도를 강구해 왔다. 즉, 항공기 외부 표면을 손상을 감지하면 복구할 수 있는 능력을 가진 센서들로 2인치 정도 적층하는 것이다. 예를 들면, 항공기의 외피가 찢어졌다면, 신호와 전력이 파손 부위를 비껴가게 되고, 항공기는 계속해서 비행할 수 있을 것이다. 게다가 외피에 내장된 미세 구조와 원형으로 돌아갈 수 있는 첨단 물질은 항공기와 전차가 물리적 손상을 흡수할 수 있는 능력을 증가시킬 것이다. 물론 비용은 천문학적일 것이고, 결국에 공격자는 분명 복구될 수 있는 정도보다 더 많은 손상을 입힐 것이다.[28]

결국 최선의 해결책은 처음에 거부되었던 방안일 수 있다. 즉, 전차를 포착되지 않게 만드는 것이다. 이것은 매우 어려운 과제인데, 가시성이란 더 이상 광학적 영역에만 국한되지 않기 때문이다. 그러므로 첫 단계는 전차가 더 작게 만들어질 수 있는지를 알아보는 것일 수 있다.

어떤 면에서 전차는 승무원을 보호하기 위해 존재한다. 승무원 수가 많아질수록 전차의 크기도 커져야 한다. 대부분의 현대식 전차는 4명의 승무원(지휘관, 운전병, 포수, 탄약수)을 태운다. 소련과 일본의 전차는 이미 탄약수를 없애고 기계식 장전기로 대신했다. 전차의 포탄이 점점 더 커지면서 이것은 어쨌든 필수적인 요소가 될 것이다. 전차 승무원을 더 줄이기는 어려운 일이다. 그러나 차량 전자화(vetronics)라 불리는 내부 제어의 발전으로 지휘관의 역할이 운전병이나 포수의 역할 중 어느 것과 결합될 수도 있다.[29] 별도의 지휘관은 전차 주위의 상황을 파악하기 위하여 필요했으며, 그는 포탑 위에 서서 또는 전차의 잠망경으로 주변을 살폈다. 이제는 이 문제를 해결할 방법이 있다. 1993년 육군 연구소는 전차를 투명하게 만들기 위한 프로젝트에 착수했다. 이 연구소의 소장 밥 밀러Bob Miller는 다음과 같이 말했다.

우리는 승무원 앞에 머리에 착용하는 디스플레이(Head-mounted

display)를 설치할 것이다. 그것은 덮개 없는 차량을 타고 있는 느낌을 갖게 할 것이다. 승무원이 머리를 돌리면, 시스템은 그가 다른 방향을 보고 싶어 한다는 것을 감지해서, 그 방향으로 보고 있다면 보게 될 것들을 제공하기 위해 센서들의 다양한 메모리 블록(blocks of memory)에 접근할 것이다. 우리는 분명, 적외선 레이더, 어쩌면 밀리미터파 레이더, 그리고 광학 레이더 등 다양한 센서들을 갖게 될 것이고, 이러한 센서들은 또한 센서 융합을 통해 결합될 수도 있다.[30]

다른 말로, 지휘관은 주변을 살펴보기 위해 더 이상 포탑의 해치에 서 있을 필요가 없을 것이다. 그러면 전차 승무원은 두 명의 전투기 승무원—앞좌석의 조종수와 뒷좌석의 무기 담당 장교—과 더 유사하게 기능할 것이다.

승무원이 줄어들면 전차 내부의 객실 크기도 줄어들 것이다. 한 걸음 더 나아가면, 전차에서 두 번째로 큰 부분인 포탑을 완전히 제거할 수도 있을 것이다. 장갑포 시스템(armored-gun system)은 최근까지 미 육군에서 추진되어 온 것으로, 이러한 가능성을 다루고 있다. 이 구상에 따르면, 화포 자체는 장갑 외부에 두되 중심축 위에 올려놓고 탄약과 장전기는 내부에 둔다. 이 모든 것들은 전차의 무게를 70~30톤 정도로 줄일 것이고, 그 부피도 마찬가지로 줄어들 것이다. 그러나 전차는 여전히 엔진, 무한궤도, 장갑으로 이루어진 거대한 물체일 것이다. 전차를 민첩하게 만들려면 다른 수단이 필요할 것이다.

B-2 폭격기의 경우처럼, 진정한 해결책은 모든 영역에서 전차를 가려줄 기술이어야 한다. 미 육군 전차차량 사령부는 1992년 연구에서 현대 전장에서 눈에 띄지 않으려고 하는 전차가 직면하는 복잡한 장애물을 시사하고 있다.

미래 전장의 첨단 센서 시스템은 지휘관들로 하여금 이러한 위협으로부터 자신의 전차를 재빨리 가리거나 차폐하도록 만들 것이다. 적외선 유인장치와 연기(smoke)는 지휘관이 탐지를 최소화하기 위해 전차의 신호를 관리하는 데 도움을 줄 수 있다. 그러한 기술은 전장에서 기만을 돕는 데 효과적인 연기와 차폐제에 초점을 맞추고 있다. 기술적 탐색에는 적외선 차단 합성물, 대기 효과(atmospheric effects), 다중 스펙트럼 차단 합성물, 적외선 방출 연기, 고에너지 레이저 및 고출력 마이크로웨이브파를 차단하기 위한 에어로졸, 첨단 확산 개념, 연기 제거 개념, 실시간 차폐제 특성 분석, 비독성 연기/차폐제 등이 포함된다. 다중스펙트럼 차폐 연기/차폐제를 위해 필요한 고속 살포장치는 적의 유도무기에 신속히 대응하기 위한 대항 수단을 제공할 것이다.31

이 분석은 열 차단(heat shielding)과 연기 및 비말 살포 등으로 적외선 스펙트럼에서 전차를 차폐하는 데 초점을 맞추고 있다. 이것은 전차가 엄청난 양의 열을 발생시키기 때문에 아주 중요한데, 이러한 열은 배기의 방식으로 남게 되고 일반적으로 엔진에서 배출된다. 다소 간과되는 것이, 더 전통적인 레이더뿐만 아니라 레이더와 밀리미터파 레이더로부터 보호해줄 다중 스펙트럼 차폐막(multi-spectral screens)을 만들어야 한다는 점이다.

또한 아직 논의되지 않은 것은 전차가 가장 취약하며, 또 대응 수단이 가장 마땅치 않은 영역인 음향 감지(acoustical sensing)이다. 시속 30마일로 움직이는 50톤의 기계는 시끄러울 수밖에 없다. 그러나 퇴역 육군 장성 필립 볼테 Phillip L. Bolte가 음향 감지 및 지동 감지(seismic sensing)를 차단하기 위한 프로젝트가 추진 중에 있다고 언급한 점에 주목할 필요가 있다. 이는 우리가 적 전차를 잡기 위해 지동 감지에 대한 연구를 하고 있다는 것을 시사한다.32

볼테의 논의에는 모순적인 측면이 있다. "신호의 감소가 적에게 탐지될 가능성을 줄이는 데 사용되는 것처럼, 신호는 적 전차를 탐지하는 데 사용될 수 있다."33 이것은 모든 차폐 장치의 딜레마이다. B-2 문제를 돌이켜보자. 만일 미국의 방공 전문가들이 다른 국가가 스텔스 폭격기를 개발하고 있다는 사실을 발견했다면, 그들은 즉각 기술적인 대응 수단을 고안하고자 했을 것이고, 아마도 그것을 이루어냈을 것이다. 이와 마찬가지로, 전장에서 자신의 전차가 눈에 잘 띄지 않게 하기 위해 무엇을 해야 하는지를 설명하고 난 다음,

TACOM의 인사들은 방향을 바꾸어서 어떻게 우리 자신의 전차에 대한 신호 감소 연구가 결국 적 전차 탐지를 더 용이하게 만들 것인지에 대해 설명했다. 여기에는 모순에 대한 인식도 없고, 적 역시 동일한 일을 할 것이라는 인식도 없었다. 실제로, 국방부는 비밀리에 저피탐 합동 대응과(Joint Counter-Low Observable Office)를 창설했는데, 그들의 임무는 나머지 부서들이 개발하고 있는 극히 값비싼 스텔스 기술을 꺾는 방법을 연구하는 것이었다.[34]

복합 스텔스 기술, 신호 차단, 그리고 전자전 능력의 활용은 확실히 전차를 찾아내고 전차와 싸우는 것을 더 어렵게 만들지만, 그것은 또한 전차를 훨씬 더 비싸고 그래서 더 귀중한 것으로 만들 것이다. B-2와의 비유를 계속하자면, 25톤의 폭탄을 운반하기 위해 6억 달러의 폭격기를 위험에 처하게 하는 것이 타당한 전통적인 임무를 정의하기 어려운 것처럼, 단 하나의 전차포가 2천 파운드의 발사체를 5천 미터 거리에 발사하기 위해 1천만, 2천만, 또는 5천만 달러의 전차를 위험에 노출하는 것이 타당한 상황을 정의하는 일 또한 어려워지고 있다. 전차의 비용은 분명 치솟을 것이지만, 그것의 치명성은 여전히 단 하나의 직사포—어쩌면 미사일 발사기와 함께—로 한정될 것이다. 우리는 위험을 무릅쓰기에는 너무 비싸고 임무를 완수하기에는 충분히 치명적이지 않은 무기를 갖게 될 것이다.

한 대의 M-1 전차는 현재 3백만 달러 정도 한다. 밀리미터파 레이더와 적외선 센서를 쓰는 수색-파괴 미사일, SADARM 하나는 7천 달러이고, 레이저 유도 헬파이어는 5만 달러, 밀리미터파 유도 헬파이어는 20만 달러 정도다.[35] SADARM이 기대에 부응하는 수준에 훨씬 가까워진다면, 에이브럼스 전차의 비용은 치솟을 것이다. 왜냐하면 그러한 무기 체계를 방어하기 위해 더욱더 많은 조치들이 취해져야 하기 때문이다. 여기에는 BAT와 같이, 단순히 스마트할 뿐만 아니라 지능적인 발사체들이 포함된다. 이것들은 적 장갑차의 존재를 감지할 수 있을 뿐만 아니라 그것을 적 장갑차로 인식하고, 스스로를 표적으로 유도하고, 대응 수단을 회피하고, 정확한 방식으로 폭발할 수 있다.

의심할 여지없이, 전차가 계속 전장에서 기능할 수 있게 하는 수단들이 발견딜 수 있다. 다가오는 발사체를 탐지하는 센서들은, 발사체들이 고도의 스텔스 기능을 갖추지 않은 경우, 미사일의 자동 추적을 불가능하게 하는 차폐 수단을 자동적으로 작동시킬 수 있다. 또한 센서들은 다가오는 발사체를 요격하는 발사체의 발사를 작동시킬 수도 있다.[36] 소련은 이미 드로즈드(Drozd)라는 코드명 아래 그 같은 시스템을 개발한 바 있다.[37]

진부화: 기갑전의 종말

이제 우리는 문제의 핵심에 이르렀다. 전차의 목표는 대형 화포를 전장으로 옮겨서 적의 방벽을 무너뜨리고 보병들을 살상하고 보급선과 통신을 교란하는 데 있었다. 항상 그렇듯이, 전차를 위협으로부터 방어하는 비용이 최초 임무의 편익을 훨씬 앞지르기 시작했다. 달리 말하자면, 전차의 최초 목적이 전장의 주요 지점에 정확하게 폭탄을 갖다놓는 것이었다면, 그렇다면 장거리 발사체로 더 싸고 효율적으로 행해질 수 없다는 것이 더 이상 분명하지 않다. 전차를 부수는 데 전차를 동원해야 할 필요가 없고, 적 대형을 포위하고 고립시키는 데 굳이 전차를 동원할 필요가 없는 것이다.

전차가 점점 더 진부화되는 데는 두 단계가 있었다. 첫 번째 단계는 전차가 처음 자신에게 부여된 주요한 대보병/대방벽(antifortification) 역할을 버리고 대전차 역할을 점점 늘렸을 때였다. 하지만 이 시점에서 전차는 여전히 전투에 영향을 미칠 수 있는 위치에 있었고, 실제로 전투 결과를 좌우했다. 제2차 세계대전 중 쿠르스크(Kursk) 전투나 1973년 중동전쟁 중 차이니즈 팜 전투(Battle of the Chinese Farm) 같은 전차전이 그러한 예다. 적 기갑을 격파하는 것은 적의 전쟁 수행 기반을 취약한 상태로 만들었다.

진부화의 두 번째 단계는 전차가 더 이상 전차를 위협하는 무기 플랫폼들에 타격을 가할 수 있는 위치에 있지 않았을 때 찾아왔다. 기본적인 위협이 가시선 기반 무기들이거나 적어도 전차의 사정거리 내에 있는 플랫폼에서 발사되어야 하는 무기들인 한, 전차는 여전히 공격 능력을 보유했다. 따라서 유선 유도(wire-guided) 또는 섬유광학 유도(fiber optically guided) 미사일들은 해당 탄환이 전차를 맞힐 가능성을 높이긴 했지만, 그러한 미사일 플랫폼은, 심지어 어느 정도는 휴대용 대전차 미사일조차도 전차에 취약한 상태였다.

그러나 1980년대 동안에 간접 발사는 전차를 새롭고 방어가 어려운 처지에 놓이게 만들었다. 이제 전차는 더 이상 자신들을 가장 위협하는 대상을 타격할 수 없었다. 그들이 할 수 있는 전부는 스스로를 방어하는 것뿐이었다. 주요한 위협들이 사정거리 너머에 있게 되자, 전차는 뒤집어진 거북이처럼 되었다. 살아남을 수는 있지만 제대로 기능할 없었다. 전차는 미사일들이 다가올 때 격추시키거나 장갑 아래 웅크리고 있는 것 말고는 할 수 있는 게 없었다. 냉전이 끝나지 않았었더라면 미국은 기갑 전력을 업그레이드하는 데 600억 달러를 쓸 각오가 되어 있었다.

현대전은 지구의 특정 지점으로 다량의 폭탄을 가져가서 그것들을 파괴당하지 않고 적에게 발사하는 것을 중심으로 이루어져 왔다. 이를 위해서 무기 플랫폼은 적의 사정거리 안으로 이동해야 했다. 이는 매우 가깝게 다가가야 한다는 것을 의미했다. 전차는 이러한 이동이 승무원들이 살상당하는 일 없이 일어날 수 있도록 하기 위해 발명되었다. 그러나 단지 사정거리뿐 아니라 속도와 정확도에서 대혁신이 일어남으로써 발사체를 표적 근처까지 끌고 갈 필요가 없게 되었다. 즉, 발사체는 거기까지 날아갈 수 있다.

결국에는, 무기 플랫폼과 발사 통제 시스템을 더 이상 결합할 필요가 없어질 것이다. 오히려 정반대로, 국립연구위원회는 미 육군을 위한 연구에서 "미래에는 무기를 표적설정을 수행하는 체계와 물리적으로 분리하는 것이 필요하다"고 밝혔다.[38] 관측능력은 발사능력과 개념적으로 별개이고 실질적으로도 다르다. 왜냐하면 관측수단은 가장 높고 시야가 가장 탁 트인 곳에 있어야 하는 반면, 무기는 이상적으로 지형지물 속에 감춰져 있어야 하기 때문이다. 새로운 기술이 성숙함에 따라, 이러한 기능들을 하나의 느린 차량에 몰아넣고 적으로부터 몇 마일 안으로 접근하는 것은 말이 되지 않을 것이다.

2편 해전

07

포함의 흥망

The Rise And Fall Of The Gunboat

THE FUTURE OF WAR

해전은 화포 기반 전쟁의 최종 단계(endgame)를 경험하고 있으며, 이는 지상 기반 전쟁을 바꿔놓고 있는 동일한 과정의 일부이다. 그리고 수상함은 현재 발생하고 있는 변화에 가장 취약할 것이다. 수상 전함의 주요한 무기로서 미사일에 의한 함포의 대체는 제2차 세계대전 이후 점진적으로 진행되다가 1970년대에 정착되었다. 이는 항공모함에 의해 강요되었는데, 아주 먼 곳까지 화력을 투사할 수 있는 항공모함의 능력은 대부분의 전투가 함포의 사거리 밖에서 벌어진다는 것을 의미했다. 아이러니하게도, 미국이 1989년 페르시아만에 있는 석유 시추 시설을 파괴함으로써 이란에 대해 행동을 취하기로 결정했을 때, 미국은 놀랍게도 값비싼 미사일들로 중무장한 자신의 함선이 그 시설들을 파괴할 화력이 없다는 사실을 발견했다. 함선들은 주로 기념 행사에 사용되는, 갑판에 장착된 소구경 함포들만 가지고 있었다.

그러나 다른 모든 수상함들처럼, 항공모함은 이 같은 변화의 수혜자이자 희생자였다. 미사일 때문에 항공모함들은 종전보다 훨씬 더 먼 사거리에서 위험에 처하게 되었다. 그리고 미사일의 정확성과 지능이 증가함에 따라 항공모함이 피격당할 가능성이 더 커졌다. 중요한 것은, 미사일이 몇 가지 기능을 함포만큼 잘 또는 값싸게 수행할 수 없었다는 사실이었다. 예를 들면, 미사일은 해안 포격용으로는 고통스러울 정도로 비용이 많이 들었고, 1980년대에 미국은 자신의 해군 역량을 증대시키기 위해 퇴역한 전함들을 재취역시켰다.

결국 우리는 14세기에 시작되고, 19세기에 성숙해졌으며, 20세기 들어 노쇠해지는 하나의 과정이 끝나는 것을 지켜보고 있다. 지상에서 처음 화포가 모습을 드러냈던 것과 같은 시기인 1340년에, 영국은 바다에서, 즉 슬루이스 Sluys 전투에서 함포를 사용했다.[1] 함포의 등장은 해전의 양상을 극적으로 바꾸어 놓았다. 함포가 나오기 전의 해전은 지상전과 다르지 않았다. 주로 노를 저어, 때로는 돛으로 움직였던 배들은 가장 유리한 조건으로 적선에 접근할 수 있기 위해 집단으로 기동했다. 양측 함대가 서로 가까이 다가갔고, 갈고리 줄들이 적함으로 날아가 공격자와 방어자를 한데 묶었다. 때로는 수십 척의 배들을 한 번에 묶었다. 그런 다음에야 함대의 진짜 무기들이 모습을 드러냈 했다. 검, 도, 창, 몽둥이, 그리고 심지어 돌덩이로 무장한 선원들은 지상전에서 보병들이 했던 것처럼 백병전을 벌였다.

때로는 선박에서 최초의 대포—기계적 투석기—를 사용해 무거운 물체, 발화성 화학물질, 또는 불타는 솜을 상대편 배에 날려 보냈다. 대포가 없는 측은 적의 배에 신속하게 접근하여 갈고리를 던졌고, 그런 식으로 대포의 효과를 없앰으로써 그 문제를 해결했다. 발사율과 표적 조준 두 가지 면에서 이러한 초기 대포의 비효율성은 접근전(closure)이 실질적인 해결책임을 의미했다. 이는 대포를 그토록 매력적으로 만든 이유였다.

전통적 해전은 다루기가 간단해서 선원들이 여러 임무를 수행할 수 있는 대량의 소규모 선박들에 특별한 중요성을 부여했다. 장거리까지 힘을 투사하는 것은 상당히 어려웠는데, 공격하는 측은 불가피하게 방어하는 측보다 배와 선원 수에서 열세였기 때문이다. 대포(cannon)는 상당한 거리를 유지하면서 적선에 피해를 입힐 수 있게 했으며, 이는 인력의 이점을 제거하였고, 기술적으로 진보한 공격자 측에 우위를 가져다주었다.

대포의 도입은 대포가 지상에서 군대들을 떨어뜨려 놓았던 것처럼, 배들을 떨어뜨려 놓았다. 지중해 국가들, 특히 베네치아는 지리적 여건에 의해 제약을 받았다. 지중해에서의 교전은 대개 연안에서 치러졌는데, 연안에서는 노선(oar-driven boat)이 범선(sailing ship)보다 더 효율적으로 움직일 수 있었기 때문에 갤리선(galley)이 지배적으로 남아 있었다. 갤리선은 노잡이들이 만들어낸 추진력을 이용해 적선을 들이받고, 그런 다음 활과 검, 그 외 작은 무기들을 갖춘 해군 보병이 적선으로 뛰어올랐다. 갤리선은, 비록 지중해 내해에 완벽하게 적합했을 뿐만 아니라 본거지 가까이에서 싸우기 때문에 상대적으로 많은 수의 배와 병력을 집중시킬 수 있었던 국가들에게 완벽하게 적합했음에도, 대포로 무장한 더 큰 범선의 쉬운 먹잇감으로 전락했다.

포함의 기원

유럽의 해양 국가들이 왜 장거리 범선을 만들었는지 살펴보는 것이 중요하다. 그 답은 유럽 대륙의 지리와 15세기 세계 정치에 있다. 유럽, 특히 서유럽의 경우는 대서양 유역에 대한 접근권을 갖고 있었다. 기독교 유럽의 최대 적, 이슬람 세력은 동반구의 번영하는 중심부들, 인도양 그리고 지중해를 장악하고 있었다. 이슬람 해역—지중해와 인도양—의 지리는 대서양의 지리와 완전히 다르다.

인도양과 지중해는 모두 '닫힌(enclosed)' 바다였다. 지중해는 지브롤터Gibraltar가 유일한 출구였으며, 이는 간단하게 봉쇄될 수 있었다. 인도양에는 몇 개의 출구—아프리카의 희망봉, 오스트레일리아를 돌아가는 긴 항해, 그리고 여러 인도네시아 해협을 지나는 좁은 통로들—가 있지만 모두 항해하기 어렵고, 적대적 군사 행동에 의해 차단되기 쉬웠다. 전체 해역이 닫혀 있기 때문에, 그리고 그 해역을 에워싼 육지의 형태 때문에 연안 해역을 떠나지 않고 항해하는 것이 가능했다. 기껏해야 큰 만이나 해협을 가로지르는 정도였다. 그리고 더 중요한 것으로, 이 해역을 벗어나면 그다지 매력적인 것이 없었다. 대서양이나 태평양은 지중해나 인도양의 풍요로운 무역에 대한 매력적인 대안을 제공하지 못했다. 아마도 인도네시아 군도의 먼 쪽은 아마도 제법 매력적이었을 것이다. 그러나 중국 세력을 상대하기가 만만치 않았다. 따라서 이슬람 세력은 자신의 부유한 유역에 머무를 충분한 이유가 있었고 그 유역을 떠나 위험을 무릅쓸 정치적, 경제적 동기가 거의 없었다.

장거리 대양 항해는 중국에게도 별로 매력적이지 않았다. 태평양 동쪽으로는 고된 항해를 해서 얻을 만한 것이 전혀 없었고, 인도양 유역을 지나는 것은 지상군의 지원을 받을 수 없는 해전을 의미했다. 여러 아메리카 인디언 제국들도 대서양과 태평양의 방대하고 텅 빈 해역에 도전해볼 동기부여가 되지 않았다.

국가들은 절실한 필요와 지리적 기회 없이는 거대한 탐험에 국가적 자산을 쏟아붓지 않았다. 탐험은 극도로 많은 비용이 들었다. 콜럼버스의 항해에 대한 이사벨라 여왕의 재정 지원에서부터 국가의 등골을 휘게 할 정도의 NASA 예산에 이르기까지, 탐험은 주변 지역에 대한 모험과는 달리, 국가 자원의 상당 부분을 투입하도록 요구했다. 따라서 탐험은 모험가들의 즉흥적인 열정이 아니라 긴급한 필요에 의해 추진되어야 한다.[2]

이슬람인들과 중국인들은 자신들의 지역 밖을 탐험할 급박한 이유가 없었다. 유럽의 경우는 완전히 달랐다. 대서양을 마주하고 있던 유럽 국가들은 지중해와 인도양 연안에 있는 입지 조건이 좋고 기후가 온난한 나라들에 비하면 가난했다. 기후와 지리를 고려할 때, 이러한 상황이 개선될 여지는 없었다. 따라서 이들 나라는 부를 다른 곳에서 구할 충분한 동기가 있었다. 그러나 남쪽에 있는 바다인 지중해는 이슬람 세력 및 그들과 베네치아의 동맹에 의해 닫혀 있었고, 동쪽으로는 훨씬 더 가난한 중부와 동부 유럽이 있었고 아시아까지는 거리가 아주 멀었다. 이는 무역상과 모험가들에게 전혀 매력적이지 않았다. 북쪽으로는, 이들이 근근이 살아가는 극지 근처의 스칸디나비아에서 얻을 게 훨씬 더 적었다. 하지만 만약 이슬람인들을 우회하여 남쪽으로 가서 서부 아프리카 연안이나 인도양에 도달할 수 있다면, 유럽인들, 특히 스페인인들과 포르투갈인들은 분명 큰 부를 발견할 수 있으리라고 보았다. 그들은 분명 자신들이 그 외에 다른 무엇을 만나게 될지 전혀 알지 못했다.

아이러니하게도, 조선학과 군사학 모두에서 기술적으로 뛰어났지만 대부분의 내륙 국가들보다 더 가난했던 대서양 연안의 국가들은 어쩔 수 없이 유라시아 연안을 돌아다니다가 격리된 위대한 문명들의 영역을 침공해서 인류 역사상 최초의 진정한 세계적 문화를 강요했고, 세계의 나머지 지역을 유라시아 체제의 주변부로 만들어 버렸다.[3]

지중해나 북인도양을 항해하는 데 필요한 항해 기술은 태평양은 고사하고 대서양의 광대한 해역을 누비는 데 필요한 기술에는 훨씬 못 미치는 것이었다. 그러므로 대서양 연안의 유럽 국가들은 넓은 대양에 적합한 항해 기술을 개발하지 않을 수 없었다.

지리적 여건은 대서양 연안 유럽 국가들로 하여금 병력 보충이 불가능한 환경에서 수적으로 상당한 우위에 있는 적들과의 전투에서 살아남기 위해 대규모 장거리 선박을 만들게 했다. 지중해의 선박인 갤리선은 작전 거리가 짧았지만 가까운 곳에 압도적인 전력을 집중시키기 위해 정확히 통제될 수 있었던 반면, 대서양의 선박들은 적정한 거리를 유지하고 그들의 선택지를 열어 두어야 했다. 전 세계를 항해하는 것은 노잡이만이 아닌 다른 동력 수단에 의해 움직이는 대형 배를 필요로 했을 뿐만 아니라 일단 목적지에 도착했을 때 힘을 행사할 수단을 필요로 했다. 갤리선 함대에 대규모 보병들을 태워 세계를 항해하는 것은 현실적이지 않았다. 대서양 연안 유럽 국가들은 갈고리를 걸거나 들이받기 위한 용도가 아닌 소수의 대형 배들로 도착해서 원주민들이 자신들의 조건으로 거래를 하도록 강요해야 했다. 그들은 원주민들과 거리를 유지하고 원주민들의 작은 배들을 침몰시키고 원주민들의 항구를 박살낼 수 있는 수단이 필요했다. 그 답은 두말할 필요도 없이 함포였다.

바다에서 화포는 지상의 대포보다 정확성이 훨씬 떨어졌다. 배는 불안정한 플랫폼이었고, 흔들리는 갑판에서 발사를 하려면 시간이 정확히 맞아야 했다. 16세기 초에, 중대한 돌파구가 마련되었다. 아래쪽 갑판에도 포문을 뚫은 것이다. 이로써 배의 좌우 측면에 설치될 수 있는 화포의 수가 대폭 증가하였고, 따라서 명중률도 올라갔다. 포를 좌우로 움직일 수 있게 되면서 전함은 거의 360도로 포격을 가할 수 있게 되었다. 매우 빠르게 군비경쟁이 시작되었다. 영국, 프랑스, 스웨덴 등 여러 유럽 열강들은 자신들의 배에 최대한 많은 함포를 신고자 했다. 포르투갈이 이 경쟁에서 앞서나갔는데, 1554년에 최소 366문의 화포를 실은 사오 하오Sao Joao호를 진수시켰다.[4]

이와 거의 비슷한 시기에, 최초의 최적화된 돛을 단 전함인 갤리온선이 등장했다. 갤리온선은 갤리선의 연장선상에서 만들어졌다. 전통적인 배들에 비해 디자인이 더 날렵했고 장식적인 누각이 없어졌으며, 안정성과 기동성이 더 나아졌다. 하지만 배가 선폭에 비해서 길었기 때문에 민첩성을 잃지 않으면서도 필요한 모든 대포를 실을 수 있었다.

이들 선박의 크기 자체는 세계를 항해할 수 있는 능력에 크게 기여했다. 대형 배들은 선원을 많이 태우기 위해 필요했지만 또한 많은 물자를 실을 수도 있었다. 몇 척 안 되는 배들로 수년간의 항해를 위한 충분한 물자를 실을 수 있었다. 유럽의 배들은 기지로 되돌아가지 않고도 장기 군사작전을 펼 수가 있었다. 이들 대형 범선은 빠르지는 않았지만, 장거리 작전 능력과 공격력이 있었다.

배 설계의 본질을 바꾼 것 외에도 화포를 배에 탑재한 것은 또 다른 세계사적 중요성을 가졌다. 이제까지 개개의 배는 극히 취약했으며 특히 먼바다에 있을 경우에는 더욱 그랬다. 외국의 연안 해역에 들어가는 것은 특히 치명적이었는데, 외국 군대나 해적들이 접근해 승선할 수 있었고 배를 나포당할 위험도 상당히 높았기 때문이다. 노잡이에 의해 움직이는 갤리선은 어떤 환경에서도 멀리 항해할 수 없었는데 인간의 체력이 속도와 거리를 제한했고, 따라서 번창하는 무역이나 노략질의 기회도 제한했다. 하지만 갤리선보다 훨씬 나은 항해 능력을 가진 범선조차도 재래식 무기에만 의존했더라면 심각하게 제한적이었을 것이다.

함포를 실은 선박은 대단한 이점을 가졌다. 홀로 항해를 하더라도 대포가 없는 무장 선박들이 주를 이루는 해역에 진입해 이 배들의 접근을 저지할 수 있었다. 실제로, 이 배들은 더 가까이 올수록—그들은 침입자를 습격할 부대원을 승선시키려면 다가가야 했다—대포 사격에 더욱더 취약해졌다. 그러므로 대포로 무장한 아주 적은 수의 배—심지어 단 한 척의 배로도—는 적의 연안 해역에서도 교전을 해서 적선을 파괴하거나 물리칠 수 있었다. 갈고리를 걸려면 아주 가까이 접근해야 한다는 점이 대포에 매우 유리하게 작용했다. 추가적이고 중요한 이점은 배가 적의 해안에 포격을 가해 상륙부대를 지원하거나 상륙부대 자체를 대신할 수 있었다는 점이다.

대포는 유럽인들이 원하는 곳에 가서 원하는 일을 할 수 있도록 해주었다. 포르투갈 선원들은 인도양 유역의 중심부로 들어가서 저항하는 세력들을 일소해 버렸다. 바스쿠 다가마Vasco Da Gama는 일찍이 1502년에 인도양 유역으로 진입해서 그 바다를 지배했다. 그는 자신의 함포가 가능하게 해준 극도의 잔인성을 발휘해 그 같은 일을 해냈다.

우리는 380명의 성인 남자와 많은 여성과 아이들을 싣고 메카Mecca로 가던 배를 나포했다. 그리고 그 배로부터 1만2천 두카트(ducat)와 적어도 1만 두카트가 나갈 상품들을 빼앗았다. 그러고 나서 배와 배 위의 모든 사람들을 화약으로 날려 버렸다. 10월 1일이다.[5]

이 항해가 끝날 무렵, 바스쿠 다가마는 콜카타Calcutta의 수마리Sumari를 굴복하게 만들었고, 그 상태를 유지하기 위해 대포를 갖춘 함대 하나를 남겨 놓았다.

대포는 바다에서의 전력의 균형(balance of force)을 완전히 기울여 놓았다. 대포로 무장한 선박들은 적대적인 환경에서 살아남을 수 있었다. 그들은 상륙부대를 지원하거나 배에서 포를 떼어내 해안으로 옮김으로써 해안에 힘을 투사할 수 있었다. 동등한 무장이 없었던 현지 지도자들은 항복하거나 일종의 합의를 해야만 했다. 그러므로 유럽 연안 해역에서 처음으로 벗어났던 포르투갈과 스페인은 이 새로운 대포의 사용을 통해서 거대한 규모로 제국적 관계를 강요할 수 있었다. 17세기경에는 화포가 선박의 통상적인 무기가 되었다.

1618년 영국 개혁 위원회는 다음과 같이 보고했다.

어떻게 오늘날 해상 전투가 거의 적선에 올라타지도 않고 활, 화살, 작은 총기 그리고 검을 많이 사용하지 않게 되었는지는 경험이 가르쳐 주고 있습니다. 전투는 주로 돛대, 활대를 부러뜨리고 찢어발기고, 배에 구멍을 내는 대형 대포에 의해 수행되고 있습니다. 따라서 폐하 해군의 커다란 우위는 배가 감당할 수 있는 정도의 대포를 각 선박에 배치함으로써 신중하게 유지되어야 합니다.[6]

귀류법으로서의 전함

범선은 실제로 유럽 힘의 기초였으나, 그 힘을 계속 지탱할 수는 없었다. 시간이 지날수록 범선은 불리해졌다. 어쨌거나 유럽 제국은 범위에 있어 전 세계적이었다. 가장 빠른 통신 수단은 가장 빠른 선박보다 더 빠르지 않았고, 배의 움직임은 조류, 해류, 바람 그리고 날씨에 크게 영향을 받았다. 통신의 불확실성은 곧 정보의 불확실성을 의미했다. 식민지 최전방으로부터 오는 뉴스는 수주 또는 심지어 수개월씩 지체되었기 때문에, 유럽의 수도들은 자신들의 제국에서 무슨 일이 일어나는지 제대로 파악할 수가 없었다. 위기의 소식이 본국에 도달했을 때쯤이면 이미 상황이 종료된 경우가 많았고, 대개 본국에 불리한 쪽으로 그렇게 되었다.

그 결과 정치 권력과 군사력이 모두 전 세계에 걸쳐 분산되어야 했다. 올바른 군사 원칙에 반하여, 결정적인 조치가 필요할 때까지는 병력이 예비 상태로 집중되어 있을 수 없었다. 그들은 어디든 문제가 '발생' 할 수 있는 지역에 위치해 있어야 했다. 더욱이 위기는 경보 없이 발생할 수 있으므로, 각각의 분산된 전력은 병력 보강 없이도 문제에 대처할 수 있을 만큼 충분히 커야 했다. 최소한 현지 전력은 더 큰 병력이 도착할 때까지 수용 가능한 교착상태를 유지할 수 있어야 했다.

유럽 국가들 중에서 자국의 해안선과 식민지로 가는 보급로를 지키면서, 동시에 식민지 내부의 정치적, 군사적 상황 변화를 통제하고 그 식민지를 다른 제국에 의한 침탈로부터 보호할 해군 주둔을 제공하기에 충분히 큰 전력을 운용할 수 있는 국가는 아주 소수였다. 여기에 더해 유럽 내에서 주변 국가들을 상대하기 위해 대규모 지상군을 유지해야 할 필요성을 고려한다면, 우리는 아무런 육상 국경이 없는 영국이 자신의 유럽 경쟁국들에 대해 이점을 가졌음을 쉽게 알 수 있다. 우리는 또한 자신의 국경을 전혀 방어할 능력이 없는, 벨기에나 네덜란드 같은 약한 나라들이 거대한 제국적 이익을 구축할 수 있었던 이유를 알 수 있다. 지리적으로 취약한 상황에 있다는 점이 그들로 하여금, 해로를 통제하고 유럽 대륙의 세력균형을 유지하는 일은 영국에 의존하면서, 자신들의 전력을 식민지에만 집중시키는 호사를 누릴 수 있게 했다.

전력의 분산은 현지에 배치할 군사력을 필요로 할 뿐만 아니라, 총독에서부터 관료에 이르기까지, 최신 정보를 갖고 필요에 따라 지휘 결정을 내릴 수 있는, 식민지 사무국에서 파견된 정치 지도자들을 필요로 했다. 제국의 공식적인 연결 관계는 종종 비공식적인 현실을 은폐했는데, 그것은 식민지들이 어떤 실질적인 의미에서 본국으로부터 효과적으로 독립적이었다는 사실이었다. 실제로, 때때로 식민지 관리들은 본국의 바람과 상당히 상충하는 정책을 추구하기도 했다.

유럽 제국의 운명은 로마의 모델을 따랐을 수도 있다. 로마의 경우 지역 군벌들이 수도의 권위로부터 벗어나 자신의 지역에 방벽을 치고, 제국적 권력을 얻기 위해 이웃 군벌들과 전쟁을 벌이거나, 심지어 본국의 수도와도 전쟁을 했다. 근본적인 원심력이 유럽 제국 체제 내에 존재했고, 많은 긴장 사례들이 있다. 분열이 저지된 것은 유럽의 행정 기법이 로마보다 앞섰기 때문이 아니라, 기술 혁신이 제국의 주변부에서 중심부로 전달되는 정치, 군사 정보의 속도를 높이고, 중심부로부터 주변부로 병력을 이동시키는 데 걸리는 시간을 줄였기 때문이다. 그 결과 지역 총독들에 대한 보다 직접적인 정치적 통제가 행해졌고, 지역 총독들은 이제 병력을 파견하려면 본국 수도에 요청해야 했다. 그리고 그러한 병력은 계속해서 지역이 아닌 중앙의 통제 하에 있었다. 이와 동시에 대규모 병력을 사전에 배치하는 것이 불필요했기 때문에 제국 군사력을 유지하는 비용이 극적으로 감소되었다. 이 또한 중앙 정부에 큰 이점이 되었다.

정보 전달과 힘의 투사 속도를 높일 수 있는 능력은 모든 유럽 국가들에게 분명한 이익이었다. 하지만 특히 영국처럼 광대한 제국적 자산을 획득한 후에 보수적 입장을 취했던 나라들에게 그랬다. 그런 나라들에게 문제는 이미 획득한 것을 지키는 일이었다. 그러므로 영국은 특히 기술 혁신을 이용하는 데 열심이었고 유능했다. 증기기관의 보조를 받는 범선들과 순전히 석탄으로만 움직이는 증기선은 영국과 다른 유럽 국가들이 그들의 식민지들에 더 빨리 도달할 수 있게 해주었을 뿐만 아니라 날씨나 조류와 같은 일시적인 요인들을 극복할 수 있게 했다. 사상 처음으로 통신과 이동이 예측 가능해졌고, 따라서 계획될 수 있었다. 무선통신의 등장은 정보 전달을 향상시켰으며, 그럼으로써 신속한 수송의 필요성을 증가시켰다.

확실히, 문제가 있는 지역에 군대를 신속하고 자유로이 보내는 것에 대한 주된 위협은 점령지가 아니라 다른 유럽 국가들로부터 제기되었다. 19세기 동안 유럽 국가들이 통합된 실체를 형성할 수 없었던 것은 각국이 다른 국가의 제국적 패권을 약화시키는 데 이해관계를 갖고 있었고, 각자 자신의 제국적 힘을 증대시키려 했다는 것을 의미했다.

프랑스의 영토적 자산이 늘어남에 따라, 북아프리카와 인도차이나의 자원을 동원할 수 있는 능력도 마찬가지로 늘어났고, 유럽 내에서 프랑스의 힘을 증가시켰다. 1871년 독일이 통일되면서, 독일은 착취할 식민지가 없어서 자신의 힘이 제한되어 있고, 가장 매력적인 식민지들은 이미 오래전에 경쟁국들이 다 차지해 버렸다는 사실을 발견했다. 독일은 아무도 손대지 않은 작은 땅을 차지하는 것은 물론이고, 다른 제국 국가들의 수중에 있는 식민지의 일부라도 얻어내려고 혈안이 되었다.

따라서 강대국들이 식민지 자원을 확보함으로써 본국에서의 국가 안보를 지키려고 함에 따라, 19세기는 해군 경쟁의 시기가 되었다. 19세기 후반 막강한 중부 유럽 국가—독일—의 등장은 처음으로 대서양 연안 유럽 국가들의 세계 지배에 대한 도전을 제기했다. 독일은 자신의 지리적 입지 때문에 정치적으로 불안정하면서도 거대한 산업적 능력을 갖추고 있었다. 1815년 이후 영국과 프랑스 사이에 구축된 안정적인 관계는 독일이 지정학적 동등성을 추구하면서 흔들리기 시작했다. 이 같은 상황에 더해서, 세기가 바뀌는 시점에 글로벌 세력으로서 미국 해군이 등장하고 동시에 일본의 해군력도 부상하면서, 대서양 연안의 유럽 국가들은 갑자기 자신들이 모든 방면에서 위험에 처해 있는 것을 발견했다.

유럽 북서부에서 수에즈 운하를 통과하거나, 또는 희망봉을 돌아서 인도양 유역까지 간 다음 중국과 태평양으로 가는 긴 보급로는 차단에 취약했다. 유럽의 힘은 자신의 식민지까지의 해로를 통제하고 그 식민지들을 침탈로부터 지켜낼 수 있는 각 나라의 능력에 달려 있었다. 해안선을 지키고, 해로를 통제하며, 해안에서 연안 지역으로 힘을 투사할 수 있는 무기가 필요했다. 그 무기는 이 모든 것을 병력 증강 없이 할 수 있어야 했다.

전함은 이러한 지정학적 문제로부터 탄생했다. 거리는 빠른 배를 요구했다. 임무는 다른 선박의 사정거리 밖에서 교전할 수 있게 하고 적 선체의 장갑을 꿰뚫을 강력한 화포를 필요로 했다. 이러한 화포를 실으려면 대형 선박이 필요했고, 탄환의 충격을 견뎌내기 위해서는 중장갑의 선체가 필요했다. 그 결과는 속도, 장갑, 그리고 무장 사이의 끝없는 경쟁이었고, 그 과정에서 전통적인 수상함은 전함으로 발전했고 전함은 점점 더 커졌다.

1850년 평균적인 전함의 배수량은 7천 톤 정도였다. 1900년에는 15,000톤으로 늘어났고, 1920년에는 30,000톤을 넘어섰다. 제2차 세계대전 시기에는 거의 60,000톤까지 올라갔다. 그러므로 백 년 사이에 전함은 거의 900%나 커진 셈이다.[7] 또한 화포의 무게도 급등했다. 1861년 HMS 워리어Warrior호의 경우 화포가 4.1톤, 포탄이 110파운드였는데, 1906년 HMS 드레드노트Dreadnought호의 경우는 화포가 57.7톤, 포탄이 850파운드였다.[8] 그러나 함선의 지정학적 효과는 증가하지 않았다. 초기 함선들은 상선 및 동시대의 전함에 대해 그들의 후예인 거대 함선 못지않게 효과적이었다. 배가 억지로 커진 것은 기생적일 뿐이었고 동일한 기본 임무를 수행하는 부담이 더 늘어난 것을 나타냈다.

전함은 사정거리 안에 들어오는 어떤 것에도 치명적이었다. 문제는 그 범위가 매우 제한적이라는 것이었다. 비록 조준이 점점 더 정확해지고 발사체의 크기도 비약적으로 커졌지만, 전함이 탄을 발사할 수 있는 사거리는 수 마일 증가했을 뿐이다. 전함 한 대는 최대 반경 13마일, 즉 5백 제곱마일을 조금 넘는 바다를 장악할 수 있었다. 예를 들어, 지중해는 크기가 971,000제곱마일이고 이 해역을 전부 커버하려면 1,942척의 전함이 필요하게 된다. 완전한 커버에 대한 대안은 전력을 전략적 지점들에 집중시키거나 적의 편대가 함대의 사거리 내로 들어오게 만드는 것이었다.

이 전략의 분명한 문제는 함대가 포격을 위해 포를 조준하려면 자신을 적의 포격에 노출시켜야 한다는 점이었다. 물론 사거리와 속도에 있어 근소한 우위가 중요하지만, 이러한 이점을 활용하려면 자신의 병력에 대한 완벽한 지휘와 통제뿐만 아니라 적의 배치와 역량에 대한 완벽한 정보가 필요하다. 아마도 양측 함대는 상대방의 사거리 안으로 들어가게 될 것이고, 결국 접전이 벌어지면 가장 빠르고 가장 운이 좋은 쪽에 승리가 돌아갈 것이다.

비슷한 수준의 무기를 가진 세력들 간의 전투에 대한 전술적 해결책은 기습이다. 기습은 일시적 우위를 만들어낼 수 있지만, 발사하려면 13마일 이내로 접근해야 하는 무기들을 가지고는 기습을 성취하기 어려울 것이다. 특히 해상 레이더가 도입된 이후에는 전함 함대를 기습할 수 있는 기회가 거의 없어졌다. 그러나 그 이전에도 선상 포격의 한계는 적 함대가 전함에 의해서든, 함대의 움직임을 엄호하는 구축함에 의해서든 발각된다는 것을 의미했다.

전함은 답보 상태에 들어갔다. 전함이 진부화되었다는 방증 중 하나는 기술적 역량 차이가 미미하다는 점이다. 실제로 제1차 세계대전 중 최후의 대규모 전함 함대전이었던 유틀란트Jutland 해전은 전술적으로는 무승부로 끝났으며, 영국에 승리가 돌아간 것은 단지 독일의 후퇴에 의한 것이었다. 골리앗과 사울의 갑옷에서와 마찬가지로, 해결책은 공격력과 방어력을 점진적으로 강화하는 데 있는 것이 아니라 근본적으로 새롭고 더 단순한 기술로 고르디우스의 매듭을 단칼에 끊는 데 있다.

골리앗처럼 전함은 사정거리 내에 있는 상대는 누구든 처부술 수 있었다. 전함은 단지 20노트의 속도로 매우 작은 해역 내에서 돌아다닐 수 있었다. 그러므로 전함을 깨는 묘책은 다윗이 사용한 전법의 변형으로 싸우는 것이었다. 즉, 전함의 사거리 밖에 있으면서 별로 비싸지 않은 발사체를 발사할 수 있는 무기를 찾아내는 것이다.

비록 전함(battleship)의 발전을 주도하는 원동력은 다른 전함들의 위협이었을지라도, 적 선박(vessel)들을 물리치는 것은 그 자체로 목적이 아니라, 단지 목적에 이르는 수단일 뿐이었다. 주된 목표는 해로에 대한 통제권이었다. 즉 상선들이 본국과 식민지 사이를 항해할 수 있게 하고, 타국에 속한 상선들의 이동을 차단하고, 상륙강습을 막아내고, 적의 해안진지를 폭격할 수 있는 능력을 갖추는 것이었다. 문제는 이 모든 것이 전함이 아니라 선박에 의해 달성할 수 있다는 점이었다. 실제로 더 빠르고, 더 작고, 더 가볍게 무장한 많은 수의 선박들이 그 같은 임무에 더 적합할 것이다. 왜냐하면, 대상이 무장하지 않았거나 경무장한 상선들이었기 때문이다. 전함은 주된 임무가 완수될 수 있을 때까지 살아남아 있어야 한다는 부차적 임무를 위해 필요했다.

'해로 통제'라는 문제에 대한 효율적인, 사실은 우아한, 해결책으로서 시작되었던 것이 주된 공격 임무에 하나도 보탬이 안 되는, 놀랄 만큼 비싼 방어 수단들로 둘러싸이게 되었다.[9] 누구도 그 비용은 만만히 볼 수가 없다. 1850년에서 1945년까지 전함 1척의 비용은 무려 2백 배 이상 증가했다.[10] 1896년 발주된 메인Maine호는 4,700만 달러였다. 반면 1937년 발주된 노스캐롤라이나North Carilina호는 7,700만 달러, 1940년 발주된 아이오와Iowa호는 1억 달러 이상이었다.[11] 시간이 지나면서 전함의 성능이 개선되었으나, 증가한 비용에 견줄 수 있는 수준이 아니었다.

전함 건조가 국가 예산에 가져온 부담은 막대했다. 1899년 독일 해군 예산은 1억 3,300만 골드마르크(gold mark)였다. 그해 건조가 시작된 빗텐스바흐Wittensbach호는 2,270만 골드마르크로, 단 하나의 무기 플랫폼에 당시 독일 해군 예산의 약 20%가 투입된 셈이었다. 1906년 해군 예산은 2억 3,300만 골드마르크까지 상승했는데, 이는 약 75%의 상승률이었다. 그 당시에 발주된 헬골란트Helgoland호는 4,600만 골드마르크 이상의 비용이 들었는데, 빗텐스바흐 호의 비용보다 두 배 이상이었다.[12] 그동안 독일의 GDP는 고작 27% 상승했다.[13] 전반적인 국방비 지출, 특히 전함의 비용은 분명히 독일의 경제 성장을 앞지르고 있었으며, 이러한 상황은 다른 모든 강대국들에서도 마찬가지였다.

이것은 전함이 한 국가의 전략적, 작전적 역량을 갉아먹기 시작했음을 의미했다. 지상군 확대, 방어 요새 건설, 대포, 그리고 이후에는 항공기와 같은 다른 목적에 쓰일 수 있었을 자원들이 수가 줄어들고 있는 더 값비싼 전함들을 위해 배정되었다. 그리고 분명 성능이 개선되기는 했으나 그 효과도 개선된 것은 아니었다. 예를 들면, 메인호는 10노트의 속도로 약 5천 마일 반경의 수역을 항해할 수 있었고, 최고 속도는 18노트였다. 메인호는 4문의 12인치 함포를 갖추고 있었다.[14] 한편 노스캐롤라이나호는 메인호보다 두 배의 항행거리를 가졌으나, 훨씬 커진 함포의 유효 사거리는 미미하게 좋아졌을 뿐이었다.[15] 따라서 노스캐롤라이나호는 확실히 더 유능한 전함이었지만, 꼭 더 효과적인 전함은 아니었다.

20세기 초반에는 세력균형이 안정적으로 유지되었지만 그러한 안정성을 유지하는 것의 결과는 바뀌었다. 결국 그 부담은 강대국들만이 감당할 수 있는 것이 되었고, 나중에는 강대국들도 아주 어렵사리 감당하는 상황이 되었다. 따라서 제1차 세계대전 말기에 미국과 영국이 전함의 숫자와 톤수를 제한하는 조약을 강요함으로써 해군의 상대적인 힘을 안정시키려 한 것은 놀랄 일이 아니었다. 그들은 군비경쟁을 멈추게 함으로써 전략적 우위와 그로 인한 경제적 이익을 유지하고자 했다. 그들이 실패했던 이유는 세 번째 해양 강대국인 일본이 결코 수용할 수 없는 현상(status quo)을 유지하려고 했기 때문이었다. 그리하여 군비경쟁은 다시금 시작되었다.

전함의 주된 임무인 해로 통제는 전함이 처음 도입된 1870년대보다 1913년 또는 1938년에 더 효과적으로 수행되지 않았다. 제국적 강대국들의 해로는 1880년보다 1900년에 더 안전하지 못했다. 성능 향상이 유효성을 확대한 게 아니라, 그것을 단지 유지했을 뿐이다. 비무장 상선들에 대한 화력은 크게 변하지 않았고 적의 전함을 이길 수 있는 능력도 마찬가지였다. 속도는 약간 늘어났으나, 이 배고픈 야수에 연료를 공급하는 군수지원의 복잡성도 그만큼 늘어났다. 전함의 능력을 향상시키기 위해서는 더욱더 많은 자원이 다른 임무로부터 전용되어야 했다.

전함은 무기 분야에서 진부화의 전형적 사례였다.

- 전함은 유럽의 해양 제국들을 위해, 그리고 이후에는 미국의 제국적 이익을 위해 해로 통제를 유지하면서 자신의 역사 내내 중요한 기능을 수행했다. 전함은 원거리에서 자율적으로 작전을 수행하면서 병력 보강 없이도 자신보다 적은 해군 선박이나 해안 표적에 상당한 화력을 투사할 수 있었다. 전함은 빠르게 움직이고, 강력한 타격을 가하고, 생존할 수 있었다.
- 다른 전함들로부터 압박을 받는 상황에서, 전함은 그 성능을 크게 저하시키는 일 없이 상대적 생존성과 치명성을 유지했다. 물론 이는 상당한 비용을 요구했다.
- 전함의 효과성을 유지하는 비용은 다른 전력들을 배치하고 경제적 복지를 유지하기 위한 국가의 능력을 약화시켰다.
- 1890년대 말에 최첨단이었고 관련 민간 부문의 발전을 촉진했던 전함 기술은 1930년대에 구식이 되어 버렸고, 최신 기술에 투입되어야 할 자원을 고갈시키고 있었다.
- 효과적인 경쟁자가 없었기에 전함은 계속해서 군림했고, 새로운 배를 만들 때마다 더 커지고 점점 더 비싸졌다.
- 결국 진부화된 전함은 전함의 약점을 이용하고, 전함의 임무를 대신하고, 그리고 민간 기술의 새로운 혁신에도 기여할 수 있는 단순한 기술로 인해 존재 기반을 잃었다.

전함의 궁극적인 문제점은 앞서 몇 번이고 밝혔던 것처럼, 불과 몇백 파운드의 폭탄을 12마일 정도 투척할 수 있는 배 한 척을 만드는 데 국가 자산의 상당 부분이 들어간다는 사실이었다. 문제는 전함이 이것을 잘하지 못했다는 것이 아니었다. 들어간 비용을 고려한다면, 전함은 잘할 수밖에 없었다. 문제는 이것이 전함이 할 수 있는 전부라는 것이었다. 전함은 작은 살상 구역 내로 들어올 만큼 어설픈 어떤 선박이라도 파괴할 수 있었고, 실제로 파괴했다. 그러나 제1차 세계대전에서의 해상 초계와 제2차 세계대전에서의 레이더 등과 같은 센서를 통해 얻는 해군 정보의 증가로 인해 그 같은 어이없는 실수가 일어날 가능성은 줄어들었다. 20세기에 전함은 거대하고 치명적인 골리앗으로 성장했다. 본래의 골리앗처럼, 전함은 무시무시해 보였지만 약점이 있었다. 그 약점 중 하나는 바다 아래에서 왔다. 그러나 실제로 골리앗을 쓰러뜨린 다윗은 위에서 왔다. 항공모함 발진 항공기가 바로 그것이었다.

몰락 이후: 전함 이후의 수상전

진주만이 항공모함의 부상과 전함의 몰락을 의미한다고 널리 받아들여지고 있다. 하지만 이 주장이 완전히 옳지는 않다. 진주만은 함대의 전투가 아니라 움직일 수 없는, 사실상 무방비 상태의 선박들에 대한 공격이었다. 전함은 진주만에서 일본인들에 의해 끝장난 게 아니었다. 여섯 달쯤 뒤, 미드웨이Midway 전투에서 미국인들에 의해 끝장났다.

미드웨이는 진정한 해전이었고, 항공모함의 능력에 대한 진정한 시험 무대였다. 일본은 자신들이 진주만 공격에서 잠재적으로 치명적인 실수를 저질렀다는 사실을 깨달았다. 처음 두 번의 공격이 선박과 항공기들을 파괴했던 반면, 석유 탱크와 드라이 도크(dry dock)를 제거하기로 계획되어 있던 제3차 공격은 실행되지 않았다. 그래서 진주만은 여전히 사용 가능했을 뿐만 아니라, 일본이 결코 따라갈 수 없는 방대한 미국 군사력 증강의 중심이 되고 있었다.

미드웨이를 장악했다면 일본은 그 비행장에 장거리 폭격기를 배치했을 것이다. 이는 일본이 진주만의 미군 배들을 압박하고, 어쩌면 여전히 취약한 미군 함대를 샌디에이고나 샌프란시스코로 퇴각하게 만들 수 있었다는 것을 의미했다. 이는 가공할 미국의 반격을 방지하고 호주에서의 어떤 증강 조치도 불가능하게는 아니어도, 어렵게 만들었을 것이다.

이 임무는 아주 중요한 것이어서, 야마모토(山本) 제독의 지휘 하에 있던 전체 일본 제국 함대가 나섰다. 함대는 세 부분으로 나뉘었다. 빠른 항공모함들은 미드웨이를 공중에서 폭격하는 한편 일본 상륙부대에 대한 미 항공모함의 공격을 차단하는 역할을 맡았다. 이 두 그룹을 지원하는 것은 다수의 일본 함대들로, 여기에는 일본의 대형 전함들이 포함되었다. 그들의 상대는 심하게 손상된 요크타운Yorktown호를 포함한 세 척의 미국 항공모함과 소수의 구축함과 순양함들이었다.

뜻밖의 행운으로, 그리고 일본 해군의 암호를 해독해냄으로써 미국은 선제공격을 실시하여 일본의 항공모함들을 침몰시킬 수 있었고, 그러면서도 단지 요크타운호만을 잃었다. 일본의 상륙부대는 피해를 입지 않았고, 야마모토의 직접 지휘 하에 있던 수상 전투 그룹은 고스란히 남아 있었다. 그러나 전투는 끝났다. 야마모토는 접전을 중단하고 공격을 포기했다. 일본은 전략적 수세로 방향을 전환했고 다시는 미국에 대한 대규모 공세를 펼치지 않았다. 하지만 일본 함대의 상당 부분은 건재했다. 단지 소수의 항공모함만이 격침된 상태였다. 그런데 왜 야마모토는 전투를 포기했을까?

두 척의 미국 항공모함이 야마모토의 전함들을 그들 거대 함포의 사정거리 내에서 만났다면 꼼짝없이 당하고 말았을 것이다. 그러나 야마모토는 그 항공모함들을 쫓으려 하지 않았다. 자신의 전함들이 미국의 항공모함에 포를 발사하려면 그 항공모함을 둘러싼 수백 마일 깊이의 살상 구역으로 들어가지 않으면 안 된다는 것을 야마모토가 이해했기 때문이다. 야마모토의 인식에서, 전함이 위험에 처해 있을 그 시간이, 얻을 수도 있을 전과를 상쇄시켜 버렸다.

미드웨이에서 최고의 전함 주위에 포진해 있던, 온전한 상태의, 교전 경험이 많은 수상 함대는 두 척의 미국 항공모함과의 전투에 들어가기를 거부했다. 사정거리가 힘의 상관관계를 재정의했다. 화포의 치명성과 심지어 정확성은 만약 그것들이 적에게 도달하지 못한다면 아무런 의미가 없었다. 따라서 뇌격기(torpedo plane)와 급강하 폭격기(dive bomber)라는 보완 수단을 갖춘 항공모함은 전함의 공격으로부터 안전했다. 전함은 항공기의 작전 가능 범위 내로 들어오는 순간부터 위험해졌다.

제2차 세계대전 이후 미국이 배운 분명한 교훈은 전함이 해군의 전투력에 실질적인 도움이 되기는커녕 물자만 소모한다는 것이었다. 바스쿠 다가마와 드레이크, 넬슨과 파라구트Farragut의 후예들은 이제 막강한 항공모함에 경의를 표하기 시작했다. 항공모함은 매우 넓은 해역을 돌아다닐 수 있어서 2~3척만 있으면 북대서양 전역을 완전히 관할할 수 있었다. 과거 명성을 떨치던 전투 라인들은 항모전단으로 재편성되었다. 공해에서 전함의 역할은 지원을 제공하는 것 외에는 남은 게 거의 없었다.

항공모함 전단에서 수상 무기들은 두 가지 기능을 담당했다. 작고 민첩한 구축함들은 소리 없이 미끄러져 들어와 항공모함에 어뢰 공격을 할 수 있는 적 잠수함들을 차단하는 역할을 했다. 순양함과 일부 구축함들은 항공모함 자체의 전투 공중초계(combat air patrol)를 보충하는 임무를 맡아 수백 마일 밖의 적 항공기들을 면밀히 감시했다. 구형의 폼폼 포(pom-pom gun)부터 현대식 이지스 방공 시스템까지, 최신 대공 체계를 탑재한 이러한 선박들은 내습해 오는 항공기나 전투 공중초계 범위 밖에서 날아오는 미사일들로부터 함대를 보호한다.

항공모함을 건조하는 데 드는 막대한 비용은 사실상 미국 이외의 모든 국가들을 게임에서 떨어져 나가게 만들었다. 일부 국가들은 수직 이착륙(VTOL) 항공기를 발진시킬 수 있는 항공모함을 계속해서 건조했으나, 이들의 전투 성능은 미국 항공모함에서 발진하는 재래식 항공기에 비해 너무 형편 없어서 추진하는 의미가 없었다.[16]

사실상 대부분의 유라시아 국가들은 대양을 포기하거나 미국의 용인 하에 대양을 돌아다녔다. 그들이 자국 해군에게 부여한 유일한 요구사항은 외부의 침략으로부터 연안 해역을 방위하는 것이었다. 심지어 소련마저도 그들의 해군 구조를 주의 깊게 살펴보면, 수상함들을 기본적으로 NATO의 침입에 맞서 북부 해안을 순찰하기 위해 사용했다. 소련이 미국과 유럽 사이의 보급로를 끊기로 계획했을 경우, 그들의 계획은 잠수함과 백파이어 폭격기 같은 장거리, 지상 발진 항공기를 동원하는 것이었다. 소련은 항모전단에 맞서 수상함을 출격시키는 것에 대해서는 어떤 진지한 고려도 하지 않았다.

그러나 유라시아 연안을 따라 수상함들이 활발히 활동했다. 그 이유 중 하나는 항공모함이 수상함들을 지원했던 것만큼이나 지상 발진 항공기들이 연안 근처에서의 해상 작전을 지원할 수 있었기 때문이었다. 또 다른, 어쩌면 더 중요한 이유는 연안 함정들(coastal vessel)이 전통적인 함포를 버리고 그것들을 함대함 또는 함대공 미사일로 대체했다는 점이었다. 이렇게 해서 연안 소형정들(coastal boat)이 포함(gunboat)이 되었다.17

소련은 스틱스 미사일을 개발하면서 이 같은 변화를 선도했다. 코마르(Komar)급의 소형 수상함에서 발사되었을 때, 스틱스는 1967년 이스라엘 구축함 '엘리엇'을 격침했다. 그 교훈을 뼈저리게 느꼈던 이스라엘은 프랑스로부터 어느 정도는 훔치다시피 해서, 사르(Saar)급 쾌속 공격정 함대를 들여왔다. 이스라엘군은 이 민첩한 소형선들에 기관총이나 소구경 무기 대신 자체 제작한 함대함 미사일 가브리엘(Gabriel)을 탑재했다.

쾌속정과 가브리엘 미사일의 결합은 1973년 전쟁에서 괄목할 만한 성과를 보였다. 이스라엘 해군은 이를 이용해 시리아 해군을 처부수고, 다시 해안 목표물까지 공격했다. 그리고 이스라엘의 사르급 쾌속정들이 시나이반도에 있던 이집트 육군을 측면에서 공격하여, 그곳에 집중되어 있던 지대공 미사일들을 파괴했다. 이로써 이스라엘 항공기들이 이집트군의 후방으로 침투할 수 있는 활로를 열어 주었다. 작전 가능 범위 내에서는 쾌속정과 가브리엘 미사일의 결합이 탁월하고 치명적인 것으로 입증되었다.

여기에는 두 가지 핵심 요인이 있었다.

- 가브리엘은 결코 탄도미사일이 아니었다. 그것은 유도미사일로서, 사람과

미사일 자체의 프로그램에 의해 유도되었다. 가브리엘은 우선 함선의 레이더와 무선 유도 시스템으로 유도된 후 나중에는 자체 센서의 유도를 받았다. 가브리엘 한 발이 표적에 명중할 가능성은 50%를 넘었다. 즉, 두 발 쏘면 대체로 표적을 파괴할 수 있었다.

- 가브리엘은 50톤 정도의 순찰선에서 발사될 수 있도록 설계되었는데, 이는 적의 대응 사격을 피하기 위한 것이었다. 크기가 작은 선박은 눈에 잘 띄지 않고, 빠르고 민첩하게 기동할 수 있다.

쾌속 공격정(Fast-attack craft, FAC)과 순찰선은 길이가 90~150피트이고 무게가 150~300톤이었으며, 35노트 이상으로 빠르게 가속할 수 있었다.[18] 그들의 약점, 즉 크기가 그들의 장점이었다. 이 소형정은 지구적 차원에서 힘을 투사하는 데 사용될 수 없었다. FAC는 공해 상에서 그것을 운용할 필요가 없는 이스라엘과 다른 2류 강국들이 부여한 역할에는 적합했으나, 미국의 지정학적 이익이 요구하는 수개월 여정의 대륙 간 임무는 그들의 능력을 벗어났다.

미국은 하푼(Harpoon) 같은 대함 미사일로 더 큰 전함을 무장시킴으로써 코마르/사르의 전략을 일부 모방했다. 비록 미사일은 치명적이었지만, 미국의 대형 전함은 그 크기 때문에 반격에 극히 취약할 수밖에 없었다. 이라크 항공기가 잘 무장된 유도 미사일 순양함인 미 해군 전함 스타크stark호에 엑조세 미사일을 발사해서 야간에 격침시킨 것은 이 같은 취약성을 여실히 보여준다. 상황은 이렇다. 전 세계를 돌아다닐 수 있는 수상함은 어느 정도 걱정 없이 생존하고, 무기한 머무르고, 그리고 공해를 운항할 수 있으려면 충분히 커야 한다. 수상함들은 또한 쉽게 발견되지 않아야 하고, 기동력과 속도가 뛰어나야 한다. 쉽게 알아챌 수 있듯이, 첫 번째와 두 번째 기준은 서로 양립하지 않는다.

한 가지 선택지는 수상함들이 항공모함을 동반한 형태로만 작전을 수행하게 하는 것이다. 그러나 우리가 보게 되겠지만, 이것은 전혀 해결책이 되지 못할 수 있다. 왜냐하면 항공모함이야말로 모든 배 중에서 가장 취약한 배일 수 있기 때문이다. 항모전단의 모든 미래가 위태로운 상태에 있고, 그와 함께 미 해군의 전략도 그러하다.

두 번째 선택지는 지구적인 작전 범위와 생존력을 가진 수상함을 개발하는 것이었다. 이것은 미 해군이 심혈을 기울여 온 과제이며, 그만큼 엄청난 비용이 드는 일이다. 1983년, 해군은 공군이 자신의 폭격기들을 위해 선택했던 것—스텔스(stealth)—과 동일한 개념, 즉 동일한 은밀성과 기능을 이용하는 기밀 프로젝트를 시작했다. 해상에서 '바다 그림자(Sea Shadow)'라 명명된 스텔스함은 스텔스 항공기와 닮았고, 동일한 목적을 성취하고자 했다. 즉, 흡수할 수 있는 방사(radiation)는 흡수하고, 그럴 수 없는 방사는 비껴가게 함으로써 적의 레이더 상에서 가능한 한 작은 단면으로 나타내지는 것이다.[19]

560톤, 160피트 길이, 70피트 넓이의 선박을 레이더에 잡히지 않게 만든다는 것은 누구나 예측하듯이 엄청난 비용이 드는 일이었다.[20] 이 프로젝트부터 새로운 선박을 설계할 때 적용될 수 있는 몇 가지가 학습될 수 있었다. 그리고 다른 것도 학습되었는데, 바로 스텔스 기술의 한계였다.[21] 예를 들면, 일부 새로운 디자인은 레이더를 너무 잘 피해서 오히려 자신들의 위치를 알려 주었던 것으로 보고되었다. 레이더를 반사하는 해상에서의 빈 공간 때문이었다. 하지만 시각적 영역에서 레이더 탐지를 피하는 것은 분명 가능하지만, 모든 스펙트럼에서의 탐지를 동시에 피하기란 불가능하지는 않더라도 어려운 일이다. 배는 열기와 소음을 내뿜고 빛을 반사하며 항적을 남기기 마련이었다. 모든 스펙트럼에서 배들을 숨기기는 극히 어려운 일이다.

바다 그림자는 1995년 여름에 명예롭게 은퇴했다. 학습될 수 있었던 것은 모두 학습되었다.[22] 불행하게도 모두가 그 교훈을 학습했다. 심지어 스웨덴도 스텔스 선박을 건조할 정도였다.[23]

바다 그림자 디자인의 한 가지 측면—SWATH(Small Waterplane, Area-Twin Hull, 반잠수 쌍동선형)—은 주목할 필요가 있다. 수면 위로 떠오르거나, 또는 스스로를 아래쪽으로 낮추는, 그리고 수면을 미끄러지듯 가로지르는 선체를 만듦으로써, 바다 그림자의 설계자들은 얕은 연해에서 작전을 수행하는 소형 함정들이 공해에서도 운항할 수 있게 하는 방법을 찾아냈다. 이렇게 함으로써 그들은 모든 형태의 스텔스에 대한 열쇠—작은 크기—를 쥐고 있는 새로운 디자인으로 가는 문을 열었다. 어떻게 보면 바다 그림자는 검증되지 않은 스텔스 능력보다 이 같은 특성으로 기억될 것이다.

수상효과선(sea-effects ship, SES)과 공중쿠션함(air cushion vehicle, ACV)과 같은 또 다른 형태의 수상함들은 보다 빠른 속도와 극도의 기동성, 다양한 수심의 바다에서 작전할 수 있는 능력을 제공할 것을 약속했다.[24] 비록 그 배들이 공해 운항 문제를 해결한다 해도 워낙 크기가 작았기 때문에 장기간의 작전을 견디는 데는 한계가 있었다. 적은 수의 승무원과 제한적인 생활 여건은 이 배들을 해로 통제보다는 연안 순찰과 상륙전에 더 적합하게 만든다.[25]

대양과 해로 통제 문제에 지속적인 관심을 갖고 있던 미 해군은 상당히 전통적인 방식으로 수상 전함에 대해 계속 생각하고 있다. 해군은 특히 알레이버크(Arleigh-Burke)급의 유도미사일 구축함(DDG-51)을 자랑스러워했는데, 그 구축함을 해상전의 진정한 혁신이라고 생각할 정도였다.

버크급 구축함을 옹호하는 멋진 글에서, 해군 사령관 앨런 메이요러노Alan G. Maiorano는 8억 5천만 달러 전투함이 가진 어떤 새로운 공격 능력보다 그것의 생존 가능성에 전적으로 초점을 맞추었다.[26] 버크 구축함의 가장 혁신적인 특징은 이지스 기술을 초음속, 고기동, 초저공(sea-skimmng) 비행을 하는 차세대 대함 크루즈 미사일과 통합할 수 있는 능력이다. 하지만 결국 버크 구축함의 공격 능력은 대함 미사일과 대함 헬리콥터일 것이며, 이는 이전 구축함들이 쓰던 무기 체계와 크게 다르지 않다. 폭격기나 전차의 경우와 마찬가지로, 수상 전함의 위력을 증가시키기 위해서가 아니라 그것이 생존할 수 있게 하는 데 상당한 비용이 투입되고 있다.

21세기를 위해 계획되고 있는 전함에 대해서도 똑같은 사항이 말해질 수 있다. SC-21이라고 명명된 새로운 세대의 수상 전함은 새로운 전기 추진 시스템과 같은 흥미로운 기술 혁신은 물론 선박의 핵심 부분(core)이 구축함,

프리깃함, 그리고 다른 유형의 선박들과 호환 가능해야 한다는 발상과 같은 새로운 개념을 포함하고 있다. 하지만 스텔스 기술과 SWATH로부터 배운 모든 것들이 포함된다고 해도, 그것은 여전히 대양에서 크고, 기동성이 떨어지지는 도드라진 존재에 불과하다.

SC-21 계획안에서 눈에 띄는 것은 그것이 독창적이 되려고 얼마나 애쓰는지, 그리고 독창성이 얼마나 드물 수 있는지였다. SC-21의 프리깃함 버전인 FF-21은 다음과 같은 성능 목표를 갖고 있다.

지속 순항 속도	18노트 이상
고속	32노트 이상
지속 거리	시간당 16노트의 속력으로 5천 해리
비축 물자	30일 분[27]

전투기의 경우와 마찬가지로, 위험한 환경에서 작전을 수행하는 전함의 능력은 향상되고 있다. 그러나 전함의 속도, 작전 가능 범위, 지속력은 여전히 별반 치이기 없다. 전함은 이진 진함들보다 더 빠르지도 더 밀리 가지도 못한다. 열심히 달려서 제자리에 머물러 있는 셈이다.

해군 작전사령관이 발표한 한 초안에 따르면, SC-21은 "정밀 타격무기를 발사 및 지원하고, 상륙작전을 위해 화력을 제공하며, 그리고 전구 미사일, 공중, 수상, 수면 아래 위협에 맞서 전투공간 우위 구축 및 유지를 통해 적의 공격으로부터 우군을 보호할 수 있는 것으로 되어 있다.[28]

DDG-51처럼, SC-21도 이지스 대공, 대미사일 시스템과 통합될 것이다. 물론 더 첨단이고, 그래서 더 비싼 형태일 것이다.

DDG-51과 SC-21은 모두 그 핵심에 이지스 시스템이 있다. 이처럼, 그것들은 근본적으로 방어적인 플랫폼들이다. 그것들은 생존하도록 설계되었다. 이제 생존은 공격 임무를 완수하는 데 있어 핵심적인 전제조건이다. 그렇지만 생존 자체가 임무는 아니다. 버크 구축함이든 SC-21이든, 강화된 해양 통제력을 갖지는 못할 것이다. 적 전함과 교전하고 적 상선을 파괴할 수 있는 이 두 선박의 능력은, 이전의 구축함들이 사용했던—비록 개량이 되었을지라도—동일한 무기들에 의존하고 있다.

하푼 대함 미사일과 그 변형 모델은 물론 치명적인 시스템이다. 문제는 전차나 폭격기에서와 마찬가지로, 그것들을 투발하기 위해 과연 8억 5천만 달러나 하는 함선들이 위험을 무릅써야 하는지 여부이다. 인공위성과 비무장 항공기들이 제공하는 감시와 표적설정 덕분에 지상 기지로부터 대부분의 대양을 커버하는 것이 가능해짐에 따라, 엄청나게 비싼 방어 시스템을 갖춘 SC-21을 전투에 내보내는 것은 점점 더 타당성을 잃게 될 것이다.

SC-21, FF-21 및 DDG-51의 주요 목표는, 이전의 다른 구축함, 프리깃함, 순양함과 마찬가지로 해로 통제를 실행하는 것이 아니라, 해로 통제의 실질적 수단으로 계획된 항공모함을 보호하는 것이다. 이 사실만으로도 우리는 당혹감을 느껴야 한다. 항공모함이 10억 달러에 달하는 방공, 대잠 플랫폼들을 끼고 다녀야만 제대로 임무를 수행할 수 있다는 아이디어는 본질적인 질문을 제기한다. 항공모함의 전략적 효과는 과연 그것이 살아남게 하는 데 들어가는 비용을 정당화하는가? 또는 항공모함 역시 진부화되고 있는가?

따라서 수상 전함의 취약성에 대한 이러한 논의는 단지 미 해군의 핵심 문제—항공모함의 미래—의 서두에 불과하다. 만약 항공모함이 살아남을 수 있다면 어떤 다른 수상 전함도 살아남을 수 있다. 만약 항공모함이 파괴된다면, 다른 모든 것들도 그와 함께 가라앉을 것이다. 물론, 문제는 단순히 항공모함이 살아남을 수 있을지가 아니라, 말 그대로 그리고 비유적으로 항공모함이 계속 떠다니게 하는 데 얼마의 비용이 지불되어야 하는가이다. 전체 국가 안보를 약화시키는 비용을 지불하더라도 항공모함은 살아남아야 하는가? 이지스의 비용과 효과는 항모전단의 위력과 비교하면 어떠한가? 수상 전함은 과연 살아남을 수 있는가?

08

산파로서 항공모함

The Aircraft Carrier As Midwife

현대의 항공모함―항모전단을 구성하는 전함들과 함께―은 오늘날 팍스 아메리카나의 군사적 토대이다. 항공모함은 두 가지 기능을 수행한다. 첫 번째, 미국의 해로 지배를 보장한다. 미국의 항모전단은 사실상 대양과 대륙 주변의 연해 그 어디에서도 통제력을 발휘할 수 있다. 한국전, 베트남전, 걸프전, 그리고 유고슬라비아 내전 내내, 미국의 항모전단은 바다에서 도전을 받은 적이 없었다. 그보다는 항모전단은 공격당할 위험 없이 수백 마일 떨어진 내륙으로 항공력을 보낼 수 있는 난공불락의 요새였다. 실제로, 해안으로 항공력을 투사하는 것이 항모전단의 두 번째 임무이다.

제2차 세계대전 이후 셀 수 없이 많은 작전에서, 미국은 현지의 공군 전력을 무색하게 만드는 공군 전력을 지역에 투입할 수 있었다. 이러한 항공기들은 지상 작전을 지원하고, 보급 및 통신선을 차단하고, 지휘 및 통제 센터를 공격하며, 적의 산업 기반을 타격하는 역할을 해왔다. 항공모함이 전 세계에서 벌어지는 수없이 많은 준 전쟁(near-war) 상황에서 너무나 효과적으로 역할을 수행하고 있기 때문에, 하나나 그 이상의 항모전단이 해안 가까이 도달하는 것은 정치적 모험가들에 대해 정신이 번쩍 들게 하는 효과가 있었다.

대부분 무기가 그렇듯이, 항공모함은 훨씬 오래되고 너 비용이 많이 느는 기술, 즉 전함의 값싼 대안으로서 자신의 역사를 시작했다. 따라서 처음에는 항공모함을 생산하기가 훨씬 더 저렴해 보였다. 그러나 늘 그렇듯이, 새로운 위협에 대응해야 하기 때문에 항공모함의 효과는 그대로인 상태에서 항공모함의 비용은 급상승했다. 1920년에서 1940년 사이에, 항공모함과 그 항공기들의 단위당 비용이 2백 배나 상승했다. 그리고 1920년부터 1980년까지로 범위를 확대하면, 비용이 2천 배나 증가했다.[1]

이 같은 비용 상승은 상당 부분 항공기 가격이 올라갔기 때문이고, 이는 앞서 논의한 진부화 주기의 일부이다. 하지만 항공모함 가격 자체도 극적으로 상승했다. 게다가 이러한 추산은 항공모함을 따라다니는 함선들의 비용을 고려하지 않은 것이다. 이러한 함선에는 항공모함 자체의 전투 공중 초계(combat air patrol)로 대처할 수 없는 공중 위협으로부터 항공모함을 보호하는 순양함과 구축함, 대잠전 임무를 위한 공격형 잠수함(hunter-killer Submarine) 및 구축함과 프리깃함, 그리고 수많은 지원함들이 포함된다.

미국 항공모함이 그토록 효과적이었던 이유 중 하나는 함재기들이 지상 발진 항공기들만큼 위력적이었기 때문이다. 지상 발진 항공기는 비록 무거운 폭탄을 싣지 않은 단발 엔진 전투기조차도 무게가 많이 나갔으며, 이는 엔진이 이륙 속도에 도달하려면 긴 활주로가 필요하다는 것을 의미했다. 그처럼 긴 활주로를 항공모함에 마련할 수는 없었다. 개념상 단순하고 설계는 복잡하며, 정치적으로는 혁명적인 중요성을 가진 미국의 혁신은 증기 동력 사출기(catapult)였다.

사출기의 역할은 항공기를 극적으로 가속시켜서, 엔진이 최대 출력인 상태에서, 항공기가 이륙하기에 충분한 속도로 항공모함 갑판 끝에서 내던져지게 하는 것이었다. 이륙 및 착륙 시 가해지는 압력(stress)은 항공기가 높은 중력 가속도에 견딜 수 있도록 굉장히 튼튼하게 설계되어야 한다는 것을 의미했다. 이것 때문에 항공모함과 함재기들의 비용이 극적으로 올라갈 수밖에 없었다. 하지만 사출기 덕분에 공격용 항공기는 상당량의 폭탄을 표적까지 싣고 갈 수 있었다. 사출기야말로 한국전, 베트남전, 걸프전에서 지속적인 해군 항공 작전의 핵심이었다. 그것은 또한 타국 해군이 미국 해군의 패권에 도전하지 못하게 해주었다.

제2차 세계대전 이후, 전쟁 전의 항공모함 보유국들은 모두 미국에 뒤처졌다. 일본은 확실히 항공모함 전력을 잃었고, 영국은 한동안 사출식 항공모함 정책을 추진하다가 그것을 버리고 더 작은 규모의 다른 플랫폼으로 전환했다. 영광을 꿈꾸던 프랑스는 몇 척의 사출식 항공모함을 건조했지만, 지역적 영향력 이상을 발휘하기에 충분한 항모 전력을 가진 적이 없었으며, 최근까지도 항공모함 탑재 항공기들이 일급 지상 발진 항공기들보다 우월한 적이 없었다. 아르헨티나 인도 같은 몇몇 다른 나라들은 구형 항공모함을 구입했으나, 전혀 효과적이지 못했다. 그러나 오늘날 항공모함을 운용하려는 더 진지한 시도는 인도와 중국에서 이루어지고 있다.

물론 미국의 패권에 대한 가장 중요한 도전은 소련으로부터 왔다. 그러나 소련은 냉전 기간 중 지상 분쟁에 연루되어 있었기 때문에 대규모의 해군력 증강에 자원을 투입할 입장은 아니었다. 1960년대 중반에 이를 때까지 소련은 침입과 상륙전을 저지하기 위해 만들어진 연안 해군에 만족할 수밖에 없었다. 쿠바 미사일 위기는 해군력이 없으면 소련의 전 세계적 이익이 보호될 수 없다는 것을 보여주었다. 쿠바에 대한 소련의 보급을 차단할 수 있는 미국의 능력과 이에 대응해 미국의 대잠 무기에 취약했던 잠수함을 배치하는 것 이외에는 이렇다 할 방법이 없었던 소련의 무능력은 소련으로 하여금 명석한 해군 전략가이자 소련 해군력 확장의 아버지인 고르샤코프Gorshakov의 지휘 하에 대규모 확장을 추진하게 만들었다.

소련은 사출식 항공모함과 사출식 이륙과 항공모함 착륙을 견뎌낼 수 있는 항공기들을 제작하는 데는 매우 복잡한 기술이 필요하고, 그 같은 작전을 위한 조종사나 승무원들을 양성하는 데도 상당한 시일이 소요되리라는 사실을 이해했다. 실제로 소련 최초의 사출식 항공모함 개발은 소련이 붕괴할 당시 약간 진전을 보인 정도였다. 사출식 항공모함을 추진하는 대신 소련은 다른 길들을 택했다.

한 가지 길은 일반적인 이륙 속도까지 가속되지 않고도 항공모함 갑판에서 이륙할 수 있는 항공기를 찾는 것이었다. 이는 소련과 영국 모두 개발한 초단거리 이착륙(VSTOL)기였다. 미 해병대에서도 사용하는 영국의 해리어와 소련의 야크-38(Yak-38)은 최소한의 활주 또는 스키 점프 방식으로 위로 기울어진 더 짧은 갑판을 활용해 이륙하고 착륙했다. 강력한 엔진이 추력을 아래쪽으로 향하게 하고, 그럼으로써 야수 같은 힘으로 항공기를 갑판으로부터 들어올리고, 그런 다음 공기역학적 양력을 얻기 위해 항공기를 가속했다.

초단거리 이착륙기의 문제점은 이러한 압력을 견딜 수 있는 설계된 구조와 이러한 추력을 만들어내도록 설계된 엔진이 지상 발진 항공기나 항공모함 발진 항공기보다 공중전에서 덜 효과적으로 작동하는 경향이 있었다는 점이었다. 더욱이 영국이나 소련의 VSTOL 항공모함은 상대적으로 첨단 무장을 갖춘 적을 상대로 지속적인 작전을 수행하기에 충분한 수의 항공기를 탑재하기에는 크기가 너무 작았다. 그럼에도 불구하고, VSTOL기 개발은 비전통적 항공기가 성능 면에서 전통적 항공기에 필적할 수 있는 가능성을 제기했다. 이것이 달성된다면, 항공모함을 완전히 버리고 함대의 모든 선박에, 심지어 상선에도 항공기를 배치하는 게 가능할지도 모른다.

소련은 자신들의 수상함으로는 미국에서 유럽으로 가는 보급로를 지키는 미 항공모함에 도전할 수 없고, VSTOL 항공기 또한 그 임무를 수행하기에는 역부족이라는 사실을 알았다. 그리고 그들은 백파이어 폭격기 같은 그들의 장거리 항공기들이 전투단으로부터 수백 마일 떨어져서 초계 중인 F-14기들을 상대로 이길 가능성이 없다는 사실도 알고 있었다.

소련의 해결책은 장거리 미사일이었다. 이 미사일은 백파이어 폭격기들이 F-14기의 사거리 안에 들어가기 전에 발사될 수 있고, 미 항공모함을 찾아내고 파괴하기 위해 자체 유도 장치를 사용할 수 있었다. 이 폭격기와 미사일들이 배치될 가능성은 미국의 해군 전략가들 사이에서 큰 파장을 불러일으켰다. 항공모함의 공중 초계의 목적은 적기가 폭격 및 뇌격 사거리 안에 들어오기 전에 미리 요격하는 것이었다. 소련의 대함 미사일이 위협적이었던 이유는 그것을 탑재한 항공기가 미 항공기의 사거리 안에 들어오기 '전에' 발사될 수 있었기 때문이었다. 전투 항공 초계의 범위가 극적으로 확대될 수 있지 않는 한, 미국으로서는 미사일 자체를 요격하는 수밖에 없었다. 하지만 1950년대에 그러한 위협이 등장하기 시작했을 당시 이용 가능한 항공기 수가 제한적이었다는 점과 필요한 연료량을 고려할 때 그러한 요격은 불가능하지는 않더라도 극히 어려운 일이었다.

필요한 것은 미사일을 상대할 방어 기술이었다. 궁극적으로 개발된 무기 시스템은 다양한 거리에서 미사일을 요격할 수 있는 고감도, 고속 레이더들로 이루어졌다. 근접무기체계(CIWS), 즉 레이저 유도-고속 발사포—영화 〈스타워즈Star Wars〉에 나오는 알투디투(R2D2)처럼 생겨서 흔히 그렇게 불렸다—는 최후의 방어선 역할을 하게 되었다.

이 모든 것을 하나로 묶어 부르는 것이 이지스였고, 너무 복잡하고 다루기가 힘들어서 그것을 설치할 전용 함선이 있어야 했다. 이 함선은 사실상 순양함이었고, 때로는 구축함이 사용될 수도 있었다. 이제 한 척 또는 두 척—공중 위협의 방향이 확실히 알려지지 않았을 때—의 이지스 순양함이 항공모함을 동반하게 되었다. 그리하여 항모전단 건조 비용에 수십억 달러가 추가되고, 운용에도 수십억 달러가 추가되었다.

이지스 시스템이 가진 한 가지 문제는 그것이 항공모함의 공격 임무에 아무런 도움이 되지 않는다는 점이었다. 그것은 단지 그러한 목적을 달성하기 위한 수단이었다. 또 다른 문제는 이지스의 목표가 달성 가능한 범위 밖에 있다는 점이었다. 소련이 얼마나 많은 미사일을 발사하든, 그 미사일들은 하나도 빠짐없이 파괴되거나 가짜 표적으로 유인되어야 한다. 단 하나만 놓쳐도 항공모함은 즉각 파괴되지는 않더라도 상당 기간 움직이지 못할 수 있다. 따라서 항공모함의 효과성은 잠재적으로 그 수가 무한한, 날아오는 미사일들에 대해 완벽한 대비를 해야 하는 무기 시스템에 달려 있다. 실제로 미사일이 발전함에 따라—즉, 속도와 기동성이 증가하고, 공격 각도가 바뀌고 예측이 더 어려워짐에 따라—이지스 시스템은 너욱너 값비싼 대응 수난들도 대응할 수밖에 없다.

항공기가 더 많은 폭탄을 실어나를 수 있지 않은 한—이는 제트 엔진의 새로운 혁신을 요구한다—또는 항공모함이 스스로를 더 큰 표적으로 만들면서, 훨씬 더 커지지 않는 한, 항공모함이 적을 향해 투사할 수 있는 폭탄의 양은 크게 늘어날 수가 없다. 결국, 항공모함을 방어하는 데 드는 비용 수준이 항공모함이 가할 수 있는 피해 수준을 능가하게 된다.

결정적인 질문은 이것이다. 항공모함은 어떤 시점에 특정량의 폭탄을 지구의 특정한 지점에 갖다놓는 유일한 방법인가? 새로운 대안이 이용 가능하다는 사실이 분명해질 때, 항공모함은 진부화에서 퇴출로 나아갈 것이다. 항공모함이 걸어온 길—짧고, 찬란하고, 그리고 종말이 다가오고 있는—은 한 시대에서 또 다른 시대로 넘어가는 가교임이 드러날 것이다.

시대와 시대 사이에서: 항공모함의 흥망

어떤 면에서 항공모함은 전형적인 유럽 시대의 전함이다. 원자로로 구동되는 몇몇 미국의 최신 기종을 제외하면, 탄화수소 엔진으로 구동되는 항공모함은 다른 수상 전함과 거의 같은 속도로 움직이는 수상 전함이다. 그것은 전통적인 함선과 단지 그 무장에서만 다르다. 구식과 신식의 혼합이라고 할 수 있다. 우리가 항공기를 항공모함에 적재된 발사체로 본다면, 이 발사체들과 전함의 발사체들 사이의 근본적인 차이점을 알게 된다. 항공모함의 발사체는 지능적이다. 조종사들이 함재기에 탑승해 있고, 지능을 발휘해 그들은 발사체를 표적까지 유도한다. 역설적이게도, 대부분의 해전 역사 내내 조종사의 지능은 그가 재래식 폭탄(dumb bomb)이나 어뢰를 투하하는 바로 그 순간에 탄도전(ballistic warfare)으로의 회귀로 인해 배제되었다. 다행히 이러한 이상한 현상은 오늘날 바로잡혀 가고 있다.

항공기는 전함의 구조만이 아니라 해전의 구조 역시 전면적으로 바꾸어 놓았다. 그것은 해군 포격의 유효 사거리를 불과 몇 마일에서 수백 마일로 늘려 놓았다. 항공모함 발진 항공기가 250마일의 작전 사거리를 가지고 있다고 가정해 보자. 그러면 항공모함은 20만 제곱마일 이하의 권역을 통제 하에 두는 셈이며, 이는 전함보다 4백 배 정도 된다. 5척의 항공모함만으로도 지중해를 커버할 수 있으며, 똑같은 일을 전함으로 하기 위해서는 2천 척이 있어야 한다. 그에 필요한 비용도 항공모함이 전함 측 비용의 0.05%에 지나지 않는다.

작전 가능 범위가 늘어나면서 일정 시간 동안 제곱마일당 사용 가능한 폭탄의 양은 감소했다. 제2차 세계대전 중 노스캐롤라이나급 전함은 2,700파운드의 포탄을 41,600야드 또는 23.6마일까지 쏠 수 있는 9문의 16인치 함포를 갖고 있었다. 이들 함포는 1분당 2발가량 발사할 수 있었다.[2] 이 함선은 이론상 함포 1문당 최대 75발 또는 총 675발의 적재가 가능했고, 총 폭약 톤수는 1,822,500파운드 즉, 911톤이었다.[3] 따라서 노스캐롤라이나급 전함은 최대 시간 동안 최대 속도로 포를 발사할 경우, 약 37.5분 동안 911톤의 폭약으

파운드/유형	100 GP	500 GP	1000 GP	1000 SAP	1000 AP	1600 AP	2000 GP	325 DB	100 INC	2000 Torp	총량
수량	504	296	146	129	110	19	19	296	296	36	1851
총 톤수	25.2	74	73	64.5	55	15.2	19	48.1	14.8	36	424.8

GP: General purpose, SAP: Special Armor Piercing, AP: Armor Piercing
DB: Depth Bomb, INC: Incendiary, Torp: Torpedo

〈표 4〉 1943년 에섹스급 항공모함의 적재 탄약

로 1,750제곱마일의 해역을 커버할 수 있었다. 이는 1제곱마일당 약 0.5톤, 또는 1제곱마일에 1분당 0.0139톤의 포화율(saturation rate)을 제공한다. 다시 말해서, 노스캐롤라이나급 전함은 최대 37.5분까지 분당 24.3톤의 탄약을 발사할 수 있는 것이다. 따라서 전함의 사거리 내에서는, 전함은 대단히 파괴적인 무기 체계였다.

노스캐롤라이나급 전함은 제2차 세계대전 이전의 모델에 가까웠다. 따라서 전쟁 중에 등장한 에섹스(Essex)급 항공모함과의 비교가 좀더 적절할 수 있다. 1943년 취역했던 에섹스급 항공모함은 고작 424.8톤의 탄약을 적재할 수 있었다. 이는 전함 적재량의 절반에도 못 미쳤다. 전함의 주무장(main armament)과는 달리, 이것은 다양한 전문화된 탄약들로 세분화되었다.

보트 F4U(Vought F4U)의 유효 전투반경이 300마일이라고 가정할 때, 에섹스급 항공모함 1척은 282,600제곱마일의 해역을 커버할 수 있었다. 장부의 다른 쪽에서 보면, 에섹스급 항공모함 424.8톤의 탄약은 1제곱마일당 0.0015톤을 투하할 수 있는 양으로, 노스캐롤라이나급 전함의 1제곱마일당 0.5톤과 비교했을 때 그 밀도가 0.3%에 불과했다. 더욱이 전함은 30분 정도면 전체 탄약을 발사할 수 있었던 것에 비해, 에섹스급 항공모함에 탑재된 총

90대의 함재기들은, 모두가 타격 임무를 부여받았고 최대 적재량을 싣고 이륙할 수 있다고 가정해도, 한 번 출격으로 약 90톤의 탄약을 실어 나르게 되는데. 탄약 전부를 투사하려면 모든 항공기가 다섯 번 가량 출격해야 했고, 이는 몇 시간이 아니라 며칠이 걸리는 일이었다. 실제로는, 항공모함에 탑재된 항공기들 중 36대는 공중우세를 목적으로 한 전투기(air superiority fighter), 18대는 폭격이 가능한 정찰기, 18대는 급강하 폭격기, 그리고 18대는 뇌격기였던 상황에서, 출격당 실어 나를 수 있는 최대치는 54톤이었을 것이고, 적재 탄약을 모두 투사하려면 하루 2회 출격에 꼬박 4일이 걸렸을 것이다. 전함이 1분당 24.3톤의 탄약을 투사할 수 있었다면, 항공모함은 분당 0.07톤을 투사할 수 있었고, 이는 전함의 0.2%에 불과했다.

그러나 화포의 유효 사거리 내에서는 전함이 항공모함보다 훨씬 더 치명적이었다. 1제곱마일당, 전투시간 1분당 투사할 수 있는 탄약의 양과 질은 항공모함이 전함의 상대가 될 수 없었다. 전함이 사거리 내에 있는 위협을 탐지할 가능성이 더 높았고, 그것을 격파할 가능성도 더 높았다. 그러나 이 중 어느 것도 중요하지 않았다. 무기의 사거리가 다른 모든 고려사항을 압도했다. 항공모함은 전함—또는 포를 장착한 어떤 선박—이 반격을 가할 수 있기 수 마일 또는 수 시간 전에 공격을 가할 수 있었다.

바다에서 항공기의 첫 용도가 정찰기, 즉 정보수집 플랫폼이었다는 사실을 기억하는 것이 중요하다. 이런 점에서, 바다에서 해군 항공력의 발전은 지상에서 항공력의 발전과 궤를 같이했다. 그리고 지상 항공력이 재빨리 화포의 사거리 밖에 있는 표적을 찾아내기 시작했던 것과 동일한 방식으로, 해군 비행사들도 해군 화포 사거리 너머로 작전을 확장할 수 있었다. 지상에서든 바다에서든 항공기의 작전 반경 확대에 대응하기 위해 무기의 유효 사거리가 늘어나야 했다. 화포로는 그것을 이뤄내기가 불가능했다. 따라서 논리적으로 폭탄은 항공기에 의해 운반되어야 했다. 정찰 대신 폭격이 항공기의 주 임무가 되었다.

지상에서는, 항공력 이론이 항공기가 전투 중인 기존 지상 전력을 지원하는 데 사용되어야 하는지—즉, 하늘을 나는 대포로서 기능해야 하는지—아니면, 더 깊숙이 침투해 사회의 중심부, 산업시설, 그리고 근로자들을 타격해야 하는지의 문제에 재빨리 초점을 맞추었다. 후자의 주장은 양 대전 사이 시기에 지배적이었다. 바다에서는 이러한 주장의 변종이 나타났는데, 평시에는 항공력의 이론상 가능한 역할을 제한하되, 전쟁 중에는 그 역할을 극적으로 증가시키자는 것이었다.

적 영토에 대한 대규모 포화 공격은 해전에는 적용되지 않았다. 첫째, 해군의 기본적 임무는 해로 통제였다. 둘째, 해로 통제의 지리적 여건으로 인해 유라시아 중심부는 해군 항공대의 작전 가능 범위 밖에 있었다. 마지막으로 그리고 가장 중요한 것으로, 항공기를 싣고 다니는 함선의 크기로 인한 단순한 수적 한계—적재 항공기 수의 한계, 총 탄약량과 항공기당 탄약량의 한계—는 적 사회의 중심부에 대한 지속적인 공격을 불가능하게 했다.

해전은 지상전과 두 가지 근본적인 측면에서 다르다. 지상에 있는 전차와 화포 수에 비하면, 전함의 수는 극히 적다. 제2차 세계대전이 시작되었을 때, 미국은 17척의 전함, 36척의 순양함, 150척가량의 구축함, 7척의 항공모함 등 모두 216척의 수상 전투함을 보유하고 있었다. 여기에 112척의 잠수함은 포함되지 않았다.4 태평양 전체는 단지 102척의 수상함이 담당하고 있었다. 전함 한 척의 상실은 상당량의 화력과 해로 통제의 상실을 의미했다. 지상에는 그와 비견될 만한 플랫폼이 없었다.

이는 다시 두 번째 차이점으로 이어진다. 더 적은 수의 플랫폼은 더 분산되어 있다는 것을 의미했다. 지상에서 효과적이었던 포화 폭격은 폭격기의 고유한 부정확성을 보상할 정도로 풍부한 표적 환경에 달려 있다. 대규모 폭격기 편대가 위치가 고정되어 있고, 알려져 있고, 상대적으로 서로 가까이 있는 표적들을 향해 날아갔다. 이러한 표적들에 집중하는 것은 가능한 일이었다. 하지만 해상에서는 정찰 보고를 제외하고는, 표적은 알려진 게 없었고, 심지어 보고를 받고 출격하는 동안에도 표적은 계속 이동했다.

따라서 해상에서 표적은 드문드문 있고 기동이 가능했으므로, 사전 정보가 필요했다. 정보의 필요성은 전력의 분산 배치를 요구했다. 이는 정보수집 플랫폼들로 잠재적 타격 지대를 모두 커버하고, 적의 예기치 않은 공격을 피하기 위한 것이었다. 미드웨이에서 미 해군은 적의 암호를 해독해 냈고, 따라서 전력을 전략적으로 집중시킬 수 있었기 때문에 일본 제국 함대를 패배시켰다. 그렇다고 해도 전술적 정보 부족—일본 항공모함 타격대의 정확한 위치를 알지 못했다—은 일본군에 대한 공습이 기대했던 것만큼 효과적이지 못했음을 의미했다. 한편, 일본군은 정확한 전술 정보만이 아니라 전략 정보를 놓치고 있었다. 그들은 미군 항공모함이 미드웨이 근처에 있는지조차 몰랐다.

  정찰기에 의해 수집된 정보가 틀리거나 불충분했기 때문에 공중 공격은 종종 헛수고로 돌아가곤 했다. 다수의 항공기와 폭탄으로 부정확성을 만회할 수 없는 해군은 각각의 임무가 표적 함선의 파괴로 이어질 가능성을 높여야 했다. 이를 위해 해군은 각 발사체의 정확성을 극대화해야 했다.

  육군항공대의 유인 폭격기들은 수직으로 폭탄을 투하했다. 이 폭탄들은 표적을 목표로 했으나 실제는 다수의 항공기에서 폭탄을 분산 투하해 그중 일부가 표적에 명중하기를 바라는 식이었다. 일단 항공기에서 투하되면, 폭탄의 경로는 물리 법칙의 지배를 받았다. 조준기를 가진 폭격수는 작동 변수들을 측정하고, 그러한 요인들이 폭탄을 표적까지 인도하도록 폭탄을 투하해야 했다. 일반적으로 폭격수는 폭탄을 표적까지 인도하기 위한 충분한 정보나 기량을 가지고 있지 못했다. 결국, 육군항공대는 성공을 위해 행운과 많은 우연들에 의존했다.

  해군은 육군항공대보다 항공기가 적었고 폭탄은 훨씬 더 적었다. 따라서 작고 분산된 표적을 노릴 때 수직 투하는 실패할 가능성이 너무 컸다. 태평양에서 일본 전함에 대한 B-17기의 신통치 못한 기록은 해상에서 수직 폭격의 약점을 보여준다. 미드웨이 해전 중 B-17기는 일본군 함대를 상대로 49회 출격했으나 단 한 차례도 명중시키지 못했다. 과달카날 Guadal canal 전투에서는 B-17기들이 단 한 척의 구축함을 가라앉혔다.[5]

단 하나의 발사체로 명중 가능성을 높이기 위해 해군은 두 가지 종류의 공격 항공기, 즉 뇌격기와 급강하 폭격기에 집중했다. 두 항공기 모두 지능적으로 유도되는 발사체를 탑재하고 있었다. 항공기는 조종사의 통제 하에 동체가 표적을 향하게 한다. 동체 하부에 달린 어뢰 또는 폭탄은 조종사가 결정한 각도에 따라 투하된다. 발사체는 미리 정해진 움직임대로 나아간다. 어뢰의 움직임은 프로펠러를 돌리는 내장 모터에 의해 강화된다. 항공기는 발사체가 모멘텀을 유지하도록 하기 위해 잠시 그대로 비행하다가 적의 응사를 피해 경로를 바꾼다. 조종사가 경로를 제대로 선택했고 무사히 폭탄을 발사했다면 표적을 맞힐 가능성은 매우 높을 것이다.

몇 가지 면에서 당시의 어뢰는 현대 미사일들과 흡사한 데가 있었다. 중력에만 의존하지 않고 자체 추진력으로 표적에 접근했다. 비록 항공기에 의해 표적에 조준되고 중력에 의해 앞으로 나아갔지만, 최후의 접근은 프로펠러를 돌리는 모터로 이루어졌다. 표준 공중 발사 어뢰인 마크 XIII은 1톤 정도의 무게에 600파운드의 탄두를 갖고 있었다. 50피트 정도의 극히 낮은 고도에서 투하되고, 너무 깊게 잠수하지 않도록 완만한 각도로 투하된 이 어뢰는 110노트의 속도로 움직였다.

가장 중요한 사용 사례인 미드웨이 해전에서, 마크 XIII은 완전한 실패로 드러났다. 뇌격기 중 4대만 남고 모두 일본군에게 격추당했으며, 명중은 단 한 발도 없었다. 이 재난이 있은 후, 마크 XIII는 2,400피트 높이에서 투하되도록 개조되었고, 그에 따라 400노트의 속력을 낼 수 있었다. 남은 전쟁 기간 동안 보여준 결과는 극히 만족스러웠다. 1,287회의 어뢰 공격 중 40%가 명중했다.[6] 이는 오늘날의 정밀 유도 무기가 지닌 명중률과 거의 비슷하다.

뇌격기와 급강하 폭격기는 해군 플랫폼의 작전 가능 범위와 함께 명중-살상률을 증가시킴으로써 해전을 완전히 바꾸어 놓았다. 항공모함은 적 수상 전함이 화포의 사거리 내까지 들어오기 전에 그것들을 찾아내고, 그런 다음 함선 기반 대공 시스템이 있다 해도 효과적으로 공격할 수 있었다. 작전 가능 범위와 정확성의 결합은 적 전함, 순양함, 그리고 다른 수상함들에 대한 파괴는 확실하지 않지만, 이러한 함선들이 항공모함을 타격할 수 없음은 확실하다는 것을 의미했다. 한 시스템이 또 다른 시스템에 의한 공격에 취약하지 않은 어떤 전투에서, 일련의 교전들의 장기적인 결과는 불을 보듯 뻔하다. 항공모함이 전함을 포착하기만 하면 결국에는 그것을 파괴하게 될 것이다.

다시 한번 다윗과 골리앗의 예를 상기해 보자. 전함은 골리앗처럼 강하고 치명적이었지만 사거리 내에서만 그랬다. 항공모함은 그렇게까지 위력적이지 않았지만 사거리와 정밀성으로 대신했다. 항공모함은 마치 다윗처럼 전함의 사거리 밖에 있는 한 절대 패배할 수 없었다. 단지 항공기를 동원해 급소를 공격하면 그만이었다. 단 한 발의 타격으로 전함에 심각한 손상을 입힐 수 있었고, 이는 다윗이 골리앗을 상대로 그랬던 것처럼 항공모함이 여유롭게 전함을 끝장낼 기회를 제공했다.

항공모함의 초기 성공의 열쇠는 다윗과 같은 단순함에 있었다. 다윗과 같이 항공모함은 이전 세대의 갈수록 복잡해지던 방어 방법을 더 우아한(elegant) 기술로 극복했다. 이는 공격의 본질(essence)을 다시 정제해냈다. 그것은 또한 정밀성과 사거리, 즉 지능적 발사체라는 미래로 가는 문, 다시 말해 틈새를 열었다. 그러나 모든 것에서 그러하듯, 진부화가 필연적으로 다시 찾아왔다. 물론 항공모함에 대한 주된 위협은 지상이나 다른 항공모함에 기지를 둔 적 항공기에서 왔다.

이지스: 정밀 유도 미사일 대 항모전단

북대서양의 제3차 전투는 일어나지 않았는데, 이는 유럽의 제3차 전투가 일어나지 않았기 때문이다. 제1, 2차 세계대전 중 유럽의 운명은 영국과 그 식민지들 그리고 영국과 북미 사이의 보급선을 끊으려는 독일의 잠수함과 전함을 북대서양에서 쫓아낼 수 있는 영국의 능력에 달려 있었다. 소련이 미국과 유럽을 오가는 보급로를 차단함으로써 서유럽에 대한 통제권을 장악하려고 했다면, 같은 지역을 놓고 다시 한번 세계대전이 일어났을 것이다.

미 해군의 임무는 소련군이 호송선단(convoys)에 접근하지 못하게 함으로써 미국의 해로들을 개방해 두는 것이었다. 이런 항해를 최단 시간 내에 하기 위해서는 호송선단은 가능한 한 북쪽 노선으로 가야 했다. 따라서 소련에는 두 가지 목표가 있었다. 첫째, 충분히 많은 수의 선박을 격침하여 NATO의 유럽 내 작전이 보급물자와 병력보강 부족으로 차질을 빚게 하는 것이었다. 둘째, 만약 그것이 여의치 않으면 호송선단이 최대한 남쪽으로 항해하도록 만들어서 상당한 보급 지연이 일어나게 하는 것이었다.

앞서 보았듯, 지리적 제약으로 인해 이것은 소련에게 특히 힘든 과제가 되었다. 어떤 소련 배도 그린란드-아일랜드-영국 갭(GIUK gap)에 진입했다가 살아서 나오리라 기대할 수 없었다. NATO는 그 해상을 철저히 통제하고 있었다. 대신 소련은 차단될 수 없는 방법으로 그 해상로를 우회해야 했다. 잠수함이 하나의 해결책이었으나, 이는 SOSUS(음향초계 시스템)라 불리는, 미국의 뛰어난 수중 탐지 능력으로 인해 어려워졌다.

두 번째 해결책은 항공기를 사용하는 것이었다. 그러나 호송선단에 접근하려면 소련 항공기는 먼저 북대서양의 그린란드-아일랜드-영국 갭이나 그 남쪽에 분산 배치된 항공모함들을 지나쳐야 했다. 각 항공모함이 최소 20대의 공중 우세 전투기를 보유하고 있었으므로 소련 항공기가 항공모함들과 직접 교전한다는 것은 사실상 상상하기 어려웠다. 작전 가능 거리를 고려했을 때, 소련 항공기들은 NATO 공군기들과 공중전을 벌일 만큼의 충분한 연료를 싣고 다닐 수 없을 것이다. 유일한 가능성은 노르웨이뿐만 아니라 스코틀랜드, 아이슬란드, 그린란드의 지상 발진 항공기들을 무력화하고, 최소 한 척의 항공모함에 결정적인 타격을 가하고, 그리고 호송선단에 가까이 접근해서 상당수를 격침시키는 것이었다.

지상 기지와 해상 기지를 모두 공격하려면 소련군은 전투기의 작전 가능 거리 너머에서, 아니면 적어도 작전 가능 거리의 한계점에서 무기를 발사하고, 그럼으로써 전투기의 교전 능력을 제한해야 했다.

그 열쇠는 다음과 같은 특성을 갖는 미사일을 개발하는 것이었다.

- 수백 마일이 이르는 사거리
- 적함을 탐지하고 그것을 향해 스스로 날아가는 유도 체계
- 어떤 방어 시스템에도 살아남을 수 있는 충분한 속도와 민첩성

소련의 첫 대함미사일 개발 시도는 암호명이 케넬(Kennel)인 AS-1이었다. 1958년 연안 방어무기로 처음 도입된 케넬은 이후 대형 폭격기에 탑재되었다. 따라서 그것은 본질적으로 600 또는 1,000kg급 탄두를 탑재한 MiG-15 전투기였다. 미사일 경로가 그것을 발사한 폭격기에 의해 통제되었고 폭격기가 미사일이 충돌할 때까지 표적을 시야에 두고 있어야 했으므로, 케넬은 사거리와 속도 모두에서 한계가 있었다. 보다 중요한 점으로, 그것은 적어도 초기에는 자체 유도 시스템을 갖고 있지 않았다. 이러한 시스템은 적의 방공망 밖에서 함선을 공격하고 방공망에서 살아남으려면 필수적이었다.

1961년 등장한 AS-2 키퍼(kipper)는 터보제트 엔진을 사용해 속도를 초음속 범위—마하 1.4~1.6—로 증가시켰다. AS-1과 달리, 키퍼는 자신을 표적으로 유도하기 위해 폭격기에 의존하지 않고 자체 레이더로 표적을 고정한 상태에서 발사되었다. 물론 폭격기는 미사일의 비행을 추적하고 필요시에는 미사일의 자체 통제를 중단시킬 수 있었다. 이를 위해 매우 높은 고도에서 미사일이 발사되어야 했는데, 이는 발사 항공기가 함선의 레이더에 포착되게 만들었다. 미사일은 그런 다음 표적을 향해 완만한 각도로(3도 정도) 강하하게 된다.

AS-4 키친(kitchen)은 소련 대함미사일 기술에서 진정한 혁신을 보여주었다. 아주 길고(30피트 이상) 가는(직경 3피트가량) 이 미사일은 3톤 정도 나갔으며, 핵탄두 또는 1톤의 탄두를 장착할 수 있었다. AS-4는 액체 추진제를 사용하는 진정한 로켓이었는데, 이로 인해 무게가 늘어나고, 유지관리와 장착이 더 어려워졌다.

그럼에도 불구하고 AS-4는 200마일가량의 사거리를 가졌으며, 이는 미 전투기의 작전 가능 범위의 한계 부근에서 미 항공모함을 향해 발사될 수 있음을 의미했다. 속도는 최대 마하 3.5에 이르렀다. 이전 크루즈 미사일과 달리, AS-4는 표적을 향해 급강하하면서 초음속으로 돌진할 수 있었기 때문에 요격하기가 극도로 어려워졌다. 초기 버전에서 이 미사일의 약점은 종말 유도 외에는 아무것도 갖고 있지 않다는 것이었다. 이는 적 항공모함의 대략적인 위치가 알려지지 않으면 무용지물이라는 의미였다. 그리고 정확한 위치가 아니라 단지 대략적인 위치만 알려졌다면, 그 미사일은 핵탄두로 무장했을 때에만 유용할 수 있었다. 이는 소련으로 하여금 핵무기를 사용할지, 아니면 항공모함과의 대결을 포기할지 선택에 직면하게 했다. 덧붙이자면, AS-4는 격추하기가 매우 어려웠기 때문에, 미 해군은 그에 맞서 핵무장 요격 미사일을 배치할 필요가 있다고 여겼다.[7]

처음에는 수동, 나중에는 능동 레이더를 AS-4에 도입한 것은 소련이 자신의 문제를 해결하기 위해 정밀 유도미사일(Precision Guided Missile)을 사용하려는 첫 시도였다. 이후 버전에서는 더 획기적인 향상이 있었다. AS-6 킹피시(Kingfish)는 350해리까지 사거리를 늘리면서 초음속의 속도를 유지했다. 가장 중요한 것은, 발사 후에 표적을 찾아내고 자동 추적할 수 있다는 점이었다. 이는 발사 순간에 항모전단의 정확한 위치가 알려지지 않아도 된다는 것을 의미했다.

소련이 중량급, 장거리, 초음속 미사일 개발에 집중하는 것은 미국의 전략에 도전을 제기했다. 만약 소련 폭격기들이 콜라Kola반도를 벗어나 그린란드-아일랜드-영국 갭(gap)을 통과할 수 있다면, 미국의 전략 상 호위하는 항공모함과 호송대의 보급물자 모두를 보호할 수 있는 방어 시스템이 필요하다는 사실이 1960년대 동안에 분명해졌다. 사실상, 이러한 목표는 훨씬 더 야심찬 것이 되었다. 즉, 항모전단을 공중, 수상, 해저의 위협으로부터 보호하기 위해 단일 통합 무기 통제 시스템을 개발하는 것이었다. 1963년 취소된 이 계획의 최초 시도는 타이푼(Typhoon)이었다. 그 다음 시도는 제우스 신이 아테나 여신에게 준 방패의 이름을 따서 이지스라고 불렸다.

우리는 이제껏 전략무기들에 대해 논해 왔다. 만약 항공모함이 팍스 아메리카나의 토대 중 하나라면, 이지스는 갈수록 위험해지는 환경에서—특히 공중으로부터—항공모함이 살아남을 수 있게 하는 것이다. 물론, 순수한 방어용 무기가 중추적인 전략적 역할을 맡기 시작한 것은 위험 신호이다. 이는 공세적 임무(offensive mission)에 대한 위협이 너무 커져서 핵심 자원이 단지 그것을 보호하는 데 쓰여지고 있음을 뜻한다. 우리가 살펴보겠지만, 이지스는 자금과 전문성 모두의 측면에서 비용이 많이 든다. 그리고 그와 같은 모든 방어 무기들처럼, 시간이 지날수록 점점 더 비용이 많이 든다. 항공모함에 대한 더 많은 그리고 더 낮은 비용의 위협들이 등장하기 때문이다. 그 시간은 아직 오지 않았고, 따라서 우리는 이지스의 복잡함과 정교함에 감탄할 수 있다. 설사 우리가 바로 그 아름다움이 쇄도해 오는 진부화의 표시임을 알고 있을지라도 말이다.

항공모함은 언제나 취약한 선박이었다. 필연적으로 커야 한다는 기본적 목적은 항공모함을 넓고 평평한 표적으로 만들었다. 갑판 아래에는 탄약으로 가득 찬 탄약고와 연료로 가득 찬 탱크가 자리 잡고 있다. 어떤 종류의 수상 전투함과도 교전해서 살아남기를 기대할 수 없었다. 아무리 빠른 항공모함이라도 둔하기 짝이 없었고, 무장과 장갑 수준은 형편 없었다. 항공모함의 안전은 항공기에 달려 있었다. 즉, 수백 마일 밖에서 적 함선을 포착할 수 있는 정찰기, 적 선박의 함포가 사정거리 안으로 들어오기 전에 파괴할 수 있는 폭격기, 그리고 항공모함을 공격하러 오는 적 폭격기를 파괴할 수 있는 전투기들에 달려 있었다. 항공모함의 항공기들이 방어할 수 없는 한 가지 위협은 적 잠수함이었다. 따라서 제2차 세계대전 내내 항공모함은 구축함이 따라다녔는데, 구축함의 과제는 조종사 구조, 해안 포격 등과 같은 잡다한 임무를 수행할 뿐만 아니라 잠복 중인 잠수함으로부터 항공모함을 보호하는 것이었다.

그러나 항공모함은 항공기, 수상함, 또는 잠수함이 실제로 방어망을 뚫고 들어온다면 속수무책이라고 항상 여겨져 왔다. 산호 해전, 미드웨이 해전, 마리아나 해전Great Mariana Turkey Shoot, 그리고 제2차 세계대전의 다른 항공모함 교전들에서, 항공모함은 직접 공격에 극도로 취약한 것으로 드러났다. 따라서 소련의 잠수함과 미사일로부터 항공모함을 보호하는 것은 기존 소나와 레이더만으로 충분한, 익히 알려진 작전이었다.

1960년대 초 그 위협에 대한 최초 인식으로부터 1980년대에 이르기까지 항모전단에 주어진 유일한 보호 수단은 지리였다. 소련의 해상 폭격기들이 미 항공모함을 타격하려면 길고도 험난한 경로를 날아가야 했다. 그 경로는 미 함대에 폭격기들이 콜라반도를 떠나 노르웨이 해안을 따라 내려갈 때 탐지할 수 있는 시간을 주었고, 그린란드-아일랜드-영국 갭(gap)을 넘을 때 요격할 수 있는 시간을 주었고, 미사일을 발사하기 전에 교전하고 파괴할 수 있는 시간을 주었다. 1970년대에 미 함대는 취약성이 증가하는 시기에 접어들었다. 첨단, 초음속 백파이어 폭격기에서 발사된 AS-6 킹피시는 미군의 전투 공중 초계 범위 밖에서 함대를 공격할 수 있었다. AS-6의 속도, 공격 각도, 그리고 수백 마일의 사거리 등을 고려했을 때 소련 항공기는 미 전투기들과 교전에 들어가기 전에 1천 파운드나 그 이상의 고폭탄으로 미 항공모함을 타격하는 것이 가능했다.

소련의 위협을 상쇄하기 위한 포괄적인 해결책이 요구되었다. 마하 3을 넘는 속도로 움직이고 매우 가파른 각도로 강하할 수 있는 물체를 포착할 수 있는 특수 레이더가 필요했다. 마찬가지로 중요한 것으로, 미사일 센서를 무력화하는 시스템에서부터 교란당하지 않은 미사일을 파괴하는 무기에 이르기까지 대응 수단이 개발되어야 했다. 마지막으로 가장 중요한 것으로, 센서들과 무기들이 하나로 통합되어 레이더로부터 나온 정보가 전투를 관리하는 전투 정보 센터(CIC)와 무기 자체 모두에 직접 전달되도록 해야 했다.

이지스의 핵심은 시스템 통합(system integration)으로, 이는 컴퓨터의 출현으로 가능해졌다. 인간은 그 통제 과정에 남아 있었으나—전투 정보 센터에서 콘솔 담당—컴퓨터가 모든 것을 가능하게 했다. 컴퓨터는 레이더로부터 생성된 데이터를 관리하고, 그것을 CIC 컴퓨터와 무기에 전달하고, 무기를 유도했으며, 그리고 무기와 CIC 요원들이 센서에 추가 정보를 요청할 수 있게 했다.

항공모함을 막 타격하려고 하는 초음속 미사일을 요격하기 위해 적시에 필요한 양의 정보를 처리할 수 있는 컴퓨터는 1960년대에 존재하지 않았다는 사실을 기억할 필요가 있다. 실제로 이지스는 최초의 이지스 순양함인 '티콘데로가Ticonderoga호'가 취역했을 때인 1983년에 처음 운용되었다.

첨단 컴퓨터의 출현은 군사적인 질문을 제기했다. 통합 방공 및 대잠전(ASW) 시스템은 어떻게 배치되어야 하는가? 보호되어야 할 선박은 항공모함이었고, 그래서 항공모함이 가장 비용 효과적인 기지이면서 그 같은 시스템을 설치할 적합한 장소라는 것이 논리적으로 보였다.

그러나 이미 1960년대에 타이푼을 개발할 때 미 해군은 전용 플랫폼, 즉 공습으로부터 함대를 보호하는 일만 하는 함선을 개발해야 한다는 사실을 발견했다. 이는 매우 비용이 많이 드는 해결책이었으나 꼭 필요한 것이었다. 항공모함은 갑판이 비어 있어야 하고, 전파 방사도 적어야 했다. 또 무기와 레이더들로 꽉 들어차 있어서도 안 되었다. 항공모함은 제1의 임무인 항공기 이착륙을 위해 모든 공간이 필요했다. 더욱이 그 목적이 항공모함을 보호하는 것이라면, 항공모함과 위협 사이에 끼어들 수 있는 별도의 함선이 항공모함 자체에 탑재된 시스템보다 더 효율적일 것이다.

그 결과는 이지스 설치라는 한 가지 목적을 위해 설계되고 건조된 티콘데로가급 순양함이었다. 9,500톤의 배수량, 567피트의 길이, 358명의 승무원을 가진 티콘데로가급 순양함은 1척당 12억 달러의 비용이 들었다. 1994년 7월 기준으로 티콘데로가급 27척이 확보되었고 그와 크기가 유사하고 303명이 탑승하는 알레이 버크급 구축함도 28척 확보되었다. 적어도 구축함 1척은 각 항모전단을 수행하면서 전투에 참여했고, 다른 구축함들은 상륙작전 동안 지역 커버(area coverage)를 제공하고 호송대를 보호하는 등의 목적을 위해 사용되었다. 각 함선은 공학의 놀라운 결과물이다. 하지만 결국, 각각은 단 한번의 실수로도 재앙이 초래할 수 있는 임무를 수행하도록 설계된 선박이고, 장기적으로 볼 때 그와 같은 임무는 성공할 수 없다.

　이지스의 역설은 발사체를 지능화하려고 하면서 동시에 그러한 발사체를 운용상 방어 모드로 활용한다는 것이다. 이지스는 점점 더 진부화되는 시스템을 초월하기 위해서가 아니라, 그것을 방어하기 위한 방법으로서 비범하고 새로운 기술을 사용한다. 그럼에도 불구하고 이지스로부터 배워야 할 점이 많은데, 특히 이지스가 순양함이나 구축함 같은 단일 플랫폼에 결합된 시스템에서 분산된 시스템(diffused system)으로 진화하고 있기 때문이다.

　이지스는 논리적으로 센서, 관리 시스템, 무기라는 세 가지 부분으로 나뉠 수 있다.8 이지스 센서 시스템의 핵심에는 AN/SPY-1 레이더가 있다. SPY-1이라 불리는 이 장비는 위상 배열 시스템(phased-array system)이다. 그것은 80해리 반경을 360도 탐지할 수 있는 4개의 안테나로 구성되어 있다. SPY-1은 내습하는 적기나 발사체에 대한 경보를 제공할 뿐 아니라, 함선에서 발사된 미사일의 중간 유도를 담당하면서 다수의 표적에 대한 정확한 추적을 제공할 수 있다.

- AN-SPS-49는 훨씬 더 넓은 영역―약 250해리까지―에 대한 커버를 제공하지만 기본적으로 탐색-경보 레이더이며, AN-1의 전투 관리 능력 중 어느 것도 갖추고 있지 않다. 이것은 소형 미사일에서 스텔스 항공기에 이르기까지 낮은 레이더 단면(Low-Radar Cross-Section) 물체를 탐지하는 데에도 유용하다.
- SPS-55는 잠망경이나 저고도 비행 항공기와 미사일 등 소형 수상 물체를 추적하는 데 쓰이며, 항해 지원용으로도 쓰인다.
- SPS-67은 수상 탐색 보조 레이더이다.
- AN/SLQ-32는 전자적 대응수단(ECM)들이 펼쳐져 있는 환경에서 표적을 추적하며, 그 자체로 전자적 대응 수단으로서의 역할도 한다.

　레이더와 더불어 티콘데로가급 순양함은 다양한 종류의 소나를 달고 있었다. 제2차 세계대전 중에 사용된 영국의 탐지 장비(줄여서, ASDIC)의 후예인 소나는 음향 탐지 시스템인 반면, 레이더는 전자식 탐지 시스템이다. 물은 소리를 매우 효율적으로 전달하므로 다른 배가 상당히 먼 거리에서 오는 것을 감지할 수 있다. 소나는 특히 잠수함을 추적하거나, 잠수함이 수상함을 추적하는 데 유용하다. 왜냐하면 시각적, 전자적 탐지 수단은 이용 가능하지 않았기 때문이다. 소나는 두 가지 모드를 갖고 있었는데, 패시브 모드(passive mode)는 단순히 배의 엔진과 물을 통과하는 움직임의 소리에 귀를 기울인다. 귀와 마찬가지로, 듣는 행동은 듣는 이의 존재에 대한 어떤 힌트도 제공하지 않는다. 액티브 모드(active mode)에서는, 소나가 선박의 선체에 메아리치는 음향을 방출한다. 이것은 위치를 알아내기에 효과적인 수단인데, 되돌아오는 데 걸리는 시간과 되돌아온 방향으로 배의 위치를 어느 정도 정확히 파악할 수 있기 때문이다. 그러나 액티브 소나는 듣는 이의 위치, 또는 적어도 그의 존재를 알려주며, 이는 분명히 위험할 수 있다.

티콘데로가급 순양함은 다음 같은 완전한 소나 장비 세트를 갖추고 있다.

- SQS-53은 선체에 탑재되어 탐색과 공격 모두에 사용된다.
- SQS-19는 수동적인 예인식(towed) 시스템이다. 이는 순양함의 엔진과 선체 소리로부터 떨어져 있게 하기 위한 것이다.
- 이후의 티콘데로가급은 동일한 목적을 위한 후행식 시스템(follow-on system)을 사용한다.

그러므로 티콘데로가급은 센서들의 영역 안에서 작동한다. 그것은 공중에서 250해리, 해저에서는 물 상태에 따라 수십 마일을 볼 수 있다. 또한 이지스는 위성, UAV, LAMPS(light airbone multipurpose system) 헬기와 같은 다른 소스들로부터 얻은 데이터를 통합할 수 있다. 이 중 LAMPS 헬기는 순양함 갑판에서 날아올라 음파 탐지 부표를 이용해 적 잠수함을 탐지한다.

적을 볼 수 있는 이지스의 능력은 이지스 역시 포착될 수 있다는 비싼 대가를 치르고 얻는다. 이지스가 위협을 탐지하기 위해 필요한 다중 레이더와 액티브 소나는 수백 마일 밖에서도 포착될 수 있다. 모든 레이더 발신기는 특별한 흔적을 갖고 있기 때문에 적이 이지스 순양함이나 구축함의 신호를 포착해 특정 선박이 그 지역에 있다는 것뿐만 아니라 다른 중요한 자산들이 그 지역에 있다거나 또는 중요한 임무가 진행 중이라는 사실을 알아내는 것이 가능하다. 이지스 순양함과 구축함은 아무 데나 배치되지 않는다. 그리고 그것들이 배치되면 수백 마일에 걸친 전자전 스크린을 가동하므로, 이는 적에게 경보와 함께 표적 정보를 제공하게 된다.

이것이 이지스를 항공모함과 분리시키는 이유 중 하나다. 이지스 시스템을 다른 배에 설치함으로써, 발신기를 주된 표적인 항공모함으로부터 떼어놓는 것이 가능하다. 발사된 미사일은 이지스로 향할 수밖에 없는데, 이는 이지스 시스템이 미사일이 항공모함을 포착하고 자동 추적할 수 있기 전에 그것을 파괴할 수 있게 해준다.

레이더와 소나 같은 이 모든 센서는 지휘 결정 시스템(CDS)으로 데이터를 전달하고, 지휘 결정 시스템은 위협을 평가하고, 우선순위를 정하고, 무기통제 시스템(WCS)이 통제하는 무기들에게 과제를 준다. CDS와 WCS 두 시스템 모두의 핵심에는 다음 네 가지 모드 중 한 가지로 시스템을 운영하는 일련의 컴퓨터들이 있다.

- **오토매틱**: 데이터가 직접 CDS에 전달되고, 그다음엔 WCS에, 그다음엔 개별 무기들에 전달된다.
- **오토매틱 스페셜**: 통제관(controller)이 표적의 우선순위를 미리 정할 수 있다. 즉, 백파이어 폭격기를 다른 공중 위협보다 더 큰 위협으로 지정할 수 있다.
- **세미 오토매틱**: 인간 통제관(human controller)이 자동 시스템과 상호작용을 하고 판단을 내린다.
- **비상 작동(casualty)**: 시스템이 적의 공격으로 꺼졌을 때 작동되며, 데이터를 복구하고 무기를 재가동한다.

이 시스템의 인간적이고 물리적인 핵심은 전투정보센터(CIC)이다. CIC는 티콘데로가급 순양함에 설치된 실제적, 물리적 장소로 18대의 컴퓨터 단말기와 그것을 관리하는 사람들로 채워진 폐쇄적인 방이다. 각 콘솔(console)은 특정한 기능을 갖고 있다.

- 항해 레이더
- 레이더 시스템 감독관
- 레이더 추적 관리자
- 통신 차단 같은 전자적 지원 조치
- 대공전 조정자
- 미사일 교전 통제관(2)
- 공중요격 통제관
- 발사 통제 시스템 감독관
- 대잠전 콘솔(4)
- 수상전 관리자
- 토마호크 발사 통제
- 하푼 발사 통제
- 화포 통제
- AN/SLQ-32 전자전 시스템

이 시스템의 최종 요소는 실제 대응수단이다. 티콘데로가급 순양함은 또한 다음과 같은 장비를 갖추고 있다.

- 마하 2.5 속도와 40~70마일의 사거리를 갖는 122기의 스탠다드 미사일(SM-2). 함선의 발사 통제 레이더, 또는 자체 종말 유도 레이더에 의해 유도될 수 있다. MK 41 수직 발사대에서 발사되는 SM-2는 발사 수 초 만에 재장전될 수 있으며, 다수 표적과 교전하는 데 핵심적이다.

- 접근해 오는 미사일에 대한 최후의 방어수단으로 설계된 2문의 발칸 팔랑크스(Vulcan Phalanx) 근접무기체계(CIWS). R2D2라는 스타워즈 로봇과 흡사해 보이는 이 팔랑크스 발칸은 1초에 20mm 탄환을 500~900발 발사하는 고속 발사 화포 시스템이다. −25도까지 내리고, +85도까지도 올릴 수 있는 팔랑크스는 최저 부각에서 1초 이내에 최대 앙각까지 전환할 수 있으며, 1초에 126도 회전이 가능하다(머리 바로 위에서 급강하 하는 물체를 처리하는 데 취약하다).[9] 표적과 자신의 탄환 모두를 추적하는 내장 레이더로 유도되는 팔랑크스는 빠르게 다가오는 미사일을 파괴하도록 만들어졌다.

티콘데로가 순양함은 화포, 어뢰 발사관, 그리고 레이더 유도 및 적외선 미사일을 유인하기 위한 다양한 플레어(flare)와 채프(chaff)뿐만 아니라, 토마호크 미사일, 하푼 대함 미사일 그리고 대잠 로켓(ASROC) 등을 갖추고 있다.

티콘데로가급에 탑재된 모든 무기들 중에서 오직 스탠다드 함대공 미사일과 팔랑크스 CIWS, 두 무기만이 그 주된 대공 임무를 전담한다는 사실을 주목해야 한다. 둘 모두 효과적인 무기이지만, 문제는 항상 이러한 방어망이 다수의 표적들에 의해 어느 수준까지 포화될 수 있는지, 그리고 이러한 무기들을 관리하는 시스템이 어느 수준까지 위협에 대응할 수 있는지였다.

이지스의 주요 약점은 CIC 안의 인간과 CDS 및 WCS의 자동화 시스템 간의 연결점(interface)에서 발견될 수 있다. 예를 들면, 1987년 미 해군 전함 빈센스vincennes호는 이륙 중이던 이란 민간 여객기를 격추시켰다. SPY-1은 올바른 데이터를 갖고 있었으나 접근이 제대로 이루어지지 않았다. 전투 관리자들은 데이터를 잘못 해석했고 에어버스를 격추시켰다.[10]

따라서 이지스 센서는 두 가지 문제를 갖고 있다. 그중 하나는 이지스에만 특정한 것이며, 다른 하나는 대규모 정보를 취급하는 모든 전장 관리 시스템에 공통된 것이다. 첫 번째 문제는 이지스 센서는 해안 근처에서의 작전에는 적합하지 않다는 것이다. 현대 미국 해군의 교리가 대양(blue-water operation) 작전에 반대되는 개념으로서 연안 전쟁(littoral warfare)에 중점을 두고 있기 때문에, 이는 중대한 문제이며 근본적인 재설계를 요구한다. 다른 문제는 데이터 소스의 수와 함께 각 소스들에 의해 수집되는 정보의 양이 인간과 자동화된 전투 관리 시스템 모두를 압도할 수 있다는 점이다. 데이터를 정보로 전환하고 실시간으로 그 정보에 따라 행동하는 것은 모든 현대전에서 핵심 요소이다. 적은 수의 무기 플랫폼으로 인한, 해전의 중앙집중화를 고려할 때, 이 문제는 더욱 확대될 수밖에 없다. 단 하나의 실수가 전략적 결과를 가져올 수 있다.

정보가 수신되는 속도는 사건들의 진행속도(tempo)에 의해 결정된다. 다수의 표적이 항모전단을 위협함에 따라, 데이터는 한데 모아지고, 정보로 변환되고, 무기 통제 시스템으로 전송되고, 그리고 그에 따라 행동이 취해져야 한다. 표적들이 나타나서 다가오는 속도가 정보들이 변환되어야 하는 속도를 결정한다. 걸프전에서, 항공모함으로부터 75해리 떨어져 있는 표적이 탐지되었는데, 마하 1.5의 속도, 즉 초당 3분의 1 마일의 속도로 움직이고 있었다. 탐지 순간부터 충돌까지, 타격이 이루어지는 데 약 225초가 걸리게 된다. 225초 안에 탐지, 평가, 그리고 대응조치가 취해져야 한다. 속도가 빨라지면 시간은 더 줄어든다. 더욱이 여러 개의 물체들이 표적을 향해 돌진하고 있을 때, 위협들은 우선순위가 매겨져야 하고 동시에 처리되어야 한다.

기술적으로 이지스와 SPY-1 레이더 시스템은 이 일을 하기 위해 만들어졌으며, 다수의 무기가 요격을 위해 존재하고 있다. 그러나 위협이 더 많아질수록 시간의 압박은 더 커지고, 시스템의 반응 능력은 줄어든다. 사실 해군 내에서 최고 정보에 접근할 수 있는 사람이 아니고는 이지스의 실제 포화점(saturation point)이 무엇인지 알 수 없다. 이지스가 격렬한 전투 환경—첨단 기술을 갖춘 적이 이지스 시스템이 대응하도록 설계된 것보다 더 많은 발사체를 발사하는 상황—에서 실험을 거친 적이 없다는 사실을 기억해야 한다.

이지스는 대단히 효과적인 무기 체계를 막기 위한 대단히 정교한 시도이다. 그러나 이지스는 만능 시스템이 아니다. 북대서양의 장애물 없는 해역에서 작동하도록 설계된 이지스는 페르시아만 같은 데서는 그다지 잘 작동하지 않았다. 그 바다에는 해안선들로부터의 레이더 간섭(clutter), 유전에서 나온 오염 물질, 인근 해안으로부터의 전파 방사 등이 존재하며, 이는 이지스의 성능을 현저히 떨어뜨렸다. 예를 들면, 전투기들은 레이더 소스로부터 75마일 이상 벗어나면 관제를 받을 수 없었다.

그 정의 자체만 놓고 봐도 이지스는 실패할 수밖에 없다. 이지스는 방패다. 그것은 레이더 성능과 무기의 사거리에 의해 정의되는 제한된 영역들을 방어한다. 이지스는 자신의 방어권역 안으로 적의 발사체가 진입하기 전까지는 그것을 요격할 수 없다. 날아오는 발사체의 속도가 빨라질수록 이지스가 그것을 요격할 시간은 줄어든다. 어떤 속도에서는 대응할 시간이 전혀 없게 될 것이다. 가령 해안에 너무 가까이 접근하는 경우와 같은 특정한 환경 하에서는 방어막이 줄어든다. 그리고 해안에 가까워질수록, 상대는 더 값싼 발사장치로 발사체를 발사할 수 있게 된다. 따라서 가용한 요격용 발사체의 수로 정의되는 방어막의 절대적 한계는 상대적 한계, 즉 어느 주어진 시간 동안 처리될 수 있는 발사체의 수에 의해 악화된다.

확실히 이지스는 진화할 수 있으며, 분명히 그래야만 할 것이다. 예를 들어, 교전 가능 범위가 확대되고 있다. 최신형 엑조세 같은 미사일은 초저공 비행 능력과 함께 고도의 기동성을 갖추고 있어서 팔랑크스 포로 쏘아 떨어뜨리기가 어렵고, 미사일로는 아예 요격이 불가능하다. 소련이 공기역학적 특징을 가진 새로운 대함 미사일을 개발한 것으로 보도되고 있다. 그 미사일은 표적 선박에 매우 높은 고도로 접근하다가 초음속의 속도로 곧장 아래로 돌진한다. 최대 85도까지 올릴 수 있는 팔랑크스 포는 수직으로 떨어지는 표적을 상대하기가 어려울 것이다. 그리고 정면으로 공격하는 표준 미사일들은 지금보다 훨씬 향상된 유도장치와 근접 신관을 가져야만 할 것이다.

상당한 개발 노력이 이지스의 전구 고고도 미사일 방어(THAAD: Theater High Altitude Air Defence) 프로그램에 집중되고 있다. 이는 스타워즈 프로그램의 뒤를 잇는 전구 요격 체계(theater interceptor)이다. 어떤 면에서 THAAD는 이제까지 이지스가 수행하도록 설계된 전술적 역할보다 이지스를 위한 더 유망한 접근방식이다. 전구 수준 미사일은 사거리가 길기 때문에, 보다 긴 경보 시간을 제공한다. 예를 들어, 이지스를 DSP(Defensive Support) 위성 프로그램과 연계함으로써, 사막의 폭풍 작전 당시 SCUD 사냥의 사례에서처럼, 비교적 훨씬 먼 거리에서 그리고 대기권을 벗어나 날아오는 발사체에 대해 방어자 측은 현재의 복잡한 전술 상황에서보다 훨씬 더 긴 시간과 유리한 요격 각을 갖고 대응할 수 있게 될 것이다.

THAAD 프로그램의 한 가지 고무적인 결과물은 협력 교전 개념이다. 이 개념에 의하면, 항모전단에 통합 대공 방어를 제공하기 위해 순양함이나 구축함 같은 단일 플랫폼에 의존하기보다는, 전체 전단이 광역 네트워크로 연결되어, 표적을 찾아내고 무기를 가동하는 등 단일 방어 시스템으로 작동하게 된다. 이는 매우 강력한 개념이지만 모든 광역 네트워크가 가지는 명백한 결함도 안고 있다. 바로 전자전 대응수단, 또는 예상치 못한 오류로 인해 전체 시스템이 작동 불능이 될 수 있다는 점이다.

분명 이는 센서에 의존하는 모든 현대 무기 시스템에 해당되는 비판이다. 그러나 공격 무기 체계와 방어 무기 체계 사이에는 근본적인 차이점이 있다. 공격 무기 체계의 실패는 공격의 실패를 의미하지 반드시 그것을 발사한 무기 플랫폼의 실패를 의미하지는 않는다. 방어 무기 체계의 실패는 무기 플랫폼 자체의 파괴를 의미한다. 티콘데로가에서 발사된 토마호크 미사일의 실패는 적 표적이 살아남아서 또 다른 날에 싸울 수 있게 된다는 것을 의미하지만, 이지스의 실패는 항모전단이 파괴되는 것을 의미할 수 있다.

항공모함 시대 이후의 이지스와 해전

전투에서 방어하는 측은 항상 공격하는 측보다 더 불리하기 마련이다. 이는 합리적인 지휘관들이 가능한 한 공세를 취하려는 이유다. 항공모함은 순전히 공격적인 무기로 출발했다. 그러나 적의 반격 위협이 심화된 결과 이지스가 등장했고, 이를 통해 항공모함의 공격 능력을 유지하고자 했다. 그러나 근본적으로 러시아 대함 미사일의 상대적 단순함에 반대되는, 이지스의 복잡성 자체가 그 문제를 반복하고 있다. 이지스는 오직 완전무결한 시스템으로서만 정당화될 수 있는데, 이 세상에 완전무결한 시스템은 존재하지 않는다.

이지스의 목적은 항공모함이 계속 공중작전을 펼 수 있게 하는 것이다. 우리는 한 척의 항공모함을 가라앉히는 데 얼마나 많은 폭약이 쓰이는지 모르며, 일정 시간 동안 작동 불능으로 만들려면 또 얼마나 퍼부어야 하는지도 모른다. 하지만 우리는 기뢰 하나가 프린스턴Princeton호를 망가뜨릴 수 있었고, 엑조세 미사일 두 방으로 스타크호를 작동 불능으로 만들었다는 사실을 알고 있다. 그러므로 대형 대함 미사일로 여러 발 타격하면 항공모함이 적어도 일시적으로 위험에 처하고 임무수행 능력이 제한된다는 것은 의심할 여지가 없다.

이 문제를 바라보는 또 다른 방식이 있다. 항모전단의 엄청난 비용과 그것이 미국에 갖는 전략적 중요성을 고려한다면, 우리는 어떤 종류의 임무에 항모전단 하나를 위험에 빠뜨릴 각오를 할 수 있는가? 예를 들어, 사막의 폭풍 작전 중 항공모함이 이라크 미사일에 맞거나 호르무즈 해협에서 이란의 실크웜(Silkworm) 미사일에 피격될 가능성이 조금이라도 있었다면, 우리는 다수의 항모전단이 페르시아만에 진입하도록 허용할 각오가 되어 있었는가? 해군 자신이 정의한 연안전의 임무—연안전에서 항공모함은 지상 발진 항공기나 지상 발사 미사일의 사거리 내에서 작전을 수행하도록 되어 있다—를 고려할 때, 그리고 우리가 미사일의 예측 불가능성에 대해 알고 있음을 고려할 때, 지휘관들이 자신들의 항공모함이 단 한 발이라도 피격당할 위험이나 가능성을 받아들일 수 있을까?

항공모함은 그보다 작은 표적들에 비해 확실히 눈에 띄는 표적이다. 마하 2.5의 속도로 비행하는 미사일은 1백 마일을 약 3분 만에 돌파한다. 30노트로 움직이는 항공모함은 그것을 피할 만큼 충분히 빠를 수 없다. 유일한 방책은 하나도 빠짐없이 모든 미사일을 쏘아 떨어뜨리거나 교란시키는 것이다.

그게 아니면 해안의 발사대를 파괴해버리는 것이다.

이지스가 항모전단을 향해 발사된 미사일 대부분을 파괴할 수 있고, 파괴할 것임은 의문의 여지가 없다. 우리는 심지어 대부분의 경우에 이지스가 발사된 미사일 전부를 파괴할 것이라고 인정할 수도 있다. 하지만 그것들을 전부 파괴하기란 불가능하다. 하나 또는 그 이상이 방공망을 뚫고 들어와서, 일부는 항공모함의 흘수선을 타격하고, 다른 것들은 상부 구조물을 강타하고, 다른 것들은 갑판을 맞힐 것이다. 항공모함이 파괴되려면 얼마나 많은 미사일에 맞아야 할까? 우리는 그 일들이 일어나 직후에나 알게 될 것이다. 미국의 전체 대전략은 단지 12개의 항모전단에 의존하고 있다. 우리가 위험을 무릅쓰고 항모전단을 투입할 만한 일이 무엇일까?

우리는 고속, 고기동 대함 미사일의 폭발적 증가를 보고 있다. 예를 들면, 1970년대에 개발된 소련의 SS-N-22 모스킷(Moskit)은 마하 3까지 속도를 내는 지상 발사 대함 미사일이다. 항공기에 탑재된 후속 미사일은 마하 4.5의 속도에 이르렀고, 마하 6까지 끌어올리기 위한 추가적 개발 계획이 잡혀 있다고 한다.

중요한 점은 모스킷이 로켓 기술이 아닌 램젯(ramjet) 기술을 쓰고 있어서 속도뿐만 아니라 상당한 사거리를 가질 것으로 예상된다는 것이다.[11] 그게 아니어도, 러시아의 3M-80 선번(Sunburn)이 있다. 로켓과 램젯을 합쳐 만든 선번은 최대 55마일까지는 시속 1,700마일의 속도로 비행한다. 선번이 특히 위험한 점은 그것이 60피트 고도로 비행한 다음 20피트 고도에서 배를 공격하는데, 해수면을 스치듯 비행하면서 최대 발사 지점으로부터 2분 이내에 표적에 도달한다는 것이다. 선번이 아주 인상적이어서 미 해군은 이를 하나 구입하려고 시도한 적이 있다.[12]

더 충격적인 것은 초음속/극초음속 대함 기술의 확산이다. 예를 들어, 중국 정밀기계 수출입공사를 통해 알려진 바에 의하면, 중국은 현재 C301이라고 불리는 1,100파운드의 탄두를 장착한 미사일을 생산하고 있다. C301은 300피트 고도에서 마하 2로 비행하다가 30피트 고도로 강하하여 공격할 수 있으며, 80마일의 사거리를 갖고 있다. 프랑스 또한 아음속 엑소세의 후속 미사일을 개발하고 있는데, 이는 극도로 낮은 고도에서 극도로 뛰어난 기동성을 가지면서 배의 흘수선을 타격하도록 만들어지고 있다.13

러시아뿐만 아니라 중국과 프랑스도 램젯 기술을 써서 대함 미사일을 만드는 상황에 이르렀기 때문에, 우리는 이 기술이 앞으로 훨씬 더 빨리 확산되리라고 가정하는 것이 타당하다. 중국과 프랑스 모두 정치적 영향력을 확보하고 무기획득 프로젝트의 비용을 줄이기 위해 첨단기술을 북한, 이란, 이라크 등과 같은 2류나 3류 강국들에게 팔려는 경향을 보이고 있다. 그리고 초음속 미사일에 대한 독일과 이스라엘의 관심을 고려한다면, 추가적 확산은 불가피하다.

따라서 미국의 국방기획가들은 대함 미사일의 속도, 기동성, 지능화가 비약적으로 상승할 가능성이 높다는 가정 위에서 미국 함대가 직면할 위험을 평가할 필요가 있다. 미국은 본격적인 초음속 대함 미사일 프로그램을 추진하고 있지 않으며, 이는 그 같은 미사일의 필요성을 부인하는 논거로 받아들여지고 있다.14 그러나 이는 논쟁의 여지가 있는 사안이 아니다. 미국은 이지스식의 방어 체계에 대응할 필요가 없는 반면, 다른 나라들은 본질적으로 공격 수단보다 더 복잡한, 그와 같은 방어 수단에 초점을 맞춰 왔다. 이스라엘은 이러한 방향의 운용상 필요성을 예상하지 않았을 수 있으나, 이스라엘의 많은 고객들은 그 같은 필요성을 알고 있을 것이다.

대함 미사일의 발전과 2, 3류 강국으로의 확산은 필연적으로 항공모함의 운용에 보수적 전략을 강요한다. 강대국과의 대양 대결보다는 2류 강국들을 상대로 한 연안 교전에 대한 미국의 최근 전략을 고려할 때, 하나 이상의 항모전단을 위험에 빠뜨리는 것을 정당화할 만큼 그 결과가 중요한 분쟁은 거의 없을 것이다. 동시에, 대함 미사일이 저렴해지고 흔해짐에 따라 항모전단이 위협에 노출되지 않는 전투도 드물 것이다. 제2차 세계대전 중 항공모함은 지금만큼 비싸고 대체 불가능하지는 않았어도 가치가 높았다. 하지만 상황이 매우 중대했고 미국은 항공모함을 잃는 위험을 감수할 준비가 되어 있

유형	F-14	F/A-18	A-6E	EA-6B	S-3A/B	E-2C	SH-3/6
숫자	20	20	16	4	6	4	8
임무	전투기	공격기	공격기	전자전기	대잠기	관제기	헬기

〈표 5〉 니미츠(Nimitz)급 항공모함에 탑재된 함재기 편대

었다. 한국 전쟁과 베트남 전쟁에서는 이 문제가 실제로 대두되지 않았다. 즉, 어느 것도 미국의 항공모함을 위협할 수 없었다. 걸프전에서는 신중한 검토 끝에, 만약 항공모함에 대한 위협이 현실화된다면, 이지스가 그러한 위협을 충분히 관리할 수 있을 것이라는 결론에 도달했다. 그러나 그 위협은 현실화되지 않았다.

위기가 발생할 경우에, 이지스 시스템의 진화는 무분별한 배치에 반대하는 논거가 될 것이다. 한 척의 항공모함을 잃는 것—두세 척은 말할 것도 없고—은 해로통제나 (그러한 개입이 정말로 결정적인) 연안의 주요 지점에 개입할 능력과 같은 미국의 근본적인 전략적 이익을 훼손할 수 있다.

설사 이지스가 항공모함을 완벽하게 보호할 수 있다고 해도—이는 불확실하다—엄청난 비용이 들 것이다. 궁극적으로, 항공모함의 진정한 가치는 그것이 적에게 입힐 수 있는 피해로 판단될 수 있을 뿐이다. 다시 말해, 그 가치는 탑재된 항공기들에 의해 측정된다. 미 함대에서 가장 큰 핵추진 항공모함인 니미츠(Nimitz)급 항공모함에 탑재된 항공기 편대를 살펴보자(〈표 5〉 참조).

니미츠급 항공모함은 78대의 항공기를 보유하고 있다. 그중 36대, 즉 46%만이 주요 공격 임무를 위해 사용된다. 나머지는 본질적으로 항공모함 방어 시스템의 일부로서, 공격기가 표적까지 도달하도록 지원하는 용도다.

항공모함에 위협이 존재하는 일반적인 상황에서 최소 40대의 공격 항공기

가 전투에 투입될 수 있으며, 이는 전체 항공기의 50%를 약간 넘는다. 이들 항공기는 각각 7~8톤의 폭탄을 탑재할 수 있다. 이들 전부가 공지전에 투입될 수 있다고 가정하면, 그리고 모든 항공기가 출격할 수 있다고 가정하면, 항공기 편대의 총 능력은 임무당 3백 톤가량의 폭탄이다. 만일 하루에 3회 출격한다면—이는 매우 높은 출격률이다—니미츠급 항공모함 한 척은 24시간마다 9백 톤의 폭탄을 투사할 수 있는 셈이다.

현실은 그렇게 좋을 수 없다. 사막의 폭풍 작전에서, 해군은 공군 출격 횟수의 3분의 1 정도 출격했고 공군이 투하한 폭탄량의 4분의 1을 투하했다. 이는 해병대와 비슷한 수준이었다. 한 번의 해군 공습에서는 2척의 항공모함에서 60대의 항공기들이 임무를 위해 출격했는데, 8대의 A-6만이 32톤의 레이저 유도 폭탄을 투하했다.[15]

일단 전구로 보내지면, 공군이 해군보다 시간 운용이 훨씬 더 쉽다는 점을 이해해야 한다. 항공모함 운용은 더 복잡하고, 비행해야 할 거리는 대체로 더 길며, 그 항공기는 분명 크기가 더 제한적이다. 공군은 B-52기와 F-111 같은 대형 항공기를 그들의 출격 횟수에 포함시키고 있고 해병대는 근접 항공 지원을 위해 더 짧은 거리를 날아다니면서 더 많은 폭탄을 실어나를 수 있다. 그러니까, 사막의 폭풍 작전에서 6개 항모전단을 배치하는 데 든 비용은 그것들이 적게 입힌 피해 규모에 비하면 너무나 막대했다.

개념적인 차원에서 항공모함은 두 가지 문제를 안고 있다. 첫째, 항공모함이 적 항공기의 첨단 미사일에 맞서서 해로통제 플랫폼으로서 살아남을 수 있을 것인지가 본질적으로 의심스럽다. 이는 많은 지원함들이 하푼이나 토마호크 같은 대함 미사일을 탑재하고 있는 이유이다. 그러나 이제는 항공모함을 배치하는 것이 적의 해상 수송을 차단하거나 적 전함들과 싸우는 최선의 방법인지가 더 이상 분명하지 않다. 예를 들어, 이스라엘은 연안 신속공격 함정과 미사일을 탁월하게 활용해 왔다. 더 긴 사거리의 미사일을 갖춘 순양함과 구축함들이 그 일을 마찬가지로 해내지 못할 이유가 없다고 본다.

두 번째 문제는 힘의 투사와 관련되어 있다. 항공모함이 항공기 편대를 적의 사정거리 내로 진입시킬 수 있다 해도, 적이 첨단 함대함 또는 공대함 미사일을 갖추고 있는 연안 지역에서는 그 일을 할 수가 없다. 다시 말해, 항공모함은 가장 필요로 하는 곳에서 가장 취약하다. 더 중요한 것은, 항모전단이 투사할 수 있는 폭장량이 솔직히 대부분의 임무에 불충분하다는 사실이다. 1986년 리비아 공습 당시, 두 개의 항모전단이 나섰으나 결국 영국에서 발진한 F-111기의 지원을 받아야 했다. 사막의 폭풍 작전에서, 동원 가능한 모든 항모전단들이 이 해역에 배치되었더라도, 그 항공모함들이 미국이 투하했던 폭탄의 3분의 1 이상을 담당하지는 못했을 것이다.

항공모함은 갈수록 취약해지고 비효과적이 되어가고 있다. 그 취약성은 바다에서 방어-공격 관계의 전환에서 기인한다. 한때 주요 공격 시스템이었던 바다에서 항공모함은 대함 미사일로 인해 갈수록 방어에 치중하고 있다. 한때 공격적으로 힘을 투사하고 지상의 사건들에 영향을 미쳤던 항공모함이 이제는 자원의 상당 부분을 자기 보호에 써야 하기 때문에 본래 임무를 수행할 최소한의 기회만을 갖고 있다. 항공모함은 유인 항공기의 모든 결함을 공유하고 있으며, 일생의 절정기를 지나 쇠퇴 국면에 있다. 즉, 위협이 갈수록 효율적이 되어 가면서 항공모함은 갈수록 비효율적이 되고 있다.

그러나, 복잡한 비효율적인 이지스의 도움에도 불구하고 항공모함이 진부화에 다가가고 있지라도, 항공모함의 임무는 여전히 미국에게 절대적으로 중요하다. 미국은 세계의 대양을 통제해야 하고, 유라시아의 해안에 전력을 투사할 수 있어야 한다. 미국은 한국과 보스니아의 연안에 접근할 수 있어야 하고, 필요한 곳에 병력을 파견할 수 있어야 하며, 적의 값싼 대량의 미사일에 압도당하지 않을 수 있어야 한다. 미국은 자신의 이익이 걸린 곳에서 싸우기 위해 위험을 감수할 수 있는 함선들을 보유하고 있어야 한다. 지상과 공중에서, 미국은 자신의 능력을 약화시켜 왔던 그 동일한 기술들을 자신의 이점으로 전환시켜 왔다. 따라서, 질문은 이것이다. 어떻게 미국은 이 같은 일을 바다에서 할 수 있는가?

3편 항공전

09

항공력에 대한 최초의 사고

First Thoughts On Airpower

1848년 베네치아는 오스트리아-헝가리 제국에 맞서 일어났다. 수심이 너무 얕아서 이 도시에 접근할 수 없었던 오스트리아 함대는 베네치아를 포격할 수 없었다. 베네치아를 둘러싼 늪지대 때문에 지상 기반 화포도 사거리 안으로 접근할 수 없었다. 오스트리아군 사령관 요제프 라데츠키Joseph Radetzky는 좌절했고, 포병장교 프란츠 유카티우스Franz Uchatius의 발명품에 기대를 가졌다. 그 발명품은 화약을 채워 넣은 철제 폭탄을 단 열기구였다. 이 폭탄은 밧줄로 기구와 연결되었고, 밧줄은 퓨즈에 달려 있었다. 폭격수는 바람이 폭탄을 표적까지 날라다줄 시간을 계산해서 퓨즈에 불을 붙였다. 이론적으로 퓨즈가 딱 맞는 시간에 로프를 끊으면 폭탄이 표적에 떨어지게 된다.[1]

누구나 예상할 수 있듯이, 그 기계 장치는 제대로 작동하지 않았다. 그러나 많은 기술적 실패가 그러하듯, 이것은 그 안에 현실을 이해하는 전적으로 새로운 방식의 가능성을 담고 있었다. 1783년 11월 21일, 인간이 처음으로 하늘을 날아본 이후—한 물리학자와 한 육군 장교가 열기구로 파리 상공 2만 피트까지 올라갔다—공중 정찰의 놀라운 가능성은 피할 수 없는 것이었다.[2] 맑은 날씨에는 2천 피트 상공에서 거의 70마일 밖을 내다볼 수 있었다.[3] 이것은 단일 공중 플랫폼에서 증원 병력의 접근뿐만 아니라 19세기 전장 전체를 살펴볼 수 있다는 것을 의미했다. 공중 정찰은 지휘, 통제, 통신, 정보 시스템을 바꿔 놓을 수 있었고, 결국에는 바꿔 놓았다. 하지만 공중 플랫폼의 진정한 성취는 그 자체가 총과 대포의 도달 범위 너머에 있는 적에게 폭탄을 투하할 수 있는 무기가 된 것이었다. 항공력의 주창자들은 항공기가 대단히 혁명적이어서 다른 모든 무기들을 구식으로 만들 것이라고 주장했다. 이것은 비합리적인 가정은 아니었지만 정확한 것도 아니었다.

전투기로서 항공기

1911년 10월 23일 줄리오 가보티 중위는 공기보다 무거운(heavier-thanair) 비행체를 이용해 리비아의 투르크군을 공격함으로써 최초의 폭격 임무를 수행했다. 그는 표적 하나에 폭탄 하나를 떨어뜨린 후 두 번째 표적인 오아시스로 날아가 나머지 세 발을 투하했다. 수류탄보다 약간 크고, 자몽과 비슷한 크기인 폭탄은 무게가 4파운드 정도였고, 그는 이빨로 핀을 뽑아 폭탄을 작동시켰다. 이 폭격은 이탈리아군의 사기에 거의 도움이 되지 못했고, 투르크군은 이를 거의 알아차리지도 못했다.[4] 그러나 그것은 한 가지 중요한 점, 즉 공중 폭격이 가능하다는 사실을 입증해 보였다. 폭격하는 측은 종종 폭격이 실제보다 더 많은 성과를 내고 있다는 착각 속에서 작전을 벌였다. 이러한 착각은 판단을 심하게 왜곡했고, 종종 치명적인 결과로 이어졌다. 독일군은 런던 폭격에서 큰 만족감을 얻었고, 연합군도 독일을 폭격하면서 그런 느낌을 가졌다. 특히 미군은 베트남에 대한 폭격에 대해 만족스러워하면서, 수 주 또는 수개월 안에 승리를 가져다줄 것이라고 여겼다.

제1차 세계대전에서 항공기는 정찰 플랫폼으로서 말고는 작전적으로 그리 중요하지 않았다. 그러나 높은 곳에서 바라볼 수 있는 능력이 당시의 항공기가 지녔던 여러 가지 결점들을 상쇄했는데, 특히 여기에 무전기가 결합되었을 때는 더욱 그러했다. 이는 항공력과 전자 장비 사이의 길고 긴밀한 관계의 전조가 되는 사건이었다. 영국에서 처음 도입된 무선통신은 항공기가 전장 너머 멀리까지 작전을 수행하고 사상 처음 거의 실시간으로 정보를 제공할 수 있게 해주었다. 마른 전투(battle of the Marne)의 결정적 순간에 프랑스 정찰기는 독일의 제1군과 제2군 사이의 틈이 점점 벌어지고 있는 것을 포착했다. 이 정보는 전선을 안정시키고 프랑스의 운명을 결정지은 프랑스의 반격을 가능하게 했다.

이러한 성과에도 불구하고, 이 항공기가 미친 가장 중요한 영향은 전망(promise)과 이론(theory)이었다. 전망은 공중 폭격이 재래식 전쟁을 쓸모없게 만들어 버린다는 것이었다. 항공기는 지형에 상관없이, 심지어 적지(敵地)도 거칠 것 없이 다닐 수 있었고, 이론적으로는 작전 범위와 폭탄 적재량의 한계가 없었다. 이것은 이론상 항공기는 원하는 곳은 어디든지 폭탄을 뿌릴 수 있다는 것을 의미했다. 따라서 항공기야말로 최종 병기라는 결론이 나왔다. 항공기는 그 무엇으로도 막을 수 없으며, 충분히 만들기만 하면 무엇이든지 부술 수 있는 것으로 여겨졌다. 유일하게 남은 문제라면 무엇이 그 표적이 될 것인가였다.

현대적 군대의 토대는 전쟁 수행에 필요한 무기와 보급품을 만들어내는 공장들이다. 예를 들면, 1개 연대는 공습으로 파괴될 수 있지만 1시간 내로 대체될 수 있다. 그러나 적의 소총 생산 공장을 파괴한다면, 모든 연대가 비록 그 즉시는 아니라도 결국 무력화될 것이다. 그러므로 현대전의 핵심이 전쟁을 지원하는 산업 시스템이라면, 항공력의 표적은 그 산업 시스템이 되어야 한다. 이때 비단 공장만이 아니라 그 공장의 근로자들, 그리고 이들을 지원하는 사회 구조까지도 표적이 되어야 한다.

현대 항공력 이론의 아버지인 이탈리아 장군 줄리오 두헤Giulio Douhet는 저서 『항공력Command of Air』에서 다음과 같이 썼다.

> 폭격 작전의 핵심 원칙은 바로 이것이어야 한다. 표적은 반드시 한 번의 공격으로 완전히 파괴되어야 한다. 동일한 표적에 추가 공격이 필요하지 않아야 한다. 표적까지 도달하는 것은 항상 어느 정도의 위험을 수반하는 항공 작전이며, 따라서 되풀이되어서는 안 된다. 표적을 완전히 파괴하는 것은 심리적, 물질적 효과가 있으며, 그 효과의 반향은 엄청나다. 그 반향이 과연 어느 정도일지 가늠해 보려면, 적이 인구 밀집 도시에 군사적, 비군사적 표적을 가리지 않고 폭탄을 무자비하게 퍼붓겠다고 선언했을 때, 그 도시의 민간인들 사이에서 무슨 일이 일어날지 상상해 보면 된다.[5]

미군 공군 교리의 아버지인 빌리 미첼Billy Mitchell은 또 이같이 썼다.

> 이제까지 한 나라의 중심부에 도달하고 전쟁에서 승리하기 위해서는

적 지상군이 야전에서 패배하고, 그 이후로도 계속해서 성공적인 군사적 진격이 이루어져야 했다. 파괴된 철로, 박살난 교량, 파손된 도로라는 전과를 얻기 위해서는 수개월 간 고생을 하고, 수천의 군인을 잃고, 헤아릴 수 없는 금전적 손실을 입어야 했다. 이제 폭탄과 독가스를 사용하는 공군의 공격은 이러한 곳들에서 산업의 완전한 소개와 중단을 야기할지도 모른다. 이는 적의 육군, 공군, 심지어 해군에게서 전쟁을 지속할 수 있는 수단을 앗아갈 것이다.[6]

두헤와 미첼은, 헤르만 괴링Hermann Goring, 아서 해리스Arthur Marris, 칼 스파츠Carl Spaatz, 커티스 르메이Curtis LeMay 그리고 다른 위대한 공군 지도자들처럼, 항공전은 현대 사회의 도시 중심부에 대한 공격이라고 믿었다. 그 목적은 부분적으로는 작전적인 것이었고, 부분적으로는 심리적인 것이었다.

항공력은 현대 도시의 인프라를 파괴하고, 거대한 사회적 혼란을 초래하고, 생산을 불가능하게 만들 것이다. 또한 정부가 공중 공격으로부터 자국민을 보호하지 못할 경우, 정권의 정당성이 약화되고, 지도자와 국민들 사이에 틈이 벌어지고, 어쩌면 반란이 일어나거나 분명 정치적, 사회적 불신이 확산될 것이라고 여겨졌다. 이는 또한 상당한 정도로 핵전쟁 배후에 있는 이론이었다는 점에 주목해야 한다. 즉, 대규모 인명 피해를 입히고 한 도시의 기계적 인프라를 파괴하는 것은 그 도시를 사람이 살 수 없는 곳으로 만들 것인데, 이는 그 어떤 합리적인 국가도 감수하지 않을 상황이라는 것이다. 이 이론의 배후에 있는 것은 도시의 삶은 파괴되기 쉽다는 가정이었다. 농촌 사회와 달리 도시에서는 자급자족이 불가능하고, 계속해서 보급을 받아야 한다는 것이다. 예를 들면, 도시는 복잡한 공학적 시스템을 통해 물을 보급받고, 마찬가지로 복잡한 시스템을 통해 물을 버려야 한다. 도시에 융단폭격이 가해지면 지원 시스템이 쉽게 망가지고, 도시민의 삶과 도시 공장의 기능이 파괴된다는 가정은 합리적이었다.

물론, 재래식 폭격은 결코 이런 전망에 부합하지 않았으며, 적어도 런던,

베를린, 도쿄 같이 확장을 거듭하는 세계적인 도시들의 경우에는 그랬다. 이들 도시는 공습으로 망가졌지만, 인프라의 완전 붕괴나 사회적 혼란 없이 도시 기능을 계속 유지했다. 하노이나 프랑크푸르트와 같은 더 작은 도시들도 폭격으로 기능이 마비되지는 않았다. 경험이 보여주듯이, 재래식 폭격은 큰 고통을 안겨주었으나 전쟁을 끝내는 것에 관한 한 전반적인 효과는 크지 않았다. 핵무기는 더 큰 고통을 안겨주고 훨씬 더 큰 효과를 얻기 위해 만들어졌다.

항공기에 관해 가장 인상적이었던 점은 그 무적성(無敵性)이다. 언뜻 보기에 폭격기에 맞서는 방어 수단이 없었다. 이는 분명 두헤의 생각이었다.

> 올바른 관점에서 보자면, 공중전은 어떤 방어도 허용하지 않으며, 다만 공격만 있을 뿐이다. 따라서 우리는 적이 가하는 공격에 대비하려 하지 말고, 모든 자원을 투입해 적에게 훨씬 더 큰 피해를 입히는 데 힘써야 한다. 이것이 공중전의 발전을 지배해야 하는 기본 원칙이다.[7]

두헤는 신무기에 대한 최초의 순수한 시각을 표현했다. 그는 폭격기를 단순하고도 불가항력적인 것으로 이해했다. 항공력의 역사는 방어 압박(defensive pressure)이 초기의 순수한 형태를 점차 변질시켜가는 역사가 되었고, 결국 폭격기는 극단적으로 적대적인 환경에서 단순히 살아남기 위해 대부분의 자원을 쏟아부으면서 매우 복잡하고 까다롭고 비효율적인 무기가 되었다. 두헤의 시각으로부터 B-2기에 이르는 과정은 무기의 혁명적 등장으로부터 그 진부화에 이르는 과정이다.

처음 항공기에 대한 최대 위협은 지상 무기들로부터 왔다. 이를 깨달으면서 항공기는 지상으로부터 일정한 거리와 고도를 유지했다. 당연히 항공기가 화포 쪽으로 오지 않는다면, 화포를 항공기 쪽으로 가져갈 수도 있을 것이다. 하지만 그 유일한 방법은 추격 항공기에 무기를 탑재하는 일일 것이다. 추격 항공기는 적기에 접근하기 위해 신속하고 민첩해야 했다. 이는 폭탄을 실을 수 없고 오직 무기만 실을 수 있다는 것을 의미했다. 이러한 무기 중 최초는 권총과 소총이었고, 단발 무기들은 아무런 효과가 없었다. 그 후 1914년 10월 5일, 조셉 프란츠Joseph Frantz가 조종한 브와제 항공기에 동승한 프랑스 정비사 루이 퀴노Louis Quienalt가 호치키스 기관포로 독일 항공기 한 대를 격추시켰다.[8]

최초의 폭격기들은 단 하나의 요구조건이 있었다. 그것들은 포격수들이 명중에 대한 약간의 희망을 갖고 목표를 조준할 수 있을 만큼은 안정적이어야 했다. 환경이 더 위협적이 되어감에 따라, 폭격기는 안정적인 운송 수단 이상의 것이 되었다. 폭격기들은 자체 무장을 갖춰야 했다. 엔진은 더 강력해졌고 속력은 빠르게 치솟았다. 예를 들면, 1914년 항공기의 속력은 시속 115킬로에서 165킬로에 이르렀고, 1917년에는 시속 165킬로에서 225킬로에 이르렀다(시속 225킬로는 브리스톨 F2.b기가 기록했다).[9] 이 모든 것은 방어적 고려에 의해 추진되었다. 모든 종류의 적기를 피하기 위해, 항공기들은 더 빨라져야 했다. 폭탄 투하는 단순했다. 살아남는 것이 어려웠다.

항공력의 일차적 임무는 폭탄 투하였다. 비행선(blimp)도 그 일을 할 수 있었지만 임무 수행 후 살아남을 수 없었다. 이 생존 문제가 항공기의 발전을 주도했다. 폭격기들이 임무를 수행할 수 있는 제공권 또는 항공력 우위는 항공전의 전제 조건이었을 뿐만 아니라, 때때로 항공력 우위를 성취하는 것은 공군의 모든 에너지를 소진해 버릴 정도로 힘겨운 일이었다.

시간이 지나면서 일정량의 폭탄을 운반하는 데 필요한 엔진의 수가 급증했다. 그 이유는 폭격기들이 추가로 엔진을 장착했고, 전투기의 호위를 받았으며, 나중에는 대공포 제압기까지 거느렸기 때문이었다. 엔진의 수가 늘어남에 따라 일정량의 폭탄을 운반하기 위해 드는 연료의 양도 급증했으며, 필요한 조종사와 정비사의 수도 늘어났다. 골리앗과 그의 갑옷처럼 공격이 방어의 필요 때문에 맥을 못 추게 된 것이다. 이런 냉혹한 현실은 제2차 세계대전 중 한층 분명해졌다.

최초의 시도: 영국 전투와 영국의 대응

두헤의 이론은 대단히 설득력이 있었다. 미 육군항공대 전술 학교 교과서 『항공전Air Warfare』에는 "항공전은 적대적인 지상군, 해군, 공군을 상대로 벌어질 수 있고, 또는 적 국민을 상대로 직접 벌어질 수도 있다. 전쟁 발발 후, 한 국가의 핵심 구조를 상대로 한 즉각적이고 직접적인 군사력 행사 가능성은 현대의 가장 중요하고 광범위한 발전이다."[10]라고 쓰여 있다. 적의 경제적, 사회적 인프라에 대한 공격이 전쟁 결과를 결정짓는다는 생각은 미국만의 독특한 생각은 아니었다.[11] 독일과 영국 역시 이런 관점을 공유하고 있었다.[12] 사실상 그것은 제2차 세계대전에 영향을 미친 일반적인 견해였다.

그럼에도 불구하고 제2차 세계대전 초부터 독일은 항공력 사용에 대해 좀 더 복잡한 관점을 가졌다는 점을 주목할 필요가 있다. 그러한 관점은 상당 부분 독일의 지리에 의해 결정된 것이었다. 영국과 미국과는 달리 독일은 자신의 국경에서 강력한 지상의 적들과 마주하고 있었다. 독일의 지상군은 전쟁 발발과 함께 위험에 처할 수밖에 없었고, 즉각적인 공중 지원을 필요로 했다. 그 결과 항공 자원은 전략적 임무들에서, 전투 중인 부대에 대한 근접 항공 지원이나 전선 바로 뒤에 있는 도로와 교량 차단 같은 보다 평범한 임무로 전용되어야 했다. 독일 공군(Luftwaffe)은 전략 폭격에 전념했지만, 독일의 현실은 더 긴급한 요구사항을 강요했다.

소련도 독일과 마찬가지였는데, 소련 지상군 역시 전쟁 발발과 함께 교전에 들어가야 했기 때문이다. 소련 지상군은 공군의 주요한 개입을 요구하지 않은 적이 없었다.

영국과 미국은 전쟁 후반까지는 근접 항공 지원에 상대적으로 관심을 갖지 않았고, 대신 전략 폭격에 집중했다. 1941년에서 1945년까지의 전쟁이 주로 해전이었던 일본은 미 해군의 관점을 국가 전략(national commitment)으로 채택하면서, 항공력과 해군력을 동일한 시스템의 일부로 대했다. 따라서 미국의 대표적인 항공기가 B-17과 B-29였다면, 일본의 대표적인 항공기는 항공모함 기반의 카테 폭격기(kate bomber)와 제로센 전투기였다.

독일의 대표적인 항공기는 JU-87, 즉 유명한 급강하 폭격기 슈투카(Stuka)였다. 이 항공기는 1천 파운드가 약간 넘는 폭탄을 2백 마일 정도까지 운반할 수 있었다.13 하지만 슈투카는 놀라운 정밀성을 갖는 항공기였다. 표적을 향해 급강하함으로써 그 자체가 발사체—유인 유도 발사체—로 기능했다. 항공기는 표적으로부터 수천 피트 상공에서 폭탄을 투하하고 나서도 계속 경로를 유지하다가 옆으로 벗어났다. 폭탄은 계속 경로를 따라가다가 조종사가 항공기 전체로 조준한 표적을 타격했다.

독일은 전략 폭격이 효과를 거둘 때까지 기다릴 여유가 없었다. 그들은 영불 해협이나 대서양에 의해 보호받지 못했다. 장기적 관점을 견지할 수 있는 능력은 압도적인 강력함(베트남 전쟁에서의 미국처럼)이나 난공불락의 지리적 국경이 제공하는 엄청난 안전감(sense of security)을 필요로 한다. 그런 다음 그리고 그런 다음에야 항공 자원이 격렬한 전투로부터 다른 곳으로 돌려질 수 있다. 그러나 독일에게 그러한 순간은 드물었다. 그러한 순간 중 하나가 1940년 여름에 찾아왔다. 프랑스를 제압한 독일인들은 전혀 예상치 못한 상황을 맞이했다. 독일은 지상군의 공격에 취약하지도 않았지만, 지상군으로 영국을 공격할 수도 없었다. 이는 바로 전략적 항공력의 주창자들이 고대해 온 순간이었다. 전략 폭격 작전을 위한 순간이 온 것이다.

공중에서 영국을 처부수려는 독일의 시도는 처음부터 실패할 운명이었다. 그들의 주력 전투기인 BF-109는 겨우 잉글랜드 남부까지만 도달할 수 있었고, 주력 폭격기 HE-111은 미들랜드Midland의 산업지대에 도달할 수 있었지만, 전투기의 호위가 없이는 도살당할 신세였다.

이로 인해 영국의 산업 중심지는 독일 공군의 작전 범위 밖에 놓이게 되었다. 독일은 대륙에서의 작전에만 초점을 맞춘 결과 영국에 대한 전략 폭격 작전을 실행하기 위해 필요한 작전 범위와 폭탄 용량을 갖추지 못한 항공기만 양산해 왔다. 더욱이 독일군은 초단파(VHF) 무전기가 없었고 단지 단파(HF) 무전기만 보유했는데, 이는 항공기와 단거리 교신만 가능하다는 것을 의미했다. 영국 항공기와 달리 독일군 항공기는 일단 이륙한 다음에는 지상의 통제를 받을 수 없었는데, 이는 별로 중요하지 않았다. 왜냐하면 독일군은 레이더도 갖고 있지 않았고 지상 통제 시설은 영국 상공에서 무슨 일이 일어나고 있는지 전혀 알 수 없었기 때문이다.

반면, 영국군은 자신의 비행장 상공에서 싸우고 있었다. 그들은 표적까지 날아갈 필요가 없었으므로 기동하고 싸울 수 있는 연료가 충분했다. 영국까지 날아오느라 연료를 써버린 독일 항공기는 표적까지 가서 폭탄을 투하하고 귀환해야 했다. 이 때문에 독일 항공기는 영국 전투기에게 극히 취약할 수밖에 없었으며, 그 결과 엄청난 사상자가 발생했다. 더욱이 레이더를 갖고 있다는 것은 영국 공군 사령부가 독일군이 언제 어디를 공격할지 알았다는 것을 의미했다. 따라서 영국 항공기들은 적의 공격 작전을 기다리거나 경계하면서, 낭비적인 초계 비행을 할 필요가 없었다. 단지 필요할 때만 이륙하면 되었기 때문에 연료와 기체 모두를 아낄 수 있었다. 독일 항공기의 제한된 작전 범위를 고려한다면, 영국 공군은 퇴각을 위한 안전지대까지 갖추고 있었다.

이 모든 요인들로 인해 독일의 공중 공격, 사상 최초의 전략 폭격은 실패로 돌아갔다. 그러나 독일 공군이 성공하지 못한 근본 원인은 공습이 매우 부정확하며 비효율적이라는 데 있었다. 공중 폭격은 막대한 자원 투입을 필요로 하지만 성과는 매우 불확실했다. 실제로 독일인들은 그들이 감행해야 했던 전술을 '크닉케바이엔(Knickebeien)', 즉 장님 폭격이라고 불렀다. 독일인들은 폭격기를 무선 전파를 사용해 유도함으로써 눈먼 상황을 개선하려 했으나 이는 유도 효과가 아주 미미했고, 영국에 의해 쉽게 차단되었다.[14]

두헤와 초기 전략폭격 이론가들은 폭격기가 신중하게 선택된 표적에 폭탄을 투하하는 정밀한 수단으로 사용되어야 하는지, 아니면 특정 지역을 쑥대밭으로 만드는 무지막지한 수단으로 사용되어야 하는지에 대해 완전히 명확히 하지 않았다.

독일의 경우 런던은 도달 범위 내에 있었고, 무엇보다도 영국은 타격하기에 충분히 큰 표적이었고 심지어 야간에도 그랬다. 그러나 독일 공군은 런던을 말살하거나 런던의 인프라를 파괴할 만큼 충분한 폭탄을 싣고 영불 해협을 건널 수 없었다. 그들은 폭격을 통해 영국 정부와 국민 사이를 갈라놓을 수도 없었다. 전략 폭격은 무지막지한 수단도, 예리한 칼도 아닌 것으로 드러났다. 그것은 단지 독일 자신의 공군력을 희생시키는 화려한 자살 행위였다.

전격전에 대한 영국의 대응 작전 역시 신통하지 못했다. 영국의 경제 관련 정보수집 능력은 너무나 형편없어서 영국은 독일의 어느 공장들을 공격해야 하는지 알지 못했다. 정작 위치를 알아내도 항공기들은 표적을 찾지 못했고, 표적을 찾았다 해도 타격하기 어려웠고, 타격했다 해도 파괴할 수 없었다.

아주 특이하게도, 개전 후 처음 두 해 동안, 독일군은 종종 영국군 폭격기가 무엇을 타격하려 하는지 알 수 없었다. 독일군의 시각에서 볼 때 영국의 공습은 여기저기에 대충 폭탄을 뿌리는 것처럼 보였다. 영국 전시 내각의 일원이었던 버트D. M. Butt는 1백 번의 공습을 분석했다. 그는 항공기 5대 중 1대만이 의도한 표적의 5마일 이내로 접근했으며, 많은 폭탄이 표적으로부터 수십 마일 밖에 떨어졌다는 사실을 발견했다.[15] 1942년 1월 해럴드 아치볼드Harold Archibald 대령이 수행한 내각의 조사는 그때까지 2년 동안 투하된 폭탄의 10%만이 '표적 지역'에 떨어졌고, 측정이 안 되는 정도의 피해를 입혔다고 발표했다.[16] 영국군의 효율성을 높이기 위해 노력해 온 작전연구가인 솔리 주커먼Solly Zuckerman은 최적의 조건 하에서 대량 폭격은 독일의 전시 생산을 7%가량 줄이게 될 것이라고 추산했다.[17] 주커먼의 작전연구팀 동료였던 블랙켓P. M. S. Blackett이 1941년에 수행한 연구는 다음과 같은 결과를 보여줬다.

> 주로 웰링턴(Wellington)기에 의해 수행된, 매월 폭격기 출격 횟수는 1천 회였으며, 그중 40기가 탑승한 5인의 승무원과 함께 희생되었다. 고도로 숙련된 승무원들이 매월 200명씩 희생된 것이다. 이를 추정된 살상자 수—4천 명의 남자와 여자, 그리고 아이들—와 비교해 보면, 인명 피해 측면에서 1941년의 폭격 공격은 이미 거의 치명적인 손실을 입었다는 결론이 나왔다.[18]

사실상 민간인 사상자 수에 대한 블랙킷의 추정은 실제 수의 두 배였다.19
영국 폭격기들은 두 가지 문제에 대처해야 했다. 첫째, 단순한 항법의 문제가 있었다. 어둠 속에서 표적을 찾기란 쉽지 않은 문제였다. 항공기의 비행속도와 거리를 고려할 때, 풍속 계산 실수나 성좌 판독 실수로 인한 비행 경로 설정의 작은 오차는 수 마일의 오차로 이어질 수 있었다. 최고 1만 피트나 되는 고도에서는 주간에도 육안으로 위치를 가늠하기가 어려웠다. 대책은 인공적으로 강화된 시력이었다. GEE, OBOE, H25라는 암호명을 가진 영국의 발명품들은 폭격기를 유도하기 위해 전자기 스펙트럼을 활용했다. 영국 본토 기지로부터의 무선 전파가 표적까지 비행 경로를 제공해 주었고, 교차 전파(intersecting beam)는 항공기가 삼각측량을 통해 표적과 관련하여, 그리고 (승무원들에게 더 중요한 것으로) 본국 기지와 관련하여 자신의 위치를 알 수 있게 해주었다.20 패스파인더(Pathfinder) 항공기를 타고 있는 숙련된 승무원들은 전자적 수단을 사용하여 해당 지역의 위치를 찾아내고, 조명탄이나 불꽃을 떨어뜨려 나머지 편대가 방향을 잡을 수 있게 했다.

그러나 표적을 찾아내도 폭격기들은 표적을 맞혀야 하는 두 번째 그리고 더 난감한 문제에 직면했다. 2, 3마일 위에서 폭탄으로 공장을 맞히기는 매우 힘든 일이었다. 폭탄의 부정확성에 대한 영국의 해결책은 총포의 부정확성에 대한 해결책과 상당 부분 같았다. 즉, 해당 지역을 초토화하는 것이었다. 공장 주변 지역에 수많은 폭탄을 동시에 투하하는 것은 공장이 폭탄에 맞을 가능성을 높였다. 공장은 종종 인구 밀집 지역에 있었기 때문에 이 전술은 많은 수의 민간인들도 목숨을 잃게 된다는 것을 의미했다. 따라서 독일 산업시설 표적에 대한 공격은 곧 독일 국민에 대한 공격이었다.

성배: 정밀성에 대한 미국의 연구

미국은 정밀폭격이 불가능하다는 영국과 독일의 견해를 받아들이지 않았다. 미국은 주간 정밀폭격이 가능할 뿐만 아니라 필요하다는 확신을 갖고 전쟁에 들어갔다. 실제로 미 육군항공대 최고사령부는 정밀폭격이 아니고는 전쟁에서 이길 방법이 없다고 믿었다. 일찍이 1918년에 에드거 고렐Edgar S. Gorrell 중령은 독일을 저지할 유일한 방법은 독일군 무기를 생산하는 공장들을 파괴하는 것이라고 주장했다.[21]

어떤 면에서, 미국은 두헤의 수제자였다. 미국은 항공력이 결정적이라고 믿었을 뿐만 아니라, 폭격기의 무적성 또한 신봉했다. 미국인들은 다발 엔진 폭격기가 언제나 단발 엔진 전투기에 앞설 수 있으며, 결과적으로 폭격기는 저지하기 어렵다고 여겼다. 따라서 폭격기는 만들어지기 전에 파괴되어야 한다고 보았다.[22] 이로 인해 공중전에 긴급성이 더해졌다.

미국이 정밀폭격에 전념하게 된 데는 또 다른 측면이 있었다. 미국인들은 1930년 일본이 중국의 인구 밀집 지역에 행한 공습의 효과를 관찰했고, 어떤 흥미로운 사실에 주목했다. 공습으로 대중의 사기가 떨어지고 중국인들과 그들 정부 간의 틈이 벌어지기보다는, 반일 감정을 심화하고 실질적으로 사기가 강화되었다.[23] 따라서 미국인들은 런던에 대한 독일의 테러 공격이 역효과만 불러일으킬 것으로 확신했다. 이는 포화 폭격이 제기하는 군수지원 문제—폭탄을 비군사적 표적에 소모하는 것은 생산과 운송 능력에 부담을 주었다—와 더불어, 미국인들이 오늘날까지 계속되는 한 가지 집착(obsession)을 갖게 만들었는데, 그것은 부수적 피해를 최소화하고, 인구 밀집 지역에 대한 공격을 피하며, 모든 가용한 기술적 수단으로 폭격의 정확성을 극대화하는 것이었다. 정밀성은 미국의 항공 교리(air doctrine)를 다른 나라의 항공 교리와 차별화하고 제2차 세계대전부터 사막의 폭풍 작전에 이르기까지 미국의 항공 교리에 영향을 미친 집착, 즉 미국의 성배(holy grail)가 되었다.

정밀성에 대한 집착은 단지 도덕적 관심사만은 아니었다. 또한 미국인들은 전쟁의 낭비와 노력을 최소화하는 데 관심이 있었다. 정밀성은 미국인들이 그들의 군수지원 현실을 고려할 때 필요로 했던, 전력의 경제적 운용(economy of force)을 가능하게 했다. 그렇기에 미국은 어느 나라보다도 훨씬 더 정밀성을 추구했다. 그러나 이는 미국이 정밀성을 성취했다는 의미가 아니다. 공중 폭격의 어쩔 수 없는 한계는 가능한 한 최선의 의도를 갖고 있더라도, 폭격은 학살이라는 것을 의미했다. 일본에 대한 대량 폭격 작전의 경우, 모든 현실적인 목적을 위해 정밀성이 포기되었다.

수 마일 상공에서 투하되는 중력 폭탄은 극도로 부정확할 수밖에 없다는 점을 고려한다면, 미국인들은 본질적으로 어려운 과제를 스스로에게 부여한 것이었다. 교리와 능력 간 불일치가 있었고, 이러한 불일치는 수세대 동안 미국 항공력의 특징 중 하나였다. 미국은 스스로에게 했던 약속을 어떻게 지켜내야 할지 알지 못했다.

미국이 전략 폭격에 집중한 것은 부분적으로 양차 대전 중간기에 설계하고 만들어야 했던 항공기의 유형에서 비롯되었다고 할 수 있다. 미국은 인근에 적이 없었다. 멕시코, 캐나다, 쿠바 등은 그다지 위협적이지 않았다. 잠재적 충돌은 수천 마일 밖에 있었고, 거대한 대양이 미국을 전투 지역과 분리해 주었다. 미국의 해안을 지키고, 유라시아에서의 미국의 힘을 유라시아에 투사하기 위해 미국은 먼저 대양을 통제해야 했다. 대서양에서는 서대서양에 위치한 북미에 대한 접근로뿐만 아니라 북대서양 호송선단 항로가 가장 중요했다. 태평양에서는 하와이에 대한 공급선과 미 서부 해안에 대한 접근로를 통제해야 했다. 따라서 미국의 전략 폭격기 함대는 지상 공격뿐만 아니라 장거리, 지상 기반 해상 폭격을 위해 설계되었다. 이 폭격기는 (적의 화력 범위를 벗어나는) 매우 높은 고도에서 적함을 타격하기 위해 고도의 정밀성을 갖춰야 했다. 이러한 전략은 정밀성과 인내, 그리고 무엇보다도 강력한 군수지원 기지가 필요했다. 또한 제작하고 유지하는 데 비용이 많이 드는 장거리, 첨단 폭격기가 필요했다.

1930년대 내내 미국은 긴 작전 범위, 고고도 비행 능력과 정밀한 공격 능력을 갖춘 폭격기를 설계하고 만들려고 했다. 그 폭격기는 대량의 폭탄을 탑재할 수 있고 적의 전투기와 맞서 싸울 수 있어야 했다. 예를 들어, 1936년 육군항공대 군수과는 8천 마일의 작전 범위와 230mph의 속도를 지닌 폭격기 제작을 요청했다. 이 같은 폭격기는 미 동부 해안에서 유럽을 폭격할 수 있었고, 하와이에서 일본을 폭격할 수 있었다. 1941년 더글러스Douglas 항공사는 XB-19기를 완성했다. 이 항공기는 몇 가지 결함—당시의 엔진은 그 개념을 지원할 수 없었다—이 있었고, 대량 생산이 안 되었다.[24] 진정한 대륙 간 폭격기의 꿈은 B-52기가 나올 때까지 기다려야만 했다.

   XB-19의 실패는 미국의 항공기획가들을 좌절시키지 못했다. 장거리 폭격기를 제작하려는 덜 야심적인 시도가 보잉사에 의해 추진되었다. 제2차 세계대전에서 명성을 떨친 B-17기가 되는, XB-17은 XB-19의 속도를 가졌으나 항속거리는 그에 못 미쳤다. 무장을 하지 않아도 고작 2,100마일을 비행할 수 있었다. 날으는 요새인 B-17은 약 1천 마일 거리까지 대양을 초계할 수 있을 만큼 충분한 항속거리를 지녔다. 이는 미 본토로부터 운용하는 경우, B-17이 뉴펀들랜드Newfoundland의 동쪽 끝에서 남쪽으로 버뮤다Bermuda를 지나 푸에르토리코Puerto Rico까지 직선으로 날아갈 수 있다는 것을 의미했다. 푸에르토리코와 뉴펀들랜드 기지로부터 운용하는 경우, B-17은 카리브해를 지나 거의 아이슬란드까지, 그리고 동쪽으로 경도 45도선까지를 작전 범위에 둘 수 있었다. 이는 북미로 향하는 모든 대서양 접근로를 커버하는 것이었다. 하와이나 괌, 마닐라에 있는 기지로부터 운용하는 경우, B-17기는 남으로는 싱가포르까지, 북으로는 오키나와까지, 그리고 일본의 통치령 전역을 완전히 작전 범위에 둘 수 있었다. 그러므로 이론상 B-17은 미국에게 완벽한 방어적 해양 통제 무기였다.

   B-17의 대륙 간 항속거리 부족은 일본에 대한 전형적인 전략 폭격 작전에서는 실질적인 문제가 되었지만, 유럽 전구는 사정이 달랐다. B-17은 영국과 북아프리카 기지를 이용해 이탈리아와 독일을 마음대로 공격할 수 있었다.

   개량된 B-17은 6천 파운드(최대 적재량은 약 7천 파운드)의 폭탄을 적재하고 최고 35,800피트 고도에서, 최고 속도 287mph(순항 속도 182mph)까지 비행이 가능했다. 그 항공기는 전후방, 동체 하부, 상부, 측면부에 총 13문의 50mm 기관포를 설치하여, 모든 방향으로 일제 사격이 가능했다.[25] 항공기획가들은 폭격기가 (전투기의 보호를 요구하지 않고) 스스로 방어하기 원했기 때문에, 폭격기들은 혼자서 적 대공포와 전투기에 맞서야 했다. 1944년 여름까지 월간 폭격기 손실률은 출격당 6.5%에 달했으며 1.9% 이하로는 떨어지지 않았다.[26]

영국 공군 원수 해리스도 순수한 공중 공격을 추구하면서 전투기 호위나 폭격기의 중무장을 무시했으나, 그는 작전에서 65%가 넘는 항공기 소모율을 겪었고 47.5%의 승무원을 잃었다.[27] 이러한 사상률은 현대의 어떤 공중전 또는 지상전에서도 유례없는 것으로, 영국의 포화 전략(saturation strategy)이 초래한 결과였다. 폭격기들을 영토 상공에 집중시키는 것은 적에게 표적이 풍부한 환경을 만들어주었고, 심지어 야간에도 대공포의 명중률이 치솟는 상황을 초래했다. 처참한 사상률은 영국에만 영향을 미친 것이 아니었다. 미국이 독일 쉬바인푸르트Schweinfurt를 공습하는 동안, 300대의 폭격기 중 60대가 격추당했다.[28]

대공포가 폭격기와 똑같은 결함을 안고 있었다는 점을 기억해야 한다. 둘 다 탄도 무기였고, 본질적으로 부정확했으며, 그리고 둘 다 부정확성을 물량공세로 보완했다. 한 대의 항공기를 격추하기 위해서는 4,000~8,000발의 대공포를 쏘아야 하는 것으로 추정되었다. 75mm 포탄은 16,500피트 높이까지 올라가는 데 12초가 걸렸다. 항공기가 8,500피트의 고도에서 100mph의 속도로 비행하고 있다면, 162,000발이 동시에 발사되어야 그 항공기를 확실히 추락시키게 된다.[29]

당시의 방공 시스템은 폭격 작전을 막기에는 충분히 정교하지 않았다. 방공망이 이뤄낸 것은 자원을 폭격에서 방어 수단들—대공포 제압과 레이더 교란 임무—로 전환시킨 것이었다. 그에 못지않게 중요한 것으로, 방공망은 폭격기들이 비효율적인 접근과 폭격 패턴을 사용해 표적을 공격할 수밖에 없게 만들었다. 그 결과 항공기가 임무에서 생존할 가능성은 높아졌지만 표적을 파괴할 가능성을 줄어들었다.

미국은 영국보다 사상자 발생에 훨씬 더 민감했고 적의 방어 수단에 대한 대응을 시작했다. 처음에 그들은 폭격기의 기관포들이 서로를 지원해 주고 적 전투기들에 대한 완전한 방어를 제공할 수 있는 폭격 대형을 조직하고자 했다. 즉 하늘의 요새를 만드는 것이었다. 이 계획에 따르면, 폭격기들은 밀집 대형으로 비행하고, 각각의 기체들이 표적을 향해 폭격 비행을 하는 대신, 전체 편대가 다 같이 폭격을 하게 된다. 선도기의 폭격수가 폭격 비행에 들어가면, 그의 지휘에 따라 다른 모든 폭격수들이 폭탄을 투하하게 된다. 문제는 편대 폭격이 폭격의 정확성—이미 그저그런 수준인—을 개별 폭격의 3분의 1 수준으로 떨어뜨린다는 것이었다.[30]

두 번째 방향은 유일한 목적이 폭격기를 보호하는 것인 항공기, 즉 전투기를 만드는 것이었다. 이미 제1차 세계대전 동안 존재했던 대공 전용 전투기는 제2차 세계대전 중 더욱 완벽해졌다. 전투기는 전투에서 빠르고 기동성이 있도록 설계되었다. 이는 엔진 크기에 비해 무게를 최소화해야 한다는 의미였다. 전투기는 폭탄을 실을 수 없었을 뿐만 아니라 연료를 많이 실을 수도 없었다. 연료가 적다는 것은 그만큼 작전 가능 범위가 제한적임을 의미했다. 예를 들어, 스핏파이어(Spitfire)기 같은 전투기는 영국 전투에서 혁혁한 공을 세웠지만 한 번도 독일 상공까지 가보지 못했다.

필요한 것은 빠르고 민첩하면서도 아주 먼 거리까지 비행할 수 있는 전투기였다. P-51 무스탕(Musang)이나 P-47 선더볼트(Thunderbolt) 같은 장거리 전투기의 개발은 연료를 다 썼거나 공중전에 들어갈 때 떼어 버릴 수 있는 보조 연료 탱크(drop tank)가 나오면서 가능해졌다. 이 전투기들은 베를린과 그 너머까지도 폭격기를 호위해 갈 수 있었다.

폭격기는 표적 지역에 도달했을 때 여전히 거대한 문제에 직면했다. 그 문제는 표적을 맞히는 것이었다. 고고도, 주간 정밀폭격을 시도해 온 미국인들에게 그 해답은 기술에 달려 있었다. 폭탄에 대해서는 할 수 있는 게 없었다. 안정적 낙하를 위해 안정판(fin)을 다는 것이 전부였다. 항공기에 대해서도 일직선으로 수평 비행을 하게 하는 것 외에는 할 수 있는 게 없었다. 항공기가 안정적이고 폭탄이 제대로 떨어진다면, 남은 것은 폭격수가 조준을 완벽하게 하는 것이었다. 즉 투하된 폭탄이 중력에 이끌려 표적에 도달하게 하는 것이다. 인간의 눈은 그런 기적을 만들어낼 수 없었다. 눈은 표적을 어렴풋이 볼 수 있을 뿐, 항공기의 속도, 측풍, 또는 폭탄 경로에 영향을 줄 어떤 다른 변수들을 보정할 수 없었다. 미국의 해결책은 눈의 부정확성을 보정해줄 장치를 만드는 것이었고, 그것이 바로 노든 조준기(Norden bombsight)였다.[31]

노든 조준기는 자동화된 조종사였다. 폭탄을 투하하는 동안 조종사는 폭격수에게 항공기의 통제를 맡기고, 폭격수는 다시 항공기를 안정화하기 위해 자동 조종 장치(autopilot)―공식적으로는 "자동비행 통제 장치"―에 의존했다. 이 안정화 장치는 기체의 방향과 고도를 잡아 주는 전기 자이로스코프와, 조준을 위한 2천 개가 넘는 거울, 렌즈, 기어 그리고 다른 부품들로 이루어진 복잡한 메커니즘으로 구성되어 있었다.[32] 폭격기 전방에 자리 잡은 폭격수는 노든 조준기에 풍속, 고도 등의 자료를 입력하고 십자선이 부착된 저출력 망원경을 들여다보다가, 십자선이 표적에 맞으면 폭탄을 투하하고 항공기 통제권을 조종사에게 되돌려 줬다.

노든 조준기는 제2차 세계대전과는 무관한 방식으로 매우 중요했다. 노든 조준기와 맨해튼 프로젝트 사이에서, 기술을 미국 힘의 토대로 보는 문화가 만들어졌다. 기술은 또한 이동이 쉽고 국가에 대한 충성심을 갖지 않은 것으로 이해되었다. 따라서 기술혁신을 숨기는 일은 집착이 되었다.

노든 조준기를 둘러싼 비밀유지에 대한 집착은 충분히 합리적으로 시작되었다. 주간 정밀폭격이 전쟁을 승리로 이끌 수 있다면, 그 승리를 가능하게 한 기술은 당연히 최고의 국가 안보 문제였다. 기술이 적의 손에 넘어간다면 미국의 패배를 가져올 수 있기 때문이었다. 미국인들은 자신들이 개발한 기술을 적들뿐 아니라 자신들에게도 위협이 될 수 있다고 보았다. 다른 나라들이 목숨 걸고 국가 전략을 지켰다면 미국은 국가적 기술을 지켰다. 독일인들과 러시아인들에게 정확한 병력 배치 상황은 최고 기밀이었다. 미국의 경우 어느 병력이 어디에 배치되어 있는지 알아내기는 항상 상대적으로 쉬웠다. 미국이 지키고자 한 것은 미국 무기 뒤에 있는 기술적 비밀이었다. 노든 조준기에서 맨해튼 프로젝트, 그리고 B-2에 이르기까지 미국은 자신들의 기술적 전문지식이 적의 손에 넘어가게 될 것이라는 두려움에 사로잡혀 있었다.

폭격 조준기는 엄중한 보안 속에서 생산되고 수송되었다. 이 조준기의 발명자는 네덜란드 출신의 칼 루카스 노든Carl Lucas Norden이었는데, 그가 납치당해서 조준기의 비밀을 누설하지 않도록 전쟁 기간 내내 경호원들이 항상 따라다녔다. 조준기는 임무 수행 후에 기체에서 분리되었고 이륙 전에 무장 경비병에 의해 재설치되었다. 승무원들은 적지에 어쩔 수 없이 착륙해야 할 상황이라고 판단되면 조준기부터 파괴하라는 지시를 받았다.[33]

이것은 분명 역설적인 상황이었다. 많은 노동자가 그 조준기를 만들었고, 수많은 폭격기 승무원이 다루어 보았으며, 무엇보다도 조준기를 장착한 항공기들이 격추되어 적지에 떨어졌다. 노든 폭격 조준기를 완전히 비밀에 묻어 두기란 불가능했다. 최소한 폭격 조준기의 비밀이 뚫릴 것이라는 가정을 해두었어야 했다. 보안에 주의하는 데서 어떤 위안을 얻을 수 있는지 모르겠지만, 뭔가 엉뚱했다. 폭격 조준기의 가치는 그에 대한 보안 수준에서 비롯된 면이 있었다. 무엇이든 철저하게 보호되는 것은 중요해야 했고 효과적이어야 했다. 이러한 보안 문화는 가치가 의심스러운 많은 무기체계의 중요성을 격상시키는 결과를 가져왔다.

그러나 노든 조준기의 아킬레스건은 보안이 아니었다. 주요 결점은 비록 다른 것들에 비하면 그래도 나았지만 조준기가 잘 작동하지 않았다는 것이다. 1943년에 주간 폭격의 평균 오차는 450야드, 약 4분의 1마일이었다. 북유럽에서 흔한 일인, 시계가 안 좋을 때는 오차가 1,200야드까지 증가했으며, 야간에는 3마일이나 되었다.[34] 높아진 고도는 더 큰 부정확성을 야기했는데, 노든 조준기의 능력으로 상쇄할 수 없는 정도였다. 정밀폭격은 B-17과 노든 조준기의 조합으로도 여전히 요원했으나, 부풀려진 미국의 주장은 중대한 정치적 결과를 가져왔다. 1944년 프랑스 상륙 전 폭격에서, 미국의 폭격은 수천 명의 프랑스인을 죽이고 엄청난 재산 피해를 입혔다. 폭격의 정확성과 효과에 관한 미국의 선전을 믿었던 프랑스인들은 미국이 민간인 희생과 피해를 피하기 위한 선택을 할 수 있었을 것으로 확신했다.35 프랑스인들에게 미국의 냉혹함이 그들의 허풍보다 그럴듯해 보였다. 프랑스인들에게는 미국이 그토록 잘 알려진 표적을 맞힐 수 없었다는 게 전혀 이해되지 않았다. 이는 상당한 반미 감정을 낳았고, 냉전 중 미국-프랑스 관계에 악영향을 미쳤다.

그보다 더 시급한 문제는 미국 전략폭격 작전의 목적이었다. 유럽과 태평양의 항공 작전에서 중요한 역할을 한 헤이우드 한셀Haywood S. Hansell 장군은 독일 전력망(power grid)을 파괴하기 위해 필요한 노력을 설명했다. 한셀은 45개의 발전소와 11개의 변전소를 파괴시켜야 한다고 계산했다. 각 표적의 크기는 4에이커 정도였다. 한셀은 1,100파운드 폭탄 2발이 명중되면 수개월 동안 기능을 정지시킬 수 있고, 3발이 명중되면 6~18개월 동안 마비시킬 수 있을 것으로 추정했다. 폭탄 투하 시 오차는 875피트였다. 18대의 폭격기로 구성된 1개 전투 박스(combat box)가 108개의 폭탄을 투하하면, 1발이 맞을 확률은 75%였다. 3개의 전투 박스, 54대의 폭격기로 구성된 1개 폭격기 편대가 1발을 명중시킬 확률이 98.5%였고, 2발을 명중시킬 가능성은 84.5%였다. 6개 전투 박스, 108대의 폭격기로 구성된 2개 폭격기 편대가 동원되면, 1발을 명중시킬 가능성은 99.9%, 2발을 명중시킬 가능성은 96.5%, 그리고 3발은 89%였다.36

이러한 추정은 만약 목표가 전쟁 기간 내내 하나의 발전소를 마비시키는 것이라면, 이상적인 주간 기상 조건 하에서 2개 폭격기 편대가 356.4톤의 폭탄을 동시에 투하해야 성공 확률이 높아진다는 것을 의미했다. 그렇다고 성공이 보장되는 것은 아니었다. 56개의 제시된 표적, 즉 독일 전체 전력 시스템에 대해서는 2개 편대의 56회 공습을 통해 거의 2만 톤의 폭탄이 투하되어야 했다. 통계적으로, 적어도 여섯 번의 공격이 실패하게 될 것이고 다른 몇 번의 부분적인 실패가 발생하게 될 것이다.

이 모든 것은 폭탄 3발이 명중하면 발전소가 전쟁 기간 내내 마비될 것이라는 폭탄-피해 추정이 정확하다는 가정에 근거하고 있다. 그리고 이는 폭파 피해와 복구 능력에 관한 가정에 달려 있다. 독일의 복구 능력에 관해서는 미국과 영국의 견해가 크게 달랐다. 영국의 전략 폭격 프로그램을 이끌었던 해리스는 산업시설이 공격당한 뒤 쉽게 복구될 수 있다고 확고하게 믿었다. 해리스는 경제 정보가 전반적으로 매우 부실하고, 미국 정보부는 특히 독일의 복구 능력을 과소평가한다고 생각했다. 그는 숙련 노동자들과 풍부한 예비 부품들로 인해 수일 또는 수주 내에 발전소들이 재가동될 수 있고, 독일의 전력망이 완전히 붕괴되는 일은 결코 없을 것이라고 주장했다. 따라서 영국 공군 사령관 해리스는 독일의 특정 산업시설에 대한 미국의 공격에 격렬히 반대했다. 그는 사회 구조에 대한 직접 공격—테러 폭격—만이 독일을 패배시킬 수 있다고 믿었다. 정밀폭격이 성공한다 해도, 그것으로 독일 경제를 끝장낼 수는 없다고 생각한 것이다.37

전후 자료들은 산업지대 폭격에 관한 영국의 의구심을 지지했다. 〈미국의 전략 폭격 연구〉는 다음과 같이 발표했다.

> 파괴된 자본 설비는 예비 물자로 대체될 수 있고, 파괴된 공장은 유휴 공장들로 대체될 수 있으며, 손실된 노동 시간은 일시적으로 근무 시간을 늘리고 더 많은 노동력을 고용함으로써 충당될 수 있다. 물론 이 모든 방법이 공습 효과를 상쇄하려는 독일인들에 의해 동원되었다. 이 같은 조건 하에서는 항공전을 통해 독일 경제에 가해진 압박은 경제의 확대 과정을 늦추거나 일시적으로 정지시킬 수 있을 뿐, 핵심 산업에서 실질적인 생산 축소를 초래하지 못할 수 있다. 더욱이 성장하는, 회복력이 뛰어난 경제는 폭격 공격의 충격 효과를 흡수하기 위해 더 잘 적응할 뿐만 아니라 미래의 공격에 대한 대응력을 키우는 보다 근본적인 조치를 취할 여력이 있다.38

이러한 시설들이 얼마나 오랫동안 가동 중단 상태에 있을지에 관한 한셀의 가정은 지나치게 낙관적이었던 것으로 드러났다. 전력망을 파괴하려면 여러 차례—최소 일주일간—공습이 되풀이되어야 했다. 약 7백 대의 항공기가 이

하나의 임무에 영구적으로 배정되어야 했다. 사상자와 다른 손실은 계산에 포함되지 않았다. 그리고 이러한 계산은 날씨가 항상 최적일 것이라고 가정하고 있는데, 이는 유럽에서는 결코 일어나지 않는 일이며, 이 문제에 관한 한 다른 지역도 마찬가지이다. 예컨대, 1945년에는 모든 공습의 80%가 나쁜 날씨 속에서 이루어졌다.

연합국들은 열악한 비행 환경에 대응하기 위한 기술적 수단을 개발하려고 했다. 가장 중요한 혁신은 H2X였다. 이것은 공중에서 지상을 탐색하는 레이더로, 구름이나 어두운 상황에도 정밀폭격을 가능하게 해줄 것으로 기대되었다. 하지만 H2X는 수면과 지면을 구분하는 정도나 가능했을 뿐, 어떤 중요한 지형도 파악하지 못했다.

H2X가 사용되었을 때, 원형 공산 오차(circular error of probability)가 2마일에 이를 정도로 정확성이 극도로 떨어졌으며, 표적을 파괴하는 데 필요한 출격 횟수가 천문학적이고 완전히 비현실적인 수준으로 치솟았다.[39] H2X를 쓰면 집중 포격이 이루어져야 할 영역이 좋은 기상 조건에서 요구되는 것보다 130,612배나 더 커졌고, 필요한 항공기 수도 그만큼 많아져야 했다.

1945년에는 이러한 수치들이 다소 개선되었다. 이는 상당 부분 더 숙련된 승무원들과 폭격수들이 이 장비의 가능성을 최대로 끌어올린 결과였다. 그러나 그것은 실제로는 중요하지 않았다. 성취된 정확성의 수준은 여전히 전력의 경제적 운용을 달성하기에 충분하지 않았다. 산업 생산을 억제하고, 그 억제를 유지하는 데 필요한 폭격기 수는 실제 생산될 수 있는 폭격기 수를 훨씬 초과했다. 그리고 심지어 기존 폭격기와 엔진의 생산조차도 다른 유형의 무기들로부터 상당한 자원을 전용해야 했다.

결국, 정밀폭격의 효율성에 대한 미국과 영국 간 논쟁은 순전히 이론적인 것이 되었다. 미국인들은 거의 영국인들만큼이나 부정확했다. 미국인들의 폭격 작전은 영국인들이 그랬던 것만큼이나 지역 포화공격에 의존했다. 경제 및 산업 시설을 폭격하면서, 미국인들은 부정확성으로 인해 주변 주거지역까지 함께 폭격했다. 영국인들은 주거지역을 폭격하면서 산업 시설을 파괴했다. 단지 의도가 달랐고, 시간대가 달랐다. 하지만 결과는 상당히 똑같았다.

영국이 예견한 것처럼, 공습은 독일의 사기를 꺾지 못했다. 영국 공습 동안 런던 시민들이 그랬듯이, 이는 폭격에 대한 시민들의 자연스런 분노 때문이었다. 게다가 폭격은 공동운명 의식을 불러일으켰다. 제1차 세계대전 동안 군인들은 자신들의 고생과 후방에 있는 사람들의 삶이 너무나 달라서 속이 쓰렸다. 전략폭격으로 시민들도 군인들에 버금가는 고통을 당함으로써 이런 사기 문제가 사라졌다. 또 한 가지 중요한 것은 폭격이 민주적이었다는 점이다. 정부 관료나 그들의 가족도 일반 시민들과 마찬가지로 폭격에 취약했다. 마지막으로, 공격의 야만성은 대중에게 휴전이나 항복을 이야기하는 것이 아무런 의미가 없다는 확신을 심어 주었다. 힘없는 시민들에게 밤마다 폭탄을 퍼부을 수 있는 부류의 사람들은 단지 카르타고식 평화(Carthaginian peace)만을 약속할 뿐이었다. 차라리 계속 싸우는 것이 나았다.

소이탄부터 원자탄까지: 일본의 결론

일본의 경우는 유럽보다 항공력에 대한 더 강도 높은 시험이었다. 그 한 가지 이유는 B-29 폭격기의 등장으로 폭탄 적재량이 비약적으로 늘었다는 것이다. 유럽에서 평균 적재량이 3.3톤 정도인 데 비해, B-29기는 10톤을 싣고 3만 피트 고도에서 300mph의 속도로 1,500마일까지 비행이 가능했다. B-29기는 항공기는 50구경(0.50인치) 기관총 12문과 20mm 포 1문을 장비하고 있었다. 무엇보다도 B-29기는 노든 폭격 조준기를 사용하기에 안정적인 플랫폼이었다. 이런 점들은 B-29기의 장점이었다. 결점은 연료 문제였는데, 1,200마일을 비행할 때마다 6,000갤런의 연료가 필요했다. 1.5마일의 활주로도 필요했다.

태평양 전쟁은 항공력의 사용이 대전략을 좌우한 최초의 전쟁이었다. 승리의 열쇠가 폭격으로 일본을 항복시킬 수 있는 능력이라는 이론을 받아들이면서, 체스터 니미츠Chester Nimitz가 세운 계획은 B-29기를 일본에 대한 작전 가능 범위 내로 가져가는 것이었다. B-29기의 작전 가능 범위는 공군 기지가 어디에 있어야 하는지를 결정했다. 최적의 장소는 소련 영토 내였으나 정치적 이유로 불가능했다. 당시 소련은 일본과 전쟁을 하고 있지 않았다. 중국 내 기지들도 시도되었으나 군수지원이 최악인 것으로 드러났다. 일본 본토에 폭격을 가하려면 일본에서 1,500마일 내에 위치한 기지가 있어야 했다. 도쿄로부터 대략 1,500마일 밖에 있는 사이판, 티니안, 괌을 점령함으로써, 미국은 일본에 주간 전략폭격을 수행할 수 있는 기지를 갖게 되었다. 그 후 이오지마는 단지 일본으로부터 귀환하는 손상된 B-29기가 비상 착륙을 할 수 있도록 하기 위해 점령되었다.

B-29기의 첫 일본 공격은 유럽에 대한 첫 공습만큼이나 신통치 못했다. 중국에서 출격한 최초의 공습은 야와타 제철소를 목표로 했다. 폭격 편대의 피해는 미미했으나, 3만 피트 상공에서 떨어진 대부분의 폭탄은 여기저기 흩어졌고, 겨우 10%만 표적 근처 어딘가에 떨어졌다.[40] 도쿄 근처 무사시노에 있는 나카지마 항공기 공장에 대한 여덟 차례의 공습에서, 835회 출격으로 공장 지붕 면적의 4% 이하가 파괴되었다.[41]

주간 정밀폭격은 다시 실패했다. 이번에는 예측 불가능한 바람, 정보 부족, 일반적인 기체 결함 등으로 인해 좌절되었다. 태평양에서 B-29 폭격대를 지휘하고 주간 정밀폭격의 강력한 옹호자였던 커티스 르메이Curtis LeMay는 유럽 항공전의 진로를 결정했던 두 가지 동일한 현실에 직면해야 했다. 첫째, 정밀폭격은 하나의 신화에 지나지 않았다. 둘째, 정밀폭격을 가능이라도 하게 할 유일한 전술—저고도, 주간, 좋은 기상 하에서의 폭격—은 손실을 전혀 용납할 수 없는 수준으로 상승시켰다. 르메이는 중국에서 사이판으로 옮겨갔고, 그곳에서 정밀주의를 주창하는 헤이우드 한셀Haywood Hansell을 대신했다. 1945년 3월, 르메이는 야간 소이탄 폭격으로 전환했다. 이는 미국의 꿈을 포기한 것이 아니라 연기한 것이었다.[42]

소이탄 폭격의 주요 장점은 파괴 면적이 고폭탄보다 훨씬 더 크다는 것이다. 표적이 불붙기 쉬운 물질로 이루어졌다고 가정하면—일본의 경량 구조물을 고려한다면 이는 확실히 일본 도시들의 경우였다—소이탄 한 발은 도시 한 블록을 파괴할 수 있는 화재를 일으킬 수 있다. 소이탄에 의한 포화 공격은 도시 전체를 파괴할 수 있었다. 영국 폭격기 사령부 책임자인 해리스Harris처럼, 르메이는 정밀폭격의 한계를 인식하면서 대중을 표적으로 하는 전략—테러 폭격—에 착수했다.

1945년 3월 9일과 10일, B-29기들은 도쿄에 야간 소이탄 공습을 펼쳤다. 르메이는 폭격기에서 기관총을 제거했는데, 일본 공군이 허약해져 있고 어쨌든 야간에는 쓸모가 없었기 때문이었다. 이는 폭격기들이 8톤의 폭탄을 싣고도 3천 마일의 경로를 이동할 수 있게 했다. 하나의 폭탄이 50피트 간격으로 떨어질 수 있고, 각 폭격기가 16에이커를 불태울 수 있다는 의미였다.[43] 이 이틀 밤 동안, 도쿄에서는 전후 그 어떤 전쟁의 그 어떤 폭격 공격에서보다 더 많은 사람이 죽었다. 히로시마와 나가사키에서 발생한 인명 피해도 그에 미치지 못했다.

도쿄에 대한 화염폭격(firebombing)은 전략폭격의 진수를 대표했다. 그것은 유인 폭격기를 재래식 방법으로 가장 효율적으로 사용한 것이었다. B-29기는 전투기 호위나 자체 방어무기 없이, 어떤 불필요한 짐도 싣지 않고 제공권을 마음껏 누리면서 폭탄 운반을 위한 플랫폼이 되는 것에 집중했다. 말하자면, 하늘을 나는 트럭이었다. 선택된 폭탄의 유형은 표적에 적합했고, 적재량은 임무를 수행하기에 충분했다. 그 결과 도쿄 중심부가 파괴되었고 거의 10만 명의 민간인들이 학살당했으며, 도시의 경제적 삶이 붕괴되었다. 하지만 도쿄는 살아남았다.

르메이의 전략은 폭탄의 부정확성을 상쇄하는 한 가지 방법이었다. 즉, 포화 공격을 통해 의도한 표적이 명중될 커다란 통계적 가능성을 갖게 하는 것이었다. 이는 전략폭격에 관한 두헤와 미첼 이론의 가장 분명한 적용 사례였고, 우리는 그 이론의 승인에 가장 가까이 다가갔다. 그 전략은 또한 순수한 항공 공격의 가장 분명한 사례였다. 일본의 하늘은 미국의 독무대였고, 소모율은 낮았으며, 폭탄은 대공 사격에 대한 두려움 없이 투하될 수 있었다. 폭격의 피해는 야만적이었다. 무엇보다도 기생적 요소가 아주 적은 항공전이었다. 플랫폼과 발사체의 전쟁이었고, 순수한 통계학의 전쟁이었다. 이 작전에서는 기생적 방어수단(defensive parasites)과 진부화(senility)의 냉혹한 변증법은 아직 시작되지 않았다.

제2차 세계대전이 끝날 무렵 전략폭격의 문화가 미 공군에 확고히 자리 잡았고, 전략 공군 사령부 창설로 절정에 이르렀다. 소련은 전술적 항공력이라는 그들의 전통을 고려할 때, 전략적 항공력에 대해 덜 낙관적이었다. 소련은 유인 폭격기보다 무인 로켓을 신뢰하기로 결정했다. 이러한 선택은 포병에서의 그들의 전통적 강점으로부터 연유했다. 포병은 소련에서 독립적인 군대였으며, 모든 대륙 간 미사일이 포병 소속이었다.[44] 미국과 소련 모두의 경우, 그러한 전략적 고착(fixation)으로 인해 전술적 항공력의 문제에 상대적으로 무관심하게 되었다. 이러한 무시는 냉전 동안 핵전쟁의 위협이 세계를 괴롭혔던 것만큼이나 베트남과 아프가니스탄에서 미국과 소련을 괴롭히는 결과를 가져왔다. 결국 원자폭탄은 제2차 세계대전의 정점이었을 뿐만 아니라 냉전의 산파였다. 그리고 그것은 전략폭격을 추구한 것의 논리적 결말이었다.

결국, 제2차 세계대전은 공군이 아니라 육군과 해군에 의한 승리였다. 그러나 원자폭탄은 항공력의 중요성을 재확인시켜 주었다. 원자폭탄은 끔찍하고 저항할 수 없는 궁극적 무기였다. 육군과 해군 어느 쪽도 원자폭탄을 표적까지 운반할 수 없었고, 오직 항공기만이 할 수 있었다. 원자폭탄이 등장하면서 항공력이 다른 모든 형태의 전쟁을 구식으로 만들 것이라고 했던 두헤의 호언장담이 완전히 예상치 못한 방식으로 적중하는 듯했다. 원자폭탄과 핵전쟁에 대한 이 같은 비이성적 끌림(totemic fascination)과 공포는 문화 전반에 영향을 미치고, 특히 군사 문화를 황폐화하는 결과를 가져오게 되었다.

10

실패의 재검토:
베트남 전쟁과 항공력의 실패

Rethinking Failure:
Vietnam And The Failure Of Airpower

냉전 기간 동안 세계는 핵전쟁이 임박했다는 느낌에 사로잡혀 있었다. 미국의 동맹과 공산 세계 간의 대결은 노르웨이의 노스케이프North Cape부터 알류샨Aleutians 열도까지 이어졌다. 이 주변부를 따라서 끊임없는 마찰이 있었으며, 유럽 제국이 무너지고 있던 후방 지역에서도 그랬다. 가끔은 베를린이나 쿠바에서처럼, 그러한 마찰은 곧 핵전쟁으로 폭발할 것처럼 보였다. 다른 경우에는 전쟁이 발발했는데, 재래식 전쟁이엇다.

한국 전쟁, 베트남 전쟁과 같은 몇몇 전쟁은 냉전의 중요한 일부였고, 아랍-이스라엘 전쟁 같은 다른 전쟁들은 냉전과 상당한 연계성을 갖고 있었다. 그러나 포클랜드 전쟁 같은 다른 전쟁들은 냉전과 별로 상관이 없었다. 정치적으로 다양한 이 모든 전쟁에서 공통점은 모두 비핵전이자 예기치 못한 전쟁이라는 것이었다.

냉전의 근본적으로 새로운 무기체계들—열핵무기, 사일로 또는 잠수함에서 발사되는 고체연료 대륙간탄도미사일, 인공위성 초계 및 경보 시스템, 최초의 지대공미사일—은 핵에 대한 집착(nuclear obsession)의 일부로서 만들어졌다. 이들 무기 중 많은 것들이 재래식 무기체계 발전에 중대한 영향을 미쳤다. 전략 미사일과 지대공미사일 기술은 재래식 전술 미사일로 전환되었고, 핵잠수함의 원자로는 항공모함과 순양함에 적용되었으며, 적의 미사일 사일로를 찾아내기 위해 개발된 인공위성 시스템은 재래식 전력을 감시할 수 있는 위성 시스템으로 진화했다.

문제는 그 같은 진화에 일관된 원칙이 없었다는 점이다. 1980년대까지 핵 분야에서 재래식 분야로의 기술 이전은 포괄적이고 체계적인 계획 없이 이루어졌다. 이것은 1980년대까지 비핵전에 대한 체계적이고 전략적인 이해가 없었기 때문이다. 그런 이해는 있을 수도 없었다. 지배적인 통념에 의하면, 재래식 전쟁은 핵전쟁으로 확전될 위험이 있었다. 만약 적이 핵무기를 갖고 있다면, 그들은 항복을 강요당할 수 없었다. 따라서 재래식 전쟁은 더 이상 원하는 결과를 얻을 수 없으므로, 국력의 수단으로 바람직하지 않았.

핵전쟁에 대한 집착이 재래식 전쟁을 폐지하지 못했을지라도, 그에 관한 진지한 사고를 폐기했다. 그렇다 해도 재래식 전쟁은 계속되었다. 1945년과 1990년 사이에 미국은 10년간 재래식 전쟁을 치렀고, 소련은 아프가니스탄에서 11년을 싸웠다. 최고의 전략가들은 비재래식 전쟁이라고 불리는 핵전쟁과 게릴라전에 대해 사고했다. 그것은 사회에 관한 전쟁이었고 사회질서를 파괴하고 재구축하는 전쟁이었다. 전쟁, 즉 사회적 파괴나 재구축에 대한 관심 없이 적의 군대를 파괴하는 방법에 관한 오래된 사고는 낡고 부적절해 보였다.

항공력은 특히 어려운 처지에 놓여 있었다. 핵무기가 출현하기 전, 공군의 모든 열정과 기술은 전략 폭격에 집중되어 있었다. 비핵전쟁에서 항공력의 역할은 충분히 검토되지 못했다. 왜냐하면 재래식 전쟁은 더 이상 일어나지 않을 것이라고 생각했기 때문이다.

한국 전쟁은 재래식 전쟁이었다. 핵폭탄이 사용되지 않았기 때문만이 아니라 전쟁의 목표가 본질적으로 온건했기 때문이며, 이는 미국 대전략의 제한적 성격에서 비롯되었다. 미국의 전략은 봉쇄 전략, 즉 공산주의자들의 공격을 차단하는 것이었다. 전쟁을 적의 사회에 대한 전면적이고 무자비한 공격으로 보는 두헤의 시각을 따라 미 공군은 적 말살을 위한 교리—그럴 수단을 갖고 있지 않더라도—를 갖고 있었지만, 항공력의 보다 제한적인 사용을 위한 교리는 갖고 있지 않았다. 소련은 항상 두헤의 이론과 거리를 두었고, 냉전을 시작하면서 공군을 전쟁의 작전적 수준에 통합하려 했는데, 이는 전반적인 전쟁 수행에 있어 지상군 및 해군과 함께 하는 것이었다. 반면, 미 공군은 훨씬 더 거창한 자신의 역할을 상상했다. 그 결과 미 공군은 작전 수준에서 완전히 갈피를 잡지 못했고, 공군 지휘관들은 즉흥적으로 대응할 수밖에 없었으며, 성공의 정도는 제각각이었다. 공군 지휘관들이 잘못한 게 아니라 그들의 성공이 그들의 교리 및 성향에 반하는 것이었다.

한국 전쟁 이후 미 공군의 재래식 전쟁에 대한 대비는 상대적으로 거의 없었다. 무기체계는 발달했으나 교리는 그대로였다. 변화가 있더라도 대수롭지 않았다. 미 공군은 자신을 전략적 균형의 일부로 바라보았고, 실질적인 초점을 소련의 핵전력을 억제하는 데 두었다. 이는 아이젠하워 정부의 시각과 잘 들어맞았는데, 아이젠하워 정부는 한국 전쟁을 미국이 공산주의자들로 하여금 자신들에게 유리하게 전쟁을 정의하도록 허용한 재난으로 간주했다.

지배적 교리—대량 보복(massive retaliation)—는 미국이 재래식 도전에 재래식 전력으로 대응하지 않겠지만 핵전력을 사용할 준비가 되어 있으며, 아울러 이러한 의지가 공산주의자들의 모험주의를 억제할 수 있기 바란다는 것을 의미했다. 베를린 위기와 그 이상으로 쿠바 위기는 어떻게 미국의 전략적 항공력이 핵무기를 사용하거나 재래식 전쟁을 벌이지 않고도 소련을 정치적으로 무릎 꿇게 할 수 있는지에 대한 설득력 있는 사례처럼 보였다. 이는 분명 미 공군, 특히 전략 공군 사령부를 미국 전략의 핵심에 갖다놓았다. 이는 미 공군이 동남아시아에서 공산주의자들의 반란이 확산되는 것과 같은 덜 중요한 문제들에 초연할 수 있게 해주었다.

그렇지만, 미 공군이 제한전을 다룰 교리를 개발하도록 압력을 받았었을지라도, 작전 원칙은 제2차 세계대전 이래로 바뀌지 않고 그대로 유지되었다. 그 원칙은 공군이 비핵 전략 전력으로서 행동할 것이며, 재래식 무기와 전략 항공기를 사용해 적의 사회적, 경제적 토대를 공격하고, 그럼으로써 적이 항복하게 한다는 것이었다. 비전략 항공기들이 근접 공중 지원과 적 후방 차단 공격을 포함해 지상 작전을 지원할 것이다. 이것이 제2차 세계대전에서 효과가 없었다는 사실은 그 교리를 바꾸어 놓지 못했다. 공군의 깊은 신념은 적절한 수단이 주어진다면 전략 폭격이 효과를 발휘하리라는 것이었다. 그리고 제2차 세계대전 이후 항공기의 눈부신 발전을 지적하면서, 한 번 실패했던 것은 다시 실패한다는 것을 믿지 않았다.

낙승: 베트남 전쟁에서 항공력의 약속

베트남 전쟁의 초기 기획가들은 베트남이 지정학적으로 미국에 중요하며,

공산주의자들에 대한 미국 봉쇄 전략의 핵심적인 부분이라고 주장했다.

게다가, 설령 베트남이 그 자체로는 중요하지 않더라도, 베트남을 방어하는 데 실패하는 것은 미국이 허약하다는 신호로 간주될 것이고, 이는 더 전략적인 지역에 있는 동맹국들을 겁먹게 만들고 전 세계적으로 공산주의자들을 대담하게 만든다는 것이었다. 인도차이나의 공산화가 유라시아에서 미국의 지정학적 지위를 무너뜨리진 않을지라도, 베트남의 패배는 일본에서부터 인도네시아와 말레이시아까지, 그리고 태국에서부터 아시아의 나머지 지역을 지나 동지중해 레반트까지 이어지는 방어 군도(depensive archipelago)에 미치는 심리적, 정치적 영향은 파괴적일 것이다.

패배를 피하는 것이 유일한 이익인 전쟁에서, 전쟁을 수행하기는 어려운 일이다. 왜냐하면 그러한 상황은 할당되어야 할 병력의 규모를 정확히 산정하기 어렵게 만들기 때문이다. 서유럽과 같은 핵심 이익의 경우에는, 사실상 가용한 모든 전력의 사용을 요구할 것이다. 하지만 기능적 가치가 분명하지 않은 나라를 방어하는 데 무엇을 바쳐야 하는가?

미국의 성향은 총력전, 즉 모든 가용한 전력을 동원하는 전쟁이었다. 베트남 전쟁에 그 같은 전력투구를 하는 것은 정신 나간 짓이었을 것이다. 왜냐하면 유럽이나 이란과 같이 훨씬 더 핵심적인 미국의 이익을 지키기 위해, 또는 쿠바를 침공하기 위해 전력이 보존되어야 했기 때문이다. 베트남에 투입 가능한 전력은 베트남과 관련 없는 고려사항들에 따라 결정되었다. 그 총 병력이 충분한지 또는 적절한지의 문제는 결코 다루어지지 않았다. 전략적으로 방어적인 베트남 전쟁의 성격은 문제를 더 혼란스럽게 만들었다. 미국의 전략은 북베트남으로의 신속한 공격을 제안하는 것이 아니라, 북베트남의 공격에 맞서 남베트남을 지키는 것이었다. 이것은 북베트남이 전쟁의 진행속도와 기간을 결정하게 된다는 것을 의미했다.

미국의 개입을 제한하는 한 가지 방법은 남베트남군이 대부분의 전투를 하고, 미국인 고문관들이 조언하거나 지휘하는 것이었다. 이러한 접근방식은 특히 베트남전은 전쟁이라기보다는 국가 건설 활동이라는 케네디 행정부의 민간인과 육군 내 특수부대 이론가들의 확신에 의해 강화되었다. 남베트남군에게 베트남을 방어하도록 장려하는 것은 병사들이 얼마나 잘 싸웠는지 상관없이 강력한 국가기관을 구축하는 데 도움이 될 것이다. 이것은 흥미로운 이론이었고, 만약 그 이론이 통했다면 베트남에서 미국의 전투 참여를 억제하려는 미국의 문제에 대한 놀라운 해결책이 되었을 것이다.

순전히 방어적인 전쟁은 현명한 정책이 아니다. 반면, 북베트남에 공세를 취하고 그 존재를 위협하는 것은 중국이 가만히 두고 보지 않았을 것이다. 미국은 중국과 또 다른 전쟁을 벌일 준비가 되어 있지 않았다. 미국은 북베트남 정권의 존재를 위협하지 않으면서 북베트남이 남쪽의 베트콩을 지원하는 것을 저지할 방법을 찾고자 했다. 항공력은 북베트남의 공산 정권을 위협하지 않으면서 북베트남에 고통을 줄 수 있는 수단을 미국에 제공했다. 지상 침공에 따르는 거대한 비용과 위험 없이 공세를 취할 수 있는 방법으로 보였다.

여기서 핵심적 가정은 항공력이 아주 효과적이고 가공할 정도여서 북베트남은 자신의 목표를 포기하고 미국에 유리한 조건으로 평화 합의를 하는 것 외에 선택의 여지가 없으리라는 것이었다. 전략은 북베트남의 군수생산을 방해하고, 남베트남으로의 보급로를 차단하고, 공산군 병력의 집결지를 파괴하고, 남베트남군의 주요 거점이 함락되지 않도록 보호하고, 그리고 무엇보다도 북베트남 정부와 민중에게 높은 수준의 고통을 가하는 것이었다. 두 번째 가정은 이 전략이 미국에 큰 부담을 주지 않고 이루어질 수 있다는 것이었다.

전쟁 개입에는 찬성했지만, 그러한 노력에 많은 자원을 지출하는 것은 바라지 않는 민간인들에게 공중 작전은 엄청나게 매력적이었다. 이는 또한 린든 존슨과 로버트 맥나마라의 마음에 들었고, 두 사람 모두 항공력에 매료되었다. 공군은 또한 진정한 전략적 작전을 펼칠 수 있는 자신의 능력에 제한을 둔 것에 대해 매우 우려했지만, 역량을 보여줄 가능성에 대해서는 만족해했다. 그러나 육군은 완전히 회의적이었다. 미국이 결코 다시는 아시아에서 지상전을 치러서는 안 된다는 맥아더의 금언에 깊이 영향을 받은 육군은 특수부대, 공군, 그리고 민간인 분석가들의 주장에도 불구하고 항공 작전이 실패할 경우 육군이 그 짐을 짊어지게 될 것이라고 두려워했다.

   그리고 항공 작전은 실패했다. 그러나 이 경우에는 항공력으로 적을 굴복시키기에 한계가 있었다는 사실이 은폐되지 않았다. 제2차 세계대전에서는 육지와 바다에서의 승리 덕분에 항공력의 한계가 드러나지 않았다. 동시에 베트남 전쟁의 기본 전략이 너무 형편없이 계획되어서 어떻게 실패의 책임을 전적으로 항공력에만 돌릴 수 있는지, 또는 어떻게 이 전쟁이 항공력에 대한 공정한 시험으로 간주될 수 있는지 알기 어렵다.[1]

   딘 러스크Dean Rusk 국무장관과 합참의장은 북베트남의 핵심 경제적 표적에 대해 신속하고도 가차 없는 폭격 작전을 지지했다. 그들은 이 작전이 북베트남 경제를 신속하게 망가뜨리고, 이는 경제 붕괴로 이어져 북베트남이 평화 합의에 나서게 만들 것이라고 가정했다. 북베트남인들이 벌어지고 있는 상황을 보게 되면, 그들의 유일한 선택지가 중국이나 미국에 경제적으로 의존하는 종속국이 되는 것뿐임을 이해할 것이라고 생각되었다. 따라서 그들은 북베트남에서 자신들의 경제적 자율성을 지키기 위해 남베트남에서 민족해방전선을 포기하고 재빨리 미국과의 합의에 이르게 될 것이다.[2]

   항공력에 대한 이러한 전형적인 견해에 반대하면서 재정의된 항공력의 역할을 지지하는 이들은 로버트 맥나마라와 국방부 분석가들이었다. 맥나마라는 성공과 실패를 모두 두려워했다. 폭격이 성공한다면 베트남인들이 중국이나 소련에 기대게 만들 수 있고, 실패한다면 미국의 수단과 이익을 넘어서는 개입으로 이어지게 될 것이다. "그러한 접근의 '실패' 가능성과 이에 따른 정치적 비용, 그리고 초기 조치가 실패할 경우 미국의 확전에 대한 압력은 진지한 검토를 요한다."[3] 맥나마라가 취한 입장의 논리에 따르면, 그는 개입에 반대했어야 했다. 그러나 그는 정의상, 전쟁을 신속한 결론으로 이끌 수 없는 전략을 주장하고 나섰다. 북베트남을 무너뜨리는 모험을 하고 싶지 않았던 그는 미국이 전쟁을 성공적으로 종식시키기에 충분한 전력을 결코 발휘할 수 없는 전략을 선택했다. 의미 있는 공격 능력도 없이, 미국은 방어 태세로 돌아설 수밖에 없었고, 끝없는 방어의 악몽이 시작되었다.

미국은 맥나마라의 전략을 따랐다. 중국 개입에 대한 두려움은 다른 모든 고려사항에 우선했다. 물론 폭격만으로 북베트남을 패배시킬 수 있을지는 전혀 불확실했다. 어쨌든 그것은 가망이 없었을지도 모른다. 그러나 맥나마라의 전략은 미국이 그런 시도를 할 상황에 있지 않다는 가정에 기초해 있었다. 그러므로 북베트남의 경제를 결딴내기 위한 전면적인 전략 폭격 작전 대신에 북베트남에 대한 압력을 천천히 높이는 점진적인 확전이 채택되었다. 그 의도는 북베트남인들을 겁 주어서 중국이나 소련의 직접적인 원조를 요청하게 만드는 일이 없이, 미국이 전략적 목표를 달성하기 위해 어떤 극단적인 조치라도 취할 준비가 되어 있음을 북베트남인들에게 확신시키는 것이었다. 그 최종 결과는 북베트남인들이 미국은 필요한 전력을 투입하거나 필요한 위험을 무릅쓸 준비가 되어 있지 않다고 확신시킨 것이었다.

북베트남에게 그들의 목표―민족 통일―가 가지는 중요성을 고려한다면, 하노이Hanoi가 그 과정을 단념하게 하려면 엄청난 양의 고통이 가해져야 했을 것이다. 맥나마라의 전략은 정권의 존재를 위협하는 일 없이 점진적으로 고통의 수위를 높이는 것이었으므로, 북베트남은 그러한 환경에 물리적, 심리적으로 적응할 수 있었다. 결과적으로 북베트남의 공격성이 오히려 증가하고 말았다.

이 점은 여러 번 제기된 바 있으며, 특히 합참과 러스크 국무장관의 전략을 옹호하는 이들에 의해 제기되었다. 예를 들어, 베트남 항공 작전이 공군의 전략 사고를 반영하는 것이냐는 질문을 받고, 공군장성 커티스 르메이는 이렇게 대답했다. "절대로 아니오. 전쟁이 마지막 2주를 남겨 놓고 있을 때까지 우리는 그것에 접근조차 해보지 못했소. 우리가 B-52기를 북쪽으로 보냈을 때, 전략 작전이 될 만한 것이 시작되었소. 만약 우리가 그것을 계속했더라면, 그 작전은 수일 안에 완전히 끝났을 거요."[4]

르메이는 나름대로 근거를 가지고 북베트남에 대한 폭격 실패가 전략적 항공력에 대한 반박이기는 커녕, 사실상의 확인이라고 느꼈다. 미국이 1972년 하노이에 대한 크리스마스 폭격(라인 베커 II 작전)에서 그랬던 것처럼, 전략

폭격을 실제로 실행했더라면 그 유용성이 충분히 확인되었을 것이다.

르메이의 사고, 그리고 러스크와 합참의 기획에 있어서의 결함은 북베트남이 전쟁을 수행할 수 있게 하는 경제 기반이 북베트남 영토 내에 존재한다고 가정한 점이었다. 어느 것도 이보다 진실과 거리가 멀 수는 없었다.

일부에서 주장하듯이, 이것은 북베트남이 단순한 농민 전쟁을 벌이고 있었기 때문이 아니다. 북베트남은 현대적이고 복잡하며 정교한 전쟁을 수행하고 있었다. 이는 대부분의 물자들이 북베트남 외부, 즉 광둥이나 스몰렌스크, 평양, 프라하 등에서 생산되고 북베트남으로 옮겨지고, 그곳에서 다시 남베트남으로 넘겨지고 있었기 때문이었다.5 북베트남의 경제는 농민, 농업 경제였고 폭격으로 분쇄될 수 없는 경제였다. 그래서 어찌 보면 베트남인들은 두 세계의 최고의 것들을 갖고 있었다. 미국의 힘이 미치지 않는 곳에 있는 군사 산업 기반과 공습에 별 영향을 받지 않는 (홍하 댐들에 대한 공격을 제외하고) 농민 경제가 바로 그것이었다.

베트남 전쟁에서는 어떤 전략적 항공 작전도 불가능했다. 그 같은 작전이 실행되었다면 중국과 소련에 대한 공격을 수반했을 것이다. 하지만 이것은 실현 가능성이 없었다. 첫째, 공산 세력을 봉쇄하되 절대 직접 공격하지 않는다는 미국의 대전략에 위배되었다. 둘째, 너무 위험했다. 소련 입장에서는 그것이 미국에 대한 정당한 전략 폭격을 촉발했을 수도 있었다. 중국 입장에서 그것은 베트남 내 미군을 압도해버리거나 또는 제2차 세계대전 식의 전력 증강을 요구했을 중국군의 지상 개입을 촉발했을 수 있었다.

전략 폭격은 제2차 세계대전과 같은 총력전 상황에서나, 아니면 이라크의 경우처럼 적이 너무 허약하고 고립되어 있어서 반격을 제대로 못하는 경우에나 실행 가능하다. 그러나 상대가 약하지도 않고 고립되어 있지도 않고, 그리고 총력전이 회피되는 상황에서는 전략 폭격은 합리적 선택이 아니다. 전략 폭격의 약점은 적의 대응 능력을 단시간 내에 제거하지 않는 한, 종종 폭격으로 거둔 이득보다 더 큰 손실을 폭격기에 입힌다는 것이다. 따라서 전략적 목표가 전략 폭격 작전을 벌일 만한 가치가 있는 경우나, 또는 상대가 적절히 약하고 고립되어 있는 경우는 매우 드물다. 전자의 경우는 제2차 세계대전이었고, 후자의 경우는 걸프전이었다.

문제는 미 공군이 적의 경제와 사회를 파괴하는 방법을 알고 있다고 생각했다는 것이었다. 그들이 몰랐던 것은 적의 군대를 파괴하는 방법이었다. 미 공군은 전술적으로나 작전적으로나 전장을 고립시킬 수 없었다. 적의 통신선이나 보급선을 끊을 수도 없었다. 그들은 북베트남이 남쪽으로 병력을 보내고, 그 병력에 식량을 제공하고, 지휘하는 것을 저지할 수 없었다. 미 공군은 적의 위치에 관한 정보가 주어진다면, 적 병력의 집결지를 파괴할 수 있었다. 또한 전술적 교전에 화력을 지원할 수도 있었다. 그러나 미 공군은 북베트남의 작전 능력을 체계적으로 공격할 능력이 없었다. 그들은 그 방법을 전혀 알지 못했다.

장님의 허세: 교리 없는 전쟁

보급 물자는 하이퐁Haiphong 항을 통해 그리고 중국으로부터 오는 두 개의 철로를 통해 북베트남으로 들어가고 있었다. 하이퐁 항을 폭격하다가 외국 배들을 가라앉히는 것—또는 국경 근처 철로를 폭격하다가 중국을 전쟁에 끌어들이는 것—에 관한 상당한 우려가 있었다. 더욱이 제2차 세계대전은 철로가 쉽게 복구될 수 있다는 것을 보여주었다.

다행히도 지리가 해결책을 제공해 주었다. 중국과 연결된 두 개의 철로는 하노이 근교 홍하Red River를 가로지르는 동일한 교량에서 하나로 합쳐졌는데, 그 교량이 폴 두메르Paul Doumer 다리였다. 하이퐁에서 오는 철로도 이 다리를 지나갔다. 폴 두메르에서 남쪽으로 향하는 철로는 단선이었는데, 탄호아 Thanh Hoa에서 추 강Chu River을 가로지르는 다리를 지나갔다. 보급 물자는 이 철로를 따라 내려가다가, 빈Vinh 근처 어딘가에 하역된 다음, 호찌민 루트를 통해 남쪽으로 보내졌다. 다른 방법은 보급 물자가 두메르를 떠나 라오스로

들어갔다가 그곳에서 호찌민 루트를 타는 것이었다.

북베트남군과 베트콩의 전체 군수지원 구조는 두 개의 주요 다리—폴 두메르 다리와 탄호아 다리—를 파괴하고 계속 복구되지 못하게 함으로써 완전히 산산조각날 수 있었다. 이들 다리가 파괴되면 철도와 차량 교통이 끊어지고, 외부 물자가 남베트남 전선에 도달하지 못하거나 적어도 심각하게 지연되었을 것이다. 이들 교량을 공격하는 것은 어떤 외부 개입을 촉발하지 않았을 것이고, 미 지상군 투입도 필요 없었을 것이다. 이는 공군으로서는 완벽한 임무였다. 전체 전쟁이 이 임무의 성공에 달려 있다고 해도 과언이 아니었다.

1965년 4월 3일, 46대의 F-105기, 21대의 F-100기, 2대의 RF-101기와 10대의 KC-135 급유기를 포함한 총 79대의 미군 항공기들이 탄호아 다리를 공격했다. 120발의 750파운드 폭탄이 32발의 불펍(Bullpup) 유도미사일과 함께 탄호아 다리를 향해 투하되었다. 몇 발이 명중되기는 했으나 피해는 아주 미미했고, 2대의 항공기가 격추되었다. 그다음 날, 또다시 384발의 750파운드 탄이 투하되었다. 작전에 참여한 조종사들은 300발의 폭탄이 다리를 명중시켰다고 주장했으나, 이는 믿기 어려웠다. 왜냐하면 다리가 이내 복구되었기 때문이다. 3대가 더 격추되었고, 이 중 2대는 베트남 전쟁에서 처음으로 미그기에 의해 격추되었다.[6]

문제는 두 가지였다. 첫째, 이 다리는 프랑스인들이 건설한 뛰어난 구조물이어서, 한 발당 1천 파운드가 넘는 폭약에도 견딜 수 있었다. 둘째,

> 무수한 대공포(AAA)의 사격을 받으면서 500mph 속도로 날아가는 전투기에서 너비 16피트, 길이 500피트의 다리에 폭탄을 정확히 떨어뜨리는 것은 엄청나게 힘든 일이었다. 시각 및 레이더 폭격 기법을 사용한 주야간의 폭격으로도 철골보를 흔든 게 전부였다.[7]

비록 폴 두메르 다리는 177회 출격해 300여 톤의 폭탄을 쏟아부은 1967~1968년 폭격 작전 동안 일시적으로 파괴되기는 했지만, 미 공군과 해군 모두

두 다리를 영구적으로 파괴할 수단이 없었다. 미국 전략의 토대 중 하나가 기술적 한계로 인해 달성될 수 없었다. 항공력은 그 일을 해낼 수 없었다.

만약 크고 고정된 시설들이 영구적으로 파괴될 수 없다면, 소위 호찌민 루트의 복잡하고 은밀한 정글 통로를 따라 내려오는 보급 물자를 차단하기는 수천 배나 더 어려운 일이었다. 다음은 북베트남의 고위 장성 반 티엔 둥Van Tien Dung이 쓴 것이다.

> 투룽 손Turung Son 지역 동쪽의 전략 루트는 3만 명 이상의 군인들과 어린이들의 노동의 결과이다. 이 루트의 길이가 다른 오래된 루트와 새로운 전략 루트 그리고 지난 전쟁에서 만들어진 루트들의 길이와 더해지면 2만 킬로미터가 넘는다. 지금 우리가 보고 있는 1천 킬로미터가 넘는 8미터 너비의 루트는 우리의 자랑이다. 깊은 강과 하천, 그리고 1천 미터가 넘는 산악지대를 지나는 5천 킬로미터의 파이프라인을 통해 우리는 다양한 전장에 충분한 연료를 공급할 수 있었다. 1만 대 이상의 수송 차량들이 그 길을 지나다녔다.[8]

호찌민 루트는 병목 지점이나 수송 차량들이 한데 몰리는 취약 지점을 갖지 않도록 설계되었다. 보급 물자 대부분은 잠입 부대의 등이나 자전거에 실려 운반되었다. 트럭은 항공 표적이 되지 않기 위해 복잡하고 빙 돌아가는 길을 통해 한 대씩 내려갔다.

호찌민 루트를 끊는 유일한 방법은 라오스의 회랑 지대에 병력을 배치하여, 비무장지대를 가로질러 설치된 방어 진지들을 꽝찌-사노Quang Tri-Sano 고속도로를 따라 이어지는 라인과 연결시키는 것이었다. 이는 이미 완전한 허구였던 라오스의 "중립"에 대한 위반을 의미하는 것이었다. 더 중요한 문제는, 그것이 미국 전략에 대한 완전한 재검토를 요구한다는 것이었다. 차단을 위해 배치된 병력은 북베트남에 의한 직접 공격에 저항할 수 있어야 했다. 이 전략은 북베트남이 그들의 남쪽 병력을 구하기 위해 총력전을 펼칠 것이고,

방어 라인을 따라 늘어서 있는 미군 병력은 그와 같은 전투에서 취약할 것이라는 가정을 전제로 하는 것이었다. 꽝찌에서 사노까지의 거리는 약 150마일이었다. 정적 심층 방어(static defense in depth)를 하려면, 미군은 6개 사단 병력이 필요했으며, 거기에 2개 사단 이상의 전략적 예비 병력이 있어야 했다. 다시 말해서, 미국 전투 병력의 대부분(1968년에 미국은 11개 사단에 해당하는 병력을 배치했었다)[9]이 방어적으로 배치되어야 했고, 후방의 게릴라전은 남베트남군에 맡겨야 했다. 그것은 베트남 전쟁을 한국 전쟁의 재현으로 바꿔 놓았을 것이다. 돌이켜 생각해 보면 나쁜 아이디어는 아니었다.

공산주의자들의 남베트남에 대한 공격을 멈추도록 압박하기 위한 북베트남 공습의 실패는 미 육군을 그들이 가장 두려워하던 상황에 처하게 만들었다. 즉, 미 육군이 남베트남에서 공산 세력을 진압하는 책임을 맡게 된 것이다. 미 육군은 남베트남 밖으로 나가서 공세를 취할 수 없었고, 북베트남의 병력과 보급이 실제로 남베트남에 들어올 때까지 기다려야 했다. 군사적으로 이는 미국의 힘을 무수히 많은 작은 교전들로 분산시켰다. 정치적으로 그것은 미국의 군대를 경찰관으로 바꾸어 놓았다. 미 육군은 세계의 다른 지역으로부터 대대적인 병력 보강을 받지 않고는 자신의 책임을 수행할 수 없었다. 1970년쯤에는 미국이 세계의 다른 지역들에서도 자신의 임무를 수행할 수 있을지가 더 이상 확실치 않았다.

1964년에 만약 누군가가 1967년 베트남 전쟁으로 인해 미국이 갖게 될 부담을 말해 주었다면, 전쟁은 회피되었거나 전혀 다른 전략이 채택되었을 것이다. 존슨 행정부는 남베트남이 패망하는 것을 원치 않았다. 그러나 동시에 남베트남의 항복을 막기 위해 필요한 자원을 투입할 각오도 되어 있지 않았다. 미 정부 관료들은 이 차이를 환상으로 메워 버렸다. 한 가지 환상은 남베트남군이 자신들에게 부여된 임무를 충분히 해낼 능력이 있다는 것이었다. 더 심각한 환상은 미군의 항공력이 북베트남으로 하여금 미국이 원하는 정치적 합의를 하도록 강요할 수 있다는 것이었다.

미 공군은 북베트남 전쟁 노력의 중심부(center of gravity)를 깨뜨릴 수 없었다. 우리가 보아온 것처럼, 미 공군은 북베트남의 철로와 교량 시스템을 파괴할 수 없었으며, 호찌민 루트를 차단하는 일 역시 불가능했다. 친미 성향의 라오스군 준장, 수체이 봉사바Soutchay Vongsavah는 다음과 같이 말했다. "미군의 폭격전이 엄청난 규모로 진행됐지만 호찌민 루트의 트럭 수송은 날마다 늘어났으며, 북베트남군은 계속 도로망을 개선하고 통행로를 유지하면서 도로를 고속 운행에 적합하도록 만들었다."10

항공력의 명성을 떨어뜨린 최악의 적은 항공력 지지자들이었다. 그들은 아무도 항공력이 해낼 것이라고 합리적으로 기대할 수 없는 임무를 수락했다. 갈수록 복잡해지고 교묘해지는 호찌민 루트를 차단하려는 끊임없는 시도는 매번 헛수고로 끝났다. 마치 출혈이 심한 상처가 동맥이 아니라 모세혈관마다 봉합되어 있고, 결국 그 봉합이 터지면 새로 다음 수술을 시작할 외과 의사를 요구하는 것과 같았다. 그것은 불가능한 과제였다.

항공력이 중요한 일을 했던 때는 적과 교전하는 지상군에 지원을 제공하는 경우였다. 이때 항공력은 최초의 이론가들이 상상했던 대로 행동한 것이 아니라 '공중의 대포'로서 행동했다. 폭탄은 낮은 고도에서, 전방항공 통제관이 지정한 표적에 투하되었다. 마치 포병들처럼, 이들은 자신들이 볼 수 없는 교전에 화력을 더해 주고 있었다. 그렇게 함으로써 그들은 적의 소모율을 증가시켰고, 많은 경우 전투의 흐름을 바꾸어 놓았다.

그러나 전술 지원은 전략 항공력이 약속했던 것이 아니었다. 두헤의 이론에 따르면, 전술적 전투는 공장이나 도로 등에서 적의 전쟁 수행 능력이 파괴되면 일어날 필요가 없었다. 우리가 이미 보았듯이, 문제의 일부는 지리적인 것이었다. 즉, 북베트남의 공장들이 다른 나라들에 위치해 있었다. 그러나 핵심적인 문제는 기술적인 것이었다. 미국은 북베트남으로부터 남베트남을 고립시키는 데 실패했다. 왜냐하면 미국 폭격기들은 두 개의 다리를 완전히 파괴하기에는 너무 부정확했기 때문이었다. 이 부정확성이 베트남 전쟁에서 미국이 패배한 근본 원인이었다. 그리고 그것은 고립된 문제가 아니라, 갈수록 진부해져가는 현대전의 핵심에 있는 문제였다.

갑작스러운 여명: 정밀 유도 폭탄의 출현

1972년 4월 27일, 무언가 특별한 일이 일어났다. 베트남 전쟁의 결과를 바꾸기에는 너무 늦었지만 그럼에도 그것은 특별했다. 그달 초, 미국은 북베트남에 대한 폭격을 재개했다. 목표는 주로 정치적인 것, 즉 북베트남이 11월 미국 대통령 선거 전에 미국과 합의에 이르도록 강제하는 것이었다. 닉슨은 북베트남에 미국이 원하기만 하면 북베트남의 지휘부와 군수지원 구조를 파괴할 수 있다는 것을 보여주고자 했다. 그러나 그는 지난 7년 동안의 실패가 미국의 자제 때문이지 기술적 무능력 때문이 아니라는 것도 분명히 해두고 싶었다.

1972년 하노이에 대한 대규모 B-52 폭격은 이 도시의 상당 부분을 폐허로 만들었고, 북베트남의 방공력을 그 한계 이상으로 압박했다. 하지만 폭격만으로는 북베트남의 전쟁 수행 능력을 손상시키지 못했다. 폭격은 북베트남의 지휘 구조나 야전의 군대에 대한 통제를 유지할 수 있는 그들의 능력을 분쇄하지 못했고, 북베트남의 군수지원 체계를 파괴할 수도 없었다.

치명적이면서 진정으로 새로웠던 것은 북베트남의 두 주요 교량을 공격해서 파괴한 미국의 능력이었다. 1972년 마침내 폴 두메르 다리와 탄호아 다리는 모두 무너져 내렸고, 너무 늦었을지라도 남부는 북부로부터 고립되었다.

앞서 본 것처럼, 탄호아 다리는 특별히 중요하고 복구가 재빨리 이루어지는 표적이었다. 1968년 폭격이 중지될 때까지, 이 다리에는 수많은 폭격이 가해졌으나 파괴되지 않았다. 공격기들은 심각하고 영구적인 피해를 주기 위해 충분한 양의 폭탄을 정확한 지점에 투하할 수 없었다. 1965년 4월 3일과 4일, 1백 회 이상의 출격을 통해 504발의 750파운드 폭탄이 이 다리에 투하되었고, 5대의 항공기 손실이 있었다. 이 같은 공습의 결과로 이 교량이 평균 일주일 정도 폐쇄된다고 가정할 경우, 그 다리를 못 쓰게 하려면 1년에 250대 이상의 항공기를 잃어야 하고 하나의 항공단이 영원히 그 임무에 매달려 있어야 하는데, 이는 불가능한 일이었다. 실제로 탄호아 다리보다 좀 더 중요한 표적인 하노이의 두메르 다리에 대한 공격은 1967년에 포기되었다.

1972년 4월 27일, 태국에 있는 제8 전술 전투비행단 소속 12대의 F-4 팬텀은 탄호아 다리를 공격하라는 명령을 받았다. 이중 8대는 2천 파운드의 폭탄을 탑재했고, 나머지 4대는 북베트남 레이더를 교란하고 레이더 유도 지대공미사일과 대공포로부터 공격기들을 보호하기 위한 채프(chaff)를 탑재했다. 폭탄에 들어 있는 폭약은 다른 공습에서 사용된 폭약과 다르지 않았다. 다른 점은, 일단 투하되면 폭탄이 단순히 중력에만 의존하지 않았다는 것이었다. 더 정확히 말해서, 그 폭탄들은 낙하하는 동안 경로를 수정할 수 있는 "스마트" 폭탄이었다.

4월 27일에는 두 종류의 유도폭탄이 사용되었다. 첫 번째는 전자광학 유도폭탄으로, 전방의 유도 장치 부분에 소형 TV 카메라가 달린 재래식 고성능 폭탄(GBU-15)이었다. 공격 비행 동안, 조종사는 기체(그리고 동시에 폭탄의 TV 카메라)가 표적을 향하게 했다. 폭탄의 카메라는 사진을 F-4 뒷좌석 무장 담당 장교 앞에 있는 스크린으로 송신했다. 무장 장교는 표적 위의 선명한 점—표적 위의 작은 영역은 명암 차이로 명확히 식별된다—을 선택했고, 초보적인 수준의 소형 컴퓨터가 그 점을 자동으로 추적했다. 일단 투하되면, 선명한 점을 자동 추적하는 폭탄은 날개(vane, 유도를 제공하는 작은 날개와 꼬리 날개)를 사용해, 그리고 관성과 중력 에너지를 사용해 스스로 방향을 잡았다. 일단 폭탄을 투하하면, F-4는 그 지역을 벗어날 수 있었다. 즉, '파이어 앤 포겟(fire and forget)'이 가능했다. 이로 인해 항공기는 아마도 격추되지 않았을 것이고 폭탄도 아마도 표적의 지정된 지점을 정확히 맞추었을 것이다.[11]

두 번째 유형의 폭탄은 레이저 유도폭탄(LGB-10)으로, 이는 저출력 레이저 빔에 의한 표적에 대한 조사(照射)를 필요로 했다.[12] 이 레이저 빔은 폭격기 동체에 부착된 파드(pod)에서 방사되거나, 폭격기를 호위하는 다른 항공기에서 방사되었다. 무장 장교는 파드가 표적을 향하게 하고 타격할 지점을 레이저로 조사했다. (이때 항공기 자체는 표적을 향할 필요가 없었다. 회전할 수 있는 파드만 표적을 향하면 되었다.) 폭탄은 전기광학 유도폭탄처럼, 자체 관성 에너지와 제어 날개로 표적까지 스스로를 유도했다.[13] (페이브웨이Paveway로 명명된) 이 레이저 시스템의 큰 장점은 한 대 이상의 항공기가 레이저 빔으로 지정된 지점을 활용할 수 있다는 것이었다. 폭탄이 명중할 때까지 표적이 계속 조사되어야 했기 때문에, 이는 한 대의 항공기만 표적 주위를 선회하면 된다는 것을 의미했다. (그 항공기가 표적에서 멀어지고 있다해도 이는 사실 위험한 행동이었다.) 한편, 다른 항공기들은 폭탄을 투하하고 곧바로 이탈할 수 있었다.

각 시스템은 나름대로 장점이 있었다. 레이저 유도폭탄은 표적을 고정하기가 쉬웠했는데, 지속적이고 명확한 조사가 있었기 때문이었다. 반면 레이저 유도폭탄은 '파이어 앤 포겟' 무기가 아니었다. 더 중요한 것으로, 제대로 작동하려면 구름이나 연기가 없는 선명한 시야가 필요했다. 전자광학 유도폭탄은 대조점(contrast point)이 흐려지거나 시야 각도가 바뀌면 표적 고정이 풀리는 경향이 있었다. 하지만 그것은 파이어 앤 포겟이 가능했다. 따라서 어느 무기를 사용할지는 날씨, 광도 그리고 다른 기후적 고려사항에 달려 있었다. 또한 표적이 얼마나 잘 방어되는지, 그리고 주변을 선회하는 것이 얼마나 위험한지에 달려 있었다.

탄호아 다리 공습에서, 날씨는 구름이 낀 상태여서 레이저 유도폭탄을 쓸 수 없었다. 4대의 F-4기가 공격기들을 보호하기 위해 채프를 뿌렸다. 나머지 8대의 F-4기는 2천 파운드짜리 전자광학 유도폭탄 5발을 투하했다. 교량은 이내 못 쓰게 되었고, 미 항공기의 손실은 전혀 없었다.[14]

1972년 5월 13일, 탄호아 다리에 대한 재공습이 있었다. 14대의 공격기들이 9발의 3천 파운드 레이저 유도폭탄, 15발의 2천 파운드 전자광학 유도폭탄, 그리고 48발의 재래식 폭탄을 투하했다. 다리의 서쪽 경간(span)이 완전히 무너져 내렸고, 나머지도 사용 불능 상태가 되었다. 다시 한 번, 공격기 손실은 전무했다.[15]

이 공격이 효과적이었던 것만큼이나, 전쟁 수행에 있어 혁명의 진정한 의미를 알린 것은 두메르 다리에 대한 공격이었다. 두메르 다리는 1967년 이후에는 공격당한 일이 없었다. 미군 측 손실은 언제나 막대했다. 그 이유는 그

다리를 공격하기 위해서는 하노이의 강력한 방공망의 사정거리 안으로 진입해야 했기 때문이다.

두메르 다리는 한 번 손상을 입은 적이 있었지만, 매우 힘든 표적이었다. 그러나 1972년 5월 10일, 상황이 바뀌었다. 22발의 레이저 유도폭탄과 7발의 전자광학 유도폭탄(모두 2천 파운드급 폭탄)을 탑재한 16대의 F-4기가 두메르 다리를 공격했다. 채프를 뿌리는 F-4기 8대, 북베트남군의 지대공미사일과 대공포를 유도하는 적 레이더를 파괴하기 위한 F-105G 와일드 위즐기(Wild Weasel) 15대, 그리고 남은 레이더와 통신 시설을 마비시킬 EB-66 대전자전기 4대가 함께 출격했다. 모두 29발의 폭탄이 투하되어, 12발은 명중했고, 4발은 명중했을 가능성이 있으며, 13발은 빗나갔거나 관측되지 않았다. 몇 개의 경간이 파괴되거나 손상을 입었다. 다음 날 4대의 F-4기가 출격해 2발의 3천 파운드 레이저 유도폭탄과 6발의 2천 파운드 레이저 유도폭탄을 투하했고, 아무 피해 없이 3개의 경간이 더 파괴되었다. 미국이 이 전쟁에서 완전히 발을 뺄 때까지 두메르 다리는 다시 운행되지 못했다.

1965년에서 1972년까지 수많은 특별한 변화가 일어났다. 무엇보다도 분명했던 것은 정확성의 변화였다. 1965년 탄호아 다리 공습에서는 첫날 77대의 항공기가 동원되었으나, 같은 교량에 대한 1972년 공격에서는 8대의 공격기만 동원되었다. 1965년에는 45톤과 144톤의 폭탄이 이틀에 걸쳐 투하되었으나, 1972년 4월 27일에는 5톤, 5월 13일에는 28.5톤이 투하되었을 뿐이다. 1965년에는 189톤이 투하되어 교량을 무력화시키지 못했는데, 1972년에는 1967년 사용량의 20% 미만인 36.5톤만으로도 그 교량을 폐쇄하기에 충분했다.

또 하나의 놀라운 비교가 있다. 1965년에는 공격에 참여한 79대의 항공기 중 오직 7대만이 대공포 제압에, 두 대는 정찰에 배정되었고 채프나 대전자전 임무에는 한 대도 배정되지 않았다. 두메르 다리 공격에서는 16대가 폭탄을 투하한 반면, 27대는 대공포 제압과 적 레이더 대응에 동원되었다. 초기의 성공적이지 못했던 공습은 압도적으로 공격에만 치중했다. 이후 공격 항공기의 비율은 91%에서 37%까지 떨어졌다. 1972년에 임무를 위해 출격한 대부분의 항공기는 공격기를 보호하기 위한 것이었다.

베트남 전쟁에서 항공력은 전략적으로 실패했으나 전술적으로는 성공했다. 그것은 지상군의 힘과 위력을 현저히 증가시켜 주었다. 그러나 항공력이 최고의 가능성을 보여줬던 부문은 작전적 차원이었다.[16] 1972년, 북베트남 수송 체계에 대한 공격은 항공력이 적군의 임무 수행을 막을 수 있다는 것을 보여주었다. 그 방법은 병력과 물자의 이동을 방해하고, 병력을 지휘, 통제할 수 없게 하며, 대규모 집결 병력의 결속력을 깨뜨리는 것이었다.

다시 말해서 베트남 전쟁의 마지막 단계에서 항공력의 새로운 가능성이 열렸고, 이 가능성은 두헤나 미첼이 상상한 것과는 달랐지만 그래도 중요한 것이었다. 그것은 전쟁의 목적에 대한 클라우제비츠의 최초 인식에 더 가까운 시각이었다. 즉, 상대방이 더 이상의 저항을 하지 못하도록 만드는 것이었다. 베트남 전쟁 말기의 이 새로운 가능성은 항공력에 대한 전혀 새로운 사고방식을 낳게 되었다. 그러나 먼저, 베트남전의 길고도 고통스러웠던 경험을 되짚어볼 필요가 있다.

날 때린 게 뭐야? – 항공력의 실패에 대한 첫 번째 생각

베트남에서의 패배는 국가 전체보다 군을 더 놀라게 했다. 미국 국민은 베트남 전쟁으로 지쳤고, 전쟁이 끝났다는 데 일단 안도했다. 하지만 군에게 있어서는 그들의 모든 정체성, 즉 스스로에 대한 인식이 이번 패배로 인해 도전을 받았다. 항공력도 없이, 대부분 박격포 이상의 화력 지원도 없이, 경보병으로 구성된 군대가 어떻게 무적을 자랑했던 미 육군과 해병대, 공군을 꺾었단 말인가?

첫 반응은, 미국은 베트남에서 군사적으로는 승리했으나 국내에서 정치적으로 패배했다는 주장이었다. 군은 베트남 전쟁에서 여러 성공을 거두었다. 실제로 미군이 패배한 결정적인 작전이나 전투는 하나도 없었다. 라 드랑la Drang 계곡에서의 첫 전투 이후, 미군은 대개 수적으로 밀리고 정보가 부족한 상황에서도 북베트남군과의 전투에서 승리를 거두어 왔다. 심지어 케상Khe Sanh에서와 같은 방어전이나 구정 공세(Tet Offensive) 때도, 미군은 공격군을 격퇴하고 분쇄했다.

패배한 군대, 특히 강력한 승리의 전통을 가진 군대는 비판을 국내로 돌림으로써 패배에 반응하는 경향이 있다. 제1차 세계대전에 패한 독일군은 유대 혁명주의자들이 국내의 정치적 지지를 약화시켰다는 주장을 폈다. 프랑스 육군은 자신들의 패배를 제3공화국의 정치인들에게 돌렸다. 소련군은 초기 패배의 이유를 스탈린의 숙청과 잘못된 관리에서 찾았다. 제2차 세계대전에서 독일군은 히틀러의 실책을 비난했다.

베트남전 이후에도 이와 매우 비슷한 상황이 전개되었다. 가장 지배적인 이론에 따르면, 반전운동이 문제의 원인이었다. 징집 영장을 불사르고 마약을 피워대고, 공산주의에 동조하는 자들의 선동이 대중의 전쟁 지지를 약화시켰다. 여기에는 계급적 분노라는 중요한 요소가 있었다. 베트남전에 참전한 병사들의 대부분은 하위층과 하위 중산층 출신이었으며, 장교단은 하위 중산층과 중산층 출신이었다. 사병들은 기껏해야 고졸 학력이었고, 장교들은 규모가 큰 주립대학 졸업자들이었다. 반전운동은 상류층의 행동으로 인식되었고 명문대를 중심으로 전개되었다. 그러므로 엘리트들이 처음에는 나라를 전쟁으로 끌고 들어갔다가, 막상 난관에 부딪히자 하층민들을 희생양으로 삼았다는 인식이 확산되었다.

모든 "배신(stab-in-the-back)" 이론에서처럼, 이 경우에도 진실이라는 요소가 있었다. 경멸과 무관심 속에 전쟁 후반에 귀국한 사병들의 비통함은 분명 이해할 수 있는 일이었다. 그러나 이론은 두 가지 점을 설명하지 못한다. 첫째, 1968년 이전의 반전운동은 별다른 중심 세력이 없었다. 대부분의 미국인은 전쟁을 지지하는 입장이었으며, 1964년에서 1967년까지 군은 필요한 모든 지원을 받을 수 있었다. 그러나 이 시기에도 전쟁을 성공적으로 종결짓거나, 공산주의자들의 저항 의지를 약화시키는 일조차 할 수 없었다. 둘째, 1968년 이후에는 반전운동이 급진적인, 대학 기반의 학생 운동으로 알려지면서 상대적으로 크게 성장하지 못했다. 베트남전에 대한 혐오감 증대는 학생운동에 대한 지지가 늘면서 비롯된 것이 아니었다. 그것은 전쟁을 종결하지 못하는 군의 무능력에 대한 좌절과 미국의 이익에 비해 너무 많은 시간과 자원이 투입되고 있다는 인식에서 비롯된 것이었다. 우리는 리처드 닉슨이 구정공세 이후인 1968년에 대통령에 당선되었음을 기억해야 한다.

이보다 정교한 설명이 필요했고, 실제로 전쟁 시작 이후부터 많은 사람의 입에 오르내린, 한 가지 설명이 있었다. 이 주장은 비합리적인 정치적 제약이 군에 부과되었기 때문에 미국이 전쟁에서 졌다는 것이다. 미국은 캄보디아와 라오스에 있는 공산군 은신처를 침공할 수 없었고, 북베트남을 침공하거나 북베트남에 무제한 폭격작전을 실시할 수도 없었다는 것이다. 그러므로 이 이론에 따르면 미국은 한 손이 등 뒤로 묶인 채 전쟁을 수행했기 때문에 이길 수 없었다는 것이다.

이 이론에는 수긍할 부분이 많은데, 특히 미군이 전략적 방어에만 머물러 있었고, 베트남 밖에 있는 북베트남의 군수지원 시스템을 공격할 수 없었기 때문에 전쟁에 졌다는 주장이 그러하다. 그러나 이 문제에 있어서는 군 역시 일부 책임을 져야 한다. 1968년 이전에는 어떤 책임 있는 직급에 있는 육군 지휘관이 국방장관, 국가안보회의, 또는 대통령에게 현재의 전략적 제약 하에서는 전쟁을 이길 수 없다는 보고를 한 적이 한번도 없었다. 이는 그들이 정직하지 않아서라기보다는—비록 출세주의(careerism)가 그들의 전문성을 왜곡한 측면이 있기는 하지만—그들이 미군이 패배하거나 교착 상태에 빠지는 것을 상상할 수 없었기 때문이었다.

베트남전 동안, 군사력의 주요 측정 수단은 화력, 즉 적에게 폭약을 퍼부을 수 있는 능력이었다. 미국의 화포, 무장 헬리콥터, AC-130, 그리고 어디에나 있는 항공기는 모든 교전에서 미군에 우월한 화력을 제공했다. 우월한 화력은 그것을 생산하고 보급하고 유지하는 비용이 너무 많이 든다. 북베트남에는 이 같은 화력이 없었고, 결국 그들은 소모전으로 약화될 것이고 자신들의 군대를 구하는 유일한 방법으로서 협상을 하게 될 것이라는 가정이 있었다.

미국이 간과했던 것은 북베트남이 큰 비용이 안 드는 미국에 대한 몇 가지 이점을 가졌다는 사실이었다. 최우선으로 가장 중요한 것은 정보였다. 화력을 투입한다는 것, 특히 대포 발사 진지를 설치하는 것은 정보를 알려주는 것이나 마찬가지였다. 북베트남군은 미군의 대포가 어디에 있는지 자연히 알 수가 있었고, 그 종류, 수량, 사거리까지 앉아서 파악할 수 있었다. 또한, 이 같은 정보는 미국의 화력을 피하는 방법도 가르쳐 주었다. 수색과 섬멸 임무와 같은 대규모 보병작전도 마찬가지로 금방 포착되었다. 북베트남군은 일정 지역에 미군 병력이 불어난 것을 단시간 내에 감지했으며, 남부의 내통자를 통해 작전의 대강까지도 파악할 수 있었다. 이런 정보로 인해 교전을 피하거나 자신들이 유리한 조건으로 싸우는 것이 가능했다.

이와는 달리 미국은 적군의 동태에 대한 정보가 거의 없었다. 북베트남군은 중화기로 인해 기동이 방해받지 않는 경무장 보병 부대였고, 뛰어난 지휘·통제 시스템에 의해 긴밀히 연결되어 있어서 그들의 대형을 소규모로 분산시켰다가 적절한 시점에 재집결시킬 수 있었다. 미군은 그들이 어디에 있는지 쉽게 알 수 없었다. 그러므로 한 편에는 화력이 열세이지만 우월한 정보력과 작전 교리를 갖춘 베트남인들이 있었고, 다른 편에는 화력은 뛰어나도 열등한 전투 시스템을 가진 미국인들이 있었다.

무기 대 무기의 대결이었다면 미국이 승리를 거두었을 것이다. 그러나 전쟁은 무기로 싸우는 것이 아니다. 전쟁은 전쟁 시스템으로 싸우는 것이며, 전쟁 시스템은 무기체계를 무기체계와 맞붙게 하는 것이다. 미국 무기의 우수성은 미국 전략의 열등성에 직면했으며, 그러한 열등성은 다시 미국 정보의 취약성과 밀접히 결부되어 있었다. 군 옹호자들은 미국이 총격전에서 이기는 경우가 많았고 전투와 군사작전에서 거의 항상 승리했음을 지적하는 것은 전적으로 옳았다. 그들이 간과했던 것은 미군이 승리했던 교전은 그들이 꼭 싸위야만 했던 교전이 거의 아니었다는 사실이었다. 유리한 경우가 아니면 전투를 피할 수 있는 북베트남군의 능력은 성공의 척도가 특정 교전에서의 사상자 수에 있지 않고 미국이 바라는 교전이 실제로 얼마나 일어났는지를 세는 데 있음을 의미했다.

미군과 북베트남군 간의 전투가 주로 북베트남군이 선택한 시간에 이루어졌으므로, 그것은 대개 미군이 불리할 때 발생했다. 그 순간에 미군이 추가적인 화력을 쏟아부을 수 있는 유일한 방법은 공습을 요청하는 것이었다.[17]

항공력이 미군 진지의 최후 보루, 즉 결정적인 전술 자산이 되었다. 그러나 미국의 항공력은 결코 전략 자산이 되지는 못했다. 미군이 싸운 전투 중 전략적으로 중요한 것은 하나도 없었기 때문이었다.

미국의 항공기는 북베트남의 것보다 수 세대는 앞서 있었다. 바로 그것이 문제였다. 이들 항공기는 전장 위를 너무 높이, 너무 빨리 날아다녔다. 남베트남에서는, 그 항공기들이 소부대 교전에 사용하기에는 지나치게 최첨단이었다. 반면 북베트남에서는, 적의 군수지원 및 통신 시설을 파괴하기에는 충분히 첨단화되어 있지 못했다. 이것은 적어도 전쟁이 거의 끝나갈 때까지의 상황이었다. 일부 항공인들은 이를 인정할 준비가 되었다. 그러나 미국의 항공기들이 그들의 임무에 적절치 못했다고 주장하는 사람들조차 다음 단계로 나아가지는 못했다. 그것은 바로 실패한 것은 항공력이 아니라 미국의 항공 교리였다고 주장하는 것이었다. 간단히 말해서, 마치 아무도 어떤 무기가 사용되어야 하는지에 관해 생각하지 않았던 것처럼, 아무도 항공력이 재래식 전쟁에서 무엇을 해야 하는지 전혀 알지 못했다.

더 나은 방법이 있을 것이다: 개혁을 생각하기

제2차 세계대전 이후 미국 무기의 배후에 있는 설계 철학은 비용에 상관없이 높은 품질을—그것이 줄어든 수량을 의미했을지라도—강조했다. 전쟁 중의 몇 가지 경험이 미국을 이 방향으로 몰아갔다. 진주만 직후, 미국은 일본의 제로기가 어떤 미군 전투기들보다 공중전에서 우월하다는 것을 깨달았다. 만약 제로기가 미국 항모 함대나 교전 중인 섬에 대해 공중 우위를 장악할 수 있었다면 이는 미국을 전술적으로 뿐만 아니라 전략적으로 불리한 상황에 놓이게 했을 것이었다.[18] 전쟁의 막바지에 미군 폭격기들은 격추하기에는 너무 빠르고 민첩한 독일군 제트기와 마주쳤다. 미 공군은 만일 독일 제트기가 더 빠른 시기에 더 많은 수가 도입되었더라면 미군의 폭격작전은 실패했을 것이라고 인식했다. 한편 지상에서도 육군은 셔면 전차의 75mm 포가 독일 팬더 전차의 장갑을 뚫지 못하는 것에 충격을 받았다. 팬더 전차도 더 빠른 시기에 대량으로 배치되었더라면 미국의 승리가 불투명했을 것이다.

공중과 지상에서 미국은 기술적 취약성에 대한 깊은 인식을 갖게 되었다. 미국이 갖고 있던 강점은 산업시설을 재빨리 군수시설로 동원할 수 있는 능력이었다. 미국은 첨단 무기체계의 설계보다는 생산 기술의 혁신에 집중하면서, 탁월한 효율성으로 다소 평범한 무기들을 생산했었다. 어떤 면에서, 전쟁의 성격이 미국이 그 같은 방향으로 나아가도록 만들었다. 미국은 영국과 소련을 자국 군대만큼 무장시킬 필요가 있었다. 따라서 미국에게는 대량으로 신속하게 생산하는 것이 절대적인 과제였다. 더욱이 미국의 산업 철학은 언제나 대량생산에 기초를 두어왔다. 헨리 포드Henry Ford는 세계 최고의 자동차를 만들었다기보다는 가장 효율적으로 생산되는 차를 만들어냈다. 따라서 미국이 가장 잘한 것은 사용 가능하지만 아주 뛰어나지는않는, 많은 양의 무기를 만들어내는 일이었다.

그러나 이런 노선을 추구하면서 미국은 스스로 적의 더 정교한 무기에 패배할 가능성을 열어 놓았다. 위에서 언급한 각각의 사례에서, 미국은 이러한 무기들에 대응하는 발빠른 혁신과 개발로, 더 큰 규모의 병력으로, 또는 이미 전세가 기울어졌기 때문에 위기를 모면하게 되었다고 느꼈다. 미국은 제2차 세계대전을 하나의 경고로 받아들였다.

제2차 세계대전의 교훈은 냉전의 현실에 의해 강화되었다. 미국은 수적으로 우월하고, 제2차 세계대전 동안 무기를 생산할 수 있는 대규모 산업기반을 확보한 소련이라는 적을 마주하게 되었다. 더욱이 소련은 자신들이 선택한 시간과 장소에서 적대 행위를 시작하고, 전쟁의 진행속도(tempo)를 정할 수 있었다. 미국은 소련보다 더 많은 전차, 항공기를 생산할 수 있을지 분명치 않았을 뿐만 아니라, 유럽에서 전쟁이 발발할 경우 미국이 그 산업기반을 동원할 시간이 주어질지 분명치 않았다.

제2차 세계대전과 같이, 전쟁이 발발한 다음에 병력과 산업을 동원하는 방식은 갑자기 부적절해졌다. 예상 밖의 전쟁이 발발할 가능성이 미국으로 하여금 상비군을 배치하게 했다면, 당연히 그 군은 전쟁을 수행할 준비가 되어 있어야 했다. 이것은 미국 역사상 전례 없는 일이었다. 그렇다면 나라 전체의 산업시설을 군수생산으로 돌리는 일 없이 어떻게 상비군을 무장시켜야 하는가?

전후의 분석은 소련이 T-34 전차, 스탈린 오르간 다중 로켓 발사기, 그리고 다양한 고성능 대포 등 우수한 자체 무기를 만들어냈음을 보여주었다. 그들은 광범위한 독일의 기술을 획득했으며, 따라서 소련이 미국보다 더 많은 무기를 가졌을 뿐만 아니라 더 나은 무기를 가졌다고 볼 충분한 근거가 있었다. 또한, 분석에 따르면 인구와 지리 때문에 미국은 소련군과 지상에서 수적으로 맞설 수가 없었다.

공격에 대한 자동반사적 대응, 즉 원자폭탄 이상의 것을 생각했던 군사 기획가들은 소련의 위협에 대처할 두 가지 실용적인 방안을 생각해 냈다. 첫 번째는 모든 면에서 기술적으로 우월한 무기를 생산하는 것이었으며, 두 번째는 상비군과 예비군을 잘 훈련시켜 지상과 공중에서 소련의 수적 우세를 상쇄할 수 있게 하는 것이었다. 이것은 해상에는 적용될 필요가 없었는데, 해상에서는 미국이 질적으로나 양적으로 소련을 압도했기 때문이었다.

제2차 세계대전이 대량생산 중심으로 전개되었다면, 냉전은 기술적 우월성을 중심으로 전개되었다. 이때 중심 원칙은 각각의 무기는 개발 당시의 최첨단 기술을 포함해야 하며, 새로운 버전은 항시적으로 개량되어야 한다는 것이었다. 무기들은 항상 기술적 최첨단 상태에 있었다. 하지만 이는 더 적은 무기가 생산된다는 것을 의미했다. 일반적으로 이 시기의 국방예산은 결코 모자라지 않았으며, 신무기를 개발할 가능성이나 기회가 제기되면 언제든지 확대될 수 있었다.

소련은 이와는 매우 다른 전략을 취했으며, 일부는 필요에 의해, 일부는 선택에 의한 것이었다. 소련이 선택한 방법은 첨단이 아닌 적정 수준의 무기를 대량생산하는 것이었다. 그들의 일반적인 전쟁 경험은 적의 대대적인 공세를 흡수하고, 소모전을 전개하고, 그리고 결국에는 수중에 있는 충분한 무기를 이용해 적을 영토에서 몰아내는 것이었다.

대량의 무기를 옹호하는 주장은 러시아의 역사 밖, 즉 수학에서 타당한 이유를 찾았다. 1914년 영국의 엔지니어인 프레드릭 란체스터Frederick W. Lanchester는 현대전을 설명하기 위한 일단의 방정식을 발표했다.[19] 그의 주장에 따르면, 총포가 나오기 전에는 전쟁은 일차 함수(linear function)였다. 한 사람의 전투원은 한 명의 전투원과 동등했다. 따라서 만약 A측이 2천의 병사를 데리고 1천의 병사뿐인 B측과 전쟁을 한다면, A측은 B측에 이기고, 1천의 병사가 살아남게 되리라는 것이다. 이론적으로 탁월함과 무능, 용기와 겁 등의 변수는 양측에 동등하게 적용하는 것으로 간주되어 고려사항에서 제외되었다.

현대전에서, 전투 중에 양측이 분리되어 있고, 군인들이 표적에 화력을 집중할 수 있는 경우, 전투는 일차 함수가 아닌 제곱 함수이다. 만일 2천의 소총수들이 1천의 소총수들과 맞선다고 할 때, 여분의 1천 명은 자유롭게 적 전선의 일부에 화력을 집중할 수 있게 된다. 전투의 처음 순간에 여분의 병력은 병력이 적은 상대편에 일방적인 피해를 입힐 수 있다. 그다음 순간에 이 같은 이점은 소모전이 결국 적군을 전부 쓸어버릴 때까지 점점 더 커지고, 병력이 많은 쪽은 훨씬 더 적은 손실을 입게 된다.

이처럼 화력을 집중할 수 있는 능력 때문에 란체스터는 소총수의 숫자는 제곱 함수라고 주장했다. 이는 2천 명의 소총수는 4백만 명의 가치를 지니는 반면 1천의 소총수는 1백만 명의 가치를 지닌다는 것을 의미한다. 즉 소총수가 더 많은 쪽이 그 숫자가 나타내는 것처럼 보이는 2 대 1이 아니라 4 대 1의 우위를 갖게 되는 것이다. 3천 명의 군대가 1천 명의 군대와 맞섰을 때 전력 차이는 9 대 1이 된다. 첫 번째 경우에서 란체스터는 수적으로 우세한 측이 500명을 잃고 상대편을 전멸시킬 수 있다고 보았다. 두 번째 경우에는 수적으로 우세한 측이 333명만 잃고 적을 전멸시킨다. 그러므로 병력이 많으면 많을수록 적을 더 빨리 전멸시킬 수 있으며, 그만큼 손실은 적어진다.

현대 전쟁 게임과 군사 모델링의 기초가 된 이런 방정식들은 전쟁에서는 병력이 많은 것이 적은 것보다 훨씬 더 낫다는 것을 확실히 보여준다. 그러면 병력의 질은 어떠한가? 훈련과 기술적 기량, 그리고 다른 질적 차이들은 어떤가? 란체스터도 분명 이러한 고려사항들을 알고 있었다. 하지만 그는 질적 요소들도 방정식에 포함되어야 하지만, 하나의 계수(single coefficient)로만 반영되어야 하며, 제곱이 되어서는 안 된다고 주장했다. 란체스터는 이 같은 주장을 할 만한 충분한 이유가 있었다. 아무리 질적으로 향상되었다 해도 소총수 한 명이 총 한 정을 지닐 뿐이기 때문이다. 그러므로 그 소총이 아주 정확해서 다른 모델보다 두 배 자주 표적을 맞춘다고 해도, 여전히 매 시간 단위 당 한 발만을 발사하는 반면, 다섯 정의 총은 같은 표적을 향해 다섯 배 더 자주 발사한다.

병력이 적은 측이 1천 명의 소총수로 이루어져 있고, 이들은 병력이 많은 측(3천 명)보다 두 배로 사격술이 뛰어나다고 가정해 보자. 이때 소총수의 숫자를 N이라 하면, 각 기간 동안 전투력 비율은 N^2 대 N^2의 비율이 아니라, N^2 대 $2N^2$, 또는 3000^2 대 2×1000^2이 된다. 즉, 9백만 대 2백만이 된다. 병력이 적은 측이 사격술이 두 배 뛰어나다고 해도, 비율은 9 대 1 대신 9 대 2로 늘어날 뿐이다. 하지만 사격술 수준은 그대로 둔 채 소총수 숫자만 두 배로 늘리면 그 비율은 9백만 대 4백만 또는 9 대 4로 개선된다. 다시 말하자면, 양을 두 배로 하는 것은 질을 4배로 하는 것과 같은 것이다.

란체스터 방정식에서 이끌어낼 수 있는 분명한 결론은, 예산이 무기의 질에는 가능한 최소한으로 지출하면서 가능한 많은 양의 무기를 사는 데 쓰여야 한다는 것이다. 즉 적은 수의 좋은 무기보다 많은 수의 무기가 훨씬 비용 대비 효과가 더 높다는 것이다.

이것은 바로 소련이 내린 결론이었으며, 그들은 자신들이 할 수 있는 것보다 훨씬 덜 첨단인 항공기를 만들어냈고 생산을 높게 유지할 수 있었다. 그들의 가정은 질보다 숫자가 더 중요하다는 것이었으며, 위협을 회피하고 손실을 흡수하고 화력을 집중할 수 있는 능력이 소수의 뛰어난 항공기보다 더 가치 있다는 것이었다. 미국의 항공기들이 고가의 레이더, 통신장비, 전자전 장비, 컴퓨터 등을 갖추고 있었던 반면, 소련 항공기들은 단순하고 튼튼했으며 지상관제에 훨씬 더 많이 의존했다.

미국의 항공기들은 값비싼 훈련을 받은 조종사가 조기 경보, 임무 기획 및 기타 시스템을 가지고 장거리 임무를 수행할 수 있도록 설계되었다. 소련 조종사들은 훨씬 훈련이 덜 되어 있었고, 항공기는 장거리 임무를 위한 장비가 잘 갖춰져 있지 않았다. 소련 항공기들은 소련의 지상관제사들이 레이더를 사용해 항공기를 통제할 수 있는 전투지역 전단(FEBA)이나 그 근처까지 비행하는 것이 최대치였다.[20] 지상관제사들은 적 항공기를 탐지하고 조종사에게 요격 명령을 내릴 수 있었다. 분명히 이는 미군의 시스템보다 덜 효율적이었다. 그러나 항공기당 가격은 훨씬 저렴했다.

전후 시기에 미국과 소련은 두 가지 완전히 다른 방향으로 나아갔다. 소련은 란체스터의 세계관을 완전히 수용했으며, 미국은 양면적인 태도를 취했다. 미국의 전쟁 게임이 란체스터 모델에서 비롯된 것이기는 했으나, 어떤 특정 무기체계에 대한 그들의 모델링은 대규모로 실전 배치된 모델들의 행동보다는 개별 장비 한 기의 질에 초점을 맞추었다. 일대일 엔지니어링 모델들(one-on-one engineering models)은 항상 기술적으로 우월한 모델을 선호하게 되지만, 일반 전투 모델들은 기본 가정에 따라 그럴 수도, 그렇지 않을 수도 있다.[21] 1945년 이후 미국은 사실상 질에 전념해 왔으며 양에 대해 지적으로만 흥미를 느껴왔다.

그러나 미국이 단순한 대규모 농민병들에게 패했던 베트남전의 여파로, 미국 방위정책의 토대가 갑자기 불확실해 보였다. 일부 사려 깊은 국방 분석가들은 기술적 정교함보다 단순성, 신뢰성, 그리고 수량이 더 중요하다는 입장을 취하기 시작했다. 만약 란체스터 모델이 옳았다면, 기술 수준을 높이는 데 쓰인 돈은 수량을 늘리는 데 더 잘 쓰였을 것이다.

마틴 마리에타 위원회 위원장이던 노먼 어거스틴Norman Augustine은 천문학적으로 올라간 항공기 가격의 문제점을 지적하면서 다음과 같이 말했다. "2054년이면, 전체 국방비가 단 한 대의 전술 항공기 구입에 쓰일 것이다. 이 항공기는 공군과 해군이 공동으로 주 3일 반씩 나누어 쓰되, 윤년에는 해병대가 그 추가되는 하루 동안 쓸 수 있을 것이다."[22]

이처럼 비관적인 전망은 제2차 세계대전 이후 100배 넘게 상승했으며 지금도 계속 상승하고 있는 전투기 비용을 심각하게 여기는 다른 분석가들로부터도 지지를 얻고 있다. 제2차 세계대전 당시 P-51 전투기는 대당 30만 달러였는데, 이제 최신예 F-15기는 3천만 달러다. 1950년대에는 미국이 연간 6천 대의 전투기를 생산했으나, 이제는 연간 약 4백 대 생산에 그치고 있다.[23]

다시 말해, 미국은 과거에 15대의 항공기를 만들던 돈으로 지금은 1대를 만들고 있다는 것이다. 란체스터의 제곱 법칙에 따르면, 이 같은 수적 감소를 상쇄하기 위해 신형 항공기는 구형 항공기보다 최소 225배 질적으로 뛰어나야 한다. 개혁론자들은 무기의 수를 늘리는 것이 질을 늘리는 것보다 더 쉽고 비용이 덜 들며, 질을 높이려는 시도는 필연적으로 양을 줄이게 된다고 주장했다.

한편 전통주의자들(예전의 급진적인 항공력 옹호자들)은 항공기가 임무를 수행하는 것이 점점 힘들어지고 있다는 점에 대해 급진론자들과 견해를 같이했다. 갈수록 첨단화되는 지상과 공중의 경보 시스템, 갈수록 지능화되는 지대공 미사일, 그리고 갈수록 효과적인 지상 방공 시스템은 항공기의 생존을 더욱더 어렵게 만들고 있다. 양측 공군 기획가들은 당연하게도 미군의 전통적인 임무, 즉 미 본토에서 멀리 떨어져 있고 잘 방어된 표적을 상대로 공습을 가하는 임무에 초점을 맞췄다. 그리고 양측 모두 동일한 질문을 던졌다. 이러한 임무는 어떻게 수행될 수 있는가, 또는 과연 수행될 수 있는가?

전통주의자들과 개혁주의자들 간 의견 불일치는 그 해결책이 첨단의 공격 기술로 방어를 압도하는 전후의 전통에 있는지, 아니면 물량을 앞세우는 미국의 제2차 세계대전 전략과 소련의 냉전 전략에 있는지였다. 후자는 괜찮은 수준의 많은 무기와 손실을 흡수하고 계속 나아갈 수 있는 능력을 의미했다.

어떤 점에서, 소련은 미국이 그 문제를 논의하고 있는 동안에 그 방향성을 보여줬다. 1950년대와 1960년대, 소련은 Su-7과 Su-22뿐만 아니라 MiG-15, 17, 19, 21 등을 개발했다. 이것들은 모두 저렴하고 유지관리가 쉬우며, 최소의 항전 장비를 탑재해 쉽게 비행하고, 지상의 통제를 받는 전투기라는 소련의 모델에 부합했다. 이 모든 항공기들이 대량으로 생산되었다. 그러나 소련은 베트남전에서, 그리고 특히 아랍-이스라엘 전쟁 중에 서방의 항공기들이 소련제 항공기들보다 수적으로 훨씬 열세인 상황에서도 공중에서 우위를 점할 수 있다는 사실을 발견했다. 실제로, 1960년대와 1970년대 미군 항공기에 대한 실질적인 위협은 미그 요격기가 아니라 소련제 지대공 미사일(SAM)로부터 왔다.

1960년대, 소련은 원래의 설계 철학에서 벗어나기 시작했다. MiG-23은 이전의 소련 항공기들과 크게 달랐다. 이 항공기는 F-111이나 F-14처럼 가변적인 기하학적 구조의 날개를 갖고 있었는데, 이는 성능을 극대화하기 위해 다양한 형상을 취할 수 있다는 것을 의미했다. 이 항공기는 또한 F-4 팬텀기에 달린 것과 비슷한 펄스-도플러 레이더를 달고 있었고, 레이더 거리 계측기도 있었다.[24] MiG-23은 분명히 베트남과 1967년 이후 이스라엘 전장에서 하늘을 장악했던 F-4에 대한 도전이었다. 1970년대, 소련은 MiG-29를 개발했으며, 이는 미국 전투기의 F-15/F-18 세대와 비견할 만했다. MiG-29는 10G까지 견뎌낼 수 있었고, 정교한 전자식 비행제어(fly-by-wire) 시스템에 의해 통제되었다. 이는 기계적인 통제 시스템이 아니라 컴퓨터화된 통제 시스템이었다. 이 전투기는 지상 불요반사파(ground clutter) 속에서 저공으로 비행하는 항공기를 탐지할 수 있는 하방 탐색/격추 레이더(look-down/shoot-down Radar)를 갖추고 있었으며, 적외선 탐색-추적 시스템과 광역 적외선-레이더 유도 공대공 미사일까지 장비하고 있었다. 추후 버전은 공대지 미사일까지 갖추었다.[25]

MiG-29와 그보다 더 첨단화된 SU-27 전천후 전투기는 규모가 크고 기술 수준이 낮은 공군력이 규모가 적은 첨단 공군력을 당해낼 수 없다는 소련의 인식을 나타낸다. 이제 소련은 항공기 대당 3천만 달러 정도를 쓰면서 매년 항공기 생산을 수백 대로 줄이고 있다.

소련이 양 대비 질에 대해 가졌던 모든 의구심은 1982년의 사건으로 사라졌다. 당시 이스라엘의 F-15와 F-16은 85대의 시리아의 MiG-21, MiG-23을 격추하면서도 자신들은 단 한 대도 잃지 않았다. 서방 항공기들에 의한 또 다른 아랍 공군의 파괴는 소련이 서방의 설계 철학을 모방하도록 만들었는데, 그와 같은 시점에 개혁론자들은 미국에서 그러한 철학에 도전하고 있었다.

미국의 개혁론자들을 자극한 것은 항공기가 진부화되고—우리가 사용해 온 그런 의미에서—있다는 매우 실제적인 인식이었다. 우리가 본 바와 같이, 진부화는 무기가 구식이 된 것이 아니다. 그 무기는 여전히 일을 한다. 하지만 그것이 직면한 위협이 너무 커서 값비싼 대응 수단을 갖춰야만 한다. 그 같은 대응 수단들은 항공기의 경우, 충분한 항공기가 확보될 수 없을 뿐만 아니라 충분한 잠수함, 대포 또는 항공 연료도 확보될 수 없다는 것을 의미한다. 구식이 된 무기는 버려진다. 진부화된 무기는 그것을 둘러싼 모든 것들에 막대한 부담을 부과함으로써 계속해서 기능을 한다.

첨단 전투기들은 1970년대 말, 위협적인 환경에서 생존하도록 설계되었다. 8톤의 폭탄을 적에게 투하하고 귀환하려면, 공격기들은 전투기를 동반해야 했다. 전투기들은 고가의 레이더, 장거리 텔레비전, 방사 센서는 물론이고 다양한 사거리에서 적을 공격할 수 있는 공대공 미사일까지 갖춰야 했다. 이뿐만 아니라 위협의 존재를 감지하는 적의 능력을 제압할 수 있는 전자전 항공기가 필요했고, 호크 아이(Hawk Eye)와 AWACS와 같이, 다양한 유형의 스펙트럼을 사용해 전체 타격 부대를 탐지하고, 적의 통신을 가로채고, 이러한 데이터를 통합해 항공전을 지휘할 수 있는 공중 지휘통제기도 필요했다. 이 모든 것이 8톤의 폭탄을 표적에 투하하기 위해 필요했다.

사실상 각각의 미군 전투기는 무기 플랫폼인 동시에 멀티센서 플랫폼, 전자적 대응 시스템, 통신 센터였다. 이 복잡성을 생각한다면 전투기는 불가피하게 상당한 유지관리를 필요로 할 것이다. 그리고 개혁론자들은 이것이 많은 항공기들이 어떤 특정한 순간에 임무 비행을 할 준비가 되어 있지 않다는 것을 의미한다고 주장했다. 그 같은 개혁론자 중 한 사람인 피에르 스프레이 Pierre Sprey는 F-15기는 오직 35% 시간만 임무 수행이 가능하다고 주장했다.26

개혁론자들은 새롭게 등장하는 추세가 재앙적이라는 사실을 이해했으며, 8톤의 폭탄이 튼튼하고 유지관리가 쉽고 언제든지 출격 가능한 항공기에 의해 운반되던 더 단순한 시절을 그리워했다. 무엇보다도 그들은 공군이 물량을 넘치도록 제공할 수 있었던 시절을 그리워했다. 당시에는 항공기가 충분해서 그들이 손실을 흡수하고 전투를 계속할 수 있었다. 이는 고비용의 항공기를 위한 낮은 생산율로 인해 불가능해 보이는 어떤 것이었다. 그들의 향수 (nostalgia)가 무엇이든 간에 그들은 바보가 아니었다. 이 개혁론자들은 그들의 더 단순한 항공기들이 더 값비싼 항공기들을 위해 계획된 임무를 수행할 수 있다는 환상을 갖지 않았다. 그들은 항공력이 수행하고자 하는 임무를 재정의했다. 그들의 해답은 우아하게 단순했다. 그들은 높은 수준의 기술을 요하는 임무에 반대했다. 예를 들면, 그들은 공중전이 가시거리 내에서 치러져야 하고, 그러면 비싸고 허점투성이인 센서 시스템의 필요성이 사라지게 된다고 주장했다. 그들은 또한 공지전 임무를 재정의했다. 개혁론자들은 첨단 방공 시스템이 제기하는 위협과 그것들을 제압하려면 매우 비싼 항공기와 무기가 필요할 것이라는 사실을 이해했다. 따라서 그들은 방어된 표적에 대한 종심 공습은 포기해야 하고, 그 대신에 공군은 전투지역 전단(FEBA)에서 지상군을 지원하는 데 집중해야 한다고 주장했다.27

개혁론자들은 항공력에 있어 진행되고 있는 진부화의 과정을 매우 명확하게 이해했다. 그들은 두헤 이후 항공력이 스스로 주장해 온 임무를 수행하기 위해서는, 미국은 시간이 지날수록 받은 편익에 비해 불균형적으로 항공력에 자원을 쏟아부어야 할 것이라고 이해했다. 그러므로 소련이 1970년대에 서방의 항공력 모델에 굴복했던 것과 거의 정확히 같은 시점에 개혁론자들은 미국에서 그 과정을 멈추려는 시도를 했다. 그들이 미처 이해하지 못한 것은 그 과정은 멈출 수 없다는 사실이었다. 그 과정은 미국 지정학의 논리와 무기 개발의 논리 모두에 의해 비롯된 것이었다.

지정학적 문제는 미국이 힘의 투사정책을 견지하고 있다는 것이었다. 미국은 해외에서, 주로 유라시아의 지역들에서 싸웠다. 그 곳에서 미국은 수적으로 열세인 상태로 싸울 것이고 지상 기반 센서와 데이터 지원이 항상 이용 가능하지는 않을 것이다. 미국은 상당한 항속거리를 가진 항공기를 필요로 했는데, 이는 미국이 각종 센서, 데이터 처리 시스템, 무기 유도 시스템 등을 갖춘 자족적인 항공기를 필요로 한다는 것을 의미했다.

그러한 전술적 상황은 언제나 전투의 최전선에 대한 단지 증가된 화력 이상의 것을 필요로 하게 된다. 미국은 적이 자신의 전력을 기동할 수 있는 능력을 줄여야 하는 것이다. 미군은 소모전을 피해야 했고, 따라서 적의 작전 능력을 제한하기 위해 그들의 항공력을 사용해야 했다.

미국이 항공력을 이러한 역할로부터 자유롭게 할 수 있는 방법은 없었다. 항공력은 미국의 핵심적인 전력 승수(force multiplier)였을 뿐만 아니라 미국의 힘-투사 전략의 필수적인 부분이었다. 개혁론자들이 작전 전구 전체에서 제공권을 제공할 수 있는 그런 종류의 공군은 머지않아 국가 자원에 견딜 수 없는 부담을 주리라고 주장한 것은 확실히 옳았다. 하지만 그 지점에 도달할 때까지, 무기의 논리는 항공기에 대한 덜 값비싼 위협들이 개발되고 확산되는 바로 그 순간에도 항공기가 복잡성과 비용을 증가시키도록 지시한다. 공군은 자신이 직면한 모든 위협 속에서 살아남고 기능하기 위해 고군분투함에 따라 점점 더 정교하다고 여겨지게 된다. 실제로는, 과시적인 정교함은 항공기가 자신의 기본 임무를 수행할 수 있도록 설계된 일시적이고 필사적인 장치에 지나지 않는다. 문제는 항공력이 임무를 수행할 수 있을 것인가가 결코 아닐 것이다. 문제는 전쟁 수행 시스템 전체가 균형을 이루고 효과적일 수 있도록 막대한 자원을 빼앗지 않고도 항공력이 자신의 임무를 이행할 수 있는가일 것이다. 개혁은 그 질문에 대한 대답이 확실한 '아니오'일 때만 가능해질 것이다. 하지만 실제 개혁은 또한 두 번째 기준, 즉 항공력의 임무를 이행할 대안적 수단을 요구할 것이다. 이 두 가지 모두가 해결되어야만 개혁이 추진될 수 있다.

단기적으로는 사막의 폭풍 작전은 개혁론자들이 틀렸음을 입증했다. 걸프전에서는 항공력의 기본적 결함이 무엇이었든, 다국적군 공군은 거의 완벽하게 작전을 수행했다. 미국은 자신의 항공기와 전력 구조 설계의 비용을 감당함으로써, 이라크의 지상군을 박살낼 수 있었을 뿐만 이라크의 방공 시스템을 제압하고 적의 지휘부, 통신, 정보, 군수지원 체계를 타격할 수 있었다. 개혁론자들이 가장 싫어했던 항공기—F-15, F-111, 와일드 위즐—가 전쟁에 투입되었고 그들은 설계된 대로 역할을 수행했다. 들어간 비용을 생각하면, 그것은 그들이 수행할 수 있는 최소한의 것이었다. 그들은 지상전이 시작되기 전 이라크의 척추를 부러뜨려 놓았다.

처음으로 항공력은 자신이 결정적이었다고 주장할 수 있었다. 하지만 우리는 이미 항공력이 근본적으로 부식되고 있는 것을 보아왔다. 확실히 무기들은 계속해서 공중을 날아다니겠지만, 그것들이 유인 항공기에 의해 운반될지는 전쟁이 직면한 가장 긴급한 문제이다. 돌이켜 보건대, 우리는 사막의 폭풍 작전이 유인 항공기 사용의 정점으로 보여지리라고 생각한다. 그것은 유인 항공기의 가장 완벽한 활용이었다. 그 시점부터 재래식 항공력은 갈수록 큰 압력에 시달릴 것이고, 새로운 형태의 무기와 새로운 전쟁 논리에 자리를 내주게 될 것이다. 우리는 이미 사막의 폭풍 작전의 성공에 감추어진, 이러한 새로운 논리의 싹을 볼 수 있다.

11

전쟁의 새로운 패러다임: 사막의 폭풍 작전과 항공전의 미래

Dawn Breaks:
Desert Storm And The Future Of Aerial Warfare

걸프전의 결과는 많은 사람, 특히 개혁론자들을 놀라게 했다. 두 가지가 특별히 놀라웠다. 첫 번째는 지상전에서 다국적군의 인명 피해가 현저히 적었다는 것이고, 두 번째는 공군이 이라크 방공망을 제압하고 자신의 군대와 통신하고 통제할 수 있는 이라크 군지휘부의 능력을 파괴하는 데 효과적이었다는 사실이다. 이 중 후자는 많은 분석가를 놀라게 했는데, 그들은 항공력에 대한 극단적인 주장에 익숙해져 있었고 걸프전이 베트남전의 반복이 될 것이라고 예측했었다. 첫 번째 사실도 모든 사람을 놀라게 했다. 역사적으로 걸프전과 같은 대규모 병력이 충돌한 전쟁에서는 승자라 해도 막대한 인명 피해를 입기 마련이다. 전문가들은 예외 없이 지상 병력이 많은 사상자를 내리라고 예측했다.

유명한 프리랜서 분석가 트레버 두퓨이Trevor Dupuy는 10일간의 전투에서 1만 명의 다국적군 사상자가 나올 것이라고 예측했다.[1] 브루킹스 연구소의 조슈아 엡스타인Joshua Epstein은 시뮬레이션을 통해 3주 동안 사상자 수가 1만 2천에 이를 것이라고 예측했다.[2] 공개된 정부의 예측치는 그것을 상회했다. 예를 들면, 〈U.S. News〉서는 합참과 국가안보회의에서 사상자 수를 2만에서 3만으로 잡고 있다고 보도했다.[3] 여기에는 조지 프리드먼George Friedman 자신의 예측도 추가되어야 하는데, 그는 전쟁이 2년간 계속되고 막대한 사상자가 발생할 것이라고 보았다.[4]

도대체 무엇이 사실상 모든 사람이 사상자 수를 과대 예측하게 만들었을까? 첫째, 제1차 세계대전 이후, 전쟁은 대규모의 군사 활동으로 여겨져 왔으며, 그런 상황에서는 더 많은 병력을 가진 측이 유리했다. 분명히, 많은 관찰자들, 특히 미국의 관찰자들은 이 개념에 격렬히 반대했다. 동시에 이러한 생각은 국방 문화(defense culture)에 너무 깊이 침투해서 거의 확고부동했다. 전략 기획이 기초하는 모든 전쟁 게임은 규모의 중요성에 관한 통계적 가정에 의해 작동된다. 이는 어쩌면 전쟁의 다른 면보다 규모를 수량화하기가 더 쉬웠기 때문이다. 마찬가지로 중요한 것으로, 이러한 전쟁 게임의 가설적 결과가 역사적 경험과 일치했다는 점이다. 수개 사단이 참여하는 지상 전투에서 수십만 명의 병력들이 수십만 명의 병력들과 대결하고 있었다. 이러한 종류의 충돌이 한쪽에는 수만 명의 사상자를 내고 다른 쪽에는 단지 수백 명의 사상자만 낼 것이라고 가정하는 것은 합리적이지 않았다.

분석가들, 이라크인, 그리고 미군 지휘부의 근본적인 오판은 미국의 항공력에 일어났던 변화를 과소평가한 것이었다. 항공력의 위력이 베트남전 수준에 머물러 있었다면 미군의 사상자 수는 분명 높았을 것이며, 전쟁 결과는 예측할 수 없었을 것이다. 간단히 말해서, 노먼 슈워츠코프까지 포함한 모든 사람이 항공 작전이 이전과 같은 길을 갈 것이라고 예측했다. 슈워츠코프는 항공력이 전투의 대부분을 담당할 수 있다는 발상을 "그건 헛소리야"라는 기억에 남을 만한 말로 일축했다. 아무도 실제 벌어진 일을 예상하지 못했으며, 이 전쟁의 가장 흥미로운 측면 중 하나는 자신들이 충격을 받지 않은 척하려고 애쓰는 전문가들을 지켜보는 것이었다.

항공력이 결정적이지 않았다고 주장하기 위해서 비록 6주간의 성공적 항공 작전이 없었어도, 지상 공격이 수일 만에 거의 사상자 없이 끝날 수 있었다고 주장할 필요가 있었다. 환상은 쉽게 사라지지 않으며 개혁론자들의 개념은 그대로 남아 있었다. 전 상원의원 게리 하트Gary Hart는 개혁파의 주요 인물로, 걸프전 이후 하원 군사위원회에서 다음과 같이 증언했다.

> 환상적인 무기 성능에 관한 일부 보고는, 극도로 과장된 것은 아닐지라도 이미 상당히 부풀려진 것으로 보입니다. 의장님, 그럼에도 불구하고 몇 가지 결론은 분명합니다. 우리가 이겼습니다. 우리는 매우 적은 사상자를 내고 이겼습니다. 그리고 우리는 대체로 기동전을 통해 이겼다고 할 수 있으며, 기동전은 보이드Boyd 대령(또 다른 중요한 개혁론자)이 국방 개혁론에서 밝힌 중심적 주제입니다.[6]

하지만 그 같은 기동을 가능케 한 것은 무엇이었는가? 이라크 군대가 마비되지 않았다면, 측면과 보급선이 훤히 노출된 상태로 수개 사단 규모의 기동전을 벌이는 것이 가능했겠는가? 개혁론자들이 십여 년간 비판해 온 바로 그 무기와 교리 없이 그 같은 마비가 가능했겠는가? 다국적군은 어떻게 해서든 이라크군에게 이겼을지 모른다. 그러나 이라크의 지휘, 통제, 통신, 정보 체계를 그대로 둔 상태에서는, 그 승리는 조금도 과장하지 않고 말해서, 많은 시간과 비용이 들었을 것이다.

항공전의 클라우제비츠: 워든 대령의 정밀성에 관한 생각

베트남전 종전에서 사막의 폭풍 작전까지의 시기에 항공전 이론은 대변혁을 겪었다. 걸프전의 항공전을 정의한 대령과 장성들은 베트남전에서 초급장교로 참전한 경험이 있었다. 그들은 모두 베트남전의 엄청난 전술적 성공에 참여했고, 그리고 더 엄청난 전략적 패배에 참여했다. 그들은 모두 두헤와 미첼로부터 전해 내려온 전략적 항공 폭격의 전통 속에서 교육받았다. 그리고 그것이 베트남전에서 참담히 실패하는 것을 보았다.

그들은 또한 베트남전 말기의 북베트남에 대한 폭격, 즉 라인 배커 II 작전이 베트남전의 다른 시기와 매우 다르다고 느꼈다. 전통적인 설명—우리는 마침내 그들을 폭격했다—은 불충분한 것으로 이해되었다. 이 시기를 다른 시기와 차별 지은 것은 오랫동안 약속됐으나 이제껏 한 번도 실현되지 못한 것, 바로 정밀성이었다. 베트남전의 끝을 다르게 만든 것은 오랫동안 약속해 왔고 결코 실현되지 않았던 것, 즉 정밀성의 갑작스런 등장이었다. 패배와 정밀성이라는 두 가지의 극단이 교리의 혁명을 불러왔고, 이는 곧바로 사막의 폭풍 작전의 성공으로 이어졌다.

한 세대가 지난 후 베트남에서 전투 임무 비행을 했던 조종사들이 페르시아만에서의 새로운 전쟁을 계획했다. 그중 일부는 베트남에서의 실패가 타당한 이론을 잘못 적용한 결과라는 결론을 이끌어냈다. 즉, 공군이 정치인들 때문에 건전한 이론을 적용할 수 없었다고 보았다. 좀 더 사려 깊은 다른 장교들은 이론 자체에 문제가 있었다는 결론에 도달했다. 베트남전의 패배는 정치 리더십만큼이나 군의 책임도 크다는 것이었다. 사막의 폭풍 작전에 대한 그들의 기획은 군이 왜 베트남전에서 실패했는가를 이해하고자 하는 집념과 그러한 패배를 반복하지 않으려는 결의에서 시작되었다.

걸프전에서 공군 기획가들은 초기 이론가들의 급진적 가정—항공력이 적의 산업 기반이나 심지어 사회구조를 공격해야 한다—에 반발했고 전쟁에 대한 보다 전통적인, 클라우제비츠식 이해로 돌아갔다. 클라우제비츠에게 군사력의 목적은 적 군대의 싸울 수 있는 역량을 파괴하는 것이었다. 사막의 폭풍 작전에서 전략가들은 이라크가 즉각 전쟁에 나설 수 있는 능력을 타격했다. 그들은 이라크군의 신경망을 끊어 이라크군이 마비 상태에 빠지도록 했다. 이라크군을 공격하는 데 어떠한 제약도 없었을 뿐만 아니라, 어떠한 무기나 자원도 이라크 사회를 파괴하려는 시도에 낭비되지 않았다.

공군 기획가들은 또한 폭력과 저항 의지 사이의 관련성을 재고했다. 베트남전에서는 적이 점차 증가하는 고통으로 인해 협상에 나설 수밖에 없을 것이라고 희망하면서 파괴가 점진적으로 가해졌다. 베트남인들이 미국이 엄청난 힘과 결심을 자제하고 있음을 이해할 것이라고 가정되었다. 사실상 베트남인들은 미국의 자제를 허약함의 표시이자, 미국이 자신의 전력을 집중할 능력이 없는 것으로 보았고, 미국이 지쳐서 나가떨어지게 하는 전략을 채택했다. 걸프전에서는 적대행위가 개시되자마자 전력이 대대적으로 투입되었으며, 오직 전쟁의 논리에 의해서만 제약을 받았다. 이라크인들은 협상에 나설 여지도 없었다. 그들은 별안간에 무시무시하고 집중적인 폭력에 직면했다. 아주 짧은 시간 내에 이라크군을 박살내 버린 것은 분명 심리적 공황을 일으키려는 의도였다.

베트남전에서는 거대한 규모의 공군이 일관된 교리 없이 싸웠다. 사막의 폭풍 작전에서는 성숙한 교리가 제시되었다. 이러한 발전의 중심에는 출간 당시에는 잘 알려지지 않았으며, 아직도 일반 대중에게 제대로 평가받지 못한 책 한 권이 있었다. 존 워든John A. Warden의 『항공전The Air Campaign』이 바로 그 책이다.7 워든은 베트남전 패배를 겪은 장교 세대에 속했다. 베트남전은 공군 장교에게 육군 장교에게 그랬던 것보다 더 근본적인 도전을 제시했다. 미 육군이 베트남전에서 승리하는 데 실패한 것은 지상전 자체가 비효과적이었다기보다는 그들이 성공적인 전략을 고안해내지 못했기 때문이라는 개념을 받아들이는 것이 가능했다. 그러나 공군의 경우에는, 공군이 전쟁 초기에 그 지지자들이 했던 장담에 부합하지 못한 것은 사실상 공군력 자체가 실패였다거나, 적어도 그 지지자들이 주장했던 것만큼 유용한 것은 결코 아니었을 가능성을 제기했다.

워든은 육군의 해리 서머스Harry Summers처럼, 베트남에서의 미군의 실패가 단지 민간 정부의 무능 탓으로 돌릴 수 없음을 인식하고 있었다. 전쟁에 관한 군의 사고에 근본적으로 잘못된 어떤 것이 있다는 것이었다. 육군은 베트남전에서 전통적인 교리를 버렸고, 그에 따라 육군이 재앙에 이르렀다는 서머스의 주장은 워든에게 이상하게 들렸다. 그것이 이상했던 것은 공군은 당시 교리를 비롯한 모든 면에서 근본적으로 혁신적이었기 때문이다. 워든이 인식한 것은 전통적인 군사적 사고가 공군에게 잘 적용되었다는 것이었다.

워든의 접근법은 매우 보수적인 것이었으며, 두헤나 미첼과는 완연히 달랐다. 일단, 워든은 공군력이 특정한 환경 하의 전투나 작전에서 결정적일 수 있다고 보았다. 하지만 이는 두헤나 전략적 항공력에 대한 미국의 지지자들이 주장했던 것처럼, 항공력이 다른 유형의 군사력을 간단히 그리고 완전히 대체할 수 있다고 주장하는 것과는 거리가 멀다. 워든은 항공력의 효과성에 대한 척도는 항공력이 지상전, 즉 전반적인 군사 작전에 미치는 영향이라고 이해했다. 어쩌면 가장 중요한 것으로, 그는 항공력의 목적은 적군의 작전상 무게 중심(center of gravity)을 타격하는 것이라고 주장했다. 무게 중심이라는 용어는 전쟁 작전을 기획하는 데 있어서 매우 유용하다. 그 이유는 그것이 적의 가장 취약한 지점이자 공격이 결정적일 수 있는 최고의 기회를 가질 수 있는 지점을 나타내기 때문이다. 클라우제비츠는 그것을 '모든 힘과 움직임의 중심'이라고 불렀다.8

해리 서머스가 『전략론On Strategy』에서 클라우제비츠 사고를 지상전에 재도입했듯이, 워든은 클라우제비츠 이론을 항공전에 가져왔다. 이전의 항공전 교리가 지상전의 한계를 우회하고자 했다면, 워든은 항공력을 전쟁에 대한 시스템적 접근의 일부로 이해하고자 했다.

두헤는 섬멸의 위협, 즉 항공력으로 한 나라의 사회적 근간을 파괴하겠다는 위협이 적을 항복하게 만드는 것이라고 생각했다. 이런 점에서 핵무기는 항공력 이론의 논리적 정점이다. 미 공군은 소련을 억제하고 더 작은 적들을 위압하기 위한 전면적 섬멸(general annihilation) 수단으로 조직되었다. 공군이 준비했던 그런 전쟁은 결코 일어나지 않았다. 분명 북베트남은 위압당한 적이 없었다. 베트남전 이후, 공군은 마침내 재래식 전쟁을 부적절한 것으로 간주하지 않고 전략 폭격을 절대적 무기로 간주하지 않는 항공력 이론을 개발해야만 했다. 항공력은 자족적이거나 자기충족적인 시스템으로서가 아니라 대포와 마찬가지로 승리에 기여하는 시스템의 일부로 여겨져야 했다.

워든은 적의 사회를 파괴하는 것보다는 적군을 하나로 묶어 주는 적의 지휘, 통제, 통신, 정보 및 군수지원 능력들을 파괴하는 데 관심이 있었다. 이런 점에서 그는 전쟁의 전략적 수준보다는 작전적 수준에 더 관심이 있었다.9 워든은 항공력이 적의 전쟁 수행 능력에, 더 정확히는 전쟁 수행 시스템을 작동시키는 능력에 미치는 영향을 보여주고 싶어 했다. 워든에게 항공력은 적을 "참수하고", 지휘부와 그들의 군대를 묶어 주고 있던 전자적 힘줄을 파괴해 그들을 고립시키는 데 특별히 적합했다.

사막의 폭풍 작전은 극도로 보수적인 전투 교리와 극도로 첨단인 전투 기술이 결합된 것이었다. 다국적군의 공군은 사담 후세인이 다국적군의 병력은 물론이고 자신의 군대가 무엇을 하고 있는지 알 수 없도록 만들었다. 그들은 사담 후세인이 자신의 군대와 연락할 수 있는 능력을 파괴했고, 따라서 그가 직면한 위협에 대처할 전략을 개발하지 못하게 만들었다. 그들은 또 이라크인들이 군대에 식량조차 보급할 수 없게 만들었고, 끊임없는 공격으로 많은 전투부대의 사기를 꺾어 놓았다.

사막의 폭풍 작전은 이전의 작전들보다 훨씬 더 온건한 것이었다. 그것은 이라크 사회를 붕괴시키려 하지 않았고, 단지 이라크 군대를 파괴하고 이라크 지도부가 전쟁을 수행하지 못하게 만들려고만 했다. 사막의 폭풍 작전은 이라크 지도부를 고립시키고, 그들의 정보와 통신 수단을 파괴함으로써 그것을 해냈다. 이런 의미에서 사막의 폭풍 작전의 항공 작전은 외과적(surgical)인 것으로 보아야 한다. 그것은 정밀하지만 압도적인 힘으로 적의 무게 중심을 정확히 타격했다.

항공기의 활약과 이라크의 패배

항공력은 걸프전 승리의 핵심이었다. 그러나 항공력의 어떤 요소가 핵심이었던 것일까? 전통적인 항공전 모델은 플랫폼—항공기—과 발사체—폭탄—로 나누어진다. 둘 가운데 플랫폼은 항상 더 중요한 것으로 여겨져 왔다. 플랫폼은 발사체를 탑재하고 표적 지역까지 운반하고 정확히 올바른 방식으로 투하해야 한다. 왜냐하면 일단 투하되면, 발사체는 통제가 불가능했기 때문이다. 시간이 지나면서 훨씬 더 많은 연구개발이 폭탄보다는 플랫폼으로 쏠리게 되었다.

확실히 항공력은 걸프전에서 베트남전에서와 다른 모습을 보여줬다. 그것은 훨씬 더 효율적이었다. 혹자는 사실상 항공력이 극적으로 변했다고 여길지도 모른다. 실제로 베트남전 이후 항공기의 실질적인 개선이 있었다 할지라도, 주의 깊게 살펴보면, 이러한 개선들—스텔스 기술을 제외하고—은 혁명적인 것이 아니라 점진적인 것이었다. 항공기의 변화는 그 자체로는 이라크에 대한 승리의 혁명적 성격을 설명할 수 없다.

사막의 폭풍 작전에서 사용된 항공기 중 다수가 이미 베트남전에서도 사용되었다는 사실을 기억해야 한다. 걸프전에서 가장 중요했던 일부 항공기들—해군의 A-6, A-7과 공군의 F-111, B-52—은 베트남전에서 이미 활약했었다.

항공기	연도/전쟁	역할	추력/중량비	속도 (마하/mph)	최고 고도	전투반경 (마일)	적재량 (파운드)
F-100	1956/베트남	F/B	0.486	1.3	36,000	534	7,500
F-104	1954/베트남	F/B	0.567	2.2	58,100	900	7,500
F-4c	1961/베트남	F/B	0.381	2.0+	34,850	712	16,000
F-111	1964/베트남/걸프	B	0.182	2.2	56,650	3,000	30,000
B-52	1954/베트남/걸프	B	0.026	0.8	55,000	6,200	70,000
F-15c	19679/걸프	F	0.984	2.5+	60,000	720	23,000
F-16	1984/걸프	F/B	1.111	2.0+	50,000	575	12,000
A-4	1954/베트남	A	0.379	0.8	49,000	920	10,000
A-6	1960/베트남/걸프	A	0.153	0.8	41,600	1000	18,000
A-7	1958/베트남/걸프	B	0.339	0.9	na	951	15,000
F-14	1972/걸프	F	0.787	1.9	50,000	704	14,500
F/A-18	1983/걸프	F/B	1.050	1.8	50,000	460	17,000

F: 전투기, B: 폭격기, A: 공격기

〈표 6〉 베트남전과 걸프전 주요 항공기의 일반적 성능 특징

다른 항공기들—예를 들어, F-14와 F-15—은 1960년대에 개발되었지만 베트남전 이후 취역했다. 매우 소수의 항공기들—F-16, F/A-18, F-117A—만이 베트남전 이후 개발되고 생산되었다.

항공기들에 대해 가장 먼저 고려할 사항은 속도, 작전 거리, 폭탄 적재량 등과 같은 일반적 성능이다. 이러한 성능의 측면에서, 베트남전에서 사용되었던 항공기와 걸프전에서 사용되었던 항공기들 사이에는 약간의 차이밖에 없었다.

- 두 전쟁의 항공기들 모두 기본적으로 유인 항공기였으며, 순항 속도는 음속

이하였다. 엔진은 장시간 동안 초음속 비행을 유지하기에 충분한 연료를 실을 수 있는 지점까지 개선되지 않았다. 초음속 비행이 가능하기는 했지만 짧은 시간 동안 폭발적 속력을 낼 때만 가능했다.
- 대부분 항공기가 재급유 없이 최대로 비행할 수 있는 거리는 500~1,000마일 이내였다. 베트남에서처럼 이러한 최적 작전 거리는 무기 적재량이 증대하면서, 그리고 에너지 소모가 심한 전투 기동이 이루어지면서 급속히 감소했다. 나중에 제작된 항공기의 경우 연료 소비가 실질적으로 늘어났고, 항공기들이 점점 더 보통의 작전에서도 공중 재급유에 의존하게 되었다.
- 신형 항공기의 최대 무기 적재량은 약 15,000파운드 정도에 머물러 있었다.

확연히 개선된 것은 신형 항공기의 전술적 성능으로, 이는 실질적으로 향상된 추력 대 중량 비율과 날개 하중 같은 다른 특징들에서 찾아볼 수 있다. 일단 이 항공기들이 전투 구역에 도달하면, 이전 세대 항공기들보다 훨씬 효율적이고 민첩하게 기동할 수 있었다. 하지만 연료 소모율로 인해 짧은 시간 동안만 그 같은 기동을 선보일 수 있었다. 이는 또한 생존 가능성을 향상시켰는데, 더 정확히는 전통적인 유인 제트기가 전장에서 계속해서 기능할 수 있게 했다.

전통주의자들은 이러한 전술적 개선이 미군 항공기의 피해가 그토록 적었던 이유라고 주장한다. 실제로, 이라크 방공망의 위력과 정교함을 생각하면 피해가 적었다. 바그다드의 대공포 시스템의 밀집도는 1972년 공습 시 하노이의 그것보다 일곱 배나 되었다.[10] 또 이라크는 소련제 SA-7, 8, 9, 13, 14, 16 미사일뿐만 아니라 ZSU-23/4와 ZSU-57/2 레이더 유도 대공포까지 배치해 놓았다. 이라크 공군은 약 700대의 전투 항공기를 보유하고 있었으며, 그 중 절반 가까이가 제3세대(베트남전 당시 F-4와 비견되는) 또는 제4세대(F-15와 비견되는) 프랑스산 F-1 항공기들이었다.[11] 전체 방공 시스템이 프랑스가 설계한 컴퓨터된 지휘, 통제, 통신 시스템인 KARI에 의해 서로 연결되어 있었다. 따라서, 적어도 표면상으로는 이라크의 방공 시스템은 북베트남의 방

전쟁	투하폭탄 톤수	출격 횟수	피해 대수	출격당 손실률	톤당 손실률	출격당 투하톤수
제1차 세계대전	138	28,000	289	1.032%	2.094	0.005
제2차 세계대전	2,150,000	1,746,568	18,369	1.052	0.009	1.230
한국전쟁	454,000	341,269	605	0.177	0.0013	1.330
베트남전쟁	6,162,000	1,992,000	1,606	0.081	0.00026	3.093
걸프전	60,624	29,393	14	0.048	0.00023	2.062

자료 출전: 핼리온(Hallion)의 「이라크에 몰아친 폭풍」
(위 수치는 역사적 일관성을 위해 해군과 동맹국의 출격 횟수를 제외한 것임.)

〈표 7〉 미 공군의 출격 횟수, 폭탄량, 손실률

공 시스템보다 못하지 않았다.

다국적군은 지상전에서는 물론이고 항공전에서도 막대한 피해를 입을 것으로 예측되었다. 공군연구분석국The Air Force Studies and Analysis Agency은 그러한 피해가 전투 출격당 약 4%에 달할 것이라고 추정했다. 또 다른 예측들은 10%나 되었다.[12] 실제 피해가 예상에 훨씬 못 미치는 것으로 드러나자, 방공망에 대처할 수 있는 항공력의 역량에서 획기적 발전이 있었던 것이 아니냐는 인식이 있었다. 하지만 사실은 피해가 적었지만, 이는 제2차 세계대전 이후 진행되어 온 출격당 피해 감소 경향이 이어진 것이었다.

한국 전쟁에서의 미 공군의 출격당 손실률은 제2차 세계대전에서의 손실률의 겨우 17%였다. 베트남 전쟁에서의 출격당 손실률은 한국 전쟁 손실률의 46%였다. 걸프전 출격당 손실률은 베트남전의 출격당 손실률의 59%였다. 손실률 감소는 계속되고 있으나 감소 속도는 느려지고 있다. 이 같은 점에서 걸프전은 전례 없는 혁신이었다기보다는 제1차 세계대전 이래 미군 조종사들이 겪었던, 꾸준한 손실률 감소의 끝자락이었다.

이 데이터를 더 면밀히 검토하면서, 우리는 그 향상이 생각했던 것만큼 뚜렷하지 않다는 것을 알고 있다. 투하된 폭탄 톤당 손실을 본다면, 걸프전에서의 손실률은 폭탄 톤당 0.00023대였고, 베트남전에서는 0.00026대였다. 이것은 중요한 척도인데, 실제 표적까지 운반된 폭탄의 양에 견주어 계산하기 때문이다. 주요 임무에 초점을 맞추고 부차적인 임무와 지원 임무를 배제하는 이러한 기준으로는, 사막의 폭풍 작전에서의 손실은 베트남전의 손실과 거의 같았다.

투하 톤당 손실은 동일하게 유지된 반면, 출격당 손실은 감소했다. 이처럼 역설적인 현상이 빚어진 까닭은 출격당 투하 폭탄 톤수가 사막의 폭풍 작전에서 현저하게 줄어들었기 때문이다. 베트남전에서 출격당 평균 투하 폭탄 톤수는 약 3톤 이상이었다. 걸프전에서는 약 2톤가량으로 떨어져 3분의 1이 감소되었다. 이미 보았듯이, 공격용 항공기와 폭격기의 폭탄 적재량은 베트남전 이후 그다지 달라지지 않았다. 그러면 출격당 폭탄 톤수가 다소 감소한 것을 어떻게 설명할 수 있을까?

한 가지 가능한 설명은 더 적은 폭탄이 필요했다는 것이다. 항공술의 발전 덕분에, 폭탄 투하의 정확성이 비약적으로 개선되었다. 항공기의 센서 능력에는 공중전을 관리하기 위한 위상 배열 레이더, 하방 탐지/격추 레이더, 지상 탐색 레이더, 적외선 센서, 그리고 빛 강화 야간 투시 시스템이 포함되어 있다. 가장 중요했던 것은, 항공기에 탑재된 컴퓨터와 디스플레이 시스템으로 인해 데이터 관리가 조종사의 효율성을 극대화하는 식으로 자동화되거나 화면에 표시될 수 있게 되었다는 것이다.

존 핼리온의 『이라크에 몰아친 폭풍Storm Over Iraq』에 나오는 〈표 8〉의 사례를 살펴보자. 이 사례는 60피트 × 100피트의 표적을 맞히기 위해 중간 고도에서 투하되는 2천 파운드 폭탄의 숫자에 관한 것이다.

두 가지 점은 변하지 않는다는 것을 기억할 필요가 있다. 첫째, 결국 조종사는 폭탄을 투하할 정확한 순간을 선택하는 데 있어 손과 눈 그리고 항공기를 조직화하는 자신의 능력에 여전히 의존하고 있었다. 둘째, 일단 폭탄이 투하되면 폭탄의 경로는 되돌릴 수 없었으며, 계산 과정에서 발생한 어떤 오류도 수정될 수 없다. 따라서 분명 개선되기는 했으나 항공기로부터 폭탄을 투

전쟁	폭탄	항공기	원형 공산 오차
제2차 세계대전	9,070	3,024	3,300 ft.
한국전쟁	1,100	550	1,000
베트남전쟁	176	44	400
걸프전	30	8	200

자료 출전: 핼리온(Hallion)의 「이라크에 몰아친 폭풍」.
(위 수치는 역사적 일관성을 위해 해군과 동맹국의 출격 횟수를 제외한 것임.)

〈표 8〉 60 × 100피트의 표적에 명중하기 위한 투하 폭탄 개수

하하는 것의 정확성은 여전히 핵심 표적을 확실히 파괴하기에는 충분하지 못했다.

 폭탄 투하량 감소의 더 중요한 이유는 정밀 유도 폭탄의 광범위한 사용이었다. 사막의 폭풍 작전 중 이러한 정밀 유도 폭탄은 6,600톤으로, 전체 폭탄 투하량의 10.9%에 달했다.[13] 다른 방식으로 계산하면, 정밀 유도 폭탄은 사막의 폭풍 작전 중 투하된 총 227,166발의 폭탄 중 7.6%를 차지했다.[14] 만약 우리가 각각의 정밀 유도 폭탄이 30발의 중력 폭탄을 대신한다는 가정을 수용한다면, 걸프전에서 사용된 17,162발의 정밀 유도 폭탄은 보통 폭탄 514,000발에 해당되고, 따라서 전체 폭탄 수는 724,864발로 늘어나게 된다. 이는 사용된 폭탄 수의 거의 3배이고, 투하된 폭탄량의 최소 두 배이다. 이처럼 상대적으로 적은 수의 무기는 폭탄량, 출격 횟수, 손실에 막대한 영향을 주었다.

 출격당 폭탄 적재량이 감소한 데는 또 다른 이유가 있는데, 임무 수행을 위한 지원 항공기의 필요가 늘어난 것이다. 고가의 스텔스 항공기를 정당화하는 공군의 주장 중 하나는 스텔스기는 임무 수행에 필요한 항공기 수를 대폭 줄인다는 것이었다. 공군 자신은 동일한 양의 폭탄을 투사하기 위해 필요한 항공기 수가 갈수록 증가하는 상황을 우려했다. 공군은 32대의 공격 항공기

로 표적을 타격하려면 그 임무에는 15대의 급유기, 16대의 공중 우위 전투기, 8대의 방공망 제압 항공기 및 4대의 수색/구조 헬기가 포함되어야 하며, 결국 32대의 폭격기를 보내는 데 43대의 지원 항공기가 필요하다고 주장했다.[15] 너무 많은 전투 출격이 공중 급유, 지대공 미사일 제압, 공중 우위 확보와 다른 비폭격 활동에 할애되어 왔기 때문에, 출격당 평균 폭탄량은 현저히 떨어졌고, 이는 통계적으로 볼 때 비효율성의 증가로 비쳐졌다.

　이는 새롭게 등장한 문제는 아니다. 베트남전 말기에 북베트남에 대한 공습에서 나타난 문제였다. 당시 공격기에 대한 지원기의 비율이 급격히 기울었다. 1972년 5월 하이퐁에 대한 해군의 공중 공격에서, 16대의 A-6, A-7기가 9대의 F-4 호위기, 4대의 F-4기와 두 대의 A-7 대공포 제압기 및 정찰기와 급유기를 동반했다. 폭격기 대 지원기 비율이 16 대 17이었다. 베트남전에서 폭격의 효율성 수치를 높게 유지해준 유일한 요인은 상당수의 공습이 남베트남에서 행해졌다는 것이었다. 그곳에는 지대공 미사일도, 레이저 유도 대공포도, 미그기도 없었고, 더 효율적인 공격팀이 짜여질 수 있었다. 더욱이 많은 북폭은 1968년 이전에 행해졌는데, 그때 이후부터 베트남의 방공 시스템이 갖춰지기 시작했다. 1968년 이후, 항공기 기체와 엔진의 측면에서 폭탄을 투사하는 비용이 급상승했는데, 때로는 사막의 폭풍 작전에서의 비용만큼이나 높았다. 실제로, 이라크 방공 시스템에 대한 전략적 파괴가 이루어지지 못했다면, 과도한 출격과 사상자 측면에서 비용이 새로운 수준으로 치솟았을 것이다.

　걸프전 말기 재래식 유인 항공기의 성능을 평가할 때, 위협과 임무와 관련하여 발전 한계에 도달한 것처럼 보인다. 하지만 걸프전 시기의 항공기는 20년 전 베트남전 당시 수준보다 두드러지게 더 나은 성능을 보이지 않았다. 그때보다 더 멀리 가지도, 더 빠르지도, 더 많은 폭탄을 싣지도 못했다. 전투에서 그 손실은 절대적 기준에서 나아졌으나, 베트남전에서보다 눈에 띄게 나아진 것은 아니었다. 비교해 보자면 그것들은 사실상 동일한 수준이었다. 폭탄 적재량의 효율성은 더 낮았다. 이전보다 출격당 더 적은 양의 폭탄을 운반했던 것이다.

걸프전에서 항공전의 승리는 본질적으로 더 나은 유인기 때문이 아니었다. 개별 항공 무기 플랫폼에서의 향상이 이라크를 패배시키지 않았다. 그러나 미 공군은 이라크 육군을 패배시키기 위한 토대를 마련했다. 그 이유는 무엇일까?

그 열쇠는 이라크의 지휘, 통제, 통신, 정보 네트워크를 파괴할 수 있는 다국적군의 능력에 있다. 이러한 네트워크가 파괴되면서 이라크군은 뇌진탕에 빠져 버렸다. 뇌진탕처럼, 다국적군은 이라크를 영원히 의식불명으로 만들 필요는 없었다. 단지 감각적 지각과 일관된 분석을 할 수 있는 능력, 그리고 궁극적으로 사지에 명령을 내리고 조직화할 수 있는 능력을 방해하면 그만이었다. 적군의 집결 지점을 공중에서 타격할 수 있는 능력, 미국의 공수 부대를 멀리 서쪽까지 보내고 거대한 기동으로 이라크군을 포위하기 위해 미군 기계화 부대를 활용할 수 있는 능력, 그리고 적대행위를 개시할 시간과 장소를 선택하고 이라크에 선제권을 내주지 않을 능력은 이라크를 뇌진탕에 빠뜨림으로써 얻어진 것이었다.

이라크의 방공 레이더 네트워크를 격파한 것은 이라크 공군이 자국 영공을 방어할 수 없다거나 지대공 미사일을 효과적으로 발사하지 못하게 된 것에 그치지 않았다. 그것은 이라크 공군이 자국 영공에서조차도 공중 초계를 못하게 되었음을 의미했다. 일단 항공전이 시작되고 나서, 그들은 가장 단순한 공중 초계도 불가능해졌다. 이라크군 지휘부는 다국적군이 지금 무엇을 하는지 전혀 알 수가 없었다. 따라서 이라크는 미군이 정한 시간과 장소가 아니고는 더 이상 전혀 전투에 임할 수가 없었다. 일부 사람들은 A-10기들이 이라크 기갑사단을 격파함으로써, 또는 기동전으로, 또는 전장을 공군력으로부터 고립시킴으로써 걸프전에서 승리한 것이라고 주장한다. 그러나 이 같은 주장들이 하나같이 간과하고 있는 점이 있다. 그것은 적의 통신, 정보 기능을 반쯤 마비시키지 않은 상태에서는 그 같은 일들 중 어느 것도 막대한 비용을 치르지 않고는 가능하지 않았을 것이라는 사실이다.

항공기를 생존하게 하기: 헬리콥터와 스텔스기

걸프전의 첫 번째 임무는 이라크의 방공망을 폭파시켜서 F-15기들이 이라크의 지대공 미사일, 대공포, 전투기 등을 두려워하지 않고 표적을 공격할 수 있도록 하는 것이었다. 이라크 남부의 주요 레이더 기지들이 제거되어 대규모 공습 편대가 공군 기지와 다른 방공 시스템을 포함한 다른 시설들을 공격하기 위해 쏟아져 들어가는 것을 볼 수 없도록 해야 했다. 이러한 첫 번째 임무는 유인 고정익 폭격기에 의해 수행되지 않았다. 그것들은 너무 눈에 띄고 위험했다. 대신에 첫 번째 임무의 영예는 항공계의 서자, 저공비행 헬리콥터에게 돌아갔다.

전쟁 개시 40분 전, 노르망디Normandie 특수부대가 이라크 국경 근처의 알 주프Al Jouf에서 이륙해 이라크로 진입했다. 페이브 로우(Pave Low) 레이더 표적 식별기를 갖춘 3대의 MH-53J 헬기가 앞장섰고 9대의 아파치 헬기가 그 뒤를 따랐다. 미군 특수부대가 몰던 MH-53J 헬기들은 GPS, 적외선 전방 탐색기(FLIR) 그리고 야간 투시기 등을 이용해 비행해 갔다. 적외선을 사용해 아파치 헬기들은 주 공격이 개시되기 전에 표적을 찾아냈다. 표적 4.3마일 앞에서 그들은 27발의 레이더 유도 헬파이어(Hellfire) 미사일을 1~2초 간격으로 발사했다. 2분 이내에 15발이 명중했다. 레이더 기지들은 파괴되었고, F-15기들은 이라크에 대한 종심폭격 임무를 수행할 수 있게 되었다.[16]

욤 키푸르Yom Kippur 전쟁에서 기갑부대의 길을 터주기 위해 보병대가 사용되었던 것과 같은 방식으로 헬리콥터들이 길을 터준 덕분에 최첨단 전투기들이 임무를 수행할 수 있었다. 누구도 헬파이어 같은 정밀무기가 레이더를 부수지 못할까 의심하지 않았다. 문제는 미사일들의 사거리 내로 표적이 들어오게끔 미사일들을 운반하는 일이었다. 재래식 항공기는 그곳은 물론이고 이라크 전역에 경보를 발생하게 할 것이다. 헬리콥터가 이 문제를 해결했다. 하지만 헬리콥터의 소음, 느린 속도, 낮은 고도, 그리고 제한적인 항속거리는 그것이 특수 임무나 전차와 보병을 상대로 한 일반적인 근접 항공 지원에는 유용할지 모르지만, 효과가 제한적임을 의미했다.

20세기 내내, 특히 베트남전에서 대부분의 항공기는 지대공 무기에 희생되었으며, 공중전으로 격추당한 항공기는 얼마 되지 않았다.[17] 이라크군을 파괴했던 정밀 유도 무기의 사거리는 이라크 방공 시스템의 사거리와 비슷했다. 이라크의 지대공, 공대공 미사일들은 적외선과 레이더에 의해 유도되었고, 탁월한 작전 범위와 민감성을 지닌 지상 및 공중 탐색 레이더와 복합적인 통신 네트워크의 지원을 받고 있었다. 지상 레이더에 대한 전통적 대응책은 극도의 저공비행을 하는 것이었다. 그것이 바로 걸프전 당시 헬리콥터들이 취한 방법이었다. 그러나 방공망이 촘촘할수록 지형 추적 비행(nap of the earth)은 점점 더 위험해졌다. 1천여 문의 레이더 유도 대공포가 노리고 있는 상황에서 저공비행을 한다는 것은 목숨을 보장할 수 없는 일이었다. 저공비행을 하는 것은 하방 탐지/격추 레이더를 갖추고 지면 반사 잡음(ground clutter)을 뚫고 탐지할 수 있는 전투기들의 먹잇감이 될 수 있었다.

센서에 대한 통상적인 대책은 방해장치(countermeasure)이다. 제2차 세계대전 이후, 레이더에 직면한 조종사들은 금속 박편(chaff)을 사용해 레이더파를 반사하여 항공기의 위치를 위장했다. 전후 시기에 훨씬 더 복합적이고 첨단화된 방해장치 시스템이 개발되었다. 하지만 그것들은 비쌌고, 독립적으로 운용되는 플랫폼—항공기—이 필요했다. EF-111 레이븐(Raven) 같은 특수기는 오직 전략적 또는 전술적인 전자적 센서를 교란하려는 목적으로만 만들어진 것이었다. 레이더 탐지 문제에 대한 더 나은 해결책은 레이더가 포착할 수 없는 항공기를 제작하는 것이었다.

걸프전에서 미국이 승리를 거둔 원인 중 상당 부분은 레이더에 비교적 잘 포착되지 않는 항공기를 만들어낸 데 있었다. F-117A 스텔스 전투기는 레이더 센서나 적외선 센서, 또는 심지어 음향 센서에도 걸리지 않고 적의 방공망에 침투하도록 설계되었다. 제트-블랙이라는 도료로 외부를 도장하고 야간에 비행하면, 육안으로도 이 항공기를 알아보기 힘들었다. F-117A는 스텔스 기술이 실제 적용된 첫 번째 사례였으며, 전투 작전에 사용된 두 번째 스텔스였다. 첫 번째는 파나마를 침공할 때였는데, 어떤 새로운 기술에 대해 상상했던 것만큼 완전히 성공적이지는 못했다. 하지만 이라크를 상대로는 큰 성공을 거두었다.

스텔스 기술은 센서 기술을 무력화하기 위한 수단이었다. 항공기에 대한 가장 직접적인 위협은 레이더로, 레이더는 아주 원거리에서 항공기를 포착할 수 있고, 또 그 항공기로 무기를 유도하는 데 사용될 수 있다. 따라서 최고의 우선순위는 항공기가 레이더나 다른 센서에 포착되는 것을 막거나, 적어도 제한하는 것이었다.

스텔스 기술의 추동력은 베트남전에, 그리고 소련제 방공망을 뚫고 베트남 공역에 침투하는 비용의 증가에 있었다. 그 비용은 라인 베커 II 작전, 즉 크리스마스의 하노이 공습 시에 특히 뼈아플 정도였는데, 당시 미국은 B-52가 얼마나 취약해졌는지를 갑자기 발견했다. 공습 첫날 밤, 3대의 B-52기가 격추되었고, 셋째 날에는 6대가 당했다. 겨우 3일 만에 동남아시아에 배치되어 있던 B-52기의 5%가 희생된 것이다. 전술을 수정한 다음에도 5대가 더 떨어졌다.[19]

과연 무엇이 문제인지에 대해 격론이 벌어졌다. 공군은 전술 쪽에 초점을 맞추었다. 그러나 문제는 그보다 깊은 곳에 자리 잡고 있었다. 음속보다 느린 유인 대륙 간 폭격기는 레이더 유도 지대공 미사일을 뚫고서 적의 공역을 침투하는 것을 더 이상 확신할 수 없었다. 그것은 3대 핵전력(대륙 간 탄도 미사일, 핵잠함, 유인 폭격기) 중 유인 폭격기 부문은 소련 영공을 수천 마일 뚫고 들어가 감시망과 방어망으로 둘러싸인 표적을 공격할 수 있는 B-52기의 능력에 달려 있었으나, 이제는 임무를 수행할 수 없게 되었음을 의미했다. B-52의 생존력에 대한 의문은 1960년, 프랜시스 게리 파워스Francis Gary Powers의 U-2기가 소련군에 의해 격추당한 사건으로 거슬러 올라가는데, 이 사건은 레이더 유도 미사일의 위력을 잘 보여주었다.[19]

이에 신속한 대응이 필요했으나 베트남전의 여파로 혁신을 위해 투입할 수 있는 자금이 별로 없었다. 한 가지 방향은 레이더파를 추적해 공격하는 대 레이더 미사일이었다. 또 다른 해결책은 표적과 대공 무기의 밀집 지역에서 멀리 떨어진 곳에서 발사 가능한 장거리 미사일을 갖춘 폭격기였다. 최후의 해결책은 더 효율적인 폭격기, 즉 속도와 민첩성이 뛰어나서 적의 공역을 침투할 수 있는 폭격기였다.

1970년에 처음 고안된 B-1 폭격기는 이 세 가지 모두를 통합하려는 시도였다. 그것은 첨단 전자적 방해장치를 갖추고, 크루즈 미사일로 무장하고, 초음속으로 저고도와 고고도 모두에서 비행할 수 있게 할 계획이었다. 이는 정말 대단한 생각이었으나, B-1은 빛을 보지 못했으며, 특히 카터 행정부에서 국방비를 대폭 삭감한 이후 묻혀 버리고 말았다. 크루즈 미사일과 전자적 방해장치 장비는 B-1기의 엔진이 초음속을 위한 충분한 추력을 만들어낼 수 없을 정도로 기체 무게를 늘려 놓았다. 게다가 잔뜩 무장한 상태로 저고도에 있는 B-1은 최대 고도까지 올라가거나 완전한 민첩성을 발휘할 수 없었다.

항공기가 스텔스 기능을 갖도록 하는 데는 두 가지 기본 접근법이 있었다. 첫 번째는 레이더의 반사 단면적(cross section), 즉 레이더 파를 수신기로 되돌려 보내는 영역을 줄이는 것이다.[20] 모든 수신기는 고유의 감도 수준이 있고, 반사파가 일반적인 자연 방사(radiation)에 묻히는 지점이 있다. 이는 배경 소음으로 인해 신호를 잃는 FM 라디오 수신기의 감도와 다르지 않다. 문제는 반사파를 자연 방사에 묻히는 수준까지 줄이는 방법이다. 특히 95%의 알루미늄과 단 5%의 비금속 수지(nonmetallic resin)로 덮여 있는 항공기의 경우에 어떻게 줄일지가 문제다.[21]

해결책은 항공기의 형상 자체를 재고하는 것이었다. 평평한 표면은 레이더 빔과 90도를 이룬다면 매우 커다란 크로스 섹션을 가진다. 그러나 표면이 레이더 빔 반대쪽으로 기울어질 수 있다면, 그래서 빔과 평행을 이루게 된다면 반사가 안 일어난다. 곡선형의 매끈한 표면을 만들 경우, 반사파를 포착할 가능성뿐만 아니라 반사파가 줄어든다.[22] 따라서 스텔스 항공기는 삼각형과 사다리꼴 면들로 이루어져 있으며, 이 모든 것은 성능보다는 레이더 빔에 대한 조작을 염두에 두고 만들어졌다.

스텔스 기능의 확보를 위한 두 번째 접근법은 레이더 에너지를 흡수하는 물질을 사용하는 것이다. 세라믹 매트릭스 혼합물로 이루어진 레이더 흡수 물질(RAM)이 항공기 동체의 중요 부분마다 칠해졌으며, 특히 그 각도가 반사를 줄일 수 없는 부분에는 빠짐없이 칠해졌다. 이 물질은 일부 파장은 흡수해 버리고, 나머지는 투과시킨다. 항공기 유리창은 인디움–틴 옥시드(indium-tin pxide)로 칠해져 있으며, 이는 가시성의 감소를 최소화하면서 거의 모든 레이더를 반사하고 분산시킨다.[23] 마지막으로 엔진의 배출구는 지상에서 보이지 않게 설계되었으며, 배출물을 산포하여 적외선 탐지파에 걸리지 않게 한다.

목표는 보이지 않게 하는 것이다. 분명하게도 그러한 목표는 달성될 수 없다. 예를 들면, 레이더 크로스 섹션을 줄이면, 반사파는 줄어들고 분산된다. 하지만 일정 거리에서는 반사파가 아무리 미약하다고 해도 충분히 감지된다. 스텔스에 대한 가정은 탐지 범위가 너무 낮기 때문에 탐지된 시점에는 항공기가 이미 위험에서 벗어나 있을 거라는 것이다.

이러한 가정 하에 막대한 재정 투자가 이루어지고 있다. 스텔스 항공기는 너무 비싸서 최고의 국가적 중요성을 지닌 임무나 무사 귀환이 거의 보장된 임무에만 투입할 수 있다. 하지만 충분히 상상할 수 있듯이, 스텔스 기술을 깨기 위한 연구가 이미 상당히 진행 중이다. 국방부는 대 저관측 사무국 Counter-Low Observable Office을 1980년대 후반에 설치했다. 이 사무국은 '해브 게이즈(Have Gaze)'라는 암호명의 프로그램을 개발했는데, 이는 스텔스 문제에 대처하기 위해 우주기반 정찰 위성을 활용한다. 차이나 레이크China Lake에 있는 해군 무기센터도 흥미로운 대 스텔스 프로그램에 착수했는데, 이것은 스텔스기의 엔진이 냉각 과정에서 부산물로 만들어내는 이온물을 포착하려는 것이다.[24] 스텔스에 대응하려는 시도는 미국에서만 진행되고 있는 것이 아니다. 예를 들면, 스웨덴은 다중 레이더 시설을 사용해서 스텔스기를 잡아낼 수 있는 다중포착 레이더를 개발했다고 주장한다.[25]

걸프전에서, F-117A는 가장 어려운 표적에 대한 임무를 부여받았는데, 그것은 주요 방공지휘소들과 통신 센터들이었다. F-117A기는 어둠으로 인해 눈으로 관측이 안 되는 한, 밀집 방어되고 철저히 감시되는 공역을 뚫고 들어갈 수 있었다. 그것은 바그다드의 중심부를 공격할 임무를 부여받은 유일한 항공기였다.26 레이저 유도의 페이브웨이 II, III 무기체계와 강화된 표적을 공격할 수 있도록 강화 탄피와 지연 신관을 갖추고 있는 2,000파운드짜리 BLU-109/B 탄두를 사용하여, F-117A기는 이라크의 방공망과 그것의 지휘, 통제, 통신 시스템 모두를 부수었다.

1970년 8월에 페르시아만에 파견되어 있던 F-117A기는 19~20대였으며, 11월 말에는 추가로 20~22대가 도착했다.27 이들 스텔스기는 다국적군 전투기와 공격기들 중 2.5%를 차지할 뿐이었으나, 전쟁 첫날 다국적군이 공격한 표적의 31%를 담당했다. 걸프전 전체로 따져볼 때, F-117A기들은 출격비율이 전체의 2%밖에 안 되었지만, 전체 전략 표적의 40%를 공격했다.28 공군은 처음에 스텔스기들이 90%의 성공률을 보였다고 발표했으나, 나중에는 60% 정도였던 것으로 확인되었다. F-117기의 가장 큰 문제는 레이저 유도 시스템이 갖는 공통적인 문제로, 나쁜 날씨 또는 이전의 공격으로 인한 연기였다.29

F-111기를 몰던 조종사이자 편대장이었던 토머스 레논Thomas J. Lennon 대령은 F-111기가 정밀 유도 무기를 사용한다면, F-117기와 대등하거나 더 나은 수준인 85%의 공격 성공률을 보일 수 있었다고 주장했다.30 그 주장이 옳았을지 모르지만, 그는 중요한 점을 놓쳤다. 정밀 유도 무기를 사용하면, 표적에 대한 그 무기의 사거리 내로 접근할 수 있는 거의 모든 항공기가 아주 높은 정도의 위력을 발휘할 수 있다. 문제는 재래식 항공기들이 철저히 방어된 표적에 접근해서 살아남을 수 없다는 것이었다. 따라서 F-117기만이 그러한 표적을 공격할 수 있었다.

이라크 중심부를 타격하려면 결국 1억 달러의 항공기들을 사용해야 했다. 걸프전에 투입된 40대가량의 F-117기 총액은 40억 달러에 달했다. 방공망이 향상되고 넓어짐에 따라, 전자적 대응수단을 갖추었다고 해도 재래식 항공기의 침투 능력은 줄어들게 되고, 탐지 불가능한 항공기만이 사용 가능하게 된다. 그리고 탐지 능력이 향상됨에 따라, 스텔스의 비용은 기하급수적으로 증가한다. 따라서 F-117기의 성공은 유인 전투기와 공격기의 존속 가능성을 보여주기보다는, 종말의 시작을 의미한다. 그리고 그 종말은 F-117기가 처음에 큰 성공을 거둘 수 있게 했던 바로 그것—정밀 유도 폭탄-에 의해 제기되고 있다.

정밀 유도 무기와 승리

걸프전에서 폭격 작전의 성공은 폭격 확률의 급진적 변화에서 비롯되었다. 제2차 세계대전 중, 일정 지점을 맞히려면 9천 발의 폭탄이 필요했다. 베트남 전에서는 3백 발이면 되었고, 사막의 폭풍 작전에서는 한두 발이면 충분했다.[31] 발사체가 표적을 타격할 확률의 극적이고, 질적이고, 근본적인 변화는 항공기의 발전보다는 발사체의 발전과 더 관련이 있었다. 실제로 정밀 유도 무기를 투하하는 B-17이나 F-117의 정확성은—B-17이 생존할 수만 있다면—별 차이가 없었을 것이다. 항공기의 발전 자체는 정밀성의 증대로 이어지지 않았다. 정밀성은 항공기에 의해 운반되는 발사체에 달려 있었다. 이는 발사체의 투사에 유인 항공기가 필요한지, 또는 얼마나 오랫동안 필요한지 하는 근본적인 질문을 제기한다.

정밀 유도 무기는 한 종류의 무기를 지칭하는 것이 아니며, 매번 정밀성을 갖고 표적을 맞힐 수 있는 능력을 지닌 모든 유형의 무기를 지칭한다. 그것은 지능적 무기와 동일한 개념이 아니다. 정밀성은 발사체에 내장된 센서와 컴퓨터의 지능에 의해 제공되거나 또는—걸프전의 경우처럼—첨단 표적설정 방법을 사용하는 인간의 지능으로도 제공될 수 있다.

이것은 결정적 차이점이다. 후자의 경우에는 인간이 표적 설정과 무기 유도 과정에서 계속 핵심적 역할을 해야 한다. 그러기 위해서는 인간이 대체로 항공기 같은 특정한 무기 플랫폼 내에 있어야 하며, 위험을 감수해야만 한다. 실제로, 무기가 얼마나 정밀하든지 관계없이, 그것은 투사되지 못할 수 있는데, 무기 플랫폼이 표적을 보호하는 적대적 환경에서 살아남을 수 없기 때문이다.

지능적인 정밀 무기는 인간이 통제실에 없어도 되거나 인간이 멀리 떨어진 곳에서도 조작할 수 있게 한다. 인간은 표적을 선택하고, 궤적의 초기 관리를 해주지만, 표적을 향해 나아가고, 도착해서 표적을 식별하고, 그리고 최종 공격으로 스스로를 유도하는 부담을 지는 것은 발사체이다. 인간은 공격을 관찰하는 위치에 있을 필요가 없으며, 따라서 무기 플랫폼이 위험을 무릅쓸 필요가 없다.

정밀과 지능적 정밀 간의 차이는 걸프전에서 확연히 드러났다. 정밀 무기는 숱하게 보였으나, 지능적 정밀 무기는 단지 첫걸음을 내딛고 있었다. 실제로, 우리가 보았듯이 가장 중요한 정밀 무기들은 이미 베트남전에서 상당한 정도로 사용되고 있었고, 걸프전 전까지 별로 바뀐 것이 없었다.

원칙적으로 정밀 무기는 제2차 세계대전 당시부터 존재했었다. 독일은 프리츠 X(Fritz X)라고 불리는 무기를 개발했는데, 이는 고고도에서 발사되어 조이스틱으로 표적지까지 유도될 수 있었다. 폭격수는 자신의 비보조 시력을 사용해 조이스틱을 조작하고, 조이스틱이 폭탄의 꼬리에 있는 수신기에 의해 포착되는 무선 신호를 생성하고, 수신기는 명령을 통제 시스템에 전달한다. 한편, 자이로스코프는 폭탄을 안정되게 유지한다. 프리츠 X는 1943년 이탈리아 전함 로마Roma호를 상대로 처음 사용됐는데, 무솔리니의 실각 후 그 전함이 연합군에게 넘어가지 못하도록 하기 위한 것이었다. 두 발의 프리츠 X—3천 파운드, 지연 작동, 장갑관통 폭탄—가 이탈리아 측 대공포 사거리의 한참 밖인 18,000피트 높이에서 투하되어 로마 호를 타격하기까지 거의 1분이 걸렸다. 그 배는 완전히 파괴되고, 1천 명 이상의 승무원이 사망했다.[32]

중력 폭탄의 정밀성 확보에 부심하던 미국은 제2차 세계대전 중에는 정밀 유도 무기 개발에 크게 신경 쓰지 않았다. 이 전쟁 이전에, 미국 군사 설계자들은 텔레비전 유도, 레이더 유도, 적외선 유도 무기의 개발 가능성을 검토했으나 그 후 수십 년이 지나도록 검토 단계에 머물러 있었다. 그래도 미국은 AZON이라 부르는 무기를 개발했는데, 이는 전쟁에서 실제로 사용되었고, 버마에서 어느 정도 성공을 거두기도 했다.³³ 프리츠 X처럼, 이것도 조이스틱과 연결된 무선 통신 장치로 움직였다. AZON은 방위각 내에서만 기동할 수 있었지만 그 꽁무니에 불꽃을 달아서 폭격수가 멀리서도 보고 유도할 수 있다는 장점이 있었다.

전쟁 후반에, AZON은 RAZON으로 개량되었다. 모든 방향으로 움직일 수 있었던 RAZON은 개량된 조준기를 가졌고, 결국에는 노든 조준기와 결합되었다. 영국 공군은 미 육군항공대보다 RAZON을 더 자주 이용했다. RAZON은 거대한 크기로 확대되었다. 영국은 22,000파운드짜리를 사용했고, 반면 미국은 TARZON이라는 12,000파운드짜리를 사용하고 있었다. TARZON은 너무 커서 B-29에 실을 수가 없자, 폭탄 투하실에서 돌출된 채로 실렸다. TARZON은 한국전에서 30개의 다리 중 여섯 개를 파괴할 정도로 잘 해냈으나, 폭격의 정확성 문제에 대한 해결책이 될 만큼 신뢰성을 갖지는 못했다.³⁴

제어 하강(controlled-descent) 무기는 냉전 초기에 큰 중요성을 띠지 않았는데, 핵무기가 정밀성 문제를 침묵하게 만들었기 때문이다. 군의 연구개발은 대륙 간 거리에 대형 폭탄을 투사하여 가공할 폭발력으로 정확성의 문제를 해결하는 데 초점이 맞춰져 있었다. 그러므로 재래식의 정밀 무기 개발은 관심사가 되지 못했다.

그러나 해군은 정밀 무기를 해양과 육지의 표적에 사용하는 것에 여전히 관심이 있었다. 1950년대 해군은 1,000파운드와 250파운드 유도 폭탄인 불독(Bulldog)과 불팝(Bullpup) 시리즈를 개발하기 시작했다. 둘 다 AZON, RAZON, TARZON 시리즈와 동일한 유도 체계—조이스틱, 무선유도, 불꽃—를 사용했다. 그러나 이 폭탄들은 정확히 표적을 맞히지 않는 이상 별로 소용이 없을 정도로 크기가 작았다. 베트남전에서 이들 무기는 초기부터 사용되었으나 교량에 직격으로 명중해도 별 피해를 주지 못했을 정도였다. 더 큰 정확성을 위한 노력은 페이브웨이(Paveway) 무기 시리즈로 귀결되었으며, 이는 걸프전에서 가장 널리 쓰인 비동력 정밀 유도 폭탄이었다.[35]

1960년대에 개발되어 불팝 시리즈의 문제를 해결하도록 제시된 것이 페이브웨이로서 베트남전에서 그 위력이 톡톡히 발휘되었다. 페이브웨이 시스템의 핵심은 간섭광(coherent light)의 좁은 대역에서 끌어낸 레이저 빔이었다. 폭탄에는 특수 페이브웨이 키트가 장착되는데, 이 키트는 레이저 빔의 위치를 정확히 찾아낼 수 있는 센서와, 레이저 점(laser point)을 자동 추적하고, 폭탄에 부착된 날개와 조종판에 명령을 보내는 컴퓨터 칩으로 이루어져 있다. 폭탄이 일단 투하되면, 폭탄은 표적의 작은 영역을 조사하고 있는 레이저 빔을 찾아내고 감지한다.[36] 조종사는 폭탄을 "배스킷(basket)" 내 어딘가에 투하해야 하는데, 배스킷은 폭탄이 중력과 관성력을 사용해 지정된 지점까지 스스로를 기동하기에 충분히 가깝고 적절한 각도를 가진 넓은 지역이다. 베트남전에서, 레이저 유도 폭탄의 50%가 표적에 정확히 명중했는데, 원형공산오차는 20피트 정도였다.[37]

페이브웨이의 핵심은 표적설정 시스템으로, 표적에 강한 광점(point of light)을 생성하는 것이다. 베트남전에서 사용된 최초의 방법은 한 대의 항공기가 동체에 부착된 포드(pod)를 사용해 표적을 레이저로 조사하고, 한 대 이상의 다른 항공기들이 그 지점을 겨냥해 폭탄을 투하하게 하는 것이었다. 이 같은 시스템의 기본적인 결함은 임무 수행을 위해 여러 대의 항공기가 동원되어야 하고, 그중 한 대는 폭탄이 표적을 타격할 때까지 자리를 뜰 수 없다는 것이었다. 두 번째 방법은 많이 사용되지는 않은 것인데, 지상에서 표적을 표시해 주는 것이었다. 이것은 특수 작전 부대가 적 영토에 깊숙이 침투하여 은폐된 표적을 찾아내고, 아군 공습기들을 위해 표적을 조사하는 식이었다. 또 다른 방식은 걸프전에서 널리 사용되었는데, 공격기 자체가 레이저 표적 지정기를 사용하는 것이었다. 그러나 항공기가 표적 주변 지역을 신속히 떠나야 했기 때문에 포드가 회전할 수 있어야 했다. 이로써 조종사나 무기 장교는 여전히 표적을 보면서 레이저가 표적에 계속 고정되어 있게 할 수 있다. 이는 레이저가 회전 가능한 적외선 카메라와 연결되어 있어야 한다는 것을 의미하며, 이 카메라는 영상을 조종석으로 전송한다.[38]

원래 PAVE KNIFE로 명명되었던 이 장비는 야간 저고도 항법 및 적외선 표적 설정 시스템을 의미하는 LANTRIN으로 진화했다. 적외선 영상과 컴퓨터 관리 디스플레이를 결합함으로써, LANTRIN은 미군 조종사들이 야간이나 악천후에도 이라크의 표적들을 공격할 수 있게 했다. 전방 주시 적외선(Forward Looking IR)은 조종사들이 지상을 보면서 1백 피트의 낮은 고도로 비행할 수 있게 했다. 레이저 표적 지정(designation)을 항법(navigation)과 결합함으로써, F-15E기는 F-117기가 투입되는 지대공 미사일 지대 밖의 주요 시설에 대한 거의 완벽한 타격을 수행할 수 있었다. 9,000발 이상의 페이브웨이가 사용되었고, 총 톤수는 5,700톤에 달했다.[39]

물론, 이 모든 것은 페이브웨이 시스템의 약점을 드러낸다. 첫째, 그 시스템이 작동하려면 야간 날씨가 맑아야만 했다. 레이저 표적 지정은 태양 빛, 구름, 연기 및 의도적인 연무 차폐막 등에 가로막힐 수 있었다. 둘째, 표적 지정기가 계속 표적을 조준하게 하려면 항공기는 표적이 보이는 곳에 머물러 있어야 했고, 만약 항공기가 표적의 시야 내에 있다면 그것은 방공망의 시야 내에 있게 된다. 걸프전에서 페이브웨이가 활약했던 것은 이라크의 방공망과 지휘, 통제, 통신, 정보 시스템이 파괴된 상태였기 때문이다. 만약 페이브웨이가 멀쩡한 방공포대와 마주쳤다면, 어떻게 작동했을지는 또 다른 문제이다. 물론, 잊지 말아야 할 것은 페이브웨이 II가 개당 10,000~15,000달러 정도였고, 1억 달러의 가치가 있는 표적들을 잡을 수 있다는 것이다. 그것이 페이브웨이와 그 후계자들의 최고의 장점이었다.

페이브웨이는 준지능적 무기였다. 그것은 표적을 지정하기 위해 사람이 필요했지만 지정된 표적으로 스스로를 인도한다. 이런 점에서 페이브웨이는 비지능 정밀 유도 무기의 기본적인 결함—항공기를 위험에 노출시키는 것—으로 인해 어려움을 겪게 된다. 분명히 다음 단계는, 무기 플랫폼에서 계속 표적 지정을 해줄 필요 없이, 식별된 지점으로 곧장 나아갈 수 있는 더 지능적인 무기이다.

이 방향으로의 또 다른 걸음은 전자광학 유도 폭탄(EOGB)으로, 실제로 레이저 유도 폭탄과 동시대에 존재했고, 어떤 의미에서는 의붓자식이었다. 앞장에서 논했듯이, EOGB는 베트남전에서도 쓰였으며, 특히 주간 공습에 많이 쓰였다. GBU-15(Guided Bomb Unit-15)로 명명된 그 폭탄은 TV 카메라를 앞부분에 달았고, TV 카메라는 영상을 공격기—항상 복좌기(폭탄을 관리하는 것은 짧은 시간 동안 계속 관여해야 하는 일이었기 때문에)—로 전송했다. 레이저 유도 폭탄처럼, EOGB도 배스킷에 투하되었다. EOGB가 표적과 충분히 가까워져서 TV 영상이 충분히 상세해졌을 때 무기 담당 장교가 명암 대비가 좋은 지점을 선택하면, 페이브웨이가 레이저 지정점을 추적하듯이, 폭탄이 그 지점을 추적하게 된다. 표적 고정이 되고 나면, 폭탄이 스스로를 표적까지 유도해 간다.

EOGB의 가장 큰 결점은 오직 맑은 날에만 투하될 수 있다는 것이었는데, 이는 맑은 야간에 투하하는 것보다 훨씬 안 좋았다. EOGB는 또한 레이저 유도 폭탄처럼, 하강하면서 기동할 공간을 확보해야 하므로 고고도에서 투하해야 했다. 이로 인해 항공기가 너무 노출되었다. 마찬가지로 곤란했던 것은, TV 화면의 명암 대비 지점을 사용한다는 것은 해당 항공기가 TV에 종속됨을 의미했다. 충분한 명암 대비가 있는 지점만을 타격할 수 있었는데, 그러한 지점은 가장 취약한 지점일 수도 있고 아닐 수도 있었다. 그렇지 않으면 항공기는 주변을 선회하면서 계속해서 폭탄을 인도해야 했는데, 이는 위험한 일이었다. 그같이 명암 대비 부분은 움직이면서 바뀔 수 있으며, 폭탄이 그 과정에서 표적 추적에 실패할 가능성이 상당히 있었다. 마지막으로, 복좌기가 필수적이었기 때문에 F-111이나 F-15E만 폭탄을 운반할 수 있었다.[40]

광학 유도 폭탄은 아마도 아직 완성된 상태가 아니다. 그러나 무기 장교가 통제권을 GBU-15에 넘긴 시점과 표적 충돌 사이 짧은 시간 동안 자율적인 지능이 모습을 드러냈다. 지능화를 향한 느린 진전은 베트남전에서 처음 사용되었다가 사막의 폭풍 작전에서 진가를 발휘한 또 다른 무기인 AGM-65 매버릭(Maverick)에서 찾아볼 수 있다. 매버릭과 레이저 및 전자광학 유도 폭탄 사이의 가장 중요하고 분명한 차이는 전자가 몇 가지 버전이 있다는 점이다. 일부는 대전차 성형 작약을 갖추었고, 다른 것들은 공대함, 공대지 공격을 위한 고폭탄 탄두를 장착했다. 매버릭은 또한 다양한 유도 시스템을 가질 수 있다. 사막의 폭풍 작전 당시 매버릭은 세 가지 방법으로 유도될 수 있었다. 첫째는 TV 유도로, 표적 지점을 전자적으로 고정하거나 영상 중앙에 자동 고정시키는 방식이다. 둘째는 적외선 영상 유도로, TV와 같은 방식이지만 표적을 자동 추적하기 위해 적외선 영상 스펙트럼을 사용한다. 셋째는 페이브웨이 시리즈에서와 같은 레이저 유도이다.

영상 유도 모델(imaging model)은 중요한 진전을 의미한다. 조종사나 무기 장교가 일단 매버릭 센서를 표적에 고정한 후 발사하고 나면 항공기는 자유롭게 움직이거나 다른 표적을 공격할 수 있다. 더욱이 자연광, TV, 적외선 영상 등의 방법을 선택적으로 사용함으로써, 그 무기는 어떤 날씨나 어떤 광도 조건에서도 이용 가능하다. 분명히 다음 단계는 각 탄두에 다중 센서를 장착하여 단 하나의 미사일이 모든 임무에 적합하게 하는 것이다.

이미 1973년과 1982년, 이스라엘군이 적은 수로 대단한 효과를 보았던 매버릭은 사막의 폭풍 작전에서 대활약을 했다. 5,100발 이상의 매버릭이 발사되었고, 대부분 적외선 영상 버전이었으나 TV 버전도 적지 않았다. 매버릭의 약 80% 정도가 전차를 부수는 데 사용되었다. 매버릭의 가장 무서운 점은 전차의 상부—적어도 장갑 부분—를 공격해, 그 운동에너지만으로 이라크 전차를 관통할 수 있었다는 사실이다. 탄두는 굳이 필요하지도 않았다.[41]

매버릭은 많은 장점이 있었는데, 거의 모든 종류의 항공기나 헬리콥터에서 발사 가능했다. 가격은 겨우 5만 달러 남짓이었고, 극도로 정밀하며 살상력이 높았다. 헬리콥터에 탑재되는 매버릭의 사촌인 헬파이어와 함께, 매버릭은 기갑 부대를 파괴할 수 있었다. 하지만 매버릭에도 결점은 있었다. 전술 무기이고, 특히 크지 않았던 매버릭은 전략 표적에는 유용하지 않았다. 또 적외선 영상과 TV 시스템은 정교한 대응수단에 의해 먹통이 될 수 있었다. 가장 중요한 것은 매버릭의 평균 사거리가 3.5마일이었다는 점이다. 이는 그 무기를 사용하는 F-16기와 A-10기는 스스로를 심각한 위험에 빠뜨려야 한다는 것을 의미했다. 적어도 여전히 전투 능력이 있는 적을 상대할 경우에 말이다.

무기의 지능은 사거리 및 크기와 결합되어야 한다. 다시 말해서 무기는 스스로를 원거리까지 유도하고, 스스로 표적을 찾아내며, 그 표적을 파괴하기에 충분한 폭발력을 갖고 있어야 한다. 무기는 또한 작전적으로 신뢰할 수 있을 만큼 충분히 정밀해야 한다. 걸프전에서 토마호크 지상 미사일(TELAM)에 그러한 능력이—비록 그 가능성을 보여주는 데 그친 면이 있지만—존재했다.

토마호크는 걸프전에서 사용된 유일하게 진정한 지능 무기였으며, 아마도 미래 지능 무기의 원형으로서 역할을 하게 될 것이다. 토마호크를 지능적으로 만든 것은 수백 마일 밖에서 표적까지 프로그래밍과 발사 외에는 인간이 전혀 개입하지 않고 정밀하게 스스로를 유도해 갔다는 사실이다. 매버릭이나 헬파이어 같은 자체 유도 폭탄과 달리, 토마호크는 표적 가까이 날아가기 위해 항공기가 필요 없었다. 레이저 유도 폭탄과 달리, 토마호크는 레이저 빔을 비추면서 표적 주변을 맴돌 항공기가 필요 없었다.

토마호크: 지능으로 순항하기

크루즈 미사일은 공기를 흡입하는 엔진이 있다는 점에서 로켓과 다르다. 로켓은 우주에서도 사용할 수 있지만, 크루즈 미사일은 사용할 수 없다. 로켓보다는 항공기처럼 행동한다는 것을 의미한다. 공기를 흡입해야 하는 필요성은 탄화수소 연료를 사용하고 그 연료를 공기와 혼합해야 한다는 것을 의미한다. 이는 또한 보통의 항공기 엔진이 그러하듯이, 속도와 기동성에 제한이 있다는 것을 의미한다—공기의 흐름을 방해하는 어떤 것에도 그러한 제한이 있다. 크루즈 미사일이 로켓보다 유리한 점은 항공기처럼 지속적인 동력 비행이 가능하다는 것이다. 로켓은 짧은 시간 동안만 엔진을 점화하고 최초의 폭발에서 비행을 위한 모든 에너지를 끌어내기 때문에 짧은 거리를 비행하거나 처음에 급증한 관성을 유지하기 위해 지구의 중력에서 벗어나야 한다. 반면 크루즈 미사일은 대기권 내에서 상당히 낮은 고도로 날 수 있는데, 그것은 엔진에서 일정 수준의 에너지를 제공받기 때문이다. 로켓이 크루즈 미사일을 흉내내서 수백 마일을 해수면 높이로 비행하려면 순식간에 연료를 다 소모하고 중력에 의해 즉시 추락하고 말 것이다. 다시 말해, 크루즈 미사일은 일방향 임무를 수행하는 무인 항공기라고 할 수 있다.

미국의 에너지와 자원 대부분이 로켓 기술에 쏠려 있었지만, 제2차 세계대전 이후 미국은 크루즈 미사일 프로그램을 운영해 왔다. 1970년대 이전에 미국이 개발한 가장 중요한 크루즈 미사일은 매타도어(Matador)/메이스(Mace) 시리즈로 최초의 전술핵 미사일이었고, 또 해군의 레귤러스(Regulus)는 고고도, 초음속, 중거리, 핵 운반 시스템이었다.[42] 매타도어와 레귤러스는 미국의 핵 집착, 즉 미국의 타격 항공기가 소련 방공망을 뚫을 수 없을 것이라는 두려움의 결과로 만들어졌다. 소련도 일종의 크루즈 미사일을 개발했는데 그 이유는 전혀 달랐다. 소련의 경우, 전략의 최우선은 미국과 유럽 간의 해상보급로를 차단하는 것이었다. 따라서 소련의 크루즈 미사일은 주로 해군의 것이었으며, 미국 호송선단에 대한 공격을 위해 소련 항공기에 탑재되도록 설계되었다.[43] 대부분의 작전적 크루즈 미사일은 1970년에 버려졌는데, 단 하운드 독(Hound Dog)만은 살아남았다. 하운드 독은 B-52에 탑재되는 단거리 크루즈 미사일로, B-52가 표적 주변의 밀집된 방공망을 침투하지 않고도 폭격을 수행할 수 있게 해주었다.

크루즈 미사일은 포기되자마자 재고안되어야 했다. 핵무기는 광역 폭발 무기여서 통상적으로 표적 설정의 정밀성을 크게 요구하지 않는 무기였다. 1960년대에 대륙 간 탄도 미사일이 지하로 들어가기 시작했고, 1970년대에는 지하 미사일 사일로가 강화되었다. 이는 적의 미사일이 그것들을 파괴하려면 더욱더 정확해져야 한다는 것을 의미했다. 미니트맨(Minuteman) 미사일의 원형공산오차는 사일로의 파괴를 보장하기에 충분하지 못했고, 잠수함 발사 미사일의 경우는 훨씬 더 나빴다. 한 가지 대안은 엄청나게 비싸지만 MX 같은 제3세대 미사일을 쓰는 것이었다. 다른 대안은 공중발사 크루즈 미사일(ALCM)이었다. 이것은 자체 유도, 저공비행, 지형 탐색 무기가 되도록 설계되었으며, 시속 500마일의 속도로 상당한 정확성을 가지고 지상의 표적을 공격할 수 있었다.[44] B-52에서 발사되는 경우, ACLM은 1,500마일 정도의 사거리를 가졌는데, 이는 항공기가 밀집된 방공 시스템 밖에서 발사할 수 있게 했다.

해군도 1972년 크루즈 미사일 개발 프로그램에 착수했고, 잠수함과 수상함 모두를 발사 플랫폼으로 사용했다. 베트남전 중 해군은 갈수록 뚫기 어려워지는 방공망을 뚫고 표적을 정확히 타격할 수 있는 무기의 필요성을 절감했다. 해군이 무기 제작자들에게 제시한 비공식적 지침은, 그들이 샌디에이고 근처에서 운항 중인 잠수함에서 수중 발사되고 국토를 가로질러 낮게 날되, 산악 지형을 통과해 시카고까지 도달하고, 랭글리Wraglely 기지까지 찾아올 수 있는 무기를 설계해야 한다는 것이었다.[45]

그 결과가 바로 토마호크였다.

잠수함의 어뢰 발사관 안에 들어갈 수 있게 설계된 토마호크 지상 공격 미사일은 고작 길이가 18피트, 직경이 21인치였으며, 발사 후 펼쳐지는 8피트 폭의 날개가 있었다. 그 미사일은 고체 추진 로켓으로 발사되었으며, 어뢰실 내에서 12초간의 연소 후 관 밖으로 배출되었다. 그 후에 터보팬 엔진이 가동되면 시속 381~571마일까지 속도가 나오고, 저속에서는 연비가 더 좋아진다. 크기가 작아서 실을 수 있는 연료의 양이 제한되었다. 사막의 폭풍 작전에서 사용되었고 재래식 탄두 모델인 C 시리즈는 약 800마일의 사거리를 가지고 있다.

토마호크를 그토록 놀랍고 그토록 잠재적으로 지능적으로 만들어준 것은 3중 유도체계였다. 관성 유도(inertial guidance)는 대륙 간 탄도탄에 사용되었던 것과 비슷한데, 시스템의 핵심이다. 이것은 방향 및 속도와 관련해, 내장된 컴퓨터로 계산된 데이터를 제공함으로써 토마호크의 궤적을 결정한다. 모든 관성 시스템에는 내재된 부정확성이 있기 때문에, 그것이 제공하는 정보는 지형 윤곽 대조(TERCOM, terrain contour matching) 시스템의 자료로 보완되어야 한다. 매타도어 미사일에 구축되었던 초기 시스템인 ATAR에서 파생된 TERCOM은 미사일이 지나가는 지형의 윤곽을 레이더 고도계로 측정하고 위상 지도(topological map)를 작성한다. 그런 다음 컴퓨터가 이 지도 (지리적 구성물과 인간이 만든 구성물 모두를 포함하는)를 내장되어 있는 지도와 비교한다.

관성 유도와 TERCOM만을 사용해서는, TLAM의 원형공산오차가 300피트 정도 되는데, 이는 높은 수준의 정밀성을 요구하는 표적에는 허용될 수 없는 수치이다. 토마호크의 정밀성을 완벽에 가깝게 끌어올리기 위해 그것이 표적 지역에 접근할 때 또 다른 유도 시스템이 사용된다. 디지털 영상 대조 항법(DSMAC, Digital Scene-Mapping Area Correlator)은 종말 단계에서 작동하는데, 가시 대역(visible band) 내에 있는 표적을 찾기 위해 광학 스캐닝 시스템을 사용한다. 그 시스템은 자신이 받은 영상과 저장된 영상과 비교한다. 표적을 찾아내면, 자동 추적을 하고 아주 정확하게 표적으로 유도된 다음, 1,000파운드의 폭탄, 상당한 운동에너지, 불타는 연료 등으로 표적을 강타한다. 이것은 분명 위력적인 무기이다. 그러나 한 발당 110만 달러라는 점을 생각하면, 더 나은 것이어야 했다.[46]

토마호크 미사일은 걸프전에서 발사된 무기 중에서 아주 작은 부분을 차지하고, 정밀 유도 무기 중에서도 적은 부분이다. 그러나 토마호크와 F-117은 모두 필수 불가결했다. 그 무기들은 이라크 전력 시스템에 대한 공격의 대부분을 수행했고, 바그다드에 있는 지휘, 통신 시설뿐만 아니라 주요 방공 통제 시설을 파괴하는 데 핵심적이었다.[47]

토마호크 미사일에도 많은 약점이 있었다. 속도가 느렸고, 표적에 닿기까지 수 시간이 걸렸으며, 800마일의 사거리는 심각한 제약이었다(호르무즈 해협에서 쿠웨이트-이라크 국경까지는 900마일 정도 된다. 미군 함정들의 페르시아만 진입이 기뢰나 미사일 등으로 차단당했다면, 바그다드는 홍해로부터 사거리의 맨 끝에 있었을 것이다). 1,000파운드짜리 폭탄의 폭발력은 때때로 충분하지 못했다. 예를 들면, 그 폭탄은 강화된 표적에는 사용될 수 없었다. 또 프로그램을 하는 데 오랜 시간이 걸렸는데, 지형 데이터, 최종 도착지 영상 데이터, 관성 데이터 등의 입력이 필요했다. 더욱이 그것은 해군에서 제대로 된 영상을 확보한 표적만 타격할 수 있고 주의 깊게 지도화된 지형 위로만 지나갈 수 있었다. 이는 영리한 적이 컴퓨터 데이터베이스 영상과 미사일 광학 시스템상 영상 간에 중요한 차이를 만들어내기 위해 핵심 시설의 주요 형상을 계속 바꿈으로써 그 무기의 유용성을 약화시킬 수 있음을 의미했다. 마찬가지로 지형은 예상된 공격 축선에 따라 바뀔 수 있었다(일부 토마호크 미사일은 다국적군 항공기에 의한 이전의 공격으로 지형이 변했기 때문에 실종되었다고 한다.)

이 모든 약점에도 불구하고 토마호크 미사일은 무기의 미래를 나타낸다. 더 나은 속도, 더 긴 사거리, 더 많은 폭탄, 그리고 더 진보된 영상 분석 프로그램을 갖추기만 하면, 우리는 군인들을 위험에 빠뜨리지 않고도 전략 폭격을 수행할 수 있는 무기체계를 손에 쥐게 된다. 실제로 토마호크를 예로 들면, 토마호크에 자탄들을 장착하고 표적 지역까지 날아가게 해서 자탄들을 방출하면, 자탄들은 자체 센서를 사용해 표적을 찾아가고, 토마호크는 또 다른 장착을 위해 기지로 귀환하게 된다. 이것은 미래에 일어날 일이지만 아주 먼 미래는 아닐 것이다

결론: 미래로의 전환으로서 걸프전

정밀 유도 무기는 항공전에서 본 적이 없는 전력의 경제적 운용(economy of force)을 가능하게 했다. 과거에는 특정 표적을 파괴하는 데 수백 또는 수천 개의 폭탄이 필요했는데, 이제는 몇 개만으로도 충분하다. 과거에는 공격 임무를 수행하기 위해 수십 또는 수백 대의 항공기가 필요했지만, 이제 2, 3대

면 충분해진다. 수량적인 차이는 매우 큰 질적 차이를 수반한다. 레이저와 광학 유도 폭탄에서 크루즈 미사일에 이르기까지 정밀 무기는 군사 기획가들의 기대를 바꾸어 놓았다. 정밀 무기들은 무엇이 가능한지를 재정의했다.

모든 전쟁은 보급선과 통신선을 차단하는 것을 목표로 삼는다. 이를 위한 전통적인 수단은 적의 대형을 포위하는 지상 작전이었다. 항공기는 여기에 더 큰 가능성을 부여하는 듯했으나, 베트남전에서 쉽게 볼 수 있듯이 항공력으로는 전술적, 전략적 고립 모두 이뤄내기가 불가능했다. 사막의 폭풍 작전에서 작전 기획은 공중에서 통신과 보급을 타격하는 것이 가능하고, 특히 통신을 차단함으로써 다국적군이 지상전을 수행할 수 있는 능력이 극적으로 강화될 것이라는 가정에서 출발했다. 어쨌든 이라크는 상당 수준의 전력을 갖고 강력한 방어망을 구축해 놓고 있었다. 그들의 무기는 미국의 무기보다 떨어지기는 했으나, 외관상으로는 그렇게 크게 뒤지지 않았다. 만약 이라크군 지휘부가 야전의 군대들과 통신할 수 있었고, 또 지상전에서 그들의 움직임을 통제할 수 있었다면, 이 군대들의 저항 능력은 무시할 수 없는 수준이었을 것이다.

걸프전 종전 이후, 항공력이 얼마나 효과적이었는지, 특히 지휘, 통제, 통신, 정보 시설을 상대로 얼마나 효과적이었는지에 대한 논란이 제기되었다. 이 논란은 공군이 의뢰한 『걸프전 항공력 조사Gulf War Air Power Survey』가 출간되면서 정점에 이르렀다. 이 조사는 다음과 같이 비관적으로 결론을 내리고 있다.

> L(지휘부)과 CCC(통신) 표적에 대한 공격으로 이라크의 지휘부가 일부 붕괴와 혼란에 처하기는 했지만, 이 정권의 기능은 1991년 2월 23일 다국적군의 지상 공세가 시작되기 전까지 마비되거나 파괴되지 않았다. 상세한 이라크 측 정보가 없는 상태에서는, 다국적군의 공습이 어느 정도의 붕괴와 혼란을 초래했는지에 대한 정확한 평가가 있을 수 없다.[48]

이 조사는 두 가지 중요한 점을 간과했다. 첫째, 문제는 이라크 정권이 계속 기능했느냐 여부가 아니었다. 그러한 성공 기준에 따르면, 다국적군의 공습은 당연히 실패로 간주될 수밖에 없다. 그보다는, 문제는 이라크 정권이 전쟁을 수행할 만큼 충분히 효율적으로 쿠웨이트 내 자신의 군대를 통제할 수 있었느냐이다. 둘째, 이라크 측 자료를 조사해야만 항공력의 효과를 측정할 수 있다는 주장은 말이 되지 않는다. 항공력의 효과는 쿠웨이트 내 이라크군의 행동이라는 최선의 척도를 갖고 있다. 이라크군은 마치 중앙의 통제 하에 있지 않은 것처럼 행동했다. 확실히 바그다드는 단순히 퇴각 명령을 내리거나 방어막을 형성하기 위해 병력을 배치할 수도 없었다. 하지만 퇴각을 명령하는 것과 퇴각을 관리하는 것 사이에는 큰 차이가 있다. 전쟁은 명령하는 것일 뿐만 아니라 통제하는 것이기도 하다.

위 조사는 사실상 다음과 같은 점 또한 이해하고 있다.

> 바그다드의 지휘부는 아마도 대부분의 통신 수단과 쿠웨이트 전장과의 전반적인 연결—이동하는 다국적군에 대한 지속적인 공세 작전의 실시간 지시를 위해 필수적이었다—을 잃어버렸던 반면, 외관상으로는 쿠웨이트 전장과의 연결이 완벽하게 단절된 것은 아니었다.[49]

이라크가 지속적인 공세적 전쟁을 하기 위한 통신 역량을 갖고 있지 않았다는 언급은 이라크가 전쟁을 수행할 수 없다고 말하는 것과 같다. 쿠웨이트 내의 이라크군은 서쪽 측면부가 완전히 노출된 돌출부를 점령했다. 만약 다국적군이 그 측면부를 따라 마음대로 타격할 수 있다면, 이라크는 패배하게 될 것이다. 다국적군의 공세에 대한 정통적이고 합리적인 반격은 다국적군의 노출된 동쪽 측면을 치는 것이었다. 이 조사가 통신 시스템의 붕괴로 그와 같은 작전이 불가능했을 것이라고 주장한 것은 이라크군이 통신 시스템의 붕괴로 인해 패했다는 사실을 인정한 것이라 할 수 있다.

역사상 처음으로 항공력이 통신선을 너무나 효과적으로 차단해서, 사실상 어떤 군대도 움직일 수 없었다는 사실을 이해할 필요가 있다. 이는 대단한 일이다.

자신의 방공 시스템과 지상군을 지휘하고 통제할 수 있는 적 지휘관의 능력을 파괴함으로써 전쟁에서 이겼다는 전제를 받아들인다면, 이러한 목표를 성취한 무기체계는 전쟁의 전략무기라는 결론에 이르게 된다. 걸프전의 경우, 두 가지 전략무기는 F-117과 토마호크 미사일이었다.

이 중 어느 것이 핵심 시설에 더 많은 피해를 입혔는지에 대한 흥미로운 주장이 있지만, 그 주장은 실제로는 논란의 여지가 있다. 두 무기체계 모두 전장을 이리저리 자유롭게 돌아다니고, 임무의 절반 이상(가장 보수적인 추정으로도)이 성공적이었을 정도의 정확성으로 폭격할 수 있는 능력을 지녔다. 더욱이 이 전략무기들은 다른 어떤 무기도 해낼 수 없는 임무를 수행했다. F-15기, F-16기, F-111기, 그리고 나머지 항공기들은 이라크의 중심부를 그토록 철저하게 그리고 거의 피해를 입히지 않고 파괴할 수 없었다. F-117기와 토마호크가 없었다면, 전쟁은 전혀 다른 양상을 띠었을 것이다.

드물게 사용된 한 무기는 이런 맥락에서 언급할 가치가 있다. 그것은 재래식 공중발사 크루즈 미사일(CALCM)로, 미 공군은 이 미사일을 많이 발사하지 않았지만(해군이 298발의 TLAM을 사용한 것에 비해 35발을 사용했다),[50] 그 위력이 덜하지 않았다. 두 가지 점이 이 CALCM을 흥미롭게 만든다. 첫째, 그것은 작전 개시 거의 12시간 전에 루이지애나 박스데일Barksdale 공군 기지를 발진한 항공기─B-52G기─로부터 발사되었는데, 활동에 있어 그 필요성보다 내구성으로 더 잘 알려져 있다. 둘째, 그 유도 시스템은 근본적으로 새로운 설계였다. 1985년 미 공군은 약 100여 대의 크루즈 미사일에 장착된 핵탄두를 1,000파운드짜리 재래식 파편 탄두(fragmentation warhead)로 대체했다. 이와 동시에 구형 관성 유도 시스템을 위성 위치 확인 시스템(GPS)을 중심으로 구축된, 전혀 새로운 시스템으로 대체했다.

1980년대, 미국은 내브스타(Navstar)로 알려진 인공위성 무리를 궤도에 올려 놓았다. 걸프전 당시, 이 중 16대가 궤도에 있었다. 각각의 인공위성은 일정한 신호를 내보냈고, 이는 적절한 수신기를 가진 누구든 3차원적으로 자기 위치를 알아낼 수 있게 했다(인공위성들의 불안정한 특성 때문에, 고도는 하루 중 16시간만, 지상 위치는 하루 중 22시간만 알아낼 수 있었다). GPS는 사막의 폭풍 작전에서 인기가 폭발했으며, 전쟁에서 처음으로 우주 기반 시스템이 전술 작전에 필수 불가결한 요소가 되었다. GPS는 CALCM에 놀라운 정확성을 부여했다. 사상 처음으로 유도가 우주 기반 시스템에 의해 제공되었다.[51]

CALCM은 토마호크처럼 우리가 관심을 공중전에서 우주전으로 돌리게 한다. 기획자가 자신이 무엇을 타격하기를 원하는지, 그 표적이 정확히 어디에 있는지를 알지 못하는 한 어떤 임무도 있을 수 없다. 지형이 파괴된 건물, 새로운 구조물, 위장물 등을 포함하는 상세한 최신 변화들로 정확히 정의되지 않는 한, 어떤 임무도 가능하지 않다. 적의 눈을 멀게 하는 것이 중요한 만큼, 스스로 직접 볼 수 있는 것도 중요하다. 그리고 사막의 폭풍 작전이 우리에게 소개해준 것은 새로운 탐지 방식뿐만 아니라 탐지를 위한 새로운 플랫폼이다. 요컨대, 크루즈 미사일과, 실은 그 전쟁 전체가 미국 군사력의 새로운 중심인 우주에 의존했다.

12

최종 게임:
유인 항공기의 진부화

End Game:
The Senilty Of The Manned Aircraft

걸프전까지 항공 교리의 기술적 토대는 본질적으로 도전받지 않았다. 일반적으로 인정된 항공전의 무기 플랫폼은 유인, 흡기식 항공기였다. 항공기는 음속 전후의 속도로 움직이면서, 7톤가량의 폭탄을 1,000마일 이하의 거리를 재급유 없이 실어나를 수 있었다. 그와 같은 모든 플랫폼이 지상 표적을 공격하는 것과 적 항공기와 교전하는 것 모두를 수행할 수 있어야 하는지, 아니면 각기 다른 임무에 투입되는 각기 다른 플랫폼이 설계되어야 하는지를 놓고 논쟁이 불붙었던 적이 있었다. 그러나 표적을 공격하는 유일한 방법은 조종수나, 폭탄을 적절한 시점에 투하하는 승무원이 탑승한 유인 항공기가 표적 가까이 접근하는 것이라고 항상 가정되었다.

정밀 무기의 등장은 이 같은 접근의 타당성을 확인하는 듯했다. 레이저 유도 폭탄과 그와 비슷한 무기들로 인해 항공 폭격의 역사적 결함—부정확성—이 사라진 것처럼 보였다. 유인 폭격기는 제2차 세계대전 중 주간 정밀폭격의 주창자들이 꿈꾸었던 것처럼 마침내 정밀한 외과적 수술 도구가 될 준비를 갖추었다.

그러나 유인 폭격기의 성공에는 파멸의 씨앗이 감춰져 있었다. 공격 항공기가 정확성을 베트남전의 300발 중 1발에서 걸프전의 2발 중 1발로 증가시킬 수 있게 한 정밀 기술은 필연적으로 방공 시스템의 정확성을 높여 주었다. 사막의 폭풍 작전에서 항공기가 이라크 표적들을 모조리 파괴할 수 있게 한 다수의 센서들—레이더, 적외선, 레이저, 음향—은 유인 항공기를 상대로도 사용될 수 있었다. 우리는 다국적군 사령부가 F-117A 스텔스 전투기 외에는 모든 항공기에 대해 위험하다는 이유로 바그다드 중심부에 접근하지 못하도록 했을 때 그에 대한 징후를 보았다.

분명히 유인 항공기는 임무 수행을 위해 더 복잡하고 값비싼 기술을 동원해 계속 건재할 수 있다. 또 적의 레이더 시스템을 전자적 방해장치로 교란하고, 섬광탄과 열기 방출 장비로 적외선 센서를 교란하며, 미사일로 표적을 찾으려는 레이더 시스템을 파괴하거나, 저식별 기술을 응용해 소위 스텔스기가 될 수도 있고, 원거리 투사 무기를 써서 항공기가 적의 방공 시스템이 밀집된 지역까지 들어가지 않을 수도 있다.

직접적이고 솔직하게 제기된 적은 거의 없지만, 항공력 옹호자들에게 제기되는 가장 중요한 질문은 유인 항공기가 전장에서 주요한 무기 투사 플랫폼으로 계속 기능할 수 있는지 그리고 얼마나 오래 기능할 수 있는지이다. 어느 시점에 항공기를 계속 띄우는 데 소요되는 비용이 그 임무의 가치를 앞지를 것인가? 어느 시점에 조종사가 받는 스트레스—그가 생존하기 위해 실행해야 하는 기동과 그가 받아들이고 결정을 내려야 하는 데이터의 양에 의해 받는 스트레스—가 유인 폭격기가 작동하는 것을 불가능하게 만들 것인가? 조종사는 조종석에 계속 남아 있을 수 있는가? 조종사는 항공기를 통제하기 위해 조종석에 있어야만 하는가?

항공 기획자들은 이런 질문들을 매우 조용히 제기해 왔다. 질문이 공개되면 항공력 전체에 대한 대중의 지지가 저하될 것을 알고 있기 때문이다. 그들은 유인 항공기가 결정적 무기라고 간주되는 세계에서 살아온 사람들에게서 그것의 진부화를 생각한다는 것이 얼마나 견디기 어려운 일인지도 알고 있다. 확실히 유인 항공기의 몰락—만약 이런 일이 일어난다면—은 항공력이나 우주 항공력의 몰락을 의미하지는 않을 것이다. 이런 일이 일어날 것에 대한 두려움은 크루즈 미사일에 대한 사고나 그것의 배치를 제한해 왔고 필연적으로 계속 그럴 것이다.[1] 유인 폭격이냐 크루즈 미사일이냐의 논쟁은 공군 내에서 그리고 공군과 민간인 기획자들 사이에서 향후 10년간 가장 중요한 현안이 될 것이다. 그 결과는 최소한 제2차 세계대전 직전 전함이냐 항공모함이냐를 놓고 해군 장성들 간에 벌어졌던 논쟁만큼 치명적일 것이다.

공군은 이미 첫발을 내디뎠다. 1989년 공군 연구 위원회에서 수행한 연구에서 다음과 같은 주장이 있었다.

> 대기 중에서 두 극단(마하 8의 속도와 지구 자전 속도)을 오가는 초음속 비행을 지속하는 것은 중대한 기술적 난관을 야기한다. 표면 가열, 추력, 기체의 안정성과 통제, 적외선 신호, 조준, 그리고 무기 발사의 문

제들은 이러한 속도 대에서의 어떤 잠재적인 군사적 이점을 불가능하게 만들 수도 있다.[2]

이러한 동일한 문제들은 마하 8에 준하는 속도에서 해결 가능하다고 여겨진다—이 속도는 당연히 조종사가 타고 있을 때의 속도이다. 결과적으로, 사람들은 그러한 문제들이 어느 정도까지 기술적이고, 어느 정도까지 심리적인지에 관해 궁금해한다.

무기가 빠른 속도로 원거리를 이동하는 것은 기술적 가능성이자 군사적 필요성으로 남아 있다. 질문은 유인 항공기가 포함되어야 하는지 여부다. 우리는 사막의 폭풍 작전을 통해, 이제는 우주 기반의 센서들을 이용해 표적을 선택하고, 발사체가 수백 마일을 이동하도록 지시하고, 그리고 거의 완벽할 정도로 정확하게 표적을 타격하는 것이 가능하다는 것을 알고 있다. 기억해야 할 것은 토마호크는 크루즈 미사일의 초기 모델이라는 점이다. 그 사거리, 속도, 정교함은 다음 세대에 걸쳐 늘어날 것이다. 만약 역사가 안내자라면 그러한 증가는 극적일 것이고, 실제로는 기학급수적일 것이다. 결국 다른 대륙에 있는 표적을 향해 극초음속의 속도—마하 8~30—로 자체 유도해 갈 수 있고, 도착해서 작은 자탄들을 방출할 수 있는 무기들이 존재할 수 있으며, 그리고 그 무기들은 대륙 간 거리에서도 전투의 전술적 전개에 영향을 미칠 수 있게 될 것이다. 콜로라도 공군 기지에서 발사된 무기가 몇 분 만에 한국에 있는 기갑 부대까지 날아가서 각각의 개별 차량을 찾아낸 다음 파괴할 수 있다. 만약 기술이 대륙 간, 극초음속 영역으로 확대될 수 없고 단지 대륙 내, 초음속 범위까지만 나아갈 수 있다고 할지라도, 유인 항공기가 여전히 필요할 것인가?

유인 항공기가 정밀무기에 대해 효과적인 대응조치를 취할 수 있다고 해도, 과연 적의 진지에 폭탄을 투사하는 최선의 수단이라고 할 수 있을까? 분명히 사막의 폭풍 작전 이전에는 유인 항공기가 화포의 사거리 너머에서 적에게 화력을 투사하는 유일한 방법이었다. 하지만 그 이후의 질문은 유인 항공기가 공격 역할을 계속 수행할 수 있는지만이 아니라 그것이 과연 공격 역할을 계속 수행할 필요가 있는지이다.

민첩성과 불가시성: 생존 투쟁

현대의 항공기는 그보다 빠른 공격자에게 항상 위협당하고 있다. 공대공 미사일과 지대공 미사일은 모두 항공기의 최대 속도 이상으로 움직일 수 있다. 초음속 전투기는 마하 2 이상의 속도를 낼 수 있으나, 조종사가 자기 항공기를 그 정도 속도까지 밀어붙이는 일은 매우 드물다. 베트남전 중 마하 1.8 이상의 속도를 내어본 항공기는 한 대도 없었고, 단 몇 초 간 마하 1.6 이상의 속도를 낸 경우가 다소 있었으며, 몇 시간 동안 마하 1.2 이상 낸 경우도 얼마간 있었다. 대부분의 전투 기간에는 마하 1.2 또는 그 이하의 속도를 기록했다.[3]

속도에는 두 가지 제한 요소가 있다. 첫째는 연료이다. 초음속을 내는 경우 연료 소모율이 너무 높아서 지속적인 비행은 현실적으로 어렵다. 둘째는 기동성이다. 항공기가 빠르게 비행할수록 기동성은 감소한다. 고속 비행은 항공기 동체와 조종사에게 스트레스를 주기 때문이다. 가령 급속한 선회나 고도 변경은 중력 가속도(G)를 갑자기 올린다. 일시적 G 계수가 높은 기동일수록 항공기의 부담이 커지고 기체의 피로가 증가한다. 그리고 더 숙련된 조종사가 필요하고 허용 오차(margin of error)가 더 낮아진다. 그 결과 전투 비행의 대부분은 마하 0.6이나 0.7로, 마하 1보다 낮은 속도에서 9G 이하의 압력을 받으며 이루어진다.

항공기를 격추하기 위해 존재하는 미사일들은 더 빠르고 더 민첩하다. 소련의 SA-10 지대공 미사일은 약 50마일의 최대 사거리, 약 10만 피트의 최고 고도를 가지고 있고, 약 마하 6의 속도로 움직이며, 100G(그 중량의 1백 배)를 견딜 수 있다. 이 모든 것은 이 미사일이 인상적인 기동 범위를 가질 수 있게 한다.⁴ 소련의 SA-14는 휴대용 지대공 미사일로 22.8파운드의 무게가 나가고, 음속 이하의 속도로 비행하는 저공 공격 항공기를 마하 1.75로 공격할 수 있다.⁵

다른 항공기가 발사하는 공대공 미사일도 만만치 않다. 미국의 새로운 첨단 중거리 공대공 미사일(AMRAAM)은 거의 50마일의 사거리와 마하 4의 최대 속도를 갖고 있다. AMRAAM의 차세대 버전으로 개발되고 있는 HAVE DASH II는 G계수를 현재의 35에서 50으로 증가시킬 것이다. 구형 스패로우(Sparrow) 미사일은 어떤 발사에서도 73%의 살상률을 냈다고 한다.⁶

항공기와 그것을 위협하는 기술 사이에는 확실히 불일치가 있다. 실제로 전반적인 특성의 차이를 고려할 때, 적이 나름 현대적인 대공 미사일을 가진 상황에서 항공기가 살아남는 것이 신기할 정도이다. 그러나 걸프전에서 보았듯이 전반적 특성이 항공기가 살아남게 하는 유일한 요인은 아니다.

사막의 폭풍 작전에서 항공 작전의 성공은 이라크의 방공 시스템을 제압하기 위한 다국적군의 능력에 달려 있었다. 즉, 지대공 미사일과 공대공 미사일 모두의 발사를 막은 것이 중요했다. 만약 그것이 여의치 않았다면 적의 미사일 센서를 교란해야 했고, 그것도 안 되면 탐지되지 않는 항공기를 사용해야 했다. 이 모든 것이 안 된다면, 항공기는 적의 미사일을 피할 수 있을 만큼 충분히 민첩해야만 했다.

이라크의 방공망은 지상 기반 방공망과 항공기를 작동시키는 명령 및 통제 시스템과 연결된 레이더 시설들로 이루어져 있었다. 미국은 이 시스템을 설계한 프랑스로부터, 그리고 많은 중고 지대공 미사일을 공급했던 소련으로부터 이 시스템에 대한 매우 유용한 정보를 확보했다. 또한 미국은 신호 및 전자적 정보 수집을 통해 이 시스템에 대한 많은 것을 알고 있었다.

이라크의 방공 시스템에는 두 가지 약점이 있었다. 첫째, 너무 집중화되어 있었다. 전장의 실시간 통제를 단일한 지휘권 아래 두는 것이 비합리적인 것은 아니다. 이는 제한된 자원이 모든 작전 조건을 파악하고 있는 몇 사람들에 의해 분배될 수 있게 한다. 그러나 이 같은 조직 구조의 단점은 중심부가 파괴되면 시스템 전체가 마비된다는 것이다. 이라크의 시스템은 비효율적인 자원 할당 없이 지휘권을 분산할 방법이 없었다. 방공 작전에서 중앙집중화를 강조하는 소련의 영향이 이 문제를 심화시켰다. 결국 몇 개의 핵심 지점과 함께 이라크의 중심부가 파괴되자 전체 시스템이 붕괴했다.

둘째, 이 시스템의 작동은 액티브 센서, 즉 레이더에 의존했다. 시스템 전체나 개별 발사기지 모두가 내습하는 항공기를 포착하는 탐색 레이더를 중심으로 구축되었다. 일단 항공기가 특정 미사일의 요격 범위—이는 물론 시스템에 구축된 사거리와 고도(altitude) 능력에 달려 있다—에 들어오면 그 미사일이 발사되게 된다. 이 시점부터, 미사일을 표적까지 유도하는 것은 몇 가지 방법으로 진행될 수 있다. 지상의 추적 레이더는 무선 지시를 통해 미사일을 표적까지 유도한다. 이것은 소련의 구형 SA-3의 경우였다. 또 다른 방법에서는 반능동 유도식(semi-active homing)으로, 지상의 레이더가 항공기를 포착, 추적, 조사하면, 미사일이 반사점을 자동 추적하게 된다. 제3의 방법에서는 추적 레이더가 항공기를 탐지하고 그 방향으로 적외선 추적 장치에 의해 유도되는 지대공 미사일을 발사한다.[7]

이라크 레이더 시스템의 문제는 그것이 제대로 작동하지 않았다는 것이 아니라, 너무 잘 작동했다는 것이다. 레이더는 능동적이다. 레이더가 방출하는 방사(radiation)는 역추적될 수 있다. 따라서 사막의 폭풍 작전에서, 미국은 레이더를 이라크 방공 시스템의 아킬레스건으로 바꾸어 놓았고, 그럼으로써 그것은 이라크군의 아킬레스건이 되었다.

베트남전 동안 미국은 와일드 위즐(Wild Weasel)로 알려진 항공기들을 개발했다. 이 항공기들은 적의 공역으로 날아가, 적의 레이더를 작동시키는 것을 목표로 했다.[8] 정밀 센서와 프로세서를 갖춘 와일드 위즐기는 자신을 쫓는 레이더 빔을 추적하고, 그런 다음 방사 추적 미사일(anti-radiation Missile)을 발사해서 레이더 송신기를 파괴한다. 사막의 폭풍 작전 동안 와일드 위즐의 역할은 공군에서는 F-4G 팬텀 II가 은밀히 맡았으며, 해군에서는 EA-6 프라울러(Prowler)가 맡았다. 가장 중요한 방사 추적 미사일은 고속 방사 추적 미사일(HARM)이었다.

빠른 속도가 결정적이다. 방사 추적 미사일이 방공 미사일이 발사되기 전에 레이더 송신기를 파괴하거나, 만약 그게 불가능하면 적어도 방공 미사일이 자신의 센서로 와일드 위즐기를 자동 추적할 수 있기 전에 파괴하는 것이 필수적이다. 만약 HARM이 이 임무를 효과적으로 해낼 수 있다면—그리고 그것은 걸프전에서 놀랍도록 성공적이었다—와일드 위즐의 방사 센서는 미사일 내부의 유도 시스템과 결합되어 적의 방공 시스템을 교란시키거나 심지어 파괴할 수 있다.

표면상으로, 지상 기반 레이더에 대응할 수 있는 와일드 위즐의 능력은 항공기가 이전보다 훨씬 더 안전해진 시대로 진입했음을 의미하는 것처럼 보일 것이다. 베트남전과 1973년 아랍-이스라엘 전쟁에서 소련식 지대공 미사일은 대단히 효과적이었고, 항공기들에 큰 피해를 입혔다. 와일드 위즐은 레이더가 항공기 추적을 불가능하게 함으로써 문제를 해결한 것처럼 보였을 것이다. 영국 전투(Battle of Britain) 이후 방공망의 토대인 레이더를 제압함으로써 항공력이 위력을 떨칠 수 있는 새로운 시대로 진입한 듯했다.

사실상, 이것이 의미하는 것은 1982년 이스라엘이 시리아의 소련제 방공 시스템에 대응할 수 있었던 것처럼, 항공력이 소련식으로 조직된 방공 시스템에 잘 대응할 수 있었다는 것이다. 대 레이더 전략의 주요한 약점은 HARM 식의 미사일이 레이더 송신기에 대해서만 효과적이었다는 것이다. 레이더 송신기는 미사일, 발사기, 또는 지휘 센터, 심지어 레이더의 데이터 처리기로부터 몇 피트 혹은 몇 마일 떨어진 어느 곳에든 있을 수 있다. 레이더 송신기나 안테나는 시스템에서 가장 저렴한 것에 지나지 않는다. 그것을 파괴할 수 있다고 해서 전체 시스템을 끝장낼 수 있는 것은 아니다.

몇 가지 단순한 혁신으로 다국적군의 성공을 막을 수 있었다.

- 광범위한 발사기와 연결된 다중 센서 시스템을 만들어낸다. 와일드 위즐이 한 지역에 들어오면 하나의 송신기가 아니라 20~30개의 송신기가 레이더

를 방사하고, 모두가 그것을 자동 추적하며, 일부는 HARM 미사일의 사거리 밖에서 자동 추적한다.—HARM 미사일의 사거리는 10~90마일이고, 최적의 사거리는 40~63마일이라고 알려져 있다.[9] 범위 내에 있는 모든 발사기는 어떤 레이더 장치에 의해서도 제어될 수 있다.

- 기만(decoy) 송신기 네트워크를 개발한다. 송신기를 무기 통제 시스템에 연결하지 않고 사용되는 모든 레이더 대역의 마이크로파를 방출해 해당 지역을 뒤덮는다. 작전 레이더를 가동하면서 다른 20개의 방사원(radiation source)을 동시에 가동한다. 와일드 위즐이 어느 방사원이 지휘 및 통제 시스템에 연결되어 있고, 어느 방사원이 기만용인지 파악하게 만든다—그리고 와일드 위즐을 뒤쫓는 미사일이 자동 추적에 들어가기 전에 이 일을 한다. 신호들이 서로를 간섭하는 문제가 있다면, 레이저 유도 폭탄과 마찬가지로 반능동 유도(semiactive homig) 시스템이 광원에서 나온 빛을 향해 나아가게 하는 프로그램을 개발한다.

- 지대공 미사일이 무게로 인한 불이익을 받지 않고 자체 능동 레이더 추적장치를 탑재할 수 있게 하는 급속 소형화(crash miniaturization) 프로그램에 착수한다. HARM을 발사해 송신기를 맞추는 것은 쉽지만, 마하 6에 가까운 속도로 접근하면서 50~100 G(중력가속도)의 기동하는 지대공 미사일을 쏘아 떨어뜨리기란 결코 쉽지 않다.

- 수많은 자체 센서와 항공 전자기기를 갖춘 미국식 공군력을 보유하고 있다고 가정한다면, 레이더는 꺼버리고 전투기들을 띄워 와일드 위즐을 사냥하게 한다. 방사 추적은 와일드 위즐이 전투기에 의해 가로막히지 않거나 그 위협이 항상 관리된다는 것을 전제로 한다. 미 공군이 이라크 대신 이스라엘 공군을 상대했다고 상상해 보자. 요격기들로 인해 와일드 위즐이 살아남기란 무척 힘들었을 것이다. 그때 F-15기와 F-16기가 구원에 나선다면, 대어를 잡기 위해 모든 레이더를 가동한다. 와일드 위즐은 미사일을 못 쏘게 하고, 공중 우위 전투기들은 적의 요격기들을 파괴한다. 어느 것이 먼저인가—닭인가 달걀인가?

12 최종 게임: 유인 항공기의 진부화

- 모든 것이 실패하면 능동 센서를 버리고 수동 센서를 쓴다. 앞서 논의했던, 적외선 탐지와 전자광학 탐지의 발전은 항공기에도 적용된다. 이 두 가지 명백한 선택지들에 자외선 탐지와 음향 탐지와 같은 현재 발전이 이루어지고 있는 영역을 더한다면, 다양한 수동 센서들이 지대공 미사일을 탐지하고 유도하는 데 사용될 수 있을 것이다.

와일드 위즐은 매우 특정 센서에 대해 매우 유용한 수단이다. 사막의 폭풍 작전에서 적이 그 센서에만 의존해 방공 시스템이 작동하게 했고 그 시스템의 설계가 모든 수준에서의 교란에 극도로 취약했다는 것은 다국적군에게는 크나큰 행운이었다. 와일드 위즐은 분명 위력적인 면이 있지만, 능동 방사식 방공 시스템(active-radiation air defense system)을 무용지물로 만들지는 않는다. 또한 다양한 사거리의 수동 탐지 대안들을 무용지물로 만들지도 않는다. 만약 와일드 위즐이 실패하면 전투기들은 살아남기 위해 매우 힘든 기동을 해야 하는 상황에 처하게 된다.

와일드 위즐은 방사에 대한 물리적 공격이며, 송신기를 날려 버리는 것이 목표다. 방사에 대한 보다 미묘하고 전통적인 방법은 대방사(counter-radiation)이다. 이 방법은 방공 네트워크의 다양한 부문 사이의 통신을 교란하고, 지상 센서와 지대공 미사일 사이의 통신을 차단함으로써 표적을 볼 수 있는 센서들의 능력을 방해하거나 애초에 지상 센서들이 항공기를 포착하지 못하게 막는 것이다. 원칙적으로는 무선 통신과 레이더 수신 간에는 거의 차이가 없음을 기억해야 한다. 둘 다 전자기 스펙트럼을 사용해 작동한다. 그리고 둘 다 전파방해에 의해 교란되기 쉽다.

레이더 송신기를 교란하려면 정확한 주파수를 알아야 하며, 그런 다음 동일한 주파수를 맞추어 방해 전파를 내야 한다. 이에 대응하는 한 가지 접근법은 적의 방해 전파 장치가 주파수 변화에 대응하기에 그리 기민하지 않을 것이라는 가정 하에 무작위로, 하지만 미리 설정된 순서로 신호를 바꾸는 것이다.

이에 대한 대응책은 광범위한 주파수 대역에서 모든 신호를 동시에 교란하는 것일 수 있다. 분명히 이에 대한 문제는 적의 전파를 교란하는 과정에서 자신의 입장에서도 통신과 레이더 스펙트럼의 중요한 부분이 사용 불가능해 진다는 것이다. 냉전 기간 동안에는 다른 NATO 군이 그들이 사용하는 주파수를 정확히 알려주지 않을 경우, 미군의 전파방해가 적뿐만 아니라 그들의 통신도 방해할 것이라는 실질적인 우려가 있었다.[10] 따라서 광역, 광대역 전파방해는 거의 사용되지 않는다.

이는 전자전이 철저히 비밀에 싸여 있는 이유다. 전자전의 원칙은 복잡하지 않으며 기술적인 것도 아니다. 중요한 것은 무기체계 내의 센서들에 의해 사용되는 주파수와, 통신 시스템에 의해 이용되는 주파수 도약(frequency-hopping) 계획이다. 그에 못지않게 중요한 것은 전파방해 장치의 능력에 대한 정보, 즉 그들의 작전 범위, 한 주파수 변조의 민첩성, 주파수에 대한 감응 정도 등이다.

미국은 정보 예산의 상당 부분을 이러한 대규모 데이터, 즉 비밀 데이터베이스를 수집하고, 미국 군대가 전장에서 마주칠 수도 있는 무기와 무선장치의 특정한 주파수와 취약성에 대한 대응 수단을 설계하는 데 사용한다. 미국 육군은 이러한 분야에 지적 일관성을 부여하려고 하면서, 이 영역을 EW/RSTA, 즉 전자전/정찰, 초계, 표적 획득으로 정의해 왔다.[11] 미국은 미군 전파방해 장비의 능력과 미군 장비들의 주파수 패턴을 숨기기 위해 가능한 한 모든 것을 하고 있으며, 시스템 중 단 하나의 구성 요소라도 도난당하거나 전투 중 빼앗기게 된다면, 모든 종류의 무기의 전자적 안보를 훼손할 수 있다는 인식을 항상 갖고 있다.

거의 모든 첨단 공격 항공기들은 적의 센서를 교란하기 위한 장비를 갖추고 있다. 예를 들면, F-15기에 사용된 AN/ALE-45 전자적 방해장치 방출 시스템은 제2차 세계대전 당시 B-17기의 문 밖으로 던져지곤 했던 금속 박편의 개선된 버전에 지나지 않는다.

금속이 입혀진 마일러(Mylar)는 레이더를 반사하는 물질의 구름을 만들어내어, 레이더 유도 시스템이 항공기를 포착하지 못하게 만든다. 적외선 탐지기—특히 저고도, 휴대용 미사일에 흔한—에 대응하기 위해, 항공기는 마그네슘 플레어를 낙하산에 매달아 투하하는데, 플레어는 공중에 떠 있지만 항공기로부터 점점 더 멀어진다. 플레어는 제트기의 배기구와 엔진보다 훨씬 더 뜨겁기 때문에 미사일은 항공기를 비껴가고 대신 미끼를 공격하게 된다.

채프와 플레어의 어려움은 그것을 사용해야 할 순간을 정확히 아는 데 있다. 만약 너무 일찍 사용되고 낭비된다면, 그것은 전투기가 매우 적은 양을 갖고 다니기 때문에 재앙적일 수 있다. 만약 너무 늦게 사용되면 실효가 없고 항공기는 격추될 것이다. 마하 6의 속도로 다가오는 미사일을 상대로 방출이 단 1초도 어긋나서는 곤란하다. 이 문제는 보이는 것보다 훨씬 더 어려운 일인데, 레이더 자동 추적뿐만 아니라 미사일 발사의 정확한 시점을 감지해야 하기 때문이다.

채프와 섬광탄 외에 항공기가 쓸 수 있는 또 다른 수단은 센서를 직접 공격하는 것이다. 적외선 센서의 경우 AN/AAQ-4/8 같은 대응 수단을 쓸 수 있다. 이는 미사일의 센서에 강력한 레이저 빔을 쏘아서 장님으로 만들거나, 이미 표적에 도달한 것으로 착각하게 해서 폭발하도록 만든다. 그러나 일반적 문제는, 특히 장거리 고고도 지대공 미사일의 경우, 미사일의 비행을 통제하는 레이더와 무선 시스템이다. 다양한 종류의 미국 전투기들과 공격 항공기들은 이제 레이더 유도 시스템을 상대로 ALQ-184 전파방해 포드(jamming pod)와 같은 것을 장착하고 있다.

이러한 전투기 기반 전파방해 시스템은 필연적으로 경량이고 작아야 한다. 그런 점 때문에 사거리와 출력이 떨어질 뿐 아니라, 그 시스템이 방출하는 전파방해 신호의 복잡성과 정교성도 제한을 받는다. 따라서 미국은 레이더와 통신 두 가지 전자 신호를 모두 폭넓게 제압할 수 있는 전자전 전용 항공기들을 사용한다. 사막의 폭풍 작전에서는 몇 가지 전파방해 항공기가 사용되었는데, 공군의 EF-111 레이븐(Raven), EH-130 컴퍼스 콜(Compass Call), 그리고 해군의 항공모함 기반 EA-6이었다. EA-6은 셋 중 유일하게 HARM 미사일을 발사할 수 있었다.

공중 전파방해 시스템은 세 가지 다른 조치를 할 수 있다. 첫 번째 조치는 단순히 적의 통신파와 레이더파를 방해하기에 충분한 노이즈를 방출하는 것이다. 이 방법의 문제점은 너무 빤히 드러난다는 것이다. 통신이 끊기고 레이더 화면에 흰 반점밖에 없다는 사실을 알아차리지 못할 리가 없다.

두 번째 조치는 계속 파장을 내기보다 순간적인 파동을 만들어내는 것이다. 1973년 중동전에서 이스라엘 측 전자전 전문가들은 아랍군 모스 코드를 자신들의 파동으로 정확히 덮어씌움으로써 시리아와 이집트 간의 교신을 방해했다.12 주파수와 방법을 선택하는 데 있어, 대부분의 첨단 전자전 시스템은 또한 무선 및 레이더 신호와 대조해 볼 수 있는 컴퓨터화된 신호 자료실을 보유하고 있다.

공중 전파방해 시스템의 세 번째 조치—특히 공격 항공기나 전투기의 경우—는 항공기의 위치를 숨길 뿐만 아니라 아예 위치를 옮기거나 가짜인 두 번째 항공기를 만들어내기 위해 송신기를 사용하는 것이다. 모든 레이더 시스템은 자신이 방사한 전파를 다시 받는다는 것을 기억하자. 이때 신호가 돌아온 것은 어딘가에 맞고 되돌아온 것으로 추정된다. 실제 항공기에 맞고 되돌아가는 레이더파 대신 또 다른 전자파를 써서 레이더에 보내면 마치 특정한 위치에 항공기가 존재하는 것처럼 꾸밀 수가 있다. 그러나 신호가 항공기에서 반사되어 나오는 대신, 반사파의 모양과 각도를 바꾸는 방식으로 구성된 전자빔에서 반사되었다고 상상해 보자. 정면으로 다가오는 공격기를 보여주는 반사파 대신, 공격기가 200야드 떨어진 곳에서 접근하고 있는 것처럼 보여질 수도 있다—그리고 미사일은 그에 따라 대응하게 될 것이다.

레이더파를 교란하는 것은 전투기나 공격기가 탑재한 전자전 시스템의 가장 중요한 기능이다. 걸프전 이전, 미 공군과 해군은 첨단무기를 갖춘 적과 싸울 경우 전파방해 수단이 없는 항공기는 개전 후 20일 내에 모두 파괴되리라 예측했고, 전파방해 수단을 갖춘 항공기도 30일 뒤에 44%만 살아남을 것으로 여겨졌다.13 이 무시무시한 예측은 사막의 폭풍 작전에서는 실현되지 않앉는데, 대체로 와일드 위즐과 다른 종류의 정밀 유도 무기를 갖춘 항공기들이 전초부터 이라크 방공 시스템을 부숴 놓았기 때문이다. 이라크의 시스템이 그러한 공격에 견딜 만큼 튼튼했거나, 이라크 항공기들이 와일드 위즐을 위협할 수 있었다면, 다국적군은 공중 전파방해와 간섭에만 의지할 수밖에 없었을 것이다.

모든 전파방해 기법들이 갖고 있는 문제는 그것들이 전파방해 장치(jammer)를 억제하려고 하는 동일한 무기에 노출시킨다는 것이다. 항공기가 모든 대역의 통신을 억제하기 위해서는 엄청난 에너지를 방출해야 한다. 전파방해 장치는 자신의 전자파가 너무 압도적이거나 너무 혼란스러워서 어떤 탐색 장치도 방출원을 정확히 찾아내지 못할 것이라고 가정한다. 그러나 결국 방출된 것은 방출원이 있게 마련이고, 방출 패턴이 아무리 제멋대로라고 해도 그것은 내재된 질서를 갖고 있고, 따라서 취약하다.

더 중요한 것으로, 레이더 신호를 교란할 필요성이 유일한 필요성은 아니다. 발사를 감지해야 할 필요성도 있다. 이를 수행하기 위한 정확한 수단은 비밀에 싸여 있지만, 생존을 위해서는 미사일 접근 경보 시스템(MAWS)으로 알려진 새로운 시스템이 개발되어야 한다. 개발 중인 MAWS는 내습하는 미사일을 탐지하고 그것의 유도 방식을 파악하고, 자동적으로 채프, 섬광탄, 또는 전파방해 등으로 대응할 수 있다고 말해진다.[14] 항공기는 발사를 탐지하는 데 전자광학이나 적외선을 포함한 수동적 수단을 쓸 수 있다. 실제로 발사를 포착하기 위해 자외선 센서를 도입하려는 계획도 있다.[15] 따라서 항공기를 지키기 위한 각각의 시도는 새로운 문제를 제기한다. 채프를 살포하는 것은 항공기가 자체 추적 레이더의 사용을 어렵게 하고, 플레어를 살포하는 것은 적외선 센서의 사용을 어렵게 한다. 또 레이더를 가동하면 곧 항공기에 전파방해나 방사 추적 미사일이 날아올 수 있다. 이 외에도 여러 문제가 있다.

다중 스펙트럼 탐색 장치(multispectral seeker)는 전파방해를 악몽으로 만든다. 미군의 지대공 미사일이 얼마나 진보했는지 생각해 보라. 패트리어트 미사일은 적 항공기를 추적하면서 주파수에서 주파수로 도약할 수 있는 레이더 탐색 장치를 갖추고 있어 전파방해를 어렵게 만든다. 모든 미군의 레이더 기반 지대공 미사일들은 이용 가능한 가장 높은 대역의 주파수로 바뀌고 있다. 왜냐하면 공기 흡입구나 레이더 개구(radar aperture) 같은 항공기 표면의 불규칙한 부분들에 더 민감하기 때문이다. 러시아의 SA-10 지대공 미사일도 이러한 고주파 대역에서 움직이는데, 이 대역에는 EF-111과 다른 많은 전자전 항공기들의 전파방해 능력이 미치지 못한다.[16]

레이더는 군인들이 하는 일—이리저리 신속히 움직이면서, 산개하고 스스로를 은폐하는 일—을 할 것이다. 레이더들은 여러 대역의 몇 가지 주파수를 동시에 또는 연이어 방출할 것이다. 원칙적으로 센서는 항상 전파방해 장치보다 더 빠를 것이다. 항공기가 센서 유도무기로 표적을 타격할 수 있는 것처럼, 센서 유도무기도 항공기를 타격할 수 있다. 등식의 두 부분이 다음 사항을 불가피하게 만든다.

- 미사일은 유인 항공기보다 훨씬 더 빠르고 민첩하다.
- 항공기는 공중에서 돌아다니는 수 톤의 단단한 물체이며, 그것을 볼 수 있는 모든 스펙트럼으로부터 자신을 숨기기는 힘들다.

항공기는 달아날 수 있지만 숨을 수는 없다. 그러나 숨으려고 노력할 수는 있으며, 이는 스텔스 항공기의 핵심이다.

비가시성에서 의식 상실까지: 스텔스전과 G-LOC

센서를 억제하는 일은 대단히 복잡하고, 이는 누가 봐도 더 간단한 해결책으로 이어진다. 즉, 센서에 노출되지 않거나 극히 일부만 노출되는 항공기를 만드는 것이다. 앞서 보았듯, 스텔스의 한 표본은 F-117기이다. 그러나 모든 스텔스 항공기의 어머니는 B-2 폭격기이다. 1981년에 세워진 최초 계획은 총 366억 달러를 들여 132대의 B-2 폭격기를 구입하는 것이었다. 한 대당 2억 7,700만 달러인 셈이었다. 1989년 총액은 702억 달러까지 올라갔고, 항공기 한 대당 5억 달러에 근접했다. 1991년 계획은 610억 달러에 75대를 구입하는 것이었다. 대당 가격은 8억 달러 정도였다. 플라이어웨이(Flyaway)의 비용—연구개발과 기술 비용을 포함하지 않은 항공기 구입 비용—은 대당 4억 3,470만 달러로 조금 낮았다.[7] 1993년 결국 고작 20대의 B-2기만이 제작되었고 총액은 442억 달러, 대당 22억 달러였다.

이런 돈을 들여서 미 공군은 무엇을 얻으려 했는가? B-2기는 최대 폭탄 적재량이 5만 파운드로, 구식 B-52기의 6만 파운드에 다소 못 미쳤다. 최대 속도는 마하 0.85로, 역시 B-52기의 0.9에 약간 떨어졌다. B-2기가 37,000파운드를 싣고 고고도에서 7,255마일을 비행할 수 있었던 데 비해, B-52기는 3만 파운드를 싣고 7,139마일을 날 수 있었다. 표면상으로 미국은 수십억 달러를 쓰고도 훨씬 많은 것을 얻지 못하고 있었다. 하지만 이 두 항공기의 성능이 대체로 엇비슷해 보이기는 했으나 한 가지 근본적인 차이점이 있었다.[18] B-2기는 첨단 장비로 무장한 적들을 상대로 살아남을 수 있도록 설계되었다. B-52기는 그렇지 않았다. B-2기와 B-52기는 모두 똑같은 임무—소련의 공역에 들어가, 소련의 방공망을 피해 지정된 표적에 핵무기를 투하한다—를 수행하도록 설계되었다. 하지만 1970년대 중반, 갈수록 정교해지는 소련의 방공망에 맞서 B-52기는 더 이상 그러한 임무를 수행할 수 없다는 사실이 점점 더 분명해졌다. 비록 B-52기가 첨단 전파방해, 채프, 적외선, 경보 레이더 등의 다양한 전자전 시스템을 갖출 만큼 현대화되었지만, 대부분의 공군 장교들은 B-52기가 더 이상 자신의 임무를 수행할 수 없다고 믿었다.

유인 폭격기가 우리의 전략적 전력으로 계속 존재해야 하고 적의 방공망이 확실하게 제압될 수 없다고 가정한다면, B-2기가 유일한 합리적 해결책이다. 그것은 소련의 레이더에 잡히지 않도록 만들어졌다.[19] 각도를 사용해 탐색 레이더들을 빗나가게 하거나 집중시켜서 크로스 섹션을 줄이는 F-117과는 달리, B-2는 레이더파 흡수 도료를 바른 곡면의 기체 표면만을 가지고 레이더를 피하고자 시도한다. 사실상 B-2기는 동체와 뚜렷한 꼬리 부분 없이 날아다니는 날개이다. B-2는 다소 색다르고 좀 더 파격적인 방법에 의한 스텔스기였다. 물론 여기서 제기되는 문제는 '그것이 진짜 통할지, 또 통한다고 해도 그만한 가치가 있을지였다.[20]

가장 사려 깊은 분석가들 중 한 사람인 존 워든 대령은 그가 공군을 위해 작성한 백서(白書)에서 B-2기를 옹호하면서, B-2기가 탐지될 수도 있지만, 탐지 시간이 너무 짧아서 방공 시스템이 대응하기 어려울 것이라고 주장했다. 더욱이, 15분 동안 스텔스 항공기를 추적하려면 소련은 150마일 깊이의 음향 센서 시스템을 구축해야 하며, 음향 센서가 5마일의 범위를 가졌다고 가정할 때 27,000개의 센서가 필요할 것이라고 주장했다.[21]

워든의 분석이 지닌 문제점은 방공 시스템이 대응하는 데 15분이 필요하다고 가정한 것이었다. IHAWK나 패트리어트와 같은 전구 방어 시스템(theater-defense system)의 경우 15분이 바람직한 것은 사실이지만, 마하 3 이상으로 비행하는 해군의 신형 RAM 미사일과 같은 대함 미사일의 세계에서는 15분은 영겁과도 같다. 최초 포착에서 요격까지 채 5분이 안 걸리는 방공망을 구축하는 것이 불가능해 보이지는 않는다. 그러나 일부 사람들은 지상 기반 센서/미사일 시스템의 미래가 그렇지 않으리라고 믿는, 극도로 보수적인 견해를 견지하고 있을 것이다.

워든이 스텔스 기술의 확산, 특히 미사일의 스텔스화를 경고한 것은 정확했다. 스텔스 기술의 확산은 거의 필연적으로 대(對)스텔스 기술의 확산을 수반한다. 미국에서 수년 동안 대 스텔스 기술이 연구되어 왔으며, 모스크바, 텔아비브, 파리 등의 수많은 연구 센터들에서도 마찬가지이다.

몇몇 중요한 위치에 있는 인물들은 이미 스텔스 기술이 저피탐(low observable)이 아닐 뿐만 아니라 완전히 탐지 가능하다고 주장하고 있다. 예를 들면, 1994년 2월, 러시아의 전 국방차관 안드레이 코코신Andrei Kokoshin이 다음과 같이 말했다고 전해진다. "말이 나와서 하는 말인데, 우리의 최신 레이더 시설과 다른 탐지 시스템들은 미국의 보이지 않는 항공기들을 상당히 먼 거리에서 탐지하는 데 전혀 어려움을 겪지 않고 있습니다."22

이 주장은 미국으로서는 전혀 놀랄 일이 아니었는데, 메릴 맥픽Merrill McPeak 공군 참모총장이 러시아군에 대해 말했기 때문이다. "나는 그들의 방공망 중 일부는 우리의 B-2를 탐지할 수 있을 것이라고 예상합니다. 어느 누구도 B-2기가 비가시적이라거나 불멸이라고도 주장한 적이 없습니다. 우리가 주장해 온 것은 B-2기가 격추하기에 매우 힘든 표적이라는 것입니다. 이 사실은 10년 안에는 바뀌지 않을 것이라 봅니다."23

그렇지만 실제로 일부에서는 B-2기가 비가시적이라고 주장했고, 그 비용을 생각하면, 불멸성이 10년 보장보다 더 적절해 보였을 것이다. 그러나 맥픽 장군이 주장하고 있는 것은 센서는 B-2기를 탐지할 수 있어도 격추할 수는 없다는 것이었다. 결국 맥픽은 B-2기의 구매 대수를 줄이는 데 중심 역할을 했다.

러시아 공군과 미 공군만이 B-2기가 포착될 수 있다고 본 것은 아니다. 영국항공우주British Aerospace의 한 관리는 "만약 항공기가 주변보다 1도 이상 높은 차이를 보인다면, 그것의 전자광학 신호가 나타나게 될 것이다."라고 지적했다.24

그리고 미 공군의 가장 치명적인 맞수인 미 해군은 휘하의 해군 분석 센터가 수행한 연구 결과를 다음과 같이 발표했다.

> 해군은 스텔스가 절대적이지 않으며, 방공망이 스텔스에 대응해 재구성됨에 따라 장래에는 그 이점이 약화될 것이라고 믿는다. B-2기는 만약 그것이 소련의 SA-10 같은 고성능의 지대공 미사일 근처를 날아갔거나, 전투기가 B-2기를 광학이나 적외선 센서, 또는 레이더로 포착하기에 충분히 가까이 날아갔다면 위험에 처할 수 있었다.25

물론, 모두가 스텔스를 깎아내리는 데는 나름의 이유가 있다. 러시아는 자신들이 취약하다는 사실을 인정하고 싶어 하지 않고, 유럽은 스텔스기를 제작하도록 강요당하고 싶지 않았고, 그래서 스텔스가 특별히 효과적이지 않다는 생각에 위안을 느낀다. 미 해군은 어떤 경우에도 공군을 깎아내리는 것을 좋아한다. 하지만 공군 참모총장의 시인 발언을 무시하기도 어렵고, B-2기를 볼 수 있다는 것이 그것이 취약함을 의미하지 않는다는 그의 주장에 많은 신빙성을 부여하기도 어렵다. 확실히, 지대공 미사일과 레이더의 발전은 스텔스 기술의 발전보다 그 비용이 훨씬 덜 든다. 1993년에, 공군은 이미 스텔스 기능을 더욱 강화하기 위해 동체를 개조해야 했고, 이 업그레이드에 수억 달러가 들었다.[26]

　B-2기는 진부화된 무기체계를 보여주는 완벽한 사례다. 이는 그것이 작동하느냐의 문제가 아니다. B-2에 관한 모든 주장을 인정한다고 하더라도, 그것은 엄청난 비용으로 작동한다. 대당 비용이 잘해야 4억 달러(단순 제작 비용)이고, 최악의 경우 20억 달러(실제 비용)가 넘는다. 돌이켜 보면, 이미 35년 전 B-52 폭격기처럼, 정확히 그와 동일한 임무를 수행할 수 있는 비행기가 있었다. 그 임무는 핵무기를 소련 내의 표적에 투하하거나, 또는 약 25톤의 재래식 폭탄을 다른 어딘가에 투하하는 것이었다. 유인 폭격기에 대한 방어는 너무나 정교화되어서 폭격기마다 스리랑카나 에콰도르의 국방 예산(1989년도 단순 제작 비용), 또는 인도네시아나 브라질의 국방 예산(1994년도 실제 비용)보다 더 많은 비용이 드는 방어적 요소를 갖추어야만 살아남을 수 있게 되었다.

　B-2기 지지자들은 B-2기가 맡겨진 임무를 확실하게 해낼 수 있다고 주장한다. 그렇게 많은 비용을 들였으면, 그 정도는 해야 한다. 확실히, 미국이 원하는 것이 유인 폭격기를 써서 25톤의 폭탄을 적에게 떨어뜨리는 것이라면, B-2기는 좋은 선택이다. 그러나 먼저, B-2기 지지자들은 그 이유를 설명해야 한다. 즉, 폭탄을 투하하는 이유가 아니라 그 폭탄이 매우 값비싼 항공기에 탑승한 인간에 의해 운반되어야 한다고 주장하는 이유를 설명해야 한다.

　440억 달러라는 돈으로 미국이 무엇을 할 수 있을지 생각해 보자. 440억 달러는 미국의 항모전단을 현재 수대로 유지하거나, 핵심 지역을 잃지 않기 위해 향후 수년간 병력을 유지하거나, 또는 몇 개의 폭탄을 투하하기 위해 폭격기에 수십억 달러를 쓸 필요가 없게 하는 장거리의 고속 정밀 유도 폭탄들을 개발하는 데 쓸 수 있는 돈이다.

최근 MIT에서 행한 연구는 다음과 같은 결론을 보여준다.

> 스텔스 기술은 B-2가 소련 방공망을 뚫고 들어갈 수 있는 능력을 아주 약간 개선할 뿐이고, 그 시스템의 거대한 비용은 정당화하지 못한다. 더 중요한 점은 비록 스텔스 기술이 모든 B-2기의 침투를 보장한다고 해도, 여전히 B-1B나 크루즈 미사일보다 비용 대비 효과가 떨어지는 무기라는 사실이다.[27]

비록 B-2, F-117, F-22가 현재는 센서를 피할 수 있다고 해도, 역사적으로 이 같은 이점은 적절한 시점에 사라진다는 것이 거의 확실하다. 그런 이점이 사라져감에 따라 유인 항공기는 제1차 세계대전 이래 그것을 계속 작동하게 했던 장점, 즉 민첩성에 의지해야만 할 것이다. 전장에서 유인 항공기의 최선의 방어책은 전자전이나 스텔스가 아니라 기동하고, 회피하고, 매복하고, 숨고, 공격하는 능력이다.

불행하게도 유인 항공기는 인간의 신체라는 극복 불가능한 장애물에도 직면해 있다. 최근까지 항공기는 인간보다 중력에 더 취약했다. 조종사들은 항공기 동체에 지나친 압력을 주어서 날개가 부서지거나 다른 재난이 일어나지 않도록 기동을 조심해야 했다. 그러나 최신 전투기들의 경우에는 그 같은 걱정은 더 이상 할 필요가 없다. F-15, F-16, F-18들은 모두 급가속과 급선회를 견딜 수 있는데, 문제는 그때 조종사들이 의식을 잃으면서 중력가속도 의식상실(Gravitational Loss of Consciousness) 또는 G-LOC이라는 상황이 초래된다.

G-LOC은 고성능 항공기의 비행 시 예고 없이 찾아온다. 누군가는 F-16에 대해 이렇게 말한 바 있다.

이 항공기의 성능은 너무 좋다. 사실, 그것은 한 가지 중대한 면에서 조종사보다 훨씬 우수하다. F-16은 너무나 빠르고 강력하게 기동할 수 있어서 조종사가 정신을 잃을 정도다. 이 항공기 조종사가 다른 전투 항공기에서보다 더 큰 중력 압력을 받기 때문만은 아니다. F-16기는 너무 반응이 뛰어나고, 튼튼하고, 기동성이 좋아서 모든 것이 너무 빠르게 일어난다. 점진적으로 올라가는 것이 아니라, 삽시간에 9~10배로 치솟은 중력이 조종사를 엄습한다.[28]

G-LOC은 뇌에 혈압 저하를 가져오고, 이는 의식 상실로 이어지며, 이에 따라 완전한 근육 붕괴(muscular collapse)가 일어난다. 기본적으로, F-16이 견딜 수 있는 최대치인 9G에서, 170파운드의 사람에게는 갑자기 1,360파운드의 하중이 가해질 수 있다. 어떤 조치들이 조종사를 보호하기 위해 취해질 수 있다. 조종사는 혈압을 안정시키는 훈련을 할 수 있고, 신체 하부를 팽창 또는 압축시켜 심장과 뇌에 피가 돌게 하는 복장을 입을 수 있으며, 또한 특별한 음식을 섭취할 수도 있다.[29]

조종사는 이 모든 것을 해볼 수 있지만, 인간의 몸은 9G까지 갑자기 가속하고도 정상적으로 기능하도록 만들어져 있지 않다. 그리고 9G에서 기동이 되는 항공기는 자신보다 10배나 되는 G계수를 견딜 수 있는 미사일에 직면해 있다는 점을 잊지 말아야 한다.

한 가지 방법은 비행의 일부 측면을 컴퓨터화하는 것이다. 예를 들면, 조종사가 의식을 잃었을 때 이를 알리고 컴퓨터가 개입해 계속 비행하게 하는—어쩌면 전투도 수행하게 하는—센서를 개발하는 계획이 있다. 해군은 만약 의식 없는 상태가 계속되면 조종사에게 경고해 주는 센서를 도입하는 소규모 프로젝트를 진행하고 있다.[30] 공군도 비행기가 조종사의 상태와 관계없이 지상으로 추락하지 않게 하는 것 같은 어떤 혁신을 고려하고 있다.

그러나 일반적으로 공군은 인간 대신 컴퓨터 조종사를 쓰는 데 반대한다.[31] 그 이유는 간단하다. 만약 공군이 조종사가 현대적인 비행 조건 하에서 더 이상 의식을 유지할 수 없고, 컴퓨터가 조종사의 적절한 대체재라고 인정한다면, 다음 질문이 떠오르게 된다. 이제는 조종석에서 사람을 끄집어내고 그가 다른 방식으로 항공기를 통제하게 할 때가 아닌가?

공군의 태도도 변화하고 있는 것 같다.[32] 향후 30년 동안 미 공군의 로드맵을 제시하고자 1996년 초에 발간된 『신세계 전망 New World Vistas』이라는 문서에서, 공군은 무인 전술 항공기(UTA)라고 불리는 첨단연구계획국 아이디어에 관심을 표명했다. UTA는 조종사가 지상에 남는다는 의미에서 무인이라고 할 수 있지만, 여전히 지상에 있는 통제자에 의해 관리된다. 정보가 마이크로 칩이 아닌 인간의 두뇌에 의해 제공된다. 조종사가 타지 않기 때문에, 항공기는 그 크기가 40%가량 줄어들 것이고, 기동성이 매우 뛰어나 20G까지 견딜 수 있다.[33] 이 제안의 진지함은 보잉사가 이미 2020년 취역 예정인 새로운 합동 타격 전투기(Joint Strike Fighter)를 무인 항공기 형태로 배치할 것을 제안하고 있다는 사실에서 엿볼 수 있다.[34]

공군 내 유인 항공기 지지 그룹은 이 같은 개념에 대해 반대한다. 다시 말하자면, 공군 현역 대원 대부분이 반대한다. 그러나 근본적인 문제는 인간이 조종석에서 벗어나 있다는 사실이 아니라, 여전히 통제권을 가짐으로써 항공기는 전자전 환경에서 데이터 링크의 신뢰성 문제뿐만 아니라 데이터 업링크와 다운링크 과정에서 잠재적 지연(time lags)을 겪는다는 사실이다. 궁극적으로, 무인이지만 인간의 통제를 받는 항공기는 과도기적 단계이며, 우리가 기계 지능의 성숙을 기다리는 동안, 미사일에 맞서 고기동을 가능하게 해준다는 점에서 매우 유용하다.

항공전의 근본적이며 피할 수 없는 현실은 높은 속도와 기동성을 갖춘 미사일이 훨씬 느리고 기동성이 떨어지는 유인 항공기를 뒤쫓고 있다는 것이다. 그리고 보통의 인간은 초고속 기동이 그에게 가하는 압력을 견딜 수 없다는 사실이다. F-16을 타는 조종사들은 이미 심리적 한계에 놓여 있다. 전자전, 방사 추적 미사일 등 갈수록 위험해지는 세계에서 유인 항공기가 살아남도록 하기 위해 만들어진 모든 무기 시스템들은 단지 땜질식 처방에 불과하다. 더 나쁜 것은 그 무기 시스템들이 현재 진행 중인 전쟁수행의 혁명으로부터 귀중한 자원을 빼앗아 가는, 엄청나게 값비싼 가짜 해결책이라는 사실이다. 이러한 혁명에서 점점 더 쇠퇴하고, 복잡하고, 비용이 많이 드는 기술인 유인 항공기는 진부화로 나아가고 있으며, 비교할 수 없을 만큼 우월한 기술—극초음속, 대륙간 발사체—에 의해 대체될 것이다.

SPACE AND PRECISION

3부

우주와 정밀성

| 개요 |

우주전의 논리

미국은 자신의 기계화 전력이 쿠웨이트 돌출부에 있던 이라크군에 대한 전형적인 포위를 완벽하게 실행할 수 있었기 때문에 이라크를 상대로 한 전쟁에서 이겼다. 이라크 육군은 두 가지 이유로 그러한 움직임에 대응할 수 없었다. 첫째, 빈약한 정보력 때문에 그들은 미국의 사단 병력들이 그들의 전선수 마일 안에서 움직이고 있는 것을 알지 못했다. 둘째, 전략적, 전술적 통신망이 철저히 파괴되어, 반격을 통제할 지휘 체계가 더 이상 작동하지 않았다. 이 때문에 이라크는 전쟁에서의 그들의 핵심적 이점, 즉 전쟁을 장기화하고, 다국적군이 정치적으로 감당하기 힘든 정도의 다국적군 사상자를 발생시킬 수 있는 능력을 잃고 말았다.

사막의 폭풍 작전에서의 전략적 최우선 과제는 전쟁이 신속히 종결되게 하는 것이었고, 결단코 사담 후세인이 위협했던, 그리고 그의 가장 합리적인 대응이었던 그런 종류의 소모전을 피하는 것이었다. 다국적군 지도자들은 자신들이 여러 해 동안 전쟁을 치를 수 있는 정치적 기반이 없다고 느꼈다. 그들은 또한 페르시아만에서의 고강도, 장기적인 전쟁에 군수지원을 제공하는 것이 불가능할 수도 있다는 사실을 알고 있었다. 따라서 다국적군의 전략은 직접 공격보다는 적 군대의 신속한 포위가 되어야 했다. 운이 좋게도 그들의 정치적 필요가 군사적 지리와 일치했다. 쿠웨이트의 긴 서쪽 측면은 전쟁을 신속한 종결로 이끌 수 있는 포위에 아주 적합했다.

슈워츠코프와 그의 참모들은 이 전략을 성공시키려면 이라크군이 움직이지 못하게 해야 하며, 그렇지 않으면 이라크군을 포위하는 다국적군과 특히 긴 보급선이 이라크군의 반격에 노출될 것임을 이해하고 있었다. 이 전략의 한 가지 갈래는 신속하게 이동할 수 있는 부대를 북쪽으로 전개하고, 그런 다음 이라크-쿠웨이트 국경선을 따라 동쪽으로 선회해서 이라크 육군의 주력을 둘러싸고 파괴하는 것이었다. 전략의 또 다른 갈래는 이라크군의 지휘·통제·통신 시설(C^3I)을 제거하는 것이었다. 다시 말하면, 바그다드를 듣지도 보지도 못하게 만드는 것이었다.

전략 무기는 폭발력이 가장 큰 무기가 아니며, 그보다는 특정 전략에 가장 크게 기여하는 무기이다. 이라크의 통신과 정보에 대한 공격은 두 가지 무기 체계, 즉 페이브웨이 레이저 유도 폭탄을 쓰는 F-117A기와 토마호크 크루즈 미사일에 의해 이루어졌다. 이 두 무기가 없었다면, 바그다드 도심의 주요 방공 통제 시설들과 통신 시설들에 대한 공격은 불가능했거나 아니면 막대한 사상자를 수반했을 것이다.

그러나 F-117기와 크루즈 미사일의 효과는 탁월한 정보에 의존했다는 사실을 기억하는 것이 중요하다. 이들 무기가 출격하거나 발사되기 전에 어느 표적을 공격해야 하고, 그 표적이 어디 있는지 아주 정확하게 아는 것이 필수적이었다. 폭탄이 바그다드 중심가의 환기구에 내려꽂히는 유명한 장면에서, 이 정밀성의 기적이 일어나기 전에 정보의 기적이 일어났었다는 사실은 잊혀지는 것처럼 보였다. 표적은 아주 중요했고, 따라서 적군에 의해 보호되고 있었으므로 미국의 정보팀은 그 표적에 대한 명확한 정보를 갖고 있어야 했다. 정보팀은 빌딩 전체를 주의 깊게 조사했고 환기구와 같이 작은 취약 부분을 찾아낼 수 있었다. 그런 다음에야 그것을 공격하기 위해 항공기가 출격할 수 있었다. 이 모든 것은 크루즈 미사일에서 훨씬 더 중요했는데, 미사일은 발사되기 전에 그것이 어디로 갈지, 어떻게 도달할지, 그리고 일단 도착하면 무엇을 할지 알고 있어야 했다. 미사일의 내장된 컴퓨터 메모리에 포함된 모든 지도와 사진은 어딘가로부터 와야 했다. 그리고 그 정보들은 대체로 우주로부터 왔다.

이것이 시사하는 바는 걸프전의 전략 무기들이 F-117A와 토마호크였다면,

다국적군의 전쟁 활동의 중심은 미국이 전쟁 중에 궤도에 띄워 둔 정찰과 정보 위성이었다는 점이다.

우주에 있는 인공위성은 고도와 안전함 모두를 갖고 있다. 따라서 항공기보다 훨씬 멀리 볼 수 있으며, 항공기들과는 달리, 적어도 당분간은 격추하기가 극히 어렵다. 인공위성은 또한 화상 정찰부터 적 신호와 레이더 방출 차단, 로켓 발사 탐지, 통신 전달에 이르기까지 다양한 기능을 수행할 수 있다. 걸프전 중 이러한 인공위성이 존재하지 않았거나 파괴되었다면 전쟁 기획가들은 이라크 방공 시스템의 구조와 약점을 알지 못했을 것이며, 따라서 방공 시스템을 파괴할 작전을 계획할 수도 없었을 것이다. 또 전자 탐색 위성이 통신과 정보 센터들을 찾아내지 못했다면, 미군은 이라크의 레이더 경보 시스템을 손바닥 들여다보듯 할 수 없었을 것이다. 적외선 위성이 없었다면 SCUD 미사일 발사를 탐지할 수 없었을 것이며, 기상위성이 없었다면 공중과 지상 작전을 계획할 수 없었을 것이다. 그리고 통신위성이 없었다면 여러 부문의 군대를 통제하고 지휘하기 어려웠을 것이다.

우주는 단지 정찰과만 관련 있지 않으며, 통신과도 관련 있다. 작전 전구 내, 그리고 전구와 미국 간의 거의 모든 통신이 위성을 통해서 이루어졌다는 것은 놀랄 만한 사실이다. 미국의 국방위성통신 시스템(DSCS)은 초고주파수 대역에서 작동하며, 전쟁 시작 시점에 2개 인공위성이 배치되어 있었다. 인도양 상공의 정지궤도에 있던 한 대는 즉시 가동할 준비가 되어 있었다. 대서양 동쪽 상공에 있던 또 다른 인공위성은 페르시아만 지역을 커버하기 위해 위성의 방향을 조정해야 했다. 태평양 상공 180도에서 예비 상태에 있던 다른 DSCS 위성은 인도양 상공 65도 위치로 이동했고, 예비 상태에 있던 한 인도양 위성도 가동에 들어갔다. 이러한 위성들은 영국의 위성, 일부 임차한 상업용 위성, 그리고 복잡한 지상 기지국들과 함께 전쟁 역사상 최초의 우주 기반 통신 네트워크를 만들어냈다.[1]

이라크가 이 시스템을 부술 수 있었다면, 다국적군의 이점의 대부분은 사라져 버렸을 것이다. 사상 최초로 군사 작전의 중심이 지구의 대기권 밖에 존재하게 된 것이다.

  승리는 적의 힘의 근원, 즉 그들의 전쟁 수행을 가능하게 만드는 역량을 마비시킬 수 있느냐에 달려 있다. 미국에게 있어 가장 중요한 전쟁 수행 능력은 '적을 볼 수 있는 능력', 즉 지구적 차원에서 그리고 모든 스펙트럼에서 정보를 수집할 수 있게 하는 정보 플랫폼(intelligent platform)이 되었다. 이라크의 패배를 목격한 미국의 모든 적들은 정밀 유도 무기와 그 배후에 있는 탁월한 우주 기반 정보의 결합에 주목했다. 그러므로 미국을 이기려면 미래의 적은 미국의 정밀 무기를 막을 수 있어야 한다. 정밀 무기를 막는다는 것은 그것들의 눈을 가리는 것을 의미하고, 이는 미국의 우주 위성을 파괴하거나 차단하는 것을 의미한다. 이 귀중한 자산을 공격으로부터 보호하기 위해서 미국은 공격을 통해 방어해야 할 것이다.

  이제 이 같은 도전과 응전의 불가피한 결과, 즉 우주에서의 전쟁 수행에 대해 생각해 보자.

13

미국 전략의 새로운 토대: 우주와 현대 미국의 전략

A New Foundation:
Space And Contemporary American Strategy

냉전 동안 미국과 소련은 유사한 전략을 추구했다. 공격 측면에서 목표는 적의 미사일, 폭격기, 그리고 잠수함을 그것들이 공격을 시작하기 전에 파괴할 수 있는 능력을 갖추는 것이었다. 방어 측면에서 목표는 선제 공격을 받은 후에도 적을 괴멸시키에 충분한 미사일이 남아 있을 것임을 확신시킴으로써 적의 공격을 억지하는 것이었다. 이것은 양측이 상대방의 미사일, 레이저 시설, 공군 기지, 지휘 · 통제 시설, 통신망과 주파수 등의 정확한 위치—지상과 지하 모두—에 대해 많은 것을 알고 있어야 한다는 것을 의미했다. 그리고 그러한 시설들은 본토로부터 수천 마일 떨어진 광대한 대륙 내부에 숨겨져 있었다. 그것들의 소재를 찾아내는 일은 그 나라 전역을 샅샅이 조사하고 적의 국가 지휘 구조에 침투할 수 있는 정교한 첩보망을 필요로 할 것이다. 그게 아니라면 적국 상공으로 항공기를 보내서 항공기가 귀환했을 때만 판독될 수 있는 사진을 찍는 것을 의미할 것이다.

이 같은 정찰 중 일부는 적 영토에 들어가지 않고도 수행이 가능했다. 카메라는 3마일 한계(당시 영해선 근처) 바로 밖에서 선회하는 고고도 항공기에서 연안 지역 깊숙이까지 사진을 찍을 수 있었다. 항공기는 적 레이더의 가동을 유도하고 그들의 방어 범위를 지도화하면서 적의 국경을 탐색할 수 있었고, 이를 통해 그러한 방어망을 무력화하기 위한 전쟁 계획이 세워질 수 있었다. 이러한 목적에서, 미국은 B-47 같은 장거리 폭격기를 전자 정보 플랫폼으로 전환해서 적의 레이더와 통신 능력을 탐색하고, 레이더 기지 위치를 파악하고 통신을 감청하게 했다. 그 항공기들은 표적들은 물론이고 소련 방공망의 취약점들을 탐색했다.

미국은 이런 과제에서 엄청난 지리적 이점을 갖고 있었다. 유럽, 터키, 이란, 파키스탄, 한국, 일본 그리고 미국에 기지를 둔 미군 항공기들은 노르웨이의 노스케이프에서 베링 해협에 이르기까지 소련의 주변 지역 어디든 탐색을 할 수 있었다. 소련은 알래스카를 제외하고는 미국의 양안 중 어디에도 도달할 수 없었다. 왜냐하면 그들의 항공기가 그런 거리를 날아갔다가 돌아오기에는 항속거리가 부족했기 때문이다.[1] 1950년대 동안 소련은 거의 완전히 눈이 먼 상태였다. 그들은 지상 기반의 인간 정보에 의존하는 수밖에 없었다.

1950년대, 미사일 장비들이 지상 위에 세워졌을 때는 도로 지도만 있으면 평범한 수준의 첩보원도 독일, 터키, 또는 미국에 있는 미국 미사일의 위치를 파악할 수 있었다. 노출된 미사일 발사대로부터 수 마일 안 어디서든 거대한 핵폭발이 일어나면 그것들은 파괴될 수 있었다. 따라서 소련은 첩보원을 통해 대규모의 대형 핵탄두와 대형 로켓 또는 TU-16A 같은 중형 중거리 폭격기가 있는 곳을 알아내는 데 집중했다.

미국에게 있어서 소련의 미사일 시설에 대한 정보를 얻는 것은 불확실한 일이었다. 소련은 광대했으며, 이동은 느리고, 어렵고, 위험했다. 소련 미사일 시설 주변에 관광객으로 가장해 접근하는 것은 목숨을 걸어야만 했다. 1920년대부터 소련은 미국 내 첩보망을 키워 왔지만, 미국은 전적으로 영국 첩보부의 정보원와 독일로부터 물려받은 정보원에 의존하고 있었다. 그러므로 미국이 소련의 주변부에 대한 훌륭한 기술적 데이터를 가졌던 반면에 소련은 미국과 유럽의 내부 지역에 대한 더 나은 인적 정보를 갖고 있었다. 그러나 결국에는 미국과 소련 어느 쪽도 이용 가능한 정보의 질에 기초해서 핵전쟁을 계획할 수는 없었다. 그 정보는 모두 너무 불확실했기 때문이었다. 장거리 간접-사격 대포가 19세기의 정보 능력에 엄청난 도전을 제기했던 것처럼, 대륙 간 무기는 전후의 정보 능력에 도전을 제기하고 있었다.

지상 정찰이 여의치 않다면 유일한 대안은 공중 정찰이었다. 그러나 최대 4만 피트 고도에서 비행할 수 있는 B-47 스트라토제트(Stratojet) 같은 재래식 항공기는 고도로 위력적인 소련 방공망에 의해 격추되기 쉬웠다. 더욱이 소련 상공에서 정찰하기 위해 필요한 고도였던 4만 피트는 안전하지 못한 고도였으며, 정찰 항공기가 소련 영공에 출현했다는 것은 전쟁 도발 행위로 간주될 수 있었다. 더욱이 4만 피트 고도에서 소련 전체를 정찰하기 위해 요구되는 항공기의 수는 엄두를 낼 수 없는 정도였을 것이다. 마지막으로 소련 영토 상공에서의 그와 같은 항공기의 존재는 전쟁 행위로 간주될 것이라는 작은 문제도 있었다.

미국은 미사일 발사대, 공군 기지, 레이더 등을 찾아내기에 충분한 정확성을 갖고 소련을 촬영할 수 있는 항공기를 개발해야 했다. 항공기는 또한 국제적 불법 행위로 현행범으로 잡히지 않고 그 일을 해낼 수 있어야 했다. 항공기는 적의 대응 수단에 취약하지 않으면서 소련 전체를 조망할 수 있는 그런 대단히 높은 고도에서 비행할 수 있어야 했다. 또 수 시간 안에 완전한 대륙 정찰 임무를 수행할 수 있을 만큼 빨라야 했고, 단 한 번 비행으로 적 영토의 방대한 부분을 촬영할 수 있는 첨단 카메라를 갖추고 있어야 했다.

소련은 제2차 세계대전 중 장거리 폭격기를 개발하지 않았으며, 그 대신 더 긴급한 전장 지원에 집중했다.[2] 전쟁이 끝나자 그들은 대체로 서유럽을 공략할 수 있는 항공기를 개발하는 데 주력했다. 결과적으로 그들은 장거리 고고도 항공기의 비밀스런 영역에 대하여 거의 아는 것이 없었다. 소련에 주둔하면서, 7만 피트가 넘는 고도로 미국까지 날아가서 횡단을 하고 다시 소련으로 돌아올 수 있는 항공기를 제작하는 것은 소련의 설계와 공학 능력을 넘어서는 것이었다. 반면에, 파키스탄 또는 터키에서 노르웨이까지 비행할 수 있는 항공기를 설계하는 것은 전혀 미국의 능력을 넘어서는 일이 아니었다. 그와 같은 비행기가 사실상 만들어졌고, U-2라고 불렸다.

U-2와 스푸트니크 : 우주 기반 정찰의 기원

U-2기는 록히드사의 스컹크 웍스(Skunk Works) 팀에 의해 생산되었으며, 이 팀은 나중에 스텔스 항공기를 만들게 된다. 이는 존재 자체가 기밀이었고 실제로 비밀에 감춰진 미국 최초의 항공기였으며, 미국의 거대한 기술적 역량 보여주는 것이었다. U-2기를 개발하기 위해, 미국은 과학자들과 기술자들을 동원하고, 물자를 징발하고 대규모 시설을 세워야 했지만, 민간 항공기 생산이나 B-52기 같은 재래식 군용기 생산은 전혀 차질이 없었다. 맨해튼 프로젝트가 인력, 고급 두뇌, 물자에 대한 자체 수요 때문에 심각한 부족 사태를

유발하면서 미국의 전쟁 노력에 중대한 영향을 끼친 데 비해, 미국은 큰 압박을 유발하는 일 없이 U-2기를 개발하는 데 성공했다. U-2기를 시작으로 해서, 미국은 훨씬 더 큰 민간 산업과 함께 작동하는 방대한 비밀 항공 산업을 만들어냈다.

U-2기는 기묘한 항공기였다. 항공기라기보다는 글라이더처럼 생겼는데, 길이가 80피트에 이르는 얇고 유연한 날개를 갖고 있었고 날개 끝에는 착륙용 바퀴가 달려 있었다. U-2기는 7만 피트 정도의 고도에서 시속 500마일 정도의 속도로, 재급유 없이 B-52기만큼 멀리 날 수 있었다. 실속 속도(stall speed)는 한계 속도(do-not-exceed speed)보다 5노트 작았고, 이는 비행을 아주 어렵게 만들었다. 무장이 전혀 없었고, 스스로를 지킬 수 있는 것은 속도와 고도뿐이었다. U-2기는 신호 정보를 위한 카메라와 전자 센서를 탑재하고 있었다.[3]

Hycon-B 카메라는 진정한 기적이었다. 하버드 대학의 천문학자 제임스 베이커James Baker가 설계한 이 카메라는 745마일 넓이의 지역을 커버할 수 있었고, 중앙의 150마일은 입체적으로 촬영할 수 있었다.[4] U-2기는 건설 중인 소련 미사일 기지들을 찾아내면서 소련 내부를 체계적으로 지도화했다. 그러한 기지들은 터키와 독일에 있는 미군 폭격기들과 중거리 미사일의 표적이었다. 2,600마일의 항속거리를 가진 U-2기는 노르웨이, 파키스탄, 일본, 그리고 알래스카에 있는 기지들을 중심으로 완전하고 중첩적인 감시 범위를 제공했다. 비록 U-2기가 실시간 감시를 제공하지는 않았지만, 데이터 회수와 처리 시간은 그리 길지 않았다. 그 결과 미국은 더 이상 전략적으로 장님이 아니었다. 프랜시스 게리 파워스Francis Gary Powers가 조종하던 U-2기가 중부 러시아에 추락하기 전까지는 말이다. 이와는 대조적으로 소련은 항상 공중으로부터는 장님 상태에 있었다. 그 같은 임무를 수행할 수 있는 항공기가 없었기 때문에 그들은 근본적으로 새로운 해결책에 의지했다. 인공위성 정찰이 그것이었다.[5]

1960년 스베들로프스크Sverdlovsk 상공에서 U-2기가 SA-2에 의해 격추되었을 때, 미국은 어리석고, 부정직하고, 취약해 보였다. 또한 미국은 소련에 의해 장님이 되어 버린 것처럼 보였다. U-2기의 격추에 관한 많은 수수께끼가 남아 있다. 분명한 것은 U-2기 비행을 계속할 수 없으며, 뭔가 대안이 나오지 않으면 소련이 대륙 간 탄도 미사일 기지들을 구축해도 미국이 그 위치를 알지 못한다는 것이었다. 간단히 말해, 소련의 능력과 표적에 대한 미국의 정보가 사라진 것처럼 보였다. 이는 의심할 바 없는 거대한 전략적 실패였다. 이와 함께, 스푸트니크는 미국이 낮잠을 자고 있었고 소련이 미국보다 훨씬 더 큰 전략적 정찰 역량을 가진 것처럼 보이게 만들었다. 이런 인식은 사실상 어느 것도 진실이 아니었다. 미국은 장님이 되지 않았고 소련이 더 우월한 능력을 갖고 있지도 않았다.

미국은 제2차 세계대전 직후부터 우주 기반 정찰에 대해 고려하기 시작했다. 1947년, 랜드 연구소는 인공위성에 대한 연구 보고서를 내놓았는데, 이 보고서는 "인공위성에 슈미트(Schmidt) 식의 망원경과 결합된 TV 장비를 설치함으로써, 비길 데 없는 관측과 정찰 수단이 만들어질 것"[6]이라고 언급했다. 정찰 위성을 개발하는 데는 세 가지 문제가 해결되어야 했다. 첫 번째는 인공위성을 띄우는 기술적인 문제였는데, 이는 독일의 V-2 로켓 발명과 함께 근본적으로 해결되었다. 두 번째 문제는 사진 기술이었다. 초고해상도 광학은 제2차 세계대전 이전에 독일에 의해 개발되었고, 제2차 세계대전 동안 미국이 전략 폭격 작전을 수행하는 과정에서 완성되었다. 초정밀입자 사진 필름, 극도의 고광각 렌즈 등도 아울러 개발되었고, 사진을 해석하는 방법에 관한 견고한 지식 체계도 개발되었다. 해결되지 않은 문제는 인공위성에서 지상으로 사진을 전송하는 방법이었다. 정찰 항공기는 이륙했다가 지상으로 돌아오지만, 위성은 그럴 수 없었다.

첫 번째 아이디어인 TV 전송 방식은 신호의 질이 너무 나빠서 영상을 알아볼 수 없을 정도였기 때문에 실행이 불가능했다. 두 번째 아이디어는 위성을 궤도에서 이탈시켜 지상으로 돌려보내는 것이었다. 양 진영에서 이 아이디어를 모두 시도해 보았으나, 한두 개 위성에만 의존할 경우에는 영상을 회수하기까지 시간이 너무 오래 걸리고, 많은 위성이 사용될 경우에는 엄청난 비용이 든다는 단점이 있었다. 실용적인 것으로 입증된 세 번째 아이디어는 1960년에 실행되었는데, 카메라를 장착한 디스커버러(Discoverer) 인공위성이 극궤도(polar orbit)에 진입해 소련 지역을 촬영했다. 필름을 담은 캡슐을 낙하산에 매달아 지상으로 떨어뜨리면, 대기하던 항공기가 회수하는 방식이었다.

정찰 사진은 고유한 역설을 갖고 있다. 동일한 광학 시스템으로 정찰 정보 수집의 두 가지 목표—가능한 한 표적의 가장 넓은 영역을 커버하면서도 가장 작은 물체를 보는 것—를 동시에 달성하는 것이 불가능하다는 점이다. 광각(wide angle) 렌즈는 해상도를 떨어뜨린다. 망원 렌즈는 카메라의 시야를 축소한다. 더욱이 고해상도 작업을 위해서는 피사체가 가능한 한 가까워야 하므로 낮은 궤도에 있는 것이 더 좋다. 넓은 영역을 커버하기 위한 분명한 선택은 더 높은 궤도이다. 디스커버러 시리즈는 그 문제를 10피트의 해상도를 가진 KH-4A 광각 시스템을 18인치의 해상도를 가진 KH-7 근접 시스템으로 보완해 해결했다.[7] 따라서 정찰은 이제 두 개의 한시적인 플랫폼을 필요로 했는데, 이들은 여전히 실시간 정보와 경보를 제공하지 않았다.

비밀 코로나 프로젝트(Corona Project)의 공식 명칭인 디스커버러 위성은 상당히 예기치 않은 방식으로 재빨리 자신의 진가를 드러냈다. 1960년대 대통령 선거에서 케네디는 아이젠하워 행정부가 미·소 간 미사일 격차가 더 벌어지게 만들었다고 주장했다. 소련이 대륙간탄도미사일(ICBM) 개발에서 앞서나가고 있으며, 이제 도시를 파괴할 수백 개의 미사일을 배치하게 되리라는 것이었다. 한번은 집무실에서 로버트 맥나마라 국방장관은 개인적으로 디스커버러호의 사진들을 검토하면서 대량의 소련 미사일들에 관한 증거를 찾으려고 했다. 그는 대략 대량의 소련 미사일들이 주요 고속도로나 철도 근처에 있을 것임을 알고 있었고, 조심스럽게 모든 가능한 기지들을 살펴본 후, 소련은 수백 기의 미사일을 보유하고 있지 않으며, 1961년 9월에 기껏해야 10~25기의 ICBM을 배치했다는 사실을 알아냈다.[8]

따라서 코로나 위성이 제공한 정보는 막대한 정치적 가치를 지니는 것이었다. 그것은 소련의 핵전력이 최소한 가까운 장래에는 미국의 상대가 되지 않을 것임을 보여주었다. 미국의 B-52 전력은 여전히 안전했으며, 소련의 선제공격으로 파괴될 염려가 없었다. 1960년 7월 20일, 미국의 핵잠수함 조지 워싱턴George Washington호는 폴라리스 미사일을 성공적으로 시험 발사했다.⁹ 1916년 10월 1일, 미국은 전국에 187기의 아틀라스(Atlas), 타이탄 ICBM을 배치했다.¹⁰ 그래서 1962년 10월 쿠바 미사일 위기 직전, 디스커버러호는 새 행정부에 베를린 위기 또는 피그만 위기 동안에는 알지 못했던 것을 알려줬다. 그것은 미국이 소련을 공격할 수 있는 수백 기의 미사일을 보유하고 있으나, 소련은 대응할 수 있는 소수의 미사일만을 보유하고 있다는 것이었다. 디스커버러호의 사진 덕분에 케네디는 불가능했을지도 모를 행동을 취할 수 있었다.

돌이켜 보면 케네디의 벼랑 끝 전술은 그의 모험적 성격보다는 그가 갖고 있는 정보의 수준과 더 관련이 있었다. 케네디는 흐루시초프가 어떤 다른 선택지들을 가졌을지라도 미국에 선제 핵공격을 가하는 것은 그중 하나가 아니라는 것을 알고 있었다. 또한 흐루시초프가 소련의 인공위성과 정보원을 통해 미국의 무장력이 실제로 얼마나 거대한지 아마도 상당히 잘 알고 있으리라는 것도 알고 있었다. 흐루시초프는 미국을 자극하지 않기 위해 극도로 조심해야만 했다. 일단 미국이 쿠바에 미사일이 배치되는 것을 허용하느니 소련에 대한 핵공격을 선택할 수도 있다는 것을 이해하게 되자 —그리고 그는 소련에서 미국을 직접 타격할 수 없으므로 미사일의 쿠바 배치를 절실히 필요로 했다— 굴복하는 수밖에 없었다.

코로나 위성은 거의 전쟁이 일어날 뻔한 상황을 진정시키고, 미국이 오판으로 전쟁에 빠져드는 것을 막는 데이터를 제공함으로써 발사된 지 겨우 2년 만에 전략무기로서 자신의 가치를 입증해 보였다. 대통령은 대단히 유효 적절한 방식으로 행동할 수 있었다. 케네디는 흐루시초프가 들고 있는 카드를 알았기 때문에 그를 막다른 골목으로 밀어붙일 수 있었다. 그리고 흐루시초프는 자신이 물러서야 한다는 것을 알았다. 디스커버러 덕분에 미국은 불꽃

튀는 신경전의 승자가 되었다. 양국의 정보국들은 모두 정찰 위성에 푹 빠져 버렸고, 민간과 군의 우주 기관들 모두 더욱더 나은 첩보 위성을 만드는 데 돈을 아끼지 않았다.

미국과 소련 모두 1960년대 내내 발사/복귀 인공위성을 계속 사용했다. 1970년대 초, 미국은 두 가지 중요한 방식으로 이 같은 패턴에서 벗어나기 시작했다. 첫 번째는 1970년에 최초의 방위 지원 프로그램(DSP)을 시작한 것이었다. 명칭은 점잖아 보이지만, DSP는 핵공격에 대한 미국의 1차 방어선이었다. 1970년까지 소련의 공격에 대한 최초의 경보는 캐나다 북부를 가로질러 펼쳐져 있는 레이더 센서들—원거리 조기 경보 시스템(DEW 라인)—로부터 오도록 되어 있었고, 이 센서들은 미사일의 내습을 미국-캐나다 합동 북미 방공 시스템(NORAD)에 보고하게 되어 있었다. 미사일이 발사된 시각과 그것이 포착된 시각 사이의 귀중한 수분을 잃게 되고, 그 수분은 미국이 자신의 미사일을 쏘거나 폭격기들을 발진시키는 것과 보복할 능력을 잃는 것 간의 차이를 의미할 수 있었다.

DSP는 세계 최초의 실시간 인공위성 정찰 프로그램이었다. 이 정찰 프로그램은 적의 미사일 발사를 포착하고 거의 동시에 보고할 수 있었다.[11] DSP는 가시광선 카메라를 탑재하지 않았으며, 오직 적외선 센서만 갖고 있었다. 그리고 선명한 영상을 전송하기보다는 ICBM이 발사되었을 때의 가스 배출을 탐지하는 것이 과제였다. DSP는 지구에서 약 22,300마일 상공에 있는 정지궤도에 놓여졌는데, 그 고도에서 인공위성의 속도는 지구의 자전과 일치한다. 그 고도에서 인공위성은 지구 표면의 40%를 관측할 수 있으며, 따라서 이론상으로는 3개의 위성으로 지구 전역을 커버할 수 있었다. 하지만 DSP의 센서는 당시에는 그처럼 넓은 표면을 효율적으로 탐지할 수 없었고, 따라서 여러 대의 위성이 소련 상공 정지궤도에 배치되어야 했다. 미사일 발사에 관한 정보는 오스트레일리아의 앨리스 스프링스Alice Springs를 포함한 지상의 여러 수신 기지들로 송신되고, 거기서 콜로라도 스프링스Colorado Springs의 NORAD로 전송된 다음, 그곳에서 분석되고 조치가 취해졌다.

DSP는 사막의 폭풍 작전 중에 예기치 않았던 용도로 활용되었다. 물론 1970년 이래로 대폭 개선되어 있었다. 더 민감한 센서, 세 배나 많아진 적외선 추적기, 훨씬 더 강력한 망원렌즈, 그리고 더 뛰어난 데이터 전송 능력을 갖추게 되었다. 이 덕분에 DSP는 전투기의 후연(plume)을 탐지할 수 있었고, SCUD 미사일 발사에 대한 충분한 경보를 제공해 이스라엘과 사우디아라비아의 패트리어트 미사일 요원들이 요격을 준비할 수 있게 했다.[12,13]

DSP의 비교적 단순한 혁신을 실시간 보고 체계로 확대한 것이 KH-9, 즉 장기간 궤도에 머물러 있도록 설계된 최초의 완전한 정찰 플랫폼이었다. 크고 볼품없는 태양 전지판으로 동력을 얻었던, 빅 버드(Big Bird)라는 별명이 붙은 이 대형 위성은 두 가지의 사진 촬영 임무를 동시에 수행했다. KH-9는 광역 사진용으로 코닥Kodak 특수 카메라를, 근접 사진용으로는 거울형 망원경을 이용했다. 광각 사진은 위성 내에서 현상되었고, 그 이미지는 탑재된 TV 카메라로 촬영되어 지구의 수신 기지로 전송되었다. 해상도가 더 높은, 근접 촬영되고 노출된 필름의 경우는 초창기 디스커버리 방식으로 지구로 돌려보내졌다. 즉 낙하산이 달린 포드(pod)에 넣어 떨어뜨리면 대기 중이던 항공기가 낚아채는 방식이었다.[14]

빅 버드는 디스커버리 시리즈에 비해 상당한 진일보였으나 결점도 많이 있었다. 찍을 수 있는 사진의 수는 위성에 탑재된 필름의 양에 의해 제한받았다. 또 TV 이미지는 여전히 선명도가 떨어졌고, 포드에 담아 지구로 돌려보내는 근접 사진은 디스커버리 위성의 모든 결점을 갖고 있었다. 즉 데이터를 받기까지 시간이 너무 오래 걸렸다. 실시간, 고해상도 정찰은 아직 갈 길이 멀었다.

그럼에도 불구하고, KH-9는 대단한 진전이었다. 두 대의 카메라가 있어서 입체적 촬영이 가능했고, 이는 정확한 계측과 뛰어난 사진 해석을 가능하게 했다. 더 중요한 것으로, 적외선 필름이 있어서 안개가 낀 날에도 촬영이 가능했다. 그리고 가장 중요한 것으로, 카메라의 가시 범위가 디스커버리 시리즈보다 훨씬 더 넓었다. 그러나 이러한 향상에도 불구하고, KH-9는 모든 인공위성 정찰이 갖는 주요한 결점이 있었다. 그것은 여전히 국가 안보의 필요에 부응하기에는 위험할 정도로 느렸다. 필름을 투하하고, 수거하고, 분석실로 보내고, 데이터를 전파하기까지 너무 많은 시간이 걸렸다. 사진을 요청하고 그 결과를 활용하기까지는 수일이 걸렸다. 그 결과, 미국의 위성 정찰은 1973년의 중동전에서 사실상 아무런 역할을 하지 못했다. 전쟁 시작 당시 찍은 사진은 전쟁이 끝날 때쯤에야 분석가 손에 도착했다. 이 같은 괴리는 U-2기의 계승자인 SR-71 블랙버드(Black Bird)가 등장하면서 겨우 해결되었다.

어떻게든 선명한 이미지를 가능한 한 빨리, 실시간에 가깝게 전송할 방법을 찾아내야 했다. 그리고 과학자들이 아무리 애써도, 그들은 근본적인 혁신을 이뤄내기 전까지는 그 문제를 해결할 수 없었다. 그것은 실질적이면서 이론적인 혁신이었다. 그들은 사진(picture)이 무엇을 의미하고, 데이터가 무엇을 의미하는지를 다시 생각해야 했다.

우주와 전쟁에서의 디지털 혁명

사진 필름은 특정한 거울식 망원경용 화학물질(mirror-type telescope chemicals)과 다양한 파장의 빛 사이의 반응에 기초한다. 그것은 현실과 유사한 이미지, 즉 아날로그(analogue)를 만들어낸다. 아날로그는 전체 사진이다. 그것은 별개의 부분들로 나누어져 있지 않다. 보이는 사진과 처리되지 않은 필름 사이에는 데이터 관리와 전송을 위해 추출될 수 있는 아무런 중간 영역이 존재하지 않는다. "당신이 보는 것이 당신이 얻는 것"이 된다. 사진은 그 구성 요소들로 변환될 수 없기 때문에, 그것을 보려면 전체 필름이 지구로 돌아와야 했다.

사진을 만들어내는 다른 방법을 찾아야만 했는데, 이 방법은 이미지가 효율적으로 전송이 가능한 형태로 표현되게 하는 것이어야 했다. 해결책은 디지털화에서 발견되었다. 이 과정은 현실에 대한 우리의 전체적 이해, 즉 그것을 사고하고 표현하는 방법을 뒤집어엎는 것이었다.

단순한 흑백 드로잉을 생각해 보자. 그 드로잉이 10만 개의 작은 점으로 분할되어 316×316으로 분포되어 있다고 해보자. 각각의 점은 육안으로 식별하기에는 너무 작다. 이 각각의 점들은 요소(element) 또는 픽셀(pixel)로 불린다. 이들은 각각 백색은 0, 흑색은 1의 값을 갖는다고 가정하자. 우리가 첫 번째 숫자는 상단 좌측 구석에 있는 첫 번째 픽셀에 대응하고, 그리고 그 숫자는 마치 우리가 책을 읽는 것처럼 좌에서 우로 나아가는 규칙이 있다고 가정하자. 그러면 각각 0 또는 1인 일련의 10만 개의 숫자로 흑백의 그림을 표현할 수 있게 된다. 숫자의 배열을 볼 때는 그림이 이해되지 않는다. 하지만 컴퓨터와 컴퓨터 프로그램은 각각의 숫자를 쉽게 읽어내고, 각각 대응하는 픽셀이 컴퓨터 화면에 흑이나 백이 되도록 지시할 수 있다. 그렇게 해서 원래의 그림이 복구된다.

디지털화는 흑백에만 국한되지 않는다. 하나의 숫자를 사용하는 대신, 우리가 일련의 8개의 긴 숫자를 사용하고, 그 숫자들은 각각 0 또는 1의 값을 갖는다고 가정하자. 그러면 각 픽셀은 256개의 값 중 하나를 갖게 된다. 8개의 자리에 0 또는 1을 사용하면 256개의 가능한 조합, 256개의 서로 다른 의미, 또는 256개의 서로 다른 색깔이나 음영이 가능해지기 때문이다. (이제는 원시적인 것이 된 최초의 IBM 퍼스널 컴퓨터는 8비트 프로세서를 가지고 있었다.) 그런 다음 복잡한 그림은 긴 일련의 숫자들로 나타낼 수 있다. 316×316 픽셀 디스플레이는 99,856개의 픽셀을 담고 있는데, 색깔은 800,000개에 약간 못 미치는 일련의 숫자들로 나타내진다.

따라서 빛을 필름과의 화학적 상호작용이 아니라 일련의 숫자로 나타낼 수 있는 카메라가 있다고 가정해 보자. 필름과 달리 데이터는 지상으로 물리적으로 돌려보낼 필요가 없으며, 대신 일련의 데이터, 즉 8개 단위의 0 또는 1이 무선을 통해 지상으로 전송될 수 있다. 이는 디지털 통신의 한 형태인 모스 부호에서 출발한 매체(medium)에게는 쉬운 일이었다.

빅 버드의 계승자인 KH-11은 바로 그러한 카메라를 탑재하고 있었다.

KH-11은 필름 대신에 전하 결합 소자(charge-coupled device), 또는 CCD로 알려진 일련의 센서들에 빛을 집중시키 위해 렌즈와 거울을 사용했다. 이 센서들은 빛을 다양한 강도를 지닌 전기적 파동으로 바꾸었는데, 그 강도는 센서를 때리는 빛의 값(value)과 일치했다. 각각의 전기적 출력(electrical output)은 0에서 256까지의 값을 가지는데, 이는 256개의 색상 또는 음영을 나타냈다. 각 센서는 카메라 렌즈에 의해 포착된 사진 속 픽셀과 일치했다. 이를 통해 얻은 일련의 데이터는 내장된 컴퓨터에 저장된 다음 일련의 무선 전송 숫자로 지구로 보내졌고, 그런 다음 사진으로 재구성되었다.[15]

    KH-11에 관한 모든 자료는 기밀이다. 사실 모든 정찰 위성에 관한 자료가 기밀이다. 국방부에서는 KH-11의 존재 자체를 공식적으로 인정하고 있지 않다. 사실상 KH-11은 우리가 지금 논하고 있는 전자광학 정찰 위성의 실제 이름일 수도 있고, 아닐 수도 있다. 그러나 일반 문헌들은 KH-11과 개량된 KH-11에 대한 언급으로 가득 차 있으며, 그 특징을 설명하는 데 있어 상당히 일관적이다. 더욱이 우리는 정부가 내린 공공 정책 결정들로부터 그와 같은 위성의 존재를 유추할 수 있다. 달리 표현해서, 만약 미국이 KH-11에 속하는 기술적 역량을 갖고 있지 않다면, 대통령이 추진한 일부 정책 결정은 탄핵 대상이 되는 불법 행위로 간주되어야 하고 고위 장성들의 군사적 결정은 군사 법정에 회부되어야 한다.

    예를 들면, 1970년대와 1980년대 미국은 소련과 높은 수준의 검증을 요하는 전략무기 협정에 들어갔다. 미국이 소련의 전략무기 시스템을 파악하기 위해서는 소련의 넓은 지역을 조사할 수 있는 능력과 ABM 발사대, ICBM 설치 기지 등과 같은 상대적으로 작은 목표물의 위치를 찾아내기에 충분히 정교한 데이터가 필요했다. 미국이 소련 영토에 대한 고고도 정찰 비행을 계속하지 않고 있다고 가정한다면, 고해상도, 전자광학, 디지털화된 위성 정찰 시스템—어떤 이름으로 불리든 본질은 여전히 KH-11이다—의 존재를 사실로 받아들일 수밖에 없다. 실제로 KH-11에 관한 정보가 여러 행정부들을 거치면서 누설되었던 이유 중 하나는, 미국이 소련과의 협정을 검증할 능력이 있

다는 것을 의심 많은 일반 국민과 의회에게 안심시키기 위해서였다.[16]

KH-11은 얼마나 잘 볼 수 있을까? 정찰 활동은 다섯 가지 수준의 정밀성으로 판단된다. 표적을 탐지하는 능력, 표적을 인식하는 능력, 표적을 정확히 확인하는 능력, 표적의 특징을 묘사하는 능력, 그리고 표적에 관한 기술적 정보를 제공하는 능력이다. 인공위성이 교량을 단순히 탐지하기 위해서는 약 18피트의 해상도가 필요하다. 그것이 정말로 교량인지 인식하려면 13.5피트의 해상도가, 교량을 정확히 확인하려면 4.5피트, 교량을 상세히 묘사하려면 3피트의 해상도가 필요하다. 그리고 교량을 날려 버릴 방법을 알아낼 수 있을 정도로 충분히 잘 보려면 약 1피트의 해상도가 필요하다.

그러나 로켓을 찾아내는 것은 미국의 "국가 기술 검증 수단"이 할 수 있어야 하는 임무인데, 로켓을 탐지하는 데만 3피트의 해상도가 필요하고, 로켓인지 인식하는 데 1.5피트의 해상도가 필요하다. 로켓을 식별하는 데 약 6인치의 해상도가 필요하고, 그 특징을 자세히 묘사하는 데 2인치의 해상도가 필요하다. 그리고 아마도 그것을 기술적으로 묘사하는 데는 1인치의 해상도가 필요할 것이다. 그리고 로켓은 비행기나 전차보다 탐지하기가 훨씬 더 어렵다.[17]

이 같은 점을 알면, 걸프전 당시 미 인공위성들이 최소한의 촬영 능력을 갖고 있었다고 충분히 짐작할 수 있다. 적어도 인공위성들은 소련제 로켓들을 확인할 수 있었는데, 이는 KH-11이 약 6인치의 해상도를 가졌다는 것을 의미한다. 그러나 우리는 KH-11이 1984년, 처음 궤도에 올랐을 때 6인치의 해상도에 도달했음을 알고 있기 때문에 그 이후로 전혀 발전이 없었다고 믿기 어렵다.

우리는 걸프전 중에 크루즈 미사일들이 환기구를 통해 빌딩을 공격하거나 건물 특정 층의 특정 구석을 맞힐 수 있었음을 알고 있다. 이것은 크루즈 미사일의 정밀성을 보여주는 증거라는 점 외에도, 빌딩에 대한 기술적 세부 사항을 그토록 정확히 읽어낼 수 있는 정찰 능력에 대한 놀라운 증거이다.[18] 적어도 그 같은 놀라운 정보 업적 중 일부는 인공위성에 의해 이루어졌다. 다른 한편으로, 우리는 폭격 피해 평가(bomb-damage assessment), 특히 A-10기의 대전차탄에 맞은 전차에 대한 피해 평가가 미흡했다는 것을 알고 있다. 정찰로는 1인치나 2인치가 안 되는 작은 파열들을 탐지할 수 없었다. 합리적으로 평가하자면, 맑은 날, 최적의 조명 조건 하에서 KH-11의 전기광학적 능력이 완전히는 아니지만, 거의 2인치 해상도까지 내려간 것이라 할 수 있다. 정부가 하는 일치고는 나쁘지 않은 수준이었다.

걸프전 당시 3개의 KH-11 위성이 궤도에 있었다고 대체로 알려져 있으며, 그중 하나는 1984년에, 다른 하나는 1987년에, 세 번째는 1988년에 쏘아 올려졌다.[19] 이들 모두는 극궤도 근처의 타원 궤도(186×621마일)에 98도 각도로 놓여졌다. 위성의 궤도는 태양의 움직임과 일치했는데, 이는 위성이 하루 중 같은 시간에 같은 지점(earth point)으로 돌아온다는 것을 의미했다. 이는 그림자의 변화가 항상 태양 각도의 변화가 아니라 지상의 변화를 나타낸다는 점에서 중요한 이점을 제공한다. 이는 특히 고속으로 컴퓨터 처리되는 사진 데이터 분석에서 중요했다.[20]

궤도가 타원형이라는 사실은 정찰 능력에 보탬이 된다. 앞서 논했다시피, 위성의 궤도가 더 낮을수록 더 선명한 사진을 얻을 수 있다. 타원형 궤도에서는 그 궤도의 최저점에서 촬영하는 것이 가능하다. 미국 정찰 위성으로서는, 소련 상공에서 저고도로 머무는 시간을 최대로 늘리는 것이 목표였고, 소련 위성의 경우는 그 반대였다. 위성 궤도는 우방과 적국에 대한 정치적 표현이었다.

초기형 KH-11의 장점이 무엇이든, 그리고 그러한 장점이 얼마나 대단하든, 그것은 광학 시스템이다. 파장이 짧을수록 해상도가 증가하기 때문에, 광학 시스템은 근본적으로 다른 스펙트럼보다 더 나은 해상도를 갖지만, 이러한 이점은 종종 현실 세계에서 희미해진다. 맑은 날씨에 광학 시스템은 적이 어떤 미사일을 배치했는지 말해 줄 수 있고 적의 전차 수를 셀 수 있다. 하지만 대기는 완전히 투명한 날이 매우 드물고, 구름이 끼거나 밤이 되면 매우 흐릿해진다. 분명히, KH-11만으로는 충분하지 않았다.

개량형 KH-11이 등장하여 이런 문제 중 일부를 해결해 나가기 시작했다. 새로운 감지 능력이 도입되었다. 예를 들어 가짜 색이라 불리는 적외선 능력이 있는데, 이는 KH-11이 안개가 낀 날이나 야간에도 볼 수 있게 했고 실질적으로 효과를 상승시켰다. 이에 못지않게 중요했던 것은 완전한 다중스펙트럼 감지 시스템의 개발이었다. 광학 시스템과 적외선 시스템은 목표를 볼 수는 있으나, 그것이 모형인지 진짜인지 구별할 수 없었다. 레이더와 같은 또 다른 분석 수단을 추가함으로써 관심 대상의 구성 요소가 분석될 수 있었다―그것은 금속으로 이루어져 있는가, 아니면 그저 나무로 만든 모델인가? 이는 냉전 동안에는 소련 미사일 배치를 분석하는 데 필수적이었고, 걸프전에서는 실제 전차인지 교란용인지 가려내는 데 필수적이었다.[21]

이후의 KH-11에 대해 알려진 가장 흥미로운 혁신은 가변형 거울(flexing mirror)의 존재였다.[22] 최상의 조건에서도 대기는 자신을 통과하는 빛을 굴절시킨다. 연기나 안개, 다른 연무 등이 있으면 그러한 왜곡(distortion)은 더 심해질 수 있다. 그런데 카메라 렌즈에 의해 포착된 빛이 왜곡을 보정하기 위해 체계적으로 재형성될 수 있다면 사진의 화질이 상당히 개선될 수 있다. 만약 최신형 KH-11이 사실상 그 같은 가변형 거울을 가지고 있다면, 이는 이미지들이 포착되는 순간 거울을 조작하는 복잡한 프로그램을 가동할 수 있는 첨단 컴퓨터를 탑재하고 있음을 의미한다. 만약 그 같은 컴퓨터가 존재한다면, 위성의 이미지 개선 수준이 획기적으로 높아질 것이다. 만약 거울들이 조작될 수 있다면, 아마도 이미지들은 KH-11의 첨단 신호 정보(SIGINT) 능력에 통합될 수 있고, 기갑 대형에서 지휘 차량 등을 찾아낼 수 있을 것이다.

초기의 KH-11 위성들은 소련 전역을 정찰하기 위해 반덴버그 기지에서 발사되어 근극 궤도(near-polar orbit)에 놓여졌다. 그러나 새로운 위성들은 근본적으로 다른 궤도에 놓여졌는데, 이는 지정학적 현실의 변화를 반영하는 것이었다. 1989년 8월에서 1990년 3월, 소련이 점점 무너져 가던 시기에 캐너베럴Canaveral 기지에서 발사된 이 신형 KH-11 위성들은 다른 지역들, 특히 미국에 도전할 가능성이 있다고 여겨지던 제3세계 국가들을 상세히 정찰하기 위한 것이었다.

　인공위성을 하나는 57도 궤도, 또 하나는 65도 궤도에 배치한 것은 하나의 도박이었다. 57도 궤도에서는 상트페테부르크 위쪽으로는 아무것도 볼 수 없으며, 65도 궤도에서는 북극권 이북이 사각지대가 된다. 값비싼 자산이 북부 러시아는 더 이상 진지한 관심을 받을 가치가 없다는 개념에 전적으로 의존하고 있는 것이다.

　개량형 KH-11 위성은 이전의 KH-11 위성들과 공유했을 수도 있는 또 다른 중요한 능력인 기동성(maneuverability)을 가진 것으로 보였다. 이 위성은 자신의 자세, 즉 자기 자신과 자신의 카메라가 바라보는 방향을 바꿀 수 있을 뿐만 아니라, 실제로 궤도를 바꿀 수도 있다. 그것은 궤도의 형태를 바꾸거나—그럼으로써 특정 지역에 대한 커버 범위를 늘릴 수 있다—또는 적도와 관련하여 자기 궤도의 각도를 바꿀 수 있다. 가장 중요한 것은, 개량형 KH-11은 대(對)위성 무기의 공격을 피해 기동할 수 있다는 점이다. 이를 위해 KH-11은 상당히 큰 엔진을 달고 있어야 한다. 동체의 대부분은 카메라와 센서보다는 엔진과 연료가 차지하고 있을 가능성이 높다.[23] 일부에서는 개량형 KH-11이 록히드사가 생산한 버스 1(Bus 1)이라고 불리는 것에 의해 움직인다고 주장하는데, 그것은 핵을 동력으로 기동하는 로켓이다.

　하지만 개량형 KH-11이라 해도 몇 가지 한계를 갖고 있었다. 우선 한 가지는, 해상도가 인상적이기는 해도 그것의 커버 영역은 제한적이라는 점이다. 최대 해상도에서 하나의 KH-11이미지는 약 4제곱킬로미터를 커버한다. 이는 특정 시설이나 병력 배치를 근접 조사하는 데는 유용하지만, 지상군이 사용할 대규모의 지도를 작성하기에는 그다지 유용하지 않다. 이에 미군은 미국의 랜드샛(Landsat), 그리고 더 중요한 것으로 프랑스의 SPOT 위성 등 상업용 위성들에 의존했다. SPOT 위성은 겨우 10야드의 해상도밖에 없지만, 그것으로 교량, 건물을 그리고 심지어 전차의 집결 상황 등을 파악하기에는 충분하다. 무엇보다도, 단 하나의 SPOT 위성 이미지는 3,600제곱킬로미터를 커버하며, 따라서 1:50,000 척도의 지도 작성을 가능하게 한다.[24]

SPOT 위성의 유용성은 미군 지휘관들을 놀라게 했다.[25] 그들은 소련 미사일의 위치를 알아내는 데만 너무 몰두해 있었고—KH-11이 바로 그 목적에 최적인 위성이었다—전쟁의 기본 원칙, 즉 지형의 중요성을 망각해 버렸다. 역설적이게도 군이 기밀을 요하지 않는 상업 및 학술용 위성 영상 분야에서 군이 필요로 하는 지도 작성 능력을 만들어내고 있었다. 이러한 발견에 대한 대응으로, 더 최신 버전의 KH-11은, SPOT의 더 넓은 탐색 범위를 더 고해상도로 따라하기 위해 기존보다 더 낮은 해상도, 더 큰 광각의 렌즈를 장착하고 있다.[26] 또 다른 역설은 쿠웨이트를 침공하기 전인 1990년 8월, 사담 후세인이 SPOT 위성의 쿠웨이트 자료를 구입했다는 것이다.[27] 농업, 광업, 물 관리와 같은 영역에서 상업적인 우주 기반 영상의 중요성이 증가하는 상황은 군사 정찰이 특히 민간 부문과 기술을 공유해야만 한다면, 자신의 기밀을 얼마나 오래 유지할 수 있을 것인가라는 흥미로운 문제를 제기한다.

라크로스 경기: 레이더 영상

어둠은 하루의 절반가량 지구를 덮는다. 겨울 45도선 이북은 하루 중 70%가 구름에 덮여 있다. 지상을 볼 수 없는 채로 수 주가 지나갈 수도 있다. 수 주의 시간 동안 새 미사일 사일로가 건설되고, 인력이 배치되고, 무장되고, 은폐되고, 위장될 수 있다. 가시 스펙트럼(visible-spectrum) 영상 시스템들은 중요한 결점이 있는데, 이것들은 낮 동안에, 그것도 비교적 맑은 날씨에만 작동한다는 것이다. 이후 KH-11에 실린 적외선 센서는 야간이나 안개 낀 날씨에도 효과가 있지만, 주요한 기능은 적의 위장을 꿰뚫어 보는 것이다. 예를 들면, 그물이나 잘린 초목 같은 위장은 살아 있는 초목과는 온도가 다르다. KH-11에는 야간 투시 시스템도 탑재된 것으로 알려졌지만, 그것은 구름이 없을 때만 작동 가능하며 해상도도 매우 낮다.[28] 빽빽한 구름층은 가시광선을 차단하는 것처럼 적외선 방사도 차단하고 굴절시킨다. 따라서 KH-11은 장시간 무용지물이 될 수밖에 없다. 더 정확하게는, 일부 KH-11의 사진들은 매우 귀중하지만, 또 다른 정찰 수단에 의해 보완될 필요가 있다.

한 가지 해결책은 전자기 스펙트럼의 다른 부문을 활용하는 것으로, '라크로스(LACROSSE)'라는 암호명을 가진 또 다른 유형의 영상 위성에 의해 이루어졌다. 눈은 약 10^9MHz라는 좁은 대역을 볼 수 있다. 이는 빛의 에너지 파동이 1초에 10^9백만 번 진동한다는 것을 의미한다(진동은 파동의 빈도, 즉 주파수이며, 파동이 얼마나 자주 일어나는가를 나타낸다. 주파수가 높을수록 각각의 파동은 짧아지는데, 주파수가 높을수록 더 작은 파동을 필요로 하기 때문이다. 예를 들면, 마이크로웨이브는 극도로 짧은 파동과 극도로 높은 주파수를 갖고 있다). 인간의 눈은 매우 좁은 대역 내에서 색으로 보여지는, 파장(주파수 길이)의 미묘한 변화를 알아볼 수 있다. 우리가 열(heat)로 경험하는 것을 볼 수 있는 적외선 센서는 10^5~10^8MHz의 더 넓은 대역에서 작동하는데, 이 대역은 더 낮은 주파수, 더 높은 파동의 영역이다. 이 영역은 인간의 시각에 가깝다. 실제로 고양이나 다른 야행성 동물들은 적외선 영역대를 볼 수 있다.

100MHz에서 적외선에 약간 못 미치는 대역까지가 상업용 라디오, 텔레비전, 단파 라디오, 그리고 마이크로웨이브에서 사용되는 방사 범위(range of radiation)이다. 라디오와 텔레비전은 더 낮은 주파수대에 있다. 300~30만 MHz의 더 높은 주파수대에는 다양한 레이더 대역이 있다. 파동의 빈도(주파수)가 올라갈수록, 파동을 좁은 빔(beam)으로 집중시키기가 더 쉬워진다. 그래서 저주파 대역은 방송에 최적이라 할 수 있다. 가능한 한 좁고 집중된 빔을 요구하는 레이더는, 그러므로 더 높은 주파수 영역에서 발견되어야 한다. 매우 높은 주파수에 매우 낮은 파장의 마이크로웨이브는 가장 유용한데, 이는 다른 어떤 레이더 주파수보다 더 좁고 정확하게 집중될 수 있기 때문이다. 이와 같이 마이크로웨이브 방사는 우리의 통상적인 통신 네트워크에서 필수적인 부분이다. 마이크로웨이브 타워들은 도시 빌딩의 옥상이나 언덕 꼭대기에서 찾아볼 수 있다. 마이크로웨이브 오븐은 주방에서 볼 수 있으며, 높은 주파수의 고에너지 빔이 음식물의 수분 분자들을 활성화해 놀라운 속도로 조

리할 수 있게 해준다.

 마이크로웨이브는 정밀 집중을 할 수 있는 것 외에도, 가시광선이나 적외선 같은 고주파 방사와는 달리 구름, 안개, 포연, 그리고 심지어 식물 같은 고체 방해물을 뚫고 볼 수 있다. 그러나 마이크로웨이브는 가시광선보다는 더 낮은 주파수를 가지기 때문에, 다른 모든 조건이 동일하다면 고해상도를 가질 수 없다.

 라크로스는 KH-11과는 전혀 다른 인공위성이었지만 지상을 촬영하는 매우 유사한 임무를 수행했다. KH-11은 모든 광학 시스템처럼 자신에게 오는 빛을 모으는 수동적 시스템이었다. 반면 라크로스는 능동적이었고 안테나에서 에너지를 방사했다. 따라서 장기적인 에너지원이 필요했고, 태양광을 전기로 바꿀 수 있는 대형 태양 전지판을 달았다. 흥미롭게도 소련의 레이더 정찰 위성은 전력을 생산하기 위해 소형 핵 반응로를 사용한다.[29] KH-11과는 달리, 라크로스는 밤과 낮에 모두 사용될 수 있었고, 맑은 날씨와 흐린 날씨를 가리지 않았다. 라크로스 위성은 아마도 적외선 탐지와 일종의 신호 정보 등 추가적인 능력을 갖추었을 것이다.

 공습 기획자들을 기만하는 한 가지 방법이 다량의 위장 항공기나 전차를 배치하는 것이었기 때문에 이는 매우 중요했다. 레이더는 철재와 목재를 구분할 수는 있으나, 위장물이 금속 포장지로 덮여 있다면 혼란에 빠지게 된다. 그러나 적외선은 주위 온도를 감지하기 때문에 엔진이 최근 사용되었는지를 탐지할 수 있다. 마지막으로 신호 정보는 통상적인 통신 패턴이 전차들 사이에서 일어나고 있는지를 알 수 있다. 이 모든 것은 위장을 더욱더 힘들게 만든다.[30]

 라크로스의 해상도가 어느 정도였는지는 확실하지 않다. 잘해야 3피트의 해상도였을 것으로 대체로 추정되는데, 그와 같은 해상도는 단지 차량류의 존재를 인식하고 전차와 자동차를 구분하는 데 필요했을 것이다. 이는 또한 라크로스가 해상의 선박이나 지상의 항공기를 찾아낼 수 있게 했을 것이지만, 그것들이 정확히 무엇이고, 심지어 얼마나 많이 있는지에 관해 많은 정보를 제공하기에는 충분하지 않았을 것이다.

만약 라크로스의 해상도가 3피트보다 나빴다면, 라크로스는 예를 들면, 장갑차의 전체적인 대형—금속 덩어리로 감지되는, 기갑 여단의 존재—을 알아봤겠지만 개별 전차를 알아볼 수는 없었을 것이다. 라크로스의 주요 목적은 아마도 이전에 알려지지 않았던 기갑부대의 집결지를 찾아낸 다음 공중 정찰 또는 KH-11 위성 사진으로 그것들을 식별하게 하거나, 혹은 야간이나 나쁜 기상 상황에서, 그리고 KH-11 운행 주기에 따른 보다 상세한 공중 정찰 사이에서 이미 식별된 부대를 추적하는 것이었을 수 있다.

레이더가 안고 있었던 문제는 항상 표적으로부터 멀어질수록, 그리고 더 선명한 해상도를 원할수록 레이더 안테나가 더 커져야 한다는 것이었다. 1978년 미국은 시샛(Seasat)으로 알려진 인공위성을 발사했는데, 82피트 정도의 해상도를 가지고 있었다. 이 위성은 지구로부터 약 100마일 상공의 궤도에 있었다. 재래식 레이더라면 1.2마일 너비의 안테나가 필요했을 텐데, 이는 현실적이지 못했다.[31] 시샛을 가능하게 한 것은 두 가지 혁신, 즉 위상 배열과 통합구경 레이더였고, 두 가지는 정찰 위성에서 단일 시스템으로 결합되었다.

위상 배열 레이더는 우리 모두가 친숙한 기계적 안테나를 사용하지 않는다. 탐지파를 보내고 반사파를 받는 안테나 대신, 열과 행으로 배열된 작은 송신기와 수신기들이 에너지를 방사하고 반향되는 것을 수신한다. 위상 배열 레이더는 각각의 배열이 서로 다른 표적들에 집중될 수 있어서, 빔(beam)을 훨씬 더 정교하게 조작할 수 있게 한다. 여기에 더하여, 위상 배열 레이더는 움직이는 부분이 없어서 훨씬 더 안정적이다. 이러한 안전성은 우주 위성에 좋은 것이다.[32] 위상 배열 레이더는 또한 통합구경 레이더(SAR)의 핵심적 구성 요소이다. 이 레이더는 극도로 가는 에너지 빔을 집중시키는데, 빔은 물체에 부딪히고 그 물체를 지나치면서 일련의 신호를 돌려보내 전자적 사진들을 생성한다.[33]

이러한 신호들은 또한 도플러 레이더라고 불리는 방법에 의해서도 분석된다. 우리 모두는 도플러 효과에 친숙한데, 다가왔다가 떠나가는 트럭이나 기차 소리에서 그 효과를 경험할 수 있다. 트럭이 다가올 때 소리는 점점 더 커지고 점점 더 높아진다. 떠나갈 때 그 소리는 크기와 주파수가 재빨리 줄어든다. 소리는 200KHz 이하의 주파수에서, 파동으로 전파된다. 트럭이 우리를 향해 돌진해 올 때 파동의 근원은 점점 더 가까워진다. 새로운 파동이 앞서 방출된 파동들에 근접하면서 그것들을 밀어내고 새로운 파동의 주파수를 증가시킨다. 소리는 더 커지고 음이 더 높아진다. 트럭이 우리를 지나쳐 멀리 떠나감에 따라 파동들은 점점 더 간격이 벌어진다. 음역과 음량이 재빨리 떨어지는 것이다. 달리 표현하자면, 도플러 효과가 사라진다.

파동의 빈도 변화를 측정함으로써 움직임을 측정하는 것이 가능하다. 즉 얼마나 빨리 움직이고 있는지, 그것이 당신을 향해 다가오는지 또는 멀어지는지 측정할 수 있다. 이는 모든 스펙트럼에서 행해질 수 있다. 예를 들면, 천문학자들은 별로부터 오는 빛의 파장을 조사해 그 변화가 적색 지향(지구에서 멀어지고 있음)인지, 청색 지향(지구를 향해 움직이고 있음)인지를 결정할 수 있다. 레이더 스펙트럼에서, 도플러 레이더는 속도를 판정하기 위해 주파수의 변화를 측정할 수 있다. 슬프게도, 우리 중 많은 사람이 과속 단속에 걸렸을 때 이것을 발견하게 된다.

반사파 데이터와 도플러 데이터를 사용하고, 그 데이터들을 디지털적으로 처리함으로써 시스템은 자신이 매우 큰 안테나를 사용하고 있다고 속아넘어갈 수 있다. 위성이 계속 움직이고 있으므로 작은 도플러 효과가 있다. 신호 귀환의 강도와 함께, 연속 사진들의 도플러 효과를 비교함으로써 지구 표면에 대한 선명한 사진을 얻을 수 있다. 이런 데이터 융합(blending)의 많은 부분은 위성 탑재 컴퓨터보다는 지상 기반의 컴퓨터에서 이루어진다. 이런 식으로 아주 정교한 사진이 구름, 장애물, 또는 야간에 관계 없이, 상당한 거리에서 되돌아올 수 있다.[34]

전자 정보와 신호 정보: 엿듣기

모르드개Mordecai가 모든 유태인을 학살하자는 하만Haman의 계획을 엿들은 이후, 적을 도청하는 것이 스파이 활동의 핵심이 되어왔다. 외국 정부의 핵심부에 스파이를 들여보낼 수만 있다면 엿들을 수 있기 때문에 그것은 대단히 가치 있는 일이었다. 그 같은 인적 정보수집은 항상 어렵고 위험했다. 그러나 전보, 전화, 무선통신의 발명 이후 시대에는 다른 사람이 말하는 것을 듣기 위한 또 다른 수단이 이용 가능해졌다. 그것은 전자적 신호를 가로채는 것이었다.

대화 내용을 가로채는 많은 방법이 있다. 제1차 세계대전과 제2차 세계대전 중 순찰대들은 주기적으로 적의 전화선을 발견하고 이를 은밀히 도청했다. 미 해병대는 태평양 전쟁 당시 영어에 능통한 일본 군인이 도청하는 경우에 대비해 나바호 인디언들에게 통신을 맡겼다. 무선 송신의 비중이 커지면서 무선 송신을 도청하는 일이 중요해졌다. 무선에서 마이크로웨이브 방사에 이르기까지 모든 영역의 전자기 스펙트럼이 정보수집의 핵심 영역이 되었다. 그 영역에 침투할 수만 있으면 적국의 방공 레이더 유형에서부터 우방국의 내각 개편 계획에 이르기까지 모든 것을 파악할 수 있었다.

정보수집 수단은 다양하다. 항공기, 선박, 잠수함, 지상 기지 모두 대화를 엿듣기 위해 스스로 특정한 장소에 있을 수 있다. 1967년 중동 전쟁에서 이스라엘군에게 공격당한 미 해군함 '리버티(Liberty)' 호는 아랍과 이스라엘의 통화 내용을 도청하던 중이었다. 1968년 북한에 의해 나포된 미국의 '푸에블로Pueblo호' 도 그와 비슷한 임무를 수행하고 있었다. 대사관 지붕에는 안테나들이 솟아 있어 주재 도시의 신호 정보(사람들의 대화 내용)를 수집했으며, 미국은 이 방면에서 매우 일을 잘했다. 1960년대 후반, 감마 구피(Gamma Guppy)로 알려진 작전에서 미국의 정보기관은 소련 지도부 차량에 있던 카폰을 엿들을 수 있었다.[35] 브레즈네프가 이 카폰에 대고 뭐라고 말했는지 공개될 날이 몹시 기다려진다.

1960년대 중반, 미국은 흔히 전자 정보 위성(ELINT)과 신호 정보 위성(SIGINT)으로 불리는 일군의 위성들을 쏘아 올렸다. 그 위성들의 임무는 기다렸다가 듣는 것이었다. 위성들은 전자기 스펙트럼의 무선 레이더 영역을 사용해 우주의 자연 방사보다 더 강한 거의 모든 신호를 수집했다.

1972년 DSP와 KH-9이 처음 등장하던 무렵, 미국은 라이올라이트(rhyolite)라는 암호명을 가진 최초의 정지궤도 신호 정보 위성을 발사했다. 우리는 라이올라이트에 대해 어느 정도 알고 있다. 바로 〈매와 눈사람the Falcon and the Snowman〉이라는 영화로 유명한 크리스토퍼 보이스Christopher Boyce가 라이올라이트의 생산과 운영 담당자로 일하면서 소련에 라이올라이트 정보를 팔아넘긴 혐의로 체포되어 재판을 받았기 때문이다. 그보다 몇 년 전, 또 다른 사건에서는 한 영국 스파이가 라이올라이트 자료를 소련에 팔아넘긴 혐의로 체포되었다.[36] 재판 도중, 소련이 보이스의 정보를 받은 다음 자신들의 미사일 텔레메트리(telemetry, 원격측정 데이터)를 바꾼 것이 드러났다. 그래서 우리는 라이올라이트의 기능 중 하나를 알고 있고, 라이올라이트가 그 기능을 잘 해냈다는 것을 알고 있다.

새로운 버전의 라이올라이트는 매그넘(MAGNUM)이라는 암호명으로 알려져 있다. 첫 번째 위성은 1985년 1월 24일 발사되었으며, 두 번째 위성은 1989년 11월 23일에 발사되었다. 그 위성들의 큰 안테나가 미사일 안에 들어갈 수 없었기 때문에 두 위성 모두 스페이스 셔틀에 의해 발사되었다. 세 번째 위성은 샤렛(Chalet)이라는 암호명을 가진 것으로, 더 소형이었으며 카나버럴 공군 기지에서 타이탄(Titan) 34D 편으로 1989년 5월 10일에 발사되었다. 대부분의 보고서들은 매그넘이 대형이고, 3.6톤 정도였다고 말한다.[37] 우산 모양인 매그넘의 안테나는 축구 경기장의 두 배 크기였으며, 그래서 22,300마일 상공에서 아주 미약한 무선 신호도 잡을 수 있었다.[38]

미국의 신호 정보에 관해서는 아무것도 확실하지 않다. 금이 간 독처럼 정보가 새어 나온 KH-11 프로그램과 달리, SIGINT는 기밀이 완벽히 유지되고 있다. 우리는 서로 다른 암호명이 서로 다른 종류의 위성을 지칭하는지, 아니면 단지 새로운 이름으로 혼란을 주려는 것인지 알지 못한다. 말하는 자는 알지 못하며, 알고 있는 자는 말하지 않는다. 그러나 우리는 공개된 다양한 간첩 활동 사례를 통해 미국이 신호 정보 위성을 보유하고 있다는 것을 알고 있고, 셔틀의 발사를 보면서 두 개의 커다란 화물이 정지궤도에 올려졌다는 사실을 알고 있다. 그리고 그 화물들은 거대한 안테나를 갖고 있었고, SIGINT를 위한 것이었다는 일관된 보도가 있었다. 우리는 또한 국가안보국(NSA)이 메릴랜드의 로렐Laurel에 있으며, 거기에 수천 명의 작업자들을 고용하고 있다는 것도 알고 있다. 분명 그들은 거기에서 무언가를 하고 있을 것이다. 우리는 수십억 달러가 NSA에 의해 신호 정보와 전자 정보 부문에 쓰이는 것을 알고 있는데, 이는 SIGINT가 전략적으로 중요한 역할을 할 수 있다거나, 아니면 수많은 공무원들이 범죄를 저지르고 있다는 것을 의미한다.

미국 SIGINT의 능력은 무엇인가? 올리버 노스Oliver North는 1985년 11월 22일, 미사일을 실은 비행기가 텔아비브를 떠나 이란으로 향했을 때, NSA가 이를 CIA에 즉시 알리고 시시각각 움직임을 감시하기 위한 계획을 실행했다고 보도함으로써 우리에게 NSA의 능력에 대해 알려주었다. 노스에 의하면, NSA는 "매우 특정하고 목표가 뚜렷한 정보수집을 계획했고, 그러한 정보수집은 우리에게 벌어지고 있는 일을 거의 즉각적으로, 아주 정확하게 알려준다. 우리는 수 시간 내에 이들이 서로 무슨 이야기를 주고받는지, 무슨 계획을 꾸미고 있는지에 대한 상세한 정보를 갖게 된다. 그것은 아마도 현재로서는 가장 신뢰할 만한 형태의 정보일 것이다."[39]

노스의 발언은 다소 신중하지 못했지만 정확했던 것으로 여겨진다. 1977년으로 거슬러 올라가서 당시 CIA 국장이었던 스탠스필드 터너Stansfield Turner는 인적 정보를 축소하고 대신 전자 정보를 강화하기로 결정했는데, 그 후 미국이 아주 사소한 전파 방사도 놓치지 않고 분석할 수 있는 능력을 갖게 된 것은 분명하다. 이러한 것들은 그저 추론될 수 있을 뿐이다. 예를 들면, 미국이 고르바초프와 옐친에게 쿠데타 발생 가능성을 통보했다는 부인되지 않은 보도가 있었다. 미국이 러시아 내에서 그 두 사람보다 더 나은 인적 정보

(HUMINT)를 가지고 있었으리라고는 생각하기 어렵다. 따라서 우리는 정보의 출처가 인공위성 SIGINT라고 추측해야 한다. SIGINT도 분명 완벽하지는 않다. 노리에가Noriega가 탈출했을 때, 미국은 그를 수일 동안 찾아내지 못했다. 그리고 이라크의 쿠웨이트 침공에 관해서도 알지 못했다. 또한 베이루트 주재 미 대사관 폭탄테러 같은 테러리스트의 활동에 관해서도 알지 못했다. 따라서 우리는 SIGINT가 전자적 방사에 관해서만 알 수 있다고 가정한다.

물론, 분명한 실패에 대해서는 또 다른 설명이 있다. 소위 '코벤트리 딜레마(Coventry dilemma)' 이다. 제2차 세계대전 중 에니그마(Enigma)를 사용하던 영국은 독일의 작전암호를 거의 완벽하게 풀어내고 있었다. 따라서 그들은 독일군 야전 사령관이 영국 중부 코벤트리를 공습하라는 명령을 내린 사실을 즉각적으로 알 수 있었다. 처칠은 고전적 딜레마에 빠졌다. 코벤트리 주민을 소개하라고 지시하면 독일군은 자신들의 암호가 간파되었음을 알아차릴 것이다. 독일군은 암호체계를 바꿀 것이고 영국군은 아주 가치 있는 수단을 잃게 되고, 이로 인해 수천의 생명을 잃거나 심지어 전쟁에서 패할 수도 있었다. 반대로 처칠이 이 도시가 파괴되도록 내버려 둔다면, 정보의 용도가 무엇이란 말인가? 결국, 처칠은 코벤트리에 소개령을 내리지 않고 파괴되도록 두었다. 그렇게 하지 않으면 장래에 더 많은 사람이 죽게 된다는 이유에서였다.

베트남전에서 베이루트에 이르기까지 미국의 정보기관도 이와 비슷한 곤란한 경우에 처했을 수 있다. 어떤 정보자산이든 가치가 있으나 그 자산을 사용하는 데는 위험이 따른다. 정보자산을 사용하는 이익이 그 자산을 사용하지 않는 위험보다 더 커야 한다. 자산이 더 가치 있을수록, 그러한 위험을 감수할 가치가 있을 가능성은 낮아진다. 여기에는 어떤 과학도 없다. 단지 정보활동이 그 기법에 상관없이, 실제적으로나 도덕적으로나 어렵고 불분명하다는 것을 보여준다.

만약 SIGINT가 신중하게 사용되어야 한다면, 우리의 정책결정자들은 종종 자신들이 실제 알고 있는 것보다 덜 알고 있는 것처럼 행동해야 하며, 기술적 능력의 비밀을 유지하기 위해 상황에 너무 시기적절하게 반응하지 않아야 한다. 불행히도 밖에서 볼 때는, 그것이 정확한 정보의 신중한 이용인지, 무능력인지 구별하기가 때때로 어려워진다. 그리고 이는 공직자의 업무 수행에 대한 판단을 내릴 때 시민들이 겪는 딜레마이다.

점괘를 보다: 자료의 위기

영상(imaging), 국방 지원 프로그램, 신호 정보, 전자 정보, 그리고 모든 다른 유형의 정찰 플랫폼은 우주와 그 밖의 다른 곳에서 방대한 자료를 수집한다. 그리고 그 모든 자료들은 가공되지 않은 형태로는 아무런 쓸모가 없다. 끊임없이 유입되는 디지털 자료는 어떤 시스템이 그 자료를 정보로 전환하고, 정보를 분석하고, 그런 다음 그 정보를 결정을 내리거나 전투를 수행하는 사람에게 나누어주지 않는 한 이해될 수 없다

사막의 폭풍 작전 중 인공위성에서 다운로드된 막대한 양의 데이터는 감당하기 힘들 정도였다. 그 결과를 전장까지 보내는 시간이 지체되다 보니, 도착했을 때는 종종 부적절한 정보가 되었다. 1993년 8월 하원 군사위원회 한 직원의 보고서는, 어마어마한 양의 자료와 정보가 생성되고, 전술 지휘관들이 더욱 더 많은 이미지를 요청하면서, 그것을 처리하도록 설계되지 않은 시스템이 과부하에 걸렸다고 지적했다(그 데이터가 얼마나 방대했는지는 기상 사진 한 장이 40메가바이트―디스켓에 저장된 이 책의 문서 파일 용량의 약 40배―나 된다는 점을 생각해 보면 짐작이 갈 것이다).

전술 정보와 전략 정보 간의 이러한 차이가 문제의 근원에 있었다. 위성 정찰은 전략적 목적으로 개발되었다. 핵전쟁을 지원하는 것이 그 목적이었다. 영상 위성들의 첫 번째 임무는 적의 핵전력을 감시하는 것이었다. 위성들은 사일로의 건설을 관찰하고 핵미사일의 숫자를 파악했다. SIGINT와 ELINT 위성의 가장 중요한 기능은 미사일 실험에서의 텔레메트리(telemetry)를 감

시하고, 레이더 및 다른 핵전쟁 시스템의 작동과 관련된 다른 전자 시스템의 발신(emission)을 감시하는 것이었다.

대부분의 정찰 임무는 보통 두 가지 성격을 가졌다. 첫째, 데이터가 시간에 민감하지 않았다. 미사일 사일로의 위치를 찾고, 적 미사일 숫자를 지켜보고, 적의 레이더 시스템을 지도화하는 것은 분명 매우 중요했지만, 데이터를 유용한 정보로 전환하는 것은 수 일, 또는 수 주나 걸릴 수 있었고 그래도 아무런 문제가 없었다. 미사일 사일로를 짓고 신형 미사일을 배치하는 데는 오랜 시간이 걸린다. 초를 다툴 일이 아니다. 둘째, 데이터는 매우 민감해서 데이터에 대한 접근이 극도로 제한되었다. 그 데이터는 소수의 장소로 보내져 소수의 사람들에 의해 열람되었다. 데이터는 수집 및 분석 센터로 보내지고, 센터에서는 그 데이터를 극도로 신중하게 나누어 주기 때문에 정보 역량이 훼손되지 않게 된다.

사막의 폭풍 작전은 국가정찰국National Reconnaissance Office과 NSA의 우주 정찰 문화에 완전히 예기치 못한 도전을 제기했다. 첫째, 재래식 전쟁은 미 우주 정보 프로그램이 대처하려 했던 핵 교착상태보다 훨씬 더 유동적이다. 핵전쟁이 일어난다면 몇 시간 안에 끝날 것이라는 예상 하에, 수십 년 동안 핵 대결이 아주 느리게 전개되었다. 반면, 재래식 전쟁은 유동적이다. 상황이 매분, 매시간 달라진다. 이는 그것이 단지 전술적이기 때문만은 아니다. 전략 표적에 대한 공습은 전투 피해 평가를 수 분 내로, 길어야 수 시간 내로 산출할 것을 요구한다. 그래야 추가 공습이 필요한지를 결정할 수 있기 때문이다. 정밀 무기의 등장으로 인해 공습을 계획하고 명령하는 데 있어 정밀 정보가 필수적이다. 더욱이 데이터를 정보로 바꾸고, 그 정보를 야전 부대들에게 광범위하게 전파하는 것은 절대적으로 필요한 일이다. 이러한 필요성은 정보의 광범위한 전파를 전체 시스템의 통일성과 보안에 대한 위협으로 보는 시스템과 정면으로 충돌한다.

사막의 폭풍 작전 동안 정보의 처리와 배분은 시스템의 약한 고리인 것으로 드러났다. 이 시스템은 데이터 수집을 중앙집중화하는 경향이 있었고, 이는 수집 지점(collection point)이 어떤 정보를 언제 누구에게 배분할 것인지를 결정하게 했다. 분명히 이것은 시스템의 보안을 유지했고, 애초에 그렇게 하도록 설계되었다. 시스템은 또한 야전사령관들의 손에서 있던 막강한 권력을 국가정찰국과 NSA의 관료들에게 넘겼다. 그들은 데이터를 분석하고 해석하는 과정에서 정책적 판단을 배포하는 정보에 집어넣을 수 있었다. 누가 어떤 정보를 받을 것인가에 대한 통제권을 보유함으로써, 이들 관료는 작전을 통제할 수 있었다. 단기적이고 성공적인 전쟁에서는 이것이 문제가 되지 않을 가능성이 있다. 그러나 베트남전과 같이, 장기적이고 분열을 초래하는 전쟁에서는 정보 분석이 심각한 문제일 수 있으며, 실제로 그렇게 되었다.

중앙집중화는 기술에 내재화 되었다. 예를 들면, SCUD 미사일이 이스라엘과 사우디아라비아에 있는 표적을 때리는 데는 10분도 안 걸렸는 데 반해, 국방 지원 프로그램에 의해 수집된 정보는 전략핵 루트를 따라 콜로라도 스프링스로 전송된 후, 위성을 거쳐 중부사령부와 대기 중인 패트리어트 부대로 보내져야 했다. 정보는 야전에 긴급 투입되었던 첨단 단말기를 사용해 전달되었지만, 경보 시스템은 중앙집중화된 구조를 우회해 임시방편으로 만들어져야 했다.

KH-11 영상 데이터에는 더 심각한 문제가 있었다. KH-11은 사진 촬영을 한 다음 데이터를 암호화하여 그린란드와 오스트레일리아의 누룽가Nurrungar 기지로 내려보낸다.[40] 여기서 병목 현상이 나타난다. 이 사진들을 내려받는 데 최신 데이터 압축 프로그램을 쓴다 해도, 사진 수와 높은 해상도 때문에 많은 시간이 소요된다. 일단 지상 기지에서 받은 다음에는, 위성데이터시스템(SDS)을 통해 버지니아주 포트 벨보아Fort Belvoir로 보내지고, 거기서 CIA의 국가사진해석센터(NPIC) 컴퓨터들이 이 방대한 자료를 정보, 즉 사진으로 전환한다.

이 시점에서 더 많은 시간을 소모하는 과정이 시작되는데, 바로 사진을 해석하는 것이다. 사막의 폭풍 작전 동안 수요가 너무 커서, NPIC는 한계에 다다랐고 처리가 늦어졌다.[41] 얼마나 많은 해석이 컴퓨터에 의해 행해지고 있고, 얼마만큼이 인간의 눈에 의해 행해지고 있는지 분명하지 않다. 민간 영역에서 복합적인 그래픽을 일관되게 읽을 수 있는 능력을 지닌 인공지능 프로그램이 개발되고 있다는 일부 증거가 있다. 다른 한편으로, 우리는 토마호크 미사일이 최종 공격 전에 사진을 어느 정도 비교할 수 있다는 것을 알고 있다. 그러한 작업은 어느 정도의 첨단 영상 능력을 요구한다. 우리는 NPIC가 인간보다는 떨어지지만 토마호크보다는 뛰어난 몇 가지 능력을 개발했다고 가정해야 한다. 더 나아가 일상적인 이미지들이 먼저 일종의 확인 장치를 통해 걸러지는 반면, 핵심 지역의 데이터는 인간과 컴퓨터에 의해 동시적으로 확인된다고 가정해 볼 수 있다. 인간이든 컴퓨터든, 사진을 해석하는 데는 시간이 걸린다.

또 다른 문제는 사진이 일단 해석된 다음에 일어난다. 사막의 폭풍 작전 중 KH-11과 라크로스 위성은 분명 이라크 기갑부대의 위치를 찾아내고 지도화했다. 만약 이 사진들이 야전으로 보내져 수천 명의 장교와 하사관들이 볼 수 있었다면, 미국의 가장 귀중한 정보 자산 중 하나가 훼손되었을 것이다. 전 세계가 미국 영상 위성의 능력을 알게 되고, 또 그 위성을 격퇴할 방법까지 알게 될 것이다. 이 시스템의 창조자들은 항상 시스템이 정보 분야 최고위층 내에서 엄격하게 통제되는 정보를 개발하는 데 사용되어야 한다고 여겼다. 그렇게 사용되지 않는 것은 시스템이 더 이상 안전하지 않다는 것을 의미했다.

이 문제는 콘스탄트 소스(CONSTANT SOURCE)라는 암호명의 비밀 단말기의 도입으로 인해 더 복잡해졌다. 콘스탄트 소스 컴퓨터는 콜로라도의 우주사령부가 운영하는 전술사건보고시스템(TERS)을 통해 KH-11의 사진들을 직접 받을 수 있었다. 분명 SCUD 발사 자료도 이 방법으로 전송되었다.[42] 정찰 자산이 널리 배포됨으로써 훼손되는 것을 천성적으로 꺼리는 정보 담당자들의 우려는 간단히 무시되었다. 확실히, 사막의 폭풍 작전 동안 야전에서 받은 자료들이 최선의 것이었는지, 아니면 단순히 정보 관리들이 그럴 거라고 생각했던 것인지에 대한 의문이 있다. 사람들은 어떤 수준의 해상도가 이용 가능한지를 결정하는 데 있어 정찰 책임자들과 고위 군 장성들 간에 고통스런 타협이 이루어져야 했을 것으로 생각한다.43

비록 미국의 정책결정자들이 자신들의 주장을 입증하고 협조를 얻기 위해 수년간 그 사진들을 보여줘 왔지만, 걸프전에서 복무한 수천 명의 병사가 콘스탄트 소스를 통해 KH-11 이미지들을 본 후에 본국으로 돌아가는 상황에서, 정보 당국은 영상 능력이 외국 기관들에게도 완전히 알려졌을 것이라고 가정해야 했다.

분명히, 이미지 정보를 전송하는 데 문제가 있었다면, 누구나 MAGNUM과 CHALET으로부터의 신호 정보를 전달하는 데 있어서의 문제를 생각해 볼 수 있다. 영국의 첼튼햄Cheltenham, 오스트레일리아의 파인 갭Pine Gap, 독일의 배드 아블라인Bad Ablein에 있는 총사령부로 다운로드된 SIGINT 데이터는 메릴랜드주 로렐의 NSA 본부로 보내지고, 거기서 고속 컴퓨터에 의해 처리된다.

이러한 데이터는 다국적군이 이라크의 방공 및 통신 시설을 지도화하는 데 필수적이었던 것으로 밝혀졌다. 이라크 레이더로부터의 전자적 발신(emission)은 그들의 특성과 함께 포착되어 항공기들이 레이더들을 교란하고 전쟁 첫날에 작동 불능으로 만들 수 있게 했다. 광범위한 통신파의 도청은 군사 기획자들이 주요 지휘 시설들을 정확히 찾아내고, 전자기 신호를 발산하는 적 부대들의 배치를 최소 단위까지 추적할 수 있게 했다.

전자기적 발신을 추적하는 SIGINT와 ELINT의 능력은 잘 알려져 있다. 비암호 통신을 하는 개별 부대들을 파악하는 것은 당연한 일이다. 알려지지 않은 것, 그리고 가장 깊은 비밀은 NSA가 암호화된 발신을 해독할 수 있는 정도이다. 만약 탐색자의 안테나가 포착하고 컴퓨터가 분석하고자 한다면, 통상적인 전화 대화를 읽기는 쉽다. 하지만 대부분의 국가는 이제 그들의 국가적 안보 전송을 암호화한다.

NSA가 이라크군의 전투 서열(order of battle)을 작성할 수 있다면, 야전 수준의 암호화는 당연히 풀릴 수 있다. 하지만 NSA는 어떤 수준의 암호화를 풀

수 있는가? 컴퓨터 과학자, 수학자, 그리고 정보 분석가들이 핵심 단어와 문장, 핵심 주파수나 전화번호를 밝혀내기 위해 노력한다. 그것들은 유용한 정보를 포함하고 있을 가능성이 가장 높은 데이터를 추출하는 수단으로 사용된다. 만약 암호가 이미 풀린 상태이면, 자료는 해독된다. 그러나 이라크의 가장 비밀스런 암호들은 풀렸는가? 미국은 송신기의 소재를 찾아내고 일반 전화를 감청할 뿐만 아니라, 고도로 암호화된 전송을 해독할 수 있었는가? 미국은 사담 후세인과 고위 장성들의 회의를 문자 그대로 엿들을 수 있었는가? NSA는 전자적 전송이 아닌 경우에도, 어느 정도까지 대화를 도청할 수 있는가? 그리고 만약 그와 같은 능력이 존재한다면, 그 정보는 우주 기반 도청 시스템의 보안을 파괴하지 않고 어떻게 사용될 수 있었는가?

코벤트리 딜레마는 국가안보국과 국가정찰국에 매일같이 나타나고 있다. 정보를 이용할 때마다 그 정보를 축적한 방법을 손상시키겠다고 위협하는 셈이다. 최선의 전략은 그 자산이 존재한다는 것을 부인하고, 그 능력 등을 일체 부정하는 것이다. 그러나 야전의 군인들이 계속해서 비밀스런 정보에 따르도록 명령받고 매번 그것이 들어맞는 것으로 드러난다면, 결국에는 우리가 적이 무슨 말을 하고 있는지, 또는 무슨 일을 하고 있는지를 알 수 있는 어떤 수단을 가지고 있다는 사실이 분명해진다.

우주 기반 기술과 정보의 문화는 충돌해 왔다. 이제는 야전에 신속하게 정보를 전달하기 위한 기술적 수단들이 이용 가능하기 때문에, 그 정보를 빨리 전달하기 위한 정치적 압력이 바짝 뒤따르고 있다. 더욱더 많은 데이터가 이용 가능해짐에 따라 정보 기관들의 힘과 비밀주의는 사라지게 될 것이다. 노먼 슈워츠코프가 의회 보고 중에 단 하나의 집단만 비난했던 것은 우연이 아니다. 그에게 유용한 정보를 제대로 제공하지 않았던 워싱턴의 정보 관리들이 그들이었다. 슈워츠코프는 샘 넌Sam Nunn 의장에게 이렇게 말했다.

다시 한번, 본인은 우리가 놀라운 시스템을 가지고 있다고 생각합니다. 그리고 구체적으로 그것이 어떤 종류의 시스템인지는 밝히기가 곤란합니다. 하지만 본인은 정보 기관들이 전구 사령관이 요구할 때, 그에게 사실상 실시간 결과물을 제공할 수 있는 시스템을 고안해내도록 요구 받아야 한다고 생각합니다. 본인은 만약 우리가 지금 한 시스템을 갖고 있더라도 그것은 있으나 마나 하다고 생각합니다. 왜냐하면 우리가 국가적 시스템이라고 불릴 수 있는 것에 너무 많이 초점을 맞추고 있고, 그것은 워싱턴으로부터의 국가적 지시에 더 많이 반응하기 때문입니다.[44]

전(前) 미 공군 우주사령부 사령관 토머스 무어맨Thomas S. Mooreman 중장은 사막의 폭풍 작전 동안, 자신의 전선(battle line)을 확실히 그었다.

본인은 우주의 응용, 특히 전술적 응용을 위한 우주 시스템의 활용을 극대화하는 데 전념했습니다. 본인은 우리가 우주 시스템의 전술적 유용성을 충분히 활용하고 있지 못하다고 계속 믿고 있습니다. 본인의 우선순위 중 하나는, 사막의 폭풍 작전에 참여한 비행사, 지상 군인, 해군들과 같이 궁극적으로 전투 능력을 극대화하기 위해 우주 시스템을 사용할 사람들이 어떤 우주 능력이 이용 가능한지, 어떻게 데이터를 얻을지, 그리고 데이터를 어떻게 가장 잘 활용할지 알게 하는 것이었습니다.[45]

그러나 공군 우주사령부는 KH-11, 라크로스, 매그넘, 또는 그것들이 오늘날 불려지고 있는 그 무엇이든 통제하지 못한다. 심지어 새로 통합된 3군 우주사령부도 그것들을 통제하지 못한다. 이는 무어맨Mooreman 중장의 선언을 정보 원칙의 재정의, 그리고 우주 기반의 정보와 관련해서는 지휘 계통의 재정의에 의존하게 만든다. 국방부는 "전술적" 목적을 위해 "전략적" 수단을 사용하고자 계획된, 또는 우리의 관점에서는 정찰 자산을 실제 전쟁에 사용하기 위해 계획된, 국가자산전술활용(TENCAP) 프로젝트와 같은 일에 자금을

댈 수 있고, 이 사안에 대해 정보 기관들과 공식적으로 협력할 수도 있다.[46] 그러나 이러한 국방부의 계획은 정보와 전쟁 간의 구분이 폐지되거나, 아니면 적어도 전략과 전술 간의 구분이 중요한 것과 하찮은 것을 의미하는 것으로 해석되지 않을 때까지는 실현되지 않을 것이다. 물론 이는 전쟁이 우주로 확대됨에 따라 더욱더 중요해질 것이고, 우주 정보는 위성을 관리하는 문제이기보다는 방어하는 문제가 될 것이다.

이 우주 기반 자산의 통제권을 둘러싸고 진행 중인 정보 기관들과 국방 관련 기관들 사이의 대립은 우주 기반 정찰의 실용성이 증대되고 있음을 말해준다. 이는 전쟁 수행에서 중대한 변화의 징후이다.

이제는 최상급 정보가 이용 가능하다. 그 모든 약점에도 불구하고, 우주 기반 시스템은 우리가 깊이 들여다보고 정확히 공격할 수 있게 해주고 있다. 핵전쟁의 가식(pretense)이 사라지고 재래식 전쟁이 더 흔해지면서, 우주 자산은 더 이상 정체불명의 기관에서 일하는 비밀스런 관료들에 의해 통제되는 형이상학적 영역에 머무르지 않을 것이다. 통합된 미 우주사령부의 창설은 궁극적으로 NSA와 NRO 같은 기관들이 주장하는 통제권과 양립할 수 없다. 이것이 진실인 것은 비밀이 중요하지 않기 때문이 아니다. 비밀은 필수적이다. 문제는 이 같은 기관들에게 있어 우주 기반 정보는 전쟁에 낭비하기에는 너무 값비싼 것이라는 점이다. 우주사령부가 재래식 전쟁의 핵심적 부분으로 성장함에 따라, 그러한 경향은 견제받게 될 것이다.

물론, 우주사령부의 창설은 전쟁사에서 중요한 사건으로 보여질 수 있다. 사상 최초로 세계 제일의 군사 강국이 우주를 명백한 전쟁 영역으로 다루게 될 것이다. 양차 대전 중간기에 다양한 항공부대가 창설된 것이 항공전의 시작을 알렸다면, 우주사령부의 등장은 우주전의 등장을 알린다. 분명히, 우주는 걸프전에서 미국의 전쟁 활동의 중심이었다. 이제 문제는 그 중심은 얼마나 안전한가, 무엇이 그것을 위협할 것인가, 그리고 우주에서의 전쟁은 어떤 양상을 띨 것인가이다.

14

우주와
미국 전략의 미래

Space And
The Future Of American Strategy

우주의 용도는 공중의 용도와 유사하다. 공중의 최초 용도는 지상 기반 무기들을 위한 정찰 정보를 제공하는 것이었다. 다음 목적은 적의 정찰기를 파괴하는 것이었다. 세 번째는 정찰 항공기를 무장시키고, 그것의 기동성을 높이고, 그리고 전투 전용 항공기를 만들어냄으로써 정찰 항공기를 방어하는 것이었다. 그리고 네 번째이면서 가장 중요한 용도는 항공기에 폭탄을 실음으로써 정찰 플랫폼과 무기체계를 통합하는 것이었다. 그 시점부터 공중의 통제는 군사적 그리고 정치적 측면 모두에서 지상과 해상을 지배하는 수단으로 이해되었다. 이와 똑같은 과정이 지금 우주에서도 진행되고 있다. 우주는 이미 정찰을 위해 폭넓게 사용되고 있다. 당연히 다음 단계의 전쟁은 우주 기반의 정찰 시스템에 대한 공격이 될 것이고 이와 함께 이러한 시스템을 파괴로부터 보호하려는 시도일 것이다. 마지막으로, 대포를 위한 정찰 플랫폼으로서 항공기의 용도가 폭격기로 대체되었던 것처럼, 우주의 인공위성은 표적 정보를 지구 기반 무기에 전해주는 플랫폼에서 무기 플랫폼 자체로 진화하게 될 것이다.

이러한 진화는 잘 진행되고 있다. 사막의 폭풍 작전 중 우리는 지상 기반 무기들을 지원하기 위한 우주 기반 정찰의 광범위한 사용을 최초로 목격했다. 이 시스템의 구조는 아직 불완전하다. 센서나 정보 전달 시스템도 아직 불완전하고, 무기가 인간의 개입 없이 사용할 수 있는 데이터로서 전달 받은 위성 이미지도 그러하다.[1]

우주 기반 정찰의 발전은 더 효율적인 센서와 컴퓨터들을 포함하게 될 것이다. 그러한 센서와 컴퓨터들은 자외선과 X선 같은 가시광선보다 더 짧은 파장을 포함해, 전체 스펙트럼에서 얻은 데이터를 융합할 수 있을 것이다. 1994년 4월, 공군은 공군사령부 산하에 우주전센터를 창설했다. 이 센터의 모토는 '우주로부터 당신 눈앞에(In Your Face From Outer Space)' 였다. 이는 우주 전사들의 새로운 자신감과 과감함을 표현했다. 이 센터의 목적은 재래식 작전을 강화하기 위해 인공위성 데이터를 사용하는 절차를 개발하는 것이다. 탤론 신(Talon Scene)이라는 암호가 붙은 한 프로젝트는 어떻게 광범위한 소스들로부터 나온 이미지들이 첨단 정밀무기들에 통합되고 사용될 수 있는지를 보여주기 위해 설계되었다. 또 다른 프로젝트, 암호명 '탤론 제브라(Talon Zebra)'는 GPS 데이터와 이미지를 결합한다.[2] 국방부에서 수행한 한 프로젝트에서, 합동 표적설정 네트워크(Joint Targeting Network)는 한국에서 실시한 훈련 동안 다양한 데이터들이 무기체계에 실시간으로 통합되고 제공될 수 있다는 것을 보여주었다.[3] 따라서 미국의 국방 관련 기관들은 핵전쟁을 위해 개발된 자산을 재래식 전투를 위한 시스템으로 바꾸는 작업을 계속하고 있다. 이는 TENCAP(Tactical Exploitation of National Capabilities)라고 불리는 프로젝트의 목적이다.[4] 다른 센서 플랫폼들도 계속 사용될 것이다. JSTARS 같은 음속 이하의 유인 항공기가 갈수록 지능적인 대공 무기에 취약해짐에 따라, 때로는 무선으로 조종되는 모형 비행기나 마찬가지이고, 때로는 비행접시처럼 정교한 모든 세대의 무인 항공기들이 전술적 정찰 역할을 맡을 준비가 되어 있다.[5] 태양 에너지를 사용하거나 리튬 배터리, 또는 지상으로부터 발사된 마이크로웨이브 방사에 의해 동력을 얻는 이들 무인 항공기들은 전장의 수천 피트 상공 위를 비행할 수 있으며, 인공위성이 사용하는 것과 같은 종류의 센서를 사용할 것이다.[6] 그것들은 인공위성에 의해 제공되는 넓고 깊은 커버 범위에 대한 유용한 보충 수단이 될 것이다. 무인 항공기는 빈자(貧者)의 위성 시스템이 될 것이다. 비용은 저렴하지만 제한된 영역에 대한 광범위한 정보를 제공할 수 있을 것이다.

UAV(무인 항공기)는 가시 범위가 엄격히 제한되기 때문에 결코 인공위성을 대체할 수는 없다. 고고도에서 관측하더라도 반경 2백 마일 이상을 관측할 수 없다. 하지만 쿠웨이트처럼 전투 영역이 확실히 정해져 있다면 UAV도 유용하다. 그러나 표적들이 대륙간 거리에 있고, 지휘관들이 센티미터 수준의 정확성을 갖고 적을 추적해야 한다면 UAV는 불충분하다. 따라서 UAV는 이미 특정 구역에서 전투에 전념하고 있는 지상군을 지원하기 위한 전술적, 작전적 정찰 플랫폼으로 기능한다고 보면 된다. 전 세계 화력의 전반적 배치를 살펴보려면 인공위성 시스템만이 적절한 커버 범위를 제공할 수 있다. 우주 기반 정찰이 완벽해지고, 데이터의 흐름이 지상과 해상의 표적을 공격할 수 있는 무기체계와 통합됨에 따라, 우주에 대한 지배권이 곧 지구에 대한 지배권을 의미하게 될 것이다. 강력한 군대를 가진 적으로부터 스스로를 지키기 원하는 나라는 적의 우주 사용을 거부하기 위한 노력해야 한다. 즉, 그 나라는 적의 인공위성을 파괴하거나 마비시켜야 하고, 그것을 가지고 전 세계를 보거나 대륙간 무기를 사용할 수 있는 능력을 파괴하거나 마비시켜야 한다. 이로 인해 대인공위성(ASAT) 무기가 개발되었으며, ASAT를 격퇴하기 위한 무기도 개발될 것이다. 항공기의 경우에서처럼, 인공위성들도 위협을 피하기 위해 점점 더 민첩해져야 하며, 한편으로 우주 전투기와 같은 다른 유형의 우주선이 위협으로부터 정찰위성을 보호하기 위해 발달할 것이다. 지상 기반 무기들과 우주 기반 정찰 사이의 긴 데이터 연결이 점점 더 취약해짐에 따라, 그리고 우주에서의 전투 경험이 늘어감에 따라, 폭탄을 장착한 미사일이 지상에서 우주로 옮겨가게 될 것이다. 그곳에서 그것들은 짧아진 통신선뿐만 아니라 중력의 이점을 활용할 것이다. 일단 장거리 극초음속 크루즈 미사일이 완성되면, 그 활용은 우주 정찰에 의존하게 될 것이다. 실제로 이러한 미사일의 완성은 우주 전쟁을 위한 발판이 될 것이다.

왜 우주인가? 대륙간 극초음속

무인 대륙간 미사일은 이미 ICBM 형태로 역사에 존재했었다. ICBM은 30분 안에 북미에서 유라시아까지 도달할 수 있었다. 그러나 그것은 몇 가지 문제점이 있어서 재래식 전장에서 사용될 수 없었다. 첫째, ICBM을 발사하기 전에 이미 정확한 목적지가 알려져 있어야 했다. 그것은 센서가 장착될 수 없었고, 따라서 자신의 표적을 찾아내서 비행의 마지막에 파괴할 수 없었다. 둘째, 표적의 정확한 위치가 알려졌다 해도 오차 확률이 고성능 화약의 폭발 반경보다 더 컸다. 이는 효과가 있으려면 ICBM은 대형 핵탄두를 장착해야 한다는 것을 의미했다. 마지막으로, ICBM 하나하나가 극도로 비싸고 값비싼 발사 시설이 필요했다.

크루즈 미사일은 ICBM의 단점을 하나도 갖고 있지 않다. 걸프전에서 보았듯 그것은 비탄도 무기이다. 엔진은 비행이 끝날 때까지 계속해서 일정한 동력을 제공한다. 더 나아가 표적의 위치가 발사 순간에 상세히 알려지지 않았어도 상관없다. 크루즈 미사일은 표적 근방에 도달하면 표적을 탐색하고 인식한 뒤 스스로 돌진해간다. 이론적으로 크루즈 미사일은 자체 센서 정보와 외부로부터 받은 정보와 명령에 기초해 제한 없이 기동할 수 있다. 최종 단계의 기동이 크루즈 미사일의 정확성을 떨어뜨리지 않는다. 사실상 크루즈 미사일은 ICBM보다 원형 공산오차가 훨씬 더 작은 것으로 보이며, 잠수함 발사 ICBM보다는 확실히 월등하다. 더욱이 크루즈 미사일은 어떤 종류의 임무도 감당할 수 있기 때문에, 8만 피트까지 솟아오르거나, 나무 높이 정도까지 하강하거나, 또는 그 사이의 어떤 고도에서 기동하면서 적 탐지 시스템의 약점을 최대한 활용할 수 있다. 물론 토마호크 같이 현재 이용 가능한 미사일들은 앞으로 나올 크루즈 미사일만큼 융통성이 있지 않다는 것을 잊지 말아야 한다. 토마호크는 발사 시점에 표적과 경로가 주어진다—실제로는 발사 수시간 전에 이 정보들이 컴퓨터에 입력된다. 토마호크는 인상적인 기동을 선보일 수는 있지만, 자율적으로 기동할 수는 없다. 따라서 토마호크는 외부 데이터를 충분히 활용할 수 없다. 그럼에도 불구하고 크루즈 미사일이 항공력을 대체하려면 몇 가지 특성을 갖춰야 하며, 프로그램들이 이미 다음의 영역들에서 진행 중에 있다.

- 크루즈 미사일의 작전 거리는 현재의 1,000~1,500마일에서 적어도 5,000마일로 늘어나야 한다.
- 지능성 자탄을 살포할 수 있는 탄두와 같이 보다 향상된 탄두가 주어져야 한다.
- 그들의 비용이 감소되거나 자탄을 표적에 투하한 다음 귀환할 수 있어야 한

다. 사실상 무인 폭격기가 되어야 한다.
- 전술적 상황에서 위협을 감지, 제압, 회피할 수 있는 능력이 현저히 향상되어야 한다.
- 비행 중 크루즈 미사일은 임무 포기, 표적 변경, 경로 변경 등 전략적 목적을 위한 명령 번복을 수용할 수 있어야 한다.
- 자체적으로 폭격 피해 평가를 내리고, 여분의 탄약으로 2차 공격에 들어갈 수 있어야 한다.
- 무엇보다도, 크루즈 미사일은 대양이나 대륙 저편에서 벌어지고 있는 전투 과정에 충분히 영향을 줄 수 있을 정도로 충분히 빨라져야 한다. 작전 구역의 전통적인 경계 내에 대기하고 있다가 투입되는 유인 항공기보다 더 빨리 표적에 도달하기 위해서는 마하 20과 같은 속도를 낼 수 있어야 할 것이다.

이것은 결코 환상이 아니다. 1992년 3월 9일, 오하이오 라이트 패터슨 Wright Patterson 공군 기지 내 라이트 연구소에서는 〈극초음속 공기역학 무기 시연 프로그램 정의Hypersonic Aerodynamic Weapon Demonstration Program Definition〉라는 제목의 프로젝트를 위한 제안 요청서를 제출했다.[7] 이 무기는 걸프전에서 사용된 정밀 기술의 연장이라고 할 수 있었다. 성능의 가이드라인이 정밀하게 설정되어 있었고, 거기에는 약 1시간 안에 3,000마일 밖의 표적을 맞히는 능력도 포함되어 있었다. 특히 흥미로웠던 점은 대기권 내 무기(endo-atmospheric weapon), 즉 항상 대기권에 머물러 있고, 로켓에 의존해야 하는 우주로 밀어올릴 필요가 없는 무기였다. 이는 그 무기가 빠르게 높은 곳에서 옴으로써 토마호크와 다를 것임을 나타낸다. 이런 점에서 그것은 진정한 크루즈 미사일이 아니라, 더 정확히 말하면 활공(glide) 무기이며, 초기의 가속 후에는 공기역학적 부양력을 이용해 표적까지 나아간다. 즉, 스페이스 셔틀이 착륙하는 것과 같은 방법이다.

극초음속, 장거리, 지능형 무기에 최초로 근접한 이 무기는 업계의 많은 관심을 끌었다. 맥도넬 더글러스사가 이내 관심을 표명했고,[8] 제네럴 다이내믹스는 포트워스에 극초음속 기술 센터를 세웠다(나중에 유명한 스컹크웍스의 소유자인 록히드사에 팔렸다). 제네럴 다이내믹스의 대변인에 의하면, 이 센터는 광범위한 비밀 프로그램들을 수행하며, 극초음속 항공역학 무기(HAW)도 그 중에 명시적으로 포함되어 있다.[9] 장거리 극초음속 무기의 논리는 명백했다. 문제는 어떻게 지능적이고, 기동력 좋으며, 거기다 비용 효율적인 시스템을 만들 수 있는가였다. 수천만 달러가 드는 ICBM은 주요 통신 및 정보 시설에 대한 정밀 공격에 사용하기에는 너무 비싸고, 너무 부정확하며, 너무 지능적이지 못하다.

우리가 알고 있는 화학 연료 로켓을 고려 대상에서 제외하면, 두 가지의 서로 매우 다른 기술들만 남는다.

- 단번 추진(single-impulse) 기술: 발사체가 어떤 외력에 의해 엄청난 거리를 날아가게 하는 기술
- 순항(cruise) 기술: 스크램젯(scramjet)이 발사체에 계속 추진력을 부여하는 기술

야구공에는 자체 동력이 없지만, 투수의 팔 힘으로 수백 피트를 날아간다. 이론적으로 야구공을 수백, 수천 마일 던질 수 있는 힘은 존재할 수 있다. 스타워즈(Star Wars)로 널리 알려진 전략 방위 구상(SDI, Strategic Defense Initiative)에는 장거리 미사일 요격 방법에 대한 연구가 포함되어 있었고, 그러한 SDI의 후원 하에 극도로 높은 속도로 고체 물질을 추진하기 위한 몇 가지 수단들이 외기권 재진입 요격 시스템(ERIS)의 일반적 범주 하에서 조사되었다.[10] ERIS는 대기권 밖에서 날아오는 미사일을 요격하는 극초음속의 지능적 시스템이 되는 것을 목표로 했다. 저비용의 추진 시스템(boost system)을 찾는 것이 ERIS의 목표였고—그리고 난관이었다.[11]

스타워즈 계획이 좌초된 이후 외기권 프로젝트는 두 가지 방향으로 진행되었다. 이제껏 지배적이었던 하나의 방향은 화학연료 로켓인 패트리어트 미사

일의 기본 설계를 토대로, 더 지능적이고 더 빠르고 더 민첩한 극초음속 요격 무기를 개발하는 것이었다. 애로우(Arrow) 미사일을 만들려는 미국-이스라엘의 합동 프로젝트는 이 노력의 결과이다.

더 작고 저예산이며 훨씬 더 흥미로운 프로젝트가 로렌스 리버모어 연구소 Lawrence Livermore Labs에서 진행 중에 있다. 수소폭탄의 아버지 에드워드 텔러 Edward Teller의 제자인 로웰 우드Lowell Wood의 지휘 하에 과학자 집단이 미사일 방어를 위한 극초음속 문제를 놓고 씨름해 왔다.[12] 또 다른 리버모어 연구소의 과학자였던 존 헌터John Hunter는 초고속에 대한 가장 흥미로운 저비용의 해결책을 생각해냈다. 그것은 초고고도 연구 프로젝트 포(gun), 즉 SHARP 포였다. ICBM을 그토록 비싸고 비효율적으로 만드는 것은 자신의 동력원을 내장하고 있어야 하는 점이었다. 그것은 그 자신과 자신의 연료, 그리고 탑재 화물(탄두)까지 밀어 올려야 한다. 그 결과 로켓의 대부분은 연료이며, 탑재 화물은 전체 무게의 10%도 되지 않는다. 새로운 고추력, 저중량, 저비용 연료와 같은 연료 효율성에 있어 급진적 향상 없이는 로켓 엔진이 이러한 임무를 경제적으로 수행하기가 불가능할 것처럼 보였다.

리버모어 해법은 추진체와 발사체를 분리하는 것이었다. SHARP 포는 많은 면에서 전통적인 화포(gun)처럼 작동한다. 긴 포신의 하부에 폭발이 일어나고 발사체가 튀어나간다. 물론 전통 화포에 비해 훨씬 빠르게 멀리까지 날아간다. 공기와 메탄이 혼합된 것이 연소되고 피스톤을 밀어내려 수소를 초압축한다. 압축된 수소는 그것을 막고 있던 격막을 깨고 두 번째 튜브로 밀려 들어간다. 이 튜브에 들어 있는 것이 발사체이고 포신에서 대략 시속 9,000마일의 속도로 튀어나가게 된다.[13]

완전히 개발된다면, 이 SHARP 포는 약 70억 달러의 비용이 들 것이다. 그러나 우주기지나 달 기지를 만들기 위해 필요한 식량, 물, 건설자재와 같은 탑재 화물은 저궤도 위성과 마찬가지로 경제적으로 쏘아 올려질 수 있다. 스페이스 셔틀이 1파운드당 9,100달러가 드는 데 비해 저궤도 위성은 1파운드당 225달러가 든다.[14] 화포의 약점은 그것이 단 한 번의 최초 추진만으로 작동한다는 것이고, 이는 초기 가속이 약 1,500G에 이를 것임을 의미한다. 이 엄청난 가속과 압력은 이용 가능한 가장 강력한 합금인 고순도 코발트, 고강도 니켈강 같은 특수 물질이 화포를 만드는 데 사용되어야 한다는 것을 의미한다.[15] 이것은 또한 발사체와 탄두가 이 가속을 견뎌낼 수 있도록 만들어져야 함을 의미한다. 가장 특별한 것으로, 이는 사람이 결코 그러한 대포에서 발사될 수 없다는 것을 의미한다.

SHARP 포 기술에 대한 모든 논의는 그것이 물체를 궤도에 올려놓을 수 있느냐, 또는 그 대포가 충분히 크다면 물체를 달까지 보낼 수가 있는지에 집중되어 왔다. 또 하나의 응용 방안은 아직 논의되지 않았는데, 그것은 발사체를 지구의 멀리 떨어진 지점으로 발사하는 것이다. 예를 들면, 리버모어 연구소 뒤에 있는 언덕에서 SHARP 포로 8,000마일 정도 떨어진 중국 연안의 표적을 향해 준궤도 발사(suborbital shot)를 한다고 가정해 보자. 최초 속도인 시속 9,000마일을 유지할 수 있다면, 충돌까지 약 53분 정도가 소요될 것이다. 가장 분명한 질문은 '무엇 때문에 그리해야 하는가?' 이다. 우리는 이미 ICBM으로 그 정도 거리와 속도를 달성할 수 있다. 그러나 여기에는 두 가지 이점이 있다. 첫째, SHARP 포는 1파운드당 225달러 정도의 비용으로, 1천 파운드의 폭약을 약 22만 5,000달러에 투사할 수 있는데, 이는 사막의 폭풍 작전 당시 아음속에 사거리도 제한적이었던 토마호크 미사일 가격의 4분의 1에 불과하다.

두 번째 이점은 종말 단계에서의 기동 능력이다. ICBM은 엔진 효율을 극대화하기 위해 초기 저항을 최소화하도록 설계된다. ICBM은, 스페이스 셔틀과 같이 공기역학적으로 설계되어 엔진 없이도 하강을 제어할 수 있는 리프팅 바디(lifting body)를 갖고 있지 않기 때문에 대기권에 재진입할 때 표적과의 정확한 충돌을 위해 기동할 수 없다. 그러나 SHARP 포는 1천 파운드 정도 되는 공기역학적으로 설계된 폭탄을 중국의 표적을 향해 발사할 수 있다. 대기권에 재진입할 때는, 센서가 표적을 정확히 식별하고 내장된 컴퓨터가 레이저, 적외선, 또는 레이더의 정밀성을 가지고 하강을 통제할 수 있다.

극초음속 공기역학 무기는 그와 같이 양력이 발생하는 선체를 가지도록 설계되었다. SHARP 포에서 발사될 수 있도록 적절한 형태를 갖게 해주는 겉싸개인 송탄통(sabot)에 감싸인 채, 발사체는 우주로 진입할 수 있고, 그런 다음 송탄통을 버리거나 재진입 시 방열벽 용도로 사용할 수 있다.

그러나 HAW(극초음속 공기역학 무기)는 대기권을 떠날 수 있도록 설계되지 않았는데, 거기에는 충분한 이유가 있다. 준궤도로 쏘아 올렸다 해도 고각 궤적(high-arc trajectory)은 DSP(Defense Support System) 같은 우주 시스템에 의해 쉽게 탐지된다. 근본적으로 탄도학적인 모델에서는, 충돌 지역이 대략 파악이 가능하며 패트리어트 같은 전구 방어 시스템을 통해 요격이 가능해진다. 무기를 대기권 내에 두는 것—실제로는 가능한 한 지구에 가깝게 두는 것—은 탐지를 더 어렵게 하며, 또한 더 중요한 것으로, 최종 충돌 지점을 예측할 수 없게 만든다. 그러나 대기권 내 비행은 매우 높은 속도에서는 달성하기가 어려운데, 극초음속의 속도로 대기를 뚫고 지나고 중력에 저항하기 위해 요구되는 에너지가 재래식 무기로 가능한 수준을 넘어서기 때문이다. 이는 SHARP 포로도 어려운 일인데, 초기의 폭발적 추진 이후에는 마찰과 중력이 에너지를 급속하게 빼앗아가기 때문이다. 따라서 SHARP 기술은 대기 중에서 이미 도달한 속도를 유지시켜 주고, 항공기가 표적까지 기동해 갈 수 있게 하는 또 다른 기술에 의해 보완이 되어야 한다.

따라서 1993년의 SHARP 포 테스트는 최대 중량(dead weight)이 아니라, 스크램젯(scramjet)만 발사했다. 스크램젯은 마하 6 이상의 속도로 비행을 유지해줄 수 있는 엔진이었다. 한 테스트에서 11파운드에 19인치 길이의 록웰 인터내셔널(Rockwell International) 스크램젯 엔진은 마하 8.2의 속도로 실험상 엄청난 거리인 75피트를 날아 샌드백에 충돌했다.[16]

스크램젯 아이디어는 본래 국가 항공우주 비행기(NASP), 또는 X-30을 위한 것이었다. NASP는 처음에 차세대 민간 항공기로서 레이건 행정부 초기에 제안되었다. 마하 6 이상의 속도로 비행하도록 계획되었는데, 이는 뉴욕과 런던 간 비행 시간을 1시간 이내로 단축하는 것이었다. 기체 크기는 보잉 727

기 정도였으며, 우주 가장자리를 따라 비행하면서도 승객들은 정상적인 비행을 경험하고 중력가속도는 2G를 초과하지 않도록 설계되었다. 하지만 기술적 어려움에 직면하면서 부시 행정부는 이 프로젝트를 취소했다.

그러나 NASP가 취소되었던 것과 거의 동시에, 극초음속 항공기가 이미 운용 중이며, NASP가 쓸모없게 되었기 때문에 포기되었다는 소문이 돌았다. 1992년 12월, 주간 〈제인스 국방Jane's Defense Weekly〉은 오로라(Aurora)라는 이름의 신형 극초음속 정찰기가 북해 상공에서 관측되었다면서 그에 대한 묘사와 스케치를 보도했다.[17] 또한 그루지야 공화국과 모하비 사막 상공에서도 관측되었다는 보도도 있었다.[18] 엔진은 두드리는 소리를 내면서 퉁퉁거렸다고 했다. 유나이티드 항공의 한 747기는 극초음속 항공기와 거의 충돌할 뻔했다고 보고했으며, 도넛 모양의 연기 고리를 뿜어내며 날아가는 항공기에 대한 보고도 몇 차례 있었다.[19]

이 모든 것은 마치 UFO 찾기처럼 들리지만, 중요한 문제 하나를 감추고 있다. 〈제인스 국방〉의 보도에 따르면, 오로라 항공기는 최대 마하 8의 속도를 낸다고 했는데, 이는 공군 연구위원회Air Force Studies Board가 SR-71 후속기의 목표 속도로 제안한 속도였다.[20] 만약 〈제인스 국방〉이 보도한 대로 오로라 항공기가 존재한다면 스크램젯 추진은 이미 현실이며, 따라서 몇 년 내로 다수의 극초음속 무기들이 가능해질 것이다.[21] 크루즈 미사일은 SHARP 포로 발사될 수도 있고 스크램젯 엔진으로 속도를 유지할 수 있으며, 인체(protoplasm)에 대한 영향을 우려할 필요 없이 감속하거나 재가속할 수 있을 것이다.

스크램젯이 어떻게 작동할지 이해하는 것이 중요하다. 피스톤 엔진이 1945년까지 항공력의 토대였고 제트 엔진이 냉전 시기 항공력의 토대였듯이, 스크램젯이 다음 시대에 항공력의 토대가 될 것이기 때문이다. 제트 엔진은 격실로 공기를 보내고, 거기서 공기는 터빈으로 압축된다. 연료는 격실로 주입되어 발화가 일어난다. 갑자기 뜨거워진 압축 공기는 폭발적으로 팽창하고 엔진의 뒤쪽으로 분출되어 추진력을 만들어낸다. 공기 압축이 더 클수록 잠재적인 추진력도 더 커지고 항공기의 속도도 더 높아진다. 제트기에서는 터빈을 통해 이루어지는 공기 압축이 가열을 할 정도로 강력하지 않다. 이것은 제트 엔진이 마하 2보다 훨씬 높은 속도에서 극심한 열을 감당하지 못한다는 점과 함께 제트 엔진의 속도에 제한을 가한다.

램젯 엔진에서는 마하 2에서 흥미로운 일이 일어난다. 항공기가 앞으로 나아감에 따라 공기는 음속의 2배 속도로 흡기구로 들어가려고 한다. 이 속도에서는 적절히 관리되기만 하면, 터빈 없이도 오히려 몇 배나 더 강력하게 공기 압축이 진행된다. 이것은 항공기가 음속의 6배에 이르는 속도로까지 날 수 있게 해준다. 그 이상이 되면, 흡기구로 향하는 공기 흐름의 충격이 엔진에 무리를 가하기 시작해 공기 압축의 비효율이 일어나게 된다.

스크램젯 엔진은 램젯 엔진을 논리적으로 확장한 것에 지나지 않는다. 충격을 최소화하기 위해 공기를 비스듬한 각도로 받아들임으로써 스크램젯은 초음속 공기 흐름을 최대한 활용해서 혼합 격실에서 공기의 초고압축을 이루어낸다. 기류 중의 수소를 사용해 기온을 낮춤으로써 더 높은 수준의 공기 압축이 가능해진다. 연료가 이 초고압축된 공기 덩어리에 주입되면 처음에는 압축 격실의 입구에 주입되어 압축을 더욱 강화하고, 마지막에는 격실 자체에 주입해 팽창된 공기가 분사구를 통해 방출되게 한다. 이렇게 스크램젯 엔진은 마하 25의 속도까지 낼 수가 있다.[22]

이 모든 것은 이론적으로 문제가 없어 보인다. 실제로는 음속의 8배로 날아갈 때 엔진과 항공기에서 일어나게 될 마찰열과 압력 등 스트레스를 견딜 수 있는 물질을 찾아내는 것이 문제이다. 그리고 공기 흐름을 처리할 수 있는 흡입구와 분사구, 파열되지 않고 극도의 열을 견딜 수 있는 연소실 등이 모두 필요하다. 오로라 항공기의 존재는 바로 이 같은 물질 문제를 해결했다는 것을 의미하므로 매우 중요하다.[23]

두 가지 문제가 특히 골치 아프다. 첫 번째는 충격 범위의 문제이다. 스크램젯 엔진은 공기가 흡입구에 들어갈 때 일어나는 충격을 최소화한다는 것을 기초로 하고 있다. 그러나 문제는 엔지니어들이 극초음속 기류의 움직임에 대해 거의 아는 것이 없기 때문에, 적절한 흡입구와 분사구의 설계가 사실상 불가능하다는 것이다. 대규모의 극초음속 풍동(wind tunnel)이 제작된 최근까지는 그 정도 규모의 바람을 만들어낼 방법이 없었다.

또 다른 문제는 온도였다. 초압축된 연소실과 극초고속으로 공기를 뚫고 지나가는 기체 표면의 극도로 높은 열과, 샤베트(sherbet)의 농도로 보관해야 할 정도로 극도로 차가운 수소가 문제였다.[24] 마하 2.5에서는 화씨 3,000도 정도의 높은 온도가 가능해진다. 민간용으로 사용되는 티타늄-알루미늄 합금은 화씨 1,100도까지 견딜 수 있을 뿐이다. 따라서 다양한 대체 물질과 공정이 개발되어야 한다. 현재 고려되는 것으로는 보론-티타늄 금속, 베릴리움 합성물, 세라믹 및 중탄소 화합물 등이 있다. 여기에 항공기에서 가장 노출된 부위인 항공기 두부와 날개 상판은 극저온 수소로 냉각되어야 하나, 극저온 수소는 그 자체로 심각한 스트레스를 유발할 것이다.[25] 게다가 이처럼 초고온 상태에서도 항공기 두부의 센서들이 표적을 살피고 찾아낼 수 있어야 한다.[26] 스크램젯 기술은 분명 획득 가능하지만, 단위당 비용이 줄어들어야 한다. 표적에 자탄을 뿌리고 기지로 귀환할 수 있는 재사용 가능한 크루즈 미사일이 분명 필요할 것이다.[27]

미 공군은 최근 극초음속 기술을 다음 세대에 개발되어야 할 4대 주요 기술 중 하나로 발표했다. 나머지는 무인 전투 항공기, 레이저와 마이크로웨이브 무기, 그리고 차세대 무기였다.[28] 이 보고서는 "극초음속 흡기 비행은 초음속 비행만큼 자연스러운 것이다. 첨단 순환-이중 모드 램젯-스크램젯 엔진과 고온, 고고도 초음속 순항(supercruise) 등은 모두 가능한 기술들이다."라고 말했다. 광속 무기를 포함하는 새로운 무기체계와 결합된 극초음속 개념과 무인 항공기(UAV) 개념은 실제로는 같은 프로젝트의 다른 측면으로, 전지구적이고 전술적인 능력을 만들어낸다.

공군은 최근 NASA와 합작하여 두 개의 프로젝트를 진행하고 있다. 이 프로젝트에서 공군이 담당하는 부분은 극초음속 기술 또는 HyTech로 알려져 있으며, 마하 4~8의 범위에서 비행하는, 탄화수소 연료 기반 스크램젯 엔진

극초음속 미사일을 개발하는 데 집중하고 있다. 이 프로젝트의 NASA 담당 부분은 훨씬 광범위하다. Hyper-X 프로젝트는 탄화수소 연료가 아니라 수소 연료를 사용해 마하 10의 속도를 내는 것으로 계획되었다. 두 프로젝트 모두는 불운하게도 중단된 국가우주항공기(National Space Plane) 프로젝트에서 개발된 기술 역량들을 활용할 것이다.[29]

다음 세대에는 무인 항공기를 이용해 극초음속으로 대륙 간 거리에 있는 표적에 무기를 투사하는 것이 가능해질 것이다. 이것은 중요한 지정학적 소식이다. 극초음속, 단거리 대전차, 대공 발사체의 조종 특성과 우주 비행선의 항속거리와 지속성을 결합한 크루즈 미사일을 상상해 보자. 그것은 10,000마일의 대륙 간 사거리와 마하 30 또는 시속 30,000마일 또는 초속 8.5마일의 지속적인 속도를 가질 수 있을 것이다. 이 미사일은 내장 센서와 함께 우주 기지, 항공기, 지상 기지의 지시를 받기 위한 수신기를 가질 것이다. 미사일은 특정 표적을 공격하도록 사전에 프로그램될 수도 있고, 또는 일정 지역에 보내진 뒤 그곳을 맴돌면서 자체 센서를 사용해 표적을 획득하고, 그런 다음 공격하게 될 수도 있다. 마지막으로, 그것은 대략적인 방향으로 발사된 뒤 위성이나 그 외 정찰 플랫폼의 도움으로, 최종 표적으로 유도될 수도 있다. 요컨대, 이 미사일은 완전히 유연한 무기가 된다.

이 무기체계가 전쟁에 미칠 영향을 생각해 보자. 뉴욕에서 발사한 발사체가 6분 조금 넘어 LA에 도달하고, 도쿄에서 서울까지는 2분, 베를린에서 바르샤바까지는 40초가 걸릴 것이다. 이 정도의 속도에서는 전략적 거리에서 전장에 전술적 영향을 미치는 것이 가능해진다. 노스캐롤라이나의 포트 브랙 Fort Bragg에서 발사된 발사체는 13분 이내에 약 6,000마일 떨어진 골란 고원에 충격을 주게 된다. 발사에서 충격에 이르기까지, 기갑 중대는 최대 5마일 밖에 이동할 수 없을 것이다. 적절한 유도와 탄약만 있으면, 그러한 발사체는 미군이 중동에 전혀 발을 들이지 않고도 적의 기갑 중대를 파괴할 수 있을 것이다.

극초음속 미사일은 필히 지능적이어야 한다. 공격 지역까지 도달했을 때,

미사일 또는 그 자탄들은 그 지역을 수색하고 표적을 찾아내고 식별하고 방어망을 회피하고 최대 50%의 명중/살상률로 타격할 수 있어야 한다. 사막의 폭풍 작전에서 보았듯, 다양한 종류의 센서들이 이미 존재한다. 우리가 보게 될 것처럼, 그 센서들은 더 스마트해질 것이다. 결국에 그것들은 전차와 군함 같은 위대한 유럽 시대를 대표하는 무기 시스템의 존속을 위협하게 될 것이다. 그것들은 지상전의 방향을 결정하고 제해권을 결정할 것이다.

장거리 극초음속 크루즈 미사일은 전 세계를 어느 지점에서의 공격에도 취약하게 만들고 지표면 전쟁의 지리학(geography of surface warfare)을 완전히 바꿔 놓고 있다. 화포를 상대방과 가까운 곳에 가져다 놓는 무기 플랫폼들을 서로 붙여놓았던, 밀집된 전장(compact battlefield)은 사라질 것이다. 그러나 전쟁의 지리를 확장하는 것은 전쟁의 강도를 높이는 것을 의미하지 않는다. 그와 반대로, 전쟁은 더 넓게 확산되지만 훨씬 덜 파괴적이 된다. 어떤 의미에서는, 폭격의 부정확성 때문에 사라졌던 군과 민간의 전통적인 구별이 다시 부각될 것이다.

유럽 시대 동안에는 전쟁의 요체는 적의 무기 플랫폼들을 파괴하는 것이었다. 극초음속 크루즈 미사일은 궁극적으로 눈에 잘 띄는 발사 플랫폼을 필요로 하지 않을 것이다. 그것은 아주 작아서, 큰 기지 시설을 필요로 하지 않기 때문에 지구상의 어떤 선박이나 항공기, 또는 뒤뜰 창고에도 배치될 수 있다. 이는 그 무기가 보통의 방식으로 포착될 수 없다는 것을 의미한다.

크루즈 미사일을 요격하는 데는 두 가지 방법이 있다. 하나는 그것이 보관되어 있는 지역에 들어가서 점령하거나, 그것을 만들어내는 공장을 파괴하는 것이다. 또 다른 방법은 미사일 발사를 포착해서 날아오는 도중에 파괴하는 것이다. 극초음속 미사일의 발사와 대기 중 이동을 탐지하는 것은 어렵지 않다. 마찰로 인해 선명한 적외선 신호가 나타나기 때문이다. 그러나 마하 25 이상으로 날아가고 도중에 기동할 수 있는 미사일을 요격한다는 것은 결코 쉬운 일이 아니다. 속도와 예측 불가능성은 그것을 한동안 탐지 불가능하게 만들 것이다. 그럼에도 불구하고, 결국 얼마나 빠르고 또 얼마나 그것을 찾아내기가 어렵든 간에, 요격 미사일도 그만큼 빠르고 영리해질 것이다. 진부화는 무기의 탄생 때부터 시작된다는 것을 잊지 말아야 한다.

극초음속 미사일을 막으려면 그것을 관측해야 하고 요격 수단이 전략적으로 배치되어 있어야 한다. 지상 관측은 분명 부적합하다. 크루즈 미사일의 전 지구적인 작전 범위를 생각해 보면 전 지구적 관측만이 유일하게 합리적인 선택이다. 지상 기반의 요격 미사일은 작전 범위가 제한적이며, 또 중력과도 싸워야 한다. 저궤도 또는 정지궤도에 있는 우주 기반 요격체계는 더 넓은 작전 범위를 갖고, 중력을 오히려 이용할 수 있다.

극초음속 크루즈 미사일을 저지하려면 우주로 나가야 한다. 또한 그 미사일을 사용하기 위해서도 우주로 가야 한다. 이러한 전 지구적 전쟁 시스템의 약점은 정보(intelligence), 즉 적이 무엇을 하고 있는지를 적이 그것을 하려는 순간에 아는 것이다. 이는 우리를 가장 중요한 핵심으로 안내한다. 크루즈 미사일을 무력화하는 가장 효율적인 방법은 미사일이 발사되기 전에 장님으로 만들어 버리는 것이다. 크루즈 미사일의 눈을 가리기 위해서는 표적을 식별하고 그것으로 유도하는 전 지구적 센서 시스템을 파괴하거나 방해하는 것이다.

극초음속의 시대에 최선의 방어는 적의 우주 센서들에 대한 공격이며, 한편으로 자신의 센서와 요격 수단을 대응 공격으로부터 보호하는 것이다. 그러므로 유인 항공기에서 극초음속 크루즈 미사일로의 불가피한 이동은 우주 전쟁이라는 의도하지 않은 결과를 가져온다. 그것은 또한 전쟁에 우주 통제라는 새로운 목적을 부여한다.

보이지 않는 질서: 우주의 지형학

표면적으로 우주는 무중력이 모든 물체들에 마음대로 떠다닐 힘을 부여하는 자유의 영역인 것처럼 보인다. 그러나 이보다 진실과 거리가 먼 것은 없다. 무중력은 우리에게 자유의 환상을 준다. 실제로 우주 공간은 중력과 운동 법칙이 완강하게 지배하고 있는 곳이다. 우주에서 모든 물체는 미리 결정된 대로 움직인다. 이러한 움직임을 바꾸는 것은 가능하지만, 정교한 계산과 엄청난 에너지가 있어야 한다. 어떤 점에서 항공기가 우주선보다 훨씬 더 자유롭다. 비행의 물리학은 우주선보다 중력에 대해 훨씬 더 큰 에너지를 항공기에 제공한다. 항공기 조종사는 부분적으로는 공기에 의해 동력을 제공받는 엔진, 그리고 날개에 의해 제공되는 양력으로부터 얻는 충분한 에너지를 이용해 오차를 시정할 수 있다. 우주 공간에는 공기가 없다. 엔진이 만들어내는 에너지는 얼마 되지 않으며 오차를 시정할 수 있는 공기역학적 양력도 없다. 그러므로 모든 동작의 전환은 완벽하게 계산된 것이어야 한다. 그리고 모든 동작 전환은 절대적으로 필요한 것이어야 한다.

하지만 이 같은 악조건 속에서 그리 쉽게 인식되지 않는, 분명 육안으로는 인식되지 않는 매우 실질적인 질서가 등장한다. 우주는 전략적 요충지, 관문, 불모지의 영역이다. 지구를 둘러싼 우주는 지구 자신처럼 다채롭고 강력한 지형학(topography)을 가지고 있다. 이 지형학은 우주에서의 전쟁에 구조(structure)를 부여하는데, 이는 지리학이 지상에서의 전쟁에 구조를 부여하는 것과 같은 맥락이다.

지구는 태양 주위를 돌고 있는, 두 행성 시스템(two-planet system)의 일부이다. 지구는 달보다 80배의 질량을 가진 훨씬 더 큰 행성이고, 그 중력은 달 중력의 6배이다. 달은 지구를 한 번 공전할 때마다 정확히 한 번 자전하고, 그래서 똑같은 면이 항상 지구를 향하게 된다. 반면 지구는 24시간마다 한 번 회전한다. 이는 달의 한쪽 면이 항상 지구에서 보이고, 지구의 반은 언제 어느 때든 달을 마주하고, 지구의 전부는 날마다 달을 마주한다는 뜻이다. 이것은 지구 측에 분명한 군사적 불리함을 부여한다. 달에 있는 군사력은 현재보다 발전된 광학 기기(밤에는 적외선과 다른 수단들이 쓰여야 한다)를 계속적으로 사용해 지구상에서의 활동들을 감시할 수 있다. 반면 무기, 보급물자, 지휘시설은 지구에서 보이지 않는 달의 반대편에 숨겨둘 수 있다.

더욱이 달에서 지구로 무기를 발사하는 것은 지구에서 달로 무기를 발사하는 것보다 훨씬 적은 에너지가 요구된다. 한편, 달은 공기가 없고 궤도 고도가 대기(atmosphere)에 의해 제한을 받지 않으며, 따라서 저궤도 접근을 통해 거의 경보 없는 공격으로 달의 시설들을 항상 위협할 수 있게 된다. 이런 점에도 불구하고, 달에 대한 통제권은 지구의 전역을 감시하고 공격할 수 있게 하며, 지구 쪽에서 달을 기습 공격할 수 있는 능력을 제한한다.

우주가 어디에서 시작되는가는 확실히 규정하기 어렵다. 대기와 중력은 서서히 줄어드나, 우리가 우주 공간이라 부르는 공간에서도 아주 없어지는 것은 아니다. 유용한 경험 법칙은 우주가 물체가 공중에 계속 떠 있게 하는 궤도 속도가 물체가 마찰로 즉시 추락하는 너무 많은 대기 항력과 맞닥뜨리지 않는 지점에서 시작한다는 것이다. 실제적으로는 이는 인공위성이 최소한 지상 60마일 상공에서 궤도를 유지해야 한다는 것을 의미한다. 그러나 대기 항력 최소 하루만이라도 살아남으려면, 120마일의 고도가 요구된다. 이보다 수명을 연장하려면, 궤도—1년 이상 지속되는 궤도—는 최소 300마일의 고도가 필요하다. 이제는 원형이 아닌 타원형 궤도들이 있는데, 타원형 궤도의 경우 저점—근지점(perigee)—은 상당히 낮은 고도까지 내려가는 반면 고점—원지점(apogee)—은 근지점 고도의 몇 배가 된다. 낮은 궤도에 머무르는 시간을 최소화함으로써 대기 항력이 최소화되고, 궤도 수명은 연장된다. 궤도는 수명을 연장하면서도 지구상의 특정 지역에 대해서는 저공 비행을 가능하게 하는 식으로 구성될 수 있다. 사진 정찰 위성의 궤도가 이런 경우이다.

작전 가능한 우주는 지표면 상공 60마일 정도에서부터 시작된다. 재래식 전투기는 최고 10마일까지 상승할 수 있으며, 흡기식 시스템으로서는 15마일이 한계 고도이다. 이것은 작전 가능한 공역과 우주 사이에 상당한 공간을 두게 된다. 중간권(mesosphere)이라고 불리는 이 45마일의 공간은 기묘한 영역이자 통과하는 영역으로, 비흡기식 로켓은 이 영역을 뚫고서 궤도 우주나 그 너머에 도달하고, 무인 초고속 스크램젯은 미래에 이 영역에서 활동할 수 있을 것이다. 이 공간은 또한 극도로 취약한 영역이다.

지속되는 중력은 이 영역에서 기동하는 것을—상승이든 하강이든 모두—매우 많은 비용이 들고 위험하게 만든다. 양력을 제공하기에는 공기가 너무 희박하지만 마찰을 일으키기에는 충분히 두껍기 때문에, 고속 비행 물체는 타버릴 위험이 있다. 그리고 살아남더라도 그 열 신호가 너무 강력해서 수천 마일 밖에서도 적외선 센서에 의해 포착될 수 있다. 이 중간 공간은 불가피하게 누구에게도 속하지 않는 무인 지대(no-man's-land)가 될 것이다. 지상의 방어자들은 그곳에서 자신들을 향해 내려오는 발사체를 향해 최선의 마지막 사격을 하고, 우주로부터 공격하는 측에서는 그곳을 통해 자신들의 표적을 찾아내기 위해 응시하고 무기를 발사할 것이다. 다음 세대에 그곳은 어느 누구도 영원한 승리를 얻을 수 없는 치명적인 전장이 될 것이다.

궤도 우주는 광활한 영역으로 고도 60마일에서 22,300마일에 이르며, 심지어 60,000마일까지 뻗어 있다. 60,000마일의 고도에서는 중력이 지표의 0.05%까지 줄어든다.[30] 그 광활함은 상상을 초월하며 대략 900조 세제곱마일의 면적이 될 것이다. 눈으로 보기에 이것은 단지 중력에 의해서만 지배받는 텅 빈 동굴이지만 이조차도 부정확하다. 다른 힘들도 존재한다. 대기는 지표면 상공 1,200마일까지도 남아 있으며 우주선에 대한 항력으로 작용한다. 보다 중요한 것으로, 상층부에는 태양풍과 플레어, 우주 방사선이 있고 태양과 달의 인력이 영향을 미친다. 이 모든 것들이 우주선의 운동에 중요하고, 완전히 예측될 수 없는 영향을 미친다.

낮은 고도에서는 다른 힘이 우주선에 영향을 준다. 지구는 강력한 자기장을 갖고 있으며 북위 45도와 남위 45도 사이에는 특별히 강력하다. 미국 북부와 오스트레일리아 최남단까지가 강한 자기장 권역에 속한다. 이 자기장은 전자나 양자들 같은 에너지를 띤 소립자들을 끌어들여 강한 전기장을 형성하여, 전기로 움직이는 장비들에 영향을 미친다. 모든 우주선이 그 영향을 받을 수 있다. 게다가 두 개의 반 알렌 복사대(Van Allen radiation belt)가 있으며 상공 250~750마일에 존재하고, 6,200마일 지점까지 영향을 준다. 그 공간 너머에는 두 번째 복사대가 37,000마일 높이에 위치해 있고, 52,000마일 지

점까지 뻗쳐 있다.31

이 복사대를 다니는 우주선은 방사선에 대해 단단히 방비되어야 하며, 이는 중량을 극적으로 증가시켜서 그것을 궤도로 쏘아 올리는 것을 더 어렵고 비용이 많이 들게 한다. 대안은 우주선이 이 복사대 내에서 보내는 시간을 최소화하는 것이며, 그러려면 우주선이 낮은 지구 궤도나 9,000마일 이상의 궤도에 있게 하거나, 또는 북위 45도와 남위 45도 사이의 위험한 고도를 피하는 타원 궤도에 있게 하면 된다. 어떤 환경에서든, 방사선이 최대로 방출되는 영역에서 우주선이 보내는 시간은 최소한으로 해야 한다.

우주의 지형에는 분명 다수의 중요 지점들이 있다.

- 고도 22,300마일의 적도대. 핵심 영역은 서경 90~120도로, 미국 통신위성들이 아주 많이 있으며, 서경 15~25도에는 대서양 횡단 통신을 연결하는 위성들이 있다. 동경 60~105도에서는 유라시아 통신 시스템이 작동하고, 대략 180도 근처에서는 태평양 횡단 통신 시스템이 작동한다.
- 북반구 상공의 고도 60~180마일 영역. 특히 미국 상공의 북위 30~45도와 유라시아(서경 15도와 동경 35도) 상공의 북위 15~60도.
- 남위 60도와 대략 서경 75도. 러시아의 몰니야(Molniya) 통신위성이 남반구 상공 12,000마일의 근지점을 지나간다.
- 90도와 약 98도 사이 두 개의 극지역. 극궤도 위성과 태양 동조 궤도 위성들이 지나간다.
- 기존 발사 시설로부터 동쪽 방향으로 떨어져 있는 대기권 이탈 지점들
- 우주에는 육안으로는 보이지 않는 다섯 개 지점이 있는데, 이곳에서는 지구와 달의 중력이 서로 균형을 이루어 물체가 어느 쪽으로도 떨어지지 않고 멈춰 있게 된다. 중력 균형점(libration points) L1은 지구로부터 200,000마일 거리에 있고, L3은 240,000마일 거리에 있다. L2는 달 뒤편에 있다. 이 3개는 약한 중력 균형점으로 간주되는데, 여기서는 물체가 떠내려갈 수 있고, 계속적인 위치 유지가 필요할 수 있다. 그러나 L4와 L5는 강력한 중력

균형점으로, 물체가 표류하지 않고 멈춰 있게 된다. 이들은 달의 궤도 내에 있지만, 달 양편에 각기 60도 각도로 위치해 있다. 이들은 기억해 두어야 할 중요 지점들인데, 달이 중요한 군사 기지가 될 경우 L4와 L5는 중요한 공격 및 방어 지점이 될 것이다. 그리고 L2를 장악하는 것은 귀중한 자산인 달의 뒷면을 지배할 수 있는 힘을 부여할 것이다.

우리가 알다시피, 아무런 길이 없는 듯한 우주는 매우 분명한 길을 갖고 있다. 지구 주위의 공간을 활용하는 우리의 능력은 세 가지 변수—대기의 잔류량, 방사선의 피조량, 중력—에 의해 특징지어진다. 이 중 세 번째 변수가 어디를 갈 수 있고 무엇을 할 수 있는지를 결정하는 데 가장 중요하다. 우주선이 중력에 자유롭게 대응할 수 있는 충분한 에너지를 가질 때까지, 그것들은 사전에 정해진 지구 주위의 궤도를 도는 인공위성일 것이다. 이는 정찰위성의 효율적인 이용을 위해서는 궤도를 주의 깊게 선택할 필요가 있음을 의미한다.

우주로 쏘아 올려지는 모든 물체는 속도에 의해 결정되는 궤적을 갖는다. 일부 충분히 빠른 물체는 곧장 지구 밖으로 나아간다. 느리게 올라가는 다른 것은 지구로 다시 떨어진다. 또 다른 물체는 어떤 정확한 속도로 날아가다가 자유낙하를 시작한다. 하지만 지구를 향해 떨어지는 대신에 지구 주위로 떨어지다가 궤도에 진입하게 된다. 이 궤도는 그 물체를 우주로 밀어 올린 로켓이 부여하는 속도와 방향에 의해 결정된다.

궤도에는 엄격한 제한 사항들이 있는데, 그 제한 사항들은 1609년 천문학자 케플러에 의해 정의되었다. 제1법칙은 모든 궤도의 위성들은 지구 중심부를 지나가야 한다는 것이었다. 즉 모든 궤도는 적도에 대한 기울기를 갖고 있다. 적도 바로 위에 있는 궤도는 0도의 기울기를 가진다. 북극과 남극 바로 위를 지나는 궤도—극궤도—는 90도의 기울기를 갖는다. 기울기는 위성이 지구의 표면의 얼마나 많은 부분을 지나갈지를 결정한다. 45도의 기울기를 가진 위성은 북위 45도의 북쪽이나 남위 45도의 남쪽으로는 지나가는 일이 없을 것이다. 그러나 기울기의 각도가 작을수록 커버하는 영역이 더 작아지고, 더 자주 커버하게 된다. 기울기 각도가 클수록 커버하는 영역은 더 커지고, 빈도는 낮아진다.

기울기는 커버 범위를 결정하는 한 가지 변수이다. 고도는 또 다른 변수이다. 인공위성의 관측 영역은 그것이 얼마나 높이 있느냐에 의해 결정된다.[32] 인공위성의 속도가 지구의 자전 속도와 같아지는 지점인 적도 22,300마일 상공에서는 인공위성은 지표면의 약 42.3%를 볼 수 있다. 대기권 바로 위인 100마일 상공에서는 어느 때든 지구의 6.7%만 볼 수 있다. 이보다 10배 더 올라가 1,000마일이 되면 시각 범위는 3배로 늘어난다. 126배로 고도를 높이면 시각 범위는 6배로 늘어난다. 높이 올라갈수록 더 많이 볼 수 있다. 하지만 더 많이 보려면 훨씬 더 높이 올라가야 한다. 더 높이 올라갈수록, 달성하기가 더 힘들어지고 더 비싸진다. 그리고 지구의 세세한 부분을 알아보기도 더 힘들어진다. 그러므로 인공위성을 얼마나 높이 둘 것인가의 결정은 복잡한 문제이다.

원형 궤도도 가능하지만, 타원형 궤도도 가능하다. 타원형 궤도에서는 위성이 때때로 지구에 더 가까워지고 때때로 더 멀어진다. 케플러의 제2법칙은 인공위성이 행성의 중심부 주위를 도는 속도는 행성 중심부에서 측정했을 때 항상 고정되어 있다는 것이다. 인공위성이 타원궤도에 있다고 할 때, 최저점은 100마일, 최고점은 5,000마일의 고도를 갖는다고 하자. 그리고 인공위성에서 행성 중심부까지 선이 그어져 있다고 하자. 100마일 지점에서 인공위성은 그 선이 일정한 속도로 회전하도록 1,000마일 지점에서 이동해야 하는 것보다 훨씬 더 빨리 이동할 것이고, 반면 5,000마일 지점에서는 가장 느린 속도로 이동해야 할 것이다.[33] 이것은 중요하다. 타원궤도를 적절히 설정함으로써, 당신은 위성이 주어진 장소에 얼마나 많은 시간을 보낼지, 그리고 어떤 주어진 고도에서 얼마나 많은 시간을 보낼지에 대한 상당한 통제력을 얻을 수 있다.

예를 들면, 정찰위성은 500마일의 고점과 70마일의 저점을 갖도록 설계될 수 있다. 70마일 지점에서 그 위성은 근접 사진을 촬영하기 위해 더 두꺼운 공기층 속으로 재빨리 들어갔다 나올 수 있다. 근지점은 동일한 위도에서 유지될 것이고, 따라서 지구가 자전하기 때문에 동일한 위도에 있는 특정한 관심 대상 국가들이 감시될 수 있다. 예를 들어, 미사일 기지가 많이 있는 미국 중부를 감시하고자 한다면, 표적 지역을 100마일 미만의 고도에서 촬영하기 위해 정찰위성을 45도의 기울기로 궤도를 돌고 약 북위 40도의 근지점을 갖도록 프로그램할 수 있다. 이 경우 표적 지역은 북위 35~45도와 서경 90~110도 지역을 포함하게 될 것이다.

각각의 고도에서 인공위성이 궤도에 있기 위해서는 특정한 속도가 필요하다. 위성의 속도가 너무 느리면 인공위성은 추락하게 되고, 또 너무 높은 고도를 날면 그 궤도에서 이탈하여 우주 공간으로 날아가 버리고 만다. 가능한 최저 고도, 즉 대기권 바로 바깥에서 궤도 속도는 초속 4.8마일 정도가 되어야 하며, 이것은 그 위성이 89분 만에 지구를 일주한다는 것을 의미한다. 고도가 높아질수록 지구의 중력은 줄어들고, 인공위성을 궤도에 유지하기 위해 필요한 속도도 줄어든다. 22,300마일까지 올라갔을 때, 궤도 속도는 낮아져 약 초속 0.3마일인 지구의 자전 속도와 같아진다. 지구 일주에 89분이 걸렸던 것이 이제는 1,436분, 즉 23시간 55분 48초로 거의 하루가 걸리게 된다.

정지궤도를 포함해 모든 궤도는 어느 정도의 불확실성을 가지는데, 이는 지구 표면의 불완전한 곡률(curvature), 인공위성의 위치를 정확히 유지하기 어려운 점, 태양풍 등에서 기인한다.[34] 모든 궤도는 변화하며 지구정지 위성도 예외가 아니다. 지상기지와 임무를 기획할 때 이런 변화를 예측하거나, 또는 위치 유지(station-keeping)—위성의 이동을 주기적으로 바로잡기 위한 추진장치 사용—를 통해 그러한 변화를 제거하는 것이 필요하다.[35]

정지궤도는 정찰을 위해서는 최적의 위치다. 정지궤도의 어려움은 22,300마일 고도가 지구에서 너무 멀어서 어떠한 이용 가능한 광학 기기도 낮은 지구 궤도에서 이용 가능한 수준의 정보를 제공할 수 없다는 것이다. 예를 들어, 스리랑카 바로 남쪽 인도양 상공의 적도에 있는 기지에서는 지구의 곡률 때문에 맨 북쪽 지역에 대한 완전한 커버가 어렵다. 이는 늘어난 각도 때문에 에너지—방송파, 마이크로웨이브 등—가 적도보다는 극지방으로 가는 과정에서 훨씬 더 많은 대기를 통과해야 하고, 왜곡이 상당히 증가한다는 사실에 의해 더 악화된다. 위도 45도보다 위쪽 지역을 관측하거나 송수신하는 일은 일단 어렵고, 나중에는 아예 불가능해진다. 이것은 러시아와 캐나다에 문제가 되는데, 이 두 나라는 통신위성을 위한 더 창의적인 궤도를 고안해야 했다.36 이러한 결점 때문에 정지궤도는 여전히 통신, 신호정보, 그리고 매우 낮은 해상도 정찰 위성의 영역으로 남아 있다. 그리고 훨씬 나은 전자광학, 레이더 탐지 장비가 개발될 때까지는 계속 그러할 것이다.37

위성을 높은 궤도에 올리는 데 있어 또 다른 문제는 강력한 추진체의 필요성이다. 일반적으로 정지궤도 위성을 지상에서 단 한 번의 추진으로 발사하는 것은 너무 어려웠다. 보통의 과정은 고궤도 위성을 낮은 대기 궤도로 올려 보낸 후, 거기서 다시 작은 추진 로켓을 이용해 위성을 지구정지 궤도로 보내는 것이었다. 이러한 다단계 과정은 당연히 비용이 많이 들 수밖에 없었다.

이와는 별개로 인공위성을 적도 상공의 궤도에 올리는 일은 미국과 소련 모두에게 특별한 어려움이 있었다. 미국이나 소련에서 직접 인공위성을 적도 궤도에 올리는 것은 불가능하다. 유일한 방법은 경사진 궤도에 올려놓은 다음, 위성이 적도를 가로지를 때 로켓을 분사시켜 적도 궤도로 옮겨가는 것이었다. 최종 단계는 추가 로켓을 가동해 정지 궤도로 밀어 올리는 것이었다. 위성이 극궤도에 있다고 가정해 보자. 그것은 적도에서 우측으로 완전 90도 전환을 해서 지구 정지 궤도로 들어가야 할 것이다. 위성은 초속 4~5마일의 속도로 세차게 돌고 있기 때문에, 이러한 관성을 극복하려면 막대한 에너지가 필요하고, 불가능할 정도로 많은 연료를 탑재해야 했다.

궤도의 기울기가 작을수록 더 작은 수정이 필요하다. 이것이 바로 메인Maine주 기지가 아니라 플로리다의 커내버럴(Cannveral) 공군기지가 미국 우주 프로그램의 본거지로 선택된 이유 중의 하나다. 더욱이 소련의 최남단보다 플로리다가 적도에 더 가깝기 때문에 소련은 적도 궤도에 위성을 올리기 위해서는 미국보다 더 많은 연료를 실어 보내야 했다. 따라서 소련 로켓은 항상 미국 로켓보다 덩치가 커야 했는데, 이 점은 냉전 시기 미국의 방위 기획자들에게 중요한 관심 사항이었다.[38]

커내버럴은 북위 28.5도에 위치해 있고, 케플러에 의하면 궤도는 반드시 비행 물체가 지구 중심부를 지나가야 하기 때문에, 그 위치에서 28.5도보다 적은 기울기로 위성을 발사하는 것은 불가능하다. 또한 커내버럴의 경우는 35도 이상의 기울기로 위성을 발사하는 것이 불가능하다. 로켓은 가끔 높은 고도에서 폭발해, 그 비행 경로를 따라 수백 마일에 걸쳐 잔해를 흩뿌리는 경향이 있다. 커내버럴에서 정북쪽으로 위성을 발사하면 조지아주의 새버나Savannah 등을 지나게 된다. 그리고 정남쪽으로 쏠 경우 쿠바의 아바나Havana 바로 위를 지나게 된다. 케이프 하테라스Cape Hatteras를 피해 가려면, 어떤 발사도 커내버럴에서는 기울기가 35도 이상이 될 수 없다. 이것은 궤도의 조정 없이는 어느 것도 커내버럴에서 극궤도로 쏘아 올릴 수 없다는 것을 의미했으며, 연료 측면에서 비용이 많이 드는 일이었다. 그런 이유로 미국은 공군이 운영하는 제2의 발사 기지를 열었는데, 그것은 캘리포니아의 반덴버그 공군 기지에 있었다. 반덴버그는 산타바바라Santa Barbara에서 멀지 않았고, 남쪽으로 발사할 때 걸리는 것이 없었다.

지형은 바다에 질서와 논리를 부여한다. 조류, 해협, 수심과 같은 물리적 특성들은 주요 통상로, 해군 예산, 해군기지와 신항만의 위치와 같은 지정학적 고려사항들과 결합되어 전략적 해로와 거점들 그리고 보통의 바다를 구분지어 준다.

이는 우주에서도 마찬가지이다. 우주 통제 전략은 따라서 통제권이 900조 세제곱마일의 우주 공간 전부에 대해 미쳐야 한다고 요구하지 않는다. 이는 제해권이 대양 수면의 모든 부분에 대한 지배를 요구하지 않는 것과 마찬가지이다. 예를 들면, 미국의 우주 발사를 가로막고자 한다면 커내버럴과 반덴버그 두 지점에 집중하면 된다. 커내버럴의 정동쪽 방향에서부터 북서쪽으로 약 30도까지 이어지는, 100~300마일의 사정 지역 상공 약 90마일 고도에 요격 전력을 배치해 놓는다면, 발사체가 대기권을 벗어나는 순간에 요격하는 것이 가능할 것이다.

미국의 기획가들은 위험한 지상 발사 궤적(over-land launch trajectory)이나 또는 적도 진입에 훨씬 많은 비용이 드는 궤적으로 전환하거나, 아니면 시설이 훨씬 더 제한적이고 역시 요격의 표적이 될 수 있는 반덴버그로 발사 장소를 바꿔야만 할 수 있다. 예를 들면, 정동쪽으로 발사하면 지구 자전을 이용할 수 있으므로 큰 이득이 된다. 반덴버그에서의 정남향 발사는 여전히 가능하고 북극 궤도를 제공하지만, 동쪽으로의 발사는 발사체가 육지 위로 날아가기 때문에 불가능할 수도 있다. 따라서 발사 시설로부터 저궤도까지의 발사 경로를 통제할 수 있느냐가 한 나라가 힘을 우주에 투사할 수 있는지를 결정한다.

모든 국가의 우주 임무는 필수적인 제약 요소들을 갖고 있고, 따라서 어떤 분명한 예측 가능성을 지니고 있다. 미국은 커내버럴과 반덴버그에서 발사한 위성들로 유라시아를 감시해야 한다. 이것은 미국의 행동을 제한하고 예측할 수 있게 만든다. 이스라엘은 매우 소수의 나라의 동향에만 관심이 있기 때문에 위성 발사 패턴이 일정하다. 일본의 우주 프로그램은 그것이 발전해감에 따라, 일본의 정치적 이해관계, 일본의 북쪽 위치(northerly position), 그리고 발사 장소의 이용 가능성에 의해 좌우될 것이다. 유럽은 북쪽에 위치해 있고 확 트인 발사 기지가 없는 탓에 프랑스령 가이아나에서 발사해 왔다. 이는 상업적으로는 영리하지만 군사적으로는 위험한 일이다. 가이아나는 전시에 발사 장치와 위성을 수송하기에는 너무 멀리 떨어져 있기 때문이다.

더욱이 임무의 기술적 요구사항은 지형적 여건을 제약한다. 대부분의 정찰 임무는 중요한 위도에서 낮은 근지점을 갖는 저궤도를 요구한다. 통신위성은 저비용으로 지속적인 서비스를 제공하기 위해 정지궤도를 필요로 하고, 이는 기상 위성과 적외선 미사일 경보 시스템도 마찬가지이다. 위성들은 밴앨런 복사대 내의 원형 궤도에서 발견될 가능성이 별로 없으며, 아주 충분한 이유 없이는 넓은 타원 궤도에서 발견될 가능성도 없다. 지상에서처럼, 군사 지형학은 우방과 적의 움직임을 제약하고 예측할 수 있게 만든다. 이러한 예측 가능성은 적을 꼼짝 못 하게 할 계획을 수립하는 게 가능하다는 것을 의미한다.

'스타워즈'에서 '우리의 전쟁'으로: 우주 전쟁에 대한 최초의 생각

우주 통제의 지리학에 관해 말하는 것과 우주 통제를 실현하는 것과는 별개의 문제다. 적이 우주로 접근하는 것을 막으려면 무기가 있어야 한다. 그런 무기는 아직까지는 존재하지 않는다. 실제로 우주 통제 무기에 대한 생각은 적어도 공개적으로는 이제껏 거의 제기되지 않았다. 여기에는 몇 가지 이유가 있다. 첫째, 어느 나라도 지금 당장 미국의 우주 정찰 플랫폼에 도전할 정치적 이익과 대위성 시스템(anti-satellite system)을 구축할 능력을 갖고 있지 않다. 그 같은 시스템을 구축할 수 있는 러시아, 일본, 유럽 같은 나라들은 정치적 동기를 갖고 있지 않다. 이라크나 이란, 북한 같이 정치적 동기가 있는 나라는 그 같은 도전을 감행할 능력이 없다.

국방예산이 감소하는 시기에는, 미국의 우주 플랫폼 역시 안전해 보이는 상황에서, 부족한 자원이 위협이 멀리 있는 보이는 것을 위해 전용되지 않을 것이다. 더욱이 우주 통제를 위한 미국의 첫 번째 대대적 시도인 레이건 시대의 SDI(Strategic Defense Initiative)는 정치 세력들에 의해 좌절되었고, 탄도미사일 방어기구(Ballistic Missile Defense Organization)는 기능이 축소되어 내습 미사일로부터 전장을 방어하는 데 집중하고 있다. 실제로, 처음부터 SDI의 가장 큰 결함은 스스로를 어느 나라보다도 앞서서 우주에 대한 통제권을 장악하려는 시도로서가 아니라 ICBM 공격에 대한 방어책으로 내세웠다는 것이었다.

냉전기 내내 전략적 관계는 역사상 처음으로, 방어가 불가능한 무기—대륙간 탄도 미사일—가 존재한다는 개념을 중심으로 형성되었다. 그 무기는 지구 반대편에서 발사되어 마하 30에 가까운 속도로 이동하고, 누군가가 그것이 발사되었다는 사실을 알기도 전에 표적에 도달할 수 있었다. 이 미사일들은 도중에 요격될 가능성이 없었기 때문에, 핵전쟁을 억제하는 유일한 방법은 파괴적인 반격을 위협할 수 있는 것으로 보였다. 이러한 교리는 MAD, 즉 상호 확증 파괴로 알려졌다.[39] 오로지 MAD만이 양측이 상대가 핵전쟁을 시작하지 못하도록 억지할 수 있게 해준다고 가정되었다.

전략 방위 구상(SDI) 또는 스타워즈는 ICBM이 더 이상 요격 불능이 아니라고 주장함으로써 MAD에 도전했다. 기술 진보로 ICBM이 표적을 타격하기 전에 파괴될 수 있게 되었다는 것이었다. 로널드 레이건은 1983년 3월 23일의 연설에서, SDI를 통해 "우리는 방어적인 수단으로 가공할 소련의 미사일 위협에 맞서는 프로그램에 착수합니다. 우리의 위대한 산업 기반을 낳았고, 우리가 오늘날 누리고 있는 삶의 질을 선사해온 기술의 힘에 기대를 걸어봅시다."라고 선언했다.[40] DSP(Defense Support Program) 인공위성은 이미 발사의 열기를 탐지할 수 있었고, 더욱 개량된 센서를 통해 최초의 발사 단계가 끝난 뒤에도 미사일의 경로를 추적할 수 있었다.

우주 기반 센서들이 스타워즈의 토대였다면, 그 기둥은 ICBM을 격추할 수 있는 무기여야 했다. 가장 매력적인 선택지는 광속 무기였다. 비행 중인 ICBM을 격추하는 것은 흔히 총알로 총알을 맞추는 것에 비유되었다. 둘 다 작고 빨랐으며, 그것들 중 하나를 맞추는 것은 상상을 초월하는 조준경과 반사경을 필요로 했다. 그러나 빛의 속도로 움직이는 무기가 있다면, 광속의 25,000분의 1보다 느린 속도로 움직이는 ICBM은 사실상 제자리에 있는 것이나 마찬가지였다.

레이건과 그의 지지자들은 이것을 핵의 악몽에서 벗어날 수 있는 방법으로 보았다. 미국과 소련은 핵전쟁을 예방하기 위해 더 이상 상대를 완전히 말살할 수 있는 능력에 의존하지 않아도 되는 것이다. 더 정확히 말하면, 광속 무기에 의해 장거리 미사일이 무용지물이 되면서 핵전쟁이 불가능해지게 된다. 아이러니하게도, MAD의 가장 신랄한 반대자들 중 일부는 스타워즈에 대해

서도 가장 날카롭게 비판했다. 가끔 그들의 비판은 상당히 말이 되지 않았다.[41]

한편으로 스타워즈 찬성론자들은 그 프로젝트를 과대 선전하면서 자신들이 제안하고 있는 것이 장거리 미사일에 대한 철통 방패라는 인상을 심어주었다. 이후 비판자들이 스타워즈에 허점이 많다는 점을 증명할 수 있게 되자, 스타워즈의 지지자들은 그들이 완벽한 방어를 약속한 적이 없다는 것을 입증하려 했다.[42] 물론 그들이 옳았다. 정신이 온전한 사람이라면, 무기 시스템은 말할 것도 없고 어떤 시스템도 완벽하다고 주장하지 않을 것이기 때문이다.

스타워즈 찬성론자들은 상대방이 천문학적 비용을 들여가면서 ICBM 수를 기하급수적으로 늘리지 않는 한, 방어막을 뚫고 들어오는 미사일은 소수여서 미국에 결정적인 피해는 입히지 못할 것이라고 사실상 주장하고 있었다. 기관총이 등장했다고 해서 기병대가 바로 무용지물이 되지는 않았다. 그것은 단 한 쌍이 돌파하는 데 필요한 말과 기수의 수를 증가시켰을 뿐이었다. 하지만 여기서 스타워즈 옹호자들이 곤혹스런 상황에 처했다. 말이 돌파하게 된다면 몇 명의 사람이 죽을 수 있다. 만약 ICBM이 방어막을 통과한다면 도시 전체가 파괴될 것이다. 스타워즈 프로그램 반대론자들은 단 하나의 실수도 수용 불가능한 피해를 초래하기 때문에 그것이 완전무결해야 한다고 주장할 수 있었다. 결국, 스타워즈 옹호론의 복잡성은 그 반대론자들에게 거의 명시적으로 언급되지 않는 유리한 논거와 함께 분명한 우위를 제공해주었다. 스타워즈는 검증되지 않은 이론이었고, MAD는 수십 년 동안 효과가 있었다.

스타워즈는 무익한 정치적 논쟁 속에서 빛이 바래기 시작했다. 그러나 진정한 문제는 스타워즈를 흥미롭게 만든 요소인 광속 무기가 전혀 준비되어 있지 않다는 것이었다. 이 계획은 원래 우주 기반 센서와 무기 시스템의 연동을 구상했다.

센서는 ICBM을 추적할 수 있고, 컴퓨터가 그것을 정확히 조준할 수도 있지만, 무엇으로 ICBM을 요격하고 파괴할 것인가? 스타워즈는 일단의 광속 무기들을 고려했었다.

- **장파장 레이저:** 이것은 적외선 대역의 에너지를 사용하는 레이저일 것이다. 에너지는 화학적으로 생성되고, 빔은 전략 포인트마다 설치된 거울에 의해 방향이 조정될 수 있다. 적외선 레이저는 ICBM의 표면을 가열해 내부에 피해를 준다.
- **단파장 레이저:** 이것은 핵 반응로를 포함해 다양한 동력원에 의해 생성된 자유−전자 빔(free-electron beam)을 만들어낸다. 다수의 자석들에 의해 집중된, 강력하고 응집적인 전기적 에너지가 투사된다. 파장은 대기를 통과하도록 또는 다른 목적을 위해 조정이 가능하다. 전반적으로 이 레이저는 장파장 레이저보다 강하다.
- **X−선 레이저:** 이것은 작은 핵폭발을 활용해 X선을 생성한다. 약 50개의 주변 레이저 로드(laser rod)가 폭탄의 에너지를 표적에 집중시킨다. 몇 분의 1초 후에, 로드들도 핵폭발로 인해 파괴되어 버린다.
- **마이크로웨이브 무기:** 이것은 미사일 유도 체계를 파괴하기 위해 고출력 마이크로웨이브를 사용한다. 화학 연료 또는 우주 기반 핵 반응로로부터 동력을 얻는다.
- **중성자 빔:** 중성자 빔이 충전되고 ICBM을 겨눈다. 이것은 표적을 꿰뚫고 들어가 내부의 중요 시스템을 파괴한다.[43] 대형의 화학 격실이나 핵 반응로를 필요로 한다.

우주에 기반해 있고, 센서에 연결된 컴퓨터에 의해 통제되는 이러한 무기 중 어느 것이든 동력원이 있다고 가정한다면, 다수의 적 ICBM을 파괴할 수 있다. 동력원은 상당한 에너지를 매우 빠르게 생성해야 하며, 그런 다음 몇 초 후 무기가 표적을 재조준했을 때 에너지를 다시 최고도로 올려야 한다. 스타워즈에 관한 토론 중에, 과연 소프트웨어가 이런 시스템을 관리하도록 설계될 수 있는지에 대한 논쟁이 벌어진 바 있다. 그러나 진짜 문제는 우주에서 에너지를 생성하는 것이었다.[44] 고에너지 동력원 문제는 아직 해결되지 못했으며, 그에 따라 광속 무기의 꿈도 사그라들었다.

최근까지 광속 무기는 해결되지 않은 에너지 문제 때문에 수십 년간 지연될 것으로 보였다. 미국-이스라엘 합작의 '노틸러스(Nautilus)' 프로젝트는 1996년 2월 9일, 화이트 샌드 고에너지 레이저 실험소에서 레이저로 120mm 로켓을 파괴하는 데 성공했다. TRW와 이스라엘의 RAFAEL에 의해 운영되는 노틸러스는 중적외선 첨단 화학 레이저(Mid-Infrared Advanced Chemical Laser, MIRACL)라 불리는 기술의 시범 프로젝트이다. MIRACL은 플루오르화듀테륨(deuterium-fluoride) 레이저로 미사일의 표면을 녹일 정도로 강력하다. C-130기에서 수송할 수 있을 만큼 충분히 작은 MIRACL은 이제 약 6마일 밖의 표적을 상대할 수 있다.[45] 우주 통제에 영향을 미치기에 이 레이저의 사거리는 불충분하다. 그러나 이 레이저는 동력의 문제가 해결되고 있고 광속 무기가 다음 세대에는 가능하리라는 것을 나타낸다.

스타워즈는 전통적인 화학 연료 로켓이나 광속 무기에 대한 대안으로서, 운동에너지 무기(kinetic-energy weapon)를 제안했다. 운동 에너지 무기는 단단한 발사체로 광속도는 아니지만 매우 빠른 속도로 비행하여, 그보다 느린 ICBM을 요격하는 무기였다. 우주에 떠 있는 우주 기반 요격 무기(SBI)들은 대기권 밖의 저궤도에 머물러 있으면서 최소 7년 동안 생존할 수 있으며, 대기권 밖에서 적의 장거리 미사일을 요격할 수 있을 것이다. 이 무기는 대기권 안팎에서 미사일을 요격하는 지상 기반 시스템의 보완을 받는다.[46]

레이건 행정부에 이어 부시 행정부가 들어섰을 때, 우주 기반 요격 시스템에 대한 흥미가 줄어들었다. 이 기술은 너무 이질적으로 보였으며, 군축 조약 문제도 걸려 있었다. 아마도 가장 중요했던 것은 걸프전에서 혁혁한 승리를 거둔 군 인사들이 대체로 스타워즈에 대해서는 부정적이었다는 데 있었다. 그들은 갈수록 줄어드는 예산이 전통적인 필요에서 이상한 기술로 옮겨지는 것을 걱정했고, 그런 기술은 소련의 몰락으로 불필요해 보였다.

이라크의 SCUD 미사일은 스타워즈에 조종을 울리는 것이었다. 미군이 SCUD를 발사 장소에서 제압하지 못했다는 것은 미군이 내습하는 미사일에 대해 스스로를 방어해야 한다는 것을 의미했다. 문제는 패트리어트 미사일이

SCUD를 대기권 내에서 요격했음에도, SCUD는 폭발하면서 잔해들을 사방에 흩뿌렸고 그것이 요격되지 않았을 때만큼이나 많은 피해를 입혔다는 것이다.[47]

이 실패는 패트리어트의 실패가 아니었다. 패트리어트는 적기를 요격하도록 고안되었으며, 적기가 무기를 투하할 수 있기 전에 파괴하기 위한 것이었다. SCUD 미사일의 유일한 임무는 지상을 공격하고, 그 과정에서 스스로를 파괴하는 것이었다. 그것은 한 덩어리인 채로 달성하든 40개로 조각난 상태로 달성하든 상관이 없었다. 패트리어트는 미사일을 파괴하거나 때로는 그 궤적을 바꿀 수 있었다. 때로는 인구가 더 밀집한 지역 쪽으로 바꾸기도 했다. 그러나 패트리어트는 미사일들을 대기권 밖에서 격추할 수도, 완전히 증발시켜 버릴 수도 없었다.

따라서 한편으로는, 전술적, 중거리 탄도 미사일로부터 한 변이 수백 마일인 전장을 보호할 수 있는 시스템을 개발하라는 압박이 증가했다. 다른 한편으로는, 스타워즈가 한물갔다는 주장이 제기되었다. 스타워즈 옹호자들은 불가피한 현실에 굴복했고, 상대적으로 단거리인 미사일을 요격하기 위해 고안된 지상 기반 시스템에 초점을 맞춤으로써 자신들이 구할 수 있는 것을 구하고자 했다. 결국 SDI라는 야심 찬 꿈이 남겨 놓은 것은 탄도 미사일 방어 기구, 고고도 대기권 내 방어 요격체(HEDI), 그리고 '브릴리언트 페블(Brilliant Pebble)—우주에서 미사일을 공격하는 작은 운동에너지 무기들—에 대한 몇몇 구상이 전부였다.

스타워즈는 실패로 막을 내렸다. 그러나 그것은 실패였지만 찬란한 실패였다. 스타워즈는 인간이 우주에서의 전쟁에 대해 진지하게 생각한 시초로 역사에 의해 기억될 것이다. 그 개념들 대부분은 설익은 것이었으며, 그 프로젝트의 정치적 기반은 국내적으로나 국제적으로나 해체되어 버렸다. 그러나 이는 스타워즈가 광범위한 기술들과 중요한 운영 원칙들의 모태였다는 사실을 훼손하지 않는다. 아마도 가장 중요한 것으로, 그리 많이 거론되지 않았던 이 프로그램의 서자인 대위성 시스템(anti-satellite system)이 전쟁의 필연적인 다음 단계가 되고 있다는 점이다. 이런 의미에서 모든 영역에 있는 모든 수준의 군사 기획가들과 이론가들이 다음 세대 내내 스타워즈에 의지하게 될 것이다.

추적과 파괴: 전쟁 구역으로서 우주

이 장의 중심 주제로 되돌아가 보자. 장거리, 극초음속 미사일은 효과적이 되려면 전 세계적 감시와 표적 설정을 필요로 한다. 그런 감시가 불가능하다면 장거리 무기 시스템의 사용 역시 불가능하다. 전장에 대한 실시간 정보가 없이는, 대륙 간 무기 시스템을 사용해 전술적 상황에 영향을 미치는 것도 불가능하다. 그러므로 이라크 같은 국가가 미국의 공중 및 지상 공격에 맞서 스스로를 방어하고자 한다면, 논리적인 대응은 미국의 정찰 위성들을 공격하는 것이다.

우주의 통제 그리고 특히 우주의 전략적 영역에 대한 통제가 탈유럽 시대 군사 작전의 기초가 되고 있다. 첫 단계에서 우주 통제는 단지 그곳에 위성을 띄우기만 하면 되었다. 궤도에 발사된 위성은 단지 그곳에 있는 것만으로 통제권을 주장했으며, 어느 것도 그 위성을 위협할 수 없었다. 다음 단계는 통제권의 주장을 넘어 통제권의 거부로 나아가게 된다. 정찰 위성들은 다양한 종류의 우주 파괴 무기에서부터 우주-지상 간 통신 차단을 위한 시스템에 이르기까지 대위성 시스템에 의해 위협받게 된다. 그러면 우주 통제는 자신의 자산을 보호하고 적의 자산을 파괴할 수 있는 능력에 의존하게 된다.

미사일을 막기 위해 SDI가 구상한 시스템이 위성에 대해서도 사용될 수 있다. 실제로 인공위성은 그 예측 가능성 때문에 일반적으로 요격에 더욱 취약하다. ICBM의 정확한 궤적은 발사 이전까지 알려지지 않는다. 우리는 인공위성의 최초 발사와 궤도 진입을 추적 관찰함으로써 인공위성이 어디로 가려고 하는지에 대해 많은 것을 알고 있다. 게다가 인공위성은 소음 덩어리이다.

지구나 다른 위성에 신호를 보낼 때 전자기적 방사를 터트리듯 발산한다. 그래서 신호 정보는 우리에게 인공위성이 어디 있는지, 그리고 무엇을 하고 있는지에 관한 많은 것을 말해 줄 수 있다.

신호 정보와 최초의 발사 데이터로부터의 추론 모두가 가진 문제는 그것들이 대위성 미사일에 의한 요격과 파괴를 위해서는 충분한 정확하지 않다는 것이다. 우리가 수백 마일 밖에서 위성이 그 정확한 위치에서 1세제곱마일 내에 있다는 것을 알 수 있다고 가정해 보자. 1세제곱마일의 우주 공간에 있는 약 18피트 길이에 직경 6피트인 소련의 코스모스(Cosmos) 위성을 명중시키기란 건초더미에서 바늘을 찾는 것과 같다.[48] 그리고 궤도 추정과 신호 삼각법이 1마일 이내의 정확성을 제공할 수 있다는 가정은 너무 낙관적이다. 우리가 비록 위성 발사를 모니터하고, 궤도를 알게 되고, 강력한 컴퓨터에 데이터를 로드한다고 해도, 위성의 정확한 위치를 알기는 어렵다. 지구의 불규칙한 곡률, 대기 고도의 변화, 태양의 활동 등 모든 종류의 힘들이 요격이 불가능할 정도로 궤도를 변화시킨다. 더 중요한 것은, 인공위성이 자체 추진기를 이용해 스스로 궤도 변경을 할 수 있다는 점이다. 따라서 성공적인 우주전쟁 시스템의 첫째 요소는 광범위한 실시간 추적 시스템이다. 우주의 통제는 우주를 보는 데서 시작된다.

현재 인공위성 추적은 우주보다는 지상으로부터 이루어지고 있고, 적외선 추적 등 광학 시스템에 주로 의존하고 있다. 이러한 광학 시스템은 우주 물체를 추적하고 식별하는 데 필요한 사거리를 갖고 있지 않다. 이는 우주 물체가 추적소(tracking station) 쪽으로 와야 하고, 추적소의 가시 범위 밖에서 일어나는 일은 여전히 보이지 않는다는 의미이다. 지구 반대편에서 움직임을 시작한 우주선은 그것이 추적소의 영역에 다다랐을 무렵에는 궤도를 완전히 바꾸게 된다. 더욱이 이제껏 사용되어온 광학 스캐닝 시스템은 뛰어난 촬영 능력을 갖고 있고 매우 작은 물체도 볼 수 있으나, 광활한 우주를 스캐닝하는 데는 훨씬 더 취약했다. 갑작스럽게 궤도를 바꾼 우주선을 찾으려면 수일 또는 수 주가 걸릴 수도 있다.

이 약점에도 불구하고, 지상 광학 추적은 몇 가지 실질적인 장점을 갖고 있다. 첫째, 그것은 우리가 익숙한 기술을 사용하며, 우리는 광학 시스템에 대해서는 많은 것을 알고 있다. 둘째, 그것은 지상에 기반하고 있고, 인력과 장비가 같은 곳에 있다. 따라서 우주 플랫폼을 발사하고 유지하는 비용은 발생하지 않는다. 미국, 영국, 러시아는 모두 주로 저궤도에 있는 ICBM을 추적하기 위해 그들의 우주 추적 시스템을 레이더 시스템의 보조를 받는 광학 스캐닝을 중심으로 구축해 왔다.

미국의 핵심 우주 추적 시설은 하와이 마우이섬의 할레아칼라 화산에 있다. 이 장소가 선택된 데는 몇 가지 이유가 있다. 마우이섬은 먼지가 없고 공기의 습도가 낮다. 휴화산 위에 있는 시설에서는 맑은 날에 250마일의 수평 시정(horizontal visibility)이 나온다. 아마도 가장 중요한 것은 마우이섬이 중앙아시아의 소련 위성 발사 시설들의 정동 쪽에 있다는 것이다. 이것은 소련 위성들이 궤도로 쏘아 올려지는 것과 동시에 추적을 개시할 수 있다는 의미이다. 할레아칼라산은 3개의 독립된 추적 활동의 본거지이다.

- 공군의 마우이 광학 기지(AMOS): 가시 파장(visible-wave-length)과 적외선 센서 모두를 써서 3인치 크기의 작은 물체도 식별해 낸다. AMOS는 세계에서 가장 우수한 망원경 중 하나이다.
- 마우이 광학 추적식별 시설(MOTIF): 더 큰 우주 영역을 스캔하기 위해 저해상도 망원경이 사용된다. 우주에 있는 인공물을 추적하고 목록화한다.
- 지상 기반 전자광학 원거리 우주 감시 시스템(GEODSS): 가장 해상도가 낮은 광학 시스템을 갖고 있으나 가장 먼 우주를 볼 수 있고, 상대적으로 광도가 낮을 때도 관측이 가능하다. GEODSS는 정지궤도의 물체를 추적할 수 있다.[49]

우주 감시 추적 시스템(SSTS)을 구성하는 다양한 레이더 시스템과 결합되어 사용되는 이러한 시설들은 어느 시점이든 우주에 있는 것에 대한 매우 명확한 사진을 제공한다. 확실히, STSS는 대위성 미사일이 위협을 거의 가하지 않는 시기 동안 우주선을 추적하기에 적합하다.

SSTS의 최대 약점은 광학 센서들이 한 장소에 있으며 우주에서의 전쟁을 관리하기에 충분히 효율적이지 않다는 점이다. 데이터가 우주사령부에 보내지고 통합되고 분석되는 데 너무 많은 시간이 걸린다. KH-11에 대한 대위성 미사일 공격은 CINCSPACE가 모든 필요한 데이터를 손에 넣기 전에 아마도 완료될 것이다.

따라서 국방부는 지상 기반 우주 스캐너에 의한 데이터 관리의 향상을 강하게 요구하고 있다. 1994년 3월 30일, 〈에어로 스페이스 데일리Aerospace Daily〉는 PRC사가 통합 전술 무기 공격 평가 센서 시스템(ITWAASS)을 지원하는 9,750만 달러의 계약을 체결했다고 보도했다.

> 통합 전술 무기 공격 평가 센서 시스템(ITWAASS)은 지상 기반 전자광학 원거리 우주 감시, 탄도 미사일 조기경보 시스템, 해브 스테어(Have Stare) 레이더, 코브라 데인(Cobra Dane) 레이더, 피린클릭(Pirinclik) 레이더 기지, PARCS 레이더, 에글린(Eglin) 레이더, 페이브 포스(Pave Paws) 레이더, 방어 지원 프로그램, 그리고 연관 시스템 프로그램 에이 전시들을 포함한다. 이 계약은 2000년 3월 만료된다.[50]

ITWAASS에 대한 공개된 문헌은 거의 발견되지 않았고, 연방정부의 모든 계약 사항을 다루는 〈코머스 비즈니스 데일리Commerce Business Daily〉에는 그에 관한 아무런 언급이 없다. 분명 그것은 비핵, 장거리 발사체와 같은 전술 무기들을 추적 관찰하기 위한 광범위한 감시 시스템들을 연계시키려는 공군의 시도를 반영한다. 흥미로운 것은, 만일 이 프로젝트가 성공했다면 시스템들을 통합해 낮은 중간권에서 정지궤도에 이르는 모든 것에 대한 거의 전 세계적인, 24시간 커버를 제공했을 것이라는 점이다. 하지만 완벽한 다중 스펙트럼 커버는 아니었을 것이다. 여전히 포착되지 못하는 부분이 있을 수 있었다. 하지만 공군과 우주사령부가 전 세계적이고, 통합된 전술 감시 시스템을 개발하는 데 관심이 있었던 것은 분명하다.

더 흥미로운 것은, 뉴멕시코 커틀랜드Kirtland 공군기지에 있는 공군 리서치 센터인 필립스연구소Phillips Laboratory에서 진행 중인 작업이다. 커틀랜드에 있는 스타파이어 광학 사거리 팀(Starfire Optical Range)은 1992년부터 첨단 지상 기반 원거리 우주 감시시스템을 개발하기 위한 집중적인 노력의 일환으로 입찰을 요청해 왔다. 1993년 6월 8일, 비전통적 촬영 기법과 장비 개발, 위험 축소, LEO(저궤도)에서 GEO(지구 정지궤도)에 이르기까지 우주 물체의 고해상도 촬영을 위한 프로토타입 제작 입찰 요청이 발표되었다.[51] 여기서 핵심 개념은 비전통적 촬영이다. 지상 기반 광학 추적 시스템에는 대기(atmosphere)라는 심각한 결함이 있다. 대기를 통과하는 빛은 먼지, 습기, 대기의 요동에 의해 왜곡된다. 맑은 밤에도 별을 보기가 쉬운 일은 아니다. 대기 너머 수백 수천 마일 떨어져 있는 몇 미터 짜리 물체를 명확히 보기란 거의 불가능에 가깝다. 레이더 대역은 수천 마일 밖까지 쏘는 데 상당한 어려움이 있기 때문에, 어떤 지상 기반 시스템이든 대기 문제를 극복할 방안을 강구하지 않으면 안 된다.

왜곡된 이미지를 개선하는 컴퓨터 프로그램, 레이더의 대기 통과를 위한 비선형 광학 시스템, 촬영을 위한 향상된 광학 시스템 등 다양한 기술 개발이 진행 중에 있다. 빛과 대기 사이의 관계를 관리함으로써, 이 프로젝트는 레이저가 대기권을 통과할 때, 그리고 위성을 파괴하기 위해 우주에 진입할 때 레이저가 파워를 유지하게 해줄 수 있을 것이다. 이로 인해 훨씬 낮은 출력의 레이저 빔이 위성을 상대로 사용될 수 있어, 앞서 언급된 출력 문제와 저장 문제를 해결할 수 있을 것이다. 이 모든 것에 대한 방증으로, 이 분야에서 가장 일찍 공표된 계약이 1992년 4월 1일자 〈코머스 비즈니스 데일리〉에 게재된 사실을 지적하는 것은 흥미로운 일이다. 보도는 농업 시설을 위한 입찰 요청이었는데, 의심할 여지가 없는 사무적 오류였다.[52]

스타파이어에서 하는 작업은 두 가지 중요성을 가지고 있다. 그것은 지상 기반 정찰 시스템이 우주의 물체들을 훨씬 더 분명히 볼 수 있게 할 것이다.

또한 우주 기반 정찰 시스템이 지상을 훨씬 더 분명히 볼 수 있게 할 것이다. 우리는 신형 KH-11 위성이 대기 왜곡 문제를 해결하기 위해 가변형 거울 (flexing mirror)을 사용하고 있다는 보도를 앞서 논의했었다. 적응적이고 비선형적인 광학은 그러한 해결책을 쓸모없게 만들고 우주 기반 정찰에 있어 획기적인 돌파구를 의미할 것이다.

분명 공군은 우주 영상(space imaging)에 대한 전통적 접근 방법, 즉 현재의 우주 감시 및 추적 시스템과, 통합 전술무기 공격평가 센서 시스템 계획 Integrated Tactical Weapons Attack Assessment Sensors System initiative의 일환으로 제안된 시스템 통합 강화 모두에 대해에 대해 아주 불만이 많은 상태다. 우주 통제를 추구하는 나라라면 저궤도에서 정지궤도에 이르는 모든 영역에서 벌어지는 모든 일을 전 세계적으로 하루 종일, 고도의 정밀성을 갖고 관측하고, 그것을 실시간으로 보고하는 센서 시스템을 갖추어야 한다.

스타파이어는 우주 감시와 광속 무기를 결합하는 대위성 프로젝트이다. 그러나 이는 근본적인 전략적, 작전적 문제들을 제기한다. 우주 통제를 위한 가장 효율적인 수단이 지상 기반 시스템인가, 우주 기반 시스템인가? 감시 시스템이 지구에 있어야 하나, 우주에 있어야 하나? 대위성 시스템들이 위성 파괴와 데이터 송신 차단에 주력해야 하는가, 아니면 지상기지 파괴에 주력해야 하는가? 미사일 기반 대위성 시스템이 에너지를 직접 쏘는 시스템보다 더 나은가, 아니면 더 나쁜가? 정찰 시설의 위치부터 시작해서 이 같은 문제들은 반드시 고려되어야 한다.

현재 우주 전쟁에 대해 가장 적극적인 나라인 미국에서는 지상 기반 정찰에 상당한 관심이 있다. 그러나 이것이 우주 상황을 모니터하는 가장 효율적인 방법인지는 확실하지 않다. 최근까지 우주는 느리게 움직이는 게임이었고, 마우이에서 그리고 지상 기반 레이더 시스템에 의해 수집된, 점진적으로 축적되고 항상 시차가 있는 정보만으로 충분했다. 그러나 적의 정찰위성을 떨어뜨리는 것이 급선무가 되자 분 단위의 정보가 필수적이 되었다. 인공위성이 궤도를 돌 때, 그것은 지구를 상당히 빠른 속도로 지나가고—저궤도에서는 90분 마다 한 번―그 시각 범위는 단지 고도와 센서의 수준에 의해서만 제한된다. 그와는 달리, 22,300마일 고도에 있는 인공위성은 한 지점에 정지해 있지만, 지구의 3분의 1을 커버할 수 있다. 따라서 상대적으로 소수의 인공위성이 지구 전체와 그 지구를 둘러싸고 있는 우주의 방대한 부분에 대한 감시(coverage)를 제공할 수 있다.

지상 기지는 하늘을 관측하는 데 있어 훨씬 더 제한적이다. 무엇보다도 그것은 특별한 작업 조건을 요구한다. 하늘은 어두워야 하지만 태양은 계속 위성의 표면을 비추고 있어야 하고, 습도는 낮아야 하고, 구름이나 매연도 없어야 한다. 더욱이 마우이 같은 시설은 영상보다는 사진(snapshot)을 찍는다. 이는 위성에 대한 실시간 지상 정찰이 불가능하다는 것을 의미한다. 스타파이어의 작업이 진전을 보임에 따라, 지상 기반 센서들은 최적의 조건보다 훨씬 못한 조건에서도 작동할 수도 있을 것이고 지상 기반 센서들의 네트워크를 가능하게 할 것이다. 그러나 그와 같은 센서들의 수와 그들 기술의 복잡성은 우주에서보다 지구에서 항상 더 클 것이다.

스타워즈 기획자들은 지상 기반 센서들이 우주 기반 시스템의 커버 범위나 정확성을 제공할 수 없음을 이해하고 있었다. 하지만 그 프로그램이 갈수록 제약을 받게 되면서 그들에게는 다른 선택지가 없었다. 센서들을 우주에 둠으로써 전장을 훨씬 더 넓은 시각으로 보는 것이 가능해지고, 이는 더 일찍 경보를 제공하고, 지상 기반 미사일들이 훨씬 더 높은 고도에서 요격할 수 있게 한다. 한 평가에 의하면, 우주 기반 센서 시스템은 지상 기반 요격의 효력을 3배로 늘려준다.[53]

우주 기반 센서에 대한 SDI의 모색은 브릴리언트 아이즈(Brilliant Eyes)라는 이름 하에 진행되었다. 브릴리언트 아이즈는 광학 및 적외선 센서를 갖춘 약 50대의 군집 위성을 발사하는 계획이었다. 광역의 단파 적외선 센서가 지상을 스캔하면서 발사의 신호를 찾는다면, 장파 적외선 센서는 로켓을 포착하고 중간궤도 구간 동안 그것을 추적하게 된다.[54] 브릴리언트 아이즈는 그것이 미사일 문제에 중점을 두었음에도, 어떤 면에서 더 중요한 능력, 즉 인공위성을 추적하는 능력을 제공했다. 모든 인공위성은 자신의 전기 시스템에서 열을 방출한다. 열을 탐지하고, 센서들이 열원을 향하게 하고, 그런 다음 다른 위성들을 이용해 표적의 정확한 위치를 삼각 측량해서 광학적으로 그 위성을 찾아낼 수 있는 우주 기반 시스템은 모든 유형의 대위성 미사일이 표적을 향하게 만들 수 있다. 실제로, 일각에서는 브릴리언트 아이즈에 광학 시스템을 포함시킨 것은 그와 같은 프로그램들에 대한 미 의회의 반대에 직면하여 그 시스템에 대위성 지원 능력(antisatellite spport capabilty)을 조용히 제공하기 위한 시도였다고 보기도 한다.

브릴리언트 아이즈가 만들어졌든 그렇지 못했든, 우주에 초점이 맞춰진 센서 군집의 개념은 자연스런 발전이다. 어떤 나라가 가까운 장래에 광범위한 정찰위성 군집을 가질 가능성은 극히 낮지만, 일종의 저오류(low-error) 우주 정찰 시스템이, 우주 기반이든 지상 기반이든 다음 10년 안에 등장할 것이라는 점은 분명하다. 그 목적은 위성을 파괴할 방법을 고안하는 데 있을 것이다.

1970년대에 소련은 이 분야에서 매우 적극적이었으며 미국 정찰위성 프로그램의 어떤 특이점을 이용하도록 설계된 대위성 시스템을 개발했다. 매우 빈번하게 인공위성을 궤도에 올렸다 내렸다 하는 소련과 달리, 미국은 소수의 정찰위성들을 궤도에 올리고, 그 위성들을 상대적으로 안정적인 궤도에 수년간 내버려두었다.

소련 요격 시스템(SIS)은 빠르지 않았다. 그 시스템은 로켓 발사가 필요했는데, 로켓 발사는 준비 절차와 사전 설정된 유도, 그리고 대위성 미사일의 자체 추진기가 적 위성의 사거리 안에 들어갈 수 있는 궤도로 그 미사일을 보낼 수 있는 능력을 필요로 했다. 소련은 자신들이 어떤 위성을 뒤쫓고 있고, 그리고 자신들이 어디로 가야 하는지를 높은 확률로 알고 있어야 했다.

소련 요격 시스템은 공면 궤도(coplanar orbit)—미국 위성과 같은 궤도 경사면 상에 있는 궤도—로 보내지고, 그런 다음 자체 최종 유도 및 적외선 시스템을 사용해 초속 1,200미터 정도의 속도로 미국 위성과 부딪히도록 조종될 수 있었다.[55] 이론적으로는 미국의 위성마다 그것을 추적하고, 근접해서 파괴하기 위해 명령을 기다리는 하나의 소련 요격 시스템이 배정되어 있을 수 있었다. 물론 이 모든 것은 이론적이다. 왜냐하면 소련의 이 프로그램은 제대로 작동하지 않았던 것으로 보이기 때문이다.

우리가 말했던 것처럼 소련의 패턴은 매년 수십 대의 위성을 발사하고 회수하는 것이었다. 미국은 소련이 새 위성을 쏠 때마다 대위성 미사일을 쏠 수도 없었고, 공면 궤도를 느긋하게 유지하고 있을 수도 없었다. 소련 위성들이 갑자기 궤도를 이탈할 수 있었기 때문이었다. 따라서 미국의 계획은 로켓을 사용해 빠른 요격을 시도하는 것이었다. 위성 킬러를 만들려는 미국의 첫 번째 시도는 핵탄두를 장착한 육군의 나이키-제우스(Nike-Zeus)였다. 이것은 속도가 빨랐지만 문제가 많았다.

미국의 가장 정교했던 시도는 소형 유도선(miniature homing vehicle, MHV)이었다.[56] 이 프로그램은 1980년대 말에 취소되었는데, 그 이유는 부분적으로 기술적 제약 때문이었다. 이 미사일은 지구 저궤도에만 도달할 수 있었고, 발사를 위해서는 항공기 F-15가 필요했기 때문에 F-15 기지의 위치에 따라 발사에 제한이 있었다. 가장 중요했던 것은 이 프로그램이 전쟁에 우주를 끌어들이지 않으려는 의회의 의지와 상충되었다는 점이다. 그럼에도 불구하고 MHV는 미 육군의 대위성 계획 속에, 적어도 고려 사항으로 여전히 살아남아 있다.[57]

육군은 지상 기반 요격 시스템에 대해 분명한 관심을 갖고 있다. 이것은 육군에게 우주전에서 역할을 부여해줄 뿐만 아니라 전쟁 발발 시 대위성 시스템을 위한 자원을 할당하는 데 있어 통제권을 부여해줄 수 있다. 이는 해군도 마찬가지이다. 육군은 또한 로켓 기반 시스템을 선호하는데, 로켓을 만들고 로켓 시스템을 지상 기반 추적 시스템과 통합하는 것은 육군이 제2차 세계대전 종식 이래 편안하게 여겨온 방식이기 때문이다. 여기에는 획기적인 기술이 필요 없다. 게다가 여기에는 조직적 선호 경향(bias)이 있다. 대위성 시스템을 F-15 편대와 통합하는 것은 전투기 조종사 출신 장성들에게 매력적으로 보인다. 그리고 대위성 미사일 부대를 육군 방공 사령부 내에 두는 것은 육군 내에서 조직적 균형을 유지하는 일이다. 그리고 이러한 무기를 잠수함대나 수상함대에 추가하는 것은 해군의 전쟁 수행 능력을 강화한다.[58] 이것은 사소한 사안이 아니다. 군은 규모가 크고 복잡한 조직이며, 사회적, 조직적 분열을 최소화하는 무기 시스템은 다른 모든 조건이 그대로라면, 그렇지 않은 무기보다 선호된다.

하지만 지상 기반 미사일에는 분명한 문제가 있다. 그것은 본질적으로 비효율적이다. 고체인 데다가 지상에 자리 잡고 있기 때문에 위성까지 도달하려면 중력과 싸워야 한다. 더욱이 위성이 기동하거나 다른 대응조치를 취하기 전에 위성을 요격하려면, 재빨리 궤도에 진입해야 한다. 그리고 탑재하는 연료가 제한적이기 때문에, 탄두도 상당히 작아야 한다. 사실상 임무를 제대로 완수하기에는 너무 작다. 필요한 것은 저궤도에 도달하기 전에 대형 탄두를 초속 6~8마일까지 가속할 수 있는 근본적으로 더 효율적인 추진체이다.

지상 기반, 로켓 추진 대위성 미사일에는 두 가지 대안이 있다. 하나는 광속 무기로 그것이 우주 기반이든 지상 기반이든 상관없다. 다른 하나는 우주에서 쏘는 운동에너지 무기이다. 스타워즈 기획자들이 처음부터 알았듯이, 광속 무기는 지금까지는 가장 매력적인 무기이다. 적어도 이론적으로는 그러하다. 광속 무기는 요격을 상대적으로 쉽게 해주며, 고속 충돌을 통해 자신이나 표적을 산산조각내서 전략적 궤도나 그 주변에 파편들을 흩뿌려 놓는 일이 없다.

우주 기반 및 지상 기반 광속 무기가 적 위성의 우주 접근을 쉽게 차단할 수 있으리라는 사실에는 거의 의문이 없다. 그리고 우리가 에너지 빔을 생성하는 방법을 알고 있다는 사실에도 거의 의문이 없다. 문제는 우리가 아주 멀리 떨어진 적의 위성을 파괴할 수 있을 만큼 강력한 에너지 빔을 생성하는 방법을 알고 있는지가 확실하지 않다. 그리고 그에 못지않게 중요한 것은, 한번 강력한 에너지를 생성했다고 해도, 우리가 강력한 파동을 반복해서 생성할 수 있는 수단을 갖고 있는지가 확실치 않다는 것이다. 다음 세대 내에 이 두 가지 문제는 해결될 것이고, 운동에너지 대위성 시스템 역시 개발될 것이다.

더 정확히 말하면, 우주 기반의 운동에너지 시스템이 먼저 배치될 것이다. 그것이 덜 색다른 기술이면서 우주의 특성들을 활용하기 때문이다. 주요 강대국들 간의 관계가 변하고 악화됨에 따라, 점점 더 많은 나라들이 정찰, 항법, 통신 위성들을 눈멀게 하고 벙어리가 되게 하고 파괴하는 능력을 손에 넣게 될 것이다. 이 시점에서, 문제는 이러한 위성을 보호하는 것이 될 것이고 전쟁이 우주에서 벌어지게 될 것이다.

우주 전쟁

북한 같은 나라가 미국과 전쟁에 직면했다고 가정해 보자. 북한은 상당한 유리함을 갖고 전쟁을 시작하게 될 것이다. 그 군대는 미국이 배치한 군대보다 훨씬 클 것이다. 미국보다 더 많은 전차와 대포를 보유할 것이고, 보급선도 더 짧을 것이고, 기후와 지형에도 더 익숙할 것이다. 미군의 주요한 이점—압도적인 이점—은 위성과 항공 정보의 질, 통신 네트워크의 효율성, 그리고 무기를 표적으로 유도하는 항법과 센서 시스템의 능력일 것이다.

그래도 북한 같은 3급의 국가가 미국 위성 자산들을 공격하고, 그럼으로써 전쟁이 훨씬 더 동등한 조건에서 치러지게 될 정도로 미국의 통신 및 정보를 혼란에 빠트릴 수 있다는 것은 상상할 수 없는 일이 아니다. 그와 같은 충돌의 경우에 다음 세 가지 위성들이 전략적 표적이 될 것이다.

- 극궤도와 58도 타원형 저궤도에 있는 광학 및 레이더 정찰 위성들
- 원형의 준 정지궤도(고도 11,000마일)에 있는 내브스타(Navstar) 위성들
- 정지궤도와 중궤도(medium earth orbit)에 있는 전자 및 신호 정보 위성들

위성 시스템을 불능으로 만드는 데 다음 네 가지 기본 전략이 존재한다.

- 지상기지를 직접 공격해 정보를 수신하고 배분할 수 있는 능력을 파괴한다.
- 위성 시스템을 고체 발사체를 사용하여 물리적으로 공격한다.
- 위성 시스템을 고에너지 빔으로 공격한다.
- 지구-우주 간 데이터의 흐름을 전자전 기술을 써서 교란, 차단, 대체한다.

저궤도 위성을 위협하는 것은 고궤도 위성을 위협하는 것보다 쉽다. 해리 스타인G. Harry Stine은 "100킬로그램의 탄두를 고도 500킬로미터 고도까지 쏘아 올릴 수 있는 탐사 로켓으로도 놀랍도록 효과적인 대위성 시스템을 구성한다."[59]고 제시했다. 이 로켓은 위성의 궤도 경로를 향해 곧장 발사되며, 그 지점에서 최고 고도를 달성하기에 충분한 연료를 갖고 있어야 한다. 그런 다음, 로켓은 60파운드의 작은 강철못들을 발사한다. 초속 4마일의 속도로 이동하는 저궤도 위성은 그 못들과 충돌해 파괴된다.

이는 실제에 비해 너무 단순하게 들린다. 비유도 로켓이 딱 맞는 고도와 궤도 경사(orbital inclination)에 폭탄을 배치하려면 엄청난 행운이 필요할 것이다. 그러나 스타인이 핵심은 여전히 타당하다. 유도 기술은 이제 30년 이상이 되었으며, 유도 시스템은 이제 공식적, 비공식적 시장에서 쉽게 구할 수 있다. 이것은 상대적으로 간단한 대위성 시스템을 통해 인공위성을 파괴할 가능성을 증가시킨다. 위성이 지나가는 길에 여러 발의 로켓을 쏘아 올리면, 명중 확률이 현저히 커진다.

미국 또는 또 다른 기술 강국들에게 적 위성의 생존을 위협하는 일은 능력의 문제라기보다는 의지의 문제이다. 미국이 지상 기반 우주정찰 시스템을 늘리고 이 시스템에서 얻는 실시간 데이터를 대위성 무기와 결합함에 따라, 미국이 우주를 통제하고, 그럼으로써 지상 작전을 지배할 수 있는 능력은 그것이 정치적으로 결정적이 되는 지점까지 증가하게 된다. 미국은 이 기술을 서둘러 추진하지 않고 있는데, 이는 어떤 당면한 적도 우주 기반 능력을 갖고 있지 않기 때문일뿐이다.

앞서 논했듯이 지상 기반 요격 시스템이 먼저 실현될 것인데, 이는 그 시스템이 가장 우수하거나 심지어 가장 비용이 적게 들어서도 아니라 지상 기반 미사일 기술에 익숙하고 대기권 밖에서 작동하는 시스템을 불안감을 느끼는 군사 기획자들과 지휘관들에게 매력적으로 보이기 때문이다.

지상 기반 시스템의 한계는 뚜렷하다. 직접 요격을 하려면, 즉 궤도 진입 없이 위성을 향해 발사하려면, 전투기나 이스라엘이 제안한 애로우(Arrow) 같은 단단(single-stage) 로켓에 의해 쏘아 올려지는 지상 기반 시스템의 사거리 안으로 적 위성의 경로가 지나가야 한다. 그런 경우가 아니라면 공면 궤도가 필요한데, 이는 한시가 급한 상황에서 시간이 많이 걸리는 기동이다.

지상 기반 대위성 시스템은 지구의 곡률(curvature)과 대기 밀도에 의해 형성된 원뿔 모양의 중력 우물(gravity well) 바닥에서 작동한다. 우주 기반 시스템은 이런 문제를 전혀 겪지 않는다. 표적보다 높은 궤도에 있다면, 중력은 요격 시스템이 표적을 탐지하고 공격하는 데 오히려 도움이 된다. 그러므로 브릴리언트 페블스 같은 우주 기반 대위성 시스템은 그 어떤 지구 기반 시스템보다도 우주 통제를 위한 훨씬 더 논리적인 토대이다.

물론 장기적으로 대규모 에너지 저장의 문제가 해결된다면, 우리는 틀림없이 광속 무기로의 전환을 보게 될 것이다. 광속 무기는 표적을 타격하는 것과 우주에 잔해를 남기지 않는다는 점에서 많은 이점을 가질 것이다. 하지만 가까운 장래에 위성들에 대한 위협은 운동에너지 무기—위성에 충돌하도록 제작된 고체 덩어리나 위성들이 부딪히도록 배치된 다수의 물체—로부터 올 것이다. 분명히 미국은 특히 이제 많은 나라가 저궤도 위성을 파괴하기 위한 지상 기반 시스템을 개발해 왔다는 가정을 갖고 움직여야 한다.

저궤도까지 갈 수 있는 로켓과 어느 정도의 정확성을 가진 유도 시스템을 만들 수 있는 어떤 나라라도 미국에 알려지지 않은 대위성 무기를 개발할 수 있음을 이해하는 것이 중요하다. 실제로, 위성을 정지궤도에 쏘아 올릴 수 있는 나라는 정지궤도에 있는 위성을 위협할 수도 있다고 보아야 한다. 실제로, 추진기를 달고 현재 궤도에 있는 어떤 위성이든 대위성 무기로 사용될 수 있다고 보아야 한다.

따라서 군사작전의 상당한 부분을 우주 기반 정보에 의존하는 나라라면—이는 확실히 미국의 경우다—자신의 위성을 방어할 준비도 되어 있어야 한다. 운동에너지 무기로부터의 공격에 직면한 위성은 세 가지 전술적 대응 방안을 갖고 있다.

- 아주 극단적인 패턴으로 기동한다. 이로 인해 추적자의 센서가 그 기동을 추적 감시할 수 없거나 추적자의 추진기가 그 기동을 따라잡기에 충분한 에너지가 없을 수 있다.
- 수동 방어 시스템을 갖춘다. 예를 들면, 위성은 일정 수준의 충격을 흡수하도록 강화될 수 있다. 위성은 기만적 열 발생 장치나, 적외선과 레이더 추적기를 속이기 위해 만들어진 전자전 시스템 같은 일정한 대센서 장비를 갖고 있을 수 있다. 마지막으로, 군집 위성들은 희소한 대위성 자원을 진짜 표적이 아닌 가짜 표적으로 돌리기 위해 많은 수의 유인용 모형을 갖고 다닐 수 있다.
- 대위성 무기를 파괴할 수 있는 능동 방어 시스템을 구축한다. 위성 자체가 추적자에게 발사될 수 있는 대대위성 모듈(anti-antisaltellite modules)을 갖출 수도 있다. 그게 아니면, 군집 위성은 적의 대위성 시스템이나 근처 궤도에 있는 다른 적 위성을 공격하기 위한 무기 플랫폼을 포함할 수 있다. 마지막으로, 정지궤도에서 저궤도에 이르기까지 무기 플랫폼 군집이 적 우주선과 교전하고 파괴하기 위해 구축될 수도 있다.

분명히 세 가지 전략 모두가 사용될 것이다. 그러나 가장 중요한 방어는 공격받는 동안 기동할 수 있는 능력과 함께 예측 불허의 위치 변경으로 추적을 방해하는 능력일 것이다. 이 중 후자는 달성하기가 가장 어려운 능력이다.

기동하려면 인공위성은 동력이 있어야 한다. 지금까지는 추진력의 주요 원천은 화학적이었다. 화학적 추진이 갖는 한 가지 문제는 비효율적이라는 점이다. 그것은 외부 에너지를 전혀 이용하지 못하고 화학 물질 자체의 반응으로부터 그들 에너지의 전부를 생성해야 한다.

그러나 만약 에너지가 어떤 불활성 물질(inert material)에 직접 사용될 수 있다면, 필요한 추진제의 양은 현저히 줄어들 것이다. 이것이 바로 전기적 추진(electric propulsion)이라고 불리는 신기술의 요점이다. 전기적 추진의 경우, 태양 에너지로부터 변환된 열이나 전자기 에너지 형태의 전기적 에너지가 추진제—암모니아, 수소, 또는 크세논—를 활성화해 추진력을 생성하게 한다.[60] 그 원리는 전기적 요소로 한 잔의 차를 가열해 끓이는 것과 본질적으로 동일하다.

예를 들면, 일본에서 개발한 한 기술에서는, 전기 격실을 사용해 크세논을 이온화해 추진제로 사용한다. 연구자들에 따르면, 이 추진제는 정지궤도에 있는 2톤의 인공위성을 유지하기에 충분한 에너지를 생산한다고 한다.[61]

미 공군의 필립스 연구소와 TRW는 전기적 궤도 전환 위성의 선구적 시도로 계획된 전기적 삽입 전환 실험Electrical Insertion Transfer Experiment, ELITE을 해오고 있다. 이 실험에서 태양력이 암모니아 추진을 자극하는 아크제트(arcjet)를 생성하는 데 사용된다. 이 새로운 시스템은 위성을 낮은 주차 궤도에서 정지궤도로 쏘아 올리고 생존 기간 내내 궤도에 머무르게 할 만큼 강력할 것이다.[62]

전기적 추진은 상대적으로 적은 중량으로 상당한 양의 추진력을 제공해 준다는 점에서 매력적이다. 단점은 산출된 에너지의 절대적 수준이 너무 낮다는 것으로, 이는 저궤도에서 정지궤도로 이동하는 데 수주 또는 수개월이 걸린다는 것을 의미한다. 이러한 양의 추진력은 동일한 수준의 대위성 무기로부터 벗어나는 기동을 하기에는 충분할 수도 있지만, 전투기처럼 이러한 대위성 무기는 분명한 이점을 갖고 있다. 그들의 유일한 임무는 위성을 파괴하는 것이므로, 다른 임무를 위한 장비들로 인해 무거워진 위성에 비해 더 높은 추진력을 가진 더 많은 화학적 추진제를 실을 수 있다.

또 다른 해결책은 원자력인데, 이것은 몇몇 위성의 경우처럼 내부 동력으로 사용될 뿐만 아니라 추진력으로도 쓰이고 있다. 이미 록히드사는 Bus-1이라고 불리는 핵 추진 시스템을 만들어냈는데, 이는 신형 KH-11 정찰위성에 사용되고 있다.63 소련도 핵 반응로를 개발했고, 이제는 야금 기술을 이용해 핵 가열 추진제(nuclear heated propellants)의 초고온을 견뎌낼 수 있는 우주 시스템을 개발 중이다.64 전기 엔진에서처럼, 추진제는 화학 물질을 이용해서가 아니라 에너지가 직접 가해져서 가열된다. 그러나 전기 엔진과 달리, 원자력은 2,400~2,700켈빈(Kelvin)의 훨씬 더 높은 온도를 가한다.65

핵 반응로의 문제는 너무 크고 우주에 올리는 데 너무 많은 비용이 든다는 것이다. 따라서 저비용의 궤도 전환 방법을 찾는 상업적 사용자의 경우 그것을 사용할 가능성이 낮다. 그러나 원자력은 이미 미국의 정찰 프로그램에서 위성 궤도를 전환하기 위해 사용되고 있고, 아마도 KH-11이 대위성 무기의 경로에서 벗어날 수 있게 하는 데도 사용되고 있을 것이다. 최적의 군사적 해결책은 갑작스럽고 급격한 궤도 전환에는 핵 반응로를, 보다 여유 있는 기동에는 전기적 추진기를 사용하는 것일 수 있다.

생존의 핵심은 예측 불가능성이고 장기간 예측 불가능한 상태로 있는 능력이다. 따라서 점점 더 많은 정찰 위성들이 기동용 추진기를 달고 궤도로 올라갈 것이며, 회피하고 숨고, 그리고 적절한 시점에 기지로 돌아오기 위해 궤도를 바꿀 수 있게 될 것이다. 그리고 물론 대위성 시스템도 갈수록 이 같은 궤도 전환을 추적하고 쫓아가는 데 있어 정교해질 것이다. 이는 결국 최대의 민첩성을 지닌 대대위성(anti-antisatellite) 시스템을 만들어낼 것이다.

우주 패권을 위한 투쟁은 이전의 공중 우위를 위한 투쟁처럼 다른 우주선을 파괴하는 것이 주목적인 다양한 우주선들을 만들어낼 것이다. 이것들은 전투기처럼 높은 추력-중량비(thrust-weight ratios), 요격을 위한 첨단 추적 시스템, 그리고 적 플랫폼들을 파괴할 수 있는 무기들로 구성될 것이다. 시스템이 발전해감에 따라, 우주 전투기 간의 대결이 벌어지는 날이 올 것이고 그때는 낭만적 영웅담이 우주 이야기들로 채워지게 될 것이다. 그러는 사이 우주 시스템은 진부화될 것이다. 하지만 그것은 먼 미래의 일이다.

지금으로서는 핵심적 문제가 전투 관리, 즉 우주전 시스템들을 어떻게 지휘, 통제할 것인가이다. 첫 번째 문제는 우주 전투 시스템이 어느 정도까지 자동화될 수 있고, 인간이 어느 정도까지 관여해야 하느냐이다. 두 번째 문제는 관여해야 하는 인간이 어디에 위치하고 있어야 하는가이다. 우주인가 아니면 지상인가?

효과적인 전투 관리의 핵심은 정보이다. 적 배치에 관한 정보만이 아니라, 자기 전력의 위치와 상태에 대한 정보가 중요하다. 이러한 정보 없이는 지휘, 통제가 불가능하다. 정보는 역사적으로 전투 중에 얻기 어려웠다. 전장 규모가 확대되면서, 전장을 볼 수 있는 지휘관의 능력은 감소해 왔다. 전장의 자연적인 혼란은 정보가 중간 매개체—처음에는 전령, 나중에는 무선통신—를 통해 지휘관에게 전달된다는 사실로 인해 더욱 악화되었다. 때때로 전령은 전사하거나 제시간에 도착하지 못했고, 어떤 경우에는 무선통신이 아예 전달되지 못하거나 왜곡되거나 방해를 받았다. 메시지에 포함된 정보는 항상 전장의 현실과는 상당히 달랐다. 보고자는 전장을 보지 못했거나, 자신이 보고 있는 것을 이해하지 못했다. 때로는 그가 자신이 관측한 것조차도 완전하고 정확하게 기록할 수가 없었다. 또 어떨 때는 지휘관이 메시지를 해석하지 못하거나 제대로 이해하지 못했다. 이것이 바로 클라우제비츠가 말한 '전쟁의 연무(fog of war)'였다.

공중전만큼 이러한 전쟁의 연무가 많은 경우는 없었다. 제2차 세계대전 동안, 공중 작전(air campaign)의 핵심 문제는 항공기들을 일관된 전투력으로 결합해서 개별 임무를 수행하게 하는 것과 일련의 임무들을 결합해 효과적인 항공 작전으로 만드는 것이었다. 대공 화기와 적 전투기의 공격을 받는 동안 1,000세제곱마일 안에 흩어져 있는 수백 대의 폭격기와 전투기를 관리하는 것만큼 어려운 일도 없었다. 전투의 난폭함과 결합된 그 속도는 상황이 순간순간 변한다는 것을 의미했다. 방공 전력의 규모, 성격, 배치 상황 등은 예측 불가일 수 있었으며, 기계적 실패의 경우도 예상보다 많았고, 사상자 수는 놀라울 정도였다. 기상 조건은 시시각각 변할 수 있었다. 매 순간, 전투 관리는 공군 지휘관들이 전력을 재배치하고, 2차 표적으로 전환하고, 전투기들을 내

보내도록 요구했다.

많은 경우 임무는 부대 응집력(unit cohesion) 붕괴로 실패했다. 즉, 지휘관에게 제공된 정보가 부적절했거나, 지휘관의 결정이 잘못되었거나 또는 하부로 제대로 전달되지 않았다. 이 문제에는 몇 가지 해결책이 있다. 첫 번째는 엄격하고 융통성 없는 작전 지침을 임무에 부과하는 것이다. 전투 중 지휘와 통제가 불가능하다는 사실을 수용하면, 두 번째 해결책은 임무의 표적, 대형(formation), 경로(routing) 등을 임무 전에 결정하고, 모두가 사전에 정해진 과정을 고수하게 하고, 그리고 결과가 어찌 되는지 지켜보는 것이다.

항공 작전의 기본적 특성은 유연성(fluidity)이다. 따라서 이런 식의 임무 기획은 항공전의 특성과 정면으로 배치된다. 동시에 항공 작전은 각 임무가 비행장에서 시작해 비행장으로 복귀함으로써 종결되기 때문에 여러 부분로 나뉘어진다. 각 임무는 엄격하게 계획될 수도 있으나, 항공 작전은 고유한 중간 휴식 시간을 활용해 변화하는 상황에 맞춰 임무를 재정의함으로써 유연성을 유지할 수 있다.

이 접근법은 어떤 단일 임무가 전쟁의 방향을 결정하지 않는다고 가정한다. 결국, 이는 단일 임무에 동원된 항공기의 수가 동원 가능한 항공기 중 아주 작은 몫일 것이라고 가정한다. 이런 식으로, 한 임무가 완전히 실패하더라도 파국으로 이어지지 않는다. 그러나 임무의 규모를 제한하는 것은 임무의 효과를 제한하는 것이 된다. 임무의 규모가 늘어날수록 유연하고 효과적인 실시간 지휘의 중요성도 늘어난다. 여기에는 하나의 역설이 있다. 임무가 작은 상황에서는 지휘관이 전쟁의 연무를 뚫고 병력을 지휘하기가 훨씬 더 쉽다. 동시에 그와 같은 통제는 대개 덜 필요해진다. 다른 한편으로, 병력의 규모가 클때는 유연한 지휘의 필요성이 훨씬 커진다. 그러나 그러한 대규모 병력을 지휘할 수 있는 능력은 훨씬 작아진다.

사전에 계획된 임무 지시에 의해 변화하는 전투 상황을 통제하려는 지상전 기획자들의 욕구와, 자기 군대를 효과적으로 관리하고, 가능한 한 전력을 보전하려는 임무 지휘관의 욕구 간의 긴장은 대규모 전쟁의 전형적인 특징이다. 그리고 기획이 작전에 개입하는 정도는 대체로 전략 기획가가 이용할 수 있는 C³I 능력에 의해 결정된다. 예를 들면, 제2차 세계대전 중 패튼 같은 육군 지휘관은 무선 통신, 공중 정찰, 그리고 자신의 차량을 이용해 군대를 사단과 연대 수준까지 관리할 수 있었다. 전략 기획에서 벗어난 전술적 결정의 위험에 직면한 패튼은 하급 지휘 레벨에 개입하여 일관성을 강제하고, 그 같은 개입이 어느 정도의 전술적 실패를 가져올 수 있다는 사실도 감수했다. 지상전의 광대함은 전술적 실패가 통계적으로 흡수될 수 있으며, 동시에 전략적, 작전적, 전술적 일관성은 그 같은 패배를 만회하고도 남는다는 것을 의미했다.

해전에서 병력 단위는 더욱 작다. 지상 작전이 수만 명의 군인과 수천 대의 전차, 대포들로 이루지는 반면, 전체 전투 함대는 20여 척의 전투함들로 구성될 수 있다. 전술적 오류는 전체 전력의 상당 부분을 파괴할 수도 있다. 이 같은 상황에서는 전략적 기획과 작전적/전술적 실행 간의 일관성을 강제하기보다는 최대의 작전적, 전술적 통제를 우선해야 한다. 그러므로 니미츠 같은 해군 지휘관은 미드웨이 해전에서 일반적인 전략 지침을 제공하는 것 이상의 것을 하기 위해 충분한 전술적 정보를 모으는 데 열중했다. 실제로 야마모토 제독이 미드웨이에서 일본 함대를 지휘하기로 결정했을 때, 니미츠는 함대를 따라다녔고, 그리고 심지어 결정적인 전투의 순간에 자신의 함대들을 통제할 수 조차 없었다.

제2차 대전 이후의 시기 동안, 항공전은 전투에 참여하는 항공기 수는 감소하고 각 항공기의 중요성이 증가하는 경향을 보였다. 이 같은 상황에서 전략의 테두리 안에 전술을 가둬놓는 힘이 감소해 왔다. 이와 동시에 항공전에 있어서 C³I의 질적 수준이 급상승했다. 사막의 폭풍 작전 중, AWACS 같은 공중 센서와 데이터 관리 시스템은 컴퓨터화된 임무 기획 시스템과 함께 전구 공군 사령관(theater air commander)에게 작전 전략과 임무 수행을 결합할 수 있게 해주었다. 데이터의 질과 양은 변화하는 환경에 신속히 대응할 수 있게 해주었다. 만약 이라크의 방공 시스템이 전쟁 수일 전에 파괴되지 않았다면 이러한 통합적 접근이 얼마나 성공적이었을지는 확실하지 않다. 그 같은 방공망 파괴가 없었다면, 기획가로부터 작전 지휘관에게 통제권을 이전해 전투 자산을 보존해야 할 필요성이 있기 때문에, 전략과 작전 사이의 오래된 긴장이 다시 불거졌을 수 있었다.

혹자는 우주 전쟁은 항공전과 구조적으로 흡사할 것이라고 상상할 수도 있다. 사실은 그렇지 않다. 우주전은 항공전이나 지상전보다는 해전에 훨씬 더 유사하다.

- 항공전에서 항공기는 지상 기지에 묶여 있다. 정기적으로 기지에 돌아와야 하며 대부분의 시간을 하늘보다는 지상에서 보낸다. 해군의 함선들은 수주에서 수개월까지 상당 기간 동안 해안 시설로부터 떨어져 활동하며, 임무를 마칠 때까지 귀항하지 않는다. 이처럼 기지에서 떠나 있는 기간이 길다는 점에서 우주선은 해군 함선과 비슷하다.
- 해군 함선은 매우 비싸고, 따라서 상대적으로 수가 적다. 항공기는 비용이 상승하고 있기는 하지만 그보다 저렴하며, 따라서 수가 더 많다. 가까운 장래에 우주선의 수는 공군기보다는 해군 함선의 수와 흡사할 것이다.
- 지상전은 명백한 지리와 지형 안에서 일어난다. 반면, 항공기는 중력과 공기역학적 원리에 의해 제한을 받는 것 외에는 지형의 제약으로부터 자유롭다. 사실 이러한 자유는 항공력을 다른 전력들 사이에서 독특한 존재로 만든다. 그리고 바다와 우주가 광대하고 특색 없어 보일지라도, 그러한 외관은 실제와는 다르다. 바다는 물리적, 경제적 지리가 부과하는 내적, 외적 특성을 갖고 있으며, 이러한 특성으로 인해 해군 작전과 전쟁의 패턴이 필연적으로 형성된다. 이와 비슷하게, 특색이 없어 보이는 우주의 외관은 우주 작전과 전쟁의 패턴을 형성하는 강력한 힘들을 가리는 얇은 막일 뿐이다.
- 지상에서 지형과 식물들은 무기와 주변 배경의 대비를 줄여준다. 항공모함이나 전투함들보다는 전차를 숨기기가 더 쉬운데, 선박은 그 배경과 완연히 대비를 보이기 때문이다. 전함을 진정으로 보호해 주는 것은 바다의 광활함

과 자체 방어 수단뿐이다. 우주선 역시 그 주변 환경과 두드러진 대비를 보인다. 우주선도 우주의 광대함과 자체 방어 능력에 의해 보호된다. 점점 더 항공기는 배경과의 대비를 줄일 수 있는 능력을 잃고 있다. 이런 이유로 스텔스 항공기가 등장하게 되었다.
- 지상 작전 중에는 전략 기획가들이 작전 지휘관들과 직접 교신하는 것이 가능하며, 필요하다면 전선에서 사령부까지 갈 수도 있다. 하지만 해군 작전에서 함대와 사령부 간의 통신은 암호화된 장거리 무선통신이 필요하다. 이는 우주 작전에서도 마찬가지이다. 항공기의 경우는 항상 기지로 귀환하며, 사령부에도 종종 들른다.

이는 결코 우주에서의 전투 관리가 바다에서의 전투 관리와 동일할 것이라고 주장하기 위한 것은 아니다. 우주전과 해전 사이에는 공통점보다 차이점이 더 많다. 그러나 이는 우리에게 두 가지 방향을 제시해 준다. 첫째, 우주 작전이 공중 작전의 한 부문이 되어야 하는지가 불분명하다. 두 가지 다 지상에서 떨어져서 치러진다는 단순한 사실은 그 자체로 그것들을 같은 것으로 만들지 않는다. 중간권(mesosphere)이 두 영역을 물질적으로나 개념적으로 분리하고 있다. 항공기는 우주선보다 지상과 훨씬 더 밀접하게 연결되어 있다. 더 중요한 것은, 항공기의 행동은 우주선의 행동보다 훨씬 더 제약이 많다는 점이다. 공군을 통제하기 위해 필요한 사고 유형은 우주군을 통제하기 위해 필요한 것과 다르다.

둘째, 해군의 지휘와 통제 모델에서는 작전 교리와 일반 전략 지침은 사령부에 의해 제공되는 반면, 작전적, 전술적 통제는 함대 사령관의 손에 달려 있는데, 이는 우주전에도 상당 부분 적용될 것으로 보인다. 현재의 교리는 지상에 있는 통제자에게 작전 통제권을 주고 있다. 인공위성의 상대적 무적성(invulnerability)과 기동을 위해 필요한 시간이 길다는 점에서 볼 때 이것은 합리적인 절차이다. 그러나 우주전이 기동 단계에 들어가면, 인공위성들은 대위성 무기를 피해 민첩하게 기동해야 하고, 그때는 보다 직접적인 전술 통제가 핵심적이 된다. 이것은 대대위성(anti-antisatellite) 시스템과 기타 능동적, 수동적 대응수단들이 가동에 들어가면 더욱더 그러할 것이다.

지상 기반의 작전적, 전술적 통제의 약점은 지상의 운용자와 인공위성 간의 통신선이 너무 길다는 데 있다. 인공위성이 바로 머리 위에 있다고 가정할 때, 무선 송신은 지상에서 정지궤도까지 22,300마일을 가는 데 0.12초가 걸린다. 정지궤도에 있는 정찰위성이 대위성 무기가 중요한 통신위성에 접근하고 있는 것을 탐지한 경우를 고려해 보자. 이 정보가 지상 통제자에게 전달되고 통제자가 기동 명령을 보내기까지 최선의 경우 적어도 4분의 1초가 걸릴 것이다. 현대 컴퓨터와 인공위성의 속도를 생각하면, 이 정도의 시간은 결코 짧지 않다.

사실상 그 과정은 상당히 더 오래 걸릴 것이다. 센서 위성이 대위성 무기의 움직임에 관해 축적해온 데이터를 해석하고 송신 시스템을 가동하고 데이터를 몇 개의 중간 링크를 거쳐서 지상 관제소의 컴퓨터 모니터까지 보내는 데는 수초가 걸릴 것이다. 위협을 받는 인공위성이 바로 머리 위에 있을 가능성이 없으므로, 그러한 대응은 몇 개의 장거리 통신 링크를 거쳐야 할 것이다. 결국 해석과 의사결정을 위한 필수적인 시간은 제쳐두고, 단지 통신 과정만으로도 수초가 걸리며, 이 수초 안에 위성은 파괴될 수 있다. 그것은 마치 전투기 조종사가 사건이 일어난 후 1, 2초 후에 정보를 받고, 그의 명령을 항공기에 전달하는 데 1, 2초가 걸리는 것과 같다. 별 위협이 없는 상황이라면 원격 조종도 괜찮겠지만, 공중전 상황에서는 바람직하지 않을 것이다.

가까운 장래에 데이터를 해석하는 능력과 그에 따라 행동하는 판단력 모두를 지니게 될 자율적인 지능 우주선이 나타날 것 같지는 않다. 개별 발사체들은 매우 지능적이 되겠지만, 전투 관리 시스템은 체계적인 작전 지능(operational intelligence)을 가져야만 한다. 다시 말해, 이는 인간이 작전상의 의사결정 자리에 있으면서 위성 군집을 관리하고 공격과 방어 조치에 관여해야 한다는 것을 의미한다.

유일한 해결책은 센서와 전투 관리를 하나의 플랫폼으로 통합하는 것이다.

장거리 데이터 송신에 의한 지연 문제가 해결되는 것 외에 또 다른 중대한 이점이 있다. 우주에서 지상으로 데이터를 빔으로 쏘고, 다시 지상의 명령을 위성에 빔으로 쏘는 것은 다양한 자연적 원인에 의한 왜곡, 의도적 전파 방해에 의한 교란, 또는 심지어 잘못된 데이터로 바꿔치기해서 지상의 통제자나 위성을 오도할 수 있는 첨단 전자전 시스템에 의한 하이재킹에 취약한 긴 통신선을 만들어낸다.

무선 빔은 거리가 멀수록 확산되고 분산되는 경향이 있어 보안이 약화되고 간섭의 가능성이 높아진다. 더욱이 대기를 통과하는 무선 빔은 불가피하게 전기적 방전이나 다른 자연 현상으로 인한 대기 왜곡(atmospheric distortion)에 직면하게 된다. 레이저 같은 또 다른 통신 매개체는 신호 범위가 확산되는 문제는 해결해 주겠지만, 구름층을 뚫지 못하는 것과 같은 또 다른 문제에 봉착하게 된다. 이것은 어쩌면 스타파이어 광학 사거리 연구소Starfire Optical Range의 실험이 보여주듯 극복할 수 없는 문제는 아니지만, 어떤 해결책이 되었든 그 비용은 엄청나게 비싸고 대응수단에 취약할 것이다. 마지막으로, 지상 기지들은 크루즈 미사일과 다른 무기의 공격에 취약하다.

전투 관리를 우주로 옮김으로써 직접이든 중간 링크를 통해서든, 절대적으로 명확한 가시거리 내 통신의 이점이 달성된다. 아주 가느다란 빔은 보안과 신호 무결성(signal integrity) 문제를 최소화하고, 대기 간섭 역시 제거할 것이다. 실제로 우주 통신을 위해 레이저를 사용함으로써 태양 폭풍의 전자기적 간섭이 제거될 수 있다. 가장 중요한 것으로, 센서에 대한 즉각적인 인간의 관리는 적시의 지휘 결정을 가능하게 할 것이다.

결론: 감시에서 발사까지

우리는 우주로부터 유도되는 대륙간, 극초음속 발사체가 지상의 전술적 교전에 개입할 수 있는 방식을 논의해 왔다. 이제까지 우리는 그와 같은 발사체의 최초 배치 장소는 지상일 것이라고 가정해 왔다. 그러나 결국, 정밀 유도 무기의 훨씬 더 효율적인 배치 장소는 우주일 것이다. 크루즈 미사일의 대륙 간 이동을 유도하게 될 동일한 센서 기술이 우주에서 지상을 향해 발사된 발사체를 유도할 것이다. 유일한 차이는 우주 기반 발사체는 훨씬 덜 비싸고 더 대응력이 높다는 것이다.

극초음속 크루즈 미사일은 값비싼 제안이다. 크루즈 미사일은 계속 중력과 싸우면서 표적까지 나아가기 위해 강력한 엔진을 필요로 한다. 우주 기반 발사체들은 중력과 싸우기보다는 그것을 엔진으로 사용한다. 더욱이 그 발사체들은 극초음속 크루즈 미사일보다 대기권에서 더 적은 시간을 보낸다. 저궤도에 있는 인공위성 벨트는 해당 전장에 대한 지속적인 커버를 제공할 것이다. 무인무기 플랫폼 군집은 정지궤도에 예비 상태로 있다가, 분쟁이 발생할 경우 근지점이 전투 지대의 위도에 위치한 일련의 타원 궤도로 옮겨갈 수 있다. 그 같은 플랫폼 군집은 전장에 대한 지속적인 커버를 제공할 것이다. 현대의 포병 임무에 대한 요청과 마찬가지로, 화력 지원 요청은 지상 지휘관에 의해 유인 우주 기지로 전송될 것인데, 그러한 우주 기지에서는 무기 플랫폼과, 초기 유도를 제공할 수 있는 센서 플랫폼 모두를 운용한다.

이 유인 플랫폼은 그런 다음 발사를 명령해 우주 기반 정밀 유도 무기가 스스로를 지상 통제팀이 요청한 정확한 지점, 또는 지상 전투가 벌어지고 있지 않은 곳에 있는 우주사령부가 선택한 지점으로 유도하게 한다. 지휘 플랫폼은 센서 및 무기 시스템을 운영하는 것 외에도 공격으로부터 우주 기반 시스템을 보호하기 위해 방어 시스템을 운용한다. 따라서 유인 플랫폼은 무기, 센서, 대위성무기, 전투기, 기만 수단, 통신위성 등으로 이루어진 함대의 사령부가 된다. 게다가 새로운 위성을 발사하는 것보다 기존의 위성을 수리하는 편이 더 싸기 때문에, 지휘 플랫폼은 더 작은 유인 수리선들을 보내 정기적인 유지보수와 전투 피해의 긴급 복구를 수행하게 한다.

이러한 지휘 플랫폼들은 미래 전쟁의 중심축이 될 것이다. 결국, 전력의 경제적 운용(economy of force)은 우주 기반 무기가 전 세계의 지상에서 일어나는 사건들을 통제할 수 있게 하고, 그럼으로써 우주 통제를 군사적 제1과제로 만들 것이다. 적을 볼 수 있고, 정확하고 값싸고 치명적인 전력으로 적을 타격할 수 있는 능력은 걸프전 동안 공중 통제가 그랬던 것만큼이나 우주 통제를 핵심적인 것으로 만들 것이다.

우주 통제는 우주 기반 함대가 포착하고 발사하고 교신할 수 있게 하는 복합 시스템을 지휘하고 통제하는 능력을 의미할 것이다. 지휘와 통제는 우주에 있는 사람들에게 달려 있는데, 그들의 지능(intelligence)은 수조 세제곱마일에 걸쳐 펼쳐져 있는 복합 함대를 관리하기 위해 필수적이다. 유인 플랫폼을 방어하는 것은 우주의 지속적 사용을 가능하게 할 것이다. 따라서 이러한 소중한 자산은 스스로 방어적 요새가 될 것이다. 즉, 빠르고 민첩하고 중무장을 하게 될 것이고, 각각의 지휘 센터는 나머지 플랫폼들과 레이저 기반 통신과 같은 고도로 안전한 링크를 통해 연결될 것이다.

시간은 밀리초(milliseconds) 단위로 측정될 것이고, 결정은 수초 만에 내려질 것이다. 따라서 해군에서처럼 함대 사령관들은 CINCSPACE의 일반적 지침 하에서 작전을 수행하겠지만, 자신의 함대를 작전적, 전술적으로 관리해야 할 것이다. 정보의 양과 의사결정의 속도는 지휘권의 분산을 필수적으로 만들겠지만, 동시에 우주 분야와 다양한 무기와 다른 시스템들로 이루어진 우주 함대는 정교하게 조직화된 전쟁 시스템으로 융합되어야 할 것이다.

우리는 지금 단지 유인 지휘 센터가 우주선 함대를 지휘하는 것으로 결론 지어질 과정의 시작점에 있다. 우리는 이미 우주선 함대를 갖고 있지만, 그것은 지상의 통제를 받고 있다. 그러나 이들 위성이 점점 더 취약해지고 적시의 의사결정과 안전한 통신의 필요성이 늘어감에 따라, 전쟁 수행 능력을 관리하기 위해 인력들이 우주로 파견될 것이다. 이 같은 상황이 되면 우주에서 공격과 방어를 위해 무기를 사용하는 능력도 극적으로 증가할 것이다. 우주에서의 무기 사용이 관례적인 일이 되면, 우주-지구 무기도 등장하게 될 것이다.

이 시점에서 지표면 전쟁의 두 가지 전통적인 형태, 즉 지상전과 해상전은 거의 알아보지 못할 만큼 변화될 것이다. 일찍이 항공력이 변화시키겠다고 약속했으나 결코 해내지 못했던 방식으로 변화될 것이다. 전 지구적으로 그리고 극도의 정확성을 갖고 볼 수 있고, 재래식 무기를 지구상의 어느 곳에나 어느 때든 투사할 수 있는 능력은 아주 소규모의 무력 충돌조차도 우주로부터 결정될 수 있다는 것을 의미한다. 항공력은 작전 범위, 정밀성, 대응의 적시성, 그리고 무엇보다 지능적이지 않다는 점에서 제한이 있었다. 우주 전력에는 그 같은 제한이 없다. 작전 범위는 전 세계적이고, 정밀성은 최고의 정밀 유도 무기만큼이나 우수하며, 수분 만에 무기를 투사할 수 있고, 무엇보다 놀랍도록 지능이 뛰어나다. 실제로, 누군가는 보병 부대가 우주 플랫폼에 예비 전력으로 있다가 적절한 수송선을 타고 적시에 전장에 투입되어 수분 만에 전세를 바꿔 놓는 미래의 한 시점을 상상할 수도 있다.

우주 기반 시스템의 신속성과 정밀성이 전쟁을 바꿔 놓을 것이다. 우주가 현대전의 중심으로 떠오르면서 지상전과 해전이 갑작스런 위기에 직면하는 것은 우연의 일치가 아니다. 정밀 유도 무기의 세계에서 재래식 무기 플랫폼—전차와 항공모함—이 살아남을 수 있을지는 불확실하다. 우주를 부상하는 군사 영역으로 만들었던 혁명이 바로 현대전의 토대—탄화수소로 구동되는 화포 무기 플랫폼—를 위협하고 있는 것이다. 문제는 20노트로 이동하는 함선이나 간신히 시속 50마일을 낼 수 있는 전차가 음속의 10배 또는 20배 속도로 이동하는 지능 무기의 세계, 특히 그러한 지능 무기가 최신예 전차나 최첨단 항공모함의 도달 범위를 한참 넘어서는 우주에서, 감시하면서 대기 중인 시각 센서에 의해 유도되었을 때 살아남을 수 있을지 여부다. 지난 유럽 제국의 위대한 무기들이 점점 더 무력해지는 상황은 신중하게 연구되어야 한다. 왜냐하면 그것은 우리를 유럽 시대의 종말과 미국 시대의 개막으로 안내하기 때문이다.

15

피투성이 보병의 귀환

The Return Of The Poor, Bloody Infantry

병사 개인은 전장에서 가장 찾기 어려운 존재이다. 병사는 전투의 가장 작은 단위이고, 병사의 지능은 자연적으로 그가 눈에 띄지 않게 만든다. 그러나 일반적으로 그는 상대적으로 전투력이 미약한 존재이기도 하다. 대포와 전차가 발명된 이래, 개별 병사가 발휘할 수 있는 화력은 제한적이었다. 심지어 강력한 기관총조차도 포탄을 발사할 수는 없으며, 따라서 본질적으로 대형 포탄보다는 열위에 있을 수밖에 없다.

하지만 이 같은 제한이 제거되고 전장에서 은폐력이 가장 강한 단위가 최첨단 무기의 치명성을 갖게 된다고 상상해 보자. 전차보다 더 죽이기 어려운 병사 개인의 손에 막강한 화력이 집중되었다고 상상해 보자. 다시 말해, 무기, 센서, 전투 관리의 혁명이 보병에게 적용되었다고 상상해 보자. 보병이 근접 거리에서 적과 교전하고, 지형을 장악하고, 그리고 대체로 전 세계에 흩어져 있는 무기 시스템과 밀접히 연계하여 작전을 수행하도록 만들어진 인간 시스템이 되는 것이다. 그 같은 변혁은 전쟁에 대한 고대의 인식으로 돌아가는 것이다. 보병에 대한 고대의 논리, 무기 대 무기, 생명 대 생명의 논리로 돌아가는 것이다.

현재 상태에서 보병 개인은 수많은 약점을 지니고 있다. 첫째, 만약 위치가 발각된다면, 그는 다양한 무기에 의해 쉽게 죽임을 당할 수 있다. 둘째, 전장의 다른 무기들과 비교해볼 때, 그의 무기는 약하고 부정확하다. 보병 무기는 힘을 투사하기에 충분한 사거리를 갖고 있지 못하고, 간신히 개인의 가시선 한계에 도달한다. 전투 중 개별 병사들은 서로 간에 그리고 지휘관과 쉽게 분리된다. 지휘관들은 서로 무선으로 연락을 주고받지만, 병사들끼리는 그저 크게 소리치는 수밖에 없다. 어쩌면 가장 중요한 것은, 병사가 자신의 주변 환경에 대해 아는 것은 그가 눈으로 볼 수 있고 귀로 들을 수 있는 것에 의해 제한된다는 점이다. 그는 대개 자신의 주변에서 진행되고 있는 것에 대해 상당히 혼란스런 인식을 갖고 있다. 사실 그 누구도 병사만큼 전쟁의 연무를 더 심각하게 또는 개인적으로 경험하지 않는다.

이 문제에 대한 전통적 해법은 훈련이었다. 개별 병사들을 전투부대로 편제하고, 여러 상황에 대한 그들의 대응을 가능한 현실적으로 교육하고, 장교들이 전략을 구상하는 동안 부대를 유지하도록 하사관을 창설했다. 이는 때때로 효과가 있었다. 보통은 부대 응집성과 일관성이 가장 덜 무너진 쪽에 승리가 돌아갔다. 1980년대의 기술 혁명이 구석구석 침투하기 시작할 때까지, 그리고 지휘관들이 이 첨단 기술이 졸병들에게 미칠 영향을 고려하기 시작할 때까지, 보병의 운명은 변하지 않을 것처럼 보였다.

그러나 전차를 구식으로 만든 바로 그 기술이 완전히 다른 미래로 가는 문을 열고 있다. 전차의 생명을 연장하려는 헛된 노력에 쓰인 첨단 물질들뿐만 아니라 다중 스펙트럼 센서, 초고속 컴퓨터, 지능적 무기 등은 슈퍼 군인, 또는 전임 남부유럽연합군 사령관 폴 고먼Paul F. Gorman의 표현을 빌리자면, "슈퍼 보병대(Supertroop)"[1]의 출현 가능성을 제기한다.

슈퍼 보병의 개념은 군인이나 기술자들에 의해 생겨난 것이 아니다. 웰스H. G. Wells가 처음 전차를 구상했던 것처럼, SF 작가 로버트 하인라인Robert A. Heinlein이 미래의 우주 전쟁을 다룬 1959년 소설에서, 우주선에서 캡슐로 지상에 투하되는 "캡 트루퍼(Cap Trooper)"를 묘사한 적이 있었다.[2] 하인라인은 힘과 속도를 엄청나게 배가시키는 장갑 강화복을 입고 있는 캡 트루퍼를 구상했다. 캡 트루퍼의 헬멧은 센서, 통신, 데이터 관리 장치들로 채워질 것이다. 그는 대인 화기에서 원자력 무기에 이르기까지 다양한 정밀 무기로 무장하고 있을 것이다. 그런 트루퍼들 몇 명으로 도시 하나를 날려 버리는 것도 가능할 것이다.

슈퍼 보병의 개념은 더 이상 단순한 추측이 아니다. 미 육군은 SAAS(Soldier as a System, 시스템으로서 병사)라는 프로그램을 해병대와 미 특전사와 공동으로 착수했다. "워리어스 에지(Warrior's Edge)"라는 상위 프로그램의 일부인 이 프로그램은 두 단계로 나뉜다. 첫 번째인 블록 I 또는 향상된 통합 병사 시스템(The Enhanced Integrated Soldier's System, TEISS)은 1999년에 배치되고, 제2 단계인 블록 II가 뒤따르게 되는데, 이는 2010년에 배치될 예정이다. 이러한 프로젝트들은 병사 개인용 첨단 무기, 소대와 중대 차원의 컴퓨터 네트워크, 헬멧에 장착된 센서와 화면, 엑소스켈레톤(exoskeleton, 외골격), 그리고 군인의 학습 능력을 향상시키는 화합물 등 광범위한 새로운 시스템들을 포함하게 된다. 간단히 말해, 하인라인의 캡 트루퍼이다.3

보병전 문제에 대한 이 같은 새로운 접근은 실험실에 국한되지 않는다. 기술과 보병에 대한 사고는 작전 수준까지 침투해 있다. 포트베닝에 있는 미 육군 보병학교가 발행한 〈2000년도 보병 백서Infantry 2000〉라는 제목의 보고서는 다음과 같이 언급한다.

> 미래의 보병에게는 NBC(핵, 생물학, 화학), 화염, 레이저, 그리고 마이크로웨이브 방호와 함께 전신 탄도 방호(full body ballistic protection)를 통합하는 시스템이 필요하다. 우리가 병사의 기후적 스트레스를 없앨 수 있다면 생산성이 크게 향상될 것이다. 통합된 완전 솔루션 개별 발사 통제 시스템 덕분에 살상력이 증가하게 될 것이다. 이 시스템은 표시점을 제공하고, 정확한 발사를 하기 위해 헬멧에 장착된 영상 화면(HELMID)을 사용할 것이고, 발사는 밤이나 낮이나, 또는 차폐물과 위장이 있어도 똑같이 효과적일 것이다.4

SAAS 프로그램과, 육군 보병학교가 기술한 그 필요성은 보병전의 혁신에 대한 변함 없고 일관된 비전을 제시한다. 지금까지 보병은 생물학이 제공하는 전투 능력에 곧잘 국한되어 왔다. 그는 단지 자신의 신체가 허용하는 정도까지만 움직이고, 보고, 들을 수 있었다. 이제 보병은 근본적으로 바뀌고, 심지어 강화될 것이고, 이는 새로운 지상전의 시대를 열 것이다.

보병과 센서/데이터 혁명

우주에서의 시야와 스펙트럼의 범위를 확장하는 것은 첨단 보병을 만드는 데 첫째 과제이다. 그 같은 확장은 야간 투시경의 도입으로 이미 일어나고 있고, 야간 투시경은 미국 전투부대에게 거의 필수품이 되었다. 별빛과 같은 이용 가능한 빛을 사용하고, 그것을 수천 배로 강화하는 이 야간 투시경은 야간 시력과 24시간 전투를 가능하게 한다. 현재로서는, I^2(image intensification, 이미지 강화)라 불리는 그 같은 시력에는 여러 한계가 있다. 특히 선명함과 가시 범위 사이에는 상충되는 부분이 있다. 그러나 렌즈를 통해 빛을 모으고 그것을 전자로 변환하고 전자가 형광판(phosphor plate)을 투과하게 해 그것들을 3만 배로 증폭함으로써, 야간 투시경은 보병이 달이 없는 밤이나 구름 낀 밤에도 볼 수 있도록 해준다.[5] 여기에 다른 유형의 센서가 더해지면 육안으로 볼 수 없는 것을 볼 수 있는 보병의 능력은 더욱 강화될 것이다.

비탄도 발사체를 가능하게 한 센서 기술의 혁명은 보병에게 훨씬 더 극적인 가능성을 제공한다. 1992년 간행된, 국가 연구 위원회가 미 육군들을 위해 준비한 보고서 〈스타 21: 21세기 육군을 위한 전략적 기술Star 21: Strategic Technoligies for the Army of the Twenty First Century〉에는 센서의 미래에 관한 다음과 같은 예측이 제시되어 있다.

> 수동적 광학/적외선 시스템들은 방위(bearing)에 관한 정보, 그리고 스펙트럼의 분포, 강도, 범위, 속도, 방향에 관한 정보를 제공한다. 밀리미터파 합성 개구 레이더(millimeter-wave synthetic aperture radars)는 표적의 물질적 특성에 빠르게 반응하는 고해상도 이미지를 제공한다. 이러한 시스템은 능동적, 수동적 요소들이 동일한 광학을 공유하도록 구성될 수 있고, 따라서 다차원 공간에 픽셀로 구현된 이미지를 제공할 수 있으며, 이는 다차원적 형상화를 가능하게 한다. 음향 센서는 탐지된 신호의 주파수와 방향과 관련한 정보를 제공할 수 있다.[6]

종합해 보면, 정밀 유도 무기와 크루즈 미사일을 위한 표적을 찾기 위해 배치된 다양한 센서들은 위험과 표적에 대한 강화되고 확장된 감각을 제공함으로써, 현실에 대한 방대하고 포괄적인 인식을 가능하게 한다. 게다가 인공위성이나 UAV, 유인 항공기, 지상 센서 등과 같은 다른 센서 플랫폼 정보들이 보병에게 전송되어, 그의 시야를 훨씬 더 확장시킬 수 있다.

그러한 데이터의 수집은 이미 기술적 현실이며, 상대적으로 작은 문제들—소형화, 조리개(aperture)의 공동 사용, 그리고 엄청난 양의 복합적이고 영상 트래픽을 처리하기에 충분히 큰 전송 시스템의 설계—이 여전히 남아 있다. 그러한 문제들은 이 센서들의 성공 자체에서 비롯된 것이다. 센서들은 너무나 많은 정보를 제공해서 보병들이 그것을 받아들이고, 그에 따라 전투 수행을 하기는 고사하고 제대로 읽기도 어려울 지경이다. 이 상황은 전투기 조종사들이 직면하는 것과 비슷한데, 그들은 동시에 항공기를 조종하고, 위협을 찾아내고, 무기를 발사하고, 계속 비행을 해야 한다.

전투기 조종사들은 이 문제를 완전히 만족스럽게는 아니지만 헤드업 디스플레이(HUD)를 사용해 해결했다. 헤드업 디스플레이를 장착하면 모든 필요한 데이터가 항공기 캐노피나 헬멧의 바이저(visor)에 보여진다.[7] 데이터 과부화가 심각한 문제가 되는 환경에서, 보여지는 데이터는 파일럿이 받아들일 수 있도록 주의 깊게 구조화된다. 휴지스Hughes 사는 이미 지상군 헬멧을 위한 2온스 무게의 디스플레이 장치를 개발 중인데, 이 장치는 헬멧 앞에 문자나 영상이 나타나게 할 것이다.[8]

HUD가 마치 조종사가 내려다보지도 않고 계기판을 보고 있는 것처럼 그의 시야 내에 꼭 필요한 데이터를 보여주지만, 그것이 그에게 융합된 현실 감각을 제공하지는 않는다. 그는 마치 창밖의 어떤 것을 바라보고 있는 것처럼 손쉽게 무언가를 파악할 수 없다. 그 대신, 조종사는 데이터를 통합해야 한다. 전쟁이란 공간적 현상이다. 위치, 형상, 움직임의 상호작용이다. 공간적 관계를 심사숙고나 계산을 위해 멈추는 일 없이, 하나의 전체(gestalt)로서 빠르고 직관적으로 파악하는 것은 생과 사를 결정하는 문제이다.

두 명의 검투사가 어둠 속에서 싸우고 있다고 상상해 보자. 한 사람은 적절한 비율로, 실물과 동시적으로 움직이는, 적의 가상 이미지를 보여주는 센서를 갖고 있다. 한편 다른 검투사는 그러한 이미지 대신 일련의 치수와 판독된 정보를 갖고 있다고 상상해 보자. 적이 어디에 있는지, 무엇을 하고 있는지 파악하기 위해 이 검투사는 데이터를 읽고 통합하고 이해하고, 그러고 나서 이런 데이터의 흐름에 따라 검술을 실행해야 할 것이다. 이 싸움에서 누가 이기겠는가?

두 번째 시나리오를 상상해 보자. 시각적 디스플레이는 약간 오류가 있지만, 데이터 디스플레이는 정확하다고 가정해 보자. 이미지를 가진 검투사가 오류를 바로잡는 것이 문자 및 숫자 데이터를 가진 검투사가 그것을 읽고 이해하고 그에 따라 행동하는 것보다 더 오래 걸릴까? 이미지를 이해하는 것—그리고 오류를 보완하는 것—이 데이터를 이해하는 것보다 분명히 더 쉽다.

문제는 더 이상 데이터를 수집하는 것이 아니다. 사실, 사용 가능한 데이터는 넘치도록 많다. 데이터를 정보로 바꾸는 것도 문제가 아니다. 그것 역시 효율적으로 처리될 수 있다. 그보다는, 핵심 문제는 군인의 일반적 감각과 사고 과정과 양립 가능한 방식으로 정보를 관리하고 보여주는 것이다.

이 시스템은 다양한 소스에서 나온 각각의 정보 조각들이 하나의 일관된 이미지로 융합되어 보병이 시각적 스펙트럼 상에서 마치 그것이 하나의 현실인 것처럼 받아들일 수 있게 설계되어야 한다. 가령, 밀리미터파 레이더가 바로 앞쪽에 잠복해 있는 전차를 포착한다고 가정해 보자. 적외선 센서는 3시 방향에 적 보병 1개 분대가 있는 것을 탐지한다. 음향 센서는 상공에 날고 있는 항공기 엔진을 탐지한다. 또한 주변 상공의 UAV는 좌측에 있는 몇 대의 장갑 수송차를 포착한다. 어떻게 이 모든 데이터가 효과적으로 보여질 수 있을까?

이제는 유행이 된 가상현실(virtual reality)이라는 용어는 컴퓨터 프로그램으로 생성된 데이터를 관리하고, 그것을 인간이 경험하는 것처럼 보통의 현실을 흉내내는 식으로 보여준다는 개념에 기초하고 있다. 대체로 가상현실은 누군가의 머리에 헬멧을 씌우고 컴퓨터를 사용해 이미지를 생성해내는 것을 포함한다. 그러나 다른 감각적 정보(sensory inputs)도 제어될 수 있다. 예를 들면, 팔과 손가락에 부착된 센서와 서보 메카니즘(servo-mechanism)은 압력과 촉각을 가할 수 있고, 그래서 대상을 "본" 후, 사람이 그 무게와 질감을 실제로 경험하면서 그것을 "느끼고", "집어들" 수 있다. 그와 같은 구성물의 오락적 가치에 대해서는 많은 말들이 있어왔지만, 군사와 다른 부문에서는 훈련 수단으로서 상당한 유용성이 있다.

미 육군은 이미 포스 XXI(Force XXI) 개념의 일부로서 훈련 목적을 위해 가상현실을 적용하고 있다. 1980년대에 심넷(SimNet)이라는 이름의 프로그램이 가상현실 환경에서 전차 운전병과 포수를 훈련시키기 위해 시작되었다. 심넷은 훨씬 더 폭넓은 계획인 분산 대화형 시뮬레이션 환경(the Distributed Interactive Simulation Envoronment)과 보병을 훈련하기 위한 특정 프로그램, 즉 근접 전투 전술 트레이너(CCIT)로 발전되었다.[9] 보병들은 방에 들어가 눈을 덮는 헬멧을 장착한다. 그들은 지형이나 적과 같은 전투 상황을 "보고", 실제와 같은 느낌을 가진 무기를 쥔다. 카메라 한 대가 그들의 몸동작을 쫓아가며 영상을 조정한다. 그들은 자신들이 전투를 벌이고 있는 것처럼 느낀다. 물론 보병들은 완전히 안전하며, 시뮬레이션은 몇 번이고 되풀이될 수 있다.

렌셀레이어 종합기술연구소(Rensselaer Polytechnic Institute)는 아바타 파트너스(Avatar Partners) 팀과 협업하여, 실물 크기의 인공지능 환경, 즉 비탑승 보병 가상환경(the Dismounted Infantry Virtual Environment: DIVE)을 개발하는 미 육군의 계약 건을 수주했다.

여기에는 다음 사항이 포함된다.

- 비디오 기반 추적과 방향 추정(orientation estimation)을 위한 비디오카메라가 여러 대 설치된 기기실. 카메라들은 테더(tether)나 보디수트, 그 외 활동을 제약하는 장비가 없는 군인의 주요 신체 관절을 추적한다.
- 공간적 음향 효과를 포함하는 초경량, 무선, 두부 착용형 디스플레이
- 몰입된 사용자(immersed users)의 신체 모델을 만들고, 그 모델을 디지털적으로 창조된 환경과 결합할 수 있는 고속-실시간 이미지 생성 시스템

- 사용자가 모의 표적을 향해 "사격"할 수 있는 능력과 탄약 유형, 포의 고도(gun elevation), 바람과 같은 표준 효과를 설명하는 모의 결과를 제공하는 가상 무기와 소프트웨어
- 분대/부대 차원의 훈련을 위한 개별 DIVE 모듈을 서로 연결하고, 그것들을 표준 프로토콜 데이터 유닛을 통해 분산 시뮬레이션 인터넷(Distributed Simulation Internet)과 연결하는 네트워킹 능력
- DIVE에 몰입된 인간 지휘관이 이끄는 전체 분대나 부대를 가상으로 만들어내라는 인간의 목소리 명령에 반응하는 지능적 에이전트(intelligent agent)[10]

가상현실은 보통의 현실 경험에 충실한 프리젠테이션이 있는 데이터 융합 시스템이다. 이러한 점이 바로 가상현실을 그토록 흥미진진한 훈련 도구로 만드는 것이다. 그러나 가상현실은 좀 더 직접적인 용도를 가질 수 있다. 데이터가 프로그램에 의해 생성되는 것이 아니라, 가상이 아닌 있는 그대로의 현실을 센서가 실제로 스캐닝함으로써 마찬가지로 쉽게 생성될 수 있다. 보병과 시스템 간의 접속기(interface)는 투입된 정보가 어디서 왔는지를 따지지 않는다. 그것은 적외선 센서의 시뮬레이션이었을 수도 있고, 실제 적외선 센서에서 나온 것일 수도 있다.[11] 그러므로 시뮬레이션과 훈련을 위해 개발되고 있는 기술은, 서로 다른 센서 소스들을 이용해 트레이닝룸뿐만 아니라 전장에서도 데이터 융합의 문제를 해결할 수 있었다. 보병은 완전히 앞이 보이지 않게 뒤집어쓰는 헬멧을 착용한다. 이 헬멧은 훈련용과 차이가 없다. 헬멧 안에서 그는 센서들에 의해 시스템에 제공되는 데이터를 실제 이미지와 아이콘으로 보게 된다.

예를 들면, 보병은 강화된 광학 TV를 통해 보이는 30마일 밖에 있는 항공기, 이미지 적외선을 통해 보이는 200야드 밖에서 위장하고 있는 적군들, 레이다로만 보이는 2마일 밖에서 위장하고 있는 전차들, 그리고 자외선을 통해 보이는 방벽들을 자신의 눈으로 보는 것처럼 스크린에서 또렷하게 볼 수 있

다. 머리 위에 떠 있는 인공위성의 측방 관측 합성 개구 레이더(Side-looking synthetic aperture radar)는 그에게 지뢰밭을 경고해 주고, UAV의 NBC 화학 센서는 공기 질을 조사하다가 필요 시에 경고를 해준다.

보병이 사용할 수 있는 데이터는 자신의 센서뿐 아니라 다른 병사들의 센서에 의해서도 모아진다. 데이터는 또한 인공위성, 고고도 UAV, 저고도 원격 조정 항공기, 지상 기반 센서들과 같은 또 다른 데이터 수집 플랫폼들로부터도 들어온다. 이 모든 것이 복잡한 레이저 및 전자기 망으로 연결되어 있다. 스위치 하나를 켜면 병사의 후면이 보여지고, 또 다른 스위치를 켜면 병사가 특정 지형을 확대해서 볼 수 있게 한다. 부대 지휘관은 부하들 하나하나의 위치를 볼 수 있고, 이에 더해 각 병사의 신체 상태, 사용 가능한 탄약, 시스템의 완전성에 대한 정보를 불러올 수 있다.

이러한 비가상(nonvirtual) 현실은 첫째, 보병의 물리적 감각을 먼 우주로까지 확장시킬 것이다. 그러한 경험은 왜곡되지 않을 것이다. 그는 자신의 눈과 귀로 보고 듣는 것처럼 주변에서 일어나는 일을 이해할 것이다. 둘째, 전투 중 지휘와 통제라는 오래된 문제와 부대 응집성(unit cohesion) 문제의 일부는 해결되거나, 아니면 최소한 완화될 것이다. 전쟁이 지휘관의 눈과 목소리가 닿을 수 있는 범위를 넘어 확장될 만큼 규모가 커진 이래로, 그 어느 때보다 자기 병사들이 어디에 있고 무엇을 하고 있는지에 대한 지휘관의 감각이 훨씬 더 커질 것이다.

이 같은 발전이 이루어지기 위해서는 데이터 관리의 혁명이 통신 혁명으로 보완되어야만 한다. 이 시스템 운영의 핵심은 고속 컴퓨터이고, 이 컴퓨터는 충분히 튼튼하고, 전투 중 갖고 다닐 수 있을 만큼 작은 고성능 데이터 통신 시스템과 연결되어 있어야 한다.

미 육군의 통신전자사령부(CECOM)는 현재 병사용 컴퓨터라고 불리는 그 같은 장비를 개발하고 있다. 이 컴퓨터는 1996년 유효성 검증을 거쳐 1999년에 강화된 통합 병사 시스템(TEISS) 프로그램을 통해 도입될 계획이다. 그래픽, 통신, 위치 포착, 음성 인식 등과 같은 기능을 위한 특정한 칩을 장착한 멀티프로세서 컴퓨터가 될 예정이다. 이 컴퓨터는 하드드라이브, CD-ROM, 또는 EEPROM 같은 최신형 메모리 매체에 기반한 막대한 저장 용량도 갖게 될 것이다.[12] 사실, CECOM이 자신의 CPU(중앙처리장치)가 오늘날의 크레이(Cray)와 같은 슈퍼컴퓨터와 맞먹는 용량을 갖기를 바랄 정도로 초경량 컴퓨터에 대한 기대가 매우 높다.

이 메모리는 광범위한 지도 데이터를 포함하며, 센서들로부터 유입되는 데이터들과 합해져서 병사에게 우군과 적군의 위치, 그리고 병사 자신의 정확한 위치를 알려줄 것이다. 게다가 거대한 그래픽 능력은 센서들이 수집한 이미지와 메모리에 저장된 이미지를 서로 연결시켜서 표적 인식과 추가적인 피아식별 능력을 갖게 해줄 것이다.

그러한 컴퓨터는 통신도 관리할 것이다. 부분적으로 이러한 통신은 SINGCARS 같은 보안 전송 시스템에 기반한 병사들 간 표준 음성 통신이 될 것이다. 더 중요한 것은, 그것이 포맷과 해석을 위한 CPU를 필요로 하는 그래픽 데이터의 전송을 포함할 것이라는 점이다.

부대의 모든 컴퓨터는 전 세계적인 통신 네트워크와 연결되어 있을 뿐만 아니라, 단일 데이터 네트워크로 서로 연결되는데, 이 네트워크는 신호 완전성을 위해 단거리 통신까지도 중계하기 위해 사용되는 위성과 UAV는 물론이고 고속 섬유 광학 링크(전파 방해 걱정이 없다), 또는 가시선 사진 광학/레이저 링크를 통해 데이터를 전송하게 된다. 상당 부분 이러한 시스템은 사막의 폭풍 작전 당시도 존재했다. 그러나 그것은 막대한 트래픽을 전달할 만한 능력이 없었다. 앞서 논의했던 것처럼, 데이터는 전쟁에서 가장 심각한 군수 문제 중 하나를 초래했다. 그것은 더 많은 데이터 전송 능력을 가진 위성과 UAV의 개발을 필요로 할 것이고, 아니면 데이터, 특히 그래픽 데이터가 포맷되는 방식에서 획기적인 혁신이 있어야 한다.

분대에서 사령부에 이르기까지, 지휘관은 어떤 유용한 방식으로 집계된 데이터를 가지고, 어떤 바람직한 해상도 수준에서 전장을 볼 수 있어야 한다. 그는 사상자 수, 탄약 잔여분 등에 관한 이용 가능한 정보를 즉각적으로 가질 수 있고, 이는 높아진 정확성을 갖고 전투 계획을 세울 수 있게 할 것이다. 예를 들면, 사령부는 특정 여단의 관점에서 전장 상황을 보거나, 단일 대대에 초점을 맞출 수 있어야 한다. 그리고 만약 필요하다면 소대나 분대의 배치를 분석할 수 있어야 한다. 사령관은 석유 저장고에서 유조차에 이르기까지 전구 내 모든 연료의 위치를 표시한 지도를 만들어낼 수 있다. 소대장은 자기 소대의 사상자 수와 적 부대뿐만 아니라 자기 병력의 정확한 배치, 그리고 피로도를 점검하기 위해 병사들이 마지막으로 잠든 시간에 관한 정보 등을 얻을 수 있다. 이러한 병사용 컴퓨터는 다음 세기 육군의 기반이 될 수 있다.

21세기의 살상 기술

물론, 이 모든 것의 목적은 적군을 살해하는 것이다. 전 세계의 모든 데이터들이 아무리 지능적으로 관리되고 보여진들 개별 병사들이 그에 따라 행동해서 적병을 죽일 수 없다면 아무 소용이 없다. 이 모든 다양한 센서들과 데이터 관리 시스템은 결국에는 병사 개인의 파괴 수단인 그의 무기에 통합되어야 한다. 사실, 제1차 세계대전 이래 개별 병사의 무기는 발전이 거의 없거나 전혀 없었다. 그것들은 더 가벼워지고, 전파방해 가능성이 낮아지고, 더 많은 탄환을 발사할 수 있게 되었지만, 기관총, 준기관총, 소총, 수류탄, 그리고 경박격포는 모두 겉모습만 바뀐 구식 무기들이었다. AK-47, M-16, 갈릴(Galil) 돌격용 자동소총 등은 거의 30년 동안 기본 디자인에 변화가 없었다.

미 육군은 최근에 재래식 개인 소총이 발전의 한계에 도달했다고 결론을 내렸다. 1980년대, 국방부는 베트남 전쟁 당시 처음 도입된 M-16의 후계자를 개발하기 위해 합동군 소형 무기 개발 프로그램(the Joint Service Small Arms Program)에 착수했다. 8년이 지나고, 5,000만 달러가 투입된 끝에, 프로그램 책임자 버논 시슬러Vernon Shisler는 다음과 같이 선언했다. "이제 우리가 탄환을 사용하는 소총에서 더 나은 성능을 기대할 수 없음이 분명해졌다.

무탄피 또는 플라스틱 탄피 탄환을 써서 중량을 줄일 수 있고, 조준장치에서 약간의 개선을 이루어낼 수 있지만 그 성능을 비약적으로 올릴 수는 없다."[13]

우리가 논의해 온 근본적으로 달라진 세상에서 재래식 소총이 살아남을 수 있으리라고 상상하기가 힘들다. 그것은 간접 사격 시대의 가시선 기반 무기(line-of-sight weapon)이다. 그것은 지능화, 초고속 무기의 시대에 지능적이지 않고, 속도가 느린 발사체를 발사한다. 그것은 고성능 폭탄의 시대에 폭발력 없는 발사체를 발사한다. 결국, 소총을 든 보병은 창이나 활을 든 보병을 지배했던 동일한 원리의 지배를 받는다. 먼저 표적을 발견하고, 그런 다음 손을 써서 그것을 향해 발사체를 날리는 것이다. 합동군 소형 무기 개발 프로그램의 실패는 단지 소총이 한계에 이르렀다는 사실을 공식적으로 확인한 것뿐이었다.

소총에 어떤 개선이 이루어지든 상관없이, 그것은 더 이상 성능이 향상되지 않을 것이다. 그러나 센서 혁명은 인간의 통제력 향상을 위한 새로운 장을 열고 있다. 〈스타 21〉 보고서는 다음을 예측한다.

> 헬멧에 장착된 특수 센서들이 병사의 눈 움직임을 추적해 개인의 센서와 무기를 조준할 수 있다. 가령, 병사가 먼 거리에서 건물을 바라본다고 하자. 레이저 거리 측정기와 항법 시스템이 재빨리 그 건물의 정확한 위치를 산출해낼 수 있다. 병사는 헬멧에 장착된 마이크로폰을 통해 그 건물에 대한 음성 정보를 제공할 수 있다. 모든 실시간 정보는 병사의 개인 컴퓨터에 저장되거나, C^3I/리스타(Rista) 네트워크를 통해 전송된다.
>
> 그 헬멧과 바이저(visor)는 병사의 개인 무기를 조준하기 위해 사용될 수 있다. 지금의 무기들은 눈과 손의 긴밀한 조율을 통해서만 조준을 한다. 문제는 눈은 정확해도, 손은 그렇지 못하다는 점이다. 눈으로만 조준하는 것은 최근 등장한 기술로 인해 가능해지고 있다.[14]

눈은 다중센서, 다중플랫폼으로 구현된 현실을 훑어보고, 표적을 선택한 후, 그것에 초점을 맞춘다. 레이저 센서는 눈이 보고 있는 것을 정확하게 인식하고, 센서들에 의해 만들어진 데이터베이스로부터 표적의 정확한 위치를 알아낸다. 보병은 눈을 두 번 끔뻑이든지, 손가락을 튕기든지, 뭐든 시스템에 설정해 놓은 행동을 취하면, 탄환이 선택되고 표적을 향해 발사된다. 이때 남은 문제는, 보병이 어떤 종류의 탄환을 휴대하고 다니느냐, 그리고 그것이 어떻게 발사될 것이냐이다.

TEISS(The Inhanced Intergrated Soldier's System)의 블록 I 계획은 소형 무기 마스터 플랜(Small Arms Master Plan)이라 불리는 요소를 포함하는데, 이것은 현재의 무기 조합을 휴대 무기, 개별 전투 무기, 공용 무기라는 세 가지 기본 유형으로 축소한다. 개별 전투 무기는 소총과는 근본적으로 다른데, 훨씬 더 강력하고 장약을 갖고 있다.[15] 개별 전투 무기와 공용 무기는 모두 한 종류 이상의 탄환을 발사하는데, 유탄과 폭발 탄환이 사용된다. TEISS의 첫 단계에서 예상되는 이러한 변화는 확실히 보병의 살상력과 유연성을 다소 증가시키겠지만, 보병의 화력에서 점진적인 개선일 뿐 비약적인 발전이라고는 할 수 없다.

보병 무기의 미래는 재블린과 같이 현재 사용되고 있는 휴대용 대전차 무기나 신형 유도 박격포에서 이미 보여지고 있다. 재블린은 한 명의 보병에 의해 발사 가능하다. 그는 표적에 초점을 맞추고, 탄두를 표적 지점에 고정하고, 발사한다. 재블린은 보병이 초점을 맞춘 지점으로 스스로를 유도하기 때문에 '파이어 앤 포겟(fire and forget)'을 할 수 있다. 다른 무기는 심지어 최초의 포착(lock-on)도 필요 없다. 일단 발사되면, 그 무기들은 표적의 위치를 스스로 찾아내고, 사격수나 UAV, 인공위성과 같은 또 다른 센서 플랫폼의 유도를 받아 표적까지 갈 수 있다. 유도 방식에는 다양한 선택지가 존재한다. 각각의 경우, 눈과 손 조율의 비효율성과 탄도학의 제약(tyranny of ballistics)은 모두 해결되었다. 남은 문제는 그것들을 개별 병사들과 결합하는 것이며, 이는 거대한 혁신이나 상상력을 요구하는 문제가 아니다.

탄두와 로켓의 계속적인 소형화는 갈수록 사람들이 그것들을 휴대할 수 있게 만든다. 심지어 강도의 강화 없이도 가능해지고 있다. 보병이 등에 장착하는 일련의 포신들을 상상해 보자. 그 포신들은 에어로젤로 절연 처리된 섬유유리 같은 가볍고 내구성 좋은 물질로 만들어진다. 보병은 자신의 센서나 다른 센서를 통해 주위를 보게 된다. 데이터는 그의 컴퓨터에 의해 수집, 분석, 융합되며, 컴퓨터는 그것을 화면에 사실적으로 보여준다. 그런 다음 보병의 눈은 표적에 초점을 맞추고, 손은 그가 발사하려고 하는 발사체와 탄두의 유형을 선택한다. 헬멧 내에 장착된 레이저 스캐너는 초점이 맞춰진 표적을 식별하고, 컴퓨터는 조준경(gunner's primary sight) 시스템을 사용해 표적의 위치를 찾아내고, 벡터(vector)를 제공하고, 미사일 발사를 지시한다.

미사일은 예전처럼 2단계 엔진을 갖는다. 1단계에서는 강력한 이산화탄소 모터가 미사일을 후폭풍 없이 밀어 올리며 보병으로부터 멀어지게 한다. 미사일 내 자이로스코프가 보조 추진기를 가동하여 미사일을 적정한 각도로 안정화시키면 두 번째 폭발 로켓 엔진이 점화되어 미사일을 표적까지 날려 보낸다. 발사체와 탄두는 작은 폭발성 탄환, 유탄, 고속 대전차탄, 고폭탄, 유산탄이 실린 박격포탄 등 무엇이든 선택될 수 있다. 스마트 센서가 그것을 표적까지 나아가도록 유도해 준다. 일단 탄환이 발사되고 나면, 보병은 자유롭게 다음 과제로 넘어가게 된다. 발사 지점에서 벗어나도 되는 것이다.

어떤 종류의 탄환을 쓰든, 보병은 더 이상 전장에서 약자가 아니다. 그는 기갑차량의 화력을 휴대할 수 있을 것이고 사거리와 정확성을 엄청나게 증가시켜 왔다. 이 같은 발전의 결과, 보병전은 더 이상 화약의 발명 이후 그래왔던 정적인 게임이 아니게 된다. 그것은 더 이상 방대한 수의 군인들이 표적 지역을 집중사격해 그중 일부가 명중하기 바라면서, 대단히 부정확한 엄청난 양의 탄환을 발사하는 문제가 아닐 것이다. 단 하나의 표적을 맞히기 위해 요구되었던 무수한 발사체들을 만들어내는 데 필요한 과거의 대규모 보병군은 전차만큼이나 시대에 뒤떨어진 것이 될 것이다.

분명, 발사체들이 아무리 작아지더라도 충분한 수를 갖고 다녀야 한다는 점은 보병의 신체적 능력에 부담을 주게 된다. 따라서 보병은 물자를 운반하는 로봇과 더 중요한 문제인 체력 증강의 형태로 상당한 보조를 받을 필요가 있게 된다. 어떤 면에서, 이러한 증강이 현대전의 핵심 중 하나이다.

전차의 장점 중 하나는 그것에 무거운 포를 탑재하고 탄약을 싣고도 전장을 돌아다닐 수 있다는 점이다. 전차의 약점은 전장에서 너무 눈에 띈다는 것인데, 이는 보병에 의해 해결될 수 있다. 하지만, 결국 보병은 전차에 필적할 만한 화력을 갖추지 않고는 전차를 대체할 수 없다. 그리고 그러한 화력은 아무리 소형화해도 무게가 많이 나간다. 그와 동시에 보병은 민첩성을 유지해야만 한다. 이것은 오래된 문제이고, 그 해결책은 외골격, 즉 신체 외부에 맞추어지고, 신체의 움직임을 감지하고, 그 힘을 몇 배로 늘려주는 기구이다.[16]

1980년대 동안 로스 알라모스 국립 연구소Los Alamos National Laboratories는 PITMAN이라는 암호명의 프로젝트를 추진했는데, 이것은 로봇 공학을 사용해 인간의 힘을 늘리는 보병 전투복을 개발하기 위한 것이었다.[17] 이 특수복은 특정 보병의 움직임을 기억하는 컴퓨터 칩을 중심으로 만들어진다. 이는 보병의 신체에 작은 센서를 붙이는 전통적 방법이나, PITMAN 프로젝트의 핵심 엔지니어가 제안한 것처럼 움직임 전이나 도중에 뇌가 생성하는 자기장을 감지할 수 있는 두개골에 전극을 붙이는 좀 더 이색적인 방법으로 행해질 수 있다.[18]

외골격은 동력원을 활용해[19] 인간의 근육 운동을 모방하고 강화하는데, 힘과 기동성을 동시에 제공해 물건을 들어 올리는 것뿐만 아니라 재빠른 동작도 가능하게 한다.[20] 예를 들면, 평소 100파운드를 들어 올리는 사람이 외골격을 쓰면 500~1,000파운드를 들어 올릴 수 있다. 무게가 1톤 정도인 이 특수복은 자체 무게와 장갑이나 탄환, 발사기 등 모든 장비들의 무게를 감당하게 된다.[21]

이 특수복의 프레임은 흑연 에폭시(graphite epoxy) 같이 강하면서 가벼운 물질로 만들어진다. 그것은 20mm 이상의 적 총탄뿐만 아니라 화학적, 생물학적 위협으로부터도 군인을 보호해 주는 강성 첨단 물질로 감싸인다. 이 물질에 대한 아이디어에는 더 가벼운 방탄 소재를 만들기 위해 케블라(Keblar, 탄도탄에 대한 방탄 소재)를 비단 같은 물질과 결합하는 방법이 있다. 보다 창조적인 것으로, 신물질에 생물공학적 조작을 가해서 의복의 투과성을 통제하는 프로젝트가 진행 중이다. 의복이 평상시에는 공기가 투과할 수 있고 편안하지만 위험한 환경에 있을 때는 불투과성이 되는 것이다.[22] 어떤 환경에서든, 외부 대기가 오염되었을 때를 대비한 공기주머니와 공기 순환 장치가 있는 외기 차단복은 외골격을 착용한 보병에게 편안하고 안전한 환경을 제공하게 될 것이다.

전체 시스템을 통합하는 데 핵심적인 특수복 자체는 동력원 문제가 해결되지 않으면 실질적인 진전이 이루어질 수 없다. 필요한 동력의 양을 고려할 때, 전열(ET) 총이나 전자기(EM) 총의 경우와 마찬가지로, 그것은 극복할 수 없는 문제는 아니다.[23] 따라서 보병은 어떤 직사 화기가 성취할 수 있는 수준을 넘어서는 정확성과 사거리와 함께, 이전에 석유 엔진으로 구동되는 플랫폼을 필요로 했던 화력을 성취하게 될 것이다.

무기의 사거리가 변화되면서 지휘 구조도 극적으로 변화된다. 지휘 계통은 한 사람의 지휘관에 의해 통제되기에는 너무 큰 병력에 대한 관리를 용이하게 하기 위해 만들어졌다. 역사적으로 고위 지휘관이 하급 부대에 직접 개입하는 것은 바람직하지 않았는데, 그것은 고위 지휘관들이 제대로 된 판단을 내릴 만큼 일선 상황을 파악할 수 없었기 때문이었다. 그러나 미래에는 중대장의 데이터 화면이 동시적으로 더 높은 지휘 레벨에서도 이용이 가능해진다. 그러므로 고위 지휘관들은 하위 지휘관들의 입장에서 상황을 볼 수 있다. 미시 관리(micromanagement)는 본래 군사적 어휘 사전에서 부정적인 단어였으나, 이제는 다른 의미를 가질 수도 있다. 이제 지휘관은 전체 전투를 관리하는 것에 더해서, 중요한 선봉 부대의 움직임을 통제할 수 있다. 지휘관이 통제를 할지 여부는 그의 개인적 관리 스타일에 달려 있다.

그러나 신기술에 의해 데이터의 흐름이 탈중앙화되는 것과 마찬가지로, 지휘의 초중앙집중화 가능성 또한 나타날 수 있다. 분명, 지난 500년 간 이어져 온 대규모 군대의 경직된 지휘 구조는 상황과 심지어 지휘관의 개인적 성향에 따라 더 유동적이고 더 임시방편적이 될 것이다. 또한 일정 부분 지휘관을 위해 데이터를 수집하고 관리하기 위해 만들어졌던 일반 참모부의 기능도 변해야 할 것이라는 점도 추가되어야 한다. 주목해야 할 흥미로운 변화는 모든 레벨에서의 참모 기능이 신기술에 의해 변화되는 정도일 것이다. 지휘와 통제를 위한 새로운 수단이 생겨나면서 지휘관의 책임이 그로 인한 압박감과 함께 늘어날 것이다. 우리는 클라우제비츠가 묘사한 전쟁의 연무가 완전히 사라질 것이라고 기대하지는 말아야 한다. 그러나 확실히 물러나기는 할 것이다.

총력전을 넘어서

최근 등장한 보병, 또는 좀 더 적절히 말해서, "개인 기갑 부대(individual armor unit)"를 특징짓는 것은 세 가지가 있다.

- 상대적인 무적성: 아무런 차폐막 없이 싸웠던 전통적 보병에게 유일한 방어는 총알을 피하는 것이었다. 특수 보호복을 착용한 미래의 보병은 비폭열 탄환, NBC 병기, 유산탄 같은 전통적인 위협에는 무적일 것이다. 그는 단지 철갑탄이나 고성능 폭탄의 직격에만 취약할 것이다.
- 다중 스펙트럼 감지: 전통적 보병은 그의 눈으로만 보았다. 미래의 보병은 인간의 시력을 훨씬 넘어서는 먼 거리에서 다양한 탐지 수단으로 볼 것이다. 더욱이 UAV, 인공위성, 정찰기 등과 같은 다른 플랫폼의 센서는 그의 시각적 능력을 훨씬 더 확장시킬 것이다.
- 비가시선 무기: 동력으로 작동하는 외골격과 로봇 탄약 캐디(caddie)는 보병이

대형 무기도 갖고 다닐 수 있게 한다.[24] 무기들의 사거리에 어떤 제한이 있는지는 확실하지 않지만, 보수적으로 가정하자면, 개인 화기의 사거리는 약 20마일인 다연장 로켓(MLR)의 사거리에 맞먹고,[25] 공용 무기의 사거리는 약 50마일인 랜스 미사일의 사거리에 맞먹을 것이다.[26] 이렇게 되면 몇 안 되는 병사들만으로도 광범위한 지역에 막강한 화력을 퍼부을 수 있다.

다시 임의로, 21세기에 활약할 11명 정원의 분대 구성을 생각해 보자.

- **분대장**: 개인 무기와 대형 컴퓨팅 및 통신 장비를 휴대한다. 통신 장비는 그가 야전의 보병에서부터 중대장에 이르기까지 어떤 지휘 계층과도 통신할 수 있게 한다.
- **프로그래머/원격통신 전문가들**: 그들의 주요 임무는 인공위성 그리드(satellite grid)를 위해 무기와 개인 장비들을 조율하고, 새로운 표적과 임무를 위해 발사체들을 재프로그램하는 것이다. 전투에서 그들은 표적 획득 팀의 역할을 한다. 다중 스펙트럼 탐지 기기를 사용해 적의 공중 및 지상 위협과 표적을 찾아내고, 데이터를 적절한 무기 시스템으로 전송한다.
- **중무기 팀**: 물체를 들어 올리는 튼튼한 외골격과 발사 지원용 수행 로봇이 제공된다. 다중 임무 발사체 시스템을 활용해 20개의 중형 발사체를 동시에 발사할 수 있다.
- **개인 무기 전문가들(전형적인 보병)**: 보통의 무기 발사기로 무장한 그들은 분대 선두에서 전진하면서 전문가 팀을 위한 외곽 경계를 제공하고 궂은일을 수행한다.[27]

UAV로부터 센서 지원을 받는다고 가정하면, 1개 분대는 변당 20마일(400제곱마일)의 지역을 확보하고, 반경 50마일(약 8,000제곱마일)의 지역에 폭발력을 투사할 수 있다. 아마도 상당한 사전 계획이 필요 없는 표적이 풍부한 상황에서는 충분한 탄약이 없어도 가능할 것이다. 이 같은 숫자에 놀라지 말

자. 이러한 크기와 오늘날의 분대에 의해 확보될 수 있는 영역 크기 간의 차이는 베트남 전쟁 당시 공중기병대(Air Cavalry) 중대의 사거리, 기동성, 화력을 제2차 세계대전 당시의 그것과 비교한 것보다, 또는 제1차 세계대전에서 미국 기갑 대대의 기동성과 화력을 남북전쟁 당시 연대의 그것과 비교한 것보다 더 특별하지 않다는 점을 명심하자. 그와 같은 비약적인 능력의 도약은 산업혁명 이래로 전쟁에서 흔한 일이 되었다.

적의 저항 강도와 지형의 크기에 따라 더 많은 수의 병력이 필요할 수도 있다. 그러나 사막의 폭풍 작전에서처럼 50만 명의 병력이 필요한 상황은 상상하기 어려울 것이다. 첫째, 기동력, 화력, 그리고 무엇보다도 정확성의 급격한 증가는 사격선(firing line)을 쓸모없게 만든다. 둘째, 병력 감소는 군수 지원의 필요성을 극적으로 감소시킨다. 수천 발의 포탄이 1시간 내에 발사되어야 하고, 수만 갤런의 석유가 반나절 만에 소모될 예정이고, 그리고 수천 명 분량의 식사가 준비되고 배달되어야 하는 상황에서는 수천수만 명의 운전병, 취사병, 탄약수 등이 필요하다. 그러나 전동 특수복을 입고 움직이는 수십 명의 병사에 의해 발사되는 수십 발의 탄환만 필요하다면, 몇 대의 로봇을 관리하는 몇 명의 지원병이면 충분할 것이다.

지금 우리가 보고 있는 것은 GI(군인)의 종말이다. GI, 즉 규격화되고 교체 가능한 전사(the stamped government-issue interchangeable warrior)는 대규모 군대가 전쟁을 하는 데 더 이상 필요하지 않게 되면서 쓸모가 없어질 것이다. 화승총의 발명 이래, 훈련의 목적은 사람들을 하나의 틀 안으로 밀어 넣는 것이었다. 즉, 그들이 하나의 부대가 될 때까지, 그들이 무기의 부정확성을 극복하기 위해 일제히 사격할 때까지, 그들을 훈련시키고 개성을 없애는 것이었다. 전형적인 늙은 상사는 신병들에게 이렇게 말하곤 했다. "군대가 너희들이 사고하기를 원했다면 너희들에게 뇌를 지급했을 것이다." 실제로 너무 많은 상상은 사격선에서 자신의 운명을 고민하는 많은 군인들에게 파멸을 의미했다.

미래 병사의 모델은 우리가 치렀던 대규모 전쟁에서의 GI 같은 것이 아니라 특수부대원, 즉 그린베레(미 육군 특전부대), 공군 특수부대, 스페츠나츠 (Spetznaz, 구소련 특수부대), 또는 실제로 중세의 기사이다. 미래의 병사는 고도의 훈련을 받고 능숙해지겠지만, 대규모 군대의 엄격한 방식으로 훈련 받는 것은 아니다. 그는 통신 이론, 센서 기술 같은 매우 특수한 기술을 숙달하도록 요구받을 것이다. 특수군이 그렇듯이, 부대원 하나하나가 전문가가 되어야 한다.

과거의 소규모 부대 작전은 낮은 수준의 파괴력과 관련 있었다. 미래의 소규모 부대는 무시무시한 파괴력을 발휘할 수 있을 것이다. 병사들은 부대에 대한 깊은 충성심과 동시에 개인적 독립성에 대한 강한 인식을 지니고 있어야 한다. 물리적 차원에서, 병사 개인의 고립 수준은 극적으로 증가할 것이다. 다른 부대원과의 시각적 접촉은 불가능할 수도 있다. 데이터 링크가 부대를 하나로 묶어줄 것이다. 그러나 그것이 끊어졌을 때도 임무는 계속되어야 할 것이다.

500년 만에 처음으로, 우리는 군사력의 감소가 없는 상태에서 지상군 규모의 극적인 감소를 눈 앞에 두고 있다. 사회적으로 이는 군 인사들이 중세 시대에 그랬던 것처럼 다시 한번 사회 엘리트를 구성하게 된다는 것을 의미할 것이다. 중세 시대에 전쟁 수단은 비쌌고, 기술은 아무나 익힐 수 있는 것이 아니었으며, 그 기술을 통달한 사람의 권력은 대단했다. 대규모 군대는 궁극적으로 민주적인 군대이다. 막강한 힘을 휘두르는, 전문적이고 용감한 사람들로 이루어진 소규모 군대는 민주적 이념에 대한 도전을 의미한다. 능력주의(meritocracy)는 귀족주의로 변질될 수 있다.

현대전은 무기의 부정확성 때문에 총력전이 되었다. 대량 생산되는 무기는 공장들과 병사들의 거의 전면적인 동원을 필요로 했다. 민간인과 군인 간의 구별은 없어졌다. 모든 사람이 싸우거나 일했고, 모든 것이 위험에 처했다. 전쟁이란 정치적 재앙보다는 사회적 재앙이 되었다. 절대적으로 모든 것을 위험에 빠뜨린 핵무기는 이 과정의 논리적 귀결이었다.

정밀 유도 무기로 인해 무기 공장과 군대에 종사하는 사람들의 수가 대폭 줄어들 것이다. 전에는 1,000발이 필요했던 상황이 이제는 1발이면 된다. 더 중요한 것은, 파괴의 수준도 함께 줄어든다. 6주간의 폭격 작전에서 이라크가 입은 상대적으로 가벼운 피해—예를 들어, 하노이에 대한 크리스마스 공습과 비교했을 때—는 보다 온건한 형태의 전쟁에 대한 맛보기이다. 더 정확히는, 총력전의 종말을 보면서 우리는 전쟁이 한 사회의 존립을 위험에 처하게 했던 시대의 종말을 본다. 정권들은 흥하거나 망할 수 있지만, 전근대 사회에서처럼 평범한 사람들의 삶은 계속될 것이다.

대부분의 인류 역사 내내, 도시국가는 자연적인 정치 제도였다. 국민국가는 단지 총포가 도시의 성벽을 무너뜨린 후에서야 등장했고, 도시들은 군대를 위한 대포나 인력을 만들어낼 수 없었다. 이것이 바로 지난 세대의 강대국들—영국, 프랑스, 독일—에게 닥친 일이며, 그래서 그들은 대륙 연합을 형성하거나 전적으로 정치를 회피했다. 제2차 세계대전 이후, 첫 번째 세계 체제의 종착점은 대륙국가(continental state), 즉 미국과 소련, 중국이었다. 하지만 정밀 유도 무기는 대륙을 필요로 하지 않는다. 필요한 것은 전문가이다.

전쟁의 새로운 기술들로 인해, 더 작은 나라들과 도시들이 갑자기 중요해진다. 이스라엘이나 싱가포르처럼 수백 명의 고급 과학자들과 숙련 기술자들을 보유한 나라들은 다가오는 세기에 전쟁의 도구들—센서, 컴퓨터, 정밀 유도 무기 등—을 생산할 수 있다. 적어도, 그 나라들이 기술력은 떨어지지만 규모가 큰 나라들에 무기를 팔 수 있다는 것은 상당한 정치적 권력을 부여한다.

따라서 지상전은 기술뿐만 아니라 기술의 결과 측면에서 비약적인 변화를 만들어내고 있다. 첫 번째 세계 제국의 논리—대규모 군대, 국민국가, 총력전의 논리—는 정밀 유도 무기의 세계에서는 통하지 않는다. 분명 그 전환은 완결되기까지 여러 세대가 걸릴 것이고, 항상 그렇듯이 진부화로 이어질 것이다. 그러나 세르반테스가 첫 번째 세계 시대가 동틀 무렵에 기사 제도의 부조리함(absurdity)을 볼 수 있었듯이, 우리는 두 번째 세계 시대의 시작점에서 GI의 종언과 슈퍼 보병의 탄생을 볼 수 있다.

결론

영원한 딜레마:
미국 시대의 해양 통제와 이용

The Permanent Dilemma:
Control And Use Of The Sea In The American Epoch

우리는 국방 분야에서 총괄 평가(net assessment)의 문제라고 언급되는 문제에 직면해 있다. 전반적으로 전쟁 수행의 혁명이 미국의 힘을 얼마나 그리고 어떤 분야에서 증가시키거나 감소시켰는가? 미국은 이 혁명을 최대한 활용하기 위해 어떻게 군을 재구성해야 하는가? 이 혁명으로 인해서 미국의 힘에 어떤 위협이 가해지는가? 모든 것이 그렇듯이, 여기에는 간단하고도 복잡한 대답들이 존재한다. 각각은 나름의 진실을 담고 있다.

단순한 대답은 전쟁 수행의 혁명이 미국에서 비롯되었고, 또 미국을 이롭게 한다는 것이다. 그것은 동시에 불가피하고 바람직하다. 좀 더 복잡한 대답은, 이 혁명이 미국에 이롭지만, 미국의 이익에도 근본적인 위협을 제기한다는 것이다. 이 위협은 가까운 미래에 대응하고 해결해야 할 위협이다.

전체적으로, 전쟁 수행의 혁명은 지상과 공중에서 미국을 강화해 왔다. 지상에서 미국은 수적으로 크게 불리한 채로 작전을 수행해 왔으며, 특히 유라시아에서 그랬다. 가령, 한국전, 베트남전, 걸프전에서, 미국은 더 작은 군대로 훨씬 큰 군대를 상대하고 압도할 방법이 몹시 필요했다. 더 정확한 무기는 임무 수행을 위해 필요한 병력의 수를 줄인다는 점에서 보완책이 되었다. 이는 공중에서도 마찬가지였다. 어떤 항공 작전에서도 미국은 주어진 시간과 장소에 동원할 수 있는 것보다 수적으로 훨씬 더 큰 적을 상대로 전투 임무 비행을 해야 했다. 장거리-극초음속-지능형 무기의 개발은 미군 항공기를 전구에 직접 보내지 않고도 유라시아의 표적을 공습할 수 있게 했다.

여기에는 또 다른 차원이 있다. 제2차 세계대전 이래로 미국은 항상 지상과 공중에서, 대륙 간의 거리에 있는 적의 영토나 그 근처에 전력을 투입하는 공세적 입장이었다. 미국의 동기가 아마도 동맹국들을 보호하는 것이었기 때문에, 자국 영토보다 적의 영토에 훨씬 더 가까운 곳에서 작전을 수행해 왔다. 그리고 그곳은 대체로 긴 공급선 끝에 있었다. 장거리 작전은 수적으로 열세인 측이 우세한 측을 마주하게 된다는 것을 의미해 왔다. 그 같은 상황에서 미국은 가능한 한 전쟁을 신속하고 고통 없이 끝내야 했다. 이런 전략에도 불구하고, 힘의 상관관계는 미국이 방어적 전략을 채택하도록 했다. 한국전과 베트남전에서 미국은 전쟁의 진행속도(tempo)와 범위를 통제하고 빠른 결정을 강요하기 위해 적을 싸움으로 이끌기보다는, 적의 일정표대로 소모전에 빠지고 말았다. 이로 인해 미국은 재난에 직면했다.

전략적으로 공세적인 것—남의 영역에서 싸움을 벌이는 것—에 더해, 미국은 작전적으로도 공세적이어야 했다. 미국은 자신이 선택한 시간과 장소에서 전투를 개시하고 조기 결정을 강요할 수 있는 작전의 진행속도를 유지해야 했다. 전체 화력 통제가 극대화되고 완전히 효율적이어야 했다. 이것이 바로 걸프전이 성취한 것이었다.

걸프전 중, 대륙 간 거리에서 발사체가 날아왔다. 이는 적 병사 수보다 발사체의 수가 적다는 것이고 각각의 발사체가 효과를 내야 했다는 것을 의미했다. 다시 말해서, 명중과 살상 확률이 몇 배로 늘어나야 했다. 모든 형태의 정밀 유도 무기가 이것을 가능하게 했다. 이것이 베트남전과 걸프전의 핵심적인 차이점이었다. 교리와 기술은 진화했고 전쟁의 지속 기간, 진행속도, 그리고 전쟁 비용은 적보다는 미국에 의해 통제되었다.

오늘날 미군의 가장 긴급한 임무는 지역 분쟁의 결과에 영향을 미치기 위해 충분한 전력을 갖고 주기적으로 개입함으로써 유라시아에서 세력균형을 유지하는 것이다. 그러나 개입을 위한 전제조건은 언제나 제해권이었다. 제해권은 분쟁 지역으로 병력을 안전하게 그리고 제때에 보낼 수 있는 능력을 의미한다. 제2차 세계대전 이래, 미국은 제해권을 당연하게 여겨왔다. 1945년 이래 미국의 전쟁이나 개입 중 어느 것도 심각한 해양 도전에 봉착하지 않았다. 하지만 역설적이게도, 지상과 공중에서 미국의 힘을 증가시킨 그 동일한 혁명이 바다에서 미국의 힘을 축소시킬 위험이 있다.

정밀 유도 무기와 바다: 대전략의 위기

지상과 공중에서 미국은 전략적으로 공격적인 국가이다. 반대로, 바다에서는 방어적인 국가이다. 제2차 세계대전 이후, 해군의 제해권은 절대적이었다. 그 힘은 단지 쇠퇴할 일만 남아 있을 뿐이다. 사실, 냉전 기간 소련의 전략은 미국의 제해권, 특히 북대서양에서의 제해권에 도전할 수단을 찾는 것과 깊이 관련되어 있었다.

세계의 대양들에서 지배적인 위치에 있었기 때문에, 미 해군은 당연히 미국의 군대 중에서 가장 보수적이었다. 육군과 공군은 항상 강력한 적들과 마주하고 있었고, 따라서 더 새로운 무기와 교리를 항상 추구했다. 그들은 항상 쫓기는 상황에 있었다. 그러나 해군은 지난 50년 동안 "임무가 완수된" 상황이었다. 무기체계의 개선은 단지 점진적인 문제, 해군이 이미 했던 일을 전보다 조금 더 잘하는 문제로 여겨졌다. 미 해군은 새로운 종류의 전투기와 공격기, 더 크고 더 효율적인 항공모함을 개발하는 데 뛰어났고, 대잠수함전을 개선하는 데도 뛰어났다. 이러한 것들은 해군의 임무에도 놀라울 정도로 적합했다. 해군은 항공모함의 등장 이후에는 해전의 기본에 대해 재고할 필요가 없었던 반면, 육군과 공군은 교리를 재고해야 했으며, 실제 패배와 실패 때문에라도 그렇게 해야 했다.

해군에게는 불행하게도 미 공군과 육군이 시작한 혁명이 필연적으로 바다로 휘몰아치고 있다. 이라크군에 대한 정밀 공습을 가능하게 하고 지상에서 뛰어난 대전차 무기를 가능하게 했던 동일한 무기 시스템이 세계의 대양으로 옮겨가고 있다. 그러나 이러한 변화는 해군의 전략적 입지를 강화하기보다는—미 해군의 이미 압도적인 힘을 고려한다면, 더 강화될 수도 없었다—해군을 위협했다.

적의 항공기, 전차, 전략적 시설 등을 놀라운 정확성으로, 그리고 적의 반격 사거리 밖에서 타격하는 강력한 무기들은 공중과 지상에서 힘의 상관관계를 바꾸어 놓았다. 만약 이 새로운 무기 문화가 미국의 무기 플랫폼들이 떼지어 다니고 잠재적 적들을 수적으로 능가하는 바다에 도입된다면, 그 영향은 정반대가 될 것이다. 이렇게 되면 수상함, 함재기, 잠수함과 같은 미국의 해군 무기 플랫폼들은 상당한 위험에 처할 것이다. 사실, 1945년 이래 바다에서 작동 중인 팍스 아메리카나는 미국의 무기 시스템이 취약해짐에 따라 위협받거나 약화될 수 있다.

유라시아에서 미국에 이롭게 작용했던 전력 승수(force multiplier)가 바다에서는 미국에 불리하게 작용하는 것처럼 보였다. 공중과 지상에서는, 문제가 더 많은 그리고 더 나은 지능적인 무기들을 적극 도입하는 것이었다. 적어도 전차나 유인 폭격기에 매여 있지 않은 군 부문은 그랬다. 미국 해군의 경우, 문제는 이러한 무기들에 대한 방어 수단을 개발하는 것이었고 대함, 대공 정밀 유도 무기의 개발에는 상대적으로 중점을 두지 않았다. 이것은 합리적이면서도 예감이 좋지 않았다. 해군은 이미 대양에서 적의 공중, 해상, 해저 무기 플랫폼들을 쓸어버릴 수단을 자신의 무기고에 쌓아두고 있었다. 공격 무기에서 급진적 혁신은 필수적으로 보이지 않았다.

해군이 골몰하는 것은 적의 공격으로부터 자신을 보호하는 것이었다. 이것은 이지스 시스템을 뒷받침하는 근거였다. 센서, 컴퓨터, 무기체계로 이루어진 이지스 시스템은 공격해 오는 발사체를 파괴하도록 만들어졌다. 그러나 그것은 사악할 정도로 비싼 데다가, 내습하는 발사체 전부를 파괴해야 한다는 불가능한 과제가 설정되었다. 미국 해군 전함 스타크호가 경고 없이 이라크 미라주 전투기의 공격을 받았을 때 보여주었듯이, 단 하나의 실수가 재앙으로 이어질 수 있다.

발사 장소가 파악되지 않거나 파괴될 수 없는, 더 빠르고 더 지능적인 발사체가 제기하는 위협은, 점점 더 많은 자원이 본래의 공격 임무에서 자신을 방어하는 과제로 전용됨에 따라 미국 함대에 엄청난 방어 부담을 부과한다. 사실, 함대와 함선 방어에 드는 비용은 총비용 대비 급증하고 있다. 미국의 해양 패권은 이란, 이라크, 북한 같은 2류 국가들로부터 위협당하고 있을 뿐만 아니라 항모전단이라는 미국 해양력의 토대인 무기체계가 진부화해 간다는 신호가 증가하고 있다. 즉, 항공모함 전단을 단지 생존하게 하는 비용이 미국이 자신의 전략적 임무를 수행하기 위한 전반적 능력을 훼손하는 수준에 도달하고 있다. 아직 그 수준에 이르지는 않았지만, 우리가 보게 될 것처럼, 스마트 무기 혁명은 미국을 그 방향으로 빠르게 이동시키고 있다.

그렇다면 이는 지상과 공중에서 미국이 가졌던 좋은 소식들을 완전히 없애버리는 것 이상이다. 예전의 대영제국처럼, 미국도 근본적으로 해양세력이다. 제해권은 미국의 안보, 방어, 공격의 토대이다. 정밀 무기의 혁명으로 미국이 훨씬 규모가 큰 공중 및 지상의 군과 교전해서 패배시킬 수 있다고 해도, 이러한 능력은 또한 미국 자신의 전력을 대양 너머로 투사하고 물자를 보급하고 그것들을 유지할 수 없다면 의미가 없다. 만약 정밀 무기의 혁명이 이것을 불가능하게 한다면, 그 혁명을 시작한 미국은 전략적 패자로 판명날 것이다. 따라서 우리는 이 신기술이 미국의 해군력에 미치는 영향을 신중히 가늠하고, 가능한 대응 방법을 고려하고, 최적의 자원 배분을 결정해야 한다.

미국은 항공모함 덕분에 해양 항공력의 지배자였다. 소련이 그 무기를 모방하려고 시도했으나 실패했다. 미국의 항모전단과 수륙양용 원정군은 세계를 자유롭게 항해하고, 해로를 통제하고, 원하는 곳에 수륙양용 부대를 상륙시켰다. 사실, 항공모함의 작전적 역할은 해로 통제보다는 항공력을 유라시아의 해안까지 실어 나르는 것과 더 관련이 있었다. 왜냐하면 항공모함이 경찰 역할에 매우 효과적이어서, 반세기 동안 그 누구도 진지하게 도전하지 않았기 때문이다.

오늘날 항공모함이 직면하고 있는 위협은 장거리, 극초음속 미사일이다. 이러한 미사일은 항공모함에 두 가지 위협을 제기한다. 첫 번째 위협은 그것들이 항공모함의 복잡하고 값비싼 방어막을 뚫고 들어가 항공모함을 가라앉힐 수 있다는 것이다. 두 번째 위협은 그것들이 항공모함의 역할을 더 효과적이고 더 저렴하게 할 수 았다는 것이다. 이것이 바로 진부화의 전형적인 사례이다. 한편으로 새로운 무기 시스템은 낡은 시스템의 복잡한 방어 수단을 간단히 물리치고, 다른 한편으로 낡은 시스템을 파괴하는 동일한 기술은 그 낡은 시스템의 과제를 더 효율적으로 수행한다.

항공모함의 임무 중 하나는 적함을 파괴하고 적의 상선을 위협함으로써 해로를 안전하게 지키는 것이다. 또 다른 임무는 함재기의 작전 가능 범위 내에 있는 적 영토를 폭격하는 것이다. 함포는 기껏해야 수십 마일 거리까지 폭탄을 발사할 수 있는 반면, 항공기는 수백 마일 밖까지 돌아다니며 연안 해역뿐만 아니라 대양을 순찰할 수 있다. 항공모함은 비행장이 없는 곳에서도 항공기가 작전을 수행할 수 있게 해준다. 제2차 세계대전 때 태평양에서의 항공모함 대전 중, 미국과 일본 해군은 종종 지상 기반 항공기들의 작전 가능 범위를 훨씬 넘어서서 작전을 수행했다. 일부 항공기들은 지상에서 발진해 항공모함을 공격할 정도의 작전 가능 범위를 갖고 있었지만, 속도가 너무 느려서 목표 해역에 도착했을 때는 전투가 끝난 지 한참 후였다. 항공모함은 항공기의 중간 플랫폼으로서 기능했다. 즉, 항공모함을 적과 너무 가까이 두지 않으면서 항공기들을 적의 작전 가능 범위 내로 데려갔다. 따라서 항공모함은 항공기들이 표적까지 날아가는 데 필요한 시간을 단축해줄 뿐만 아니라, 늘어나긴 했지만 여전히 제한적인 항공기의 작전 가능 범위를 보완하기 위해 필수적이었다. 작전 가능 범위와 속도는 현대전, 특히 해전의 가장 큰 변수였다. 항공모함은 항공기를 작전 가능 범위 내로, 그리고 항공기의 속도가 전장의 전술적 변화에 영향을 미치는 항공기의 능력을 제한하지 않는 시간 범위 내로 데려갔다.

이런 점에서 해상의 항공모함과 지상의 전차 사이에는 직접적인 유사점이 있다. 둘 다 제한된 사거리를 가진 무기를 적과의 접촉 범위 내로 데려가기 위해 만들어졌다. 전차는 화포를 적의 사거리 내로 데려갔다. 이를 위해 전차 자체가 먼 거리까지 운반되고, 적의 반격으로부터 보호되고 보급받아야 했다. 2부에서 살펴보았듯이, 최종 결과는 수천 파운드의 포탄을 단지 수천 피트 발사하는 임무를 가진 엄청나게 비싼 무기였다. 수송과 보급에 드는 비용은 결국 그 임무를 위축시킬 정도였다.

항공모함도 유사한 입장에 놓여 있다. 항공모함의 임무는 유인 항공기를 표적에서 수백 마일 내로 운반하는 것이다. 그러면 유인 항공기 한 대는 7~8톤의 폭탄을 싣고 가서 적에게 투하할 수 있다. 36~40대의 항공기를 표적에 가까이 데려가기 위해서는 대규모의 함대가 파견되고, 보급을 받고, 그리고 무엇보다도 보호되어야 한다. 결국, 3개 비행대대가 전체 항공모함 전단이 표적까지 운반할 수 있는 전부이다. 그리고 특별한 조건이 아니고는 그 항공기들 전부가 일제히 출격할 수도 없다. 사막의 폭풍 작전 중, 해군 활동은 지상 기반 공군의 활동과 비교했을 때 전혀 기대에 못 미쳤다.

그럼에도 불구하고, 해군은 항공모함의 지속적 효과성을 지지하는 두 가지 탁월한 논거를 갖고 있었다.

- 미국이 적함에 고폭탄을 투하함으로써 해로를 통제하기 원한다면, 항공모함은 전략적 수송로와 요충지의 작전 가능 범위 내로 폭탄을 싣고 가는 데 필요한 항공기를 효과적으로 운반할 수 있는 유일한 방법이다.
- 미국이 현지 항공기지에 의존하지 않고 세계 대륙들의 연안 지역에 폭탄을 투하하기 원한다면, 항공모함만이 그 임무를 수행할 수 있다.

이와 같은 임무를 지속하기 위한 항공모함의 필요성은 선박 또는 해양에 접한 국가에 폭탄을 투하할 유일한 효과적 방법이 항공기를 이들 표적의 작전 가능 범위 내로 항공기를 실어 나르는 것이라는 가정에 기초하고 있다. 만약 이 가정이 사실이라면, 항공모함의 비용-효과성 감소는 유감스럽지만, 항공모함에 대한 미국의 의존을 축소시키지 않는다. 이는 임계 임무(threshold mission)라고 볼 수 있다. 해로 통제와 힘의 투사는 비용에 상관없이 수행되어야 한다. 이러한 임무의 조정은 필요하지도 가능하지도 않다.

탈냉전기의 국방 논쟁은 항모전단의 유용성이 계속될 것인지에 초점을 맞추지 않았다. 그보다 미국의 전략적 이익 유지에 필요한 항모전단의 수에만 관심이 집중되었다. 예를 들어, 일반회계국은 미국의 기본적인 정치적 임무가 현재 보유 중인 12개 항모전단보다는 10개 항모전단만으로도 수행될 수 있다고 주장했다.[1] 암묵적으로 이러한 요소들 중 하나라도 바뀌면, 핵심 전략의 작전적 요소 역시 바뀌게 된다.

이제 냉전 이후에는 해로 통제도 힘의 투사도 미국의 국가이익이 아니라고 주장하는 이들도 있다. 우리는 결코 그 같은 견해에 찬성하지 않는다. 또한 우리는 미국이 강력한 군사력을 유지할 여유가 없다고 주장하지도 않는다. 미국은 방대한 부를 갖고 있으며, 필요하면 국가 경제와 사회에 큰 지장을 주지 않고도 지금보다 훨씬 더 많은 군사력을 보유할 여유가 있다. 그보다 우리의 주장은 한 가지 작전적인 문제에 초점을 맞추고 있는데, 그것은 항공모함이 미국의 국가적 임무를 수행하는 데 있어 여전히 효과적인 수단인가이다.

분명 대함 미사일이 이미 항공모함을 쓸모없는 것으로 만들었다고는 할 수 없다. 또한, 현재 크루즈 미사일이 항공모함의 역할을 대신할 수 있다고도 볼 수 없다. 대함 미사일 기술이 아직 위협적인 수준까지 확산되지 않았기 때문에 항공모함은 계속해서 그 역할을 할 수 있다. 그러나 앞서 논의한 위험과 보상 계산법에서 볼 때, 이제는 방위 기획자들이 적의 대함 미사일이 설치되어 있을지 모르는 해역에 항공모함이 노출되도록 허용할 수 있을지는 더 이상 확실하지 않다. 분명, 항공모함을 진입시키려면 미사일 발사대와 비행장의 소재에 대한 완벽한 정보가 있어야 하고, 또 두 가지를 모두 파괴할 능력이 있어야 한다. 이는 결국 닭이 먼저냐 달걀이 먼저냐의 문제를 제기한다. 항공모함 진입의 전제조건은 위협의 파괴인데, 그 위협을 파괴하려면 전통적으로 항공모함 기반의 항공력이 애초에 이용 가능해야 했다.

항공모함 생존의 모호성은 크루즈 미사일 기술로까지 확대되지 않는다. 이 시점에서, 크루즈 미사일은 함재기의 폭격 역할을 대신할 사거리나 속도를 갖고 있지 않다. 그러나 여기에서조차 우리는 변화의 시작을 목격한다. 지상과 항공기로부터 발사된 대함 미사일이 제기하는 문제를 생각해 보고, 그리고 그것을 페르시아만에서의 작전이라는 맥락에서 생각해 보자. 이란이 최근 중국으로부터 지대지 대함 미사일을 사들였을 가능성을 고려한다면, 이란의 적대적 행위가 일어날 가능성이 있는 호르무즈 해협을 항공모함이 통과하게 하는 것은 신중하지 못한 것이다. 이제 미사일의 위치와 유형에 대해 완벽한 정보를 갖고 있다고 가정해도, 함재기에 의한 공습은 위험하다. A-12 프로젝트가 취소된 이후, 해군은 어떤 스텔스 항공기도 보유하지 못하고 있다. EA-6

은 방사 추적 미사일을 발사할 수 있으나, F-18도 A-6도 스텔스 항공기는 아니다. 어느 것을 쓰든지 상당한 사상자가 나올 가능성이 있다. 더욱이, 해군이 최근 정밀 유도 무기의 능력을 개선했지만, 그 무기들은 사막의 폭풍 작전 동안 레이저 표적 지정과 전자광학 유도 모두에서 약하기로 악명이 높았다.

보스니아에서 보았듯이, 지대공 미사일로 보호받는 적을 공격하는 최적의 해결책은 TLAM, 그 유명한 토마호크 지상 공격 미사일이다. 토마호크의 사거리는 항모전단이 해안에서 멀리 떨어져 있게 하며, 이는 적 대함 미사일의 유형이나 위력에 관한 정보를 파악하지 못해도 항모전단에 대한 잠재적으로 치명적인 공격으로 이어지지 않게 해준다. 그것은 적의 방공 시스템 통제 센터가 아무리 내륙 깊숙이 있더라도 그것을 공격할 수 있게 할 뿐만 아니라, 적의 특정 미사일 발사대를 파괴할 수 있게 한다. 적의 방공망을 제압한 후, 함대는 그다음 적의 대함 미사일을 제거하기 위해 더 가까이 다가가서 항공기를 발진시키거나 토마호크를 사용하는 추가 옵션을 가진다. 이 시점에서 항모전단은 어떤 전통적 타격 임무가 필요하든, 그것을 수행하기 위해 적의 해협으로 진입할 수 있다.

사막의 폭풍 작전과 보스니아 모두에서는, 크루즈 미사일이 항공모함 기반 항공기보다 덜 적합한 일단의 임무들이 등장했다. 물론, 반드시 다루어져야 할 다음 문제는 어떤 임무가 항공모함보다 크루즈 미사일에 의해 더 잘 수행될 수 있는가이다. 미국의 정치-군사 전략의 비용을 줄이는 데 관심 있는 일반회계국은 이미 토마호크로 항공모함을 대체할 가능성에 주목해 왔다. 일반회계국의 경비 절감에 대한 집착과 그 위험을 고려한다면, 우리는 그들의 견해가 섣부른 건 아닌지 의심해 봐야 한다. 그럼에도 불구하고, 일반회계국은 해군의 항공전 관계자들이 표명할 가능성이 없는 견해, 즉 크루즈 미사일이 항공모함보다 더 낫진 않아도 그에 못지않다는 견해를 표명해 왔다.

1995년 4월 25일 발행된 보고서는 크루즈 미사일의 장점을 분명히 했다.

사막의 폭풍 작전과 두 차례의 이라크 공습에서처럼, 크루즈 미사일은 전술적 항공 시스템에 대해 이점이 있고 군 지휘관들에게 정밀 타격 작전을 위한 추가 옵션을 제공한다. 크루즈 미사일은 많은 유형의 표적을 공격할 수 있고, 야간, 다양한 기후 환경, 철통같은 방공망과 여러 상황에서 사용될 수 있다. 또한 크루즈 미사일은 전자전 항공기나 호위 전투기, 공중 급유기 같은 유인 항공기의 공격에 요구되는 추가 자원 없이 사용될 수 있다. 게다가, 이라크 정보본부에 대한 기습이 보여주듯이, 그와 같은 공격은 항모전단의 존재를 요구하지 않는다. 크루즈 미사일을 사용하면 전진 배치 기지로부터 미군 항공기를 사용하기 위해, 또는 제3국의 영공을 통과하기 위해 해당 국가의 허가를 얻는 것 같은 정치적 제약을 피할 수 있다. 더 중요한 것으로, 크루즈 미사일은 항공기를 잃거나 조종사들이 죽거나 적의 포로가 될 위험 없이 표적을 타격할 수 있는 능력을 제공한다. 그러나 전술적 항공 시스템은 크루즈 미사일에 대해 몇 가지 이점—기동이 가능하고 위치를 변경할 수 있는 표적을 공격할 수 있고, 보다 강화된 표적을 파괴할 수 있다는 것—을 갖고 있으며, 따라서 공세적 항공 작전에서 핵심적 역할을 유지할 것이다. 또한 항공기에 탑재된 무기는 비용이 상대적으로 적기 때문에 대규모 혹은 장기적 작전을 실행하는 데 더 적합하다.

토마호크와 CALCM(재래식 공중 발사 크루즈 미사일)은 지휘관이 이용 가능한 옵션을 넓혀 주었고, 유인 항공기로 공격했던 여러 범주의 표적들에 대해 사용될 수 있기 때문에, 대부분 항공기의 특성(작전 가능 범위, 스텔스 정도 등)과 미래의 정밀 타격 무기 시스템을 위해 요구되는 항공기 수가 영향을 받을 것이다. 게다가, 크루즈 미사일을 탑재한 해군 전투함은 항공모함 기반 항공력의 도움 없이도 전진 배치 임무와 위기 대응조치를 수행할 수 있음을 보여주었기 때문에, 그들은 그 같은 임무를 수행하는 데 있어 실행 가능한 대안이다. 결과적으로 더 적은 수의 항공모함이 요구될 수 있으며, 이는 예산 절감으로 귀결될 수 있다.[2]

토마호크와 그와 비슷한 무기들은 여러 제약이 있지만, 내재적인 제약은 아니다. 항공모함의 한계는 사실상 내재적인 것, 즉 본질적인 특성이다. 항공기를 발진시키고 착륙시키려면 함선은 평평해야 하고 매끈한 갑판이 있어야 한다. 사용되는 항공기는 유인 항공기이고, 따라서 유인 항공기의 제약사항을 그대로 갖게 된다. 항공모함은 비용이 많이 들고, 따라서 어떤 나라도 그것을 아주 많이 보유할 수는 없다. 마지막으로, 항공모함은 미사일에 취약해서 엄청나게 비싸면서도 확실하지도 않은 방어 시스템을 필요로 한다.

크루즈 미사일에 대해 언급되는 문제들은 설계 특성이며, 이는 본질적으로 해결 가능하다. 보고서는 "기동이 가능하고 위치를 변경할 수 있는 표적을 공격할 수 있고, 보다 강화된 표적을 파괴할 수 있는 것" 같은, 현재로서는 유인 항공기가 더 효과적인 일련의 작전들을 명시하고 있다. 이 두 가지 모두 크루즈 미사일의 설계를 통해 해결될 수 있다.

- 현재 크루즈 미사일은 침투로와 최종 목적지가 사전 설정되는 시스템이다. 크루즈 미사일이 비행하는 동안 위치를 바꿀 수 있는 표적은 크루즈 미사일을 혼란스럽게 할 수 있다. 그러나 이러한 약점은 본질적인 것이 아니다. 비행하는 동안 표적을 감시하는 정찰위성이나 UAV 같은 센서들은 표적의 위치 변동을 잡아내고 비행 중인 크루즈 미사일에 표적 정보를 제공해서, 크루즈 미사일에 내장된 컴퓨터가 미사일의 방향을 바꾸게 할 수 있다.
- 크루즈 미사일의 탄두와 비행의 최종 단계에 대한 상당한 개선이 있어야 한다. 각 크루즈 미사일 임무의 효과를 극대화하기 위해 더 효율적인 폭약이 사용되어야 한다. 여기에 추가해서 강화된 표적을 공격하고 관통하기 위해서는 분리가 가능한 탄두가 필요하며, 종단 속도를 높이도록 제작된 보조 로켓 추진체가 부착되어야 한다. 현재의 GBU-27과 GBU-28 강화 장갑 관통탄은 이를 해낼 수 있다.
- 크루즈 미사일보다 항공기에 더 적합한 임무로 자주 언급되는 것은 적 보병 전력에 대한 지역 포화 폭격과 같은 것이다. 이제껏 크루즈 미사일은 산탄

이나 투하장치(dispenser)보다는 단발 폭발 시스템으로 사용되어 왔다. 크루즈 미사일이 적어도 공격기의 정확성을 갖고 자탄을 표적 지역에 투하할 수 없는 본질적인 이유는 없다. 실제로, 크루즈 미사일은 자탄을 투하하고 나서 다시 기지로 돌아올 수 있었고, 이를 통해 단번 사용에 따른 고비용 문제도 해결했다.

일반회계국은 이 논쟁의 핵심을 포착했다. 1995년 무렵, 크루즈 미사일은 항공모함을 위험에 처하게 하는 일 없이 적어도 항공모함만큼이나 효과적으로 수많은 임무를 수행할 수 있었다. 사실 1995년 11월과 12월, 항공모함 전단의 순환 배치 문제 때문에, 미국 해군 1990년 이래 처음으로 걸프 지역을 단 한 척의 항공모함도 없는 상태로 둘 만큼 크루즈 미사일에 대한 충분한 확신이 있었다. 항공모함이 있던 자리에 남겨진 것은 토마호크 미사일을 탑재한 두 척의 순양함과 바레인의 임시 피난처를 마지못해 허락받은 F-16 1개 비행대대였다. 이 비행대대는 어떤 행동을 취할 처지에 있지 않았다.

일반회계국의 관심사는 주로 항공모함 전단의 비용이라는 재정적 문제이다. 이것은 부적절한 관심사는 아니지만, 충분하다고도 볼 수 없다. 항공모함의 높은 비용은 항공모함이 대함 미사일에 대한 취약성, 적대적 환경에서 작전하고 항공모함에서 발진될 수 있는 항공기의 비용, 그리고 단 하나의 항공모함 전단으로는 유라시아 위기에서 결정적인 역할을 하기에 불충분하다는 사실 등에서 비롯된 결과이다. 비용 대비 효과적인 크루즈 미사일의 등장은 단지 동전의 다른 면이다. 항공모함을 그토록 값비싸게 만든 동일한 기술이 또한 항공모함들이 현재 수행 중인 임무들을 지속시킬 수 있다. 우리가 지금 보고 있는 것은 재정적 위기라기보다는 무기 문화의 교체(rotation)이며, 이는 항공모함의 시대의 종언과 미사일 시대의 진정한 시작이다. 문제는 어떻게 미국의 방위정책과 정치-군사 전략이 그에 대응해야 하는가이다.

대양의 힘과 항공모함 시대의 종언

우리는 현재의 초보적인 크루즈 미사일의 진화를 예상해 왔다. 새로운 크루즈 미사일은 센티미터의 정확성을 갖고 전 지구적으로 타격할 수 있고, 스크램젯 엔진으로 추진되며, 미 동부해안에서 대서양 한가운데 있는 선박을 5분 안에 맞힐 수 있을 정도로 빠르게 비행할 것이다. 다중 센서 정찰위성과 고고도, 장기 지속 UAV는 바다 위의 배들을 명확하고 정확하게 식별할 수 있다. 가시광선, 적외선, 레이더, 레이저, 그리고 그것들의 조합은 수 톤의 쇳덩이들이 숨는 것을 불가능하게 할 것이다. 함선이 어느 방향으로 기동하든지, 마하 20~25의 속력으로 돌진하는 미사일에 주어지는 데이터는 함선이 미사일을 피할 수 없게 만들 것이다. 어쩌면 크루즈 미사일이 격추될 수도 있지만, 함선은 그런 일을 하기에는 가장 가능성이 낮은 플랫폼일 것이다. 함선은 사실상 정지 상태에 있으면서, 자체 레이더로만 탐지하고, 요격 후 대응할 시간이 수 초에 불과하기 때문이다.

슈퍼-이지스 시스템을 사용하는 전함은 한 대 또는 두 대의 크루즈 미사일을 요격할 수 있을 것이다. 그러나 냉전의 암울한 시기에 다탄두 각개 유도탄(MIRV)이 그랬던 것처럼, 미사일이 자탄을 발사한다고 생각해 보자. 그 미사일이 충돌하기 수 초 전에 2, 3, 10개의 탄두로 쪼개진다고 생각해 보자. 그리고 적함을 향해 모여드는 10개의 탄두가 100여 개로 쪼개진다고 생각해 보자. 결국, 어떤 방어 시스템도 압도당하고야 말 것이다. 제한된 전함의 수, 그 비용과 전략적 중요성을 감안할 때, 어느 시점에 불가피하게 전함이 요격해낼 수 없는 하나 이상의 미사일이 있게 될 것이다.

크루즈 미사일에 대항하는 수단은 미사일이 발사된 순간에 미사일을 볼 수 있고, 그 경로를 추적할 수 있으며, 그것을 격추할 무기를 선택할 수 있는 시스템이어야 한다. 함선에 대한 사냥이 우주에서, 즉 대양이 모든 스펙트럼에서 완전히 그리고 명확하게 보이는 높은 지점에서 시작되듯이, 미사일 사냥도 우주에서 시작되어야 한다. 정지궤도에 높이 떠 있는 적외선 센서는 미사일이 처음 내뿜는 불꽃을 포착하고, 그것을 추적한다. 적의 미사일을 요격하기 위해 미사일이 발사된다. 이러한 미사일은 랩터 시리즈 같이, 내습하는 미사일들을 파괴하도록 만들어진 UAV나 선박에 탑재될 수 있다. 하지만 대체로 이러한 미사일들은 개별적으로 혹은 다발 형태로 저궤도를 돌아다니면서 우주에 있게 될 것이고, 통제관(controller)에 의해 행동에 들어가게 된다. 통제관은 아마도 지상 어딘가나, 또는 귀중한 수 초를 아끼고 간섭을 제한하기 위해 센서와 무기를 관리하면서 우주에 있을 것이다. 통제관은 미사일 엔진이 점화하도록 명령하고, 중력 우물(gravity well)을 활용해 미사일들이 요격 대상을 향해 돌진하게 한다.

물론 이 시나리오에서의 문제는 '대서양 한가운데서 전함은 무엇을 하고 있는가?' 혹은 '미사일이나 우주 시스템이 하지 못하는 무엇을 전함이 할 수 있는가?' 이다. 20~30노트의 속도로 움직이는 전함이 시속 20,000마일의 속도로 날아다니는 발사체의 시대에 살아남기는 힘들다는 사실, 그리고 자신의 위치를 적에게 드러내면서 수백 마일을 볼 수 있는 레이더를 탑재한 선박이 자신의 위치를 누구에게도 들키지 않으면서 한 번에 지구의 3분의 1 이상을 볼 수 있는 센서의 경쟁자가 되지 못한다는 사실을 아는 데는 그다지 많은 상상력이 필요하지 않다.

그러나 바다의 역설은 전함들이 대양에서 쫓겨날 수도 있지만—실제로 전함들은 더 이상 필요하지 않을 수도 있다—상선들은 계속해서 그곳을 지나다녀야 한다는 사실이다. 세계 경제는 해상 무역에 달려 있으며, 해상 무역의 경제학은 상선들이 값비싼 무기들을 갖고 다니지 않을 것을 요구한다. 이는 해상 강국들이 해로를 유지해야 하지만 전통적인 해로 통제 수단인 수상 전함을 사용할 수 없게 된다는 것을 의미한다.

우리는 해로를 유지하기보다 차단하기 쉬운 시대로 진입하고 있다. 15세기 세계 경제의 발달 이후, 절정기에 있던 강국들은 방대한 해상 제국을 지배했고, 해로를 다니는 상선들을 보호할 대규모의 해군을 보유했다 그러한 지배적 국가에 도전하고자 하는 신흥 강국들은 해로를 차단하는 것을 목표로 삼았다. 영국의 해적에서부터 독일의 잠수함까지, 도전하는 신흥 강국들은 제국의 힘줄을 끊고자 했다. 그들이 성공했을 때, 그것은 해상 공격 기술이 해상의 방어 능력보다 압도적으로 더 강력했기 때문이었다. 극초음속, 장거리 크루즈 미사일의 등장으로 인해, 우리는 아마도 세계 체제의 번영이 해로에 대한 모든 상선의 방해받지 않는 접근에 완전히 의존하게 된 바로 그 순간에, 이러한 상황에 직면하게 될 것이다.

우리는 20세기 내내 이 같은 새로운 현상에 대한 조짐을 보아 왔다. 제1, 2차 세계대전 중, 대영제국에 대한 독일의 도전은 잠수함들이 대영제국과 영국 섬들, 또는 영국과 미국 사이의 보급로를 차단하는 U보트의 능력에 집중되었다. 두 전쟁 모두에서, 특히 두 번째 전쟁에서 독일은 거의 성공 직전까지 갔다. 두 번 모두 독일은 실패했는데, 그들의 적이 너무 많은 구축함을 가지고 있었거나, 소나와 같은 기술이 그들보다 약간 앞섰거나 혹은 독일 잠수함의 수가 충분하지 않았기 때문이었다. 제2차 세계대전 중, 태평양에서의 해상 패권을 놓고 분투 중이던 미국은 세계의 해로를 차단하는 데 있어 잠수함으로 무엇을 할 수 있는지를 보여주었다. 잔인함에 있어 타의 추종을 불허했던 무제한 잠수함 작전에서, 미국은 일본과 그 제국 사이의 보급선을 차단했으며, 공습이 효과를 발휘하기도 전에 일본 경제를 주저앉게 만들었다. 일본은 미국의 잠수함 작전에 대한 성공적인 반격을 시작조차 못했다.

잠수함은 수상함에 대한 최초의 체계적인 공격이었다. 잠수함의 이점은 그것의 스텔스 능력이었다. 제2차 세계대전 내내 대체로 부정확했던 소나를 제외하면, 잠수함을 발견할 방법이 없었다. 잠수함은 적의 보급로에서 기다리고 있다가 방어력이 전혀 없는 상선을 공격하고, 제국을 둘로 갈라놓을 수 있었다. 영미 연합군은 북대서양의 보급로를 확보하기 위해 필사적으로 싸웠고, 1941년에서 1943년 사이 어느 시점에서는 그들이 전투에서 지고 있는 것처럼 보였다. 그러나 전문화된 수상 전함—폭뢰로 무장하고, 소나를 장착하고, 디젤 잠수함이 잠수 중에 배터리로 낼 수 있는 8~9노트에 비해 극도로 빠른 구축함—을 사용해, 연합군은 북대서양 루트와 무르만스크Murmansk 루트 모두의 보급로를 열어 놓는 데 가까스로 성공했다.

공중으로부터의 위협 역시 중요했다. 독일이 대서양의 아조레스 제도나 아이슬란드에 공군 기지를 가졌더라면, 또는 항공모함을 보유하고 있었더라면, 그들이 대서양을 봉쇄했을 가능성은 아주 크다. 실제로 항공기와 잠수함을 모두 사용할 수 있었던 무르만스크 루트에서 독일은 물자의 흐름을 일정 기간 봉쇄할 수 있었다. 태평양에서는, 하와이와 필리핀 사이에 있는 섬들에서, 일본의 지상 기반 항공기들이 1942년 초에 미국이 재보급을 받는 것을 사실상 불가능하게 만들었다. 1943년에서 1944년까지의 아일랜드 호핑(island-hopping) 작전 동안, 미국은 항공모함 항공력을 사용하여 길버트, 마셜, 마리아나 제도를 봉쇄하는 데 성공했고, 일본이 보급을 받지도 철수하지도 못하게 만들었다.

해로에 대한 압박은 20세기 내내 점점 커져 왔다. 냉전기에는 해로에 대한 위협이 증가되었으나, 그것이 완전히 드러나지는 않았다. 태평양 전쟁에서부터 한국 전쟁, 쿠바 사태, 베트남 전쟁, 걸프전에 이르기까지 미국의 해로 차단에 대한 제약은 기술적이라기보다는 정치적인 것이었다. 좀더 정확히 말하면, 미국은 자신이 선택한 어떤 해역도 봉쇄할 수 있었다. 미국이 거의 그렇게 하지 않았던 것은 지상에서의 군사적 대응을 우려했기 때문이고, 정치적 또는 경제적 보상이 그 노력에 미치지 못했기 때문이었다. 이 지점에서 제기할 수 있는 중요한 질문은, 미국이 특정한 해역을 봉쇄할 수 있었는지 여부가 아니라 좀더 가상적인 것이다. 소련이 미국의 함대와 맞먹는 함대를 건설할 수 있었다면, 소련 또한 특정한 해역을 봉쇄할 수 있었을까? 두 해군이 서로를 무력화하고 어느 쪽도 어떤 해역도 봉쇄할 수 없는 상황이 되었을까? 아니면 어느 한쪽이 다른 쪽을 필연적으로 파괴해서 이전의 상태로 돌아갔을까?

대양을 통한 교역을 방해할 수 있는 힘은 그것을 열어둘 수 있는 능력보다 더 빨리 성장했다. 공격용 잠수함과 공격 항공기가 등장한 이후, 해로를 열어 두기보다는 닫아버리는 것이 더 쉬웠다. 비교적 작은 폭격기 전력과 공격형 잠수함을 상대로조차, 미국의 기획가들은 소련과의 전쟁 발발 시 북대서양

해로를 열어놓을 수 있을지에 대해 심각한 의문을 가졌다. 적어도 선적 화물이 없어지거나 지연될 것이고, 이는 승리와 패배를 가르는 결정적 요소가 될 수도 있다. 음향 소스나 자기 소스(magnetic source)를 자동 추적하는 어뢰와 레이더 영상을 자동 추적하는 미사일은 소련이 북대서양을 봉쇄할 희망을 품는 것을 가능하게 했다.

장거리, 고속, 지능형 미사일의 등장은 해로 통제의 문제를 전례 없는 양상으로 양분시켰다. 한편에서는 해로를 통제하거나 봉쇄하는 것이 훨씬 더 쉬워졌다. 다른 한편에서는 해로를 열어두는 것이 엄청난 난제가 되었다. 이 문제를 단순하게 제기하자면 이렇다. 어떻게 사실상 세계 어느 나라에서든 발사될 수 있는 미사일에 선박이 노출되는 일 없이 물자가 대양을 건널 수 있을 것인가? 물론, 이는 문제의 극단적인 표현이고, 우리가 그 지점에 이르기까지는 분명 많은 시간이 걸릴 것이다. 그럼에도 불구하고, 그 지점에서 해전의 미래가 바뀔 것이다.

미국은 4가지 대안을 마주하고 있다.

- 해로의 봉쇄를 인정한다. 사실상, 이는 세계가 15세기 이전의 상황으로 회귀하는 것이다. 세계는 더 작은 지역 단위로 쪼개지고 육로 접근은 통상적인 물리적, 정치적 방해, 제한된 연안 이동, 그리고 대양 무역의 완전한 중단에 의해 제한받게 될 것이다. 이것이 포스트 모던 악몽 또는 암흑시대의 임박한 부활처럼 보일 수 있지만, 냉정하게 생각해 보면, 그것은 완전히 터무니없는 것은 아니다. 왜냐하면 기술의 확산은 혼란으로부터 잃을 게 가장 적고, 협박으로부터 얻을 게 가장 많은 국가가 가장 강력한 위치에 서게 된다는 것을 의미하기 때문이다. 혼란으로부터 얻을 게 많은 국가의 자제에 의존하는 국제 체제는 잠재적 파괴자에 대한 지속적 개입을 요구한다. 그것도 지상에서, 그리고 평화유지자(peacekeeper)에게 가장 불리한 조건으로 개입해야 한다. 이것은 필연적으로 진이 빠지는 일이다. 로마제국도 그 일에 실패했고, 미국이라고 해서 더 나은 지속력(staying power)을 갖고 있다

고 믿을 이유가 없다.
- 미사일에 의해 차단당하기 쉽지 않은 수단으로 상품을 운반한다. 잠수함이 일단 떠오르겠지만, 잠수함 수송의 엄청난 비용이 그 자체로 국제 무역을 약화시킨다는 사실 외에도, 잠수함 자체는 더 이상 지능적 무기로부터 안전하지 못하다. 항공 수단은 분명히 상품 수송을 위해서는 너무 비싼 반면, 비행선 계획은 대체로 실패하는데, 그것들이 수상함들보다 훨씬 더 취약하기 때문이다.
- 불침의 배를 만든다. 이것은 이상한 전략이지만 보기보다는 그렇게 황당무계하지 않다. 배들이 지닌 문제점 중 하나는 그들을 노리는 폭탄에 비해 너무 작다는 것이다. 극초음속 미사일은 심각한 크기 제약을 갖게 되며, 재래식 폭탄 역시 개선되었다고 해도 한계가 있다. 한 가지 대안은, 느리기는 하겠지만 초대형 선박을 만드는 것이다. 이 배는 화물 적재공간의 상당 부분이 수면 아래 위치하며, 여러 발의 공격을 받아도 작동 능력을 계속 유지할 수 있는 특수한 구조를 갖는다.
- 미사일을 효과적으로 발사하려면 있어야 하는 전략적 탐지 시스템을 제거해 크루즈 미사일의 위협을 제거한다. 사실상 해로를 통제하기 위해서는 우주를 통제해야 한다. 가장 작고 가장 호전적인 국가는 극초음속 미사일을 구매할 수 있지만, 그 나라가 그 미사일의 사용에 필수적인 우주 기반 정찰 능력까지 확보할 가능성은 낮다. 실제로 크루즈 미사일은 은폐되고 어디서나 발사될 수 있는 반면, 인공위성은 위치가 발각되고 파괴될 수 있는 발사 시설을 필요로 한다.

이제 우리는 앞서 항공과 지상 전력의 미래에 대한 논의에서 도달했던 것과 똑같은 전략적 결론으로 돌아왔다. 우주가 핵심이다. 최신예 장거리, 극초음속 발사체도 그 표적에 대한 정보가 없으면 아무런 쓸모가 없다. 표적설정 정보는 높은 곳에서 와야 한다. 한 가지 선택은 70,000~80,000피트 고도에 있는 대기권의 최고 상층부에서 UAV를 사용하는 것이다. 그러나 UAV가 얼마나 효율적이든 간에, 그리고 그것이 태양 에너지만을 써서 얼마나 오래 떠 있을 수 있든 간에, 대기권 내에 있는 것은 우주를 위해 요구되는 기술보다 덜 정교한 기술로도 반격을 당하기 쉽다. 다시 말하면, 2류, 3류 수준의 국가도 UAV를 제거할 수 있다.

더욱이, UAV는 전 지구적인 작전 수행 범위를 갖지 못한다. 그것이 표적 지역으로 비행할 수 있다 해도, 그 데이터는 발사 장소로 다시 전송되어야 한다. 12~13마일 상공에 있는 UAV는 발사 장소까지 연결되기 위한 다수의 링크를 필요로 한다. 이 링크들은 각자의 자리에 있어야 하고 전파 방해로부터 보호되어야 한다. 최상의 환경에서, UAV는 국가들이 자신의 인접 지역의 정보를 수집할 수 있게 해주지만, 전 지구적 범위와 유사한 어떤 것도 제공하지 않는다.

따라서, 핵심은 지상 또는 더 낮게는 우주에 있는 미사일과 연계된 우주 기반 정찰 플랫폼이다. 전 지구적 정찰 능력을 보유하고 있는 국가는 해로를 차단할 수 있게 된다. 따라서 우리는 해로 통제가 수상함들보다는 우주선들에 의존하는 시대로 들어서는 것이다. 배들은 우주로부터 호위받고, 위험한 상황에서 우주로부터 보호받고, 우주로부터 패배당하고, 그리고 궁극적으로 우주로부터 파괴될 것이다.

이전에는 세계의 대양을 지배하려면 적함을 바다에서 격파하고, 적의 항구와 연안을 봉쇄하고, 세계 각지의 요충지를 통제할 수 있는 능력이 필요했다. 상선들을 미국 대서양 연안에서 유럽으로 이동시킬 수 있는 물리적 능력, 지중해를 가로지르고, 파나마 운하와 수에즈 운하를 통과하고, 싱가포르 해협을 지나갈 수 있는 능력이 국가의 부와, 국제 무역과 권력의 양상을 결정할 것이다. 바뀌고 있는 것은 세계 무역의 지리학이 아니다. 단지 이들 지점까지 폭탄을 투사하는 수단이 바뀌고 있을 뿐이다. 이전에는 이 모든 임무에 전함들이 사용되었으나, 이제는 더 이상 지브롤터나 말라카 해협에 함대를 파견할 필요가 없다. 함포나 함재기들의 폭발력은 우주에서 표적이 설정되고 발사 명령이 내려지는 장거리 발사체에 의해 동일한 지점에 투사될 것이다.

분명, 이 간단한 변화가 커다란 전략적 의미를 갖는다. 해전에서 무게중심은 더 이상 항공모함 전단에 있지 않다. 그 무게중심은 발사체를 전 지구적으로 투사할 수 있는 지휘 및 통제 시스템으로 이동한다. 우주를 지배하는 나라는 세계의 대륙들을 지배하는 것보다 훨씬 더 확실하게 세계의 대양을 지배할 것이다. 극초음속 미사일은 지상 목표의 수에 비하면 그 수가 항상 충분치 않을 것이다. 하지만 앞에서도 말했거니와, 극초음속 무기를 통제하는 우주 기반 정찰력을 그토록 대단하게 만드는 것은 바다에는 상대적으로 적은 수의 선박들이 있다는 사실이다. 선박의 수와 이용 가능한 발사체의 수는 거의 일치한다. 비록 미사일이 지상전의 결과에 영향을 미칠 수 있다 해도, 그것들은 결코 지상을 쑥대밭으로 만들 수 없었다. 바다에서 미사일은 확실히 특정 해역을 쑥대밭으로 만들고 전쟁의 결과를 결정할 수 있을 것이다.

그러므로 우주 기반 시스템이 지상전의 전개에 있어 결정적 요인이 되겠지만, 바다에 있어서는 거의 단독으로 전쟁의 결과를 결정할 수 있을 것이다. 적어도 그것은 무역의 양상을 강제하여 우방국을 지원하고 적국에 불이익을 줄 수 있을 것이다. 그것은 우주에 대한 통제를 결정적인 경제적 이점으로 만들 것이고, 이는 명백한 군사적 기능과 연계되어 우주 통제를 정치적 필수 사항으로 만들 것이다.

따라서, 우주를 통제하는 누구든 세계의 대양을 통제할 것이다. 대양을 통제하는 누구든 세계 무역의 패턴을 통제할 것이다. 세계 상거래의 패턴을 통제하는 누구든 세계에서 가장 부유한 국가가 될 것이다. 세계에서 가장 부유한 국가가 누구든 우주를 통제할 수 있을 것이다.

전환기의 힘의 투사

해전에 대한 우리의 논의를 우주 통제라는 장대한 차원이 아니라, 상륙전이라는 보다 당면한, 현실적인 수준에서 마무리하는 것이 중요하다. 언제가는, 전쟁이 우주에서 벌어지게 될 것이다. 그러나 단기적으로나 장기적으로나 미군은, 우주에서의 상황이 어떻든 간에, 적대적인 해안에 상륙하여 '문을 걷어차고' 들어가 상황을 완전히 장악해야 할 것이다. 전통적으로 해양력은 힘의 투사를 위한 전제 조건을 제공해 왔다. 그것은 그 자체로 힘의 투사는 아니었다. 해로 통제는 연합군이 노르망디에 진입하는 것을 가능하게 했고, 독일이 영국을 침공하는 것을 불가능하게 했다. 하지만 해로 통제는 필요하지만 불충분한 전제 조건이었다. 여전히 보병이 적의 영토에 들어가서 점령해야 했다.

미군이 전략적으로 적대적인 해안을 상대로 수행한 가장 최근의 공격은 1950년, 한국의 인천에서였다. 베트남전에서는 몇 차례의 전술적 상륙 공격이 있었다. 그러나 다른 모든 경우에 미국은 걸프전에서처럼 상륙 작전을 피했거나, 그레나다Grenada에서처럼 미약한 저항을 받으며 공격을 감행했다. 미 해병대는 분명 세계 최강의 대규모 상륙부대이다. 그러나 미 해병대는 거의 반세기 동안 치열한 접전이 펼쳐지는 해안에 대한 실제 공격을 자제해 왔다. 그 반세기 동안, 상륙전의 위험은 급증했으나 그 기술은 상당히 정체된 상태에 머물러 있다. 보병에 관한 우리의 논의는 여기서 결정적으로 중요하다. 이와 함께 어떻게 그들을 해안에 상륙시키고, 그들을 계속 먹이고 무장시킬 것인지에 대해 고려해야 한다.

우리는 상륙전이 단지 미국이 정치적, 지리적 이유로 운용하는 일반적인 대전략 체계의 일부임을 인식해야 한다. 이것의 일반적 명칭은 힘의 투사(power projection)이며, 이는 다섯 가지로 나누어진다.

- 미국에든, 또는 유럽이나 함대와 같은 어떤 대규모 전략적 전진 기지에든 병력과 보급물자를 집결시킬 수 있는 능력
- 이들 병력과 보급물자를 작전 구역으로 수송할 수 있는 능력
- 필요하다면 직접 공격으로 대상 국가의 개방을 강제할 수 있는 능력
- 최초 병력을 추가적인 후속 병력으로 보강할 수 있는 능력

- 장기 전투 작전에서 보급과 병력 증강을 통해 전력을 유지할 수 있는 능력

개입하려는 결정과 공세(또는 방어) 작전을 시작하기 위해 전구에 보급물자를 준비하는 것 사이의 간격은 위험할 정도로 길 수 있다. 그러나 그것은 미국의 전략에 내재되어 있다. 예를 들면, (독일에 점령된) 프랑스를 침공하기로 결정한 때부터 1944년 5월 준비를 완료할 때까지 1년 이상이 흘러갔다. 사막의 폭풍 작전에서, 개입 결정으로부터 공격을 시작할 수 있을 때까지 6개월이 걸렸다. 한국전에서는, 준비하는 데 걸린 시간으로 인해 전쟁에서 거의 질 뻔했다.

냉전 기간에 미국은 2와 1/2 전쟁 교리라 불리는 기본 전력 요구사항(basic force requirement)을 설정했다. 이러한 교리 하에서 미군은 두 개의 대규모 전쟁과 하나의 소규모 작전을 동시에 치를 수 있어야 했다. 그래서 1960년대에 미군은 베트남전을 치르면서도 서유럽에서 소련의 침공을 격퇴할 준비를 갖추고 있었다. 그리고 동시에 그들은 가령, 이스라엘에 대한 군사지원이나 카리브해의 도서 침공 같은 부차적인 작전을 수행할 준비가 되어 있었다.

냉전 이후, 국방부는 전면 재검토를 실시해 레스 아스펜Les Aspen 국방장관 하에서 2개 주요 지역 분쟁(2 Major Regional Conflict, 2MRC) 시나리오로 알려진 후속 교리에 이르렀고, 이는 현재 미국의 전략과 교리를 주도하고 있다. 비현실적이라는 비난을 지속적으로 받아온 전략의 핵심은 미국이 하나의 지역 분쟁(예를 들면, 사우디아라비아 방어)을 치르면서도 두 번째 분쟁(예를 들면, 한국)에서 최소의 전력으로 버틸 수 있다는 것이다. 사우디아라비아의 상황이 안정화되면, 그 전력은 한국으로 돌려져 전쟁의 진행속도를 올리게 된다.

문제는 미국이 이러한 전략을 수행할 전력을 결여하고 있다는 것이 아니라, 이 전략이 미국의 군수지원 역량에 엄청난 부담을 준다는 데 있다. 두 개의 대규모 병력 투입과 보급 작전이 진행되고, 그 뒤에 다시 대규모의 병력 이동이 있게 되는 것이다. 비판자들은 미군의 해상 수송 능력이 그런 임무를 수행할 수준이 못 된다고 주장했다. 미국은 서로 멀리 떨어져 있는 두 개의

전력을 안정시키는 것은 고사하고, 빠르게 전개되는 하나의 분쟁에 대해서조차 충분한 전력을 제때에 전구에 투입할 수 없다는 것이었다.

미군 병력의 규모가 줄어듦에 따라, 역설적으로 군수지원 수요는 증가하고 있다. 더 적은 병력은, 만약 그 병력이 사전 배치된다면 예기치 못한 상황을 위한 예비 병력이 거의 남아 있지 않다는 것을 의미한다. 병력이 줄어듦에 따라, 그러한 병력을 중앙 예비군으로 유지할 필요성이 증가한다. 이는 미국 본토에서 전구로 빠르게 병력을 이동시키고, 그곳에서 그 병력을 지속적으로 뒷받침하는 능력이 전략적 병목이 된다는 것을 의미한다. 세계 최고의 군대라고 해도 전장으로 보내질 수 없으면 아무 가치가 없다.

미국은 자신과 멀리 떨어져 있고 대양에 의해 분리된 지역들에서 안정을 유지해야 하는 지속적인 임무를 안고 있다. 그것이 평화유지 활동을 하는 소규모 부대이든, 침략을 격퇴하기 위한 여러 개의 사단급 전력이든, 모든 미군의 작전은 병력을 수송하고 보급할 수 있는 능력을 요구한다. 이러한 작전은 빈번하고 서로 중첩되기도 한다. 장소와 시기에서 예측 불가인 경우도 많다. 미군은 전 지구적 차원에서 언제라도 개입할 수 있는 태세를 갖추어야 한다. 쿠웨이트, 라이베리아, 소말리아, 아이티, 보스니아의 예를 보라. 그 분쟁들은 규모, 강도, 지속 기간이 제각각이었지만, 대체로 예상치 못한 일이었다는 공통점이 있다. 장기적인 전략적 관점에서 미국은 사실상 어디에나 갑작스럽게 개입하도록 요청받을 수 있다고 가정해야 한다.

〈표 9〉에서 분명하게 알 수 있듯이, 미국 본토에서 유라시아 전구까지 빠른 해상 수송조차도 그것을 위해 소요되는 시간은, 만약 그 목표가 시작 단계에서 적의 급습을 중단시키는 것이라면 용납될 수 없다. 이 시간은 창고에서 항구로 물자를 옮기는 것이나 항구에서 물자를 싣는 것은 포함하지 않으며, 고장 없이 전속력으로 항해한다고 가정한다는 점을 기억해야 한다. 전통적인 해상 수송 전략을 사용해서는, 미국이 공격을 격퇴할 수 있는 위치에 있지 않을 것은 분명하다. 그 대신 비용이 많이 들고 어려운 반격전을 벌일 수밖에 없게 된다.

루트	거리	머시(Mercy)급 병원선 15노트	봅 호프(Bob Hope)급 쾌속 수송선 24 노트
노포크-오만	11,604마일	33일	20일
노포크-소말리아	9,735마일	26일	17일
샌디에이고-싱가포르	7,736마일	22일	12일
샌디에이고-한국	5,344마일	13일	8일

〈표 9〉 최대 속도로 전구에 도달하는 데 걸리는 시간

이 딜레마의 명백한 해결책은 유럽과 한국처럼 전 세계에 미군 병력을 사전 배치해 두는 것이다. 이러한 사전 개입 전략의 약점은 위기 예상 지역에 대규모 상비군을 두어야 한다는 것이다. 그러나 보통 그런 예상 지역에서는 진정한 위기가 발생하지 않는다. 냉전 이후, 미국은 자신의 병력 규모를 줄이기 시작했다. 역설적이게도, 냉전 종식과 함께 잠재적인 미국의 개입 범위는 사실상 늘어났으며, 미국의 개입이 이전보다 더 자주 있었고 더 확산되었다.

따라서 미국은 병력은 줄어드는 가운데 전략적 책임이 늘어나는 상황에 직면해 있다. 사전 배치에 필요한 병력 자원이 없는 상황에서, 미국의 전략은 전구 주둔 병력과 전략적 예비군을 유지하다가 위기에 대응하기 위해 그들을 적시에 해당 지역으로 보내는 것이어야 한다. 예를 들면, 라이베리아의 잠재적 위기에 대응하기 위해, 미국은 이미 전구에 배치된 수륙양용 전력—미군 함대와 함께 배치된 해병대 원정군—을 갖고 있었고, 이는 전략적 예비군으로부터의 대규모 병력 이전 없이도 개입을 가능하게 했다.

위기가 확대되면서 해병대 원정 부대가 동원할 수 있는 병력 이상을 요구하게 될 경우, 유일한 대안은 전략적 예비 전력을 활용하는 것이다. 예를 들어, 보스니아에서는 전구—독일과 제6함대—에서 온 병력과 전략적 예비군—미국 본토—에서 온 병력의 조합을 이용할 수 있었다. 사막의 폭풍 작전에서는 이용 가능한 전구 병력이 공격 임무는 말할 것도 없고 방어 임무를 위

해서도 불충분했는데, 유일한 해결책은 미국 본토 병력을 해당 지역으로 신속히 이동시키는 것이었다.

이 문제는 새로운 것이 아니다. 1960년대 이후, 미국은 유럽에 사전 배치된 장비를 보유해 왔다. 리포저(REFORGER)라고 불리는 연례 훈련에서, 미군 부대는 유럽으로 날아가 필요한 장비를 고른 다음 배치된다. 사막의 폭풍 작전 중, 미군 부대는 사우디아라비아 내 미군 보급 거점인 킹 할리드King Khalid 시에서 보급물자를 얻을 수 있었다. 해병대는 인도양의 디에고가르시아Diego Garcia에 정박해 있는 대형 선박에 장비들을 미리 배치해 두었다. 사전 배치만으로도 전쟁 발발 30일 이내에 사우디아라비아 방어를 시작할 수 있었다.

이라크가 쿠웨이트를 침공한 직후, 리처드 체니 미국 국방장관과 참모들은 리야드로 날아갔다. 그들의 임무는 사우디아라비아에 미군을 배치하고, 사전 배치해 놓은 장비의 활용에 대한 사우디아라비의 허가를 받아내는 것이었다. 허가는 며칠 후에야 나왔다. 사우디아라비아가 요르단과 같은 결론에 도달했다면, 사전 배치된 물자들은 이용할 수 없었을지도 모른다. 지상에 물자를 사전 배치해 두는 것은 미국이 주둔국 정부의 바람대로 끌려다니게 만든다. 분쟁의 양상이 예측 불가능한 불안정한 지역에서 어느 한 정부에 베팅하는 것은 위험한 일이 아닐 수 없다.

더 나은 해결책은 연안 해역에 사전 배치를 하는 것이다. 이곳에서는 미국이 자신의 역량을 통제할 수 있다. 현재의 연안 해역 사전 배치는 초보적인 상태이며, 여러 개의 사단 병력을 유지하는 데 필요한 규모에는 전혀 미치지 못한다. 해병대의 사전 배치 선박은 사단급 이하 병력의 원정 임무를 지원하기 위한 것이다. 그것은 소규모 개입이나 대규모 개입의 초기 단계에 적합하지만, 전략적 요구사항에는 전혀 못 미친다.

걸프전 중, 연안 해역 사전 배치의 결함들이 분명해졌다. 첫째, 그것들은 싣고 내리는 데 전혀 효율적으로 설계되지 않았다. 그리하여 장비를 유지관리하는 데 불필요한 지연과 문제가 발생했다. 둘째, 그나마도 수가 너무 적었다. 전략적 증강이 진행되는 동안 작전을 뒷받침하려면 더 많은 수가 필요했다. 마지막으로, 그리고 가장 중요한 것으로, 그것들은 선박이었고 따라서 공격에 취약했다. 사막의 폭풍 작전 이후에는, 누구나 상식적인 적이라면 이러한 취약한 선박들에 대한 공격으로 작전을 개시할 것이라고 생각한다.

우리가 해병대 사전 배치 선박으로부터 배운 교훈은 수 시간 또는 수일 내 사용할 수 있도록, 미국의 정치적 통제 하에 있는 전구 근처에 보급물자를 두는 것이 절대적으로 필요하다는 사실이었다. 이러한 보급물자들은 미군 부대가 우방국 공항에 착륙해서든, 상륙 작전을 통해서든 지정된 위치로 이동할 수 있도록 설계되어야 한다. 해병대 병력은 "문을 걷어차는" 작전을 위해 충분한 물자를 휴대하겠지만, 사전 배치된 물자들은 지상 및 공중 작전을 포함해 30~60일간 작전을 뒷받침하는 데 사용될 것이고, 미국에서 유라시아에 이르는 길고, 점점 더 취약해져가는 보급선을 단축시킬 것이다. 이는 미국으로부터의 전략적 보급이, 아무리 압박을 받더라도 즉각적인 작전에 사용되기보다는 전략적 예비 전력을 구축하는 데 사용될 것임을 의미한다. 사전 배치된 물자로 인해, 압박이나 일시적 차단을 훨씬 잘 견딜 수 있을 것이고, 방어에서 공격으로 전환할 기회도 훨씬 빨리 올 것이다. 현재의 용납될 수 없는 현실과는 달리, 방어는 수일 안에, 반격은 수주 안에 일어날 수 있을 것이다.

물론, 문제는 미국이 과연 어디서 자신의 통제 하에 있으면서, 또 적절한 위치에 있는 군수지원 기지를 찾을 수 있느냐이다. 이미 지적했다시피, 중요 지역에 기지를 확보하고 유지하는 것은 미국을 주둔국 정치세력의 인질로 만들거나 적대적인 국가들 내에 기지를 유지할 수밖에 없게 만든다. 관타나모(Guantanamo)의 경우는 한 번으로 족하다.

미국의 진정한 해결책은 자신이 선택한 공해상의 특정 지점에 전진 군수 기지를 건설하는 것이다. 사실상, 미국은 유라시아 주변의 전략적 지점들에 인공섬 클러스터(cluster)를 구축해야 한다.

전진 군수 기지들은 다음과 같은 사항을 할 수 있어야 할 것이다.

- 고강도 전투 중인 적어도 1개 기계화 사단을 30일간 유지하기에 충분한 물

자와 장비를 비축할 수 있어야 한다.
- 다양한 유형의 습식 및 건식(wet and dry) 보급선을 위한 접안 시설과 특수 상륙정 함대를 위한 신속한 하역 능력을 제공할 수 있어야 한다.
- 최소한 1개 여단이 수개월 간 주둔할 수 있는 막사를 갖출 수 있어야 한다.
- 수 개의 고성능 폭탄 공격을 견뎌내고, 단지 살아남는 것이 아니라 기능을 계속 유지할 수 있어야 한다.
- 최소한의 전투 공중 초계를 유지하기 위해 보급 항공기와 수직 단거리 이착륙 전투기들을 착륙시킬 수 있어야 한다.
- 철통 방어는 아니어도, 유지 가능한 수준으로 피격률을 줄이도록 설계된 최소한의 방공시스템을 갖출 수 있어야 한다.
- 대함, 대잠, 지상 공격 크루즈 미사일을 갖추고 발사할 수 있어야 한다.
- 기지 주변을 그물망에서부터 기뢰에 이르기까지 수동식 대잠전 시스템(passive antisubmarine warfare system)으로 둘러쌀 수 있어야 한다.
- 반드시 움직임이 자유로울 필요는 없으나, 이동 가능해야 한다. 사막의 폭풍 작전 동안의 통신 위성들처럼, 수주 안에 한 전구에서 다른 전구로 이동할 수 있어야 한다. 최대 속도 2노트면 충분할 것이다.

그와 같은 시스템은 거대하고 전술적으로 기동 불가능해야 할 것이다. 이는 그 장점 중 일부가 될 것이다. 규모가 어마어마하게 커서 배를 손상시키고 파괴할 정도의 충격에도 견딜 수 있을 것이다. 그것은 충격을 더 효과적으로 분산시킬 뿐만 아니라, 그것의 크기는 시스템들의 중복(redundancy)을 의미 있게 만들 것이다. 크기는 또한 차단될 수 있는 구역의 건설을 가능하게 해서, 어느 한 구역의 파괴가 나머지 구역의 파괴를 의미하지 않게 될 것이다.

더욱이, 그 시스템의 전술적 비기동성은 별 의미가 없을 것이다. 마하 5 또는 그 이상의 속도로 날아오는 미사일의 관점에서, 정지된 플랫폼이나 30노트의 속도로 기동하려고 하는 선박이나 별 차이가 없다. 선박은 우리가 앞서 설명한 미사일들을 피해서 기동을 할 수도 없고, 통합된 다중 스펙트럼 센서들로부터 숨을 수도 없으며, 모든 고성능 컴퓨터들을 속일 수도 없다. 바다에 있는 어떤 선박이나 플랫폼도 미사일에 피격당할 수 있다. 결국, 방법은 피격당해도 계속 작동할 수 있게 하는 것이다. 해병대의 사전 배치 선박들은 계속 작동할 수 없겠지만, 거대하고 안정적인 심해 플랫폼은 가능할 것이다.

정밀 유도 무기 시대에 힘을 투사하는 문제는 시스템적 접근을 필요로 한다. 이러한 접근에서 미국 내 군수지원 조직은 적을 향해 총을 쏘는 일선 병사들과 밀접히 연관되어 있다. 실제로 여기서 논의된 모든 것들이 시스템적 접근을 필요로 한다.

이러한 플랫폼은 다목적적 존재이다. 전진 군수 기지로 기능하는 것 외에도, 해로 통제와 상륙군 화력 지원을 위한 전략적 화력 기지로도 기능할 수 있다. 적절한 위치에 놓이게 될 경우, 이러한 플랫폼은 적의 지상 공격뿐만 아니라 다가오는 선박이나 항공기를 저지하기에 충분한 화력을 투사할 수 있다. 하지만 이러한 다른 요소들이 있든 없든, 미국 본토로부터의 사전 보급이나 현지 동맹국의 협력 없이도, 전쟁 시작 국면에서 미군 병력에 물자를 보급할 수 있는 능력은 그 자체로 충분한 가치가 있다. 이는 미국이 적의 의도와 상관없이 상황을 안정시키고, 역사가 예측하는 것보다 훨씬 이전에 공세로 나아가고. 또한 전략적 재보급이 절박한 방어 전술에 소모되지 않고 전략적 증강에 투입되게 하면서, 전쟁의 진행속도를 통제할 수 있게 해줄 것이다

미국과 유라시아 사이의 구간에서 가장 취약한 부분은 전진 군수 기지에서 해안까지의 마지막 수백 마일이 될 것이다. 그리고 미사일의 사거리가 늘어나서 보급선(supply craft)의 취약성은 계속될 것이다. 따라서 전진 군수 기지는 추가적으로 기지에서 상륙지점이나 항구까지 빠르고 민첩하게 이동할 수 있는 새로운 종류의 전술 상륙정을 필요로 한다. 이 상륙정들은 크기가 작고 수가 많아야 할 것이다. 크기가 작으면 미사일을 피할 확률이 올라간다. 수가 많으면 적의 수중에 있는 효과적인 미사일의 수를 능가하게 된다. 미사일들이 이지스를 상대로 포화 공격하는 것처럼, 빠르고 민첩한 상륙정은 미사일보다 더 오래 남아 있을 것이다. 상륙정은 불가피한 미사일 공격이 가져올 인

명 피해를 줄이도록 설계된, 로봇 플랫폼이 될 수도 있을 것이다.

미국의 제해권에 대한 위협은 더 이상 바다에서 해결될 수 없다. 항공기의 등장이 해로 통제권을 하늘로 옮겨놓았던 것과 같은 방식으로, 우주 전력의 출현은 해로 통제권을 우주로 옮겨놓고 있다. 달리 말하자면, 무기의 사거리가 길어질수록 정찰과 정보에 대한 의존은 더 커진다. 발사 장소에서 보이는 것이 적을수록, 현장에서는 더 많은 정보가 요구되는 것이다.

미래에는 엄청난 속도와 사거리를 가진 발사체가 사용 가능해질 것이다. 그러나 그 발사체들은 발사하는 측이 무엇을 향해 발사하는지 알 때만 효과적일 수 있다. 따라서, 새로운 무기들이 요구하는 전 지구적 시각을 혼자서 제공할 수 있는 우주 기반 정찰은 전쟁 일반과 특히 해전의 토대가 된다. 현대 무기의 경우, 보여지거나 탐지되는 무엇이든 맞힐 수 있는 능력은 누구도 당신의 함선을 보거나 탐지할 수 없게 하는 것이 필수적임을 의미한다.

더 새로운 무기 기술이 확산되어, 이란이나 북한 같은 나라들이 장거리, 정밀 유도 무기를 미국의 수상함을 향해 발사할 수 있게 된다고 할지라도, 첨단 정찰 능력이 확산되지 않는 한 미국은 해로에 대한 통제권을 유지할 수 있을 것이다. 미국이 우주 통제권을 갖고 적의 우주 사용을 거부하는 것은 미국의 국가안보에 있어 필수적이다.

미국이 전략적 수준에 미치지 않는 정찰 능력을 통제하는 것 역시 필수적이다. 이는 특히 빈자의 인공위성, 즉 UAV(무인항공기)의 경우이다. 전 지구적인 감시 범위를 제공하지는 않지만, 7만 피트 고도의 UAV는 전구 수준의 감시 범위를 제공할 수 있고, 이러한 감시 능력은 전진 군수 기지로부터 해안에 이르는 미국의 보급 활동을 위협할 것이다.

불행하게도 UAV 기술의 확산을 막을 방법이 없다. 그 기술은 아주 단순한 데다 확산을 막기에는 너무 많은 나라의 수중에 있다. 이는 미국이 UAV를 무력화하는 데 집중해야 한다는 것을 의미한다. UAV 격추, 전송 전파방해, 센서 교란 등이 미국 연구개발의 주요 과제가 되어야 한다. 실제로, 대UAV전은 우주 통제 시스템과 밀접히 연계되어 있다.

합동 우주사령부는 우주에서의 통합된 전투 전략으로 나아가는 결정적인 첫 단계다. 그러나 우주는 예산 배정 과정에서 종속적 부분이 되기에는 너무나 중요한 영역이다. 우주의 독특성과 독보적 중요성은 별도의 우주군 창설을 요구한다.

물론, 이는 우주군과 다른 군들 간의 관계 문제를 제기하게 된다. 공군의 등장이 희소 자원을 둘러싼 경쟁을 끝내기보다 심화시켰듯이, 우주군의 등장은 이 문제를 단순화하기보다 더 복잡하게 만들 것이다. 전에 공군이 그랬던 것처럼, 우주군은 다른 군의 지원 없이도 분쟁에 대응할 수 있다고 주장할 것이다. 공군의 경우와 마찬가지로, 이 같은 주장은 말이 되지 않는다. 육군은 지상을 지키고, 해군은 바다를 통제하고, 공군은 공중을 지배한다. 그러나 이들 모두는 그 누구도 단독으로 수행할 수 없는, 정찰, 화력 지원, 그리고 작전 조정(coordination)을 우주군에 의존할 것이다. 지금으로부터 200년 후에도, 군종 간의 예산 다툼은 오늘날만큼 중요할 수도, 중요하지 않을 수도 있지만, 계속 치열할 것이다.

때가 되면, 우주 통제는 다른 신흥 강국들의 도전을 받게 될 것이다. 그 시점에서 우주의 지리는 우리에게 새로운 지정학을 제공할 것이다. 전쟁의 미래는, 과거에는 그것이 대륙의 형상과 지형 또는 기후에 의해 결정되었던 것처럼, 달의 표면, 달의 크레이터와 산맥들, 다양한 중력 균형점들(libration points), 그리고 궤도 고도들의 서로 다른 특성들에 의해 결정될 것이다

후기

우리는 극적으로 새로운 글로벌 시대에 들어서고 있다. 이 시대에 미국은 중심 무대를 차지하고 있고, 가까운 미래에도 계속 그럴 것이다. 새로운 현실은 새로운 힘을 만들어낸다. 새로운 힘은 새로운 유형의 전쟁을 만들어낸다. 부상하는 미국의 힘은 미국인들만이 아니라 전 세계에 많은 것을 의미한다.

미국 체제의 성격과 미국이 21세기에 자신의 힘을 사용하는 방식은 과거에 다른 강대국들이 그랬던 것처럼 인류의 역사를 형성하게 될 것이다.

때가 되면, 미국의 힘은 다른 모든 강대국들처럼 쇠퇴할 것이다. 우리가 주장해 왔듯이, 미국의 쇠퇴에 관한 소문은 아직 때가 이르다. 지금은 미국 시대의 시작이지 끝이 아니다. 이것은 미국의 전쟁 방식을 보면 알 수 있다. 낡고 쇠퇴해 가는 군사 문화가 아니라, 대단히 새롭고 창조적인 군사 문화이다. 서투르지만 활력이 있다. 우리는 250년 또는 500년 후에 군사 문화가 어떤 모습일지 상상하기 어렵다. 하지만 1500년 무렵, 힘에 대한 유럽의 경험(experience of power)이 세계 해양에 대한 그들의 지배로 귀결될 것임이 분명했던 것처럼, 힘에 대한 미국의 경험이 우주 지배에 달려 있을 것임을 아는 데는 그리 많은 것이 필요치 않다.

1500년의 유럽인들이 유럽 부상의 궁극적인 의미를 이해할 수 없었던 것과 마찬가지로, 우리는 오늘날 미국의 시대가 가지는 의미를 완전히 이해할 수는 없다. 우리가 할 수 있는 것, 그리고 우리가 여기서 시도해 온 것은 미국 부상의 한 측면이 가진 구조를 분석하는 일이다.

총포가 유럽의 힘과 문화를 형성했던 것처럼, 우리에게는 정밀 유도 무기가 미국의 힘과 문화를 형성할 것으로 보인다. 유럽이 전쟁과 자신의 힘을 전 세계의 대양으로 확장했던 것처럼, 미국은 전쟁과 자신의 힘을 우주와 행성들로 확장하고 있다. 유럽의 힘이 국가 간의 관계를 재정의했던 것처럼, 미국의 힘도 그러한 관계를 재정의하고 있다. 유럽이 500년 동안 세계를 형성했던 것처럼, 미국도 최소한 그 기간만큼 세계를 형성하게 될 것이다. 좋든 나쁘든, 미국은 전쟁의 미래를 쥐고 있고, 그와 함께—한동안은—인류의 미래를 쥐고 있다.

I NOTES I

서론: 21세기는 왜 미국의 세기인가

1. U.S. department of State, *Focus on East Asia and Pacific*, Department of State Dispatch 4, no. 16(April 19, 1993)
2. Robert Reich, *The Work of Nations* (New York: Knopf, 1991), 3. A more popular and sweeping argument in this vein can be found in Kenichi Ohmae, The Boderless World (New York: Harper Perennial, 1990).
3. George Shultz:
   Borders don' t mean what they used to mean... The concept o absolute sovereignty is long gone. As national boundaries blur, sovereign powe is dispersed, and new players vie for international influence.... Sovereignty, statehood, and the nation may be becoming disentangled in important ways.
   Valery Giscard d' Estaing:
   The period which we call the Cold War was a period dominated by military issues. We lived in the expectation of war... But economic issues are now taking the lead.
   Shimon Peres:
   Markets are becoming more important than countries. Economics is beginning to be as important as strategy.
   Shultz, Giscard, and Peres in *Los Angeles Time*s, December 11, 1990.
4. Norman Angell, *The Great Illusion* (New York: G. P. Putnam & Sons, 1910), 64.
5. *International Historical Statistics: Africa and Asia.*
   International Historical statistics: The Americas and Australasia.
   World Bank, *World Tables.*
   United Nations, *Statistical Yearbook.*
   State, Economy and Society in Western Europe: Data Handbook
   International Monetary Fund, *Direction of Trade Statistics*
   Central Intelligence Agency, *The World Fact Handbook: 1990*
   League of Nations, *Review of World Trade*
6. World Bank, World Tables. Figures for 1913 and 1929 were in Gross National Product. Later figures were in Gross Domestic Product.
7. International Monetary Fund, *Direction of Trade*, 1991
8. U.N. Economic and Social Council, Commission on Transnational Corporations
   Statistisches Jahrbuch 1989 fur die Budesrepublik Deutschland
   Japan Statistical Yearbook
   Annuaire Statistique de la France
   Annual Abstract of Statistics (British)

World Bank, 1990
Feis, *Europe the World's banker*
9. The major ward are: 1776-83: Revolutionary War.
   1812-14: War of 1812
   1836: Mexican War
   1861-65: Civil War
   1898: Spanish-American War
   1917-18: World War I
   1941-45: World War II
   1950-1953: Korean War
   1963-72: Vietnam War
10. Quoted in *The Economist*, December 7, 1991, 51.

1부 무기와 전략

01 다윗의 돌팔매: 무기의 흥망

1. See S. Goldman, Commentary, *Samuel* (London: Soncino Press, 1949), 99, for conversion of Weights
2. A. Bailey and S. G. Murray, Explosives, *Propellants & Pyrotechnics* (London: Brassey's, 1989), 3.
3. It has been generally agreed that RDX, first developed in 1920, has been the most cost-effective, particularly when combined with TNT in a 60-40 mix. In short, improvements in explosives are rare: gunpowder, TNT, RDX, have been the basic for over seventy years. See Bailey and Murry, *Explosives*, 6-7.
4. On armor thickness, see Chris Ellis and Peter Chamberlain, *Fighting Vehicles* (London: Hamlyn Publishing Group, 1974), 95.
5. This is a dramatically expanding problem. The U.S. Army's Field Manual 100-5 notes that where Patton's Third Army required 350,000 gallons of gasoline per day, today a single armored division requires over 600,000 gallons. Interestingly, the Red Ball Express that supplied Patton with his petroleum required 300,000 gallons per day to supply Patton's 350,000. P. 60.
6. Martin van Creveld, *The Transformation of War* (New York: Free Press, 1991), 106.
7. James F. Dunnigan, *How to Make War: A Comprehensive Guide to Modern Warfare* (New York: William Morrow, 1988), 464.
8. While new cruise missiles costing less than the Tomahawk are likely, the Tomahawk is cost-effective against even single tanks. An M-1A2 Abrams tank currently costs about $5.4 million per unit (*Defense Daily*, September 18, 1995). A Tomahawk costs from $1 million to $1.3 million. A hit probability of 50 percent still means that it would cost less than half

as much to destroy an Abrams than to build one. Given the fact that much lower cost systems, such as the Maverick, are currently in use against tanks, the cost-effectiveness of precision-guided munitions is even more lopsided.

02 군인과 과학자: 미국의 군사적 실패의 기원

1. Gordon W. Prange, *December 7, 1941* (New York: Warner, 1988), 98.
2. Richard H. Kohn and Joseph P. Harahan, eds., *Strategic Air Warfare: An Interview with Generals Curtis E. LeMay, Leon W. Johnson, David A. Burchinal, and Jack J. Catton* (Washington, D.C.: Office of Air Force History, 1988). General Short and Admiral Kimmell were, respectively, Army and Navy commanders at Pearl Harbor on December 7, 1941.
3. Karl von Clausewitz, *On War*, ed. Anatol Rappaport (London: Penguin Classics, 1968), 270.
4. Ibid, 138.
5. See Clausewitz's superb discussion of danger on the battlefield and the soldier, in Book I, Chapter 4: "Of Danger in War."
6. An excellent recent history of the development and role of radar on all sides in World War II is David E. Fisher, *A Race on the Edge of Time: Radar—the Decisive Weapon of World War II* (New York: McGraw-Hill, 1988).
7. See Rutherford's letter on the death of the young physicist Mosley on the battlefield, in Sir Solly Zuckerman, *Scientists and War: The Impact of Science on Military and Civil Affairs* (New York: Harper & Row, 1967), 13.
8. On the British utilization of basic scientists during World War II, see J. G. Crowther and R. Whiddington, *Science at War: An Account of Scientific Work Administered by the Dept. of Scientific and Industrial Research of Great Britain* (New York: Philosophic Library, 1948).
9. Immanuel Kant, *Critique of Pure Reason*, trans. Norman Kemp Smith (New York: St. Martin's Press, 1929), 576.
10. Clausewitz, *On War*, 203.
11. Robert P. Creas and Nicholas P. Samios, "Managing the Unmanageable: Government Management of Basic Research," *Atlantic Monthly 267*, no. 1 (January 1991): 80.
12. Lincoln R. Thiesemeyer and John E. Burchard, *Combat Scientists* (Boston: Little, Brown and Company, 1947), 9.
13. Bernard Brodie, *The Absolute Weapon* (New York: Harcourt, Brace and Company, 1946), 31, argues against the dangers of historical parallels being applied to nuclear weapons.
14. J. F. C. Fuller, "The Atomic Bomb and warfare of the Future," in *Army Ordnance*, January-February 1946, 34, cited in Lawrence Freedman, *The Evolution of Nuclear Strategy* (New York: St. Martin's Press, 1983), 25.
15. S. K. Allison, "The States of Physics: Or the Perils of Being Important," *Bulletin of the*

Atomic Scientists 6, no. 1 (January 1950): 3.

16. Minutes of the meeting of the Interim Committee, May 31, 1945, in Robert C. Williams and Philliom L. Cantelon, *The American Atom: A Documentary History of Nuclear Polices from the Discovery of Fission to the Present: 1939-1984* (Philadelphia: University of Philadelphia Press, 1984), 58-60.
17. In Fred Kaplan, *The Wizards of Armageddon* (New York: Simon & Schuster, 1983), 56.
18. Numerous other institutions were created on the Rand model, most of them beholden to one or the other of the services. The Navy had the Center for Naval Analysis, which grew out of antisubmarine-warfare work conducted by the Navy in World War II and was administered by the Franklin Institute, which also ran a famed scientific museum. The Army had the Research Analysis Corporation and several other institutions. In due course an entire web of such corporations, think tanks, and university laboratories under contract proliferated, until a vast and cumbersome bureaucracy and complex emerged. See Bruce L. R. Smith, *The Rand Corporation: Case Study of a Nonprofit Advisory Corporation* (Cambridge, Mass: Harvard University Press, 1966), 1-6.
19. See J. R. Goldstein, *Rand: The History, Operations and Goals of a Nonprofit Corporation* (Santa Monica, Calif: Rand Corporation, P-2236-1, February 23, 1961), 3.
20. Ibid., 8.
21. Bernard Brodie, "Scientific Strategies," in Robert Gilpin and Christopher Wright, *Scientists and National Policy Making* (New York: Columbia University Press, 1964), 240.
22. Philip M. Morse and George M. Kimball, *Methods of Operations Research* (New York: John Wiley & Sons, 1950), 1.
23. Zuckerman, *Scientists and War*, 17.
24. An excellent contemporary overview of the achievements of operations research in World war II can be found in Crowther and Whiddington, *Science at War*, 91-120.
25. Herman Kahn, *On Thermonuclear War* (Princeton, N. J.: Princeton University Press, 1961), viii.
26. In Charles E. Kirkpatrick, *An Unknown Future and a Doubtful Present: Writing the Victory Plan of 1941* (Washington, D.C.: Center of Military History, U.S. Army, 1989), 64. Wedemeyer was a major at the time of the preparation of the plan and was later promoted to general.
27. Ibid., 14.
28. In William Kauffman, *The McNamara Strategy* (New York: Harper & Row, 1964), 169.
29. E. S. Quade, ed., *Analysis for Military Decisions* (New York: American Elsevier Publishing, 1970), 7.
30. Charles J. Hitch, assistant secretary of defense under McNamara, the famed Plans, Programs and Budgets System, He describes the military implications of this process in an address to the Operations Research Society of America. See his "Plans, Programs and Budgets in the Department of Defense," *Journal of the Operations Research Society of America* 11, no. 1(January-February 1963): 1-17.
31. Indeed, the Army waged a rather remarkable struggle against the use of nuclear

weapons on a wide range of grounds, including moral arguments that were later to be common in the antinuclear movement. That the intent was self-serving–to defend the Army's budget against the Air Force's–does not detract from the remarkable nature of this argument. For an overview of this period and argument, see A. J. Bacevich, *The Pentomic Era: The U.S. Army Between Korea and Vietnam* (Washington, D.C.: National Defense University Press, 1986).

32. For a discussion of the geopolitical dimension of the Vietnam War, see Larry Berman, *Planning a Tragedy: The Americanization of the War in Vietnam* (New York: W. W. Norton, 1982), 8-17.
33. Walter W. Rostow, *Stages of Economic Growth* (Cambridge, Mass: MIT Press, 1960).
34. In particular, an important counterpoint to Barrington Moore's study, which argued the opposite, that capitalism could no longer generate sufficient development capital to permit a society to develop.
35. Walt W. Rostow, *The Diffusion of Power* (New York: Macmillan, 1973), 168. See also Douglas S. Blaufarb, *The Counterinsurgency Era* (New York: Free Press, 1977), 57-58.
36. Blaufarb, *Counterinsurgency Era*, 72.
37. William A. Nighswonger, *Rural Pacification in Vietnam* (New York: Frederick A. Praeger, 1966), 235
38. Blaufarb, *Counterinsurgency Era*, 206-7.
39. Richard D. Wollmer, *An Interdiction Model for Sparely Traveled Networks* (Santa Monica, Calif.: Rand Corporation, RM-5539-PR, April 1968).

03 가짜 새벽: 핵무기의 실패

1. Haywood S. Hansell Jr., *Strategic Air War Against Japan* (Montgomery, Ala.: Air Power Research Institute, Air War College, Maxwell Air Force Base, 1980), 67.
2. John H. Bradley, *The Second World War: Asia and the Pacific: The West Point Military History Series* (Wayne, N. J.: Avery Publishing Group, 1989), 251-52.
3. Bernard Brodie, *The Absolute Weapon* (New York: Harcourt, Brace and Company, 1946), 24-25.
4. Thomas A. Keaney, *Strategic Bombers and Conventional Weapons: Airpower Options* (Washington, D.C.: National Defense University Press, 1984), 7.
5. Hensell, *Strategic Air War*, Appendix B.
6. Carl Berger, *B-29: The Superfortress* (New York: Ballantine Books, 1970), 50.
7. Brodie, *Absolute Weapon*, 27.
8. Keaney, *Strategic Bombers*, 7.
9. Ibid., 27, 68. Also, see Harry Borowski, ed., *A Hollow Threat: Strategic Air Power and Containment Before Korea* (Westport, Conn.: Greenwood Press, 1982).
10. David Mondey, *American Aircraft of World War II* (New York: Hamlyn/ Aerospace, 1982), 32.

11. In Lawrence Freedman, *The Evolution of Nuclear Strategy* (New York: St. Martin's Press, 1983), 84.
12. Chuck Hansen, *The U.S. Nuclear Weapons: The Secret History* (New York: Orion Books, 1988), 58 ff.
13. Chris Bishop and David Donald, *World Military Power* (New York: Military Press, 1987), 16.
14. Honore M. Catudal, *Soviet Nuclear Strategy from Stalin to Gorbachev* (London: Mansell Publishing, 1988), 38.
15. Ray Wagner, ed., *The Soviet Air Force in World War II: The Official History*, trans. LeLand Fetzer (Melbourne: Doubleday, 1974), 18-24.
16. The early success of the *Sputnik* launch and the much larger size of Soviet launchers both derived from the same geopolitical fact: the United States had allies all along the Soviet periphery; the Soviets had none. A host of Soviet policies, from the decision to build larger launchers to support for Fidel Castro, derived from this fact.
17. Robert Oppenheimer, "Atomic Weapons and American Policy," *Foreign Affairs* 31 (July 4, 1953): 529.
18. There were neither suitable targets nor sufficient bombs available. See Michael Schaller, *Douglas MacArthur: The Far Eastern General* (Oxford University Press, 1989), 219.
19. In Allen S. Whiting, *China Crosses the Yalu* (Palo Alto, Calif.: Stanford University Press, 1960), 135.
20. Wilfrid L. Kohl, *French Nuclear Diplomacy* (Princeton, N. J.: Princeton University Press, 1971), 95.
21. On Israeli nuclear policy, see Shai Feldman, *Israeli Nuclear Deterrence* (New York: Columbia University Press, 1982).

04 미국 대전략의 기본 원칙: 미국의 전략과 해양

1. See. for example, Sanjay Singh, "Indian Ocean Navies-Learn from War," *Proceedings of the U.S. Naval Institute*, March 1992, 51-54.
2. Yihong Zhang, "China Heads Toward Blue Waters," *International Defense Review*, November 1, 1993, 879.
3. For example, the Indians are currently negotiating to buy a Russian V/ STOL (vertical or short takeoff and landing) carrier, *the Gorshakov* (Vivek Raghuvanshi, "India Tightens Russian Ties as Carrier Talks Continue," *Defense News*, July 17, 1995, 14). The Gorshakov was no match for U.S. forces under the Soviets. Without a radically new design for its aircra feet, even using Harriers aboard the *Gorshakov* would not permit the Indian Navy to challenge the U.S. Navy in the Indian Ocean.
4. For a discussion of the future of U.S.-Japanese relations, see our *The Coming War With Japan* (New York: St. Martin's Press, 1991).
5. Japan's fleet is clearly the most powerful in Asia even though its tonnage is far less than

that of the Chinese fleet. And it is building an oceangoing hovercraft that could be used as a platform for VTOL (vertical takeoff and landing) aircraft. Pierre-Antoine Donnet, "Japanese Fleet Largest in Asia," Agence France Press, October 17, 1994.
6. A carrier costs $4.6 billion. Accompanying ships and aircraft cost $14 billion. Annual operating cost is estimated at $900 million. *New York Times*, April 27, 1994, sec. A, p. 16.
7. For a discussion of the spread of diesel submarines, see David Foxwell and Helmoed-Romer Heitma, "Submarine Modernisation," *Jane's Defense Systems Modernisation*, July 1, 1995, 15.

2부 유럽 무기의 진부화

1. *Al Ahram Weekly*, cited in Money Clips, published by Gulf Cooperation Council, October 21, 1993.
2. Chaim Herzog, *The War of Atonement* (Boston: Little, Brown, 1975), 188-89.
3. Martin Van Creveld, *Technology and War* (New York: Free Press, 1991), 12-14.
4. Hans Delbruck, *Warfare in Antiquity* (Lincoln: University of Nebraska Press, 1975), 53, 67-71.

05 화약에서 석유로: 전차의 영광

1. On the early history of artillery and its role in siege operations, see Ian Hogg and John Batchelor, *Artillery?* (New York: Ballantine Books, 1972), 3-6.
2. Lynn Montross, *War Through the Ages* (New York: Harper & Brothers, 1960), 182.
3. Ibid., 194-95.
4. Shrapnel was named after its inventor, Lt. Henry Shrapnel, who invented it in 1784. It is Worth noting the nearly five-century gap between the introduction of artillery and the introduction of an efficient means of turning it into an antipersonnel device. B. P. Hughes, *Firepower: Weapons Effectiveness on the Battlefield, 1630-1850* (New York: Charles Scribner's Sons, 1974), 34.
5. Ibid., 35-36.
6. Ibid., 34.
7. Steven Ross, *From Flintlock to Rifle: Infantry Tactics, 1740-1866* (London: Associated University Presses, 1979), 25.
8. Ibid., 31.
9. Stockholm International Peace Research Institute, *Antipersonnel Weapons* (New York: Crane, Russak & Co., 1978, 10.
10. Chris Bishop and Ian Drury, ed., *Combat Guns* (Secaucus, N. J.: Chartwell Books, 1987, 199-201.
11. On the principle of the offensive embedded in both French and German plans, see J. F.

C. Fuller, *Military History of the Western World*, vol. 3 (New York: Da Capo, 1956), 188-89.

12. John English, *On Infantry* (New York: Praeger, 1981), 15. Some have argued that, on the whole, the rate of loss was not much higher in World War I than in previous wars. See, for example, Trevor Dupuy, *Understanding War* (New York: Paragon, 1987), 169. The apparent contradiction between the Battle of Loos and Dupuy's figures is definition. The division, which Dupuy measures, contains increasingly large numbers of support troops who are rarely, if ever, exposed to fire. This is made necessary by the dramatic rise in logistical and technical needs requiring specialists and other troops to manage. The lethality of weapons had dramatically increased. The proportion of troops exposed to that lethality declined dramatically. Thus, the percentage of attrition on the battle line increased enormously while the total attrition rate of the army remained constant.

13. Chris Ellis and Peter Chamberlain, *Fighting Vehicles* (New York: Hamlyn, 1972), 12-17.

14. Richard M. Ogorkiewicz, *Technology of Tanks*, vol. 1 (London: Jane's Information Group, 1991), 5-6.

15. For a discussion of the first use of the tank, see Robin Prior and Trevor Wilson, "The Dawn of the Tank," *RUSI Journal*, autumn 1991. It contains a discussion of the use of the tank in the Battle of the Somme on September 15, 1916. In fact, this, as much as the Battle of Cambrai, might be called the beginning of the age of tanks.

16. Ogorkiewicz, *Technology of Tanks*, vol. 1, p. 8.

17. The British took a similar view, building tanks that were designed to deal with enemy troops or fortifications, but not with enemy tanks. As late as 1931, a British manual on tank-antitank operations paid little attention to the problem of major antitank operations: "The presence of considerable bodies of tanks on both sides in a suitable theater of war is likely to cause considerable modification in operations generally. Such formations do not, however, exist at the moment, and as the subject is purely theoretical, it will not be discussed further in these pages." (This quote is drawn from a British handbook entitled *Mechanical and Armored Formations*, also called the Purple Book. Quoted in J. P. Harris, "British Armor 1918-1940: Doctrine and Development," in J. P. Harris and F. N. Toase, *Armored Warfare* [New York: St. Marin's Press, 1991], 39.)

18. John Ellis, *Brute Force: Allied Strategy and Tactics in the Second World War* (New York: Viking, 1990), 5.

19. Richard Simpkins, *Tank Warfare* (New York: Brassey's, 1982), 41.

20. See Christopher F. Foss, *World War II Tanks and Fighting Vehicles* (London: Salamander Books), 1981.

21. U.S. lieutenant general Leslie McNair had perhaps the clearest under- standing of what was happening. He understood the uses of armor:*In my view, the essential element of armored action is a powerful blow delivered by surprise. while the armored units may be broken up and attached to division and army corps, it is readily conceivable, and indeed probable, that the entire force, under a single command, may be drawn against a decisive point.*

But McNair also realized that armor, if diverted into a purely antiarmor role, Would not be able to strike against the rest of the enemy army–armor would cancel out armor, McNair recognized that the gun-armor spiral would lead to a dead end. In 1943, McNair said: *An increase in armor or gun power can have no purpose other than to engage in tank to tank action–which is unsound. Moreover, such a tank would be disadvantageous in carrying out the primary mission of armor–to defeat those elements of the enemy which are vulnerable to tanks.*

Harris and Toase, *Armored Warfare*, 135, 139.

22. Ellis, *Brute Force*, tables 61, 62.
23. At the time of their collapse, the Soviets had about fifty-three thousand tanks in their arsenal. Although some were obsolete models, the bulk were fully usable. See T. R. W. Waters, "The Traditional Soviet View," in Harris and Toase, *Armored Warfare*, 193.
24. T. W. Terry et al., *Fighting Vehicles* (London: Brassey's, 1991), 125.
25. The formula for calculating the slope's effect on thickness is $T\beta = T_N \cos \beta$. Ibid., 134.
26. Ogorkiewicz, *Technology of Tanks*, vol. 1, p. 67.
27. P. R. Courtney-Greene, *Ammunition for the Land Battle* (London: Brassey's, 1991), 117.
28. On the relationship between explosive jets and shell casing, see M. Chick, T. J. Ruseel, and L. McVay, "Terminal Effects of Shaped Charge Jets," *Proceedings of the 11th International Symposium on Ballistics* (Brussels, May 9-11, 1989), 407-17. Recently, work has been done on titanium liners.
29. Courtney-Greene, *Ammunition for the Land Battle*, 122-23.
30. Ibid., 133.
31. The Panzerfaust did, however, have its successes. It is estimated that from January 1, 1945, to may 1, 1945, the Panzerfaust accounted for 24 percent of all Soviet tanks destroyed. See David Saw, "The Art of Anti-tank Warfare: Defeating the Armor Threat," *Defense News*, November 28, 1994, 23. This figure may be misleading, as the Germans experienced a precipitous decline in other means for combating Soviet tanks, which artificially inflated the Panzerfaust's success.
32. Ogorkiewicz, *Technology of Tanks*, vol. 1, p. 206.
33. Ibid., 206-7.
34. a newer missile, the Javelin, already used by the marine Corps, is being mounted on Bradley AFVs and Humvees. It is expected to have much greater range than the TOW. In addition, it will be a fire-and-forget system, unlike the TOW, which requires the gunner to remain in place until the missile hits the target. For more information about the mounted Javelin, see "TI-Lockheed Martin to Offer Improved Javelin to Replace Tow," *Armed Forces Newswire*, March 29, 1996.
35. Ogorkiewicz, *Technology of Tanks*, vol. 1, pp. 210-12.
36. AT-3 is the U.S. designation of the missile. Sagger is the NATO designation.
37. *Jane's Weapons Systems* (London: Jane's, 1987-88), 144.
38. Studies at Los Alamos and Livermore revealed that the chemical bonds holding ceramics together shatter under high-energy impact. Livermore suggested packing ceramic armor

in a Kevlar wrapper so that the shattered material would be stopped from expanding and scattering on impact–a makeshift idea at best. See Malcolm W. Browne, "Plastics and Ceramics Replace Steel as the Sinews of War," *New York Times*, July 18, 1989, sec. C, p. 1.

39. Attempts have been made to combine ceramics with abalone shells and wood to make ceramics harder. See Bill Dietrichs, "A Rock Hard Science–Materials Science," *Seattle Times*, April 13, 1992, CI. In the meantime, Ceracom, a company located in California, has been given a contract to develop ceramics preshaped to desirable forms at acceptable costs. The Japanese have also been working intensely on increasing the flexibility of ceramics.

40. R. M. Ogorkiewicz, "Advances in Armor Materials," *International Defense Review*, April 1991, 351.

41. John A. Rovinian and V. Aralanian, *Combat Vehicle Technology Report* (Warren, Mich.: U.S. Army Tank-Automotive Command, Defense Technical Information Report AD-A252-258, May 1992), 39.

42. For a full discussion of both active and passive appliques, see J. H. Brewer, "Applique Armor," *International Defense Review* 26 (January 1993): 62-64

43. Greg Stewart, "Marines Add Reactive Armor to M-60A1s," *Armor*, March-April 1990, 16-17.

44. Saw, "Art of Anti-tank Warfare," 23.

45. The upgrading of the M-1A1 to M-1A2 standards requires R&D costing about $225 million, to upgrade the gun, provide depleted-uranium armor, install NBC protection and advanced fire control. In other words, a tank introduced to service during the early 1980s was within ten years obsolete, and capable of continued operation only through what will inevitably be a multibillion-dollar upgrade. On the upgrade details, see *Aerospace Daily* 163, no. 6 (July 9, 1992): 53A.

46. The charge has been made by the Iraqis on several occasions. Dr. Eric Hoskins, a member of the Harvard Study Team that surveyed postwar Iraq, claimed that the low-level radioactivity released by depleted- uranium rounds might be linked to a postwar increase in childhood cancer and other maladies detected in Iran. If true, this would undoubtedly limit future use of the round. The current cleanup crisis, as American military bases confront past pollution, is too recent to permit ongoing use of this weapon. See Eric Hoskins, "Making the Desert Glow," *New York Times*, January 21, 1993, 25. This has led to some discussion of replacing uranium rounds and armor with more expensive and less efficient tungsten or titanium. On titanium's use in hulls, see George Taylor, "Titanium May Hold Key to Lighter Combat Vehicles," *Army Research, Development and Acquisition Bulletin*, January-February 1991, 35-36.

47. On the development of the T-80 see Giberto Villahermosa, "T-80: The Newest IT Variant Fires a Laser Guided Missile," *Armor*, July-August 1986, 36-39.

48. "The Soviet Army–Armor and Electronics," *Defense Electronics*, February 1989, 76.

49. Associated Press, "Army Ends Most Expensive Weapons Program," October 8, 1992. More recent evidence holds that the Russians are actually moving ahead with tank

development.
50. Terry L. Metzgar, "Electrothermal Guns: Next Step on the road to Hypervelocity," *National Defense*, September 1990, 20.
51. John Lancaster, "Arms Research Booms as Production Lines Halt," *Washington Post*, December 10, 1991, A1.
52. Metzgar, "Electrothermal Guns," 20.
53. Announcement from Los Alamos on a tabletop model of the artillery of the future, Business Wire, January 27, 1992. On the Mechanics of fluids in eletrothermal operations, see W. Oberle and S. Buntz, U.S. Army Ballistic Research Laboratory, "A Theoretical Evaluation of Critical Factors in Electrothermal Gun Performance," *Proceedings of the 11th International Symposium on Ballistics* (Brussels, May 9-11, 1989). They note that the choice of fluids is critical to the performance of the weapon—and they argue for water.
54. "Royal Ordnance Pursues ETC Gun technology," *Defense News*, February 8, 1993, 27.
55. Caleb Baker, "Pulse to Power Future Weapons," *Defense News*, July 16, 1990, 20.
56. One of the many payoffs of the late Star Wars program—Strategic Defense Initiative (SDI)—Which we will discuss in a later chapter, was that it looked deeply at the problem of creating and storing energy. This was necessary for generating the energy beams and hyperkinetic missiles that SDI planners dreamt of. The Defense Nuclear Agency, which had considerable responsibility for Star Wars engineering, has been in the forefront of developing the energy-production and storage systems necessary for the electrothermal guns, through a project code-named MILE RUN. The ultimate goal of MILE RUN was to produce a 150-kg, 2-to-5 megajoule capacitor by 1994—an extraordinary achievement, if it works. Metzgar, "Electorthermal Guns," 21.
57. Anthony J. Sommer and Thaddeus Goar, *Army Research, Development and Acquisition Bulletin*, March-April 1992, 41.
58. R. M. Ogorkiewicz, "Future Tank Guns" Part II: Electromagnetic and Electrothermal Guns," *International Defense Review*, January 1, 1991, 62.
59. Christopher Bellamy, "Pounds 12m Supergun Brings Star Wars to Scotland," *The Independent*, February 11, 1993, 8. The project is being conducted jointly with the United States.
60. Vago Muradian, "Budget Cuts May Stymie U.S. Army's Electric Tank Gun," *Defense News*, July 26, 1993, 16.
61. Craig Koerner and Michael O'Connor, "The Heavily Armored Gun Armed Main Battle Tank Is Not Optimized for Mechanized Warfare," *Armor*, May-June 1986, 12.
62. Lt. Gen. William Pagonis and Maj. Harold E. Raugh, "Good Logistics Is Combat Power: The Logistics Sustainment of Operation Desert Storm," *Military Review*, September 1991, 36-37.
63. Loren Steffy, "LTV May Spearhead Missile Project," *Dallas Times Herald*, April 4, 1991, sec. B, p. 1.
64. David A. Fulghum, "Multi-Role Fighter May Be Equipped with Derivative of Army LOSAT Missile," *Aeronautical Engineering* 138, no. 19 (May 11, 1992): 55. The Air Force

cooled on this scheme in 1993 under budget pressure.

06 진부화의 감지

1. For an excellent study of sensor and guidance systems in missiles, including antitank missiles, see James W. Rawles, "A Missile Guidance Primer," *Defense Electronics*, May 1989.
2. Sean Naylor, "The Army Develops Advanced Rounds for Abrams Tank," *Defense News*, September 6, 1992, 42.
3. Information provided by SAAB Missiles.
4. A project code-named THIRSTY SABER proposes designing a cruise missile similar in capability to the Tomahawk, except that having flown a mission, it would be able to return to base-an unmanned bomber with BATs on board. See "DARPA Aims at Rts with Thirsty Saber," *Aerospace Daily*, October 9, 1991, 53. In 1993, THIRSTY SABER emerged as Multi-Sensor Targeting and Recognition System-MUSTRS-and was being tested by Martin Marietta. See "Marietta, ARPA plan Captive-Carry Tests of MUSTRS Prototype," *Aerospace Daily*, March 16, 1993, 12. The Cruise missile itself would be armed with synthetic aperture and millimeter wave radar, and imaging infrared using focal-plane arrays, making the cruise missile capable of autonomous target recognition. Both the projectile and the submunition would be intelligent and maneuverable. See George Leopold, "Military Focuses on Sensors, Target Recognition," *Defense News*, February 8, 1993, 13.
5. "BAT Begins First of 20 Flight Tests," *Aviation Week and Space Technology*, July 5, 1993, 26.
6. "Northrop evaluating BAT for MLRS rocket as well as ATACMs," *Aerospace Daily*, October 21, 1993, 130.
7. "BAT Comes out of the Closet," *International Defense Review*, July 1991, 685.
8. Westinghouse Electric Systems has proposed a millimeter wave radar and an infrared sensor that would use the same aperture-a significant breakthrough. "Improved BAT Submunitions Planned for New ATACMS," *Aviation Week and Space Technology*, December 13, 1993, 54.
9. *Aerospace Daily*, October 21, 1993, 130.
10. There are plans to upgrade the JSTARS aircraft to a Boeing 767.
11. Information provided by the Grumman Corporation, main contractor for JSTARS. Also see Peter Grier, "Joint STARS Does Its Stuff," *Air Force Magazine*, June 1991, 40-41.
12. Information provided by the Grumman Corporation.
13. Mark Hewish, "Electronic Payloads for UAVs," *Defense Electronics and Computing Supplement to International Defense Review*, October 1992, 1035.
14. Bradford M. Brown and Robert Glomb, Unmanned Aerial Vehicles," *Army Research, Development and Acquisition Bulletin*, March-April 1991, 10.

15. John Boatman, "Matching Systems to Missions," *Jane's Defence Weekly*, May 16, 1992, 854.
16. National Research Council, *Star 21: Strategic Technologies for the Army of the Twenty-first Century* (Washington D.C.: National Academy Press, 1992), 177.
17. Barbara Starr, "Solar RAPTOR to Show Its TALONs," *Jane's Defense Weekly*, September 12, 1992, 19.
18. Philip Finnegan, "Air Force Seeks Designs for Mach 20 Strike, Spy Drone," *Defense News*, January 8, 1990, 1.
19. The emergence of a new form of mathematical Modeling–fractals–is an extremely important event. Rather than expressing data as a series of binary numbers–an enormously long string of these numbers is necessary for expressing a high-resolution picture–it transforms the numeric string to a set of equations, much as a curve or line can be expressed as a series of data points, or as an elegant equation. This dramatically reduces transmission and analysis time, but is still a form of data and, as such, is unusable by the field commander.
20. U.S. Army Communications-Electronics Command, *Command Control, Communications and Intelligence Project Book* (Fort Monmouth, N. J.: 1992), 1-2
21. Mark Tapscott, "New Pictures Emerging in Battlefield Intelligence," *Defense Electronics*, April 1993.
22. Senate Armed Services Committee Hearing on the Conduct of the Gulf War, June 12, 1991. Schwarzkopf: "We just don't have an immediately responsive intelligence capability that will give the theater commander near, real-time information that he personally needs to make a decision."
23. Mark Hewish, "Tank Breaker," *International Defense Review*, September 1982, 1212-15.
24. James S. Goldman, "FMC Corp. Developing a 'Stealth' Fighting Vehicle," *Business Journal* (San Jose, Calif.), May 27, 1991, 1.
25. Quoted in Neil Munro, "U.S. Army Adapts EW to Shield Its Tanks," *Defense News*, August 3, 1992, 26.
26. Vago Muradian, "DoD Probes Smart Tank Armor," *Defense News*, March 1, 1993, 1.
27. "Work on Top Attack Threat Detection System to Be Continued by Delco," *Aerospace Daily*, December 31, 1992, 481.
28. John Rhea, "Smart Skins," *Air Force Magazine*, March 1990, 90-94. Also see Tim Studt, "Smart materials" creating systems that react," *R&D*, April 1992, 54.
29. National Research Council, *Star 21*, 80.
30. "Army seeks sensors, telepresence technology to make next-generation tank 'transparent' to crew members," *Aerospace Daily*, May 14, 1993, 282.
31. John A. Rovinian and V. Aralanian, *Combat Vehicle Technology Report* (Warren, Mich.: U.S. Army Tank-Automotive Command, Defense Technical Information Report AD-A252-258, May 1992), 41.
32. Phillip L. Bolte, "Coordination and Setting Priorities Enhance Combat Vehicle Survivability," *National Defense*, November 1991, 46.

33. Ibid., 42.
34. "Hill Exposes DoD's Counter-Stealth Unit," *Defense & Aerospace Electronics*, June 8,
35. "Program Acquisition Cost Summaries," *Defense News*, April 13, 1992.
36. Peter Gudgin, *Armor 2000* (London: Arms and Armor, 1990), 122.
37. On electronic warfare and armor defense, see Munro, "U.S. Army Adapts EW," 1.
38. National Research Council, *Star 21*, 46.

07 포함의 흥망

1. Frank Howard, *Sailing Ships of War: 1400-1860* (New York: Mayflower Books, 1979), 38.
2. In this vein, it would be interesting to speculate on the interests and geographical possibilities that might compel space explorations. Military advantage and economic advantage would have to be present to justify the traditionally astronomical costs of exploration.
3. A treatment of the relationships between European exploration and the inclusion of the colonial world as a periphery in a European system can be found in Alan K. Smith, *Creating a World Economy: Merchant Capital, Colonialism and World Trade, 1400-1825* (Boulder, Colo.: Westview Press, 1991), 123-50.
4. Ibid., 82.
5. In Daniel J. Boorstin, *The Discoverers* (New York: Random House, 1983), 177.
6. Quoted in Carlo M. Cipolla, *Guns, Sails and Empires: Technological Innovation and the Early Phases of European Expansion* (London: Minerva Press, 1975), 86.
7. Philip Pugh, *The Cost of Seapower* (London: Conway Maritime Press, 1986), 166-69.
8. Robert Cardiner, ed., Steam, *Steel and Shellfire* (London: Conway Maritime Press, 1992), 168-69. The rise in the weight of guns was not, of course, absolute, Smaller guns for smaller ships were constantly built throughout this period.
9. It should be noted that some have argued that the battleship was obsolete even before the aircraft carrier overtook it. See, for example, Robert L. O'Connell, *Sacred Vessels: The Cult of the Battleship and the Rise of the U.S. Navy* (Boulder, Colo.: Westview Press, 1991). For a critique of this point of view, see Jon Tetsuro Sumida, "Technology, Culture and the Modern Battleship," *Naval War College Review*, autumn 1992, 82-90.
10. Pugh, *The Cost of Seapower*, 152-55.
11. See Siegfried Breyer, *Battleships and Battle Cruisers*, 1905-1970, trans. Alfred Kurti (London: MacDonald and Jane's, 1973); and John C, Reilly Jr. and Robert L. Scheina, *American Battleships, 1886-1923: Predreadnought Design and Construction* (Annapolis, Md.: Naval Institute Press, 1980).
12. Herwig H. Holger, *"Luxury" Fleet: The Imperial German Navy, 1888-1918* (Atlantic Highlands, N. J.: Ashfield Press, 1987), tables 17, 18.
13. Thelma Liesner, *One Hundred Years of Economic Statistics* (London: Economist Publications, Facts on File, 1989), table G1, p. 202.

14. Reilly and Scheina, *American Battleships*, 116-33.
15. Breyer, *Battleships, and Battle Cruisers*, 189-93.
16. American planes were launched from carriers by steam-driven catapults, hurling them off. They landed as normal aircraft, then were snagged by wires. The cost of catapults, the cost of training pilots in carrier landings, were so enormous that most nations didn't try. The British abandoned catapult carriers, the Soviets settled for VTOL carriers, and the French used catapults, but with planes that were too old and two few.
17. For a discussion of fast-attack craft, see David Miller, "Corvettes No Longer a Poor Navy's Option," *International Defense Review*, March 1, 1995, 53.
18. John P. Cordle, "Welcome to Our World: There's Much to Learn from the Swift Boat Navies," *Proceedings of the U.S. Naval Institute*, March 1994, 63-65.
19. Stuart F. Brown, "The Secret Ship," *Popular Science*, October 1993, 93.
20. Barbara Starr, "Sea Shadow Emerges into the Daylight," *Jane's Defence Weekly*, April 24, 1993, 5.
21. One of the fundamental and still outstanding issues is the full measure of stealth in all of its spectral aspects. See Ken Graham, "Measuring Stealth Effectiveness," *Navy International*, November/December 1993, 370-72.
22. James W. Crowley, "Navy's Former Stealth Ship Now Classified as a San Diego Resident," *San Diego Union-Tribune*, July 7, 1995, B-1.
23. Joris Janssen Lok, "Sweden's Stealthy Advances," *Jane's Defence Weekly*, April 9, 1994, 24.
24. Scott Truver, "Advanced Naval Vehicles in the US Navy," *International Defense Review*, July 1990, 769-72.
25. Edward J. Walsh, "Navy Labs Pursue Surface Warfare Vision," *Sea Power*, August 1991, 42-47. T-AGOS, acoustic surveillance ships, have been built for the U.S. Navy. Their SWATH hull structure minimizes contact with the water and therefore improves the acoustic environment for their particular mission. The issue is whether these hulls are suitable for extended-endurance, long-range sea-control missions, and if the are, whether increased maneuverability will be sufficient to provide them with increased survivability. That remains doubtful.
26. Alan G. Maiorano, "The Right Ship," *Proceedings of the U.S. Naval Institute*, July 1994, 35-39.
27. Leonid Afanasief and John P. Mabry, "The Design of the FF-21 Multi-mission Frigate," *Naval Engineers Journal*, May 1994, 150-62.
28. John Boatman, "USN to Consider Next Multi-Mission Ship," *Jane's Defense Weekly*, March 12, 1994, 12.

08 산파로서 항공모함

1. Philip Pugh, *The Cost of Seapower* (London: Conway Maritime Press, 1986), 201.

2. Paul Stillwell, *The Battleship New Jersey* (London: Arms and Armor Press, 1986), 294-305. See also Siegfried Breyer, Battleships and Battle Cruisers, 1905-1970, trans. Alfred Kurti (London: MacDonald and Jane's, 1973).
3. Norman Friedman, *U.S. Battleships* (Annapolis, Md.: Naval Institute Press, 1985), 250-52.
4. Walter Karig, *Battle Report: Pearl Harbor to Coral Sea*, vol. 1 (New York: Farrar & Rinehart, 1944), 116.
5. Ibid., 119.
6. Norman Friedman, *US Naval Weapons* (London: Conway Maritime Press, 1983), 117.
7. Ibid., 157.
8. See the discussion of phased-array radar in chapter 13.
9. On the evolution of the CIWS, see David Foxwell, Mark Hewish, and Rupert Pengelley, "CIWS: Naval Gunnery in the Anti-Missile Role," *International Defense Review*, January 1991, 47-53.
10. Ibid., 50.
11. Peter Felstead, "Russia Still Finds Cash for Silver Bullet Solutions," *Jane's Intelligence Review*, October 1, 1995, 1.
12. "Sunburn for Sale," *Military Robotics*, October 5, 1995.
13. Giovanni de Briganti, "French Eye Supersonic Anti-Ship Missile," *Defense News*, January 10, 1995, 4.
14. See, for example, Clifford Beal, "Tortoise and Hare: The Supersonic Missile Debate," *International Defense Review*, May 1, 1994, 57.
15. Benjamin F. Schemmer, "Six Navy Carriers Launch Only 17% of Attack Missions in Desert Storm," *Armed Forces Journal International*, January 1992, 12-13.

09 항공력에 대한 최초의 생각

1. Lee Kennett, *A History of Strategic Bombardment* (New York: Charles Scribner's Sons, 1982), 5.
2. Ibid., 1.
3. Our gratitude to Jeffry Erdley, second lieutenant, Armor, for providing us with this calculation.
4. Kennett, *History of Strategic Bombardment*, 1.
5. Giulio Douhet, *Command of the Air* (Maxwell Air Force Base, Ala.: Air University Press, 1986), 12.
6. William Mitchell, *Winged Defense* (New York: G. P. Putnam, 1925), 5-6.
7. Douhet, *Command of the Air*, 55.
8. Alan Clark, *Aces High: The War in the Air Over the Western Front 1914-1918* (London: Fontana/Collins, 1974), 25.
9. Enzo Angelucci, *Military Aircraft: 1914 to the Present* (New York: Crescent Books for Rand McNally, 1990), 37.

10. In Robert Frank Futrell, *Ideas, Concepts, Doctrine: Basic Thinking in the United States Air Force 1907-1960* (Maxwell Air Force Base, Ala.: Air University Press, December 1989), 82.
11. Billy Mitchell said, "No longer will the tedious and expensive process of wearing down the enemy's land forces by continuous attacks be resorted to. The air forces will strike immediately at the enemy's manufacturing and food centers, railways, bridges, canals, and harbors. The saving of lives, manpower, and expenditures will be tremendous for the winning side." (*Mitchell, Winged Defense*, xv-xvii.) See also, Barry Watts, *The foundations of US Air Doctrine* (Maxwell Air Force Base, Ala.: Air University Press, 1984), 7-11.
12. Williamson Murray, *Strategy for Defeat: The Luftwaffe 1933-1945* (Maxwell Air Force Base, Ala.: Air University Press, 1983), 19. Malcolm Smith, *British Air Strategy Between the Wars* (Oxford: Clarendon Press, 1984), 70. However, it should be noted that the British did consider the possibility of defense more seriously than the Americans or the Germans.
13. The term Stuka derives from the German *Sturzkampfflugzeug* (dive bomber) and actually applied to two aircraft. One was the single-engined JU-87. However, the twin-engined JU-88 also served in the role. See Jeffrey I. Ethell et al., *The Great Book of World War II Airplanes* (Tokyo: Zokeisha Publications, 1984), 523.
14. Murray, *Strategy for Defeat*, 45.
15. John Ellis, *Brute Force: Allied Strategy and Tactics in the Second World War* (New York: Viking, 1990), 171.
16. Ibid., 177.
17. Ibid., 186.
18. P. M. S. Blackett, *Studies of War* (London: Oliver & Boyd, 1962), 224-25.
19. Ellis, *Brute Force*, 172.
20. Kennett, *History of Strategic Bombardment*, 135.
21. Thomas H. Greer, *The Development of Air Doctrine in the Army Air Arm 1917-1941* (Washington, D.C.: Office of Air Force History, United States Air Force, 1985), 10-11.
22. Futrell, *Ideas, Concepts, Doctrine*, 68.
23. Greer, *Development of Air Doctrine*, 115.
24. Futrell, *Ideas, Concepts, Doctrine*, 80-81.
25. Specifications are for the B-17G, the last model produced in World war II. See David Mondey, *American Aircraft of World War II* (New York: Hamlyn/Aerospace, 1982), 20-27.
26. Ellis, *Brute Force*, table 43.
27. Ibid., 221.
28. Kennett, *History of Strategic Bombardment*, 153.
29. Ibid., 46.
30. Haywood S. Hansell Jr., *The Air Plan That Defeated Hitler* (New York: Arno Press, 1980), 252.

31. And its cousin the Sperry bombsight.
32. C. V. Glines, "The Blue Ox," *Air Force Magazine*, August 1992, 74.
33. Ibid.
34. Ellis, *Brute Force*, 175.
35. Kennett, *History of Strategic Bombardment*, 156.
36. Hansell, *Air Plan That Defeated Hitler*, 289-94.
37. *U.S. Strategic Bombing Survey*, Washington, D.C., 1945, 2.
38. Ibid., 11.
39. Kennett, *History of Strategic Bombardment*, 160.
40. Ibid., 167.
41. David A. Anderton, *History of the U.S. Air Force* (New York: Military Press, 1981), 124.
42. Ibid., 124-25.
43. Kennett, *History of Strategic Bombardment*, 172.
44. On the Soviet inability to develop a bomber force, see John C. Baker, "The Long-Range Bomber in Soviet Military Planning," in Paul J. Murphy, *The Soviet Air Forces* (Jefferson, N. C.: McFarland, 1984), 182-86.

10 실패의 재검토: 베트남 전쟁과 항공력의 실패

1. On the failure of American Strategists to think through the Vietnam War, see Harry Summers, *On Strategy: A Critical Analysis of the Vietnam War* (New York: Dell, 1982).
2. Mark Clodfelter, *The Limits of Air Power: The American Bombing of North Vietnam* (New York: Free Press, 1989), 50.
3. Ibid.
4. Richard H. Kohn and Joseph P. Harahan, eds., *Strategic Air Warfare: An Interview with Generals Curtis E. LeMay, Leon W. Hohnson, David A. Burchinal and Jack J. Catton* (Washington, D.C.: Office of Air Force History, United States Air Force, 1988), 125-26.
5. Bruce Palmer Jr., *The 25-Year War: America's Military Role in Vietnam* (New York: Simon & Schuster, 1984), 43. Palmer argues that this was the consistent view of the CIA from 1964 onward.
6. A. J. C. Lavalle, ed., *The Tale of Two Bridges and the Battle for the Skies Over North Vietnam*, USAF Southeast Asia Monograph Series, vol. 1 (Maxwell Air Force Base, Ala.: Air University Press, 1976) 31-42.
7. Ibid., 46.
8. In Summers, *On Strategy*, 159.
9. Palmer, *The 25-Year War*, 178.
10. Donald J. Mrozek, *Air Power and the Ground War in Vietnam* (Maxwell Air Force Base, Ala.: Air University Press, 1988), 103.
11. Lavalle, *Tale of Two Bridges*, 79.
12. On the historical development of these weapons, see David R. Mets, *The Quest for a*

Surgical Strike: The United States Air Force and Laser Guided Bombs (Eglin Air Force Base, Fla.: Office of History, Air Force Systems Command, 1987).

13. Lavalle, *Tale of Two Bridges*, 80.
14. Ibid., 84.
15. Ibid., 85.
16. On this, see Mrozek, *Air Power and the Ground War in Vietnam*.
17. On airpower as tactical firepower in Vietnam, see Robert H. Scales Jr., *Firepower in Limited War* (Washington, D.C.: National Defense University Press, 1990), 63-154. On the problem of intelligence, see pp. 114-19.
18. Ronald H. Spector, *Eagle Against the Sun* (New York: Vintage, 1985), 46.
19. Lanchester models are only one type of model. In addition, there are simulation models, which attempt to reproduce what is actually happening on the battlefield and are used most often in analyzing single-weapon combat–plane vs. plane, for example. Their basic problem is that it is difficult to create a model that faithfully reproduces all the variables. There are also firepower-score models, which aggregate firepower on each side and perform relatively simple arithmetic functions to determine winners and losers–a highly simplistic approach. Finally, there are heuristic models, in which equations are derived from a set of expectations generated by specialists, rather than on any formally justified theory. The Lanchester equations are by far the most widely used, and widely criticized. See John A. Battilega and Judith K. Grage, *The Military Applications of Modeling* (Wright Patterson Air Force Base, Ohio: Air Force Institute of Technology Press, 1984), 75-143, for an overview of these differing approaches.
20. On air-ground interaction, see John Erickson, Lynn Hansen, and William Schneider, *Soviet Ground Forces: An Operational Assessment* (Boulder, Colo.: Westview Press, 1986), 181-206.
21. On Operational testing and evaluation models see Battilega and Grange, *Military Applications of Modeling*, 220-26.
22. Norman R. Augustine, *Augustine's Laws* (New York: American Institute of Aeronautics and Astronautics, 1982).
23. Walter Kross, *Military Reform: The High-Tech Debate in Tactical Air Forces* (Washington, D.C.: National Defense University Press, 1985), 46-47.
24. Jim Bussert, "Can the USSR Build and Support High Technology Fighters?" *Defense Electronics*, April 1985, 122.
25. United States Naval Institute Database. For an opposed view on the MiG-29, see Richard D. Ward, an analyst with General Dynamics, who showed how this design philosophy has persisted, writing that "close examination of the MiG-29 Fulcrum at Farnborough resurrected an old controversy in the West and prompted questions about how the Soviets match Western performance with less sophisticated machines and whether the West should apply Soviet engineers. Soviet developmental criteria to aircraft design. Western engineers must live with weapons design constraints different from those imposed on Soviet engineers. Soviet weapons design keeps aircraft widely deployable,

simply maintainable, and rapidly employable. Taking into account the Soviet approach to war-fighting clears up much of what is difficult to understand about Soviet design practice. Basically, they expect battles in the next war to be short and intense, needing a massive flow of replacements. Weapons must be reliable, but only for the short term with minimum support–and, very important, always available in great numbers. Acknowledging that aircraft can survive only a short time in a major war is realistic. There is little point in designing for an operational life of several thousand hours." ("Realistic Aircraft Design," *Aerospace America*, May 1989, 5.)

26. Pierre M. Sprey, "Land-Based Tactical Aviation," in *Reforming the Military*, ed. Jeffrey G. Barlow (Washington, D.C.: Heritage Foundation, 1981). For a more general argument, see James Fallows, National Defense (New York: Random House, 1981).
27. These examples are drawn from Kross, *Military Reform*. 138-39.

11 전쟁의 새로운 패러다임: 사막의 폭풍 작전과 항공전의 미래

1. "Potential Casualties Put at 10,000," *Los Angeles Times*, September 5, 1990, part P, p. 2.
2. Jon Sawyer, "Calculations Figures Hard to Pin Down," *St. Louis Post-Dispatch,* November 19, 1990, 1A.
3. *U.S. News & World Report*, September 10, 1990. After the war, defense and national security officials admitted that they had real fears that casualties would run this high.
4. *Newsday*, August 23, 1990.
5. Timothy J. McNulty, "War and Peace," *Chicago Tribune*, December 2, 1990, 1.
6. Hearing of the House Armed Services Committee, April 30, 1991.
7. John A. Warden, *The Air Campaign: Planning for Combat* (Washington, D.C.: National Defense University Press, 1988).
8. Ibid., 9.
9. Ibid., 6: "Our focus will be on the employment of air forces at the operational level in a theater of war. Depending on the goals of the war, the theater may extend from the front to the enemy's heartland, as it did for the Western Allies after the Normandy invasion I World War II. Conversely, the theater may be a relatively isolated area, as in the desert war between Britain and the Axis in North Africa Prior to November, 1942."
10. Richard P. Hallion, *Storm Over Iraq* (Washington, D.C.: Smithsonian Press, 1992), 169.
11. Department of Defense, *Conduct of the Persian Gulf War* (Washington, D.C.: GPO, April 1992), 11.
12. Hallion, *Storm Over Iraq*, 195.
13. Ibid., 188.
14. Thomas A. Keaney and Eliot A. Cohen, *Gulf War Air Power Survey* (GWAPS) (Washington, D.C.: Office of Secretary of the Air Force, 1993), vol. 5, table 190.
15. John F. Morton, "TACAIR–lesson from the Gulf: status of Air Force and Navy programs; tactical aircraft," *Defense Daily*, April 17, 1991, S1.

16. Hallion, *Storm Over Iraq*, 166-67. See also U.S. Naval Institute (USNI) database entry on Hellfire missile.
17. Kenneth P. Werrell, *Archie, Flak, AAA and SAM* (Maxwell Air Force Base, Ala,: Air University Press, 1988), 182-83.
18. Ibid., 120-21.
19. Don Logan and Jay Miller, *Rockwell International B-1A/B*, Aerofax Minigraph 24 (Arlington, Tex.: Aerofax, 1988), 2.
20. On radar cross section, see P. S. Hall, "Principles of Radar Operation," in P. S. Hall et al., *Radar* (London: Brassey's, 1991), 24.
21. USNI database, F-117 entry. The resin is said to be a boron-fiber and polymer material called Fibaloy, produced by Dow Chemical.
22. Bill Sweetman, "Stealth Techniques Detailed," *International Defense Review*, February 1992, 159-50.
23. Ibid., 161.
24. "Hill Exposes DOD's Counter-Stealth Unit," *Defense & Aerospace Electronics*, June 8, 1992, 1.
25. Ulf Ivarsson, "Multistatic Radars Promise Stealth Detection," *International Defense Review*, July 1993, 584. It should be noted that other claimed radar breakthroughs, such as the use of wide-band radar, have failed to prove themselves. See "Impulse radar fails to defeat stealth technology in tests," *Aviation Week and Space Technology*, October 19, 1992, 47.
26. DoD, *Conduct of the Persian Gulf War*, 116.
27. USNI database, F-117A entry.
28. Hallion, *Storm Over Iraq*, 174.
29. "Pentagon backs away from Desert Storm reports," *Aerospace America*, May 1992, 1.
30. Associated Press, "Commander: F-111s Achieved Nearly Same Success as Stealth," May 12, 1991.
31. Barton Gellman, "GulfWar Workhorses Suffer in Analysis," Los Angeles Times, April 10, 1992, 39.
32. David R. Mets, *The Quest for a Surgical Strike: The United States Air Force and Laser Guided Bombs* (Elgin Air Force Base, Fla.: Office of History, Air Force Systems Command, 1987), 9-10.
33. Ibid., 12-20.
34. Ibid., 23-31. See also Alfred Price, "Bridge Busting," *Air Force Magazine*, December 1993, 48.
35. USNI database, Paveway Laser Guided Bomb Series.
36. The bomb carries a spot seeker tuned to the 1.064-micron wavelength of the neodymium: yttrium-aluminum-garnet laser. See USNI entry on Paveway.
37. Mets, *Quest for a Surgical Strike*, 67.
38. Bill Sweetman, "Modern Bombs in the Gulf," *Jane's Defense Weekly*, February 9, 1991, 178. See also Roy Braybrook, "Airborne Night Vision Equipment," *Armada*, 7.

39. USNI database.
40. Sweetman, "Modern Bombs in the Gulf," 178. Mark Hawish, Bill Sweetman, and Anthony Robinson, "Precision Guided Munitions Come of Age," *International Defense Review*, May 1991, 460.
41. Discussion of the Maverick missile drawn from USNI database.
42. On the Matador/MACE, and the history of cruise missiles in general, see Kenneth P. Werrel, *The Evolution of the Cruise Missile* (Maxwell Air Force Base, Ala.: Air University Press, 1985).
43. The Impact of Cruise Technology (Toronto: Canadian Institute of Strategic Studies, 1987), 3-6.
44. Office of the Historian, *From Snark to Peacekeeper* (Offutt Air Force Base, Nebr.: Headquarters, Strategic Air Command, 1990), 69.
45. Thomas O' Toole, "Tomahawk Makes Its Wartime Debut," *Aerospace America*, March 1991, 13.
46. Data on Tomahawk from USNI database.
47. David A. Fulghum, "Secret Carbon-Fiber Warheads Blinded Iraqi Air Defenses," *Aviation Week and Space Technology*, April 27, 1992, 18.
48. GWAPS, vol. 2, 288-89.
49. Ibid.
50. Ibid., vol. 5, statistical summary, table 190.
51. Michael R. Rip, "How Navstar BecamIndispensable," *Air Force Magazine*, November 1993.

12 최종 게임: 유인 항공기의 진부화

1. On Air Force reluctance concerning cruise missiles, see Edward R. Harshberger, "Long Range Conventional Missiles: Issues for Near Term Development" (Ph.D. diss., Rand Graduate School, Santa Monica, Calif. 1992), 78-83.
2. Committee on Hypersonic Technology for Military Applications, Air Force Studies Board, Commission on Engineering and Technical Systems, National Research Council, *Hypersonic Technology for Military Application* (Washington, D.C.: National Academy Press, 1989), 56.
3. James Fallows, *National Defense* (New York: Random House, 1981), 45.
4. USNI database, SA-10 entry.
5. USNI database, SA-14 entry.
6. Clifford Beal, Bill Sweetman, and Gerard Turbe, "Smarter, Faster, Further: Air-to-Air Missile Developments," International Defense Review, April 1992, 343-44.
7. On SAM guidance systems, see P. S. Hall et al., Radar (London: Brassey' s, 1991), 110-12.
8. USNI database, EA-6B entry.
9. USNI database, HARM entry.

10. Stephen M. Hardy and Zachery A. Zum, "No Clear Channels: The current State of Communications Jamming," *Journal of Electronic Defense*, January 1993, 31.
11. Myron Struck, "CECOM's EW/RSTA: Developing a New Generation of Electronic Warfare Systems," *Defense Electronics*, October 1991, 29.
12. Neil Munro, *The Quick and the Dead* (New York: St. Martin's Press, 1991), 100.
13. USNI database, entry on ALQ-165 airborne self-protection jammer.
14. Sheldon B. Hershkowitz, "Electronic Warfare in the Year 2000 and Beyond," *Microwave Journal*, September 1991, 48.
15. Philip J, Klass, "Westinghouse P-MAWS to Spot True Threats," *Aviation Week and Space Technology*, September 20, 1993, 88.
16. David A. Fulghum, "New Missile Threats Drive EF-111 Program," *Aviation Week and Space Technology*, May 10, 1993, 24.
17. USNI databse, B-2 entry.
18. USNI database, B-2 and B-52 entries.
19. The Air Force estimated, in 1990, that the total Soviet investment in air defenses was over $400 billion, and included ten thousand radars, eight thousand SAM launchers, and three thousand interceptor aircraft. See "USAF Paper Says Stealth Fleet Necessary to Maintaining Nuclear Triad," *Aviation Week and Space Technology*, June 25, 1990, 23.
20. Mark V. Anderson, *The B-2 Bomber: A Comparative Assessment. Program in Science and Technology for International Security*, Report #21 (Cambridge, Mass.: MIT, July 1989), 68.
21. Department of the Air Force, SAF/AQ, *B-2 Survivability Against Air Defense Systems* (Arlington, Va.: Pentagon, March 1990), 10.
22. "Official Says Russians Could Detect Stealth Bomber," *Reuters*, February 18, 1994.
23. "USAF Commander Admits Soviets Could See B-2," *Flight International*, October 23, 1991.
24. Neil Munro and Barbara Opall, "European Officials: Electro-Optics Will Counter Stealth," *Defense News*, June 24, 1991.
25. "CNA Says Stealth Aircraft Can Be Uncloaked," *Defense & Aerospace Electronics*, August 17, 1992, 4.
26. "B-2 Avionics May Get Help," *Defense & Aerospace Electronics*, January 25, 1993, 5.
27. See George L. Donohue, *The Role of the B-2 in the New U.S. Defense Strategy* (Santa Monica, Calif.: Rand Corporation, P-7744, 1991), for a defense of the B-2.
28. James F. O'Bryon, "Unlocking G-LOC," *Aerospace America*, September 1991, 61.
29. Robert E. Van Patten, "G-Lock and the Fighter Jock," *Air Force Magazine*, October 1991, 51.
30. "NADC Counters G-Forces," Defense & Aerospace Electronics, July 22, 1991, 4.
31. "Collision Course," *Flight International*, July 7, 1993.
32. Neil Munro and Barbara Opall, "Air Force Resists Flight Safety Computers," *Defense News*, July 1, 1991, 3.
33. Stacey Evers, "Unmanned Fighters: Flight Without Limits," *Jane's Defense Weekly*, April

10, 1996, 28.
34. "Periscope Daily Defense News Capsule," March 5, 1996.

3부 우주와 정밀성

1. On satellite communications in the Gulf, see S. A. Masud, "DCA Rigged High-Tech Comm System Quickly in the Gulf," *Government Computer News*, June 24, 1991, 29; T. W. Bill Carr, "Victory in Space: Satellite Success in the GulfWare," *Defense & Foreign Affairs*, May 1992, 11; and Peter Anson and Dennis Cummings, "The First Space War," *RUSI Journal*, winter 1991.

13 미국 전략의 새로운 토대: 우주와 현대 미국의 전략

1. That was one of the reasons why Castro's victory in cuba was a strategic triumph for the Soviets. For the First time, Soviet aircraft could leave the Kola Peninsula, pass between Scotland and Iceland, travel down the East Coast examining electronic signals and monitoring communications, and land in Cuba for rest and refueling.
2. For a discussion of the strategic bombardment in Soviet military theory, see John C. Baker, "The Long-Range Bomber in Soviet Military Planning," in Paul J. Murphy, ed., *The Soviet Air Forces* (Jefferson, N. C.: McFarland, 1984). On strategic aircraft World War II, see p. 178.
3. USNI database, U-2 entry.
4. William V. Kennedy, *Intelligence Warfare* (New York: Crescent Books, 1987), 133-34.
5. It is interesting to recall that, mindful of its aerial reconnaissance capability, the United States had been pressing for an open-skies program—the establishment of the principle that nations had the right to overfly each other for reconnaissance purposes. The Soviets, having no long-range intercontinental aircraft, nor bases in the Western Hemisphere during the 1950s, rejected the proposal. However, by launching *Sputnik*, the Soviets were obviously accepting and asserting the principle that national sovereignty did not extend into space. In space, at least, open skies applied. It is not clear whether the Soviets realized the implications of this position. Perhaps they felt their lead in space was so enormous that the United States would be hard-pressed to catch up. More likely, they were so eager to launch a satellite that they were not concerned about the international law they were writing. As it happened, the Soviets created the very open-sky policy in space that they had opposed in the atmosphere. In the end, they opened the door to a vast American effort based on substantially superior technology–a superiority that was not always apparent during the failures of the 1950s but that was nevertheless very real.
6. In Jeffrey T. Richelson, *America's Secret Eyes in Space: The U.S. keyhole Spy Satellite Program* (New York: Harper & Row, 1990), 3-4.

7. Ibid., 87.
8. Ibid., 58-59.
9. Edward Horton, *Submarine* (London: Sidgwick and Jackson, 1974), 154.
10. Office of the Historian, *From Snark to Peacemaker* (Offat Air Force Base, Nebr., Headquarters, Strategic Air Command, 1990), 13-14.
11. Richelson, *America's Secret Eyes in Space*, 68.
12. Craig Covault, "Recon Satellites Lead Allied Intelligence Effort," *Aviation Week and Space Technology*, February 4, 1991, 25.
13. There were weaknesses in the system. Time was wasted by having to route information through Colorado Springs, Which relayed it to CENTCOM. General Horner, Air Force chief of staff, testified to Congress: "The modified DSP functioned near the limits of ungraded design capability throughout the GulfWar and benefited from exceptionally unique and favorable geographic, weather, and operational conditions- conditions that are unlikely to be duplicated in any future conflict." What he meant was that DSP worked splendidly, but he still wanted a new system, called the Future Warning System, or FEWS.
14. William Burrows and John Free, "Space Spies," *Popular Science* 236, no. 3. (March 1990): 61.
15. On the CCD, see James R. Janesick and Morley M. Blouke, "Sky on a Chip: The Fabulous CCD," *Sky and Telescope*, September 1987, 238-42. Also see their article "Introduction to Charge Coupled Device Image Sensors," in Kosta Tsipis, ed., *Arms Control Verification: The Technologies That Make It Possible* (New York: Pergamon-Brassey's, 1985).
16. James Bamford, "America's Supersecret Eyes in Space," *New York Times Magazine*, January 13, 1985, 39. Lyndon Johnson acknowledged the existence of satellite photography accidentally.
17. Lyn Dutton, *Military Space* (London: Brassey's, 1990), 96.
18. Jon Trux, "Desert Storm: A Space Age War," *New Scientist*, July 27, 1991, 30.
19. Covault, "Recon Satellites Lead Allied Intelligence Effort," 25.
20. Earl Lane, "Sentries in Orbit," *Newsday*, September 11, 1990, 7.
21. Covault, "Recon Satellites Lead Allied Intelligence Effort," 25.
22. Burrows and Free, "Space Spies."
23. Jeffrey T, Richelson, "The Future of Space Reconnaissance," *Scientific American*, January 1991, 39.
24. Trux, "Desert Storm," 32.
25. During the war, the USAF became the world's single largest user of commercial space-based images, even receiving Souzkarta five-meter images from the Soviets. See Dana J. Johnson, Max Nelson, and Robert J. Lempert, *U.S. Space-Based Remote Sensing: Challenges and Prospects* (Santa Monica, Calif.: Rand Corporation, Note N-3589-AF/A/OSD, 1993), 13-16.
26. "KH-11 Recons Modified," *Aviation Week and Space Technology*, October 9, 1995, 28.
27. Johnson et al., *U.S. Space-Based Remote Sensing*, 32.
28. William E. Burrows, *Deep Black: Space Espionage and National Security* (New York:

Random House, 1987), reports the presence of photo- multipliers on board the KH-11. Photomultiplication (PM) differs from infrared in that, where IR senses emissions in the infrared band, photomultiplication takes available visible light-in the infinitesimal quantities present even in pitch black-and multiples the reaction of highly sensitive CCDs thousands of times. IR and PM serve much the same purpose but in utterly different ways.

29. Dutton, *Military Space*, 110.
30. "Titan Deployed Advanced Photo Reconnaissance Satellite," *Aerospace Daily*, November 28, 1990, 342.
31. Richelson, *America's Secret Eyes in Space*, 218-20.
32. Ike Chang, *The Rise of Active Element Phased Array Radar* (Santa Monica, Calif.: Rand Corporation, P-7747-RGS, n.d.), 6.
33. Stafan T. Possony, "Synthetic Aperture Radar: A New Era," *Defense & Foreign Affairs*, January/February 1983, 29.
34. Hall et al., *Radar*, 49. Also see Burrows and Free, "Space Spies," 60.
35. R. Jeffrey Smith, "Sky High Spies: Keeping Track Just Keeps Getting Easier," *Chicago Tribune*, November 24, 1985, 17.
36. Bob woodward and Patrick E. Tyler, "Eavesdropping System Betrayed," *Washington Post*, May 21, 1986, 1.
37. "Storm Support From Space," *Flight International*, April 3, 1991.
38. Bamford, "America's Supersecret Eyes in Space," 39.
39. George Lardner Jr., "National Security Agency: Turning On and Tuning In," *Washington Post*, March 18, 1990, 1.
40. "Spying on Saddam." *Flight International*, August 20, 1990.
41. Craig Couvalt, "Space Recon of Iraq Taxes CIA Operations," *Aviation Week and Space Technology*, September 3, 1990, 30.
42. Neil Munro, "Pentagon to Merge Spy Data Networks," *Defense News*, October 28, 1991, 3.
43. During the war, there was substantial tension between intelligence officials and Air Force officers required to fly missions with limited intelligence. See "Intel Collection Good but Analysis Wanting During GulfWar," *Aerospace Daily*, August 16, 1993, 265.
44. Testimony of Gen. Norman Schwarzkopf to the Senate Armed Services Committee, *Hearing on the Conduct of the Gulf War*, June 12, 1991.
45. "JDW Interview," *Jane's Defense Weekly*, February 9, 1991, 200.
46. Bruce D. Nordwall, "EW Goal Is Improved Situational Awareness," *Aviation Week and Space Technology*, July 5, 1993, 59.

14 우주와 미국 전략의 미래

1. Global-position systems (GPS), which use satellites to provide precise information on location, simultaneously provide information in formats useful to humans and cruise

missiles. In a hypersonic age, reconnaissance data will have to be provided at hyper speeds, and in multiple formats–pictures that can be understood by humans and digital arrays useful to missiles.
2. William B. Scott, "Space Warfare Center Supports Warfighters," *Aviation Week and Space Technology*, March 28, 1994, 64.
3. Darryl Gehly, "Controlling the Battlefield: US Electronic Warfare and Command and Control Systems," *Journal of Electronic Defense*, June 1993, 42.
4. James Adams, "Spies in the Skies," *Sunday Times* (London), January 27, 1991.
5. For an overview of UAVs, see Louis C. Gerken, UAV–*Unmanned Aerial Vehicles* (Chula Vista: Calif.: American Scientific Corporation, 1991). For the Army's plans for utilizing UAVs, see Miles A. Libbey III and Patrick A. Putigano, "See Deep, Shoot Deep: UAVs on the Future Battlefield," *Military Review*, February 1991, 38-47.
6. On power for UAVs, see Clifford Beal, "Power on Demand," *International Defense Review*, February 1992, 188; "Microwaves Lift Plane Aloft," *Design News*, December 21, 1987, 35; Lloyd D. Resnick and Martin R, Stiglitz, "An Airplane Powered by Microwave Radiation," *Microwave Journal*, February 1988, 66-71; and Barbara Starr, "Solar RAPTOR to show its TALONS," *Jane's Defence Weekly*, September 12, 1992, 19.
7. According to the RFP (request for proposal): *Hypersonic Aerodynamic Weapons (HAWs) show a strong payoff as a future weapon system in a precision ground strike role for both strategic and tactical applications. HAWs incorporate high hypersonic lift-to-drag ratios allowing long range glides or extensive terminal maneuvers. They also include guidance, navigation and control, sensors, warhead, fusing and other applicable subsystems appropriate for precision strike. A preliminary precision ground strike target set has been with two general CEP goals as follows: CEP Goal I-Chemical, Nuclear, and Biological facilities, Depots and Airfields, and Terrorist Camps. CEP Goal II-National Command and Control facilities, Power Plants, and Communication Centers.*
U.S. Government Procurements, *Commerce Business Daily*, no. PSA-0547 (March 9, 1992).
8. Barbara Opall, "AF Pursues Strike Weapon," *Defense News*, April 5, 1992, 3..
9. "General Dynamics Creates Hypersonics Unit at Ft. Worth: Targets HAW," *Aerospace Daily*, June 17, 1992, 446.
10. Office of Technology Assessment (OTA), U.S. Congress, *SDI: Technology, Survivability and Software* (Washington, D.C.: GPO, 1988), 12.
11. Department of Defense (DoD), Strategic Defense Initiative Organization, *1989 Report to the Congress on the Strategic Defense Initiative* (Washington, D.C.: GPO, March 13, 1989), sec. 5.3-11.
12. See. for example, Lowell Wood and Roderick Hyde, *Brilliant Pebbles and Ultravelocity Slings: A Robert, Treaty Compliant Accidental Launch Protection System* (Livermore, Calif.: Lawrence Livermore National Laboratory, May 20, 1988).
13. See Louis R. Bertolini et al., *SHARP: A first Step Towards a Full Sized Jules Verne Launcher* (Livermore, Calif.: Lawrence Livermore National Laboratory).

14. "Gunning for Space," *Flight International*, November 18, 1992.
15. Stephen Ashley, "Shooting for the Moon; Super High Altitude Research Project Gun," *Mechanical Engineering*—CIME (November 1992): 116.
16. Lawrence M. Fisher, "Gas Guns Could Launch Spacecraft, Testers Say," *New York times*, February 15, 1994, sec. C, P. 8 See also, "Rockwell flies gun-launched scramjets to Mach 8," *Defense Daily*, December 14, 1993, 381.
17. Bill Sweetman, "Hyper sonic Aurora: A Secret Dawning," *Jane's Defense Weekly*, December 12, 1992, 14-16. It was also noted by Jane's that retiring the SR-71 Blackbird, our only other strategic reconnaissance aircraft, made no sense unless a follow-on aircraft like the Aurora exited.
18. "Coincidence?" *Aerospace Daily*, November 9, 1993, 229.
19. William B. Scott, "Recent Sightings of XB-70 like Aircraft Reinforces 1990 Reports from Edwards Area," *Aviation Week and Space Technology*, August 24, 1992, 23; and in the same issue, Michael A. Dornheim, "United 747 Crew Reports Near-Collision with Mysterious Supersonic Aircraft," 24.
20. Committee on Hype rsonic Technology for Military Applications, Air Force Studies Board, Commission on Engineering and Technical Systems, National Research Council, *Hyper sonic Technology for Military Application* (Washington, D.C.: National Academy Press, 1989), 56.
21. Of course, NASP is a very different idea from the hyper sonic aerodynamic weapon. On one hand, it is much simpler since it passes out of the atmosphere and beyond the stresses and frictions of hyper sonic movement through air. But it is also a much more complex system, since it is intended to carry humans and must therefore be large and limited in acceleration and maneuverability.
22. T. A. Heppenheimer, *Hyper sonic Technologies and the National Aerospace Plane* (Arlington, Va.: Pasha Publications, 1989), 142-45.
23. "No Propulsion Barriers, but Practical Hypersonics Still Distant," *Aerospace Propulsion*, June 11, 1992, 2. Six new technologies were identified as of critical importance: lightweight, high-temperature composite materials; high-temperature lubricants; high-performance fuel; injectors/flame holders, inlet and exhaust nozzle systems; cryogenic fuel storage systems. In other words, the entire system needs to be invented, or at least perfected.
24. This was a problem that stymied Japanese designers of an advanced jet engine called LACE-not a true scramjet. See Yoichi Iwamoto, "Colling Dilemma Keeps Space Plane's Engine on Ice," *Nikkei Weekly*, September 19, 1992, 14.
25. James J Robinson, "Getting the Space Plane off the Ground: A Materials Enterprise," Journal of Metals, July 1987, 8-9. On coatings for hypersonic surfaces, see Josephine Covino, Karl Klemm, and John Dykema, "Coatings for Hypersonic Applications," *Materials Performance*, May 1991, 75-79.
26. The apparent approach has been to cool the windows cryogenically, using small tubes in the window. See "Army Awards Aerojet $9.1 Million for Hypersonic Windows

Research," *Aerospace Daily*, August 7, 1990.
27. On the beginnings of mass production of key materials, see "Bulk Manufacture of X-30 Materials in Offing as NASP Design Matures," *Aviation Week and Space Technology*, April 15, 1991, 69.
28. From New World Vistas, cited in *Intelligence Newsletter*, March 7, 1996.
29. William B. Scott, "USAF, NASA Programs Push Hypersonic Boundaries," *Aviation Week and Space Technology*, May 6, 1996, 22.
30. John M Collins, *Military Space Forces: The Next 50 Years*, commissioned by the U.S. Congress (Washington, D.C.: Pergamon-Breassey, 1989), 14.
31. Ibid., 15. Recently, a third belt, much weaker, near low earth orbit, has been discovered. It does not appear that the new belt will have a significant impact on space operations.
32. P. R. K. Chetty, *Satellite Technology and Its Applications* (Blue Ridge Summit, Pa.: Tab Professional and Reference Books, 1991), 20.
33. Lynn Dutton, *Military Space* (London: Brassey's, 1990), 9-29.
34. On the problems inherent in the eccentricities of geosynchronous objects, see Jill L. Tabor and John D. Vedder, "Long-Term Evolution of Uncontrolled Geosynchronous Orbits: Orbital Debris Implications," *Journal of the Astronautical Sciences* 40, no. 3 (July-September 1992): 407-18.
35. John Overstreet, "Inclined Orbits: Extending Satellite Life," *Satellite Communications*, July 1991, 25-26.
36. John M. Hanson, Maria J Evans, and Ronald E. Turner, "Designing Good Partial Coveratge Satellite Constellations," *Journal of the Astronautical Sciences* (April-June 1992): 224.
37. Mark A. Stein, "Elbowing for a Piece of Space," *Los Angeles Times*, September 20, 1993, 1. Theoretically, only 180 communications satellites can be operational in geostationary orbit at any one time. This has already led to major disputes between minor powers. For example, Indonesia and Tonga-which, with American partners, have bossted a satellite to permit transpacific communications-have been in a nasty battle over choice space. There has been an urgent search for technical solutions, but commercial pressure will inevitably make the allocation and control of critical space positions more complex. See, for example, H. J. Weiss, "Maximizing Access to the Geostationary Satellite Orbit," *Telecommunications Journal*, August 1986.
38. Dutton, *Military Space*, 15-17. It should always be remembered that in terms of geography the Russians are in a much worse position than the United States. Much farther north, to the Pacific of even Arctic coasts. Thus, the Russians built their launch sites in Central Asia, as far south as possible. Their primary launch facility at Tyuratam is just off the Aral Sea, at $46.5°$ N. As bad as that is, there is another problem. The Chinese province of Sinkiang bulges up to east, so a $46.5°$ launch is impossible. To avoid China, all Russian launches must have an inclination of $64°$! Of course they have to build massive rockets.
39. For a history of MAD as a doctrine and strategy, see Simon P. Worden, *SDI and the*

Alternatives (Washington, D.C.: National Defense University Press), 17-56.
40. Quoted in Crockett L. Grabbe, *Space Weapons and the Strategic Defense Initiative* (Ames, Iowa: Iowa State University Press, 1991), 154.
41. Dr. Hans Bether, a Nobel Prize-winning physicist summed up his opposition to Star Wars as follows: *These people want to eliminate the danger of nuclear weapons by technical meas. I think this is futile. The only way to eliminate it is by having a wise policy. That means going back to the policy of the six Presidents preceding Reaga. We need to try to understand the other fellow and negotiate and try to come to some agreement about the common danger. That is what's been forgotten. The solution can only be political. It would be terribly comfortable for the President and Secretary of Defense if there was a technical solution. But there isn't any.*
Quoted in William J Broad, "Star Wars Is Coming, but Where It It Going?," *New York Times Magazine*, December 6, 1987, 80.
42. OTA, SDI, 6.
43. DoD, Strategic Defense Initiative Organization, *1989 Report*, Sec. 5.6; U.S. Department of Defense, Office of Technology Assessment, Heritage Foundation, *Anti-Missile and Anti-Satellite Technologies and Programs* (Park Ridge, N.J.: Noyes Publications, 1986), 6-10.
44. *Science and Technology of Directed Energy Weapons: Report to the American Physical Society Study Group* (American Physical Society, April 1987), 2.
45. "Hype, Skepticism Surround Katyusha-Busting Laser," *Defense Week*, April 29, 1996, 4.
46. OTA, SDI, 108-9.
47. David L. Chandler, "The Patriot," *Boston Globe*, April 4, 1994, 27.
48. D. G. King-Hele et al., *The RAE Earth Satellites 1957-1986* (Farnborough, England: Royal Aircraft Establishment, 1987), 859.
49. Bruce D. Bordwall, "Air Force Uses Optics to Track Space Objects," *Aviation Week and Space Technology*, August 16, 1993, 66.
50. Description of announcement, *Aerospace Daily*, April 5, 1994, 24.
51. *Commerce Business Daily*, no. PSA-0862, SOL PRDA 93-08 (June 8, 1993).
52. This is the full announcement, as it appeared on Lexis-Nexis information service. Note the incredibly small amount of the contract.
April 1, 1992
SECTION: CONTRACT AWARDS; Supplies, Equipment and Material; Issue No. PSA-0564
LENGHTH: 50 words
CATEGORY: 87-Agricultural Supplies
CONTRACTING OFFICE: Commander, U.S. Army Missile Command, Research, Development and Engineering Center (RDEC) Procurement Office, Redstone Arsenal, AL 35898-5275
SUBJECT: 87-PERFORMANCE ANALYSES AND CONCEPT DEFINITION FOR THE STARFIRE OPTICAL RANGE (SOR) 3.5 METER TELESCOPE ACTIVE/PASSIVE BEAM CONTROL SUBSYSTEM
BODY: POC (RDPC) Zina Long, Contract Specialist, AMSMI-RD-PC-JB, (205) 842-7424,

Earnest L. Taylor, Jr., Contracting Officer, (205) 876-7500 Synopsis # R087-92. CNT DAAHO1-89-D-0065-0011 AMT $ 99,907.00 DTD 032792 TO Science Applications, International Corp., 10260 Campus Pt Dr, San Diego, CA 92121

53. "BMDO Defends Brilliant Eyes Capability, but Says It's Not Mandatory," *Aerospace Daily*, July 11, 1993, 435.
54. "Brilliant Eyes to Use Mix of Sensors for Dual Missions," *Aerospace Daily*, December 23, 1992, 455.
55. Eric Raiten and Kosta Tsipis, *Conventional Anti-Satellite Systems*, Program in Science and Technology for International Security, no. 10 (Cambridge, Mass.: MIT, March 1984), 21.
56. Ibid., 99. 33-34.
57. Philip Finegan, "DoD Antisatellite Weapon Program May Continue Despite Restrictions," *Defense News*, August 5, 1991, 37.
58. Hence an article by D. Nahrstedt, "The Case for a Submarine-Based Anti-Satellite System," *Submarine Review*, January 1991, 50-55.
59. G. Harry Stine, *Confrontation in Space* (Englewood Cliffs, N.J.: Prentice-Hall, 1981), 82.
60. For a definition of electric propulsion, see John R. Beattie and Jay Penn, "Electric Propulsion as a National Capability," *Aerospace America*, July 1990, 56.
61. Takayuki Matsunaga, "Satellite Propulsion Engine Claimed More Efficient," *Nikkei Weekly*, October 3, 1992, 15.
62. Peter J. Turchi et al., "Electric Propulsion: The Future Is Now," *Aerospace America*, July 1992, 38.
63. "NASA Ponders Large Lockheed Military Satellite Bus for Low-End Station," *Aerospace Daily*, April 6, 1993, 27.
64. William J. Broad, "Russian Scientists to Detail Plans for a Fast Nuclear Space Rocket," *New York Times*, January 13, 1992, 1.
65. John Lawrence, Jinki Lee, "Nuclear Power Source in Space: A Historical Perspective," *Nuclear News*, November 1991, 87.

15 피투성이 보병의 귀환

1. Paul F. Gorman, *Supertroop via I-Port: Distributed Simulation Technology for Combat Development and Training Development*, IDA paper P-2374 (Arlington, Va: August 1990) prepared for DARPA. The author had been CINC South in the 1980s.
2. Robert A. Heinlein, *Starship Trooper* (New York: G. P. Putnam Sons, 1959).
3. Neil Munro, "Army Tests High-Tech Gear for Infantryman," *Defense News*, July 6, 1992, 12.
4. United States Infantry School, *Infantry 2000: The Force That Leads the Way* (Fort Benning, Ga.: Department of the Army, October 3, 1991), sec. 7.
5. Mark Trapscott, "At Night: First Look, First Shot Wins," *Defense Electronics*, April 1992, 50.
6. National Research Council, *Star 21: Strategic Technologies for the Army of the Twenty-first*

Century (Washington, D.C.: National Academy Press, 1992), 47.

7. A similar system is being developed for infantrymen under the SIPE program. It will have local area communication, enhanced acoustics, electro-optical and night capability, as well as ballistic protection. It will not, however, have a virtual-reality capability. See. Barbara Starr, "Enhanced Soldier for the U.S. Army," *Jane's Defense Weekly*, January 30, 1993, 25.

8. Roger Lesser, "Electronic Soldier Concept Moves Closer to Reality," *Defense Electronics*, October 1992, 39.

9. Claude J. Bauer, "Future soldiers train on virtual battlefields," *Government Computer News*, September 20, 1993, 43.

10. Business Wire, November 23, 1993.

11. Gorman, *Supertroop via I-Port*. This was General Gorman's point in his paper on Supertroop. Gorman argued that the training technologies developed under the name SimNet (Simulated networks) and its individual interface-I-port-would evolve into an actual Supertroop.

12. Lesser, "Electronic Soldier Concept," 39.

13. Ramon Lopez, "Rifles on the Front Line," Jane's Defense Weekly, May 30, 1992, 936.

14. National Research Council, *Star 21*, 65.

15. A report issued by the U.S. Army Infantry School at Fort Benning describes the planned-for capabilities in the next-generation personal weapon that will replace the rifle: *The Objective Individual Combat Weapon will enable the individual soldier to engage individual personnel, groups of personnel, unarmored vehicles, and personnel in hasty fortifications, as well as to provide self-defense against weapon systems mounted on lightly armored vehicles and slow aircraft.*

U.S. Infantry School, *Infantry 2000*, sec. 7.

16. Gorman discusses the problem of a soldier's burden with eloquent examples. See *Supertroop via I-Port*, sec. 8, p. 5-6.

17. Gorman, *Supertroop via I-Port*, sec. 7, p. 1. Gorman's idea is to use the emerging training devices-I-Port-as the basis for a new fighting system. Gorman's discussion was to a great extent based on a paper by Jeffrey A. Moore, *PITMAN: A Powered Exoskeletal Suit for Infantryman* (Los Alamos, N.M.: Los Alamos National Laboratory, LA-10761MS, June 1986 and June 1988). Moore's suggestion, the most radical, was that the suit's movement depend on magnetic sensing of brain waves-necessary for efficient mobility. This moved the suit out of the reach of current technology, or so his superiors seemed to feel. Thus, PITMAN was not pursued, in favor of more modest and less imaginative initiatives under the SIPE program at Nattick Labs. Nevertheless, PITMAN represents the basic framework for an armored, powered suit. It is also reminiscent of an earlier idea by Robert Heinlein, the great science-fiction writer, whose book *Starship Trooper* proposed a similar scheme. This is reminiscent of H. G. Wells's landships and development of the modern tank.

18. Ann-Marie Cunningham, "'Robo-Soldiers: PITMAN thinking armor," *Technology Review* (April 1988): 11.

19. The power source is here, as in so many evolving technologies, the real bottleneck. The same work on power storage that is being used in UAV's and in electromagnetic and electrothermal guns will be applied here. One irony-the battery will have to lift itself. On military battery technology, see "Military Batteries: Desert Storm, Glasnost and Military Spending," *Battery & Technology*, February 1991, including a discussion of the PITMAN technology.
20. "Foot Soldiers to Get Suits of Armor," *Machine Design*, October 9, 1986, 20.
21. The original PITMAN was intended to be two hundred pounds. The protective ensemble is under development by the U.S. Army in the SIPE program. The weapons are being developed under TEISS.
22. National Research Council, *Star 21*, 66.
23. On SIPE, see Mike Nugent, "The Soldier Integrated Protective Ensemble," *Army Research, Development and Acquisition Bullentin* (September-October 199): 1-5. SIPE incorporates only a sketchy notion of exoskeletons, compared to PITMAN. A civilian undertaking in this area was attempted by a Minneapolis company, Ergon, Inc., which sought to build a "muscle multiplier" in the early 1990s. See Kathe Connair Palmquist, "A Start-up Puts on Muscle," *Business Dateline*, September 1990. With so many initiatives developing, one, private or public, will shortly succeed.
24. National Research Council, *Star 21*, 71-73.
25. Ray Bonds, ed., *Modern American Weapons* (New York: Prentice-Hall, 1986), 98.
26. Ibid., 96.
27. From George Friedman and Meredith LeBard, "A New Kind of War," *Command Magazine*, May-June 1993.

〈결론〉 영원한 딜레마: 미국 시대의 해양 통제와 이용

1. Testimony of Richard Davis, director, National Security Analysis, United States General Accounting, April 26, 1994, in House Armed Services Committee, *Military Acquisition Fy95 Defense Authorization*.
2. *Cruise Missile*, General Accounting Office report, April 21, 1995, 8.